U0902836

中華民國史檔案資料滙編

第五輯 第一編

財政經濟（九）

中國第二歷史檔案館編

鳳凰出版傳媒集團
鳳凰出版社

目　录

〔九〕交通邮电

（一）组织机构与法规

（二）铁路

（三）公路

(四) 航运与航空

(五)邮政电信

〔九〕交通邮电

（一）组织机构与法规

一、组织机构

1. 铁道部组织法①

（1929年11月18日）

修正铁道部组织法　十八年十一月十八日公布

第一条　铁道部规划、建设、管理全国国有铁道、国道及监督省有、民有铁道。

第二条　铁道部对于各地方最高行政长官执行本部主管事务，有指示监督之责。

第三条　铁道部就主管事务，对于各地方最高行政长官之命令或处分，认为有违背法令或逾越权限者，得请由行政院院长提经国务会议议决后，停止或撤销之。

第四条　铁道部置下列各司：

一、总务司；

二、业务司；

三、财务司；

四、工务司。

第五条　铁道部为规划全国铁道、国道系统，统一铁道会计，编纂铁道法规，采购铁道材料，审定技术标准，得置各委员会。

前项各委员会之组织条例，由行政院定之。

---

① 此法最早于1928年11月7日公布。

第六条　铁道部经国务会议及立法院之议决，得增置裁并各司及其他机关。

第七条　总务司掌下列事项：

一、关于收发分配撰辑保存文件事项；

二、关于部令之公布事项；

三、关于典守印信事项；

四、关于本部及所属各机关职员之任免奖惩事项；

五、关于编造行政报告事项；

六、关于铁道行政及技术人员之训练及教育事项；

七、关于铁道职工教育及附属学校事项；

八、关于本部经费之预算、决算及会计庶务事项；

九、关于其他不属各司会之事项。

第八条　业务司掌下列事项：

一、关于铁道营业之监督、管理及发展改良事项；

二、关于铁道运输之整理及机车车辆之调度事项；

三、关于铁道运价之规定事项；

四、关于国内外联运事项；

五、关于铁道营业设备需要之审定事项；

六、关于铁道员工之待遇及保障事项；

七、关于铁道警卫之编练指挥事项；

八、关于铁道防疫及其他卫生事项；

九、关于省有、民有铁道业务之监督事项；

十、关于国际铁道事项；

十一、关于国道业务事项。

第九条　财务司掌下列事项：

一、关于铁道预算、决算之编制审核事项；

二、关于铁道款项之支配保管事项；

三、关于铁道债务之整理偿还事项；

四、关于铁道改良扩充建设之筹款事项；

五、关于铁道帐目单据款项之稽核事项；

六、关于铁道会计及统计事项；

七、关于铁道财产之处理事项；

八、关于铁道土地之收买处分事项；

九、关于铁道之经济调查及设计事项；

十、关于省有、民有铁道财务之监督事项；

十一、关于其他一切铁道财务事项；

十二、关于国道财务事项。

第十条　工务司掌下列事项：

一、关于铁道工务之监督管理及扩充改良事项；

二、关于铁道路线之测定及其工程设计事项；

三、关于铁道建筑工程之监督管理事项；

四、关于铁道终点及沿线附属区域市街港埠之建设事项；

五、关于铁道工程机械建筑材料购置之审核事项；

六、关于铁道机厂材料工厂之建设管理事项；

七、关于省有、民有铁道工务之监督事项；

八、关于其他一切铁道工程建设事项；

九、关于国道工务事项。

第十一条　铁道部部长综理本部事务，监督所属职员及各机关。

第十二条　铁道部政务次长、常任次长辅助部长处理部务。

第十三条　铁道部设秘书四人至八人，分掌部务会议及长官交办事务。

第十四条　铁道部设参事二人至四人，撰拟审核关于本部之法案命令。

第十五条　铁道部设司长四人，分掌各司事务。

第十六条　铁道部设科长十二人至十六人，科员一百二十人至一百六十人，承长官之命令，办理各科事务。

第十七条　铁道部部长特任，次长、参事、司长及秘书二人简任，其余秘书及科长荐任，科员委任。

第十八条　铁道部设技监一人，简任；技正十六人至二十人，四人简任，余荐任；技士二十人至三十人，荐任；技佐二十人至二十四人，委任。

第十九条　铁道部经行政院会议议决，得聘用专门技术人员。

第二十条　铁道部处务规程，以部令定之。

第廿一条　本法自公布日施行。

〔国民政府公报〕

2. 国民政府颁发修正交通部组织法训令

（1930年2月3日）

国民政府训令　字第五三号

令文官处

为令知事：查交通部组织法前经制定公布在案，兹将该法酌予修正，应再令饬施行。除分令外，合行抄发原条文，令仰知照，并转饬所属一体知照。此令。

计抄发修正交通部组织法一份

中华民国十九年二月三日

主　　席　蒋中正
司法院院长　王宠惠
行政院院长　谭延闿
考试院院长　戴传贤
立法院院长　胡汉民
监察院院长　赵戴文

交通部组织法

第一条　交通部管理经营全国电政、邮政、航政，除法律别有规定外，并监督民营交通事业。

第二条 交通部对于各地方最高级行政长官执行本部主管事务，有指示监督之责。

第三条 交通部就主管事务，对于各地方最高级行政长官之命令或处分，认为有违背法令或逾越权限者，得请由行政院院长提经国务会议议决后停止或撤销之。

第四条 交通部置下列各司：

一、总务司；

二、电政司；

三、邮政司；

四、航政司。

第五条 交通部得置邮政总局、无线电管理局、邮运航空处及各航政局，于必要时，并得置各委员会，其组织另定之。

第六条 交通部经国务会议及立法院之议决，得增置裁并各司及其他机关。

第七条 总务司掌下列事项：

一、关于收发、分配、撰辑、保存文件事项；

二、关于部令之公布事项；

三、关于典守印信事项；

四、关于本部及所属各机关职员之任免奖惩事项；

五、关于编制统计报告及刊行出版物事项；

六、关于本部之经费预算、决算及会计事项；

七、关于所属各机关之预算、决算、计算书之审查编制事项；

八、关于稽核及复核本部及所属各机关之收支帐款事项；

九、关于改良会计及划一簿记事项；

十、关于电、邮、航行政及技术人员之训练及教育事项；

十一、关于本部庶务及其他不属于各司事项。

第八条 电政司掌下列事项：

一、关于管理全国电报电话等事项；

二、关于发展及改良电报电话等事项；

三、关于监督民营电气交通事业事项；

四、关于改善电务职工待遇事项。

第九条　邮政司掌下列事项：

一、关于监督考核全国邮政事项；

二、关于监督邮政储金及汇兑事项；

三、关于管理经营国营邮政航空事项；

四、关于监督民营航空承运邮件事项；

五、关于改善邮务职工待遇事项。

第十条　航政司掌下列事项：

一、关于管理航路及航行标识并其他一切航政事项；

二、关于管理经营国营航业事项；

三、关于监督民营航业事项；

四、关于船舶发照登记事项；

五、关于计划筑港及疏浚航路事项；

六、关于管理及监督船员、船舶、造船事项；

七、关于改善船员待遇事项。

第十一条　交通部部长综理本部事务，监督所属职员及各机关。

第十二条　交通部政务次长、常任次长辅助部长处理部务。

第十三条　交通部设秘书四人至八人，分掌部务会议及长官交办事务。

第十四条　交通部设参事二人至四人，撰拟审核关于本部之法案命令。

第十五条　交通部设司长四人，分掌各司事务。

第十六条　交通部设科长十六人至二十人，科员一百二十人至二百人，承长官之命令办理各科事务。

第十七条　交通部部长特任，次长、参事、司长及秘书二人简任，其余秘书及科长荐任，科员委任。

第十八条　交通部设技监一人，简任；技正八人，二人简任，余荐任；技士八人至十二人，荐任；技佐六人至八人，委任，承长官之命令办理技术事务。

第十九条　交通部经行政院会议议决，得聘用专门技术人员。

第二十条　交通部处务规程，以部令定之。

第二十一条　本法自公布日施行。

〔国民政府档案〕

3. 国民政府公布交通部航政局组织法训令

(1930年12月15日)

国民政府训令　字第六八六号

令文官处

为令知事：查交通部航政局组织法，业经制定，明令公布，应即通饬施行。除分令外，合行抄发原条文，令仰知照，并转饬所属一体知照。此令。

计抄发交通部航政局组织法一份

中华民国十九年十二月十五日

国民政府主席　蒋中正

行政院院长　蒋中正

立法院院长　胡汉民

交通部航政局组织法

第一条　交通部为处理航政事宜，设置航政局。

第二条　航政局直隶于交通部，其设置处所及管理区域，由行政院定之。

第三条　下列船舶航政事宜，由航政局处理之，但总吨数不及二百吨，容量不及二千担之船舶，不在此限。

一、航行海洋者；

二、航行二省以上者。

第四条　航政局设下列二科：

一、第一科；

二、第二科。

第五条　航政局第一科之职掌如下：

一、关于机要及考绩事项；

二、关于收发文件及保管案卷事项；

三、关于公布局令事项；

四、关于典守印信事项；

五、关于本局经费之预算、决算及出纳事项；

六、关于编制统计报告事项；

七、关于本局庶务事项；

八、其他不属于第二科事项。

第六条　航政局第二科之职掌如下：

一、关于船舶之检验及丈量事项；

二、关于航线标识事项；

三、关于船舶之登记及发给牌照事项；

四、关于船员及引水人之考核监督事项；

五、关于造船事项；

六、关于航路之疏浚事项；

七、关于航路标识之监督事项；

八、关于船舶出入查验证之核发事项。

第七条　航政局设局长一人，承交通部之命，督率所属职员，处理局务。

第八条　航政局各科设科长一人，承局长之命，督率所属职员，分掌各该科事务。

第九条　航政局设技术员四人至八人，承局长之命，办理技术事务。

第十条　航政局设科员八人至十二人，承局长之命，办理各科事务。

第十一条　航政局局长简任或荐任，科长、技术员荐任或委任，科员委任。

第十二条　航政局因事务之必要，得酌用雇员。

第十三条　航政局办事细则，由交通部定之。

第十四条　本法自公布日施行。

〔南京国民政府档案〕

4. 全国经济委员会公路处暂行组织条例

（1933年10月7日）

全国经济委员会公路处暂行组织条例

二十二年十月七日呈奉国民政府核准

第一条　全国经济委员会为办理公路建设事务，依组织条例第八条之规定，设置公路处。

第二条　公路处分设下列各科：

一、工务科；

二、交通科；

三、计划科。

第三条　工务科掌理事项如下：

一、公路建设或发展计划之审核；

二、公路建设或发展计划应需经费之核计；

三、公路工程之督察考核；

四、特定公路工程之直接实施；

五、公路养护及改善事项之督促；

六、公路工程实施状况之调查统计及报告；

七、公路工程法规及技术标准之拟订；

八、其他关于公路工务事项。

第四条　交通科掌理事项如下：

一、公路车务设施及联运事业之统筹及监督；

二、公路卫生安全事项之设施及训练；

三、公路警卫事项之统筹及监督；

四、公路车辆及其燃料之考核及审查；

五、公路交通运输实施状况之调查统计及报告；

六、公路交通管理及运输法规之拟订；

七、其他关于交通管理及运输事项。

第五条　计划科掌理事项如下：

一、公路建设或发展计划之设计；

二、公路研究资料之调查及统计；

三、筑路养路材料及其用费之研究；

四、车务车辆及燃料之研究；

五、公路技术人员之登记及训练；

六、公路试验工程之设计建筑及研究；

七、公路工程试验室、图书室、陈列室之规划及管理；

八、公路刊物之编译；

九、其他关于计划研究及推广事项。

第六条　公路处置处长一人，简任，秉本会常务委员之命，商承本会秘书长，综理处务，并监督所属职员及各机关。

第七条　公路处置副处长一人，简任，辅助处长处理处务。

第八条　公路处置秘书一人至二人，科长三人，荐任；科员八人至十二人，其中二人荐任，余委任；办事员十人至十四人，委任，分承长官之命办理各项应办事务。

第九条　公路处置技正四人至八人，其中二人简任，余荐任；技士八人至十二人，其中四人荐任，余委任；技佐十人至十六人，绘图员四人至八人，委任，分承长官之命办理各项技术事务。

第十条　公路处文书、会计、庶务以及不属于工务、交通、计划各科之事务，由处长指定秘书及其他职员办理之。

第十一条　公路处得就各省分区设置公路工程督察处或督察工程司，其办法另订之。

第十二条　公路处为研究各项特种问题，得设各种技术委员会。

第十三条　公路处于必要时得设工务所、测量队及其他附属厂所。

第十四条　公路处得酌用练习员及雇员。

第十五条　公路处办事细则另定之。

第十六条　本条例自呈奉国民政府核准日施行。

〔国民政府全国经济委员会档案〕

5. 全国经济委员会公路委员会暂行组织条例

(1933年11月27日)

全国经济委员会公路委员会暂行组织条例

二十二年十一月二十七日呈奉国民政府核准

第一条　全国经济委员会为审议公路专门事项，依组织条例第七条之规定，设置公路委员会。

第二条　公路委员会设委员若干人，由全国经济委员会常务委员聘任之。

第三条　公路委员会设主任委员一人、常务委员二人主持会务，由全国经济委员会常务委员就委员中指定中。

第四条　公路委员会掌理下列各事项：

一、关于公路建设计划之审议事项；

二、关于公路建设经费之核议事项；

三、关于公路法规及工程标准之审核事项；

四、关于全国经济委员会交办之有关公路事项。

第五条　公路委员会会议由主任委员召集之。

第六条　公路委员会之议决案，由主任委员报由全国经济委员会秘书长转陈常务委员考核。

第七条　公路委员会委员遇必要时，得列席全国经济委员会委员会议陈述意见。

第八条　公路委员会需用技术人员，由全国经济委员会秘书长就公路处技术人员中指定之。

第九条　公路委员会得设秘书及其他办事人员，由全国经济委员会秘书长指派之。

第十条　本条例自呈奉国民政府核准日施行。

〔国民政府全国经济委员会档案〕

6. 交通部邮政总局组织法

（1935年3月1日）

交通部邮政总局组织法

二十四年三月一日国民政府公布

第一条　邮政总局直隶于交通部，管理全国邮务，指挥监督所属各机关。

第二条　邮政总局设局长一人，简任，承交通部部长之命，综理局务；副局长二人，由交通部部长遴派，一人襄助局长处理局务，一人兼任邮政储金汇业局局长。

第三条　邮政总局置总务、考绩、业务、计核、联邮、供应六处，每处设处长、副处长各一人，由局长于邮政人员中遴选，呈请交通部部长委用，承长官之命，分掌处务。

第四条　邮政总局因事务上之必要，得设视察长一人，视察二人至四人，副视察二人至四人，由局长于邮政人员中遴选，呈请交通部部长委用，承长官之命，视察各地方邮务。

第五条　邮政总局设主任秘书一人，秘书二人至四人，由局长遴选，呈请交通部部长委用，承长官之命，办理文书事务。

第六条　邮政总局设处员一百人至一百三十人，由局长于邮政人员中遴选委派，承长官之命，办理各处事务。

第七条　邮政总局置邮政储金汇业局及各区邮政管理局，其组织法另定之。

第八条　邮政总局得置设计委员会，以局长为委员长，副局长、各处处长、视察长及视察为委员组织之，计划邮政之改良及发展。

设计委员会章程由交通部定之。

第九条　邮政总局所编制之全国邮政预算书、计算书，应将邮政储金汇业局收支一并列入。

第十条　邮政总局收支款项，均应用邮政总局名义，由局长及副局长一人会同签字盖章。

第十一条　邮政总局订定关于邮务之章程及契约，应呈经交通部核准。

第十二条　邮政总局办事规则，由交通部定之。

第十三条　本法自公布日施行。

〔国民政府交通部档案〕

二、法　　规

1. 铁　道　法
（1932年7月21日）

铁道法　二十一年七月二十一日公布

第一条　凡关系全国交通之铁道，以中央政府经营为原则；其关系地方交通之铁道，地方政府得依公营铁道条例经营之。

前项铁道业经划定未能施工时，人民亦得依民营铁道条例经营之。

公营铁道条例及民营铁道条例另定之。

第二条　专用铁道除由中央政府经营者外，地方政府或人民，均得依专用铁道条例经营之。

专用铁道条例另定之。

第三条　中央政府经营之铁道，称国营铁道；地方政府经营之铁道，称公营铁道；人民经营之铁道，称民营铁道。

第四条　国营铁道由铁道部管辖，公营铁道或民营铁道，由铁道部监督。

第五条　铁道部为完成全国应设之铁道，应调查审定干支路线起讫，分别国营、公营、民营，呈行政院转呈国民政府公布之。

国营、公营铁道敷设之先后次序，由铁道部定之。

第六条　铁道部于预定路线公布后，认为有变更之必要时，应提出修正案，呈行政院转呈国民政府公布之。

第七条　国营铁道于不损主权及利权之范围内，得借用外资，但应经立法院之议决。

第八条　无论何人，非经国民政府特许，不得于中华民国领土内建筑、延长、购买或经营任何铁道。

第九条　铁道轨距应宽一公尺四公寸三公分五公厘，但有特别情事经铁道部核准者，不在此限。

第十条　铁道一切技术标准，均依铁道部公布划一标准图式办理。

第十一条　铁道运价等第联络运输或交互通车，除依法律规定外，应依铁道部所定之规章办理。

第十二条　铁道依前条规定为联络运输或交互通车时，所有用费及运价，由双方协议定之，协议不谐时，由铁道部定之。

第十三条　铁道对于军事运输，应依军运条例办理。

前项军运条例另定之。

第十四条　为建筑铁道募集之公债，不得移作别用。

第十五条　铁道会计应依会计法办理。

第十六条　国营铁道之收入或盈余，除扩充及整理铁道事业外，应尽先为偿还债务之用。

第十七条　国营、公营铁道之收入，非依法律所定，不得提用。

第十八条　国营、公营铁道得兼营与铁道有关之附属营业。

第十九条　国民政府对于民营铁道自开始营业之日起，满三十年后，得依法定程序，揭示日期收买之。

前项揭示期内各该铁道不得合并或收买他线。

第二十条　国民政府收买民营铁道时，应以现存财产之公平估价及最近三年间营业之平均赢利，参合计算，与公司协定价额，其办法由铁道部定之。

第二十一条　公营铁道有收归国营之必要时，准用前二条之规定。

第二十二条　本法自公布日施行。

〔国民政府公报〕

2. 邮　政　法①

(1935年7月5日)

邮政法　(民国二十四年七月五日公布)

第一条　邮政为国营事业，由交通部掌管之。

第二条　交通部为经营邮政业务，设置邮政机关，其组织另以法律定之。

第三条　关于各类邮件或其事务，如国际邮政公约或协定有规定者，依其规定。但其规定如与本法相抵触时，除国际邮件事务外，适用本法之规定。

---

① 该法于1935年7月5日公布，自1936年11月1日施行。

第四条　邮件之种类及资费，依下列之规定，但交通部得呈准

邮件种类			计费标准	资费 国内 第一资 各局就地投送界内	资费 国内 第二资 各局互寄
第一类	信函类		每起重二十公分或其畸零之数	二　分	五　分
			每续加二十公分或其畸零之数	二　分	五　分
第二类	明信片		单	一　分	二分半
			双（即附有回片者）	二　分	五　分
第三类	新闻纸	第一类（平常）	每束一张或数张	每重一百公分半分	每重五十公分半分
		第二类（立券）	每束一张或数张，按每次交寄总重计算	每重一百公分半分按六折收费	每重五十公分半分按六折收费
		第三类（总包）	每份每重一百公分或其畸零之数		一　厘
第四类	书籍、印刷物贸易契等类		重不逾一百公分	半　分	一　分
			逾一百至二百五十公分	一　分	二　分
			逾二百五十至五百公分	二　分	五　分
			逾五百公分至一公斤	四　分	七分半
			逾一公斤至二公斤	七分半	一角五分
			逾二公斤至三公斤（此行重量只适用于单本寄递之书籍）	一角一分半	二角二分半

（续表）

邮件种类		计费标准	资费 国内 第一资 各局就地投送界内	资费 国内 第二资 各局互寄
第五类	瞽者所用印有点痕或凸出字样之文件	重不逾一百公分	半分	一分
		逾一百至二百五十公分	一分	二分半
		逾二百五十至五百公分	二分	五分
		逾五百公分至一公斤	四分	七分半
		逾一公斤至三公斤	七分半	一角五分
		逾三公斤至五公斤	一角	二角
第六类	商务传单	每五十张或五十张以内	五分	五分 另加印刷物资费
第七类	货样类	重不逾一百公分	一分	三分
		逾一百至二百五十公分	二分	七分半
		逾二百五十至三百五十公分	四分	一角零半分
		逾三百五十至五百公分（重至此数为限）	六分	一角五分
第八类	挂号邮件	每件除普通资费外另加	八分	八分
第九类	平快邮件	每件除普通资费外另加	五分	五分
第十类	快递挂号邮件	每件除普通资费外另加	一角二分	一角二分

行政院减低其资费。

前项以外之邮件，其种类及资费，由交通部拟订，呈请行政院核定之。

第五条　邮政机关除递送前条邮件外，依法律之规定，得经营下列事务：

（一）汇兑；

（二）储金；

（三）简易人寿保险；

（四）在交通不便之地方，为递送邮件而兼营之旅客运送。

第六条　关于前两条邮政事务之处理规则，由交通部拟订，呈请行政院核定之。

第七条　无论何人，不得以递送第一类、第二类、第八类、第九类及第十类邮件为营业。

运送机关或运送业者，附送与货物有关之通知，不受前项之限制。

第八条　邮费之交付，以邮票、明信片、特制邮简或证明邮资已付之戳记表示之。

邮票、明信片及特制邮简，由交通部拟订式样及价格，呈请行政院核定，由邮政机关发行。

邮费交付后，除法令另有规定外，不得请求退还。

第九条　已污损之邮票，失其效力；明信片及特制邮简上表示价格之花纹有污损时亦同。

第十条　邮政机关得呈请交通部转呈行政院核准，将其发行之邮票废止之。但应于一个月前公告，并停止其售卖。

持有前项废止之邮票者，自废止之日起，在六个月内，得向邮政机关换取新票。

第十一条　邮政机关非依法令，不得拒绝邮件之接受及递送。但禁寄物品不在此限。

禁寄物品之种类及其处分方法，于邮政规程中定之。

第十二条　各类邮件，除法令另有规定外，应按其表面所书收件人之地址投递之。无法投递时，应退还寄件人。

无法投递或无法退还之邮件，应由邮政机关公告之。经过相当时期，无人领取时，得由交通部指定之邮政机关处分之。

前项公告之期间，与公告及处分之方法，于邮政规程中定之。

第十三条　各类邮件之收件人有二人或二人以上时，得向其中任何一人投递之。

前项邮件在未投递前，收件人间发生争议，向邮政机关声明，对于其邮件之收受已提起诉讼时，应依确定之判决或诉讼结果投递之。

第十四条　邮政机关欲确知收件人之真伪，得使其为必要之证明。

第十五条　凡以运送为业之铁路、长途汽车、船舶、航空机，均负载运邮件及其处理人员之责。

前项载运，除航空机外，均为无偿。但得由交通部给付津贴。对于民营运送业津贴之给付，并得采会商办法，会商不谐时，由交通部核定之。

第十六条　依前条之规定，有代运邮件之责者，应负下列之责任：

（一）应常备足容邮件及其处理人员之车辆或地位，并应妥筹保管邮件之方法。

（二）应于开行前将交运邮件逐件接收，到达后向交运时所指定之邮政机关逐件点交。

遇有特殊情形时，内河较小之船舶、长途汽车或航空机，得免载处理人员。

第十七条　邮件、邮政资产、邮政款项及邮政公用物，非依法律，不得检查、征收或扣押。

前项邮政公用物，谓专供邮政使用之车、船、航空机、牲畜、器具、建筑物及土地。

第十八条　邮政公用物及邮政机关之业务单据，除税法另有规定外，免纳中央及地方一切税捐。但非关于邮政专用之产业，不得免税。

邮件在航运发生海难时，不分担共同海损。

第十九条　执行业务中之邮政人员，暨所递送之邮件与邮政公用物，经过道路、桥梁、关津等交通线路，有优先通行权，并免纳通行税捐。遇有城垣地方，当城门已闭时，得随时请求开放。

第二十条　邮政机关得于道路、宅地、商场、工厂、官署、学校、公私团体及其他公众出入处所，设置收受邮件专用器具，并收取邮件。但除道路外，须得其管理人之同意。

第二十一条　检察官、行政人员及其他军警人员，于邮政事务有被侵害之危险时，依邮政机关或其服务人员之请求，应迅为防止或救护之措置。

第二十二条　邮政机关对于违犯第七条规定之私运邮件，得派员搜查或扣留之。并得请求当地法院检察官、警察官署或地方行政官署羁押其私运人。

第二十三条　邮政人员因职务知悉他人情形，均应严守秘密。

第二十四条　邮政人员不得开拆他人之邮件。但第三类至第七类邮件，依法令得拆验者，不在此限。

邮政机关于接受包裹邮件时，如认其内装之物为邮政禁寄物品，或有违反邮政法规者，得令寄件人开拆查验其内容，并为验讫之证明。寄件人如拒绝拆验时，邮政机关得拒绝接受该邮件。

第二十五条　邮件遇下列情形时，寄件人得向邮政机关请求补偿。

（一）各类挂号邮件及快递挂号邮件遗失或被窃时；

（二）保价邮件或包裹全部或一部遗失、或被窃、或被毁损时。

第二十六条　前条求偿权，遇下列情形时，得由收件人行使之。

（一）收件人提出证据，证明已由寄件人授与求偿权时；

（二）收件人已收受毁损被窃所余之部份，而声明保留一部份求偿权时。

第二十七条　邮件补偿之金额及其方法，于邮政规程中定之。

第二十八条　第二十五条所列邮件，如有下列情事之一者，不得请求补偿。

（一）因寄件之性质或瑕疵致损失者；

（二）因天灾事变或其他不可抗力致损失者；

（三）在外国境内损失，依该国之法令，不负补偿责任者；

（四）寄件系违禁物或违反邮政规程致损失者。

保价邮件除因国际战争致有损失者外，不适用前项第二款之规定。

第二十九条　邮政机关除依本法第二十五条至第二十七条之规定负补偿责任外，关于邮政人员对他人所为之侵权行为，不负责任。

第三十条　邮件递交收件人或退还寄件人时，如封面无破裂痕迹，重量亦未减少者，不得以毁损论。重量虽减少，其原因由于该物之性质者亦同。

邮件递交收件人或退还寄件人时，如已因时间关系或市价变动而消失其一部或全部价值者，不得以损失论。

第三十一条　邮政机关对于储金汇兑或简易人寿保险，依据合法之程序，交付款项后，即为正常给付。嗣后无论发生何项情事，不负任何责任。

第三十二条　邮政机关于履行补偿后，发见原寄件之全部或一部时，应通知受领补偿者，得于受到通知之日起，三个月内，退还补偿金之全部或一部，请求交付该项发见之原寄件。

第三十三条　寄件人或收件人之补偿请求权，因下列期间内不行使而消减。

（一）寄件或收件地点在陕西、甘肃、宁夏、青海、新疆、云南、贵州、四川、西康、西藏、蒙古者，自原件交寄之日起，以十二个月为限。

（二）寄件或收件地点在前款所列以外各省者，自原件交寄之日起，以六个月为限。

寄件人或收件人，如于前项期间内曾向邮政机关声请查询该邮件者，以已经请求论。

第三十四条　寄件人或收件人，对于邮政机关补偿之决定，如有不服，得依法提起诉愿。

第三十五条　无行为能力者，或限制行为能力者，关于邮政事务对邮政机关所为之行为，视为有能力者之行为。

第三十六条　违反第七条第一项之规定者，处一千元以下罚金，并依邮政规程之规定，就各该邮件科罚邮资。

第三十七条　冒用邮政专用物或其旗帜、标志者，处五百元以下罚金。

第三十八条　未经邮政机关之许可，贩卖邮票、明信片或特制邮简者，处五十元以下罚金。

第三十九条　意图供行使之用，而伪造、变造明信片、特制邮简、邮政认知证、国际回信邮票券、邮政汇票、汇兑印纸、邮政支票、邮政划条、邮政储金簿或邮资已付之戳记者，依刑法第二百零二条第一项处断。

行使或意图供行使之用，而收集、伪造、变造前项之物者，依刑法第二百零二条第二项处断。

意图供自己或他人连续行使之用，而于邮票、明信片或特制邮简之印花上，涂用胶类、油类、浆类或其他化合物者，依刑法第二百零二条第三项处断。

第四十条　邮政人员犯前条之罪，或刑法第二百零二条或第二百十六条关于邮票之罪者，加重其刑二分之一。

第四十一条　无故开拆或隐匿他人之邮件者，依刑法第三百十五条处断。

第四十二条　误收他人之邮件，故意不缴还者，处三百元以下罚金。

犯前项之罪，因而窃取其邮件内之财物者，并依刑法第三百二十条从重处断。

第四十三条　关于前二条之罪，邮政机关在诉讼程序上，亦得视为被害人。

第四十四条　邮政人员窃盗或侵占邮政储金汇兑或简易人寿保险款项者，分别依刑法窃盗、侵占各罪，加重其刑二分之一处断。其利用邮政储金汇兑或简易人寿保险诈欺取材者，依刑法诈欺罪，加重其刑二分之一处断。

邮政人员剥取邮票者，以窃盗论。

第四十五条　邮政人员无正当事由，拒绝寄件人交寄之邮件，或汇款人交汇之款项，或故意延搁邮件或汇款者，处五百元以下罚金。

第四十六条　邮政人员因过失而遗失或毁损邮件者，处三百元以下罚金。

第四十七条　负代运邮件之责者，有下列情事之一时，处五百元以下罚金。

（一）无正当事由拒绝代运邮件者；

（二）遗失邮件或故意延误者。

第四十八条　本法关于处罚邮政人员之规定，及刑法第一百三十三条之规定，于负有代运邮件之责者，均适用之。

第四十九条　邮政规程由交通部拟订，呈请行政院核定之。

第五十条　本施行日期，以命令定之。

〔国民政府交通部邮政总局档案〕

3. 国民政府颁发民营铁道条例、公营铁道条例及专用铁道条例训令

(1935年11月26日)

国民政府训令　第九二七号

令全国经济委员会

为令知事：查民营铁道条例、公营铁路条例及专用铁道条例，现经制定，明令公布，应即通饬施行。除分令外，合行抄发各该条例，令仰知照，并转饬所属一体知照。此令。

中华民国二十四年十一月廿六日

国民政府主席　林森

立法院院长　孙科

民营铁道条例　　二十四年十一月二十六日公布

第一章　总则

第一条　本条例依铁道法第一条第三项之规定制定之。

第二条　中华民国人民集合资本，组织公司，建筑铁道，以运送客货为营业者，依本条例办理之。

第三条　民营铁道之经营，以股份有限公司为限。

第四条　民营铁道公司得加入政府股本，但不得超过资本总额之半数。

第五条　民营铁道公司不得加入外股。

民营铁道不得抵借外债，但经铁道部核准，呈请国民政府特许者，不在此限。

第六条　民营铁道公司应受铁道部之指导及监督。

第七条　民营铁道公司于筹备及工程时期，应将进行状况及

经济情形，每三个月呈报铁道部一次。

在营业时期，应将营业情形，每三个月呈报铁道部一次。并应将全路状况、营业盈亏及经济情形，于每营业年度终了后三个月内，造具报告，连同各项会计统计表册，呈报铁道部查核。

第八条　民营铁道公司如于工程业务或经济上发生困难，得呈请铁道部予以指示或协助。

第九条　铁道部得随时派员至公司视察工程、营业、会计及财产实况，遇必要时，得令公司职员报告一切，并得检阅公司文卷、图书及帐簿。

第十条　民营铁道公司举行股东会议时，应呈报铁道部派员莅会。

第十一条　民营铁道公司于必要时，得呈请铁道部派员驻路指导一切整理及改造事宜，其公费由公司负担之。

驻路期限及公费数目，由铁道部核定之。

第十二条　民营铁道公司非经股东会议议决，并检同股东会议议事录，呈经铁道部核准，不得有下列行为：

一、变更公司章程或组织；

二、延长或缩短或更改路线；

三、铁道之租借或营业之委托，或受托管理；

四、公司之合并或移转；

五、公司之停办或解散。

第十三条　民营铁道需用土地，得依法呈请征收之。

第十四条　民营铁道为维持公共安宁，得请求当地军警予以特别保护。

第二章　立案

第十五条　民营铁道公司应由发起人开具呈请书，签名盖章，连同下列各款书类图说，声请铁道部暂准立案。

一、建筑理由及计划书；

二、公司章程草案；

三、路线预测图及说明书；

四、沿线经济状况说明书；

五、建筑费用概算书；

六、行车动力之种类；

七、营业收支概算书；

八、股本总额、每股金额及各发起人所认股数；

九、发起人之姓名、年龄、籍贯、职业、住所。

第十六条　发起人所认股分总数，不得少于股本总额二十分之一。其股本总额在一百万元以下者，不得少于十分之一。并应将所认股本半数以上之股款，先行交存银行，取具确实凭证，于声请暂准立案时，检同呈验。

第十七条　铁道部查核发起人所呈各件，并查验股款凭证暂准立案时，应发给暂准立案执照。

前项执照内，应规定呈请正式立案期限，并得附加条件。

如遇二公司以上呈请修筑同一路线时，以呈请在先者有优先权。

第十八条　发起人于暂准立案后，逾限未呈请正式立案，并未先期呈准铁道部展限者，暂准立案执照失其效力，责令缴销。其因不得已之事由，自行议决停办者，应呈明铁道部，并将执照缴销。

第十九条　民营铁道公司股本总额，全由发起人认足者，应于铁道部暂准立案后，依公司法之规定，缴足第一次股款，选任董事及监察人。

其股本总额非全由发起人认足者，应于铁道部暂准立案后，将执照原文及声请书，与铁道部核定之各款书类、图说、公告，并依公司法之规定，募足股本总额，于收足第一次股款后，召集创立会，选任董事及监察人。

第二十条　前条董事就任后，应由公司于十五日内，开具声请书，并下列各款书类图说，及暂准立案执照之誊本，呈请铁道部正式立案。

一、公司章程；

二、公司组织；

三、路线实测平剖面图及说明书；

四、各项工程及机车车辆图式说明书；

五、各段开工竣工时期；

六、建筑费用预算书；

七、认股清册及已收股款之确实凭证；

八、股东会议议事录；

九、董事及监察人之姓名、年龄、籍贯、职业、住所；

十、总经理、总工程师、总会计等之姓名、资历。

第二十一条　铁道部查核公司呈请书及各种书类图说，并查验股款凭证，准予正式立案时，应发给正式立案执照。

第二十二条　铁道部发给正式立案执照后，应咨实业部查照。并由公司于铁道部核准正式立案之日起，十五日内，依公司法为成立之登记，并呈报于路线经过地方之行政官署。

第二十三条　民营铁道公司第一次缴纳之股款，不得少于所认股本二分之一，由公司先发收据，俟公司成立登记完毕，股款收足后，方得换发股票。

第二十四条　民营铁道公司股款，不得以金钱以外之物抵充。

第二十五条　民营铁道公司正式立案后，应于公司章程所定时期，将原定股本总额，全数收足，并呈铁道部备案。

第二十六条　民营铁道公司股票为记名式，除依公司法记载各款外，并应记载铁道部正式立案之年月日。

第二十七条　民营铁道如因延长路线或改良工程，致原定股本总额不敷需用须增加时，应呈请铁道部核准，依公司法添募新股。但仍应先将旧股总额收足，方能开始收集新股股款。

第三章　组织

第二十八条　民营铁道公司除股东会依公司法规定外，以董事会为执行公司事务最高机关。

第二十九条　董事会由董事互推董事长一人，或常务董事三人，主持公司事务，对外代表公司。

第三十条　下列各事项，应经董事会议决：

一、重要规章之审定及修改事项；

二、重要契约之审核事项；

三、展筑路线扩充设备及改造业务之审核事项；

四、公司财务之筹划，及每年度总预决算之审核事项；

五、公司职员名额、薪金、等级之规定事项；

六、总经理及工务、车务、会计等最高级主管人员之遴选，及其他高级职员之核准任免事项；

七、其他重要事项。

第三十一条　监察人得列席董事会议。

第三十二条　民营铁道公司由总经理秉承董事会，综理公司事务。但在工程时期，总经理得由总工程师兼任。

前项组织之系统及规则，由公司详细拟定，呈请铁道部核定之。

第三十三条　民营铁道公司员工，应以中华民国国籍人民充任。如必须用外国人时，应先呈请铁道部核准。

第四章　工程

第三十四条　民营铁道轨距定为一四三五公厘。但有特别情事，经铁道部核准者，不在此限。

第三十五条　民营铁道轨重，准用国营铁道之标准。如有特别情形必须变更时，应呈请铁道部核准。但至少每公尺不得小于三十公斤。

第三十六条　民营铁道建筑方法及机车车辆构造，应遵照国营铁道各种标准规则及规范办理。如有特别情形，除下列各款外，得呈请铁道部核准变更之。

一、固定建筑物之最小净空；

二、隧道之最小净空；

三、车辆之最大限；

四、载积限；

五、正式桥基之载重；

六、轮钩之种类式样，及其中心距轨顶之高度；

七、车辆种类及轫管接头之大小式样；

八、号志之种类及用法。

第三十七条　民营铁道公司于正式立案后，已逾原定开工时期，尚未开工者，铁道部得撤销其立案。但因不可抗力不能如期开工，经声叙理由，呈请铁道部核准者，不在此限。

第三十八条　全线工程应于原定期限内竣工。但因不可抗力不能如期竣工者，得声叙理由，呈请铁道部核准展期。

第三十九条　全路工程完竣，非呈经铁道部派员履勘呈请核准后，不得开车营业。路线造成一段，先行营业者，亦同。

第四十条　路线如横断交通频繁之道路时，应筑天桥、隧道或栅门。至其他须防危险之处，并应为相当之设备，或派人守望。

第四十一条　路线横断河川，有架桥筑墩之必要时，以不妨碍行船及流水为度。河岸如有堤坝等建筑物，应维持其现状，并防止危险之发生。

第四十二条　关于道路桥梁、河川沟渠等工程之设施，应先呈该管地方行政官署核准。

第四十三条　民营铁道遇有国营公营或其他民营铁道须接续或横断该铁道者，由双方协定之协议不谐时，呈请铁道部决定。其接续或横断修筑道路、桥梁、沟渠、运河时，亦同。

第四十四条　中央或地方政府或其他公司于相当距离以内，

不得建筑与民营铁道路线平行之铁道或道路。但铁道网或国道网之路线，不在此限。

前项距离之远近及平行之限度，以不直接竞争为原则，由铁道部就路线经过地方情形，逐案核定之。

第五章　营业

第四十五条　民营铁道之营业运输，除应遵照国营铁道客货车运输货物分等及行车等规定外，应于呈报工竣开车营业前，拟具下列各款，呈请铁道部核准。遇有增减或变更时，亦同。

一、客货运输各项细则；

二、客货运价及附带各种费用；

三、行车保安各项细则；

四、列车开到时刻图表及说明。

第四十六条　民营铁道应将行车时刻、运费价目登载报纸，或以其他适当方法公告之。遇有变更时，亦同。

第四十七条　铁道部因公益上之必要，得令民营铁道变更列车速度、次数及开到时刻，并核减运价及费用。

第四十八条　民营铁道载运客货，除运价章程订明各费外，不得另行加费。

第四十九条　民营铁道非呈经铁道部核准，不得兼营其他附属业务。

第五十条　民营铁道运输上必要之设备，铁道部认为不适当时，得令其改良或添设。

第五十一条　民营铁道遇有行车上之重大事变，应立即电报铁道部，并随将详细情形呈报查核。其平常行车事变，应照国营铁道行车事变报告表格式，按月汇报。

第五十二条　民营铁道与国营或公营铁道或其他民营铁道等为联络运输或交互通车时，关于联运价目及设备之共同使用或变更，与其费用之分配，由双方协议，呈请铁道部核定。

第五十三条　铁道部因公益上之必要，得令民营铁道与其他铁道或公路、航路办理联运。

第六章　财务

第五十四条　民营铁道公司之岁计、会计、统计事务，准用关于国营铁道之法规办理之。

第五十五条　民营铁道公司应于每会计年度开始前一个月，编造预算，呈报铁道部备核。年度终了后，编造会计、统计年报，呈部备核。

第五十六条　民营铁道公司非摊提全路建筑及设备折旧后，不得分配盈余。

前项折旧率，由公司拟订呈请铁道部分别核定之。

第五十七条　民营铁道公司全年纯益超过实收资本总额百分之二十五时，其超过额之全数，应用以扩充或改良建筑或设备。

第五十八条　民营铁道公司得募集公司债，但应呈请铁道部核准。

前项公司债不得超过现值财产总额，但为完成路线建设所必需者，不在此限。

公司债之偿还时期，不得逾规定公司经营满期之日。

第五十九条　民营铁道公司财产，非呈经铁道部核准，不得抵押。

前项抵押财产，以建筑物及车辆机器为限。

第六十条　民营铁道公司与他人签订契约，其有效时期，不得逾规定公司经营满期之日。

第七章　收买

第六十一条　民营铁道经营期限定为三十年，自开始营业之日起算。其分段开始营业者，不论何段首先开始，均以全路开始营业论。

前项营业期满后，政府得备价将铁道之全部或一部，或连同公司兼营之附属营业收归国营，但应于收买之二年前，通知并公告之。

如不为前项之通知时，铁道公司仍得继续享有营业权十年，并请铁道部换发执照。但政府仍得于此后每十年期满前，依照前项规定程序，收归国营。

第六十二条　政府收买民营铁道之一部时，铁道公司于接收政府收买通知后，如有下列情事之一者，得于六个月内呈请政府全部收买之，政府不得拒绝，但逾期不得再行呈请。

一、公司因政府收买其铁道之一部，而致剩余路线不能独立营业者；

二、政府收买铁道之一部后，公司营业进款，已不足抵偿营业用款者。

第六十三条　政府收买民营铁道及其附属营业之全部时，应承继铁道公司所有全部资产，及经铁道部核准之负债。收买一部时，政府承继所收买之路产。至债务之承继或偿还，由政府与公司商定之。

第六十四条　政府于通知收买后九个月内，应由铁道部选派专家若干人，前往该铁道，依第六十五条之规定，将公司财产详细核实估价，并参合公司营业盈亏，计算收买价额，呈报铁道部核定，向公司协商收买。公司对于核定价额有异议时，得声请铁道部，由双方各派专家一人至三人，并会同聘请专家一人或三人，组织评价委员会，重行评定价格，双方不得再有异议。估价及评价期间，最长均不得逾六个月。

评价委员会之费用，由政府与公司平均负担之。

评价委员会于价格全部评定，并报告政府及公司之日撤销。

第六十五条　民营铁道之收买价额，以现存财产之公平估价，及最近三年间营业之平均盈亏，参合计算之。

第六十六条　政府实行接收时，应将收买价款，全数以现金或公债票交付公司。

前项公债票本息之担保方法，应得公司同意。

第六十七条　民营铁道接到政府收买通知后，对于路线设备，故意不为适当之修理，或疏于管理，致损及铁道运输能力行车安全或铁道财产者，政府得予以纠正，或通知评价委员会。

第八章　罚则

第六十八条　民营铁道公司有下列事情之一者，铁道部得撤销其立案，或停止其营业。

一、因违背法律或基于法律所发之命令，或违背呈准立案之附加条件，致有妨碍公益公安之行为者；

二、私收外股或私借外借者；

三、非因不可抗力，停止运输，继续至三个月以上者。

第六十九条　民营铁道公司未经呈准立案，擅行开工建筑，或未经批准，私将营业权移转于他人者，铁道部按其情节，得令停工或撤销其立案，并得处以二千元以下罚锾，或令公司撤换董事或其他负责职员。

依前项规定撤换之职员，不得再受公司之委任。

第七十条　民营铁道公司于工竣时，未经呈请派员履勘，擅行营业，或受命改筑而不遵行者，铁道部得处以一千元以下罚锾。

第七十一条　民营铁道公司或其职员，有下列情事之一者，铁道部按其情节，得处以一千元以下罚锾。

一、依本条例应经铁道部核准事项而未呈经核准，或呈请核准时，有虚伪情弊者；

二、依本条例应公告之事项而不公告，或公告中有虚伪之情弊者。

第七十二条　民营铁道公司或其职员，有下列情事之一者，铁道部按其情节，得处以三百元以下罚锾。

一、依本条例应报告铁道部事项而不报告，或报告不实者；

二、不遵铁道部之命令或处分者；

三、拒绝铁道部派员监视调查检阅簿册图卷，或公司职员为虚伪之陈述者。

第九章　附则

第七十三条　本条例自公布日施行。

专用铁道条例　二十四年十一月二十六日公布

第一条　本条例依铁道法第二条第二项之规定制定之。

第二条　凡建筑铁道专供所事营业运输之用者，称为专用铁道，应依本条例办理。

专用铁道不得为所营事业以外之客货运输，但铁道部因公益上之必要，得令其附带运输客货。

第三条　凡拟筑之专用铁道，如有一端直接与国营或公营铁道联接者，应先商请其主管机关建筑之。

第四条　专用铁道应受铁道部之指导及监督。

第五条　建筑专用铁道，应先备具下列各款书类、图说，送请铁道部核准。

一、所专供之用途及建筑理由书；

二、所营业之经历、投资总数及其经营成绩，如系民营，并应附具该事业已得官署核准登记或正式准许之凭证；

三、路线实测图及说明书；

四、建筑费用预算书；

五、行车动力说明书；

六、路用资本总额及其确实凭证；

七、开工、竣工时期。

第六条　铁道部审查前条所列各种书类图说，认为合格，并查验资本确实足额者，应准立案，发给执照。但因公益上之必要，得于准许立案时，于执照中载明附加条件。

执照之程式及应记载之要件，由铁道部定之。

第七条　专用铁道应依铁道部核定期限，开工竣工。若因不得已之事故，不能依限开工或竣工时，应声请铁道部核准展期。

第八条　专用铁道关于建筑工程及行车保安各项规则，均应呈请铁道部核准。

第九条　专用铁道于施工时期，应将进行状况，每月呈报铁道部查核。

第十条　路线穿过道路之处，应备栅门，派人守望。如横断交通频繁之道路，应筑天桥或隧道。至其他须防危险之处，并应为相当之设备。

第十一条　路线横断河川，有架桥筑墩之必要时，以不妨阻行船及水流为度。河岸如有堤坝等建筑物，应维持其现状，并防止其危险之发生。

第十二条　关于道路、桥梁、河川、沟渠等工程之设施，应先呈请该管地方行政官署核准。

第十三条　工程完竣，应先请铁道部派员履勘，呈报核准后，方得行车。

第十四条　专用铁道遇有国营、公营或民营铁道，须接续或横断该铁道，或须与其平行，或须收买之者，经铁道部核准，不得拒绝。

前项收买价额之决定，准用民营铁道条例第六十四条之规定。

第十五条　专用铁道如因延长路线，或扩充改良，须增加资本时，应将理由及筹款计划，呈请铁道部核准。

第十六条　专用铁道关于所有权之移转，非双方联署呈请铁道部核准立案，换给执照，不生效力。其以管理权委托于他人时，应附具合同抄本，呈请铁道部核准。

第十七条　铁道部得随时派员至专用铁道调查工程材料、财产实况及其所营事业之运输各项情形。遇必要时，并得检阅有关系之文卷帐册。如认为办理不善，铁道部得随时纠正之。

第十八条　不依本条例呈请核准，擅行建筑专用铁道者，铁道部得停止其工程或运输。并得按其情节，处以一千元以下罚锾，仍限定期间，令其依本条例之规定，补请核办。

第十九条　本条例未公布以前，曾经前交通部或铁道部正式批准立案之专用铁道，应自本条例施行日起，六个月内，依本条例之规定，呈请铁道部换发执照。

第二十条　本条例自公布日施行。

公营铁道条例　二十四年十一月二十六日公布

第一条　本条例依铁道法第一条第三项之规定制定之。

第二条　公营铁道路线不得超越各该省市县政府所辖区域以外，但有特别情形，经铁道部核准者，不在此限。

第三条　公营铁道应受铁道部之指导及监督。

第四条　公营铁道之兴筑，应先备具下列各款书类图说，送请铁道部核准，转呈行政院备案后，方得举办。

一、铁道名称及建筑理由计划书；

二、路线预测图及说明书；

三、沿线经济状况说明书；

四、建筑费用概算书；

五、行车动力之种类；

六、营业收支概算书；

七、管理机关之组织；

八、资本总额及款项来源或筹募计划。

第五条　公营铁道得兼收民股，但不得超过资本总额百分之四十，所收民股，以中华民国人民投资者为限。

第六条　公营铁道如由地方政府借款发行库券或募集公债，应将该项债款性质、债额、利率、募集与偿还方法，以及其他条件，送请铁道、财政两部查核，会同转呈国民政府核准。

第七条　公营铁道之兴筑，经铁道部核准后，应即从事筹备，依所定期限，将下列各款书类、图说等送部核准备案。

一、路线实测平剖面图及说明书；

二、各项工程及机车车辆图式说明书；

三、建筑用费预算书；

四、开工竣工时期及分段施工计划；

五、资本总数、已收款数及其余续收期限；

六、管理组织之系统及规程；

七、高级职员姓名及其资历。

第八条　公营铁道不依前条之规定办理，及逾原定开工时期尚未开工者，铁道部得撤销核准。但因不可抗力或有其他正当理由者，得声请铁道部核准展期。

第九条　公营铁道于筹备及工程时期，应将进行状况及经济情形，每月呈报铁道部查核。在营业时期，应将营业状况及改进计划，每三个月呈报铁道部查核。

第十条　公营铁道如因延长路线，或扩充改良，须增加资本时，应将理由及筹款计划，送请铁道部核准，呈行政院备案。如须募债时，并应依第六条之规定办理。

第十一条　公营铁道职员有任用外国人员之必要时，应将所拟合同草案，送请铁道部核准，方得签订。

第十二条　公营铁道工程时期之总工程师及主管会计人员，铁道部认为不胜任时，得令其撤换。

第十三条　全路工程因不可抗力或其他正当理由，不能于铁道部核定期间完工者，得声请铁道部核准展期。

第十四条　公营铁道需用土地，得依法呈请征收之。

第十五条　公营铁道轨距定为一四三五公里，但有特别情事，经铁道部核准者，不在此限。

第十六条　公营铁道轨重，准用国营铁道之标准。如有特别情形，必须变更时，应呈请铁道部核准，但至少每公尺不得小于三十公斤。

第十七条　公营铁道建筑方法及机车车辆构造，应遵照国营铁道各种标准规则及规范办理。如有特别情形，除下列各款外，得呈请铁道部核准变更之。

一、固定建筑物之最小净空；

二、隧道之最小净空；

三、车辆之最大限；

四、载积限；

五、正式桥基之载重；

六、镜钩之种类式样及其中心距轨顶之高度；

七、车辆种类及韧管接头之大小式样；

八、号志之种类及用法。

第十八条　全路或一段工程完竣，应先请铁道部派员履勘，呈报核准后，方得开车营业。

第十九条　路线穿过道路之处，应备栅门，派人看守。如横断交通频繁之道路，应筑天桥或隧道。至其他须防危险之处，并应为相当之设备。

第二十条　路线横断河川，有架桥筑墩之必要时，以不防阻行船及水流为度。河岸如有堤坝等建筑物，应维持其现状，并防止其危险之发生。

第二十一条　公营铁道遇有国营、民营或其他公营铁道，须接续或横断该铁道，经铁道部核准者，不得拒绝。

第二十二条　公营铁道之营业运输，除应遵照国营铁道客货车运输货物分等及行车等规定外，应于呈报工竣开车营业前，拟具下列各款，呈请铁道部核准。遇有增减或变更时，亦同。

一、客货运输各项细则；

二、客货运价及附带各种费用；

三、行车保安各项细则；

四、列车开到时刻图表及说明。

第二十三条　公营铁道应将行车时刻、运费价目，登载报纸，或以其他适当方法公告之。遇有变更时亦同。

第二十四条　铁道部因公益上之必要，得令公营铁道变更列车速度、次数及开到时刻，并核减运价及费用。

第二十五条　公营铁道载运客货，除运价章程订明各费外，不得另行加费。

第二十六条　公营铁道运输上必要之设备，铁道部认为不适当时，得令其改良或添设。

第二十七条　公营铁道遇有行车上之重大事变时，应立即电报铁道部，并随时将详细情形，呈报查核。其平常行车事变，应照国营铁道行车事变报告表式，按月汇报。

第二十八条　公营铁道与国营或民营铁道或其他公营铁道为联络运输，或交互通车时，关于联运价目，及设备之共同使用或变更，与其费用之分配，由双方协议，呈请铁道部核定。

第二十九条　铁道部因公益上之必要，得令公营铁道与其他铁道或公路航路办理联运。

第三十条　公营铁道之岁计、会计、统计事务，应遵照关于国营铁道之法规办理之。

第三十一条　公营铁道应于每会计年度开始前一个月编造预算，呈报铁道部备核。年度终了后，编造会计、统计年报，呈部备核。

第三十二条　公营铁道如变更组织，更改路线，租借营业，抵押财产，移转管理权或宣告停办，均应先呈铁道部核准。

第三十三条　铁道部得随时派员至公营铁道调查工程、材料、营业、运输、会计、财产实况及各项情形，公营铁道应予以调查上之一切便利。遇必要时，并得检阅有关之文件帐册，如认为办理不善，铁道部得随时纠正之。

第三十四条　公营铁道于必要时，得呈请铁道部派员驻路指导一切整理及改进事宜，其公费由公营铁道负担之。

第三十五条　本条例未公布以前，各省市县政府已经敷设或正在敷设之铁道，应自本条例施行日起，六个月内，依本条例之规定，补请铁道部核准备案。

第三十六条　本条例自公布日施行。

〔国民政府全国经济委员会档案〕

（二）铁　　路

一、铁路建设计划

1. 孙科关于用英俄两国庚款发行公债迅速完成粤汉、陇海两铁路呈稿

（1929年2月1日）

请于英俄两国庚款中确定指拨一万五千万元发行公债，迅速完成粤汉陇海两路案

为提议事：窃以吾国铁道建设计划，在总理实业方略中诏示周详，其关系国计民生与军事政治，实异常重要。中央为完成总理遗志，促进铁道建设，故特设专部，以司其事。科自受任铁道部长以来，无日不悉心规划，期将总理手定铁道计划，按序实施，以毋负中央委托之至意。当经于本年一月拟具庚关两款建筑全国铁路计划提案，呈送中央政治会议核议。旋奉决议：分路线、庚款、关款三部分分别指定委员审查。其关于路线部分，早经由科担任召集，审查完竣，呈复中央。庚款部分亦经由李委员煜瀛召集审查，惟关款部分，以种种关系尚未开始审查，致此案至今中央尚未有确定办法。铁道部为促成铁道建设，关于应行筹筑各路路线，且早经派队测量，以资准备。现当讨桂军事瞬告结束，为巩固中央权威与履行本党建设计划，铁道建筑尤宜从速进行，以维持友帮人士及国内民众对吾党国之信用。即几厄于财政，未能大举，亦当斟酌事实，期有小成。查路线审查已定以粤汉、陇海、沧石三路列为第一组，先事兴筑。兹为坐言起行，务求实施起见，拟就最低限度设想，先定将粤汉、陇海两路限四年内完全筑成。按照前定预算，粤汉路约须

六千四百万元，陇海路约须八千五百万元，合计约须一万五千万元。此款即请中央于英俄两国庚款中如数指拨，然后由铁道部以此项庚款担保，分年发行公债，依照计划，以四年为期完成两路。一俟此两路完成后，即将铁路收益逐年拨充教育发展经费。窃意此项计划以教育基金投诸最稳定，有利之铁路建设，实一举而两善备者。为此提议大会，敬祈迅予照案通过施行，党国幸甚。谨呈
中央执行委员第二次全体会议

附一、中央执行委员会决议确定训政时期物质建设之实施程序及经费案〔缺〕

附二、庚关两款筑路计划提案

委员　孙科

二　一

庚关两款筑路计划提案

为提案事：谨案总理实业计划为建设三民主义物质基础之具体方略，其中尤以交通计划内之铁道建设，为发展国民经济之利器。总理手定十万英里路线，擘划精深，规模宏远，久为本党建设罗针。当今训政开始，自当恪遵遗教，努力铁道之建设。去岁委员提议建设大纲，经于第一百六十二次政治会议通过，交国民政府分别执行。其中第二十一条规定，十年内每年平均建筑铁道二千英里，共计二万英里。查中国国有铁道，共计不过六千三百九十四英里。自欧战发生以还，世界资本市场剧变，所有北京交通部借款筑路之进行，次第停顿，十余年来，几无筑路成绩之可言。又查从前借款合同受外人竞攫势力范围之影响，条件固多损失，即所择路线亦往往不合本国需要。现在统一告成，全国视线集中于革命，所以建设之要求，亟当以国家需要为本位，审查旧线，计划新线，权衡轻重，决定计划，确筹的款，限期依次兴筑，奋起直追，实现物质建设之使命。委员自受任铁道部职以来，深懔于铁路关系国命之重，与

夫选择路线之难，竭智尽能，夙夜规划，一以国家需要为本位，不敢稍存私见，不敢妄加武断。兹谨拟将旧线中之粤汉线、陇海线、沧石线为第一组；旧线之京湘线（即宁湘线）及新近计划之京粤线（内有汕头梅县线、厦门龙岩线、福州南平线、杭州常山线，合成一系）、韶州南昌线（简称韶昌线）、福州南昌线（简称福昌线）、粤滇线（内有分线达贵阳）、湘滇线为第二组（此组中韶昌线、福昌线为京粤线之比较线，粤滇线为湘滇线之比较线）；旧线中之包宁线、成都重庆线、道济线、同蒲线为第三组；而以新线之宝庆钦州线为第四组（此线实连同湘滇线为粤滇线之比较线）。拟请依照本提案所拟之"选线计划"及"兴筑程序计划"，交铁道部负责选定，选定后即为第一期所应兴筑之路线。预计选线结果，其总里数约五千三百七十八英里至六千一百零二英里半，建筑费自七五一，五二一，六二七元至八六三，三二九，六二七元。依照建设大纲定案，应于六年内完全筑成。至于筹款筑路问题，现查有英俄意三国之庚子赔款算至民国三十八年为止，全部共计二六七，一四二，八一二元，除英国部分尚须经相当外交手续外，俄意两部分早经正式退还。兹拟请以逐年退还庚款作为文化基金，并将该项基金依照本提案所拟"文化基金投资筑路办法"，陆续拨借铁道部，并由铁道部依照本提案所拟之"庚款筑路公债计划"，发行公债，预计此项公债可于三年内实收一二六，九〇〇，〇〇〇元。此款再加截至民国十八年底之庚款积存现款数目，共得一三八，五〇〇，〇〇〇元。又查关税自新定税则颁行后，每年收入总额比较民国十七年正税及附税合计之额，预计可增加净额四千万元。兹拟请以依此比较增加净额之半，拨充铁道建设经费。假如本年新增税额在二千万元以下，一千五百万元以上时，该项拨款至少仍以一千万元为限。自民国十九年起，如该项新增税额（仍以民国十七年额数为比较底额）之半不及一千万元时，该项拨款每年至少仍以二千万元为限。此项关税拨充铁道建设经费，自民国十八年起，至三十二年止，计共十五年为限，拟请由财政部按期拨交铁道部，并由铁道部依照本提案所拟之“关税筑路公债计划”，发行公债。预计此项公债可于六年内实收二七〇，〇〇〇，〇〇〇元，两项合计共得四〇八，五〇〇，〇〇〇元。又查现在铁道部负债累累，过期未付本息极巨，亟应设法还清，庶几信用恢复，新发债票不致市场低滞，蒙损失而碍进行，已由委员负铁道部长职责，另案计划，自关税拨充建设铁道经费项下直接拨充清还。故庚关两项所筹之款共四〇八，五〇〇，〇〇〇元，大约能筑二千五百三十七英里路线。如此，则六年之内国有铁道英里数将增至八千九百三十一英里。又加以国家大定，整个国民经济将如春雷动蛰，万芽争茁，不数年间，将大改厥观。本计划所余路线，不过二千八百四十一英里，尚何有筹款之足忧哉。凡事作始也艰，而建设事业为尤信，委员职责所在，敢掬至诚，为国民请命，所有拟请确定第一期兴筑路线以及庚款基金关税拨款建筑铁道办法，是否有当，敬请公决。谨呈

国务会议

提案人　委员孙科

计附件六

一、拟定路线说明(附图)

一、选线计划

一、兴筑程序计划

一、文化基金投资筑路办法

一、庚款筑路公债计划

一、关税筑路公债计划

拟定路线说明

甲　路线表〔见下页〕

乙　定线标准

本提案拟定路线，一以国家需要为本位。具体言之，即遵照总理实业计划，详考本国现状，就其对于政治及经济能以最小劳费发

组别	线名	性质	经过地域	延长英里数	建筑预算费	备考
第一组	粤汉线株韶段	已定线	湖南广东	二七〇	六五,〇〇〇,〇〇〇元	
	陇海线潼兰段	已定线	陕西甘肃	六五七	八七,六五〇,〇〇〇	
	沧石线	已定线	河北	一三八	一一,九二八,八三〇	
第二组	京湘线	已定线	江苏安徽江西湖南	六一四.〇五	九〇,九〇二,三四〇	
	京粤线	新拟线为韶昌福昌两线之比较线	江苏安徽浙江福建广东	一二一二	一六五,五二五,〇〇〇	根据总理东南铁路系统(盈)南京嘉应线
	韶昌线	新拟线，连同福昌线为京粤线之比较线	广东江西	五〇三	六八,〇六〇,〇〇〇	根据总理东南铁路系统(月)南京韶州线(南段)
	福昌线	(参阅上项)	福建江西	五二三	七五,二三〇,〇〇〇	根据总理东南铁路系统(黄)福州武昌线(东段)
	粤滇线	新拟线，为湘滇线之比较线	广东广西贵州云南	一三一二.五	一六七,六四〇,〇〇〇	根据总理西南铁路系统(戊)广州云南大理腾越线
	湘滇线	(参阅上项)	湖南贵州云南	一一〇〇	一五三,二一三,〇〇〇	此线占沙兴线之中部，而两端连于长沙大理。

（续表）

组别	线名	性　质	经过地域	延长英里数	建筑预算费	备　考
第三组	包宁线	已定线	绥远甘肃	三四四	四三,四一四,六四〇	
	成都重庆线	已定线	四川	三二四	四四,七二二,九〇〇	
	道济线	已定线	山东河北河南	一八二	一三,四二八,二四三	
	同蒲线	已定线	山西	五一〇	八三,五四四,六七四	
第四组	宝钦线	新拟线，连同湘滇线为粤滇线之比较线	湖南广西广东	七五一	一〇四,〇〇〇,〇〇〇	此线系株钦线之变相，而北端连于宝庆

生最大效用者选拟之。同时营业方面兼筹并顾，务期获利必操左券，非惟所以谋投资之绝对安全，并期以收入净余，继续展筑新路。盖增加社会资本之建造速率，亦与国家需要为本位之标范适合。兹再就政治、经济、营业三项分别言之。

一、政治　国都底定南京，则国都与各省之联络，在政治上自属主要。本提案各线完成后，则北部各省省治（热河、新疆除外）能以铁路直达浦口，南部各省（安徽、四川、西康除外）直达南京。现在西南各省省治，如成都、贵阳、昆明、南宁，来京途程动辄以旬月计，如本提案路线完成后，则由各省省治到京时刻如下表。

省别	省治	途程里数	途程时刻		备考
			现在（约计）	将来	
云南	昆明	一八一二	十二日	六〇小时	将来入京可沿粤滇、粤汉、京湘等路线
	又	一八五八	十二日	六二	将来入京可沿粤滇、京粤等路线
贵州	贵阳	一四〇四	二十余日	四七	将来入京可沿湘滇、京湘等路线
	又	一七〇〇	二十余日	五七	将来入京可沿湘滇、粤滇、京粤等路线
广西	南宁	一四九五	十日	五〇	将来入京可沿宝钦、湘滇、粤汉、京湘等路线
	又	一四六四	十日	四九	将来入京可沿湘滇、粤滇、京粤等路线
广东	广州	九一二	四日	三〇	将来入京可沿京粤线
江西	南昌	四三八	二日	一五	将来入京可沿湘京线
湖南	长沙	七一二	五日	二七	将来入京可沿粤汉
甘肃	兰州	一四一七	十日	四七	将来入京可沿陇海、津浦

（续表）

省别	省治	途程里数	途程时刻		备考
			现在（约计）	将来	
陕西	西安	八七〇	七日	二九	将来入京可沿陇海、津浦
四川	成都	一三〇〇	二十日	十日	将来入京可沿成都重庆线，至重庆再转长江轮船
福建	福州	五七三	三日	一九	将来入京可沿京粤线
浙江	杭州	三一一	十二小时	一二	沪杭甬沪宁等线
	又	四五四	十二小时	一五	将来入京可沿京粤线
安徽	安庆	一七〇	十七小时	一七	长江轮船
湖北	武昌	三七五	四十小时	四〇	长江轮船
山东	济南	四〇七	十七小时	一七	津浦线
山西	太原	八三三	三十五小时	三五	正太、汉平、陇海、津浦等线
河南	开封	三八三	十五小时	一五	陇海、津浦等线
河北	北平	七〇六	二十三小时	二三	平奉、津浦等线
江苏	镇江	四六	一.五小时	一.五	沪宁线
沈阳	沈阳	一〇六五	三十七小时	三七	平奉、津浦线
吉林	吉林	一四四五	两日	两日	吉长、南满、平奉、津浦等线
黑龙江	龙江	一六六五	三日	三日	中东、南满、平奉、津浦等线
新疆	迪化	约二八二〇	约二月	约五十日	将来除自迪化至兰州仍沿驿路外，自兰州至京可沿陇海、津浦等线

（续表）

省别	省治	途程里数	途程时刻		备考
			现在（约计）	将来	
热河	承德	约八五〇	三日	三日	由汽车道至北平，再转平奉、津浦线至京
察哈尔	张家口	八一四	三〇小时	三〇	沿平绥、平奉、津浦等线
绥远	归绥	一四〇〇	两日半	两日半	沿平绥、平奉、津浦等线
西康	康定				未详

二、经济　中国本部（沿习通用名词）为人口过剩贫乏不堪之农村经济，而边陲地广人稀，农村手工业之副产早为外国优势经济所摧灭，而都市尚未工业化，国民经济倾畸残破，若此宜乎，民生痛苦等于牛马，民智野塞，民力孱弱，以云立国，实乃幸存。查中国农户状况，依据金陵大学民国十年至十四年农林农业经济系卜凯氏(Bnck)调查统计，北部每户平均人口为五.七八，平均耕地为五七.六亩，平均收入为七五.九八元。南部每户平均人口为五.五三，平均耕地为三三.七亩，平均收入为二一〇元。美国倍克氏(Baker)之估计，则以为北部每户耕地不过二十余亩，南部不过十余亩，以视美国每户平均耕地九四三亩，奚啻天壤之别。又据倍克氏之估计，中国本部可耕之地为四，五五〇，〇〇〇，〇〇〇.〇〇〇亩，而已耕之地不及三分之二。由是而知，交通艰阻则移民难，而人口分配不均，运价昂贵，遇丰穰则谷贱伤农，有水旱则流离莩饿。故铁道之计划，应以促进垦荒移民，苏裕农村经济，为经济第一最大目的。一社会之工业化，以煤铁为基础。中国煤炭之储藏量为二一八，〇〇〇，〇〇〇，〇〇〇吨，而每年之产额不过二五，〇〇〇，〇〇〇吨，其用于工业及原动力之发生者，仅为产额百分之四十。以视美国每年产额六〇〇，〇〇〇，〇〇〇吨者，又奚啻天壤之别。中国铁之储藏量九五一，七〇〇，〇〇〇吨，为数虽小，尽足初期工业化

之用，而每年产额乃不及二，〇〇〇，〇〇〇吨。以视美国每年产额六八，七〇〇，〇〇〇吨者，又奚啻天壤之别。至于其他矿产，如铜、锌、金、银，尚可开采，如锑、钨、锡、锰，且可谋巨量输出。故铁道之计划，应以启发矿藏，尤其以供给工业以巨量之廉价煤炭，促进工业化，为又一经济之最大目的。本提案所拟路线，亦即本此两大目的，对于现在状况施以最急迫最切要之救济。如陇海线、包宁线所以谋移民之西向也；粤汉线所以贯通南北，且谋以湖南之煤促进南部之工业化也；沧石线所以谋巨量山西煤炭之出海也；宁湘线所以谋萍乡鄱乐煤炭之东运也；京粤线或其比较线之韶昌线、福昌线，所以谋东南腹部之联络也。京粤线纵贯东南煤区，但其性质储量均待调查，其比较线之韶昌线及福昌线，一则经行富饶之赣江流域，且穿贯吉安煤田，一则联络闽江、抚河两流域，除邵武白煤矿藏外，未悉其详，故非经测量，不易定其取舍也。粤滇线或其比较线之湘滇线，为联络西南腹部干线，但滇黔桂为万山丛叠之地，工程问题非经测量，无从答复，矿藏所在，非经调查，无从断定。粤滇线虽有物产出海之便，而湘滇线则有政治控制之宜，故亦未易言其优劣也。至于宝钦线，则就湘滇线而计划者也。成都重庆线因川汉线工程过巨，乃谋先筑贯穿富饶巴蜀之线，以为川汉线之初步也。道济线通，则河南白煤得以东运。同蒲线通，则汾河流域得以遄行，且谋晋煤之西运也。凡此种种，不过举其概要，已足证其关系国民经济之重大矣。

三、营业　普通原则有土斯有财，铁道原则有人斯有利。中国本部人口稠密，干线之兴筑，实无往而不利。全国路线除极少数被水运压倒之广九、湘鄂线外，即在离乱扰攘之际，亦莫不获利丰厚。民国四年至十三年十年间，国有铁路平均净利为收入百分之四十六，而每年收入平均增加额为百分之九.三，苟路款不受挪移，固绝无财务问题之发生也。盖盈利问题与运价问题、社会经济进展问题，如环之属，互相影响。铁道以独占事业操之纵之，六辔在手，非无盈利之患，实取舍得当之难。新线收入预测成法，在实地调查后估计吨里，以静的经济状态测动的经济进展，自属偏于谨慎。现在各线沿线经济状况尚待调查，仅先就沿线人口比算，已堪与已成线相抗衡，且所计划之线并无汽船水运与之竞争，其操获利左券必矣。

附　沿线人口比算表

一、已成路线

线别	英　里	沿　线　人　口	每英里人口	备　　考
广九	八八.八	四，九八五，〇四一	五六，二五〇	九龙人口不在内
沪宁	一九三.〇	七，五二八，一〇四	三九，〇〇〇	
沪杭甬	一七四.〇	五，四四四，四七二	三〇，七〇〇	
道清	九三	二，三六八，二三五	二五，五〇〇	
胶济	二四五	五，三六八，四八九	二一，九一〇	
汉平	七五三	一四，八一九，一八八	一九，六六〇	
津浦	六二七	一二，二四七，一八六	一九，五五〇	
陇海	三〇四	五，四七三，三五七	一八，〇〇〇	
湘鄂	二五九	四，五九九，五七七	一七，七五〇	
平奉	五二五	八，〇〇〇，一六一	一五，二二〇	
正太	一五一	一，五〇五，一七六	一〇，〇〇〇	
平绥	五〇二	四，六二九，二五〇	九，二二〇	

附注：（一）本表人口系根据民国十五年“通邮处所集”。

（二）本表路线英里数目，系根据民国十三年《国有铁路会计统计年报》公里数目折算。

（续表）

二、拟筑路线				
线别	延长英里数	沿线人口	每英里人口	备考
粤汉线株韶段	二七〇	八,七九九,六〇七	三二,五九一	
陇海线潼兰段	六五七	四,二二五,二〇四	六,四三〇	
沧石	一三八	二,九二五,三九八	二一,一九八	
京湘	六一四,五	八,七八二,二〇三	一四,二九二	
京粤	一,四八五	一三,八四一,五〇〇	九,三二一	连京湘线之南京徽州段二〇一英里，及广九线三五.五英里，漳厦线一八英里，潮汕线一八英里在内，本线实需建筑轨道一千二百一十二英里。
韶昌	五〇三	五,三一三,七一一	一〇,五三〇	
福昌	五二三	四,九二九,四一〇	九,四三〇	
粤汉	一三一二.五	一三,三三三,一四一	一〇,一五〇	
湘滇	一,一〇〇	一一,一三九,二一七	一,〇一二	
包宁	三四四			人口无从查考
成都重庆	三二四	六,五七五,二一二	二二,〇六〇	
道济	一八二	四,三三〇,二八八	二三,八〇〇	
同蒲	五一〇	三,四三四,三三七	六,七三三	
宝钦	七五一	四,四二四,〇七二	五,九〇〇	

附注：本表人口系根据民国十五年“通邮处所集”。

庚关两款筑路计划图〔略〕

选线计划

本提案所拟路线，已详"拟定路线说明"。所谓选线问题，即对于比较线何所取舍之问题是也。现铁道部拟于一年内将京粤线、韶昌线、福昌线、粤滇线、湘滇线、宝钦线测勘完竣。测勘内容分为三部分：(一)路线草勘，所以决定路线工程问题；(二)经济调查；(三)矿产地质测勘。(二)与(三)所以决定路线效用及营业问题测勘后，依据"拟定路线说明"内之定线标准，详加研究而选定之。例如取京粤线时，则舍弃韶昌线及福昌线。

兴筑程序计划

"拟定路线说明"内依照定线标准而较量各线之效用，依其重轻等次，分为四组：

第一组　粤汉线　陇海线　沧石线；

第二组　京湘线　京粤线或韶昌福昌线　粤滇线或湘滇线；

第三组　包宁线　成都重庆线　道济线　同蒲线；

第四组　宝钦线　如取湘滇线时则采用，否则舍弃。

从"拟定路线说明"内可知，第一、第二两组有全国重要之关系，但第一组比较第二组为轻而易举，第三组则比较属于局部性质，而第四组之宝钦线为第二组湘滇线之连带线。

兴筑程序应以本提案所筹之款，依上列组次陆续兴筑。

同组之线如款项有着，即应同时兴筑。

文化基金投资筑路办法

文化事业之进展与国民经济之发达，有密切相互关系，此固人人所知。而铁道事业为国民经济发展之工具与先驱，前于拟定路线说明内已详言之。是以文化事业之基金投资筑路，不啻即为文化事业本身之发展，况铁道事业为含有永久与绝对稳固之生产事业，并在最短期间，即能获百分之四十以上之净利，净利之增加且与年俱进。吾人试一查英庚款咨询委员会对于基金投资办法首举铁路，固已毫无疑义者矣。

查英俄意三国庚款，余额多指定为文化事业之用，此项文化基金自以投资筑路为唯一安全完善办法。所有三国庚款逐年余款，详见附表甲。

附表所列各项，除英庚款尚须经相当外交手续，已于提案内说明，至俄款、庚款之退还，早经正式成立。现于退还期间自民国一十九年至三十八年内陆续借拨，以每年年息四厘计算(英俄原案系专指文化事业，意案则兼及实业工程等用途，故意款之最大限度仅能以一半计算)。详见附表乙。

文化事业本身之常年经费，其拨付数目自以一律为宜，兹拟将上列各年应付借拨四厘利息，分十年一期，平均摊配，十年每年平均息款三百六十八万二千五百二十九元，此即为铁道事业于上十年内每年应付文化基金之投资利息。下十年每年平均息款九百十二万零八百六十四元，此即为铁道事业于下十年内每年应付文化基金之投资利息。自第二十一年起，即自民国三十九年起，铁道事业已臻巩固繁荣地位，更可进一步而谋余利之参需办法。该项办法，届时应由铁道部及文化基金保管团体妥议之。

附表甲　英俄意三国庚款逐年余额表

年　别	意　款	英　款	俄　款	共　计
民国十一年	$ —	340,000	—	340,000
民国十二年	—	4,131,270	—	4,131,270
民国十三年	—	4,131,270	—	4,131,270
民国十四年	—	4,131,270	—	4,131,270
民国十五年	—	4,131,270	—	4,131,270

（续表）

年　别	意　款	英　款	俄　款	共　计
民国十六年	——	4,131,270	——	4,131,270
民国十七年	——	4,131,270	——	4,131,270
民国十八年	——	4,131,270	亏数200,280	3,930,990
			至十八年起共计	29,058,610
民国十九年	2,080,000	4,131,270	3,672,010	8〔9〕,883,280
民国二十年	2,080,000	4,131,270	5,004,010	11,215,280
民国二十一年	3,020,000	5,964,810	9,421,778	18,406,588
民国二十二年	3,020,000	5,964,810	9,421,778	18,406,588
民国二十三年	3,020,000	5,964,810	9,421,778	18,406,588
民国二十四年	3,020,000	5,964,810	9,421,778	18,406,588
民国二十五年	3,020,000	5,964,810	9,421,778	18,406,588
民国二十六年	3,020,000	5,964,810	9,421,778	18,406,588
民国二十七年	3,020,000	5,964,810	14,371,778	23,356,588
民国二十八年	3,020,000	5,964,810	14,371,778	23,356,588
民国二十九年	3,020,000	5,964,810	14,371,778	23,356,588
民国三十年	2,260,000	4,131,207	——	6,391,270
民国三十一年	2,080,000	4,131,270	——	6,211,270
民国三十二年	2,080,000	4,131,270	——	6,211,270
民国三十三年	2,080,000	4,131,270	——	6,211,270
民国三十四年	2,080,000	4,131,270	——	6,211,270
民国三十五年	2,080,000	——	——	2,080,000
民国三十六年	2,080,000	——	——	2,080,000
民国三十七年	2,080,000	——	——	2,080,000
共　计	48,160,000	111,861,070	107,121,742	267,142,812
	共计十一年至十八年			29,058,610
	十九年至三十三年			225〔6〕,632,932
	三十四年至三十七年			12,451,270

附表乙　英俄意三国庚款每年累积之数按周息

（英俄部分按全部计算，义款按半数计算）

年　份	义款半数	英款	俄　款
民国十九年	——	29,258,890	亏数200,280
民国二十年	1,040,000	4,131,270	2,672,010
民国二十一年	1,040,000	4,131,270	5,004,010
民国二十二年	1,510,000	5,964,810	9,421,778
民国二十三年	1,510,000	5,964,810	9,421,778
民国二十四年	1,510,000	5,964,810	9,421,778
民国二十五年	1,510,000	5,964,810	9,421,778
民国二十六年	1,510,000	5,964,810	9,421,778
民国二十七年	1,510,000	5,964,810	9,421,778
民国二十八年	1,510,000	5,964,810	14,371,778
民国二十九年	1,510,000	5,964,810	14,371,778
民国三十年	1,510,000	5,964,810	14,371,778
民国三十一年	1,130,000	4,131,270	
民国三十二年	1,040,000	4,131,270	
民国三十三年	1,040,000	4,131,270	
民国三十四年	1,040,000	4,131,270	
民国三十五年	1,040,000	4,131,270	
民国三十六年	1,040,000		
民国三十七年	1,040,000		
民国三十八年	1,040,000		
共　计	24,080,000	111,861,070	107,121,742

附表甲　英俄意三国庚款逐年余额表

附表乙　英俄意三国庚款每年累积之数按周息四厘计算利息表

庚款筑路公债计划

查英俄意三部分庚款，自民国十八年起至三十八年止，虽共有二万六千七百十四万余元，但须按年拨付，至民国三十八年方能拨

四厘计算利息表

<table>
<tr><th>共计</th><th>累积数</th><th>周息四厘</th><th>附注</th></tr>
<tr><td>29,058,610</td><td>29,058,610</td><td>1,162,344</td><td rowspan="10">民国十九年至二十八年十年共计$6,825,287,3,每年平均,682,529,千元以下之数不计。每年应付文化基金之投资利息按$ 3,683,000计算</td></tr>
<tr><td>7,843,280</td><td>36,901,890</td><td>1,476,075</td></tr>
<tr><td>10,175,280</td><td>47,077,170</td><td>1,833,086</td></tr>
<tr><td>16,896,588</td><td>63,973,758</td><td>2,558,950</td></tr>
<tr><td>16,896,588</td><td>80,870,346</td><td>3,234,813</td></tr>
<tr><td>16,896,588</td><td>97,766,934</td><td>3,910,677</td></tr>
<tr><td>16,896,588</td><td>114,633,522</td><td>4,586,540</td></tr>
<tr><td>16,896,588</td><td>131,560,110</td><td>5,262,404</td></tr>
<tr><td>16,896,588</td><td>148,456,698</td><td>5,938,267</td></tr>
<tr><td>21,846,588</td><td>170,303,286</td><td>6,812,131</td></tr>
<tr><td>21,846,588</td><td>192,149,874</td><td>7,685,995</td><td rowspan="10">民国二十九年至三十八年十年共计$ 91,208,641,每年平均$ 9,120,864,千元以下之数不计，每年应付文化基金之投资利息按$ 9,121,000计算</td></tr>
<tr><td>21,846,588</td><td>213,996,462</td><td>8,559,858</td></tr>
<tr><td>5,261,270</td><td>219,257,732</td><td>8,770,309</td></tr>
<tr><td>5,171,270</td><td>224,429,002</td><td>8,977,160</td></tr>
<tr><td>5,171,270</td><td>229,600,272</td><td>9,184,010</td></tr>
<tr><td>5,171,270</td><td>234,771,542</td><td>9,390,861</td></tr>
<tr><td>5,171,270</td><td>239,942,812</td><td>9,597,712</td></tr>
<tr><td>1,040,000</td><td>240,982,812</td><td>9,639,312</td></tr>
<tr><td>1,040,000</td><td>242,022,812</td><td>9,680,912</td></tr>
<tr><td>1,040,000</td><td>243,062,812</td><td>9,722,512</td></tr>
<tr><td>243,062,812</td><td>3,200,848,456</td><td>128,033,928</td><td></td></tr>
<tr><td></td><td>每年平均数</td><td>6,401,696</td><td></td></tr>
</table>

足。现在铁道急待建筑，立需巨款，迫不及待。拟即以此项庚款为担保，按铁道工程进行程序，以九四折、年息七厘、期限十八年，分期发行公债。第一年发行二千五百万元，第二年发行五千万元，第三年发行六千万元，共发公债一万三千五百万元。以此项公债实收之数，连同截至民国十八年止之庚款余额，计可拨充建筑铁道之款约一万三千八百五十万元，每公里建筑费平均按十万元计算，约

可修铁道一千三百八十五公里。

关税筑路公债计划

查关税自新订税则颁行后，每年收入总额比较民国十七年正税及附税，可增加四千余万元，拟以此项增加关税之半数拨充铁道建设经费，发行一种筑路公债。其发行手续及还本付息办法，拟具如次。

此项筑路公债总数定为三万万元，按七厘九扣分十二批发行，每半年发行一批，计二千五百万元，分每年发行完毕。偿还期间定为廿五年，第一年至第十年只付利息，自第十一年起开始还本，至第二十五年还清。

自民国十八年起至三十二年止，以十五年为限，每年以关税增额之半数拨充筑路公债基金。假定十八年起新增额之半数为二千万元以下，一千五百万元以上，该年至少拨一千万元。第二年至第十五年，该项新增额之半不及二千万元时，该项拨款每年至少拨二千万元，依此最低限度估计，则十五年间应可拨款二万九千万元。如是，则自此项公债发行之日起至十五年止，除第一年关税增额只拨一千万元外，此后每年可拨二千万元，为此项公债还本付息之用。自十六年起，所有还本付息，则可由筑成之路余利项下按年拨付。铁路每一公里建筑费平均约需十万元，以七厘九扣计算，三万万元公债实收二万七千万元，可筑新路二千七百公里。照已成各干线如津浦、汉平等路已往之成绩切实估计，在营业开始第六年，每一公里可得营业进款一万元，除去百分之六十营业用款，则每一公里可得余利四千元，自第七年起，则每年余利可按百分之九递加。照此计算，所有铁路余利在公债完全发行后第九年为一千四百余万元，至第二十五年，即增加至六千余万元。以此项每年余利及关税拨款为上项三万万元公债还本付息之用，尚有余裕。

新路每线建筑期间，约需三年，完成以后开始营业之最初五年，预算收入不多，余利自少，自第六年起，始能有余利。故订自公债发行后十五年，始由筑成新路之余利项下拨付本息。惟是发行此项公债建筑新路，必先恢复信用，则整理旧债尤须兼筹并顾。以前各路积欠内外债款为数甚巨，拟在所拨关税项下每半年拨付二百二十五万元，以十年为期，共拨洋四千五百万元，作为整理旧债一部分之用。旧债能定有整理办法，则新公债方能进行无阻也。

附原提案乙件

为报告事：窃孙委员科庚关两款筑路一案，关于路线审查事项，奉发交玉祥、锡山、应钦、济琛、宗仁、科等审查，遵于二月六日公同讨论，宗仁、应钦、科亲自出席，锡山因事不克出席，委托贾景德代表与会。当经将原案悉心讨论，佥以为我国今后筑路计划，应注重于发展实业，巩固国防，即应本此意旨为讨论标准，拟将各组路线修改如下。

第一组　完成粤汉、陇海、沧石三线自可如原案通过。

第二组　原案拟列入京湘、京粤、韶昌、福昌、粤滇、湘滇六线，兹拟改为京湘、湘滇、宝钦（宝庆至钦州）三线。盖大江以南必须有直贯东西之大干线，藉以联络京滇，当为众所共认。但由京入滇与其取道粤省，不若由湘而黔而滇之较为直捷，故拟先修京湘、湘滇二线，并加以宝钦线，以谋广西与中央之联络。又同蒲一线，民元初本为晋省自行拟办之线，因袁氏世凯改定同成，收为国有，迄今未办。现在晋省民众迫切要求兴筑，极为激昂。此种情形经锡山代表贾景德详为说明，故折衷拟列此组。倘晋省能筹得建筑经费十分之四，只可归入第一组修筑。余若京粤线与京湘、粤汉线同一联络，京粤似可暂缓，改入第四组。而其比较线韶昌、福昌二线，实有兴筑之必要，可改入第三组。

第三组　包宁、成渝、道济三线，可照原案通过。同蒲一线改入第二组，并将原列第二组之韶昌、福昌二线改入此组，理由见前。

第四组　原拟宝钦线已改列第二组。兹拟将京粤、粤滇二线列入此组，并添列渝柳(重庆至柳州)一线。盖筑路如有余力，京粤、粤滇两线自可举办，藉增交通之便利。又成渝阮〔既〕修之后，应将粤滇线之贵阳分线延长至重庆，以成渝(重庆)柳(柳州)线加入此组，以与宝钦线联接，则川省客货可由黔桂出海，其取径为最直捷，故只〔亦〕有兴筑之价值。又卫生部长薛笃弼、工商部长孔庸之、内政部长赵戴文，向铁道部提议加修泉岐、泽清两线。经科附带提付讨论，佥以两线为运煤之线，但经行丛山峻岭，工程浩巨，如果煤运收入确有把握，筑路成本不致虚耗，亦可加入此组，一并兴修。理合附带报告，并附呈原案。

所有遵议审查路线、兴筑次序，业经详加讨论，议如上述，理合备文报告。谨呈

政治会议

附呈薛笃弼、孔庸之、赵戴文等提案一件

提案

提议

此次铁道部修筑铁路计划案内，为发展晋煤，将修筑沧石路列入计划之第一组，所见诚为远大。发展晋煤本为先总理遗教，关系民生至为密切。惟查晋省产煤丰富，区域北在大同，南在泽州，欲实行发展晋矿，自当由产煤区域修筑铁道，始可收效。前交通部拟定泉岐、泽清两路，一由大同之口泉至河北省沧县之岐口，以通海运；一由泽州至河南省之清化，以通陆运，诚为发展晋煤之要计。拟请将泉岐、泽清两路加入计划，提前修筑。是否有当，敬请公决。

提议　孔祥熙　赵戴文　薛笃弼

〔国民政府铁道部档案〕

2. 张嘉璈关于抄送海南岛铁路计划书致全国经济委员会秘书处公函

(1937年6月10日)

铁道部公函　新字第一〇六八号

案准本年五月二十四日贵处水字第四五一三一号函嘱，检送有关广东海南岛开港及修筑铁路之一切资料，以资参考等由。准此。查该岛环海铁路路线，现正由测量队实地施测，尚未完竣，其详细计划，应俟全部路线实测完竣后，方能规划编制，兹先将该测量队所送初步计划书抄送，以备参考，相应复请查照为荷。此致

全国经济委员会秘书处

附计划书一件

部长张嘉璈

中华民国二十六年六月十日

琼崖铁路计划书

(一) 路线经过地点

本路拟自那大起，经马袅港、琼山、文昌、嘉积、万宁、陵水，以达榆林港为止，共长约四百五十公里。查那大为矿产及森林出产区域，马袅(即新兴港)、榆林两港，拟与铁路同时兴筑，作为陆海吞吐港埠，其余诸地，均属本岛人口繁密及出产丰富之区。

(二) 路线测勘情形

路线经过，除马袅、榆林两港外，计有竹络岭隧道一处，长约五百公尺；南渡江、合口溪、陵水溪大桥三处，各约长三百公尺；龙滚河、太阳溪大桥两处，各约长二百公尺。全线地势，岗丘起伏，平原较少，惟工程尚不十分艰巨。

(三) 工程计划

轨距　采用标准轨距一.四三五公尺。

钢轨　采用每码重三十五磅轻轨，正侧线合计共长五百公里。

枕木　采用本岛所产硬木，共需七十万根。

桥梁　采用钢筋混凝土正式建筑。

海港　马袅港筑防浪堤一处，停船码头一处。榆林港筑停船码头一处。两港均可同时停泊五千吨海轮六艘。

〔国民政府全国经济委员会档案〕

二、铁路管理与建设报告等

1. 国民政府设立铁道部令稿

（1928年10月23日）

国民政府令

文明国家，对于铁道事业，类多设立专部。为贯彻总理铁道政策，著即设置铁道部，以期计划之实现与发展。除特任部长，组织成立外，著交通部即将关于铁道行政一切事宜，移交铁道部办理，以专责成，而明系统。此令。

主　　席　芬　代
行政院院长　谭延闿
立法院院长　胡汉民
司法院院长　王宠惠
考试院院长　戴传贤
监察院院长　蔡元培

〔国民政府档案〕

2. 交通部关于将铁道行政移交铁道部办理呈

（1928年11月3日）

呈为遵令将职部所管铁道行政移交铁道部办理，陈请鉴核事，饬于十月二十三日奉钧府令开：……[1]等因。奉此。旋准铁道部函开：敝部定于十一月一日开始办公，请将关于铁道案卷，饬员检齐，本日下午派员趋赴贵部按照接收。等因。职部业于十一月一日将所管路政事务，移交铁道部办理。除分呈并令饬所属一体知照，一面登报通告外，所有遵令移交铁路行政缘由，理合备文具呈，仰乞钧府鉴核。谨呈

国民政府

交通部长王伯群

中华民国十七年十一月三日

〔国民政府档案〕

3. 国民政府关于铁道行政移交铁道部办理准予备案指令

(1928年11月9日)[2]

指令　第一三五号

令交通部

呈为遵令将该部所管铁道行政移交铁道部办理，请鉴核备案由。

呈悉。准予备案。此令。

中华民国十七年十一月　日

〔国民政府档案〕

---

① 见1928年10月23日国民政府设立铁道部令。

② 此为缮发时间。

4. 哈尔滨市民抗路联合会请拒绝日本乘危劫夺吉会、长大等路权要求电

(1928年11年8日)[①]

南京国民政府钧鉴：日本乘危劫夺吉会、长大等路权，以遂其三线三港主义，囊括东三省于南满铁路会社范围之下，使东三省沦为朝鲜第二，并闻有自由动工之说。昔因丧失吉会、吉敦等路，而有今日吉会、长大等路之要求，若吉会、长大等路再失，则长洮、洮齐、洮索、敦海、吉阼、洮热等线必再随之，于是东三省以及内外蒙古，必随于永劫不复之地。满蒙不保，直、鲁、豫、晋、陕等省必为东三省第二。东三省为中华民国之一部、东三省领袖张汉卿先生又为国民政府委员之一，对外交涉事件，想必由钧府全权主持，务恳钧府本先总理保卫国家主权之责任，严词拒绝，痛予驳斥，毋使日人得遂奸谋，中国幸甚，东三省人民幸甚。至所有交涉一切经过情形，并盼示复。哈尔滨市民抗路联合会叩。

〔南京国民政府档案〕

5. 国民党中央政治会议检送铁道部铁道行政施政方针提案致国民政府咨

(1928年11月22日)

为咨行事：本会议第一六四次会议准孙委员科提议称：铁道行政既设专部以司其事，亟应确定施政方针，以资遵守。查管理统一、会计独立两大端，为铁道事业前途之生死关键，其影响所及，又更为国民经济前途之生死关键。谨拟定管理统一、会计独立为铁道行政施政方针，并本此方针拟定具体方案，敬请公决施行。并恳咨行政府，令饬军政、铁道两部照此方针，协议详细具体办法，切实

① 系收电日期。

执行，并令饬沿路驻军一律奉行。等由。当经决议：交国民政府办理。相应录案，并检送孙委员油印原提案，咨请政府查照办理。此咨

国民政府

附件

中央执行委员会政治会议

中华民国十七年十一月廿二日

铁道行政施政方针提案

窃以铁道行政既设专部以司其事，亟应确定施政方针，以资遵守。委员受任铁道部长以来，夙夜筹虑，窃有见乎管理统一、会计独立两大端，为铁道事业前途之生死关键，其影响所及，又更为国民经济前途之生死关键。拟定管理统一、会计独立为铁道行政施政方针，并本此方针拟定具体方案，敬请公决施行。谨先述理由、继陈方案如次：

总理所计划之十万英里铁道，为开发国民经济之最要工具。一观欧美十九世纪下半期经济突进，与乎此期之称为铁道建筑时代之经迹，固已毫无疑义者也。每英里之建筑费，最低预算平均十万元，则全部所需为一百万万元。总理灼见乎中国资本之缺乏，国内集资，河清难俟，生民痛苦，长夜漫漫，故主张在平等互惠条件之下，尽量吸用国际资本，是则借资筑路，早定于先。今全国底定，国际地位较前迈进，平等借款更易达到。吾人唯有一秉遗教，努力进行，固亦毫无疑义者也。虽然吾人欲望人之平等互惠投资，必先自树立信用。平等互惠无他，即能以商业原则相见，即能示人以事权统一，积弊肃清，营业有获利之能力，示人以路款不受挪移，资产有稳定之地位。而此获利能力又必能继续不断，此稳定地位又必能确立不变，则信用自著，投资者不必乞灵于势力范围之干涉，已有本息清还之保障，将群趋竞进，如水就下矣。是以管理统一、会计

独立，直接关系于铁道事业，而间接影响于国命前途者。若此故，一车辆之扣留，铁道损失不过以数千元论，因而牵涉铁道营业，其影响所及，间接损失奚啻数百万。数万元路款之截留，因此而动摇铁路资产，其影响所及，间接损失奚啻数千万。信用之树立延误一年，则坐失建筑数千里铁道之机会，国家暗受数千万乃至以万万计之无形损失，而经济落后之危害，更非可以量数计。方今军事底定，举凡军事时代遗留于铁道行政之障碍，若以统筹全局为衡权其得失重轻，将立见其有彻底革除之必要者矣。全国铁道除少数路线外，历年受竭泽之提款，战事之破坏，工程车辆敝坏不修，日趋破产。如将全国铁道设备，补充修理至较为完整之沪宁线之地位，所需的款适将一万万。现正从事著手清查，估算所得实数，将必令吾人惊悚叹息，即不谈展筑，对于现有路线救死救亡，亦非确定管理统一、会计独立之方案不可者也。至于以全国铁道收益能力集中筹运，效用，始宏；全国铁道实收盈利，挹注分配办法，始广。全国铁道行政不受牵制，然后种种计划，如养路、筑路，如材料经济，如运价政策，如考成规法，始能逐步实施。是则管理统一、会计独立，为有计划之铁路行政之先决问题。否则头痛医头，将救死扶伤之不暇，更无所谓路政也。综合上项理由，核察当前现状，拟具下列方案。关于管理统一者四，关于会计独立者二，条次如下：

（甲）管理统一

（一）整理军运，放还车辆。军事时期为便利军运起见，各军事机关多设置运输司令，调用机车车辆，自行管理，专办军运。此原为战时状态之需要。现在军事业经结束，所有军事运输，自应仍由管理路政机关办理，以一事权。惟现在各军事机关对于军运，仍有自行办理者，扣用机车车辆，每多虚糜，甚或置而不用，损失尤大。且风闻间有不肖军人，冒运商货，私卖车皮，自行押运，路员无支配之权，殊与路务大有妨碍。应由各军事机关，将扣用机车车辆一律放还，交路局照章支配。嗣后各军事机关不得再有扣用车辆、干涉行车情事。所有军运，应照定例，向军政部领取执照（前此系由军委会发给），凭照交路局代运。其大批军队或军需，应由军政部转请铁道部饬路运送，以符手续。至路局人员如有勾结私运情弊，一经察觉，即当送交法庭究办，其负责长官，亦当分别惩处，以维路务。

（二）各路车辆之互调，受铁道部之命令，不准任何方干涉。现在各路车辆，既未如数拨回，而现时分配情状，更非依照全局运输需要。此后铁道部为适应合理需要，随时调配各路车辆，不受任何方干涉。

（三）取消各路运输附加费。各路货物运输附加费，从经济方面言，等于妨害经济之厘金，从理财方面言，为直接掠夺铁路收入，破坏运输政策。应将种种实际增加运货负担之附加捐税费，应于最短时间内取消。

（四）确定路局用人标准。铁道管理本为专门事业，军事既定，反动扫除，此后路局用人，当一以成绩为标准。应由铁道部将现在各路人员资格成绩，切实审查。其有不合资格，任事废驰，甚或藐玩部令者，不论大小，一律褫职。

（乙）会计独立

（一）停止截留提用路款。军事甫定，财政支绌，截留提用路款之事，尚未尽除，其影响所及，为害既如上述，应令财政部、铁道部及留提路款当事方面，切实速行，商定办法，不得再行挪用路款。至于派员驻站，监收提款之恶习，应立即停止。

（二）铁道收入及其收益能力，全为管理、保养、改良、扩充铁道事业之用。会计独立，即铁道收益不入寻常国库预算，现款不移作任何铁道事业外之经费，其收益能力，不作任何铁道事业外之借款担保。应由铁道部清查现案，如有与此违背者，分别拟定改正方案，一律依据本提案之原则，呈请执行。

上列各节是否有当，敬请公决，并请于决定后交国民政府明令公布，所有沿路驻军一律奉行。并由政府令饬军政、铁道两部，按照

议决之铁道行政施政方针，协拟详细具体办法，切实执行。谨呈政治会议

提案人　委员孙科

〔国民政府档案〕

6. 国民党武汉政治分会关于利用英国退还庚款完成粤汉铁路与铁道部来往电

(1928年12月—1929年1月)

(1) 武汉政治分会致铁道部电(1928年12月31日)

国民政府铁道部孙部长勋鉴：查利用英国庚子赔款完成粤汉铁路一案，迭据各方函电催促，期早实现，并经转达在案。兹复据广东省政府感电称：粤汉铁路绾辏南北，关系本国交通至为重要。周星棠等所请利用英国庚子赔款完成此路，粤方极表赞同，请领衔呈请中央，迅与英政府交涉，促其实现，无任盼祷。等由。务请大部担〔极〕力主持，督促进行为荷。武汉政治分会叩。世。

(2) 铁道部复电(1929年1月9日)

汉口中央政治会议武汉分会李主席勋鉴：接准世电，以利用英国庚款完成粤汉铁路一案，迭据各方函电催促，并经转达在案。兹后据广东省政府电称：粤方极表赞同，请领衔呈请中央迅与英政府交涉，促其实现。等由。务请极力主持，督促进行。等因。查本部对利用英国庚款完成粤汉铁路一节，业在筹议，前已函复在案。事关铁路发展，凡有可以进行之处，自应竭力以赴，宁肯坐失时机。准电前因，特此奉复，即希察照。铁道部长孙○叩。佳。印。

〔国民政府铁道部档案〕

7. 天津转运商业公会等请取消平奉路加收临时整理费电

(1929年1月7日)

南京。中央党部、国民政府、行政院、铁道部钧鉴：窃惟商业之

隆替，以运输为转移，而运输之畅滞，为隆替之因果，相维相系，必须兼顾并筹，方足以利推行，而期有济。年来战乱相寻，交通梗阻，百业凋敝，运商其尤。考其症结，不外捐税层垒，负担太巨。革命成功，昭苏正待。乃项奉平奉路局第一二二号布告，内称：本路军事以后，损失过巨，需款整理，经呈奉部准，凡货运车辆，自本年一月一日起，于核收现行运价外，一律分等加收临时整理费。奉悉之下，惶悚莫名。伏查战后路政需款整理，自属实情，亟愿遵缴，无如际此时艰，民生凋敝，中央轸恤黎元，所有苛杂等经明令取消，胞与之怀〔？〕，普视共见。此项加价虽直接取之商家，仍间接取之民众，良因成本既昂，自难价廉出售。迩来百物高贵，已达沸点，劫后余生，何堪重敛。虽审查布告，粮食除外，然日用所需粮食，仅其一种，其外各项货物，多属人民必需品。平津疲敝情形，早在当局诸公洞鉴之中，正抚恤不暇，似不应悉索敝赋，重苦吾民，况值训政开始，所谓编遗〔遣〕，裁厘筑路等等，无一不为民众打算，即无一非顾念民生，倘使喘息获苏，以培国本，钧部、钧座、钧院恫瘝在抱，敢请俯念。燕蓟劫黎，一致主张，训令该局收回成命，稍留商民元气，即所以维持路运，否则为丛驱爵，恐结果适得其反。幸垂察焉，则商民幸甚，国家幸甚。临电不胜惶悚待命之至。天津转运商业公会、北平丰台转运商等叩。阳。

〔国民政府档案〕

8. 国民政府文官处关于天津转运商业公会等请取消平奉路加收临时整理费与铁道部来往公函

(1929年1月)

(1) 国民政府文官处公函(1月10日)

公函　四〇八号

迳启者：奉主席交下天津转运商业公会等，为平奉路布告，凡货运车辆，自本年一月一日起，于核收现行运价外，一律分等加收临时整理费，请俯念劫黎，令饬收回成命，电一件。奉谕：交铁道

部。等因。除原件查系分电，不另抄送查致。此致
铁道部

(2) 铁道部复公函(1月16日)

迳复者：准贵处第四〇八号函开：……等由①。查此案已由该会迳电到部，除将此项加征临时整理费不得已之原因电复该商业公会外，准函前由，相同抄同本部致该会原电，函请查照。此致国民政府文官处

附抄本部致天津转运商业公会电一件

铁道部长　孙科

中华民国十八年一月十六日

天津转运商业公会鉴：阳电悉。查平奉铁路经战事之后，损坏甚巨，经济枯窘，车辆奇缺，致商货堆积，无法清运，路务固难维持，商民亦感困苦，自非积极整理，不足以恢复原状，而便交通。但路收短绌，仅恃客货运输之收入，实不足以资应付，该局爰有加收临时整理费，以资整理之办法。当经本部斟酌情形，除粮食一项关系民食，不应征收，致重民困外，其余酌量准其暂时试办，并饬该路随时体察情形，妥慎办理在案。查此项加征整理费，系属临时性质，在商民所费有限，而在路局集腋成裘，路务可藉以整理，运输可藉此便利，一俟该路经济恢复原状后，即行停止。特此电复，即希谅察为荷。铁道部。

〔国民政府档案〕

9. 黑龙江路权自主会条陈保持长大路权办法及应付外交方策等致国民政府呈

(1929年1月8日)①

为请愿事：窃日本年来积极侵略东省，无微不至，近更采铁道

① 系收文日期。

网化政策，拟筑长大、吉会、洮索、吉五、延海五路，以握三省交通命脉。黑省人民痛感切肤，爰由农工商学各界，组织黑龙江路权自主会，努力工作行将两月，对于民众方面，极力宣传，以期唤起共同奋斗。结果促成市民大会两次接连游行示威，民众每次参加，少者四五千人，多者数万，气概激昂，主张彻底，工作经过，各报多有披露。惟憾地处边远，与中央隔阂，所有下情苦难上达，兹特派于成泽为代表，来府请愿，并议决保持路权办法及应付外交方策，条陈于下。

一、请中央从速开发葫芦岛商港，以作吉海、打通等路之尾闾　自日本占有大连、掠夺南满铁路后，即积极于图谋吉会路之建筑，以期接至朝鲜清津港，俾完成其二路二港政策。东省民众深知日人用意所在，竭力抗争，以阻碍其实现。但以苦无自己经营之商港以作尾闾，虽明知吉海、奉海两路与南满联运之办法有损利权，亦难制止。而四洮、打通等路，尤以无相当出口港，致令出产路运两遭损失。故吾人不欲挽回漏卮则已，若欲挽回漏卮，非亲自开港不可，而东省港湾除旅大外，厥以葫芦岛为佳。该港座落渤海北岸，水深不冰，为一极好商港，若锐意经营，形势不亚大连。斯港一成，则吉海、奉海、四洮、打通等路，藉平奉路之联络，成一平行线，纵贯三省，而使三省货物均由斯港以运销世界。南满虽纵贯中央，亦失效用，而我国交通主权，亦可挽回大半。至建筑基金之补偿，即以出口税一项相抵，亦有盈余。此黑省各界之主张从速开发葫芦岛商港，以作吉海、打通等路之尾闾也。

二、请中央筹款修筑敦化海林间铁道，以维持吉敦路，而免日人贯通吉会之阴谋　查吉敦铁路之修筑，日人原欲促成吉会铁路，我国不察，冒然借款，迄至去年十月十日吉敦通车，方知敦化地旷人稀，铁路入款实不敷出，路局计算每日赔款竟至三千余元。向前延长，则吉会路成，日人之阴谋得遂；停止不进，则路局之赔累又无计可偿，而日人于此方抱坚壁清野计划，严令吉长路局满铁代表，不得以吉长路之盈余，弥补吉敦。我方为维持吉敦起见，自不能不另辟支路，以制日人。支路维何，即以敦化为起点，折而东北，以与中东铁路之海林相联络而已。此路若成，将来吉海复通由敦海而吉敦、而奉海、而平奉、而葫芦岛，东边一带交通，可尽贯通。海林左近出产复丰，加以中东路之客货，松花江之水产，所得运费，必能维持吉敦。如此，则日人侵略之野心，无所施其伎俩，而我方亦可维持吉敦，不使破产。一旦各路通车，得利之溥何可胜言。此黑省各界之主张，由中央协同地方筹款，修筑敦化海林间铁路，以维持吉敦，而免日人贯通吉会之阴谋也。

三、请中央警告日本不得在东省擅筑任何铁道　日本图我东省，其最毒辣手段，即先建筑铁路，以作侵略先锋。长大、吉会、洮索、吉五、延海五路之建筑，实日人梦寐所不能忘者。倘任其逐渐实现，是坐视日人铁道网化政策成功。将来虽欲抵抗日人之侵略，亦恐如就屠之羊，无计可展。此应早日予以严重警告，以作当头棒喝。我民众反抗于内，政府警告于外，上下一体，庶可使日人稍敛贪心也。

四、收回旅大及南满、安奉两路　日人在东省之所以发展其侵略势力者，全赖南满、安奉二路，旅顺、大连二港。年来东省经其侵略，匪惟大连、旅顺日人得以建设，关东州关东都督府，即南满、安奉沿路，日人亦得派遣驻军，安设警察，兴办学校，开采矿山，铁路沿线无复中国景色。青白国旗虽得飞扬于我白山黑水之间，而我人民竟疑身非中华民国之民。查该路港租期早满，惟以日本蛮不交还，乃竟敷衍推延，以迄于今。若仍不设法收回，是直同目击屠夫操刀坐视不救。此黑省民众之主张，收回旅大及南满安奉两路也。

五、请中央从速宣布东省与日本以往缔结之秘密条约无效　日本侵略东省，多以各种秘密条约为护符。此种秘密条约，均为吾人卖身契纸，损失国权，不知几许。若早采快刀斩麻手段，一举而宣布无效，则日本鉴于我国政治之逐渐趋于正轨，将更凭藉之以作侵略口实。此应由中央从速宣布东省与日本以往缔结之一切秘密条约无效，以免遗祸将来也。

六、请中央令外交当局不得牺牲东省利权，作中日交涉交换条件　前见报载，政府与外人定约，有允许外人杂居之议。查允许外人杂居一事，于内地人烟稠密之区，或许无碍，若以日本最近在东省积极进行之商租权而论，倘亦蒙我方允许，其危险实不可言。盖帝国主义之侵略中国，向以保护侨民保护商业为名，东省仅有日本租借地，其经济政治势力，已随木履和服而无往弗至。若竟允许其杂居，则日人侵略之入微更不待言。证之山东先例，未许日人杂居，而国军陈兵黄河，彼已以保护侨民为名出兵干涉，最终且不惜出以惨杀手段，酿成济南惨案。往事昭然，岂容一误再误。此我东省民众申请中央切令外交当局，不得以允许日人杂居等条件，为中日交涉交换条件也。

七、黑龙江民众誓死反对长大路建筑，请中央俯纳民意　查日本在东省侵略势力，奉天为最，吉林次之，黑龙江一省，则除林矿借款损失主权外，全无日人插足之地。此番日人拟筑长大路，乃以南满、吉会二路为两翼，以长大为先锋，希图席卷我黑龙江，而入其拿握。我政府对此若不严行拒绝，非惟已失利权之奉吉无可挽救，即完整之黑龙江，亦将尽为日人驰骋蹂躏之场。瞻念前途，不寒而栗。此黑省民众誓死反对长大路之建筑，而望中央俯纳民意也。

综上数端，均为目前当急之务，边民远处漠塞，望救情切，谨希中央本革命之精神，作外交之准绳，不屈不挠，坚持到底，则黑省幸甚，中国幸甚。谨呈

国民政府

黑龙江路权自主会谨呈

中华民国十八年一月　日

〔南京国民政府档案〕

10. 王征为整理平奉、平绥两路情形致国民政府摺呈

(1929年3月 日)

为摺呈事：窃职部前为整理平奉、平绥两路起见，于本年一月二十日提经行政会议议决，委征兼领平奉、平绥两路事务。征奉令之下，当以平奉事权分裂，欲图整饬，必先统一管理。而平绥收入奇绌，债累深重，非收回车辆，恢复运输，难资补救。因即驰赴辽宁，与张司令长官洽商交还车辆及撤销奉局两事。经将中央注重路政，力求整顿之意，剀切陈述，张司令长官允即将前运关外之车，除暂留少数藉以调济关外各路运输外，余均交还。奉滦一段，亦允统归津局管理。惟仅要求每月由平奉拨付关外铁道建设费二十五万元。征以上项两事既商有相当结果，遂至平津，与第三、第四两集团磋商接收平奉、平绥两路事务。第四集团初则要求由平奉每月协饷三十万元，并临时向开滦煤矿借款一百五十万元。征以年来该路迭遭军事，进款锐减，每月收入仅敷开支，实无余力任此巨款，卒未承允。几经交涉，甫于上月十五日，将平奉交出。而平绥则虽经部严电催交，复由征多方磋商，仍始终未能接收。因先赴辽促践前约，不图晋方电约辽省采取一致态度，致平奉原议根本牵动，未能完成北上使命。才疏力拙，良深惶悚，不得已先就平奉管辖区域，勉图整顿。现该路收入已渐次增加，而军事时期之积弊，亦已逐渐除绝。惟全路如难统一，则恢复北方交通，仍属匪易，乃于日前回京报告一切。昨孙部长以路务重要，促即北返。征许身党国，苟利于路，宁辞劳怨，惟该两路情形复杂困难，殊多有不得不请中央予以主持解决者数事：(一)两路接收问题。奉滦段及平绥路能否接收，为全国交通能否恢复之一大关键，但其背景实为政治与军事问题。目今对于两路应否极积〔积极〕进行接收，应请钧座卓夺，俾有遵循。(二)工潮问题。平奉工潮发生原因，实为河北省指委指导下工联会与工整会之争，驱孙运动，不过借题发挥。事关党

务，地方军警既未便积极干涉，而劝导又恒置不理。现虽暂告平息，但此后气焰益张，尤难遏止，非中央对于河北党务有彻底解决办法，不易消弭隐患。(三)协饷问题。查第四集团驻防河北各军，前以饷糈困难，迭向平奉要求协拨，如要求不遂，则时有扣留车辆，阻碍交通之事发生。此次征由平登车来京之际，突受该军经理处人员包围，逼索协款，威胁签字。该军困苦或属实情，但平奉财政亦极艰窘，而整理补苴，又在需款，设令担任协饷，实属力有不逮，而此后一切整理事项，亦即无从进行。应如何办理，应请中央裁夺。(四)路警问题。平奉为东北要道，平津一段，尤关重要。前此滦榆之役，遣散逃溃各兵，流而为匪，出没沿线，行车安全，时时堪虞。而路警枪械，业已悉被奉军携赴关外，非别编武装路警，不足以任维护。现拟请中央酌拨具有训练纪律之军队千人，改编武装路警，归局节制，平日维持路序，保护行旅，一旦有事，并可迳归中央指挥。实力护路，维持交通，似属一举两得。以上四项，均为目前最关切要之事，拟请钧座俯赐裁夺，力予主持，俾资整理，路政幸甚。

谨呈

国民政府主席蒋

铁道部常任次长兼领　平奉平绥两路事务　王征

中华民国十八年三月　日

〔国民政府档案〕

11. 蒋介石关于平汉路局请求指借庚款整理路务等与铁道部来往电

(1931年8月)

(1) 蒋介石致铁道部电(8月10日)

快邮代电　行经发第349号

南京铁道部连部长勋鉴：兹据平汉铁路管理局黄委员长冬日代电称：查职路贯通南北，关系于国计军事至巨，历因讨逆作战牵动，几濒破产。职受命于凋蔽之余，全路收支虽敷相抵，但无余力整理，欲图补救之方，非添购机车车辆，修理桥梁枕木，不足以增进行车速度，而裕路政。现查庚款保管委员会定于九月四日开会，拟请钧座转饬铁道部援照津浦、胶济前例，提出庚委会指借五十万金镑，作为本路整理购料之用。并为移缓就急起见，应请钧座转饬铁道部，准将前借庚款分转津浦、胶济各路购料余款项下十八万金镑，先行挪垫，俾利进行。否则，长此因循，不独难期复苏之望，抑且有负钧座整理期望之殷。谨电陈请，敬候电示。等情。除电复外，仰即遵照办理。蒋中正。灰。经。印。

（2）铁道部复蒋介石电（8月24日）

铁道部代电　281

蒋总司令钧鉴：灰代电敬悉。查平汉请借英庚一案，已据该路电呈到部。当以"借拨英庚购料应以与英国有关各路为主体，中英换文明白规定，本部业本此旨妥为支配，作成提案，送交中英庚款董事会核议。该路未列在内，既已定案，未便再有变更。至请将前借庚款分转津浦、胶济各路购料余款十八万镑先行挪垫一节，查无此项拨余庚款，如指比庚购车余款而言，数亦不符。且比庚已指定完成陇海之用，亦属碍难拨垫。惟该路桥梁枕木亟应抽换，诚如来电所言，应由该委员长悉心筹划，另拟整理方案，呈部核夺。至该路咨询会议商定，由矿团及粮盐各商垫款，认修车辆二十五列，业经本部核准在案，并应督饬赶修，期增运输能力"。电复该路遵照在案。理合电陈，伏乞鉴核转饬遵照，实为公便。署理铁道部长连声〇叩。敬。印。

〔国民政府铁道部档案〕

12. 蒋介石关于各铁路局处理事务应遵铁道部规章电

（1931年9月9日）

各铁路管理局局长、委员长均览：查下级机关服从上级机关之法令，为行政系统不易之原则。各路局既属于铁道部，对于部章部令，自应绝对遵守。乃闻近日路局进退人员、购用材料、调拨车辆等事，往往不遵向章，擅行处置，以致部务执行，诸多阻碍，殊属不合，特此申令。嗣后各路局处理事务，均应遵照定章，不得违反部令，以昭系统而免纷歧。仰即遵照。国民政府主席蒋〇〇。佳。印
中华民国廿年九月九日

〔国民政府档案〕

13．国民政府关于各路局不得妨碍土货运输训令

（1931年11月15日）

训令　第五三〇号

令铁道部

为令饬事：查铁路运输商货，向有规章，现当提倡国货之时，尤应切实保护，予以便利。嗣后各路局如有妨碍土货之运输，及各站员工营私舞弊等情，一经查出，各该路局长、委员长等应负其责，严行惩罚。合行令仰该部认真督察，迅即严饬各该路局凛遵毋违，切切。此令。
中华民国廿年十一月十五日

〔国民政府档案〕

14．行政院秘书处关于陕西省府请拨中英庚款筑渭韩轻便铁道与铁道部来往函

（1933年10—11月）

（1）行政院秘书处笺函（10月20日）

笺函　第三一六〇号

奉院长谕：陕西省政府呈请由中英庚款项下，拨助本省修筑渭韩轻便铁道费洋五百万元，请核示一案。应交铁道部核议。等因。相应抄同原件，函达查照。此致

铁道部

计抄送原呈一件

行政院秘书长褚民谊

中华民国二十二年十月廿日

抄原呈

案据建设厅厅长赵守钰呈称：案查陇海铁路明年即可到达西安，关中各种工厂自将应运而兴，而工业暨社会上与夫陇海路之需用燃料，自属切要先决问题。虽陇海路向有豫省之煤接济，而就矿质、矿量及运输便利各方面比较，均应以开发韩城煤矿为急不可缓之事。是以必须先行修筑渭韩轻便铁道，藉作运煤之便。前经本厅拟具拨用棉麦借款，促进本省办理筑路、开矿、农林、垦殖、工商等各事业六项计划，业经提出钧府委员会议议决通过在案。惟闻中央对棉麦借款用途极端慎重，一时难望批准照拨，而本省各项建设事业更不容再缓，兴筑渭韩轻便铁路尤为当务之急。查中英庚款曾经指定用于发展交通事业，近据报载，行政院定于十月廿日召开各国庚款委员会议，拟请钧府转呈行政院核准，由中英庚款内拨助本省修筑渭韩轻便铁道费洋五百万元，俾得早事修筑，应社会之切要，作开发西北之基础。是否有当，理合呈请钧府鉴核，转呈照拨，实为公便。等情。据此，查韩城煤矿业经勘验，矿质矿量甚为丰优，际兹陇海铁路将达西安，所需燃料自以取给该矿为宜。加以交通进展，各种工厂应时勃兴，需用煤量当更增多，该矿之亟待开发实属当前急务。而交通不便，运输困难，是修筑渭韩轻便铁道尤为先决问题。前经本府详具计划理由，分呈钧院拨用棉麦借款，俾利兴修在案。旋以中央对棉麦借款有统筹分配之决定，一时难资挹注，惟以此项轻便铁道之兴筑，不仅利便韩煤之运输，且于陕北之实业开发所关，亦至綦切。据呈前情，理合备文转呈钧院鉴核，伏祈体念边省交通建设之重要，特赐核准由中英庚款项下照数拨助，俾早兴修，而惠民生，不胜迫切待命之至。谨呈

行政院院长汪

陕西省政府主席邵力子

(2) 铁道部复行政院秘书长公函(11月11日)

公函　财字第4100号

案准贵处第三一六〇号函：抄送陕西省政府呈请由中英庚款项下，拨助本省修筑渭韩轻便铁道费洋五百万元，原呈一件。奉院长谕：应交铁道部核议。等因。查陕西省府批请拨款修筑渭韩轻便铁道，事关开发陕北实业交通，计划颇属切要。按该路路线，斜出渭南，距离稍远，或可改由大荔直达华县，或华阴县，以与潼西段相联接，则里程较短，各项工程预算，当可减低。以上两线，似应俟该省建设厅派员详细测勘，并调查沿线经济状况，加以比较，再行核定。

至请拨中英庚款一节，查中英庚款铁道建设应得部分，以之完成粤汉等路，业已支配无余，无可筹拨，所有庚款支配情形，前经沥陈钧院在案。兹准前由，相应函复查照，即请转呈核夺为荷。此致

行政院秘书长

部长顾〇〇

〔国民政府铁道部档案〕

15. 张嘉璈为询问铁道部1928至1932年国有铁路每年余利数等与顾孟余来往笺函

(1934年10—11月)

(1) 张嘉璈致顾孟余函(10月8日)

孟余部长我兄赐鉴：奥脱华尔夫公司对于第一期铁路建设公债条例第七条所订本公债之还本付息，以铁道部直辖国有铁路余利为基金一节，曾以最近五年来，大部所辖国有铁路每年余利数目

相询。特代函达，尚乞示知，以便转告前途为荷。专此。敬颂勋安。

弟张嘉璈顿首　十月八日

(2) 顾孟余复张嘉璈笺函(10月24日)①

笺函　2254

公权仁兄总理大鉴：昨承电询最近五年部辖国有铁路每年余利数一节，兹将各国有铁路由民国十七年至廿一年余利，列表送请查照转复为荷。此复，并颂大安。

附各国有铁路余利表

顾〇〇启

最近五年来国有铁路余利表

年　份	余　利
民国十七年	$ 11,974,315.95
民国十八年	$ 23,661,196.70
民国十九年	$ 12,958,779.95
民国二十年	$ 13,200,368.55
民国廿一年	$ 860,614.10

(3)张嘉璈致顾孟余函(10月27日)

孟余我兄部长赐鉴：顷奉廿五日惠复，示以最近五年部辖国有铁路每年余利数敬悉。查廿一年份为数仅八十六万元，较廿年份骤减一千二百余万元，较十八年份减少至二千二百余万元。若以之转示德公司，恐其发生疑虑。此项短绌原因何在，是否仅廿一年份如此，廿二年份如何预计，此后五年每年余利能否不至较廿年份以前减色，尚祈查明，详细见示，以便转知该公司安心。至纫公

①此为封发时间。

谊，耑此敬颂勋祺。

弟张嘉璈顿首

中华民国二十三年十月二十七日

(4) 顾孟余复张嘉璈笺函(11月6日)

笺函 2275

公权我兄总理大鉴：接奉廿七日大函诵悉。查部辖国有铁路廿一年份余利，其骤减原因，实由于东北问题发生，以后各路收入均受影响，及至沪淞一战，京沪、沪杭甬两路停车，几至半载，以致短收六百余万元。该年份各路合计，短收一千五百余万元，而用款只减三百余万元，此种特殊状况，实为向来所未见。至二十二年份已逐渐恢复，现因各路会计年报尚未汇齐，故无精确统计。总之，各路均在锐意整顿，事实俱在，此后每年余利当有进展。希望烦即转知德公司，安心无虑，是所切盼。专此奉复，并颂公绥。

弟顾〇〇

〔南京国民政府铁道部档案〕

16. 蒋介石关于道清铁路管理局改为平汉铁路道清支线致林森呈

(1935年12月28日)

案据铁道部二十四年十二月二十五日总字第一三号呈称：窃查道清铁路管理局，现经令饬撤销，改为平汉铁路道清支线，由平汉铁路管理局统一管辖。除咨行外，理合备文呈报，伏祈鉴核备案。等情。据此，除指令准予备案外，理合备文呈报钧府鉴核。谨呈国民政府主席林

行政院院长蒋中正

中华民国二十四年十二月二十八日

〔南京国民政府档案〕

17. 铁路与公路联络办法

（1936年6月）

铁路与公路联络办法　二十五年六月行政院第二六九次会议通过，中央政治委员会第十七次会议通过

一、公路路线网之计划，由经委会拟具，与铁道部洽商，并送军事委员会核议后，由经委会通知军委会、铁道部备查。

二、省营、市营、民营汽车公司立案、开业及运价之核定、营业运输之监督考查，归铁道部主管，随时行知经委会备查。经委会所办国营汽车运输事业，由会随时行知铁道部备查。

三、公路工程、公路交通设施及其他属于技术性质之事项，归经委会主管，随时行知铁道部备查。

四、铁路与公路联络及营业运输之调整，由铁道部主管，随时行知经委会备查，其与经委会所办运输事业有关系者，由双方合同商定。

〔国民政府全国经济委员会档案〕

18. 外交部关于英国驻华大使递交有关铁路部分节略与铁道部来往咨

（1936年9—11月）

(1) 外交部致铁道部咨（9月5日）

外交部咨　欧25字第8118号

前英国驻华大使贾德干于离华之前，曾递交我政府节略一件，声述中英两国友好关系上之主要障碍等因。查原节略内所述“不顾合同上责务”一项，其中之最重要者，即为铁路借款，现在津浦、广九各路债务，虽已定有解决办法，而其他路债之未能清厘者，似仍不少。又如原节略所指望以同类办法清理，及路政管理之应改善各节，亦似不无应予切实顾及之必要。至于原提“任用英员”一

项，在铁路方面者，应如何酌量采纳或办复之处，除其他事项已分咨各该主管机关外，相应抄录原节略中英文各一份，并就贵部主管部份事项用红色线标明，送请查核办理见复为荷。此咨

铁道部

附抄原节略中英文各一份〔英文略〕

外交部长　张群

中华民国二十五年九月五日

节略①

近数年来，本国在华利权感受某某种障碍，设若予以消除，则于中英两国咸有利益。按上项障碍之发生，大都由于政府干涉举动或放任态度，下列陈述之意见，大半即言及此事件也。值此本国技术上之经验与才能及本国资本之协助发展中国交通与企业，及开拓海外贸易，似有最大价值之时，上述障碍均有使本国企业家及投资者越于挫折之势也。兹撮其困难中之重要者，简述如下：

不顾合同上责务

英方与中国政府各机关订立合同，发生之责务，华方迭有不顾情事。此项责务之最重要者，即为铁路借款合同上各事，往往有不如期交付本息与不顾担保品，及将可能拨付之款项，移作别用，暨对外籍路员待遇不公等举，致使中国政府信誉难免遭受不良影响。查近来对于津浦路欠款，以减付五分四之方法清理积欠一事，可以证明，该路之本国债权人，在其合法索付事宜上，愿以将来路政管理及不再欠付各节，得获充分保障为条件，而接受适当之折中办法。是以甚望对于其他欠款，亦可以同类之办法，为公道之清理，尤以湖广及广九两路借款合同应行特提也。至广九路之财力地位，若将该与粤汉路接轨，自颇可获不薄之援助焉。夫各铁路财力上之

①原节略中标明的红色线予以省略。

困难，不半似因管理未能尽善及所用人员繁冗。即如京沪路本为茂盛之营业，乃上次到期息券，竟非用借款不能付给，虽该路干线里数并未增加，而其全路人员在一九二四年为六千一百四十八人，至一九三五年已增至九千三百二十八人，以致仅以全路人员而论，该路负担即增加一百三十五万元有余矣。铁道部虽已令饬设法节省，但以虑起工潮，恐难见诸实行，是欲使该路恢复清偿债务能力，似必须采用决断方法也。至各铁路借款以外，对于银行及私家借款上，亦有同一可虑之不顾责务情形。如中国招商局对于汇丰银行欠款案，因该局向银行抵借之抵押品，在处分上发生障碍情形为尤甚。故切望先行设法将此项借务清理，庶可得达整理改组该局之目的也。且有一问题亦与上述债务有关，即中国所有关于不动产抵押事项之各法律规定，更益以各法院对于此类规定之解释，虽不能切实谓为现在几成未清偿时抵押人不能处分产业之势，但于土地房产转移之可能，已成最大之障碍，尤以在沪为益甚焉。中外经济界皆视此问题为攸关生死之重要关键，故法律上手续应予立即改善，以俾保护所有抵押权人之权利焉。

法律上之歧视

近来中央及各省政府某某种法律内，对于外国现有利权，有歧视倾向，及对于拟在中国创办营业者不表欢迎，而华人亦不得获受任何相对利益。如奖励工业法，对于投有外人资本之营业，较完全华人资本之营业，有所歧视，以致在该法施行时期内，因该法规定之束缚，不免使外人冷净，不愿投资于发展中国工业。并据闻英人有欲投资于发展中国公益事业者，如拟在上海一带展拓自来水业务之计划，乃因资本须大部分为华资，及管理权须归华人方面，致其谈判进行竟已中止。而一观中国资本之缺乏，果能利用外资，以实行建设计划，宁非中国之利，岂不较诸搁置为愈乎。

给予专有权利

现时在某某指定区域内，对于运销进出口货物或制造各物品给予专有权利，乃系危及历久之贸易途径，且使外资之投入趋于冷淡焉。此项专有权利内，应行特予指出者，即如江西及其他各地给予公卖处及县合作社联合会油类专卖权是也。

关税及一切捐税之高率

在某数种货物上，进口税已提至禁止率之程度，而此类货物多非中国境内出产，其结果乃使国库在此类货物上不获任何收入耳。且此项高率税，课于任何国货毫无保护，反于走私有所鼓励焉。据闻政府因海关收入渐为减少，已加考虑，但不应以再增税率之方法整理之，谅亦属自然之理也。夫若欲修正海关税率，自应以增加收入为目的，而欲达此目的，窃以为应将税则上数项税率减轻之也。地方当局征取既出于中央政府征收税课以外，且违反中国政府所负国际责务之多数杂税及不当税捐，不特其结果使正当之贸易感受限制，且因其歧视方法，竟使藉政治力或藉其他力，可邀减免税捐之某种营业得获协助，故难免在国外发生不利之影响也。

中国机关并应特提海关之任用英籍人员

关于海关之威权及效力，须予维持，不特赘论。盖海关为中国信誉之枢纽，自创立以来，已成最堪注目之榜样，足以表见中国得外人，尤其英人之技术、建议与合作，所能收获之利益如何洪大。故若欲恢复中国将来借款人之信誉，则必须将海关总税务司一职，保证任用英人，且应复行征聘新外籍人员，以俾练习后足敷递补相当员缺，不致缺额，而该项外籍人员努力维持海关效力及完整时，中国政府应担任予以充分之保障也。上述情形在其他政务上，亦几相同。如盐务署及各铁路两项上，往昔亦有大部分英员服务，业已逐渐辞退，其结果乃使管理效率趋于低落，故为中国利益计，应征聘资格适宜之外人服务，而给以充足之薪资及所需之威权与保障焉。

英国轮船公司之困难

在沿中国海岸及内港营业之英国轮船公司，其商路上现有种种困难，如招商局用铁路轮船往来内地运货，得准发给联运票之歧视，即是也。据闻此项歧视，其范围将益扩大，包括占用陇海路东端连云港新建之码头栈房，设果实行，则使所有由中国中部自此路运至海口之大批货物，英国轮船公司竟无法参加其运输矣。且招商局尚有一种优待，即按新印花税法，在其提货单及签证货单上，允免贴用是也。再按其与某某省政府下之专卖权者所订协定，所有归该专卖权者管理，如糖及洋灰等类之货物装船运输时，均限由该局承运焉。

查海关历来所管之航运事宜，本应归其管理，且已办有成效，近年惜多移交，隶属交通部之各航政局管理矣。在此类事宜上，有可惜之趋势，即系对于海关权力不特不予扩充，反而削减焉。

一九三六年四月一日

(2) 铁道部复外交部咨(11月19日)

铁道部咨　财字第2072号

案准贵部本年九月五日欧字25第八一一八号咨，略以英前大使贾德干于离华之前，曾递交我政府节略一件，声述中英两国友好上之主要障碍，希按有关铁路各节，详为声辩，以资答复。等因。准此。查我国铁路，除平绥铁路以及现筑各新路外，其他重要干线，大都利用外资兴修，而借用英国资本建筑者，尤占多数，所有债权人之权利，均经借款合同从严规定，我国政府于合同应负之义务，从未故意违反或规避。英大使在节略内所举关于铁路各端，于我国政府已往之态度，及现在所经营，颇有不符之处。特分别陈述于后：

甲、借款本息之积欠

查我国自民国建元以来，国内多事，营业各路迭遭变故，收入锐减，以致本身义务，间有厄于事实，未能充分履行，初非政府之本意。至于未成各路，因受欧洲大战之影响，国际金融之牵制，原定计划类多迁延中缀，双方损失，为数颇巨。然其责任，似非我国所应独负。洎夫欧战停止，我国危难未纾，而债权人复昧于时势，对于清理旧欠，仍坚持原订合同条款，未肯稍事通融，致悬案未结，乃事所必然。凡我友邦，深知我国近二十年实在情形者，似不应求全责备。且自国民政府成立以还，我国政府对于内外国债，业已通盘筹划，积极清理，而整理铁路借款，尤为努力。截至现在，英国部分，经完满解决整理者，计有津浦、广九、道清、沪枫等路之借款；现已商洽就绪，不日公布者，尚有湖广借款。是本部对于英国在华所有之各项铁路借款，业已尊重合同，顾全债信，尽力办理矣。英大使所指不顾合同义务一节，殊非事实。

乙、洋员之裁撤

查我国在创办铁路时期，因借款兴筑及事实需要，不得不借方异域。近年我国人才辈出，建筑管理，均能胜任，且成绩有较客卿为优者，量才器使，当属无可非议。至各路原雇洋员，或积资退休，或减政裁撤，大都按照各路情形，根据雇用条款，妥为办理。其中退休之英籍人员，系中英公司之请求，尤无不特予优待。现国有各路，除原任洋员外，仍不时有所添聘，而于新订借款，或整理旧债时，亦复量为任用。总之，我国铁路任用洋员，决无成见，不难于事实证明。

丙、铁路员额问题

查我国铁路职员工人，以往或不无纷乱，经历年之整理，已渐复常态。迩来本部已规定，各路统一编制，按照各该路业务状况，确定员额，严格限制，并经各路会商，业经通饬实行。

丁、粤汉广九接轨问题

查粤汉铁路现已全线通车，与广九铁路应否接轨，关系业务需要及地方经济，均属异常重要，必须兼筹并顾。本部主持路政，不得不予以郑重研究，现在尚未解决，似不应认为对于英国在华商务有何恶意敌对之处。

戊、国有铁路与国营招商局水陆联运问题

查国有铁路与国营招商局办理水陆联运，系国营事业必要之连系，初无排外用意，前经英方提出抗议，经本部会同贵部研究照复在卷。至陇海路东端之连云港，既经会商决定，宣布为要塞港，并由本部与交通部会呈行政院，请按修正要塞堡垒地带法公告，并照会各国使馆，应俟奉准后请贵部查照酌核办理可也。

己、利用外资问题

查利用外资，兴办实业，为我国既定方针，并已积极提倡实行，决无歧视限制之意。兹以铁路言，将来我国建筑新路，正需多量外资，倘我友邦愿以经济为原则，投资生息，则我政府方欢迎之不暇，讵有排斥之理。至于我国情形，今非昔比，在华投资者，似应稍改已往心理，变更方法，则进行一切，自臻顺利，友邦人士当能共喻也。

准咨前因，相应按照本部立场，就有关铁路各点，根据事实，分项说明，咨请查照转复为荷。此咨

外交部

部长张○○

〔国民政府铁道部档案〕

19. 陈延炯陈述粤汉铁路1934—1936年财政困难情形函

(1936年12月19日)

部座钧鉴：日前在京承谕，拟由本路筹拨一百万元解部，转付西门子行，以备信用购料之用。事属钧部通盘计划，在原则上本路理应遵办，惟以本路财政情形实有不能已于言者，敢为钧座陈之。伏以本路自职等于二十二年底，奉命涖职从事整理，彼时银行透支悬欠一百八十七万余元，而积压材料、庶务零星、应付未付各款，又及一百十四万余元，财政状况至为艰窘。由二十三年一月起，经积极整理，一面增加进款，一面节省支出，财政情形始渐有起色。

二十三年份

（一）营业收入现金　二千三百六十六万余元。

（二）非营业收入现金　三百五十六万元(货运加价及代收代管各款并上年库存等)。

两共收入二千七百二十余万元。

（一）营业支出现金　一千七百九十三万余元。

（二）偿还债款二百八十七万余元。

（三）提存欠薪基金　四十万余元。

（四）奉令协拨解缴各款　三百三十二万余元。

（五）非营业支出　八十八万余元(发还代收代管各款等)。

共计支出二千五百四十余万元。

收支两抵，计余一百七十余万元，除偿付上年透支悬欠，尚净欠透支一十八万六千余元。

二十四年份

（一）营业收入现金　二千七百六十九万余元。

（二）非营业收入现金　三百一十六万余元(货运加价及代收代管各款并上年库存等)。

两共收入三千零八十五万余元。

（一）营业支出现金　一千九百八十一万余元。

（二）偿还债款　二百九十四万余元。

（三）提存欠薪基金　四十四万余元。

（四）奉令协拨解缴各款　三百六十万余元。

（五）非营业支出　九十六万余元(发还代收代管各款等)。

共支二千七百七十五万余元。

收支两抵计余三百一十万元，除偿上年透支一十八万余元，尚余存款二百九十万余元。

至此财政情形始渐好转，方期准此进行整理路务，乃本年以来，收入虽仍畅旺，支出则增浩繁。

二十五年份

（一）由一月一日至十二月十四日已收实数　二千八百六十三万余元。

（二）由十二月十五日至三十一日估计应收　一百五十三万元。

（三）催缴各矿积欠及各路联运可收　三十三万元。

共计应收三千〇四十九万余元。

（一）营业支出　二千三百六十余万元(其中解部料款约计五百三十万元左右)。

（二）偿还债款已付未付共需　五百一十八万余元。

（三）奉令协拨解缴各款　四百三十二万余元。

（四）资本支出　一十四万余元。

共应支出三千三百二十余万元。

本年份收支两抵，计不敷约二百七十五万余元，倘预计应收各款均能如期收到，则将上年存款相抵，收支勉可两平。但截至十四日止，则除上年存款全数提用不计外，尚欠透支约四十万元左右，究竟能否两平，实属尚难预料。此种财政实况按月均有报告呈部，谅亦久邀洞鉴。总之本年财政状况又复渐入窘境，其原因由于协补解缴之款过多，而自十二月三十一日起，又须按月增拨购料期票基金七万五千元，揆诸财力，已有未逮。且按本路现时按月应解料款，除经常材料外，其固定须解者，月计二十四万余元，而二十五年份已解者，达五百三十万元左右。衡以收料情形，即全部以现金购买，已无不敷，如钧部为通盘计划，须以信用购料，于已解各款之中，充分挪用，似已无多少困难。至于本路与各银行所定透支契约及面洽之透支金额，总计虽有三百二十万元(已透支者四十余万元)，但值此非常时期，似应备为回旋余地，以备紧急用途，未可全数挪移，致碍周转。凡兹种种困难，悉属实在情形，历有表单到部，不难复按用是。拟恳俯体路艰，准将本路应解料款仍按购料预算，分期报解。其西门子料款先付一百万元一款，遵照面谕情形，在本路立场，实与现金购买无殊，拟请准免，另行筹解，以纾财力。至于本路照购料预算所解之款，应以若干现金购料，以若干信用购买，及交何商承办，则统祈钧部主持。本路但求以款易料不逾财力，无不遵行，以副统筹计划。披沥陈词，不胜惶悚，维钧座裁之。专肃敬叩崇安，伏维垂鉴。

职陈延炯谨肃

十二月十九日

〔国民政府交通部档案〕

20．铁道部五届三中全会工作报告①

（1937年1月）

铁道部五届三中全会工作报告　民国二十六年一月编印

一、新 路 建 设

甲、五年铁道计划之确立

吾国自光绪七年间，建筑唐胥铁路，以迄民国二十四年，此54年间，建筑之路线，共计8110.3公里，平均年筑150.2公里。自国民政府成立至民国二十四年止，经积极建设，增长2千余公里。本院长掌院以来，对于铁道交通，尤加意推进。为确立建设之步骤计，拟订一五年铁道计划，预计于五年中展筑路线8868.7公里，平均每年须筑1774公里。兹将该项五年铁道计划，按照约计完成之年期，分度列表如下：

① 此件沿用原标点。

计划年度	路名	起讫地点		公里	约计工程年期			备注
		起点	讫点		年数	开工年月	完工年月	
第一年	粤汉铁路株韶段	株洲	韶州	456.0	已完工	十八年三月	廿五年四月	
	陇海铁路潼宝段	潼关	宝鸡	334.5	已完工	廿年四月	廿五年十二月	
	浙赣铁路南玉段	南昌	玉山	292.0	已完工	廿三年七月	廿五年一月	
	苏嘉铁路	苏州	嘉兴	73.4	已完工	廿四年二月	廿五年七月	
	淮南铁路	洛河	裕溪口	215.0	已完工	廿二年十二月	廿五年一月	
	完成线长	1370.9 公里						
第二年	京赣铁路	宣城	贵溪	490.0	一年	廿六年一月	廿六年十二月	
	浙赣铁路南萍段	南昌	萍乡	283.0	一年	廿五年七月	廿六年七月	
	钱塘江桥			5.4	一年	廿五年七月	廿六年七月	
	沪杭甬铁路杭曹段	杭州	曹娥江	87.5	一年	廿五年七月	廿六年七月	

（续表）

第二年	咸同铁路	咸阳	同官	100.0	一年	廿六年	廿六年	
	蚌正铁路	蚌埠	正阳关	113.0	一年	廿六年	廿六年	
	黄埔支线	西村	黄埔	26.0	一年	廿六年	廿六年	
	预计完成线长	1104.9公里						
第三年	成渝铁路	成都	重庆	523.0	二年半	廿六年	廿八年七月	
	鄂陕支线			366.0	二年	廿六年	廿七年底	花园至老河口300公里，道口至内黄66公里
	潼关黄河大桥	七里村	风陵渡	8.9	二年	廿六年	廿七年	
	黄埔开埠				二年	廿六年	廿七年	铁道部补助工款500万元
	预计完成线长	897.9公里						

（续表）

第四年	湘黔铁路	株　洲	贵　阳	1002.0	四　年	廿五年	廿八年	
第四年	广梅铁路	广　州	梅　县	370.0	三　年	廿六年	廿八年	
	樟赣铁路	樟树镇	赣　县	325.0	三　年	廿六年	廿八年	
	同蒲支线			626.0	四　年	廿五年	廿八年	支线有四：(一)晋城(二)河曲　(三)平型关(四)东阳关
	湘桂铁路	衡　阳	桂　林	365.0	三　年	廿六年	廿八年	
	预计完成线长	2688.0公里						
第五年	宝成铁路	宝　鸡	成　都	935.0	四　年	廿六年	廿九年	
	黔滇铁路	贵　阳	昆　明	630.0	四　年	廿六年	廿九年	
	川黔铁路	隆　昌	贵　阳	516.0	四　年	廿六年	廿九年	
	粤赣铁路	梅　县	贵　溪	726.0	三　年	廿七年	廿九年	
	预计完成线长	2807.0公里						
五年计划路线总长		8868.7公里						

乙、二十五年度新路工程之进展

举五年铁道计划中之各线，虽因施工之艰巨，以致完成之年期不一。顾为适应现代国防之急需，早日促成整个计划之实现起见，不得不就计划中数条干线一并同时筹筑，以速事功。查二十五年度铁道部除依上述计划中第一年工作，完成株韶、潼宝、南玉、苏嘉、淮南等路，计长 1370.9 公里外，其已经兴筑即将完成，与业经动工以及正在测量与尚待计划之路线，计长 6366.8 公里，兹分别列表如下：

<table>
<tr><th colspan="2">施工情形</th><th>路　名</th><th>进　展　情　形</th><th>备注</th></tr>
<tr><td rowspan="7">(1)已经动工者</td><td rowspan="3">即将完工</td><td>浙赣铁路南萍段</td><td>该线系自南昌至萍乡，经株萍路以与粤汉连接。大部分土方已经做就，桥梁涵洞，亦正进行。另株萍铁路萍醴一段，亦正整理改善。</td><td></td></tr>
<tr><td>钱塘江桥</td><td>正桥桥墩，已成 75%，桥梁已成 65%。两岸引桥约成96%，公路路面，则成20%。</td><td></td></tr>
<tr><td>沪杭甬铁路杭曹段</td><td>土方约成50%，小桥水管约成40%。曹娥江大桥墩座，约成 25%。</td><td></td></tr>
<tr><td rowspan="4">尚待完成</td><td>成渝铁路</td><td>全线测量，已告完竣，继续办理用地测量，沱江桥钻探设计亦经告成，定二十六年一月二十一日招商投标。全线定二月一日正式兴工。</td><td></td></tr>
<tr><td>湘黔铁路</td><td>全线初测完成90%。定测完成50%。土石方工程，均已分别招标承筑，完成全线 4%。湘江桥完成 3.7%。资江桥完成 8%。株洲湘乡间水管铸造工程完成 13%。</td><td></td></tr>
<tr><td>京赣铁路</td><td>全线定线测量，完成 88%。用地测量完成50%。土石方工程，完成65公里。涵渠工程完成 69 座。临时材料厂及炸药库，完成各 1 座。</td><td></td></tr>
<tr><td>潼关黄河桥</td><td>桥基定测，均经完竣，两岸材料运输线之测设及筑造，均已告成。其墩座部分经招标发包，二十五年十二月间正在布置兴工，适值西安事变，暂行停顿。</td><td></td></tr>
</table>

（续表）

<table>
<tr><th>施工情形</th><th>路　名</th><th>进展情形</th><th>备注</th></tr>
<tr><td colspan="2">综计动工线长</td><td>2399.8公里</td><td></td></tr>
<tr><td rowspan="7">(2)
已在测量者</td><td>宝成铁路</td><td>自施行航空测勘后，复组织路线履勘队，循宝鸡、天水转而入川。江沿广元一带勘至成都，业已履勘完毕，正在编制图表。</td><td></td></tr>
<tr><td>川黔铁路</td><td>业经组织测量队两队。一队由四川之隆昌入手，一队由贵州之贵阳入手．均于廿五年十二月间先后出发。</td><td></td></tr>
<tr><td>滇黔铁路</td><td>业经组织测量队两队。一队于二十五年十二月底由京出发，一队正在编组中。</td><td></td></tr>
<tr><td>广梅铁路</td><td>业经组织测量队五队，均已先后出发，实地工作。</td><td></td></tr>
<tr><td>咸同铁路</td><td>该路系陕西省政府于二十四年间商准铁道部饬由陇海铁路西段工程局派员踏勘估计。业将全线所需材料，详晰开单，以凭计划兴工。</td><td></td></tr>
<tr><td>樟赣铁路</td><td>该路由浙赣铁路局主持办理，前经施行路线踏勘，兹复组织测量队实施初测。已自樟树镇进展至泰和以南，全线测量工作，业已过半。</td><td></td></tr>
<tr><td>综计测量线长</td><td>2876.0公里</td><td></td></tr>
<tr><td rowspan="3">(3)
正待计划者</td><td>湘桂铁路</td><td>现由铁道部与广西、湖南两省政府洽商筹划，正在进行之中。</td><td></td></tr>
<tr><td>粤赣铁路</td><td>该路起自广州之梅县，迄于江西之贵溪，拟先测量。</td><td></td></tr>
<tr><td>综计计划线长</td><td>1091.0公里</td><td></td></tr>
<tr><td colspan="2">二十五年中已动工，测量计划之路线总长</td><td>6366.8公里</td><td></td></tr>
</table>

二、铁 路 财 政

甲、五年铁道计划所需建筑料款之估计

类别 / 数额 / 年别	材料	现金	总数	备注
第一年	79703090	133042310	212745400	内有筹设株洲机厂料 1400 000，款 600 000，两共 2 000 000
第二年	99100000	131286334	230386334	内有株洲机厂料 900 000，款 600 000，再筹设贵溪机厂款 500 000，共计2 000 000
第三年	85200000	148000000	233200000	
第四年	65800000	130100000	195900000	
第五年	14650000	47206320	61856320	
总计	344553090	589634964	934088054	内有株洲及贵溪机厂共需料款 4 000 000
已完成各路用去之料款	44070860	77759140	121770000	
正待建成各路所需之料款	299382230	512875824	812318054	

乙、进行建筑中所需料款之筹划

观乎上表，可见五年铁道计划所需建筑料款，约计 934 088054 元，除为完成各路已用去之料款，计 12 177 万元外，其进行建筑中各路所需之料款，约计812318054元，除已筹措有着之料款计24645 万元外，尚不敷 565 868 054 元。其已筹划就绪之各项料款，有如下列：

名 称	数 额	筹措办法	备 注
(1)湘黔铁路借款合同	款2600万元	会同财政部以发行之第三期铁路建设公债，与剩余之津浦德发原续借票为抵押品，向中央、中国、交通，三银行订借2 200 万元，向中国农民银行上海分行订借 300 万元，上海邮政储金汇业局100万元。	
(2)京赣铁路宣贵段借款契约合同	料 90万元 款1400万元	所需外洋材料，约计英金90万镑，已与管理中英庚款会及英商汇丰银行，分别商允照数垫购，另向交通、中国、金城等 8 银行商借工款1400万元，以京赣铁路建设公债作抵。	该段所需国内工款，约计2400万元，除已商借1400万元外，尚不敷 1000 万元，拟俟将来另行筹措。
(3)展筑陇海铁路购料	料45 000 万比佛郎	由比公司及比法公司以信用放款借给材料及行车设备，专为建筑宝成铁路之用，于 4 年内分批订购，年息 8 厘，分 84 个月偿还。	约合国币5000万元
(4)成渝铁路股款	款225万元	为缴纳川黔铁路公司股款，向中央信托局商借，以第三期铁路建设公债及津浦德发续票作抵，限期 1 年。	
(5)成渝铁路工料借款	料2750万元 款2850万元 共5600万元	由中法工商银行借给外国材料及设备2 750 万元，又供给当地建筑经费之一部分700万元，由川黔铁路公司供给当地建筑经费一部分2150万元。	

（续表）

名　称	数　额	筹　措　办　法	备　　注
(6)整理平汉铁路兴筑湘黔铁路购料	料1000万元 款3000万元 共4000万元	由德国爱森钢铁公司、克虏伯厂、联合钢铁出口公司及奥脱华尔夫公司4厂家供给，整理平汉铁路部分为1000万元，分为6年零1月。供给付款方法，订货时付10%，交货时付45%。其余满6年后付给。本金之利息为周息6厘，利息上之利息周息3厘。建筑湘黔铁路部分为3 000万元，分为3年零1月订购。付款期限，不逾10年零1个月。利息按周息6厘计算。每年6月30日及12月31日，各付1次。	
(7)浙赣路杭玉段改换重轨材料借款	料2269270 关金	此系铁道部担保浙赣铁路理事会向捷克国维阔惠次钢厂商借材料垫款，分7年清偿，由浙赣铁路联合公司出具期票再由铁道部加以担保，别无其他担保条件。	查该段建筑之时，系采轻轨。现铁道部以浙赣路玉萍段，将于本年六七月通车，而钱塘江桥工程，亦可同时完成，设使浙赣路自杭州至玉山一段，不改换重轨，即无法完成杭玉、玉南、南萍三路直达通车计划，即不能开驶沪粤直达快车。此项改换重轨工程，长约350公里，业已开工。可望于本年6月底完成，届时即可由上海乘车直达广州。
(8)平汉铁路道内段展线借款合同	款60万元	由中福煤矿公司承借签订借款合同	该线为平汉路道清支线，由道口至内黄县楚旺一段之铁路。因便利矿煤出路计，由中福煤矿公司于廿五年六月提议兴筑展线。

（续表）

名称	数额	筹措办法	备注
(9)完成沪杭甬铁路六厘金镑借款	款110万镑	系铁道部与中英银公司、中国建设银公司合组之银团所订。利率6厘，还本期限为25年。	
(10)浙赣铁路南萍段料款	款1 000万 料1 000万 共2 000万 (国币)	以第二期铁路建设公债，向国内银团抵借国内用款1 000万元，向德商奥脱华尔夫公司借垫外洋材料1 000万元，每年应还本息，即以到期公债本息拨充。	
共计	国币24 645万元		

丙、国际债信之恢复

因欲完成五年计划，需款自属浩繁。以吾国政府财政之困难，人民经济之枯竭，虽对此有关国本之铁道建设，筹措亦非易易。是以如何于尊重主权原利民生的原则下，运用外资，遂为今后中国建设铁道必循之途径。惟欲引用外资，不能不先谋国际债信之提高，欲恢复国际债信，当先自整理债务始。

1. 各路债务之整理　各路债务之整理，除津浦路债务整理办法，已于二十五年二月二十五日公布，道清路债务整理办法，于廿五年五月五日公布外，其于民国二十五年下半年继续整理者，列表如下：

名　　称	数　　额	整　理　办　法	减轻负担
陇海路向比法荷三国借款	本金15 000万余元息金约1万万元两项合计约欠国币25 000余万元	整理办法于廿五年八月廿五日公布，规定由廿五年七月一日起，第一年付息1厘半，此后每年递增半厘，至民国三十一年为止。以后一概以4厘利息计算。至从前愆付各期利息，至民国二十五年七月一日止，概行取消。	约1 5000余万元
广九路向英银团借款	本金150万镑自民国十四年起愆付本息积欠100余万镑	整理办法于二十五年八月廿六日公布。规定自二十六年六月一日起，最初二十年内，债券每年付给2厘半，以后付给5厘。如果广九路进款净数超过国币20万元，还可增付利息，最高至5厘，并从民国廿五年六月一日起，每年设国币50万元为准备金，以前欠息，亦取销〔消〕4/5。	约800万元
津浦路德华银行垫款	英金90万镑	整理办法12项，于民国廿五年十二月廿二日正式订立。规定3年内，由津浦路还本10万镑，分3年匀付。以前欠息及结定后3年利息，概行免除。以后按年利3厘行息。自民国廿八年十月起，每年由津浦路摺存5万镑，以备偿还垫款之用。所用抵押未发行之津浦续借债券一部分计67.8万镑，承认生效。其余债券，一律缴还注销。	约国币2 000余万元
以上各款经此整理后，共计减轻负担约国币17 800余万元，综合上半年津浦、道清整理结果，共计减轻负担约国币23 100余万元。			

2. 整理债务后债券在市场之价格　各路债券，经铁道部继续加以整理后，国外债票市价，因而逐渐升涨，足证债信渐见提高。试以二十五年一月份与二十六年一月份之市价相较，则：

汇丰整理公债　　由 96 元增至 100 元；

道清公债　　由 28 元增至 74 元；

京沪公债　　由 65.5 元增至 78 元；

津浦原借公债　　由 32 元增至 59 元；

津浦续借公债　　由 31 元增至 58 元；

陇海公债　　由 16 元增至 33 元；

湖广公债　　由 44.5 元增至 58 元；

兹将本年各月份铁路债票市价，列表于后：

各路债票在伦敦市价表

（自廿五年七月至廿六年一月止）

名称	市价 \ 月份	廿五年一月份	二十五年七月份	八月份	九月份	十月份	十一月份	十二月份	二十六年一月份
汇丰整理公债	最高	97	100	$100\frac{1}{2}$	101	$100\frac{1}{2}$	$99\frac{3}{4}$	100	100
	最低	96	96	$99\frac{1}{2}$	100	$98\frac{1}{2}$	$99\frac{1}{2}$	$99\frac{1}{2}$	100
道清公债	最高	28	$59\frac{1}{2}$	68	66	$66\frac{1}{2}$	$72\frac{3}{4}$	$74\frac{1}{4}$	74
	最低	28	52	$59\frac{1}{2}$	$62\frac{1}{2}$	61	$66\frac{1}{2}$	71	72
京沪公债	最高	70	75	79	$78\frac{3}{4}$	76	$76\frac{3}{4}$	76	78

（续表）

名称		月份/市价	廿五年一月份	二十五年七月份	八月份	九月份	十月份	十一月份	十二月份	二十六年一月份
京沪公债		最低	65 1/2	69	74	75	74	75	72 1/2	75
津浦原借公债	英	最高	34	48	48 1/2	49	48	50 1/2	55	59
		最低	32	42	46	48	46	48	52	56
	德	最高	34	49 1/2	50	50	49	52	53 1/2	58
		最低	32	42	48	48	46	49	51 1/2	56
津浦续借公债	英	最高	32 1/2	47	48 1/2	49	48	50 1/2	54	58 1/2
		最低	31	42	46	48	46	48	51	56
	德	最高	32 1/2	47 1/2	49	48 1/2	48	51 1/2	53 1/2	58
		最低	31	41	47 1/2	47	46	48	51	56 1/2
陇海公债		最高	19	32	32	30 1/2	28 1/2	28 1/4	30 3/4	33
		最低	16	28 1/2	29 1/2	28	27	28	28 1/2	31 3/4

（续表）

名称＼月份＼市价		廿五年一月份	二十五年七月份	八月份	九月份	十月份	十一月份	十二月份	二十六年一月份
广九公债	最高			$42\frac{1}{4}$	40	39	$40\frac{1}{2}$	$40\frac{1}{2}$	43
	最低			$32\frac{1}{2}$	$36\frac{1}{2}$	$34\frac{1}{2}$	$37\frac{1}{2}$	38	41
湖广公债	最高	48	$51\frac{1}{2}$	$54\frac{3}{4}$	56	54	52	$55\frac{3}{4}$	58
	最低	$44\frac{1}{2}$	44	51	$53\frac{1}{2}$	$48\frac{1}{4}$	$50\frac{1}{2}$	$51\frac{1}{2}$	55

备　　考

（1）广九铁路公债七月份以前无市价。

（2）二十六年一月份统计系截至一月二十二日为止。

3．筹集现金借款之新途径　中国希望外来铁道投资，不外材料与现金二种。材料则以各国充斥市场，赊贷尚易，现金则因各国对中国政府发行之债券，跌落甚巨，往往不满票面六七折，以是无法在外国市场发行八折或九折以上之债票。若贬价出售，有损国家信用，且各国均禁止资本输出，不准外国债票，在本国市场发行，而对于中国债票之发行，尤有新银团之拘束，种种困难，无法打开发行外债之途径。然公开在国外发行债票之途径不开，则长期资金无法取得，因是不得不用渐进之方法，吸引外国现金借款，以达到公开发行债票之目的。其方法维何：（一）先在中国市场，与外国银行合作发行债票。例如完成沪杭甬铁路债票，中国银团与英商汇丰各半承受，在上海发行，以期间接逐渐行销国外；（二）借材料时，要求洋商扩借现金若干，例如成渝铁路之法商材料借款，要求法商扩借现金700万元，另担任运费五六百万元。今后拟逐渐与各国磋商，先以数额不巨之债票，在国外发行，或请各国多借现金借款，因欲完成五年计划，非此莫由，故特表而出之。

丁、旧路收支之概况

查利用外资，建设新路，必须旧路健全进展，使路债本息，如期照付，然后债信方可提高，外资方易流入。故招致外资，应以铁道本身之盈余为根本，而新路建设，即须树立于旧路革新的基础之上。过去一年中各路对于如何增加效率，节省开支问题，力事革进。试以二十五年上半年各路营业进款及营业用款言之，则其概况如下：

1. 各路营业进款概况　津浦铁路共收13687238.93元，较上年同期，增收796578.21元，计增6.18%。陇海铁路共收9973395.89元，较上年同期，增收2210022.03元，计增28.47%。胶济铁路共收7797659.31元，较上年同期，增收480011.59元，计增6.56%。平绥铁路共收5915858.96元，较上年同期，增收342 720.26元，计增6.15%。正太铁路共收3805711.65元，较上年同期，增收399325.71元，计增11.72%。道清铁路共收990389.07元，较上年同期，增收102311.01元，计增11.52%。广九铁路共收1028755.86元，较上年同期，增收28 090.8元，计增2.81%。其他若平汉、北宁、京沪、沪杭甬、湘鄂、南浔诸路，收入虽未见增，但比照上年同期，所减亦不甚大。综计二十五年上半年，各路共收86485556.01元，较上年同期，增收2717167.56元，计增3.24%。

2. 各路营业用款概况　津浦铁路共用8220 680.18元，较上年同期，减少361124.85元，计减4.21%。京沪铁路共用5013438.73元，较上年同期，减少544920.39元，计减9.80%。胶济铁路共用5701865.17元，较上年同期，减少299047.33元，计减4.98%。平绥铁路共用3 636 510.93元，较上年同期，减少

172 938.71 元，计减 4.7%。沪杭甬铁路共用 2 607 656.02 元，较上年同期，减少 282 242.82 元，计减 9.77%。道清铁路共用 604 838.8 元，较上年同期，减少 121 931.9 元，计减 16.78%。南浔铁路共用 485 871.57 元，较上年同期，减少 76 081.27 元，计减 13.54%。至若北宁、平汉、正太、陇海、广九、湘鄂诸路，或以业务增进，各项事业费用，不能不随之递增，或以改进设备，购置与维持诸费，不能不因之稍增。但以各路平均言之，共计二十五年上半年营业用款 53 722 199.07 元，比照上年同期，仅增 1 236 130.67 元，计增 2.36%。

三、设备与业务

甲、机车车辆之添置

近数年来，因各路财政困难，故各项设备，均未有增加。顾以目下各路沿线农产品之活动，社会贸易能力之增高，加以军运亦日趋近代化，为增进运输能力，适应国防需要，与发展农产品起见，对各项机车车辆设备，不能不有所增加。综计去年一年间添置之机车，共 115 辆，客车共 161 辆，货车共 1 175 辆。

乙、机厂车房之设置与扩充

至机厂车房之设置与扩充者，共有株洲机厂等 8 处。兹列表并说明如下：

名　称	在何路线	说　　明
株洲机厂	粤汉线	该厂为粤汉、湘黔、川湘等路联合机厂，将来即为各该路修理机车车辆之用。铁道部另设专管机关，主持其事。全部建筑工程可于二十六年底完成。该厂之主要工作，为机车车辆之制造及大修与大批配件及物品之制造。
西安三桥镇机厂	陇海线	购地 1 200 余亩，已经竣事。所有应需机件亦经制备说明书询价，一俟价单送到，即审择决定，限期完竣。

(续表)

名 称	在间路线	说 明
汉口江岸机厂	平汉线	就原址扩充,已经开始建筑。该厂扩充之后,每年大修机车数量,可逐渐增至72辆,客车百辆,货车1000辆。
南口机厂	平绥线	建筑动力室,改建锻铁、木工及电机修理三工场,扩充机器工场。
张家口机厂	平绥线	安装发电机,改用电力发动,添建车辆工场。
汉口玉带门车房	平汉线	平汉路扩充江岸机厂,须用车房地址,故迁移江岸车房于玉带门。
戚墅堰机厂	京沪线	购地600余亩,将吴淞机厂之机器陆续迁往,拟先建筑货车制造工场及锻铁工场,以制造货车供各路之需要,并将吴淞装配及锅炉两工场拆迁,暂时仍作该厂装配及锅炉两工场之用,一切计划,均在进行。
贵溪机厂	京赣线	该厂系将浙赣路拟建之樟树机厂改并。二十五年十月间铁道部令京赣铁路宣贵段与浙赣路协商进行。

丙、营业之推进与整理

(1) 筹办铁路沿线农业仓库 查铁路设置仓库,非特为国民经济建设之要图,且可便利铁路运输,增进铁路业务。铁道部已令各路迅将沿线各要站,有应行设置农业仓库地点,分别先后缓急,及目前现有何种仓库各情形,迳行开送农本局洽商办理,以应农产中运销或存储之必要。

(2) 整理铁路客货基本运价 查铁道部客货运输基本运价表系于二十二年三月编印,其间各路客货运价,不乏变更之处,该部为整理及研究改进各路客货运价起见,先后编印《各铁路货物运价基数表》及《各铁路旅客票价基数表》两种。货物运价基数表中，即将新旧各路各等运价基数，各等间比例，及不满整车运价超过整车运价百分数，编列比较表。旅客票价基数表中，即将新旧各路旅客基本票价，及其头、二、三、四等各等间比例，与递远递减办法分别编入，以期改进。

（3）推进负责运输　查铁路货物负责运输，始于二十一年八月。各路办由货运负责，已见成效。为再求推进计，除将可能负责运输之货物，尽量予以负责外，最近又规定公运赈运及其他减价付现之负责运输及联运办法九条，自二十五年六月一日起实行，以应各方之需要；又准货物之火灾损失，自二十五年七月一日起，改由铁路负责，汽油酒精两项，自二十五年十二月一日起，亦改由铁路负责。

（4）减低农产品运价　为扶助农村经济，调剂国内民食，除由该部核准陇海路之花生仁，胶济路之粗粮、小麦、干枣、东运面粉，平汉路之大麦、小米、玉米、高粱、黍、荞麦、小麦、稻米、芝麻、黄豆，正太路之粮食，京沪路之粮食，下行小麦特价，继续展期施行外，近又核准平汉路棉花特价，津浦路小麦、面粉、黄豆、棉花特价，京沪路黄豆、棉花特价，粤汉路湘米运粤、运鄂特价，浙赣路米谷特价；江南路与京沪、沪杭甬路联运皖产米、麦、菜籽特价，平汉、陇海两路合订运陕大米特价，浙赣、京沪、沪杭甬两路会订联运赣省米谷特价。

（5）奖励国产工业　年来铁道部对于奖励国产工业，减轻铁路运价，尽量办理，以助新工业之发展。兹将该部最近核准之工厂牌号、受奖货品及减价年限，分别列表于下。

（6）拟定铁路营业及运输统计规则　铁道部前以铁路营业之运输统计，向无一定规则，足资遵守。当经该部着手草拟《铁路营业统计规则草案》一种，于二十五年八月间，召集平汉、北宁、津浦、陇海、胶济、平绥、京沪、沪杭甬等大路车务会计两处经办营业统计

牌　　号	货　名	各路收费办法	实行年月	减价期限	备　注
建业机器厂	铸字机	减按三等收费	廿五年八月一日	三　年	
又	自动铸字机	又	又	又	
又	自动浇铅版机	又	又	又	
又	三色印刷机	又	又	又	
民生农业公司	手工纺毛机	减按三等收费	又	二　年	
建华工业公司	油　毡	减按五等收费	又	三　年	
中国工业炼气公司	电　石	减按二等收费	廿五年十月一日	二　年	
裕中实业社	衣　粉	减按三等收费	又	二　年	
新中国家庭活动影机公司	活动影机	又	又	三　年	
仲明机器制造公司	木炭代油炉	减按三等收费	廿五年十二月一日	三　年	
中国酒精制造公司	酒　精	减按九折收费	廿五年八月二十日	一　年	此案铁道部自行核定

人员，到部开会，共同审议核定公布。并于运输统计规则一项，亦经根据原有列车及车辆统计暂行规则修正，公布实行。

（7）联运之推行与发展　铁路业务之发展，端赖联运之推行尽利，一面极力整理原有各路联运，一面对新修路线以及公路航路均力求其合作。最近铁路加入国内联运者，则有粤汉铁路。办理局部联运者，则有江南之与津浦，京沪、沪杭甬、淮南之与江南、京沪、同蒲之与陇海铁路。与水陆联运者，则有招商之与同蒲，招商之与江南、京沪。又肇河明安及迳口中兴电轮公司之与粤汉铁路。公路办理联运者，则有湖南公路及芜樟等汽车公司。其属于联运通车之开行者，有青京旅客联运通车，汉长直达沿途零担货车。属于联运票价与运价者，有重新厘定货物联运运价递远递减办法，以减轻货商对于长途运价之负担。属于客货联运事务之整理者，有改善沪平及青平联运通车。至于联运进款，民国二十四年全年客货进款共3752万余元，每月平均310万元有奇，二十五年每月平均约在350万元左右，全年约达4000万元，为该部历年联运进款之最高纪录。

〔国民政府铁道部档案〕

21. 张嘉璈关于最近国有铁路财政状况暨调度款项经过情形总报告

(1937年6月后)[①]

最近国有铁路财政状况暨调度款项经过情形总报告

甲、新工建筑资金之筹措

铁路为交通事业之主干，亦即推动国民经济之原素，以我国幅员之广，人口之众，文化之伾僿，经济之落后，而现有铁路仅祗八千余公里，在事实上原不足以应社会之需要。而此八千余公里铁路，历经北京政府之搜括，北洋军人之摧残，十余年来绝少培养，其设备之窳败，财源之枯竭，早已儳焉不可终日。嘉璈承乏之初，深维建国之本，首赖交道，故改弦更张，非延长路线无以应社会之需要，非整理旧路无以树已坠之信誉。丁兹国际风云日益紧张，尤非积

① 此系从文中推出。

极筹谋兼程并进，无以应时势上之要求，用是秉承钧旨，悉心规划。其时适当新币制推行之始，社会金融尚待维护，铁路建设需款既多，募集借款不容骤进，于是斟酌情形，分途设策。凡建设新路需要之资金，或出于公债之发行，或出于材料之赊购，或以英庚款供其调拨，或商由银行透支而短其期限，或与地方合作，或与矿商分担，权衡内外，一以实现建设计划为依归，而不碍及市场金融之调整。计自民国二十五年一月迄于今兹，关于公债债票之发行，计有下列三种：

一、第二期铁路建设公债二千七百万元，专供玉萍铁路南萍段建筑之用。

二、第三期铁路建设公债一万二千万元。已发行者二十五、六年部份各四千万元，待发行者二十七年部份四千万元，专供建筑西南铁路之用。

三、京赣铁路建设公债一千四百万元，专供京赣铁路建设之用。

关于借款合同之签订，其重要者，约为下列数项：

一、完成粤汉铁路株韶段透支五百二十万元，指定以津浦、胶济、沪杭甬各路应还英庚款为担保，由中国、交通两行承办，专充补足完成粤汉不敷经费及赶工之用。

二、整理粤汉设备借款英金四十六万镑，由英庚款董事会拨借，向英垫购材料，用于全线者二十六万镑，用于湘鄂段者二十万镑，其中十万镑材料转让平汉、津浦、陇海三路应用，另由各该路分期拨付现金，指定为湘鄂借用国内现金一百八十三万八千元之担保。

三、西宝段工程借款四百八十六万元，充国内工款及一部分料款之用，由中国、交通、中南、金城、盐业等五银行承借。

四、西宝段材料借款六百五十二万二千一百八十一法郎，又英金五十三万二千五百一十镑，充购国外材料之用，由巴黎工业电机厂承办。

五、完成沪杭甬借款英金一百一十万镑，由中英银公司及中国建设银公司承借，以一部份完成杭曹段，一部分建筑钱塘江桥，一部分归还中英银公司原借款尾数及苏浙路股款之用。

六、苏嘉路工程借款五十万元，由浙江兴业银行承借，以第三期铁路建设公债七十七万元为抵押，专充补足该路建筑经费不敷之用。

七、道楚铁路工程借款六十万元，由中福公司承借，专充建筑由道口镇至楚旺一段铁路之用，为道清路之延长线。

八、川湘川陕借款二千六百万元，由中、中、交三行承借二千二百万元，以建设公债一千七百万元、部存津浦德发债票一百一十万镑为抵押；由中国农民银行承借三百万元，以建设公债二百九十五万元、部存津浦德发债票十五万镑为抵押；由邮政汇业储金局承借一百万元，以建设公债七十七万元、部存津浦德发债票五万镑为抵押。以上借款原备川湘、湘黔之用，兹以川湘暂缓进行，大部分用之于湘黔。

九、湘黔、平汉铁路购料垫款四千万元，由德国奥脱华尔夫等四公司承办，以三千万元为湘黔铁路购料之用，一千万元为平汉铁路购料之用。

十、京赣铁路工程借款一千四百万元，由交通、中国农民、金城、四行储蓄会储蓄部暨信托部、大陆、中南、盐业、浙江兴业等八银行承借，以京赣建设公债全部为抵押，专充国内工料款项之用。

十一、京赣铁路购料垫款英金九十万镑，由英庚款董事会拨借四十五万镑，怡和、汇丰垫借四十五万镑，指定以粤汉铁路将来归还英庚款为担保，专充国外购料之用。

十二、株洲机厂购料借款英金十五万镑，由英庚款拨借三万镑，英商万泰公司垫借十二万镑，专充在英购买机件之用，指定以湘鄂段将来归还英庚款为担保。

十三、株洲机厂建筑经费借款七十五万元，由四明银行承借，专充国内建筑工程之用。

十四、浙赣铁路工料借款二千万元，专充建筑南萍段之用，其中由中国银行、交通银行、中国农民银行、金城银行、新华信托储蓄银行、江西裕民银行、中国建设银公司、邮政储金汇业局等，分期拨付现金一千万元，德商奥脱华尔夫借给材料一千万元，嗣因一部分材料德商不能供给，商由中国银行等加拨二百万元，均以第二期铁路建设公债二千七百万元为担保。

十五、杭江路更换重轨借款计关金二百八十万单位，由捷商维阔惠次公司承办，专供垫购该路重轨之用。

十六、宝成购料垫款计四万五千万比法郎，由比国银公司承办，作为在国外向比籍制造厂赊购铁路材料之用。

十七、成渝铁路工料借款三千四百五十万元，由本部会同川黔铁路公司与中法工商银行签订合同，以建设公债一千万元为该项借款及公司股票利息之担保。

十八、成渝铁路官股借款二百二十五万元，以建设公债一百七十万元及津浦德发债票十一万镑为担保，由中央信托局承借，专充本部缴纳股款之用。

十九、总机厂继承中央机器借款英金十二万三千二百镑，又国币六十万元，均由英庚款项下拨付，其中一部份原由实业部承借，移转本部，余约四十万元由本部承借，专充扩张戚墅堰总机厂工料款项之用。

二十、京沪路改善设备借款英金八十万镑，由中英银公司承借，专供敷设南翔至苏州双轨及改建号志之用。

总计各项借款，共约二万七千余万元，大抵有关新路居多，其他如广梅路拟向英银团商借二百七十万镑，浦襄路拟向中英银公司商借四百万镑，并皆已有接洽；滇黔路拟向法银团商借四百万镑，已订草约，均因正式合同尚在磋商之中，未行列举。贵南路以日方反对英美借款，拟由本部与闽省自行筹垫，湘桂路拟由本部与湘桂两省合资经营。至旧路方面情形之改善，则斟酌各路之财力所需经费，或由自筹，或加补助，以事涉繁琐未便渎陈。惟陇海铁路设备苟简，为充实行车及有关运输之能力起见，经由该路商请比公司商垫材料八百万元，业已陆续订购，堪以奉闻。

乙、旧债之整理

窃思近年以来，铁路信誉日有起色，故新路投资，各方均极踊跃，其关键所在，厥在旧有债务之整理。最近年半以还，会同财政部商定整理各项债务，并经照约施行者，计有下列数端：

1. 陇海路比荷两公司借款，计减轻铁路负担一万万〇九百六十余万元。

2. 津浦路英发德发原续两借款，计减轻铁路负担六千八百三十三万元。

3. 粤汉路英美法德四国银团湖广铁路借款，计减轻铁路负担二千九百十余万元。

4. 广九路中英银公司借款，计减轻铁路负担八百〇九万元。

5. 道清路福公司借款，计减轻铁路负担五百五十四万余元。

6. 宁湘路中英银公司垫款，计减轻铁路负担四百十六万余元。

7. 浦信铁路中英银公司垫款，计减轻铁路负担一百十八万余元。

以上总共减轻各路负担共约二万二千六百三十余万元。其债权人不惜牺牲乐于从事者，一则由于整理以后，规定提偿办法，确实可靠；一则鉴于吾国政治统一，力图建设，钧座精神感召之所致。现时各项债票，伦敦市场价格业已高涨，如津浦原发债票自四十八镑最高涨至七十一镑半，续发债票自四十六镑最高涨至七十一镑，陇海债票自三十二镑最高涨至四十二镑，道清债票自五十一镑半最高涨至八十八镑，广九债票自三十八镑最高涨至五十八镑，湖广债票自四十余镑涨至七十一镑又二五。从知整理债务，影响信用关系之密切，瞭然可睹矣。

丙、已成各路营业收支及其财政状况

铁路建设以自力更生为第一义，凡新路之建设，旧债之整理，要必以增进营业为推行之基础。年来已成国有各路，集中行车调度，提高修车速率，改进机车车辆运用之效能，减低各种货物之运价，颇著成效，计二十五年全年营业进款，共达一万万八千〇八十九万元，比较二十四年份全年进款一万万六千九百三十二万余元，已增加一千一百五十余万元之巨，顾以增建产业及分担各项经费，殊少结余。其收支款项及负债情形，为考查便利起见，谨逐路分述于下：

1. 平汉路及道清支线　全年进款三千八百四十三万余元，其他收入二百五十余万元，用款二千二百五十五万余元，约可盈余一千八百四十万余元。此项盈余之支配，计本路增建产业用费二百八十二万余元；偿还外债四十六万九千余元，内债二百三十二万四千余元，料债一百二十万〇三千余元，欠薪四十六万余元，共约四百四十六万余元；记帐军运政运四百九十六万余元；协拨军费一百二十万元；冀察政委会故都文物整委会经费、武汉大学补助费共十二万元；解部备付邮传部借款本息一百〇七万七千余元，同成垫款本息二十万元，邮件运费借款本息十三万六千余元，大潼、西宝借款本息四万八千余元，湘黔及平汉购料借款基金一百〇四万元，建设公债基金二百〇五万元，湘鄂整理经费七十二万元，共约五百七十余万元。总共一千九百二十余万元，计应不敷约八十余万元，惟因该路将一部份应付帐移后支付，并利用旧存材料，故尚能维持周转。截至二十五年底止，计尚结欠外债合国币约三千三百八十九万余元，内债约二千〇四十二万余元，料债约一千九百八十六万余元，欠薪二百九十九万元，总共结欠债款约七千七百十八万余元。

2. 津浦路　全年进款二千八百四十八万余元，用款一千六百九十四万余元，又借款利息等项支出四百五十八万余元，其中整理英德债务原续借款利息，共约二百八十一万六千七百余元，约可盈余六百九十五万余元。此项盈余之支配，计本路增建产业五十三万余元；偿还外债二十八万余元，内债六十八万余元，英庚债款八十三万余元，料债一百万〇七千余元，欠薪六十一万二千余元，共约三百四十万余元；记帐军运政运一百六十万余元；协拨军费等八十九万余元；解部备付建设公债基金等款一百〇六万余元，总共七百四十九万余元，计应不敷五十四万余元。亦因该路移后支付款项、利用存料及向银行透支，故得周转裕如。

截至二十五年底止，计尚结欠外债合国币约一万万二千九百九十六万余元，内债约一千〇八十九万余元，料债约一千九百四十三万余元，欠薪一百二十四万余元，总共结欠债款约一万万六千一百五十三万余元。

3. 京沪沪杭甬路两路（苏嘉线亦在内） 全年进款共二千二百万余元，用款一千四百九十一万余元，又借款利息等项支出三百五十九万余元，约可盈余三百四十九万余元。此项盈余之支配，计增建产业二百三十三万余元，偿还各项债款九十九万余元，提存偿还债息基金净数二十八万余元，记帐军运政运六十五万余元，解部转还苏浙路股款八十万元，总共五百〇六万余元，计应不敷一百五十七万余元。惟增建产业及解部转偿苏浙路股款共三百余万元内，大都均在借入款项下支付，故尚应付裕如。截至二十五年底止，尚结欠外债约合国币七千二百六十四万元（内沪枫借款约五百十一万余元），内债约一百八十六万元，总共结欠债款约七千四百五十万余元。

4. 陇海路（包括陇海、汴洛、潼西三段） 全年进款一千八百九十八万余元，用款一千〇五十四万余元，又支付汴洛借款利息约二十三万余元，约可盈余八百二十万余元。此项盈余之支配，计本路增建产业六百五十五万余元，偿还内债二十万元，协拨军费及海防经费六十九万元，记帐军运政运二百〇八万余元，总共九百五十二万余元，计应不敷一百三十二万余元。惟因增建产业六百数十万元之中，有一部份尚未付清，故收支尚能平衡。

截至二十五年底止，计尚结欠外债合国币约一万万五千六百七十八万余元，内债约八百〇三万余元，料债约二百七十万余元，总共结欠债款约一万万六千七百五十二万余元。

5. 胶济路　全年进款一千六百三十一万余元，用款一千一百七十二万余元，又借款利息等项净支出一百九十五万余元，结算约可盈余二百六十三万余元。此款之支配，计本路增建产业一百六十七万余元，偿还英庚款一百〇六万余元，记帐军运政运三十六万余元，又应照案提存赎路基金二百四十万元，总共五百五十万余元，相比计不敷一百十七万余元，由该路向本路员工储金会借款周转。

截至二十五年底止，计尚结欠外债日金国库券四千万元，内债七十八万元，总共结欠债款约四千〇七十八万元。

6. 正太路　全年进款七百二十万余元，用款三百七十六万余元，又杂项支出约五万余元，约可盈余三百三十八万余元。此项盈余之支配，计本路增建产业五十一万余元，记帐军运政运四十八万余元，解部备付巴黎电机厂西宝段料价等款二百四十四万余元，总共三百四十四万余元，计应不敷五万余元，惟该路二十四年底止结有相当存款，故本年不虞竭厥。截至二十五年底止，除通常之应付帐外，尚无外内料各债。

7. 粤汉路(湘鄂及广韶两段)　全年两段进款共六百七十七万余元，用款六百三十八万余元，结计净进款仅三十八万余元。而记帐军运政运达八十四万余元，又本路偿还英庚款等十四万余元，故结算不敷六十万余元。系由该两段竭力腾挪，息借透支，勉强撑拄。

截至二十五年底止，计尚结欠外债合国币约一万万〇六十一万余元，内债约七千九百八十六万余元(其中英庚款约五千三百〇七万余元)，料债约二百九十九万余元，总共结欠债款约一万万八千三百四十六万余元。

8. 广九路　全年进款二百十五万余元，用款一百七十八万余元，净进款约三十七万元。此款之支配，增建产业项下实际约付十万元，记帐军运政运约十二万元，相比当可敷余十五万元，其中大部份由该路专户提存，备偿中英银公司债款本息之用。

截至二十五年底止，计尚结欠外债合国币约二千〇五十二万余元，内债约五万余元，料债及未付车辆价款约四十九万余元，总共结欠债款约二千一百〇七万余元。

9. 南浔路　全年进款一百〇三万余元，用款九十万余元，又杂项支出二十六万余元(日债利息约四十四万余元，照整理协定书须于本金还清后再行支付，故不计在内)，结计约亏十二万余元。连记帐军运政运十万余元，须亏二十二万余元，系由该路借款腾挪，勉强应付。此外又由本部拨给现款八十万余元，悉充赏还日债本金之用。

截至二十五年底止，计尚结欠日债一千七百四十二万余元，内债约七百十九万余元，料债约三十九万余元，总共结欠债款约二千五百万余元。

10. 首都铁路轮渡　全年进款九十九万余元，用款三十二万余元，又借款利息等项支出三万余元，约可盈余六十二万余元，另由津浦、京沪两路拨给经常费十二万元，又本部协济八万三千元，总共有八十三万余元。而偿还英庚款之数为八十八万元，故尚应不敷四万余元，亦系动用二十四年底之存款。

截至二十五年底止，计尚结欠英庚款四十五万一千元。

11. 北宁路　全年进款二千六百四十二万余元，用款一千七百二十万余元，又借款利息等项支出五万余元，约可盈余九百十二万余元。此款之支配，计资本支出二百八十二万余元，偿还债款二百三十八万余元，协拨冀察政务委员会军费等三百七十一万余元，记帐军运政运十八万余元，解部转还沪枫借款、大潼、潼西及西宝垫款等共二百四十一万余元，总共一千一百五十二万余元，计尚不敷二百四十万余元。惟因该路二十四年底止积有巨额存款，故尚能维持。

截至二十五年底止，计尚积欠外债合国币约八百七十三万余元，内债约一百四十六万余元，料价〔债〕约五百五十三万余元，总共结欠债款约一千五百七十四万余元。

12. 平绥路　全年进款一千二百十万余元，用款七百六十三万余元，又借款利息等项支出约四十五万元，约可盈余四百〇七万余元。此项盈余之支配，计增建产业三十四万余元，偿还外、内、料各项款及欠薪二百五十三万余元，协拨冀察政务委员会军费等一百二十一万余元，记帐军运政运七十六万余元，又解部偿还邮件运费借款二万余元，总共四百八十万元，计尚不敷约八十万元。此项亏短之数，除由该路设法息借透支外，另由本部核准留用客货加价约二十万元。

截至二十五年底止，计尚结欠外债合国币一千一百〇六万余元，内债约六百九十三万余元，料债约三千四百四十一万余元，又欠薪约三百五十万元，总共结欠债款五千五百九十一万余元。

综观以上各路财政状况，收支相抵，尚微有不敷。其现负债款总数约合国币八万万二千三百十七万余元，连未完成路线之借款，计同成垫款一千〇七十六万余元，宁湘垫款六百十万元，浦信垫款约六百二十七万元，株钦垫款约八百五十四万余元，包宁垫款约二千五百三十四万余元，烟潍借款约六十九万余元，收赎各商路欠款共三千三百二十五万余元，合计九千〇九十八万余元，总共结欠债款九万万一千四百十六万余元。其中已因本部努力折冲整理，减轻负担共约二万万二千六百万余元(减轻数计占现负债额百分之二十七稍强)，其由各路自行订借之零星债款及银行透支之数，尚未完全列入。

本年一月以后，以新路建设之猛进，旧债整理之结果，前此发行之公债以及筹借工料款项实施整理办法，大抵开始还付本息，故各路负担较前益形增加。如平汉加解建设公债及湘黔铁路材料垫款基金，较诸上年计增二百万余元；津浦路应付英德原续两借款之本息，计三百六十四万余元；陇海路应付比荷两借款之本息，计二百四十四万余元；正太路增解建设公债基金四十万余元；粤汉路应解英庚借款二百七十万元；首都轮渡应解粤汉、京赣两路借款基金五十万元。以上共达一千一百六十八万余元，皆为二十五年支出所未有，是均有待于各路本年营业之增加，以资挹注。

丁、本部财政概况及其调拨情形

本部目前所最引为困难者，厥为建设公债基金之筹措，如第一期建设公债发行于民国二十三年，原由北宁铁路拨解基金，自顷形势变更，即行停解。益以第二期建设公债，每半年应付公债本息，共约三百万元，去年上半年系由平汉一次解缴一百二十五万元，由部库筹补二十一万余元，由川湘、川陕借款项下挪一百五十万余元；下半年应付本息，系由正太拨解二十一万元，由留存第三期建设公债到期本息转拨七十五万余元，余约二百万元，亦由川湘、川陕借款项下拨用。本年六月到期应付本息，由留存第三期铁路建设公债到期本息转拨一百〇五万余元，由正太拨解三十四万余元，由平汉、津浦代借一百六十万元，而指定以本年八月到期第三期建设公债留存部份之本息以为担保，计约一百十六万余元，尚不敷四十万余元，须加筹措。至第三期建设公债，由去年三月至本年二月应付本息四百四十万元，则由财政部补助二百四十万元，津浦、平汉各解一百万元。由本年三月至明年二月应付本息共须八百六十四万元，则规定由财政部补助三百六十万元，由津浦拨解一百二十万元，由平汉路拨解三百三十六万元，由正太路拨解四十八万元。惟是第一、二两期本年下半年基金三百余万元，明年全年应拨基金五百六十余万元，连同加发第三期建设公债应筹基金三百二十万元，共计约一千二百万元，均须预为筹措。环顾国有各路，如平绥、北宁、胶济，以处境特殊，无能协助；如津浦、平汉、正太各路，则负担已重，余力无多；如粤汉铁路则完成未久，收支尚恐不侔，应付英庚款尚须由部筹垫，而本部收入仅只客货运加价一项，业已全数抵充该路借用英庚款之担保。去年于商订京赣铁路借款时，始由本部与管理中英庚款董事会划定，年以三百万元为限，其余约一百万余元，以之协拨粤汉怡和洋行料款每年三十六万元，南浔东亚兴业会社债款每年六十万余元，交通部中日实业公司债款每月二万元，南京市政府经费每月五万元，为数已属不敷。此外各路增加紧急设备，训练员工，年余以来，共计经费约需一千万元，其以财力有限，请由本部补助者，达一百二十五万元，除一部分业经支付外，尚余九十五万元，迄今尚未照拨。关于拟定建筑各线，虽已各有基础，惟所筹来源，比较预算尚有不敷，除拟以现存公债及照案明年应发之公债四千万元商由银行筹措外，复拟以欧战后德国政府退还之津浦路原续债票，由抵押银行，抽出设法脱售，约可收入一千五百万元，以为湘黔路赶工之用，其不敷之数，已在五年计划中请求在建设事业专款项下补助。盖本部所辖各路历来以自身收支适合为本位，即稍有提供部用之款，而所借各项债款以及近年发行之公债等项，为维持债信起见，不能不依期还付本息。综计自民国二十五年一月迄于今兹，本部所收各项现款连同转帐军费等项，共约一万一千〇二十三万余元。其中拨付公债基金计约一千七百万余元，偿付债款本息二千八百二十五万余元，协拨国库及各机关款项一千二百六十四余万元，新路建设费四千五百一十七万余元，旧路整理费五百万余元，其他支出六十六万余元，综共支出方面凡约一万〇八百八十一万余元。收支虽勉可适合，惟事实上财力负担已达最高限度，此则不得不郑重声明者也。

附民国二十五年一月至民国二十六年六月本部收付报告表、铁路建设公债收付一览表。

民国二十五年一月至二十六年六月本部收付报告表

收入之部	分计	合计
（甲）借入款项	$	
1. 中国交通两行完成粤汉路借款	3,000,000.00	
2. 中国银行完成粤汉路借款	2,200,000.00	
3. 中英庚款会借拨粤汉路工款	1,848,000.00	
4. 金城、盐业、中南三行整理粤汉路透支	1,838,000.00	
5. 国内银行团陇海西宝段工程垫款	3,700,000.00	
6. 国内银行团完成苏嘉路借款	500,000.00	
7. 国内银行团川湘川陕铁路借款	26,000,000.00	
8. 国内银行团京赣铁路借款	9,000,000.00	
9. 中央信托局成渝路股本借款	2,250,000.00	
10. 四明银行株州机厂借款	750,000.00	
11. 中英庚款会建筑戚墅堰机厂借款	377,117.80	51,463,117.80
（乙）各路解款		
1. 平汉路解款		
1）军政部协饷等	1,421,945.60	
2）整理旧都文物经费	54,000.00	
3）协拨武汉大学技术合作经费	96,000.00	
4）第一、二、三期铁路建设公债基金	4,170,000.00	
5）湘黔路材料垫款基金	2,720,000.00	
6）代偿陇海西宝段工程垫款	532,761.05	

（续表）

收入之部	[illegible]	分计
7)代偿大潼潼西工程垫款	160,000.00	
8)协助粤汉湘鄂段整理经费	820,000.00	
9)补充各路队警枪弹款	85,000.00	
10)借用比庚款利息	41,951.31	
11)长渝线测量费及沿线经济调查费	25,740.95	
12)正金银行邮传部债款	1,583,869.52	
13)代偿同成铁路垫款	400,000.00	
14)以邮件运费代偿金城等银行邮件运费借款	194,208.20	12,305,476.63
2. 北宁路解款		
1)冀察政务会协饷等	5,443,891.20	
2)整理旧都文物经费	160,000.00	
3)代偿陇海西宝段工程垫款	1,013,428.92	
4)代偿陇海大潼潼西工程垫款	440,000.00	
5)代偿本部开滦二百万元借款本息	399,507.47	
6)二十四年底开滦矿局存款转解本部	2,000,000.00	
7)代偿沪枫铁路借款本息	1,493,365.86	
8)以邮件运费代偿金城等银行邮件运费借款	144,000.00	11,094,193.45
3. 正太路解款		
1)第一、二、三期铁路建设公债基金	810,000.00	
2)巴黎工业电料厂料债本息	2,656,000.00	
3)补充各路队警枪弹款	15,000.00	

（续表）

收入之部		分　计
4)代偿陇海八厘债券借款本息	450,000.00	3,931,000.00
4. 津浦路解款		
1)军政部协饷等	1,001,945.60	
2)整理旧都文物经费	54,000.00	
3)第一、二、三期铁路建设公债基金	2,300,000.00	
4)运送京赣路工人及材料运费	40,648.47	
5)补充各路队警枪弹款	20,000.00	
6)以邮件运费代偿金城等行邮件运费借款	221,222.46	3,637,816.53
5. 平绥路解款		
1)冀察政务会协饷等	1,771,945.60	
2)整理旧都文物运费	32,000.00	
3)以邮件运费代偿金城等行邮件运费借款	36,147.80	1,840,093.40
6. 陇海路解款		
1)军政部协饷等	820,000.00	
2)协拨陇海西段工程局总务费	329,400.00	
3)补充各路队警枪弹款	1,620.00	
4)整理陇海八厘债券借款本息	300,000.00	1,451,020.00
7. 京沪沪杭甬路解款		
1)运送浙赣路材料运费	30.129 97	
2)运送京赣路材料运费	15,480.63	
3)苏浙路股款	800,000.00	
4)补充各路队警枪弹款	20,000.00	865,610.60
8. 首都铁路轮渡解款		
1)京赣铁路借款基金		250,000.00

（续表）

收入之部		分　计	合　计
9. 粤汉路解款			
1)运送湘黔路材料运费	27,356.46		
2)补充各路队警枪弹款	36,000.00		
3)株州材料厂建筑费	25,000.00	88,356.46	35,463,567.10
(丙)客货运加价			8,655,514.86
(丁)国库补助款			
1. 第三期铁路公债基金		3,600,000.00	
2. 粤汉路湖广借款利息		2,893,253.57	
3. 平汉路汇丰汇理两行赎路借款本息		4,878,040.45	11,371,294.02
(戊)其他收入			
1. 本部银行存款利息		443,540.04	
2. 江西省政府补助樟赣线测量费		20,000.00	
3. 云南省政府补助滇黔线测量费		45,000.00	
4. 广东省政府补助广梅线测量费		55,986.00	
5. 福建省政府补助费南线测量费		20,000.00	
6. 部存债券利息收入		2,563,664.52	
7. 收回部垫购料委员会款		133,290.44	3,281,481.00
收入总数			110,234,974.78

民国二十五年一月至二十六年六月收付报告表

付出之部	分计	合计
(甲) 提拨公债基金	$	
1. 第一期铁路建设公债基金	3,127,500.00	
2. 第二期铁路建设公债基金	6,034,350.00	
3. 第三期铁路建设公债基金	7,840,000.00	17,001,850.00
(乙) 偿还各项债款本息		
1. 中英庚款董事会粤汉铁路借款本息	2,444,665.36	
2. 完成粤汉路开滦矿务局二百万元借款本息	399,507.47	
3. 中国交通两行完成粤汉路三百万元借款利息	75,295.00	
4. 国内银行团大潼潼西工程垫款本息	600,000.00	
5. 国内银行团西宝工程垫款本息	1,546,189.97	
6. 德国四公司湘黔路材料借款基金	2,720,000.00	
7. 国内各银行川湘川陕铁路借款利息	533,655.88	
8. 国内银行团等京赣工料各借款本息基金	2,900,000.00	
9. 中英庚款董事会首都轮渡借款本息	233,000.00	
10. 整理陇海八厘债券三百五十万元借款本息	750,000.00	
11. 南浔路东亚兴业会社借款本金	852,228.68	
12. 中英银公司沪枫铁路借款本息	1,493,365.85	

（续表）

付出之部	分　计	合　计
13. 粤汉路四国银团湖广借款利息	2,883,253.57	
14. 平汉路汇丰汇理两行赎路借款本息	4,878,040.45	
15. 中英银公司广九路借款本息	350,000,00	
16. 同成铁路垫款本息	600,000.00	
17. 旧交通部国内银行团邮件运费借款本息	1,698,875.06	
18. 正金银行邮传部借款本息	1,583,869.52	
19. 收赎苏浙路股款	800,000.00	
20. 津浦车债银行团垫款(本部原垫81,687.00,该路已解还60,000.00)	21,687.00	
21. 津浦中兴公司续借款利息(本部原垫321,428.58,该路已解还120,000.00)	201,428.58	
22. 京沪沪杭甬路车债银行团垫款本息	150,000.00	
23. 粤汉路湘鄂段怡和机器公司料债	510,000.00	
24. 各路借用比庚款利息	25,000.00	28,250,062.39
（丙）协拨国库及各机关款项		
1. 军事协饷等	10,459,728.00	
2. 京市府首都建设费	1,324,000.00	
3. 协拨交通部偿还电信借款本息	360,000.00	
4. 整理旧都文物经费	410,000.00	
5. 平汉路协拨武汉大学技术合作经费	96,000.00	12,649,728.00
（丁）拨付新路建筑费		
1. 完成粤汉路工款	6,858,673.26	

（续表）

付出之部	分　计	
2. 粤汉路黄浦支线工款	650,000.00	
3. 陇海路西宝段工料款	6,887,998.75	
4. 苏嘉路工料款	1,448,221.46	
5. 浙赣路南萍段建筑费	30,129.97	
6. 湘黔路工料款	11,703,513.90	
7. 京赣路宣贵段工料款	12,504,474.22	
8. 川黔铁路公司股款	2,250,000.00	
9. 潼关黄河大桥工料款	400,765.44	
10. 株州机厂建筑费	1,200,000.00	
11. 戚墅堰机厂建筑费	377,117.80	
12. 株州材料厂建筑费	15,000.00	
13. 长渝线测量费	113,140.95	
14. 贵南线测量费	56.701.00	
15. 樟赣线测量费	40,000.00	
16. 广梅线测量费	141,973.00	
17. 滇黔线测量费	74,330.00	
18. 川黔线测量费	81,967.00	
19. 宝成线测量费	4,104.60	
20. 川湘线测量费(已结束)	46.488.10	
21. 琼崖线测量费	91,797.00	
22. 湘桂线测量费及筹备费	200,000.00	45,176,396,45

（戊）拨付旧路整理费

1. 株萍路改进费	1,644,885.50	
2. 京沪京芜两路联络线建筑费	381,170.50	
3. 粤汉路湘鄂段整理工料款	820,000.00	
4. 粤汉路全线整理工	1,838,000.00	

(续表)

付出之部	分计	合计
料款		
5. 平绥路整理工料款	87,142.11	
6. 补助京沪路特种设备经费	300,000.00	5,071,198.11
(己)其他支出		
1. 协助各路卫生设备经费	256,000.00	
2. 本部防空设备及军训经费	331,407.65	
3. 南昌中正桥建筑费	80,000.00	667,407.65
	支出总数	108,816,642.60

铁路建设公债收付一览表

公债种类	发行总额	押存情形			部存额数	备考
		借款银行	借款户别	额数		
第二期铁路建设公债	$ 27,000,000	金城中国新华等银行 德国粤脱华尔夫	借垫国内工款赔购外洋材料	$ 27,000,000		已还本金 3,855,000元 尚存票面 23,145,000元
第三期铁路建设公债	80,000,000	中中交三行	川湘川陕铁路借款抵押品	17,000,000		已还本金 549,700元 尚存票面 16,450,300元
		中国农民银行	川湘川陕铁路借款抵押品	2,950,000		已还本金 100,000元 尚存票面 2,850,000元
		邮政储金汇业局	川湘川陕铁路借款抵押品	770,000		已还本金 37,800元 尚存票面 732,200元
		金城大陆等四行	七十万元透支借款抵押品	1,000,000		已还本金 50,300元 尚存票面 949,700元
		浙江兴业等五行	苏嘉路借款抵押品	700,000		已还本金 34,800元 尚存票面 665,200元

（续表）

公债种类	发行总额	押存情形			部存额数	备考
		借款银行	借款户别	额数		
		中央信托局	成渝路借款抵押品	1,700,000		已还本金 55,400元 尚存票面 1,044,600元
		中国建设银公司	成渝路股款保息	10,000,000		已还本金 500,000元 尚存票面 9,500,000元
		中央信托局	购料期票担保品	3,500,000		
				37,620,000	42,380,000	部存公债已还本金672,000元 尚存票面 41,708,000元
京赣铁路建设公债	$ 14,000,000	交通、中农、金城等行	借垫国内工款	14,000,000		

22. 交通部历年

(1927—

年份	营业里程	运输概况	
		起运旅客人数	起运货运吨数
民国16年(1927)	7,102,133	—	—
民国17年(1928)	6,856,278	32,762,846	17,533,349
民国18年(1929)	8,964,228	44,273,196	21,002,652
民国19年(1930)	7,874,313	46,659,375	20,758,500
民国20年(1931)	7,810,575	42,096,739.5	24,232,395
民国21年(1932)	7,195,341	41,667,057.5	25,609,221
民国22年(1933)	7,195,483	44,398,703	26,199,622
民国23年(1934)	7,260,427	43,683,126	29,827,064
民国24年(1935)	7,416,940	44,235,771.5	29,915,815
民国25年(1936)	7,347,000	43,420,491	36,615,827
民国26年(1937)	3,921,000	17,234,976	14,293,760

① 选自《历年铁路概况(民国十六年——三十三年)》。

铁 路 概 况①

1937年)

车辆			员工总数	营业收支	
机车	客车	货车		收入(元)	支出(元)
807	1,355	11,664	——	99,506,662.78	66,960,796.28
640	1,111	9,665	——	96,352,141.14	57,785,877.93
736	1,291	10,684	——	151,753,630.29	96,425,729.50
——	——	——	——	134,398,797.82	91,392,850.18
1,131	1,755	14,504	132,273	152,736,244.50	100,636,763.41
1,182	1,895	15,671	125,226	142,065,690.44	100,759,857,42
1,237	1,971	15,755	127,151	148,346,171.30	106,099,920,17
1,172	1,987	15,296	129,164	167,522,106.43	110,736,316.52
1,243	2,047	15,482	129,829	171,091,505.79	110,270,317.24
				160,799,051.73	95,890,581.66
				197,109,716.04	131,674,086.00

〔国民政府交通部档案〕

(三) 公　　路

一、公路建设计划

1. 铁道部国道分期兴筑计划

(1929年10月22日)①

分期兴筑计划

窃查本会关于全国国道线路，审酌全国交通上、军事上、经济上各项要素，先阐明国道之定义，次确立国道之标准，然后综合全国本部线与边防线共同计划，始克规定全国国道主要干路为十二线。兹分列于下：

1. 京桂线
2. 京滇康线
3. 京藏线(加成沙支线)
4. 闽新线
5. 京蒙线(加滂张支线)
6. 京黑线
7. 张远线
8. 甘藏新线
9. 绥新线
10. 黑蒙新线
11. 迪疏线
12. 陕桂线

根据以上各线，复考其沿线物产，经济之状况，交通运输之情形，山川地形之险峻，与夫中央与各地联络之需要，及关系国防上

---

① 原文无时间。

之性质等等，切实研究，权其缓急，衡其轻重，规定各线分期兴筑之计划。就中择其先中之先、急中之急之者，为第一期修筑之线；其次为第二期；又其次为第三期。至边防各线，则悉列于第三期或第四期修筑之中。

各线中之地段，按其经过地方之情况，又复各各不同，虽同属一线，而酌定某区域应归急修，某地段实可缓办，若必于一线之中有一段列于急修，其他尽可缓办者，势必举全线而同时兴筑之，此在财力充裕状况之下，固无往而不可。第以我国今日左支右绌、经济奇窘之情势测之，实有不能放言高论同时并举之慨，故依经济上之调剂，缓急上之支配，有定为一期完成之线，有分为数期完成之线。兹将各线分别修筑之期限，区列于下：

在各线未经分定期限之前，经本会规定次之原则条件：

兴筑程序分为四期，以十年内完成本部线，二十年内完成边防线为目的，各期实定年限，由铁道部会同各省政府详商确定之，假如第一期线为至迟于五年内完成，第二期线为至迟十年内完成者，其限制系第一期之线，必须于五年内完成，而第二期之线，亦能于五年或七年完成，均无不可。

第一期

京桂线　（全线）

京滇康线　（南京至大理间）

京藏线　（郧阳至成都间）

闽新线　（武昌至兰州间）

绥新线　（包头至西宁间）

第二期

京滇康线　（大理至腾冲间）

京藏线　（庐州至襄阳间及沙市至成都间）

闽新线　（福州至武昌间及兰州至迪化间）

京蒙线　（全线及滂张支线）

京黑线　　（全线）

陕桂线　　（全线）

第三期

京滇康线　（大理至巴塘间及昆明至车里间）

京藏线　　（成都至拉萨间）

闽新线　　（迪化至伊犁间）

张远线　　（全线）

第四期

甘藏新线　（全线）

绥新线　　（西宁至疏勒间）

黑蒙新线　（全线）

迪疏线　　（全线）

以上各线既经规划修筑之时期，则每期中各省修筑之线，其总里数为几何，未成之里数几何，已成之里数几何，全部建筑费用共计需费几何，其中修筑土路需费几何，继修碎石路面又需费几何。凡此种种，皆应从各方面详细调查，制成第一期及第二期各省兴筑国道里数及建筑费估计表〔略〕，经各省委员审查签名，虽为初步之估计，然欲知各省修筑国道所需经费几何，要以此表调查所得之估计为根据。

上表成立以后，欲考究各省修筑国道，按照所需经费总额平均支配每年之成数几何，尚有计算之必要，故制就每年各省应筑国道第一、第二期本线成数及经费估计表〔略〕。

各省每年修筑经费之成数既知之矣，然在一期之中，一省之内，其应修筑者不止一线，譬如江苏省在第一期内其应筑者，有京桂线，有京滇康线，有京藏线，势不能同时并举，究以何线着手先筑，故有指示次第兴修之必要，而制就每年各省应筑国道第一、第二期本部线程序表〔略〕。

最后调制全部国道线各期建筑费估计表〔略〕，实为各表调查估计总汇之表。据此以观，则全部国道线在各期建筑中所需经费估计之概数，可以一目了然矣。

〔南京国民政府档案〕

2. 全国经济委员会发展全国公路建设计划书

(1933年10月)①

引言

本会自统筹各省公路建设以来，对于技术之规划，工程之实施，兼程并进，固已粗且规模。惟以时促事繁，尚少特殊之发展。兹值本会正式成立之际，举国上下，咸以公路建设为急切不可缓之要图，而所希望于本会者，亦更形殷切。爰本过去之经验，审酌目前之需要，草拟发展全国公路建设计划一书，以备采择施行。

本计划之重大目标，在求公路建筑与公路运输获有同量之发展，全部计划之事业，计分四项：

(一) 公路网之扩充；

(二) 公路运输事业之提倡及监督；

(三) 石油工业之统制；

(四) 公路技术之研究及人才之奖植。

以上四项事业，每项拟具两种计划，可参酌国家之经济能力，分别进行之。总计第一计划共需款八千九百二十二万元，第二计划共需款五千六百六十二万九千元，全部事业之完成期限，拟定为三年至五年。兹将每项事业进行之计划及建设之经费，分陈于后(详细计划另见说明书)。

(一) 公路网之扩充

甲、重要干道之兴筑

① 原文无时间，系根据英文计划而得。

本会在筹备期内，所督造之公路，虽仅限于苏、浙、皖、赣、豫、鄂、湘七省范围以内，然其他各省，对于重要干道之修筑，亦往往呈请国府，令由本会酌予补助建筑经费，故事实上殊有将督造范围酌量扩充之必要。兹建议今后工程实施之范围，虽仍集中于七省内较繁盛之省区，惟对于重要干道，则应展筑至七省以外，以应目前各省迫切之需要。

至于筑路基金拨借之标准，在以前筹备期内，规定为全部工程费百分之三十至四十，余由省方自行负担。但近年各省之财政，多未整理，对于筹措筑路经费，多感困难，以致路工进行未能迅速。在此情势之下，本会如欲促进全国公路建设，惟有修正以前拨借筑路基金之标准。兹建议今后对于重要干道，得视其沿线工程难易之情形，拨借全部工程费百分之六十，或完全拨助。其他次要路线，则仍按照从前标准办理。同时，本会对于各省工程之设施，完成之期限，以及技术人员之任用，再予以切实之督促及协助。如此，则全国重要干道，方可早日观成。

乙、特殊道路之修造

查南京为全国政治中心，上海为商业巨埠，苏州、无锡、杭州、徽州等处，并皆气候适宜，风景佳丽，人文地理，鸣盛东南，久为中外人士游迹之所坌集，亟宜铺筑新式路面，以便行旅，而壮观瞻，且可增进地方之经济状况也。

丙、养路费用之筹划

养路费用，为公路通车后支出之大宗，关系于公路经济营业者至巨。查国内大部分之公路，均可就地取材，拟资修养，故平均每公里每年之养路费，约为一百五十元，为数似属不多，但以全国公路计算，则为数甚巨。且今后公路修筑愈多，则费用愈大，亟宜为未雨绸缪之计。兹拟根据养路费用由用路者负担之原则，拟具下列之三种办法：

（甲）征收长途客货车之营业税；

（乙）征用一部分之牌照税；

（丙）责成各公路营业机关负责修养。

（二）公路运输事业之提倡及监督

近年以来，各省公路建筑，颇有长足进步，惟运输事业，尚鲜注意，殊失修路利行之旨。兹为发展公路运输起见，特拟具下列之三种计划：

甲、汽车之制造与经营

查国内现时汽车之式样与其机件之构造，种类极为纷繁，每令购车者无所适从，且汽车均系购自国外，漏卮甚巨。欲谋公路运输之充分发展，并于国家有事之时便利征调起见，惟有自行制造之一途。惟全部制造，尚非目前一蹴所及，进行之法，宜先设立规模较小之制造厂，除车胎及重要机件暂难自造，应与国外汽车厂商订定购合同整批购置外，其余一切零件之制造，以及车身及机件装置，均由本国自办。同时，在国内适宜地点，设立修车厂若干处，承办各处汽车之修理及车身机件之检验装修事宜。如此，则全国公路运输事业，当有显著之进步。

乙、运输贷金之举办

汽车自造与修理之设备，虽为促进公路运输事业之先决要图，然当此经济艰难之秋，公私方面对于汽车之购置能力，尚嫌薄弱。为扩充汽车销路提倡公路运输事业起见，宜由政府筹备一种专款，以为各方贷款购车之用。凡公路运输机关或商人购置标准汽车时，得由政府予以贷款之便利。其贷款之数目，可规定为车辆售价百分之三十至五十。如此，则将来标准汽车数目可望日渐增多，而运输事业亦易呈活泼之象。

又本会于必要时，亦可在特别补助或自行建筑之公路上，自行设立机关，办理公路运输事宜，以资倡导。

丙、利便行旅之设备

行旅之往来，足以增进或改良地方之经济状况，故关于行旅之设备，亟宜注意。兹拟在上述之特殊道路上，建造服务站、修车厂（小规模）、救济站以及旅馆、饭堂等，以资招徕游人，而达改善地方经济之目的。

（三）汽油之统制

汽油之供给，为目前公路建设之最大问题。现在国内代替汽油之燃料，如利用柴油或煤炭等，虽有发明，但汽油究为最满意之燃料，况航空事业亦惟汽油是赖，是汽油问题，在国防及经济上，均宜速为研究。治本之法，自以开采我国西北一带之石油矿为宜，但非短期之内所能办到。兹拟先用治标之法，举办汽油专卖及原油提炼事宜，以期渐达自制汽油之目的。

（四）公路技术之研究及人才之奖植

发展公路建设，端赖有谙练工程之人才，筑路技术，亦须有深切之研究。本计划拟以少数之经费，办理公路工程实验所，或与国内大学合作研究，同时遣派有经验之工程师，赴外国实地考察，以应将来之需要。

经费概算表

项目	概算数	
	第一计划	第二计划
第一项　扩充公路网经费		
甲、重要路线建筑费		
1. 急要干线（贷款全部者）	一五，一五二，〇〇〇元	一一，六七七，〇〇〇元
2. 重要干线贷款百分之六十者	一八，二一八，〇〇〇元	
3. 其他重要路线贷款百分之四十者	一七，五七一，〇〇〇元	二五，一六〇，〇〇〇元

（续表）

项目	概算数	
	第一计划	第二计划
4. 不在计划范围内其他各路贷款	五，〇〇〇，〇〇〇元	五，〇〇〇，〇〇〇元
乙、特殊公路建筑费	六，七〇〇，〇〇〇元	三，五〇〇，〇〇〇元
第一项共计	六二，六四一，〇〇〇元	四五，三九七，〇〇〇元
第二项　提倡公路运输事业经费		
甲、汽车制造及经营设备费		
1. 汽车制造及装配厂	一，七五〇，〇〇〇元	一，二七五，〇〇〇元
2. 汽车修理厂设备费	九五〇，〇〇〇元	七六〇，〇〇〇元
乙、办理公路运输事业经费		
1. 直接办理运输事业设备费	二，四〇〇，〇〇〇元	
2. 运输贷金	六，四八〇，〇〇〇元	五，四〇〇，〇〇〇元
丙、游旅事业设备费	五〇〇，〇〇〇元	一〇〇，〇〇〇元
第二项共计	一二，〇八〇，〇〇〇元	七，五三五，〇〇〇元
第三项　石油统制经费		

(续表)

项目	概算数	
	第一计划	第二计划
甲、合作购买汽油经费	三,一〇〇,〇〇〇元	三,一〇〇,〇〇〇元
乙、创办炼油厂经费	八,〇〇〇,〇〇〇元	
丙、探采原油经费	二,〇〇〇,〇〇〇元	
第三项共计	一三,一〇〇,〇〇〇元	三,一〇〇,〇〇〇元
第四项　技术研究及育材经费		
甲、设立公路工程实验所经费	九三〇,〇〇〇元	三七五,〇〇〇元
乙、公路工程人才训练经费	四六五,〇〇〇元	二八三,〇〇〇元
第四项共计	一,三九九,〇〇〇元	六五八,〇〇〇元
总计全部经费	八九,二二〇,〇〇〇元	五六,六九〇,〇〇〇元

说明书一

公路网之扩充

(一)重要路线之兴筑

甲、选线原则

我国幅员广大,各地经济之状况,人口之数目,向无精密之统计,选拟路线,遂感困难。而所成公路寥寥无几,平均每七千六百人或一百七十四公方里之面积,如〔才〕有路一公里,较之美国每二十五人或一．六公方里有路一公里者，实有天渊之别。观此，知我国公路事业之需要矣。

本计划以两大干线为主体，均以首都为起点，利用七省联络公路原定干线之各段，一达西北，一达西南，并为早日观成起见，拟将拨借基金标准，酌予增加。其他路线，则与上述二线相互联络，分达各埠，以与铁路航线之交通，更相联络。惟为顾及经济时间起见，拟具计划两种，以资采择。第一计划之路线，集中于长江流域一带，并拟铺筑永久路面，以利交通。而两大干线，则一至甘肃之兰州，一至广西之柳州。第二计划中之西北干线，则至新疆之塔城，惟西安以西仅筑土路，暂维交通。自西安经成都、贵阳至南宁，另展一线，以联络于两大干线之间，而成一循环之势。长江流域路线，则与第一计划相同(参阅附表)〔表略〕

〔以下各说明书略〕

〔国民政府全国经济委员会档案〕

3. 全国经济委员会公路建设纲要

(1934年3月3日)

全国经济委员会公路建设纲要　二十三年三月三日

本会自统筹各省公路建设以来，对于技术之规划、工程之督促、基金之拨借，兼程并进，幸已稍具成绩。兹值本会正式成立之初，公路设施，自应积极扩张，以应发展交通，昭苏经济，巩固国防之急需。兹将本会对于公路建设纲要，胪列于下。

甲、关于规划路线者：

(一) 所定干线，均就全国立场规划，俾为整个系统之一部。

(二) 所定路线于经济上、交通上或国防上，均经顾及。

(三) 所定路线，力求与铁路水道交通系统，得有适宜之联络。

乙、关于公路技术者：

（一）工程设计，以适应运输及经济情形，采用分期改进法为主，凡路线坡度，务期合于标准，桥梁至少限度采半永久式，路面则视运输情形，分为若干级，并使由低级改为高级时，能充分利用原有材料。

（二）建筑标准，如测量制图设计施工各项，经次第规定标准，务使各省渐趋一致。

（三）建筑材料，尽量利用当地所产，一切工程，多用人工，少用机器，期为解决内地劳工问题及发展小工业之一助。

（四）路成之后，确立养路制度，并切实施行监督。

丙、关于公路运输者：

（一）促进互通汽车，取消通行费，设置公路安全及便利行旅之设备，并分区规定划一管理规章。

（二）提倡举办货运，并研究减轻运价办法。

（三）提倡办理长途汽车公司，并协助现有公司，使其营业设施，趋于合理化。

（四）促进公路相互联运，及与其他交通机关之联运。

丁、关于公路车辆及燃料者：

（一）试造国产汽车，并于国产尚未成功前，先行筹办汽车装配厂，藉以训练工人，养成自制能力。

（二）统制汽车式样，谋全国所置汽车及其零配件趋于一致，以备国防上之调度。

（三）改良旧式车辆，便适于新式道路之用，藉以顾恤民力，并试造马拉驿车，使代替汽车之用。

（四）解决汽车燃料问题，除提倡研究试用各种代油品外，并于石油方面筹划(一)油品统销、(二)油品制炼及(三)油田开采诸事。

戊、关于法规管理及理财者：

（一）各种公路法规暂就实际需要，分拟单行规章，俟试用有效，再行汇拟完备法规。

（二）施行分区督察、分路驻员视察、及会同各省委任公路主管人员制度，使中央与各省之间，充分联络，增加效率。

（三）施行中央贷助筑路基金制度，并规定省县地方分筹经费标准，以收协作之效。

己、关于公路机关之组织及人才之调度者：

（一）促进各省公路主管机关组织之健全。

（二）登记各省公路技术人员，并规定待遇标准及互调办法。

（三）统一训练各省原有公路技术人员，期以交换学验，提高技术。

〔国民政府全国经济委员会档案〕

4. 资源委员会拟具国防公路初步改进计划

（1937年1月　日）

国防公路初步改进计划

二十六年一月　日

（一）总论

公路为近代作战军事运输中最重要之交通工具，故公路建设实为充实国防能力之要途。我国近年对于公路建设，虽突飞猛进，然一则因中央政府对于负国防军事运输之公路线网及建筑标准，迄未有适宜之规定，再则因若干省份有特殊原因(如剿匪)，建筑公路不能采用高级标准。盖同时兴筑多数公路，财力已觉竭蹶异常，倘再欲求公路标准之提高，自难办到。其结果则各省所完成公路之标准，非常纷歧，大多数路线路基恶劣，且无路面，桥梁能力又极薄弱，一旦对外发生战事，此类公路均不能适合军运之需要，对于国防上实为极大缺点，自非从速确定应修筑路线及建筑标准不可。

然国家财力有限，不能将全部公路用同一高级标准，故应视军事上之需要，将公路分为若干等级，负责较重者，用高级标准，负责较轻者，用低级标准。查已往各省所筑公路，因剿匪及其他原因，为求迅速完成起见，对于工程设计因陋就简，已如上述。现在除边陲省份外，各省剿匪时间已过，此后公路建设之最大目的，除发展交通外，厥为巩固国防。故此后公路改进之计划，除必需路线外，不在多筑，而在确定适宜标准，并将现有公路视国防之需要，分类提高标准也。

（二）军用公路建筑标准

凡战时须负军事运输公路之修筑，均应顾及军事方面之需要，不然临时补救，必大感困难。以往吾国所公布之公路标准，对于军事方面之需要，均缺乏严密注意。查国民政府成立以来，关于公路标准之法规，最初者为十八年铁道部所公布之国道工程标准及规则。然铁道部所同时公布之国道路线，仅十二线，而其中在中国本部者，仅七线，至于国道以外之公路标准，中央迄无明文规定，完全由各省随意办理。该项国道标准，对于军事方面之需要，亦未完全顾及。桥梁荷重，虽采用十五公吨载货汽车，惟因前后车轮分布太远，不适合军事之需要，以致跨度较长之桥梁，仅能负载约十公吨左右之坦克车或十五公分口径之炮车。按公路桥梁倘仅须荷载此等重量之坦克车及炮车，则货车之重量只须采用十公吨即无问题，惟计算桥梁时，必须将车辆相隔距离，相当缩短。二十一年，全国经济委员会奉命督造各省联络公路，另订公路工程暂行准则，则无形中替代前铁道部所公布之国道标准。然此项公路标准，亦仅限于各省联络公路，其他公路之标准，仍由各省随意规定。经委会所订准则不适宜之点，厥为将国道标准所规定桥梁荷重，由十五吨减至七.五公吨及十二公吨二种，且该标准不以路线等级决定桥梁之等级，而以桥梁之永久性或临时性决定之，于军运更不适宜。该准则第十三条规定如下：

桥梁建筑分为永久、半永久及临时三种如下：

(一) 永久式(桥墩、桥座、桥面均用砖石混凝土或钢料)桥面宽度，不得少于六公尺，其载重至少能承受十二公吨重之车辆。

(二) 半永久式(桥墩、桥座同永久式，桥面用木料)桥面宽度，于干线不得少于五.五公尺，其载重至少能承受七.五公吨重之车辆，其桥墩、桥座之载重及宽度，应与永久式同。

(三) 临时式(桥墩、桥座、桥面均用木料)桥面宽度，不得少于四公尺，其载重至少能承受七.五公吨重之车辆。"

实际上各联络公路上至少有一部份桥梁为临时性者，故依照此项标准，则所有公路可通过之车辆，均不得超过七.五公吨。此外该标准对于车辆相隔距离之未加规定，亦为缺点之一。最近因军事当局发觉各省公路标准，大多数不能适合军运之需要，而尤以桥梁之薄弱为最大缺点。爰由经委会公路处另订公路桥梁涵洞工程设计暂行准则(二十五年九月编订)，其中关于桥梁载重之规定改为："凡在重要干线之永久性桥梁，其设计货车重量，不得小于十五公吨。"该项桥梁载重规定，仍有三大缺点：(一)为桥梁载重之规定，仍以桥梁性质决定其荷重能力，如此重要干线上之大多数木桥荷重能力，仍可随意减低，而全线桥梁能力，必致异常纷歧。(二)为该准则对于重要干线之永久性桥梁荷重，虽加以修正，而对于其他公路桥梁应有之荷重能力，仍未加以规定。(三)为所采用之设计车辆，虽规定为十五公吨，惟其车辆分布太疏，跨度较长，桥梁之荷重能力，因之减少。对于炮车，仅能荷载十吨左右牵引车所牵引之十五公分口径炮车，对于坦克车，倘鱼贯进行，荷载十公吨者已感薄弱。查民用汽车在公路上行驶时，因速度较高，故车辆相隔距离较远，军用自动车及坦克车，行驶速度较低，故在公路上行驶时，相隔距离较近。为求公路桥梁适合军事之需要，标准之采取，除顾及压路机及汽车外，并须顾及炮车及坦克车之载重，而对于重量分布之规定，尤须严加注意。桥梁为公路上最重要设备，其标准应有适宜之规定，固甚急切，惟为求公路完全适合军事上需要起见，其他各种标准，亦须有适宜之规定。本会有鉴及此，爰草拟军用公路建筑标准及规则（附件一）〔略〕。该准则中永久军用公路分为甲、乙、丙三等，甲等路担任繁重连续不断军事运输，乙、丙等路担任次要军事运输。关于桥梁载重之规定，甲等路全线（不分桥梁性质）采用十五公吨车辆，且为顾及坦克车行驶状态起见，将车辆分布距离相当缩短，俾甲等军用公路可通行十五公吨之坦克车及现有最重炮车（十五公分口径炮车用十一.六公吨牵引车牵引），或较此类略重之其他炮车。乙、丙等路全线采用十公吨车辆，其重量分布情形与甲等路同，俾乙、丙等军用公路均能荷载现有最大炮车及十公吨之坦克车。此外，关于各等公路之其他标准，亦参照军事方面之需要，分别加以规定。至于军用公路路线及等级之确定，则由军事委员会决定之。本会原拟将该军用公路准则呈送军事委员会颁布，嗣为慎重起见，于二十五年九月十七日，先送军政部、参谋本部及全国经济委员会签注意见。旋准军政部及参谋本部复函，对于该准则之草案，大致赞同。惟对于公路准则之颁布，主张由经委会参照本会就军事上需要所拟之军用公路准则，加以修正，再遵照军委会核定各公路等级，作为共同施工之标准，庶法令不相纷歧，目标共趋一致。全国经济委员会复函，亦谓军用公路与非军用公路，有时甚难区别，若另颁军用公路标准，反使各省不易遵循。为求办理统一及使各省公路均能适合军事需要起见，拟由该会参照本会所拟之军用公路准则，而将该会所拟公路工程准则，加以修正，一俟竣事，再送本会审查。经委会既拟依照本会所拟之军用公路准则，另订公路标准，是则军用公路工程标准已无须另订颁布。盖将来经委会修正之公路准则，大致将与本会所拟军用公路准则相同，而能适合军事方面之需要也。

各等军用公路主要工程标准表

项目		甲等路	乙等路	丙等路
最大纵坡度	最大限制	5%	6%	64
	特别情形下	8%	8%	10%
最小平曲线半径	平原	50公尺	50公尺	50公尺
	山地	25公尺	25公尺	25公尺
路基净宽度	正常	7.5公尺	6.5公尺	6.0公尺
	最大	9.5公尺	8.5公尺	8.0公尺
	最小	6.0公尺	5.5公尺	4.0公尺
路面最小净宽度	正常	5.5公尺	4.0公尺	2.8公尺
	曲线上	5.5—7.5公尺	4.0—6.0公尺	2.8—4.8公尺
碎石路面最小愿度		24公分	18公分	12公分
桥梁	最小净宽	5.5公尺	5.5公尺	3.0公尺
	荷重能力	15公吨标准车辆加撞击力	10公吨标准车辆加撞击力	10公吨标准车辆加撞击力
号志、油站、停车场、修理及电话设备		应具备	应具备	可无

注，详细标准及规则，请参看附件一《军用公路建筑标准及规则》。

（三）国防公路路线网及等级

从国防见地言，吾国现有大部分公路之最大缺点，厥为标准太低，不能适合军事之需要，故对于公路改进之计划，第一步为确定工程标准，第二步则为选定路线及规定其等级，何路必须兴筑，何路必须改善，均须分别关系之轻重与需要之缓急，规定其兴筑及改善之程序及应采用之标准。盖各省财政既告竭绌，中央度支又复艰难，倘欲同时兴筑及改善，或将标准提高至同一水平线，固为事所难能，且先后失序，轻重不分，又复徒耗国币，而难期适用。故用路线之确定，及标准等级之规定，为公路军事运输改善计划之首要步骤，固毫无疑义也。兹根据若干军事假定，而决定应筑及应改善公路线之先后程序，以及所应采用工程标准、等级，供军事当局作最后决定时之参考。

兹先假定战事爆发后，全国受攻击区域分为下列数处：

（1）敌军沿平汉、津浦二铁路线南下，攻击豫鲁，复由石家庄西向攻太原。

（2）敌军沿平绥路夺取张家口，再向西攻击大同，然后南下晋陕，西趋绥远宁夏。

（3）敌军在山东各海口登陆，攻击济南徐州间区域。

（4）敌军在海州登陆，攻击徐州附近区域。

（5）敌军在扬子江口南北岸登陆，向江苏南部及浙江北部攻击。

（6）敌军设法在福州、厦门、汕头、广州等处登陆扰乱。

华北与敌军相毗连，且地势平坦，缺乏山丘河沟，易攻难守。而敌军在该方面已有充足之交通工具，输送军队，非常便利。故预计战事重心当在华北，次之则为华东。盖江苏南部浙江北部，为吾国政治及经济中心之所在地，敌军亦必尽量加以威胁，以克服吾人之意志。至于华南各口岸，敌军并无根据地，易守难攻，最多不过扰敌而已。

华北张家口大同之间，及太原以东，均属山地，防守较易，且该区离政治及经济中心较远，故在战略上较为次要。预计华北战争中心当在济南、郑州以北，及徐州以东。因该二区均系平坦区域，无险可守，且郑州、济南、徐州三处，又为铁路中心，故将来敌军主力必由平汉、津浦二路南下，攻击济南至石家庄之一带，再由海州及鲁省各港口登陆，攻击济南、徐州附近区域。按济南、徐州之间尚有山地，且有微山湖之阻隔。故将来最感威胁之区域，在北部必在石家庄济南之间，在东部必在微山湖及洪泽湖之间。

兹再将公路所担任之职务分为下列数种：

（一）集中运输　由后方运输军队及辎重器械至集中点。

（二）前方运输　由集中点运输军队及辎重器械至前方。

（三）联络运输　前方或后方联络运输。

严格言之，任何军用公路工程标准之等级，至少应为乙等或丙等（参看附件军用公路建筑标准及规则〔略〕），依照此项标准，军用公路均须具有路面，而且桥梁荷重能力，至少能荷总重十公吨车辆。惟实际上现在大多数公路桥梁，既甚薄弱，欲将有关军运之公路桥梁全部提高至十公吨，恐非中央及各省财力所能办到，故第一期只能将重要部分提前整理。至于次要路线之改造及兴筑，则延至第二期办理。兹规定整理原则如下：

（一）甲、假定绥远西部及陕西以西，陇海铁路（郑州西安段）以南，平汉铁路（郑州汉口段）及粤汉铁路以西，为后方内地区域。

乙、假定平绥铁路（包头大同段）以南，同浦铁路以西，平汉（郑州汉口段）、陇海（郑州徐州段）、津浦（徐州浦口段）三铁路，与长江之中间，及粤汉铁路、京杭公路、浙赣铁路（杭州义乌段）、浙粤公路（起浙江东阳经福建南平、龙岩、广东灯塔、博罗至广州）与长江之中间，为交通区域。

丙、假定同浦铁路以东，陇海铁路（郑州海州段）以北，及沿海一带，为前方作战区域。

（二）甲、所有内地及交通区域重要公路，一律采用甲等军用公路标准，惟桥梁荷重暂用十公吨及七公吨两种。凡公路上有行驶重炮车可能性者，其全部桥梁载重能力最低限度不得小于十公吨。仅供货车行驶者，亦不得低于七公吨。业务较轻之公路，其路面得暂采用乙等或丙等标准（参看第一附件军用公路准则）。

乙、所有前方作战区域，在炮兵旅团活动范围内之重要公路线，至少须一律采用乙等标准。凡桥梁荷重能力在十公吨以下者，须一律至少加固至十公吨，以供重炮车之行驶。为节省经费起见，路面可暂用丙等标准。至于桥梁之原料，在前方者，应采用临时式，俾退却时易于毁坏。为节省桥梁建筑费起见，应规定总重八吨以上之车辆，不得在桥上并驶或对开。

根据国防上需要及以上各项假定，今将应依照军用公路建筑标准第一期完成之所有国防公路路线网，列第一表，其中尚待兴筑之各段，列第二表，已完成而尚须改造者，列第三表。第二期应增加之路线，列第四表，其中尚待兴筑者，列第五表，已完成而尚须改造者，列第六表。所有表格，分列于后〔缺〕。再将所有路线绘图表明，列为附件(二)〔略〕。其中第一图为第一期国防公路路线图，第二图为第一期国防公路应兴筑及改善路线图，第三图为第一、二期国防公路路线图，第四图为第二期国防公路应兴筑及改善路线图。关于各期公路之各段详细现状，列于各期国防公路路线网各段详细状况表，作为附件(三)〔略〕，并附全国本部公路状况图为附件(四)〔略〕，以供参考。

（四）建议

各省已成公路之不能适合军事需要，既如以上所述，而公路在军事上之地位，又如此重要，故中央政府必须负责指导，积极进行督促并协助。不然各省财力既感薄弱，而又各自为政，对于公路之兴筑与维养，任意办理，必致能力分散，成效难见。一旦发生战争，公路状况仍未改进，影响战事，关系国家之前途实巨。兹依照个人之管见，□□如下：

（一）从速颁布适合军需之各等公路工程标准（经委会公路处既拟参照本会所拟准则，另订公路标准，应从速修订颁布）。

（二）最高军事运输机关，应从速规定省军用公路路线，及其应采用之最低工程标准等级，并确定兴筑及改善程序。

（三）中央政府应命令各省政府集中财力人力，修筑中央所规划之路线，并严格依照所规定之工程标准修筑。

（四）中央政府应督促各省限期完工，并协助其进行。

〔国民政府交通部档案〕

5. 全国经济委员会秘书长秦汾分送公路建设五年计划函呈稿

（1937年4月27日）

函呈

常务委员钧鉴：本会前准中央政治委员会函，以三中全会所议中国经济建设方案，及其他关于经济建设各案，已决定由中政会各专门委员会及政府主管机关，分别拟具经济建设五年计划纲要草案，再行审查。嘱查照办理等由。经即遵就本会主管水利公路两项，分别拟送五年建设计划。此项水利计划，业由中政会经济专门委员会查核通过，公路计划，亦经中政会交通专门委员会查核通过。除水利计划已送呈钧长察阅外，兹谨将原拟公路建设计划，备函呈赍，特祈鉴察为叩。专肃。祗请钧安。

附呈公路建设五年计划一份

秦〇谨上

公路建设五年计划纲要草案

年来吾国公路，应军事经济之需求，赖中央地方之合作，进展迅速。全国联络公路，已达十万余公里，其中有路面者，计二万四千公里。技术日趋一致，营运渐具规模。惟以财力有限，设施时期尚短，公路建设前途，有待于扩张、推进、开发、管制者正多，分列如下。

（1）各省联络公路之增筑；

（2）已成公路工程之改善；

（3）主要干路工程标准之提高；

(4) 各省车辆修理及购置之管制；

(5) 汽油购储之集中；

(6) 汽车配件及车胎之制造；

(7) 主要干路运输之举办；

(8) 公路交通设备之充实。

凡此各项，如能于五年期内次第兴举，则全国公路网之重要干线，可告相当完成；公路工程之标准，可更适应国防交通等各种需要；公路车辆及其配件、燃料之管制，可定其稳固之基础；公路运输管理，可树一宏大之规模。对于经济、文化、国防、交通，由此必然收策进之功，而著广远之效。若其举办之方式，则拟照数年来之成规，大多数公路工程，仍由中央监督各省分别办理，而予以经费之补助，技术之指导。其在边区路线，则由中央自办，以速其成。至公路交通，亦视其事业性质，分为中央直接办理，及补助各省市分办，一面协助商人提倡国产，以同赴事功。他若人才训练，技术研究，仍于原有公路建设事业费内开支。至于解决公路车辆燃料自给问题之根本办法，如汽车制造、汽油开发炼制等，不列本计划之内。综计五年中共需经费凡七千四百万元，均须由中央国库支出。兹就工程交通两项计划，编列经费总表，并分别说明如下〔见下表〕。

计划纲要

一、公路工程

(一) 中央督造公路　　三九，五〇〇，〇〇〇元

甲、目标

公路工程，分改善及新筑两类。改善工程，为适应现代军队机械化之需要，注重改善路线、加宽路幅、加铺路面、增固桥梁等之改进工作。如北部之鲁、豫、晋、绥，及东部之苏、浙、闽、皖、赣等省主要道路，均属运输频繁，拟分别按其使用之目的及重要性，采取较高标准。并尽量完成各主要大桥。在未成以前，应有渡船之设备，以求切合实用。新筑工程，为促进全国主要公路网之完成，注重工程

经费总表

项目＼年期	第一年	第二年	第三年	第四年	第五年	共计
一、公路工程	11,500,000元	11,800,000元	11,800,000元	9,700,000元	9,200,000元	54,000,000元
(一)中央督造公路	8,600,000	8,500,000	8.500,000	7,200,000	6,700,000	39,500,000
(二)中央直接办理公路	2,900,000	3,300,000	3,300,000	2,500,000	3,500,000	14,500,000
二、公路交通	4,300,000	4,200,000	4,100,000	3,800,000	3,600,000	20,000,000
(一)扩设修车厂及设置工程车	1,100,000	1,100,000	400,000	400,000	510,000	3,510,000
(二)集中购储汽油	1,000,000	1,000,000	1,000,000	300,000		3,300,000
(三)购储汽车配件	720,000					720,000
(四)提倡国产车胎	300,000	300,000				600,000

（续表）

年期 / 项目	第一年	第二年	第三年	第四年	第五年	共计
(五)设立汽车配件制造厂	100,000	200,000	300,000	400,000	500,000	1,500,000
(六)集中购车		480,000	480,000	720,000	720,000	2,400,000
(七)举办干路运输	1,000,000	1,000,000	1,700,000	1,500,000	1,515,000	6,715,000
(八)改良公路交通设备	80,000	120,000	220,000	480,000	355,000	1,255,000
总计	15,800,000	16,000,000	15,900,000	13,500,000	12,800,000	74,000,000

标准之适合，边疆与内地交通之联贯，国际路线之打通，并与铁道水运之联络等。预计五年路线计划完成后，中央督造及直接办理之改善与新筑公路，可增加二万公里，各省自筑公路，当可增加三万公里，连同原有各公路，全国可通车路线，当有十五万公里，其中有路面者，约四万余公里。

乙、说明

一、路线系统及里程　中央督造路线，以干线及具有联络性质之支线为主，其他各省境内之路线，拟由省方参考中央路线系统，自行建筑。所有本计划全部联络公路路线网干支两种里程，计如下列：

(1) 干线二十一线，共长一五，二二二公里；

(2) 支线十五线，共长二，〇八一公里。

路线系统，分为首都辐射线、各区联络线、东南线网、中部线网、西南线网及西北线网(另详附表)。以上各路新筑改善两类，并分列如下：

(1) 新筑者　　五，三二七公里

(2) 改善者　　一一，九七六公里

二、实施办法　所有各路工程，由经委会统筹规划，继续拨款督造，分交各省负责施工。其由中央担负之工费，除有特别规定外，在贫瘠及边区省份，由中央拨借省方全部工程经费百分之六十至八十，在比较富裕省份，拨借百分之四十，余由省方自筹。

丙、经费

一、每公里工费估计：

(1) 新筑工程，包括路基、桥涵、路面等项工程，平均工费自六千元至九千元。

(2) 改善工程，包括整理路基，改铺路面、添改桥梁及渡船等项，除加铺高级路面之路段外，其余平均每公里估计工费自二千元至五千元。

二、全部经费总计

(1) 新筑路线共需工费　　三八,四二四,〇〇〇元

{中央担任者计需经费　一九,九〇八,〇〇〇元}
{各省担任者计需经费　一八,五一六,〇〇〇元}

(2) 改善路线共需工费　　三九,六二六,〇〇〇元

{中央担任者计需经费　一七,五八〇,〇〇〇元}
{各省担任者计需经费　二二,〇四六,〇〇〇元}

(3) 其他适应特殊需要随

时加列路线共需工费　二,〇一二,〇〇〇元

以上应由中央担任经费共计　　三九,五〇〇,〇〇〇元

(二) 中央直接办理之公路　　一四,五〇〇,〇〇〇元

甲、目标

利用中央人力财力,将首都出发之重要干路及西北各重要路线,加以改善或联络,以树达到标准之规模。

乙、说明

一、路线及里程

(1) 京闽桂干线南京杭州段,路长三百二十七公里,为京杭捷径,关系重要,亟须改善,以资应付。此项工程,包括改善路线,改建永久式桥梁及加铺高级路面。

(2) 京黔滇干线南京长沙段,路长一千三百十四公里。此段桥梁多系临时式,载重不足,迭准军事机关请速改建加强。

(3) 京陕新干线西安兰州段,路长七百零七公里。该路关系西北交通及边防军事,曾由经委会拨款整理修筑,通行车辆,惟为经费所限,尚须加以改善,添建桥涵路面。

(4) 绥川粤干线凤翔、汉中、宁羌段,路长四百三十二公里,已于二十五年修竣通车,惟大部分尚系土路,且有三大桥梁未建,暂用渡船,兹拟继续完成路面大桥。

(5) 平凉凤翔路,为贯通西兰、西汉两路之联络线,其中平凉

陇县间路长九十公里，亟须新筑。陇县凤翔间，路长八十五公里，须加改善。

二、实施办法 上述各该省主要联络公路，路线绵长，关系数省，并因限于人才经费，举办不易，应由经委会照建筑西兰、西汉两路成例，由会直接办理，分别先组测量队计划施测，再设工务所，办理施工，并由地方随时协助。

丙、经费

一、全部经费

(1) 京闽桂干线南京杭州段共需工费 五，八八六，〇〇〇元

(2) 京黔滇干线南京长沙段共需工费 二，六二八，〇〇〇元

(3) 京陕新干线西安兰州段共需工费 三，〇〇〇，〇〇〇元

(4) 绥川粤干线凤翔汉中宁羌段共需工费 一，二九六，〇〇〇元

(5) 平凉凤翔路共需工费 七九五，〇〇〇元

(6) 其他随时加列路线共需工费 八九五〇〇〇元

以上应由中央担任经费共计 一四，五〇〇，〇〇〇元。

公路建设五年计划工程经费概算表〔略〕

二、公路交通

(一) 补助各省扩设汽车修理厂暨设置工程车 三，五一〇，〇〇〇元

甲、目标

为保护车辆维持国防交通起见，拟补助各省扩设汽车修理厂及设置工程车。

乙、说明

经委会于二十五年度，曾补助经费督促各省于开封、汉口、南昌、长沙、杭州、建阳与屯溪等处，分设大修车厂七所，惟因省方财政支绌，尚未能尽量充实。拟再由经委会补助扩充，另择各省公路交通适当地点，增设大修车厂十五所，小修车厂八十所，分布各地。

并购置工程车一百辆，救济车一百辆，分发各省，以备国防交通之用。

丙、经费

1. 扩充已办大修车厂七所（每所补助以三万元计） 二一〇〇〇〇元

2. 设立大修车厂十五所（每所平均厂屋建筑及设备费，约八万元，由会补助半数，每所四万元） 六〇〇，〇〇〇元

3. 设立小修车厂八十所（每所补助一万五千元） 一，二〇〇，〇〇〇元

4. 设置各省工程车一百辆（车辆及机件设备，每辆以八千元计） 八〇〇，〇〇〇元

5. 设置各省救济车一百辆（车辆及设备费，每辆以七千元计） 七〇，〇〇〇，〇〇〇元

（二）集中购储汽油

甲、目标

为应国防需要，应建设汽油运储系统，直接购油，自行储藏。

乙、说明

现在国内汽油供给，不由国人经营，在非常时期，供给如有减少，影响国防甚大。中央有鉴于此，经已交由经委会主持，推行各机关集中购油办法，应即进而建设运储总分站，设置储油站、加油站，并运输工具，并设法向国外直接购油，自行储藏，俾资需要。

丙、经费

估计此项运储设备暨直接购油费，约需一千一百万元，拟由中央担任三成，计三百三十万元，其余由各省市筹措。

（三）购储汽车配件 七二〇，〇〇〇元

甲、目标

为防止非常时期汽车配件来源断绝，应预行购储。

乙、说明

拟于一年内储备六个月用量之汽车配件，由经委会集中购置，分储各省，取用时照价给偿，按月由经委会照取用数量汇购补足。

丙、经费

估计每车每月之配件购置费为四十元，以准备大客货车三千辆之需用，计共需七十二万元。

(四) 提倡国产车胎之制造　六〇〇，〇〇〇元

甲、目标

协助国产车胎制造商，扩充设备，增加产量，适应需要。

乙、说明

各省市各种大客货车，年耗内外胎在十万副以上，大都均仰赖外货之供应，本国车胎制造厂产量尚小，不足供给。拟由经委会借拨款项，促其充实设备，增加产量，以谋自给。

丙、经费

借拨款额，拟定为六十万元。

(五) 设立汽车配件制造厂　一，五〇〇，〇〇〇元

甲、目标

自造汽车配件，并准备装配制造汽车。

乙、说明

国内汽车，每年需用配件，多赖国外输入，除湖南长沙、江西南昌两汽车机械厂，已由经委会补助扩充，现正积极推行外，拟由经委会自行设立中央汽车配件制造厂一所，就国内现用最普遍牌号之汽车，制造主要配件，以供各省使用。并筹划逐渐扩充，准备装配制造。

丙、经费

配件制造厂地基、房屋建筑、机械设备以及其他开办费用，共约需一百五十万元。

(六) 借助各省集中购车　二，四〇〇，〇〇〇元

甲、目标

为便于修理及调度车辆起见，汽车之式样及牌号种类，应逐渐减少，以期统一。

乙、说明

查各省市集中购油，业由中央主持推行，但公路车辆，因各省市自行购置，牌号复杂，修理困难，调度不易，将来各省市公营路线车辆之新置及补充，亦拟定一集中购买办法，照各省现状，暂以每年添购三百辆计，五年共一千五百辆。

丙、经费

每辆以四千元计算，一千五百辆共需六百万元，拟仿照公路基金办法，借助百分之四十，计二百四十万元。

（七）举办干路运输　六，七一五，〇〇〇元

甲、目标

积极提倡干路交通，及准备国防需要。

乙、说明

查国营公路事业，曾由经委会于西北方面，就西兰、西汉两线办理，略具规模。兹为积极提倡干路交通，及准备国防需要计，自应再将各干线交通设备改进，并举办直达汽车运输，俾重要城镇均能取得联接。兹就下列各路线分年办理。

（1）京湘公路　起自首都，经芜湖、屯溪、乐平、南昌、万载至长沙，长约一千五百公里。

（2）京粤公路　起自首都，经杭州、建阳、梅县、博罗至广州，长约二千五百公里。

（3）京鲁公路　起自首都，经天长、淮阴、宿迁、台儿庄、莒县至益都，长约九百三十公里，为首都至胶东之惟一要道。沿途路面尚未铺设，车站电话等亦付阙如。此路俟铺筑路面后，如有运输组织，不仅沿途之工商业受惠非浅，而在国防上尤见重要。

（4）京陕公路　起自首都，经合肥、横川、信阳、西坪、商县至西安，又自南阳经邓县、老河口、白河、安康至汉中，两段共长二千

零七十公里。该路沿途农产丰富，惟行车设备简陋，交通尚未发达。

(5) 川陕公路　起自平凉，经宝鸡、汉中、宁羌、广元、绵阳、成都至重庆，长约一千五百公里。自平凉至陇州一段，应即兴筑。自凤翔经汉中、成都至重庆一段，业由经委会及川省路局，各在川陕境内分别经营，自应扩充交通设备，办理直达运输。

(6) 陕甘青公路　起自陕西西安，经兰州而达青海之西宁。自西安至兰州一段，长七百五十公里，已由经委会设局经营，仍须添购车辆，扩充交通设备。自兰州至西宁一段，长约二百二十公里，路基工程行将完成，路面即须修筑，交通设备，亦应及时筹备。

(7) 川湘黔滇联运公路　自重庆至贵阳、贵阳至长沙、及贵阳至昆明，三段干线共长二千二百三十二公里。局部行车不多，交通尚未发达。中央曾议组织公司，办理联运，统制管理。除各有关机关担任股东外，经委会拟在五年内拨款扩充行车设备。

丙、经费

1. 京湘公路长一，五〇〇公里，所需购置车辆，建筑站屋厂库，设置交通设备，每公里以五百元计，共约七五〇，〇〇〇元。

2. 京粤公路长二，五〇〇公里，所需购置车辆，建筑站屋厂库，设置交通设备，每公里以六百元计，共约一，五〇〇，〇〇〇元。

3. 京鲁公路长九三〇公里，所需购置车辆，建筑站屋厂库，设置交通设备，每公里以八百元计，共约七四四，〇〇〇元。

4. 京陕公路长二，〇七〇公里，所需购置车辆，建筑站屋厂库，设置一切交通设备费，每公里以一千元计，共约二，〇七〇，〇〇〇元。

5. 川陕公路长一，五〇〇公里，所需购置车辆，建筑站屋厂库，设置交通设备，每公里以五百元计，共约七五〇，〇〇〇元。

6. 陕甘青公路，西兰段长七五〇公里，需添购车辆，扩充交通设备，每公里以三百元计；兰宁段长二二〇公里，添购车辆，建筑站屋厂库，设置交通设备，每公里以八百元计。两共约四〇一，〇〇〇元。

7. 川湘黔滇联运公路，五〇〇，〇〇〇元。

（八）改进公路交通设备　　一，二五五，〇〇〇元

甲、目标

便利交通，促进安全。

乙、说明

查京湘、京粤、京鲁、京陕、川陕、陕甘青等各干线，为我国主要交通干道，拟视交通需要情形，于五年内，添设行车专用电话五千公里，并拟设置交通标号志，及其他交通与安全设备，由会一并补助经费。

丙、经费

1. 专用电话，每公里以二百元计，五千公里共约一，〇〇〇，〇〇〇元。

2. 交通标号志及其他交通与安全设备二五五〇〇〇元。

〔国民政府全国经济委员会档案〕

6. 全国经济委员会秘书处抄送海南岛公路建设初步计划纲要等致实业部公函稿

（1937年5月27日）①

公函

案准贵部总字第二八三二九号公函，抄送会商琼崖各种建设事业讨论会纪录等件，嘱查照办理见复。等由。准此。兹经依照会商记录，草拟组织广东铁路公司办法，并就主管公路水利两部分，开具说明，相应抄附送上，即希查照办理为荷。此致

实业部

---

① 系发文时间。

附二件

秘书长秦〇

中华民国　年　月　日

公路部分

查琼崖全岛，已筑成环岛省道及各县县道，共约三千余公里，惟所成县道几大多偏集于该岛东北部。为巩固全岛国防，普遍发展地方经济起见，似宜积极促进开发西南两部，构成东西南北联贯路线，联络海岸线与腹部交通，并增进已成公路交通效用。兹依据上述各原则，草拟该岛公路建设初步计划纲要如下。

（一）完成环岛省道之全线交通，所有局部地段未筑桥涵，应尽先建筑完全，并视实际需要，将原有各项工程酌量改进，择要加铺路面，以利交通。

（二）增筑岛南腹部各县间联络公路，以开发黎地，并加展长，以构成东西南北联贯路线，及腹部重要产区与出口海港之联络。

（三）就岛北腹部原有公路，择要改进，加筑路面，俾将内地政治商业中心区域及原料产地，与海岸铁道线及出口海港直接联络。

（四）改进全岛公路行车管理，整理商营公路，将环岛公路全线，先行集中管理，以资统一改进。

〔国民政府全国经济委员会档案〕

二、公路建设概况及工作报告等

1．江苏省政府呈报测筑宁杭马路情形与国民政府来往呈令

（1928年12月）

（1）江苏省政府致国民政府呈（12月3日）

呈　第四九四号

呈为呈报测筑宁杭马路情形，仰祈鉴核事：案奉主座寒日由徐州来电内开：由京至浙马路，务须赶先建筑，速筹的款，但仍责成各县长负责征工为主，限明年三月中旬完工。等因。遵经令饬建设厅会同财政厅迅即筹商办法，转饬各县长遵办并电复各在案。兹据建设厅呈复称：查宁杭公路已测至句容天王寺，嗣以匪踪出没，乃绕从宜兴之南回向句容施测，现正在进行。已测汤水镇至句容一段，已在招商标筑，并加编测量队分段测量，组织路工大队，分赴徐鲁豫招工，施以桥梁、涵洞、路面等术工训练；一面颁行征工条例及细则，责成各县长负责办理，包工、征工、招工同时并举，以期迅速完成。并经函请财政厅遵照钧府委员会议议决案，迅拨款项，俾得着手进行，各在案。奉令前因，理合将进行情形备文陈复。等情。除指令迅督饬积极进行限期完成外，理合将测筑宁杭马路情形备文呈报鉴核。谨呈

国民政府

江苏省政府委员会主席钮永建

中华民国十七年十二月三日

(2) 国民政府指令(12月8日)

国民政府指令　第二七八号

令江苏省政府

呈报测筑宁杭马路情形，仰祈鉴核由。

呈悉。仰仍督饬办理，依限完成。此令。

〔国民政府档案〕

2. 蒋介石拟定各主要公路线请令饬各省迅速修筑致谭延闿笺函

(1928年12月18日)

笺函

迳启者：总理建国大纲以修筑道路为建设四大急要之一，不仅为交通军事求利便，实为民生主义之大端。东南壤地广袤，民殷物阜，徒以阻于交通，未能尽厥地利，沟通文化，论者惜之。今当训政始基，建设者应谋当务之急。兹拟于 各要点先行建筑国道如次：

一、由南京至杭州线；

一、由南京至芜湖线；

一、由杭州经衢州经上饶以达南昌线；

一、由衢州经延平以达福州线；

一、由浦口经合肥以达安庆线；

一、由杭州经徽州以达安庆线；

一、由徐州至蒙城线。

上列各线均为急不容缓之要道，应请分令督饬进行。关于线路如有衔接，及路面与桥梁如何设计，与夫工程之实施，或以兵工筑路，请并令各有关系之省政府妥为筹划，务于最短期间全部完成。则国计民生，胥资利赖。为此函达贵院长，即希查照办理为荷。此致

行政院长谭

蒋〇〇

中华民国十七年十二月十八日

〔南京国民政府档案〕

3. 谭延闿关于江苏省建设厅筹建南京至杭州等路情形致国民政府呈

(1929年1月30日)

呈为转呈事：案查前奉钧函，拟先行建筑南京至杭州等七线国道，嘱分令有关系省分〔份〕妥为筹划，督饬办理。等因。遵经提交本院第九次会议决议，由铁道部会同有关系之苏、浙、皖、闽、赣各省计划办理，当即分令遵照，并函达钧府文官处转陈在案。兹据

江苏省政府复称：窃照修筑国道一案，前奉钧院第二六六号训令，以转奉国民政府主席蒋函示，拟于各要点先行建筑国道，并开示线路，饬即会同铁道部及有关系省分计划办理。等因。遵经转饬建设厅设筹办理在案。兹据该厅长呈称：查南京至杭州线，前奉蒋主席谕，饬限十八年三月底完成，遵经督饬公路局积极进行。现在全线测量已竣，正在计划制图，其由汤水镇至句容城一段，业经包工修筑，不日完成。由句容直达江浙边境，拟即遵照征工条例赶速修筑。此外，徐州至蒙城、南京至芜湖两线，亦与安徽建设厅会商，并饬公路局派员分别查勘测量，各在案。奉令前由，理合呈复鉴核。等情。除指令应仍暂饬积极进行，以期早日完成外，理合具文呈请鉴核，俯赐转呈备案，并乞指令只遵。等情前来。除指令外，理合具文呈请钧府鉴核备案。谨呈

国民政府主席蒋

国民政府行政院院长谭延闿

中华民国十八年一月三十日

〔国民政府档案〕

4. 铁道部建筑国道筹款计划大纲

(1929年8月)①

建筑国道筹款计划大纲

第一条　凡由铁道部规定之国道路线，其所需建筑经费，均依照本大纲筹集之。

第二条　建筑国道经费之筹集，分为两种：

一、税款之指拨；

二、公债或证券之发行。

第三条　关于税款之指拨者：

① 原文无时间。

一、国道本部线之建筑经费，以田赋附加之全部或一部为主，不足时以关税、盐税附加或拨款补助之；

二、国道边防线之建筑费，以关税、盐税附加或拨款为主。

第四条　前条附加税款数额，以能于十年内完成本部线，二十年内完成边防线为限，至全部国道路线完成时，即行停止。

第五条　关于公债或证券之发行者：

国道之建筑，不论由铁道部直接办理，或委托省政府办理，其公债或证券之发行，概由铁道部主办之。

建筑国道之公债及证券，除以本路之净收入为担保品，另由铁道部酌提田赋、关税、盐税等指拨税款内之一部分，为其保息基金，并于民国三十八年无条件的担任其付息还本。

公债保息基金设委员会保管之，其委员之过半数，应以信用昭著之商办银行充任之。

第六条　各省受铁道部之委托建筑国道，除田赋附加外，得斟酌地方情形，附加或指拨他项地方税款，尽量筹集。不足时，由中央补助。其补助额以达全部建筑预算费百分之三十为限。

第七条　国道本部线以委托各省建筑为主，如各省不能如期修筑时，铁道部得随时收回自筑。

第八条　一切国道建设经费，绝对不得挪作别用，每国道或其一段之建筑，设建筑经费保管委员会，担任催收、存储、支付、核算之责。其规程另定之。

第九条　建筑国道，除所需用地段外，得酌于相当地点，将毗连地段附带收用，以其收入拨充偿还公债及证券基金、及发展国道事业之用。

〔国民政府全国经济委员会档案〕

5. 铁道部国道暂行条例

(1929年10月22日)①

国道暂行条例

第一条　全国国道之修治，应遵照本条例办理。

第二条　凡由国都直达各省区及关系国防、军事要塞、港湾与重要商埠之路，皆为国道。

第三条　全国国道路线应由铁道部规定，并权衡轻重，指定兴筑程序。

第四条　全国国道直辖于铁道部，于必要时，铁道部得设专管机关主办，其组织法另定之。

第五条　各省区境内国道之建筑，除由铁道部决定直接办理者外，应由各省建设厅负责，受铁道部监督指挥，限期筑成之。

第六条　各省修治国道，应遵照铁道部规定之工程标准及规则。

第七条　国道建筑经费，应由各省遵照铁道部规定之国道筹款计划大纲筹措办理。

第八条　国道边防线之修筑，应由铁道部筹款，直接办理，或拨交有关系各省区办理。

第九条　建筑国道之工力，得由各省就近征用民工，酌量办理。其征用通则另定之。

第十条　各省建筑国道收用土地，应遵照中央颁布之土地征收法办理。关于以公债或证券偿还地价专则，由行政院咨请立法院另案定之。

第十一条　各省建筑国道进行期间，除由铁道部派工程监督随时巡视核验外，应由各该省建设厅将工程状况及收支帐目，按月

---

① 原文无时间。

呈报铁道部查核。

第十二条　各省区国道之管理保养及公用客货车辆之营业，由各该省建设厅设专局办理之。

第十三条　国道之公用客货运输营业，得许商办公司经营之。其特许案应有下列各项之规定。

（甲）特许年限及应纳租金；

（乙）保养所经国道及其附属建筑物之责任；

（丙）客货运价受铁道部之核定；

（丁）关于乘客及货运之安全及便利，其车辆及一切设备遵铁道部之规程，并受其检查；

（戊）营业净利一部分之征取；

（己）账目之稽核及其报告；

（庚）如其货运性质与国民经济有巨大关系时，该部分之货运得提前收回铁道部办理。

第十四条　私用车辆使用国道时，得征收其通行税，另定专则办理之。

第十五条　关于国道事宜，各省间如发生争执，应由铁道部判断之。

第十六条　本条例施行细则另定之。

第十七条　本条例自公布日施行。

〔国民政府全国经济委员会档案〕

6. 铁道部国道运输计划大纲

(1929年10月22日)①

国道运输计划大纲

第一条　凡国道运输事业，除法令别有规定外，依本大纲行

① 原文无时间。

之。

第二条　国道运输事业之机关如下：

（一）中央运输机关，由铁道部直辖；

（二）各省运输机关，由各省建设厅办理。

第三条　各省人民得组织运输公司，但须呈请国道主管机关核准办理。

第四条　各运输机关应遵照中央及各省政府所颁之一切条例规章办理。

第五条　各省运输机关如因特殊情形，于前条规章有应变通之必要时，须先具理由书，呈请铁道部核准行之。

前项情形如属人民组织之运输公司时，应呈请各省建设厅转呈铁道部核准行之。

第六条　各运输机关每月应将营业状况，列表造册，呈报所在地之国道主管机关查核。

第七条　各国道主管机关每六个月，应将所管辖内之各运输机关每月营业状况，汇缮总表详册，连同每月表册，一并呈报铁道部查核。

第八条　各运输机关之车辆，在国道行驶时，应纳通行税。其税率以车辆大小、种类、通行距离及次数，分别定之。

第九条　通行税由国道主管机关征收后，分别存储银行，汇报铁道部查核。

前项税款除充各该国道岁修外，一律作为延长及改良费用，不得以任何理由挪借。

第十条　各运输机关在其行驶区域内，应设立一处以上之汽车修理厂。

第十一条　各运输机关俟国道联络成功，应采联运政策。其联运章程另定之。

第十二条　铁道部为谋运输事业之独立，应筹设大规模制车工厂及汽油矿厂。

第十三条　本大纲之施行细则，另定之。

第十四条　本大纲如有未尽事宜，由铁道部修正之。

第十五条　本大纲自公布之日施行。

〔国民政府全国经济委员会档案〕

7. 铁道部国道工程标准及规则

(1929年10月22日)①

国道工程标准及规则

第一条　全国国道之修治，应遵照本规则办理。

第二条　国道路面之宽度，定为九公尺。

第三条　国道之曲线部分，或接近重要城市，或交叉路口之路面，其宽度应照前条之规定增加之。

第四条　桥梁及隧道路面之宽度，不得小于六公尺。

第五条　国道路面须超过该地通常最高水面五公寸以上。

第六条　国道之纵坡度不得超过百分之五，但遇山地得增至百分之八。

第七条　前条之纵坡度超过百分之五时，其长度不得大于一百公尺。

第八条　路坎之旁坡，应照下列之规定：

（一）大块坚石用四分之一与一之比，但质松或含有浮泥者，用一与一之比；

（二）坚实土质或含有卵石者，用一.五与一之比；

（三）土质浮松或含有细沙者，用三至六与一之比。

第九条　路堤之旁坡，应照下列之规定：

（一）石块用二分之一与一之比；

---

① 原文无时间。

（二）土石混合用一与一之比；

（三）土质用一.五与一之比；

（四）沙质用二至三与一之比。

第十条 国道路面铺筑碎石宽六公尺，中部厚度不得少于二公寸。

第十一条 国道路面应作成拱形，其斜度由二十分之一至四十分之一。

第十二条 国道上之直视线，不得短于一百公尺，但遇特别情形时，得减至五十公尺。

第十三条 国道之平曲线半径，不得小于一百公尺，但遇特别情形时，得减至五十公尺。

第十四条 前条之曲线半径，如在一百公尺以下时，应减少路面之纵坡度。

第十五条 同向二曲线之半径，均小于一百二十公尺，且两半径之差超过三十公尺时，两线之间应以三十公尺以上之直线连接之。

第十六条 背向二曲线须于两线之间，置六十公尺以上之直线连接之。

第十七条 国道曲线部分之超高度，须距曲线起迄点十五公尺起，逐渐超高，俾至曲线起迄点时，达到应有之超高度。

第十八条 平曲线之始点或终点，距桥梁或隧道之两端，至少须三十公尺。

第十九条 路面纵坡度之改变在千分之五以上时，其两面直线须用竖曲线连接，其长度依纵坡度改变之缓急定之。

第二十条 竖曲线之长不得少于三十公尺。

第二十一条 国道路坎两旁应置泄水明沟。

第二十二条 路基含有水分或依山之处，应筑地下排水沟渠。

第二十三条 国道桥梁以能承载一万五千公斤以上之汽车为

适合。

第二十四条　国道桥梁跨过铁路者，不得用木材或其他易于着火之材料建造之。

第二十五条　国道桥梁跨过铁路者，其桥底与轨顶之距离，不得小于六公尺七公寸。

第二十六条　国道桥梁跨过铁路曲线时，其跨度应照曲度之大小加长，高度亦须照外轨超高度加高。

第二十七条　铁路桥梁跨过国道者，其桥底与国道路面最高点之距离，不得小于五公尺。

第二十八条　横过国道之沟渠及路旁岗坡蓄水处，应各筑涵洞宣泄之。

第二十九条　隧道内之路线纵坡度，应由中部向两端倾斜。

第三十条　隧道内应燃照返射灯，以免危险。

第三十一条　国道两旁栽种之树木，须距明沟一公尺以上，并与路线平行。如在路堤之树木，须距路面两边一公尺以上。

第三十二条　下列各地点应酌设护栏，以防危险。

（一）桥梁两端之翼墙；

（二）大涵洞之两旁；

（三）斜度峻急之路旁；

（四）路面弯曲之路旁；

（五）依山邻水之路旁；

（六）路堤过高之两旁。

第三十三条　如遇交叉路或曲线过锐者，或纵坡度之极峻者，均应于相当地点竖立标志。

第三十四条　关于本规则内各条，如有必须变通办理之处，应呈候铁道部核准施行。

第三十五条　本规则如有未尽事宜，由铁道部修正之。

第三十六条　本规则自公布之日施行。

国道工程标准及规则附录〔略〕

〔国民政府全国经济委员会档案〕

8. 蒋介石请拨助福建省公路建设经费致全国经济委员会电

(1933年10月8日)

全国经济委员会汪、孙、宋三委员勋鉴：诚密。迭据福建蒋主席先后电告，拟修筑闽赣、闽浙两干路，初估除土方外，共须工程费七百余万元，全请中央拨助。当复以所估数目太巨，两数补助尤违七省公路之通案，嘱其另拟就闽筹款方法，再行核办。嗣据复陈，仿赣省办法，先敷成通车路线，一切桥涵俱就简单设计，仍约须二百四十万，仍请由经委会拨借。当再复以闽省必须筹有相当之成数，中央乃能拨济，并嘱令应先筑闽赣线及闽浙之第二线，以应剿匪及善后之急需。兹复据微日复电，第称经筹划，省款拨作该两线建筑费者，计全年有着之款一百万元，而省库尚有其他各线负担。惟此两线山多难筑，不得不赖中央补助，恳提前拨款，俾利进行。除已复以已电全经会妥为洽办，并嘱将该两线即绘图列表，开具应需经费及闽省业已有着之的款数目，迳寄全经会核办外，特电知照，并将该案径复。各电原文抄录寄会，到时即希妥为核办，提前拨助是荷。中正叩。庚。机赣。印。

〔国民政府全国经济委员会档案〕

9. 蒋介石请拨付浙江公路经费致秦汾电

(1933年12月24日)

经济委员会秦秘书长：浙江公路已照规定者造成大半，本会照章补助经费，务请速拨，勿使其工作停顿。现在闽变时期，该省公路应用尤急，务望如数凑拨。中正。敬晨。印。

〔国民政府全国经济委员会档案〕

10. 全国经济委员会公路处公路工程暂行督察办法

(1934年3月3日)

全国经济委员会公路处公路工程暂行督察办法

二十三年三月三日核准

第一条　全国经济委员会公路处为协助及督促各省筑路事宜，增进工作效率起见，依据本处暂行组织条例第十一条之规定，订定本办法。

第二条　本处视各省公路工程情形，分区设置公路工程督察处或督察工程司，其督察区域由本处指定之。

第三条　公路工程督察处或督察工程司就督察区域内办理下列事项：

一、关于公路工程状况之视察事项；

二、关于公路工程进行之督促事项；

三、关于公路工程设施之考核或指导事项；

四、关于公路处交办事项；

五、其他属于公路工程督察性质之事项。

公路工程督察处或督察工程司办理上列事项，应随时呈报本处查核，并按月造呈各项报告备考。

第四条　公路工程督察处设主任工程司一人，秉承本处处长、副处长之命，就所管区域办理各项事务，并监督所属职员。

第五条　公路工程督察处设副工程司一人至二人，工程员、办事员各若干人，承主任工程司之命，办理各项事务，必要时得酌用绘图员或雇员。

第六条　督察工程司秉承本处处长、副处长之命，就所管区域办理各项事务，并在所驻省区建设厅或公路局内办公，于必要时得由本处加派工程及办事人员佐理之。

第七条　公路工程督察处主任工程司及其所属人员，均由本处派充，并呈请全国经济委员会备案。

督察工程司由本处派充或由本处就各省公路主管人员令派兼充，并呈请全国经济委员会备案。

前项兼任督察工程司由本处酌给津贴，必要时并得由本处担任其薪俸之一部。

第八条　公路工程督察处及督察工程司办事细则另定之。

第九条　本办法自呈奉核准之日施行。

〔国民政府全国经济委员会档案〕

11. 福建省政府送该省兵工筑路计划图表及请拨款兴建建阳黎川线公函

(1934年3月22日)

福建省政府公函　建字第310号

迳启者：查本省公路，闽南一带业已完成不少，交通尚称便利，惟闽北闽西，因道途阻塞，致匪患频仍，剿抚为难。近迭奉军事委员会电饬，于最短期内，将建阳黎川线、建阳崇安线、邵武泰宁线、泰宁康都线、建宁长汀线、浦城南平线、南平长汀线等，即日由当地驻军兴筑，限期完工。当由本府拟定计划，并由建设厅分别派员出发，测勘及知照各沿线驻军，准备即日兴工，各在案。

再查本年内钧会所拟定之筑路基金，本省部份可以拨借者，为南平枫岭段、建瓯八都段及南平长汀线等三路，除南平枫岭及南平长汀两线，已在本省计划兴筑线路之一部外，其建瓯八都一线，因本省已有龙泉浦城线之兴筑，故暂无兴筑之必要。兹按照实际情形，拟请将原案之丽水建瓯线，改列龙泉浦城线及建阳黎川线。相应检同闽省兵工筑路计划图表，暨已成立之各路工程处成立日期报告表各一份，函请查照，赐予转呈批准，以便申请拨借筑路基金，至纫公谊。此致

全国经济委员会秘书处

附各路工程处成立日期报告表一份〔缺〕，兵工筑路计划图一张〔缺〕，表二张〔乙表略〕

中华民国二十三年三月二十二日

闽省兵工修路预定计划表(甲)

路　　　线	里　数	担任部队	开始日期
延平—120—沙县—160—永安—240—连城	520	八〇师(延一沙) 五二师(沙一永) 五二师(永一连)	三月十日(第1期) 三月十日(第1期) 月　日(第2期)
建阳—180—邵武—80—光泽—140—黎川	400	五六师(建一邵) 二四师(邵一光) 第三路军(光一黎)	三月十日(第1期) 三月十日(第1期) 三月十日(第1期)
邵武—80—拿口—130—顺昌—90—将乐—120—泰宁—80—建宁	500	新十一师(邵一拿一顺) 第四、十、八八、八九师(顺一将一泰) 第三路军(泰一建)	三月十日(第1期) 三月十日(第1期) 三月十日(第1期)
泰宁—80—建宁—70—康都	150	第三路军	三月十日(第1期)
泰宁—80—建宁—180—宁化—180—长汀	440	第三路军(泰一建) 第四、十、八八、八九师(建一宁一长)	三月十日(第1期) 月　日(第2期)
浦城—240—建阳—130—建瓯—130—延平	500	浙保安团 第八十师 第五六师	三月十日(第1期) 三月十日(第1期)

（续表）

路　　线	里　数	担任部队	开始日期
建阳——崇安（140）	140	独第四十五旅 第五六师	二月十日(第1期)
漳州——南靖——龙岩（30、170）	200	第三师 第九师 第八三师	三月十日(已成酌加修理)
龙岩——连城——长汀（300、180）	480	第三师 第九师 第八三师	月　日(第2期)

构筑要领			工作器具	完成期限
游击进剿	保护修路	任修路部队之区　分		
各担任修路部队，应酌派兵力，远出前方，从事游击清剿。	应先派出一部，于筑路队之前方专任近距离之搜击警戒，并修筑碉堡。	（一）测定道路基线班（植中心桩）；（二）经始班（路幅及两侧沟之植桩等）；（三）任路床路面之除积土班(筑路基)；（四）爆破班（山间岩石有须施以石工者）；（五）桥梁涵洞班（由建设厅任设计施工）；（六）修补路面班（敷置碎石沙砾及压坚等）	（一）凡各部队所有之土工器具，如锹镐等以及石工器具与爆破材料，应尽量使用，事后照数补发。（二）各部队关于修路必须用之器材，如队内缺少，应补充者，预照布置列册，呈请核发备用。（三）省政府建设厅应准备之事？(1)各项技术专员；(2)担土用之器具（簸箕及竹扁担等）；(3)石工及石工用之器具；(4)爆破岩石用之火药与信管雷管发火机等。	（一）第一期应限五月十日以前完成，但因各路长短及工事难易与部队多寡，均不相同，最好在期前办竣者，因不能如限完成，亦应预为呈报声明。（二）第二期应自第一期完工后再定开始动工及完成日期。

（续表）

附记	一、各路线悉遵委座电令指定者构筑之。 二、里程系按图计算，其有与实地不相符者，得改正之。 三、各部队均有修路任务，现先就已在路线附近之各师分配担任，其他应俟移调集结后，临时再命令定之。 四、较急要而即可着手动工者，均列为第一期，定三月十日开工，其次列为第二期，逐步构筑完成之。 五、各指挥官、军师长，就所担任之路线里数与部队数目，并按照开工及完成期限，应妥为规定分配，另具详细施工方案，呈报核夺奇。 六、各部队长官查照构筑要领所列举者，及参照实地情形，与有无匪患等。关于筑路部队应有详细之区分布署，俾便按此预定从事进行。 七、省府建设厅及地方行政官署，除照表列应切实准备外，并与筑路部队切实连络，尽量协助之，务使施工迅速，俾得早日完成各路线。 八、各部队无论列兵挑夫，应尽数令其担任修路，即一面前进，一面构筑，军队所至之地，亦即道路完成之处。照赣东赣南各军例，每六团人数于一星期内，能修成山地公路三十里至五十里，闽省部队修路亦可照此为准。 九、各指挥官军师长务于电到三日内，将筑路详细办法规定电复，勿误。 十、各部队筑路赏项，即照从前颁订者，核实照发。

〔国民政府全国经济委员会档案〕

12. 蒋介石为鄂中公路建设关系剿共军事请予垫款速建电

（1934年4月9日）

全国经济委员会勋鉴：济密。据湖北省政府呈报，鄂中公路各段已在本年一月完成通车，请将工款十九万七千元提前拨发，以资归垫，而济急用。等情。查鄂中公路计分四段，各段工款支配情形实数如次：（一）中中段由中馆驿至项家河，约六万四千元。（二）广礼段由广永至礼山，约三万八千元。（三）夏溪段由夏店至小河溪，约五万三千元。（四）礼河段由礼山至河口，约一万四千元。（五）各段工程管理及测量费，约二万八千元。按以上各段公路虽不在七省公路规定干线之内，但因进剿鄂东及豫南残匪关系，该路实极重要。故均由中正指定修筑限期完成，一切工款，亦均由鄂省府临时挪垫应付。现虽完成通车，奈以垫款无着，迄难结束，务请该会中顾念该路各段关系重要，特许通融，准予援照七省干路之列，一律补助，俾资结束，并希电复为盼。中正。青秘赣。印。

〔国民政府全国经济委员会档案〕

13．全国经济委员会秘书处送办理各项公路建筑及交通运输事业报告函

（1934年6月26日）①

兹值贵会举行第一次会议之期，所有本会经办各省联络公路督造事宜，七省公路专门委员会议决案，及苏浙皖京沪五省市交通委员会议决案进行事务，暨办理西北公路建筑及运输业务与其他公路事业经过情形，亟应连同本年份公路计划，分别编列报告，备函送达，至希查照为荷。此致

公路委员会

秘书长秦汾

附报告七种

〔一〕督造苏浙皖三省联络公路报告

本会于二十一年五月，奉命督造苏浙皖三省联络公路，督造路

① 系为报告时间。

线为京杭(溧宜段)、沪杭(南金、乍金、杭海等段)、京芜、苏嘉、杭徽、宣长六路，计为程一千零四十九公里。其中除已可通车各段外，综计六路应行修筑之长度，共五〇五公里。自是年六月起相继兴工，至二十二年十一月先后完成通车。本会拨借基金数额，计江苏省三十四万八千二百十三元一角，浙江省二十万元，安徽省三十二万二千元，南京市三万三千七百三十二元七角五分，共计九十万三千九百四十五元八角五分。所有各路工程概况，本会拨借基金数及运输状况等，详附表及图。

附：苏浙皖三省联络公路工程状况及拨借基金一览表(附件六)：

苏浙皖三省联络公路路线图(本刊从略)；

苏浙皖三省联络公路运输状况调查表(附件七)

苏浙皖京沪五省市互通汽车路线图(本刊从略)。

〔二〕督造豫鄂皖赣苏浙湘七省及其他各省联络公路报告

二十一年十一月，七省公路会议在汉口举行后，本会奉命督造联络公路范围，自三省扩大而为七省，所有干支各线，共长二万二千余公里，其中当时已可通车各线，约七千公里，其余分期兴筑。其第一、二两期应筑路线，原定七千五百余公里，嗣以适应需要，增至八千七百余公里，第一期应筑各路，依照规定，应于二十二年六月底一律完成，第二期各路，应于同年十二月底完成。惟各省或以财力不裕，或因其他窒碍，多未能如限完成。至二十二年十月本会正式成立后，除继续督造七省联络公路外，复将闽省公路八百七十余公里，亦列入督造范围之内，合计八省应筑里程，共为九千七百余公里。此外，赣粤闽边各公路，共长约五百七十余公里，亦由本会拨借基金。所有各路工程进展状况，截至本年五月份止，经本会督造完成可通车路线，连同三省联络公路五百零五公里，共长五千七百余公里，再加原可通车路线，共长约一万三千公里。已兴工路线，共长二千五百余公里。兹将各省公路工程进展状况，列表于后〔缺〕。

至本会拨给各省筑路基金，二十三年份规定七省公路，以四百五十五万元为限，闽省及赣粤闽边各公路，以七十万元为限。截至本年六月二十日止，连同筹备处期间所拨七省筑路基金在内，计(1)河南省已拨三十一万元，(2)湖北省已拨三十七万元，(3)安徽省已拨六十五万元，(4)江西省已拨五十八万元，(5)江苏省已拨三十一万八千元，(6)浙江省已拨一百二十二万元，(7)湖南省已拨三十一万元，(8)福建省已拨二十五万元，(9)赣粤闽边各路已拨十万元，总计已拨四百一十万零八千元(三省、七省两项基金已拨数，共计五百零一万一千九百四十五元八角五分)，其中属于二十三年份预算者，共计二百六十九万元。兹列表如下。

附：五月份各省联络公路进行程度一览表(附件八)〔略〕；

经济委员会拨借各省筑路基金状况表(附件九)〔略〕

苏浙皖赣鄂湘豫闽八省公路路线图(附件一〇)〔略〕

〔三〕办理西北公路建筑及运输业务报告

本会为开发西北富源，便利国防交通起见，经第二次全体委员会议议决，于二十三年份兴筑西安至兰州、西安至汉中及兰州至古浪三公路。本年份所需经费，定为八十万元。嗣经本会公路处组织西北公路查勘团，前往查勘，结果以各路工程浩大，需款甚巨，同时举办，经费不敷支配，乃决定将兰古路暂从缓筑，而将预定兴筑该路经费，分配于西兰、西汉两路，计西兰路经费为四十五万元，西汉路经费为三十五万元。但西兰路为联络陕甘两省之干路，明春陇海铁路可以通达西安时，则西北交通，将以此路为唯一捷径，关系极为重要，乃变更原定计划，将工程扩大，以期久远而利交通。其工程经费预算，本年约需八十万元，比原定四十五万元，须增加三十五万元。同时为造就西北公路工务人材起见，拟筹办西北公路工务人员养成所，经费定为三千元。至各路完成后之运输事业，因路线过长，招商承办极属不易，其西兰公路一线，陕甘两省政府曾请由本会筹办，本会对于此项事业之经费预算，现定为四十万元。所有各项事业计划及进行概况，兹分别报告于次。

（甲）西兰公路

1. 工程计划及经费概算　该路路线，起自西安，经邠县、窑店、平凉、静宁、定西，以达兰州，全长约七百五十公里。路基土方工程，拟请陕甘两省酌派兵工修筑。第一步办理紧急工程，限本年七月内完成，以维目前交通。其次办理第一期改善工程，以达到全路土路通车为目的，与紧急工程同时开工，尽本年年底以前完成。第二期工程，为全路路面及其他各项永久工程，于第一期工程完竣后，再行筹办。上项紧急工程及第一期工程，估计约需八十万元。

2. 进行状况　该路路线业经本会西北公路查勘竣事，并于本年三月间，在西安组设西兰公路工务所，办理工程筹备及实施事宜，将全路分为邠静、定兰两大段及一流动工程队。邠静段下设六分段，定兰段下设三分段，于五月间成立各段工程办事处，分段施工，并组织测量队一队，同时施测路线，以期迅速。定兰段所辖接驾嘴一段工程，早于四月间开工，其余各段队，亦于五月内同时施工。现正积极进行中。

（乙）西汉公路

1. 工程计划及经费概算　此路联贯陕甘川三省地区，为西北各省商业军事运输要道。路线经本会西北公路查勘团分段查勘，决定采取现今通行大道，即由西安至宝鸡，南折经凤县、留坝、褒城，以达汉中，全长约三百九十余公里。西安至宝鸡一段，已可通车，新建工程，为宝鸡至汉中一段，长约二百二十三公里。全路工程，拟分两期进行，第一期为建筑宝汉段新路，并铺筑简易路面等工程，约需经费一百八十余万元；第二期为改建西宝段路基桥涵，建筑宝鸡渭河大桥，及建筑全路路面等工程，约需经费一百零五万余元，一二两期，共需费二百八十六万余元。第一期工程，拟尽一年余内办理完竣，本年七月内拟俟各段测量局部完竣后，即组织工程队分段施工，估计本年内所需经费，共约三十五万元。

2. 进行状况　该路路线测量事宜，业经本会公路处组织宝凤、凤留、留汉三测量队，于本月中旬出发，前往分段施测。

（丙）提倡西北公路运输

本会为使西北公路运输事业从速实现起见，经拟订一切章则，在西安组设西北公路管理局筹备处，委定主任人员负责筹办公路运输事项，现该处主任正在西兰公路沿途各处察勘建设车站地点，筹备一切行车设备事宜。该项事业预算，原定五十万元，嗣经本会常务委员第九次常会议决，改为四十万元。现正依照改定款项，拟具计划预算，以便进行。

〔四〕办理其他公路事业报告

本会督造各省联络公路，办理西北公路建设及运输业务等项，已详上列报告。至关于办理其他公路事业之概况，约可分述于下：

（甲）第二试验路之筑造　本会为试验各种油类路面起见，于上年十一月，在本京中山门外孝陵卫之东，修筑第二试验路，计长一千六百五十公尺，宽二.八公尺，分二层施工。第一层路面，于上年十一月竣工，结果以德士古土沥青及美孚配道母乳化油路面成绩较佳，石家庄之国产煤汽柏油结果不甚满意，现由本会与出产公司研究改良中。第二层路面，于本年四月敷刷竣事，结果以德士古及美孚土沥青为佳。

（乙）代办江西公路测量　本会于本年一二两月，遵奉蒋委员长电令，由公路处组织江西公路测量队三队（第二队由本会水利处调用），先后开赣协助测量，每月经费预算，共一五三五元，工作期间，暂以六个月为限。第一队已测完东乡至临川、临川至樟树、万年至大源、万年至余干四线，共长约一百二十余公里。前列两线图表，业已绘竣送交江西公路处，其余两线图表，现正赶制。第二队担任测量汴粤干线万家埠经藕潭至瑞昌一段，共长约一百二十余公里，现已测竣，正在绘制图表。第三队已测完宜丰至铜鼓路线，长约六十余公里，亦在绘制图表中。

（丙）本会公路处为改良北方大车，增进行旅舒适，及利用国产骡马起见，对于西北公路，决定试造驿车一种，以代替汽车及旧式大车之用。车之构造，业经绘就图样，托由军政部军事交通机械修理厂代为制造，第一辆已完成，第二辆约八月底可以完成。

（丁）分区督察公路工程　本会督造各省联络公路，经将各省划分为七督察区，以湘鄂两省为第一督察区，江西省为第二督察区，分别设立督察处，浙江、河南、安徽、福建、江苏等省，分别为第三、四、五、六、七督察区，各设督察工程司一人，五、六两区，并各设副工程司一人。督察工程司人选，或由会派委，或以该省公路主管人员兼充，专司各该区内公路工程督促指导事宜。关于督察公路一切章则，亦经分别拟订，分函各省政府查照。

（戊）江南各冲要公路运输测量　本会为彻底明瞭苏、浙、皖、京、沪五省市各冲要地点之运输情形起见，除函请各主管机关随时填送运输测量报告备查外，并经公路处派员前往实地测量，已于本月中旬测量完竣，现正绘制图表，以资研究。

其他如筹备土壤研究室、筹办第三试验路、绘制全国及各省公路路线图等，均在分别进行中。

（己）派员参加第七次国际道路会议〔略〕。

〔五〕办理七省公路专门委员会第一次会议议决各案经过情形报告〔略〕

〔六〕本会二十三年份公路事业计划报告

本会二十三年份应办公路事业，前经本会第二次全体委员会议议决通过。本年四月，宋常务委员亲赴西北实地考察后，对于原定计划，稍加变更，经提出第九次常务委员会议修正，决定本年内用于公路事业经费，除拨助地质调查所办理汽车燃料研究费用十三万元另例外，共以六百八十万元为限，拟办各项事业，计划如下。

（甲）继续督造七省联络公路　四，五五〇，〇〇〇元。

本年份除将原列七省第一、二两期业已兴工之重要联络线，仍继续拨款筑造外，并将有关军事政治之特殊路线，择要加入，两共长约四千八百余公里。本会拨借基金，以四百五十五万元为限。

（乙）展筑其他各省联络公路　六〇〇，〇〇〇元。

本年内除继续督造七省联络公路外，先行建筑福建省公路八百七十余公里，又赣粤闽边各公路，约五百七十余公里，亦拟酌量补助，总计由本会拨借基金共约六十万元。

（丙）兴筑西北公路　一，〇〇〇，〇〇〇元。

西安至兰州公路，为开发西北之重要道路，本年内拟将全路改善，并建筑西安汉中线，共计建筑及改善路线，长约一千一百四十公里，本年份实需建筑费，约一百一十五万元，拟均由本会担负。此项实需预算，比照筹拨数，不敷十五万元，拟由其他公路款项内移拨。

（丁）提倡公路运输事业　四〇〇，〇〇〇元。

西安兰州公路完成后，拟于本年内就该路筹办汽车运输事业，并先行筹设车务人员养成所一处，造就车务机务人才，估计车辆、车站、电话设备及养成所等各项费用，约需四十万元。

（戊）公路调查研究及管理费　二五〇，〇〇〇元。

1. 拟继续办理筑路与养路方法、筑路材料及土壤、公路工人状况等各项调查与研究事项，并建筑关于研究土壤之试验路一段，本年内约共需费一万五千元。

2. 拟于本年内试造驿车及改良旧式车辆，约需四千元，并拟试造载货载客两用汽车，约需费三万元，如有成效，将来再设专厂制造，本年内约共需费三万四千元。

3. 关于刊印上列各项调查研究报告、绘印全国与各省公路路线图等，约需费五千元。又本会公路处图书室，拟于本年内添购图书刊物等，约需费二千元，以上共需费七千元。

4. 关于公路管理及督察费用，除鄂赣两省原设公路督察处仍予继续外，其他各省拟分别设置督察工程司，本年共需管理及督察费十八万四千元。又本会派员出席第七届国际道路会议所需川旅费及编印报告费，约一万元，两共十九万四千元。

附：七省联络公路二十三年拨借各路基金一览表（附件一一）〔略〕

二十三年展筑其他各省联络公路拨借基金一览表（附件一二）〔略〕

〔七〕办理苏、浙、皖、京、沪五省市交通委员会历次会议及进行事业报告

查本会前筹备处召集苏、浙、皖、京、沪五省市代表，议定五省市互通汽车暂行章程及五省市交通委员会组织规程，所有该会组织经过情形，前已于七省公路专门委员会第一次会议时撮要报告。该交通委员会系于二十一年十二月间组织成立，由本会及五省市政府各派一人为委员，是年十二月十七日，在本会开成立会及第一次常会，于本会附设办事处，并依照该会组织规程第五条之规定，以本会所派委员为常务委员，主持办事处事务。自成立以来，共召集常会七次。兹将历次会议及办理事业进行概况，分别报告于次。

甲、历次会议情形列表如下〔略〕。

乙、拟订各种交通法规及施行情形列表如下：

类别＼项目	法规名称	施行情形
组　织	五省市交通委员会办事处章程	已由交委会照办

（续表）

类别 \ 项目	法规名称	施行情形
管理	五省市互通汽车附捐解款付款办法	已由交委会及五省市政府分别照办
	五省市公路联运办法	已由五省市政府饬属照办
	五省市商营汽车路公司征收营业汽车通行费规则	已由五省市政府公布施行
	五省市汽车驾驶人执照统一办法	定二十三年四月一日为施行期，已由五省市政府按期施行。
	五省市汽车驾驶人考验规则	定二十三年七月一日为施行期，已由五省市政府按期施行
	五省市汽车驾驶考验员任用标准及临时驾驶执照发给办法	已由五省市政府公布施行
	修改五省市互通汽车暂行章程第七条条文	定二十四年一月一日为施行期，已由五省市政府分别函复届期照办
设备	各省公路路线编号办法	已由五省市政府及鄂、湘、豫、赣四省省政府饬属照办
	设置公路里程桥涵牌志统一办法	已由五省市政府属饬照办。
	五省市公路安全运动大纲	由交委会办理
	五省市公路交通标志设置保护规则	定二十三年三月一日为施行期，已分函五省公布市政府施行。并分函鄂、湘、豫、赣四省政府查照推行。

丙、组织五省市公路交通安全设计委员会

依照交委会第五次常会议决公路安全运动大纲，由本会公路处、卫生实验处、京市府及首都警察厅，各派代表共同组织公路交通安全设计委员会，附设于交委会内，于本年二月五日成立，即就交委会议定之安全运动大纲，视其性质，分为（甲）五省市一致举办者，（乙）先就京市试办者，（丙）陆续筹办者三种。现在已经办理者，择要分述于下：（一）编辑汽车驾驶人须知，（二）开办京市汽车驾驶人训练班，（三）派员赴各公路车站举行急救训练巡回演讲，并筹设救护车及接洽急救医院。

丁、协助各省市办理公路交通事业情形，列表如下：

省市区域	事业名称	津贴经费数目	备考
江　苏	闵行新渡轮工程	三万元	
	闵行轮渡改建钢质浮桥及梅花桩工程	二千元	
	京杭路江南公司养路费	每季八百元	负责养路
	京杭路江南公司免收营业汽车通行费津贴	每季六百元	专营路线
	沪杭路沪闵公司养路费	每季一千五百元	负责养路
浙　江	沪杭路乍闸间护栏工程	三千元	
	京杭杭徽两路装设交通标志	一千零九十元九角五分	
	沪杭路闵杭段养路费	每月八百元限支六个月	自二十二年九月起支，由浙建厅领发

（续表）

省市区域	事业名称	津贴经费数目	备考
	杭瓶路杭瓶公司免收营业汽车通行费津贴	每季一百二十元	专营路线
	瓶湖双路瓶湖双公司免收营业汽车通行费津贴	每季九十元	同前
安徽	京芜宣长两路装设交通标志	五百十六元八角六分	
	京芜路京芜西段公司免收营业汽车通行费津贴	每季一百五十元	专营路线
南京	京杭京芜两路京段交通标志	一百元	

戊、赣闽两省参加第七次常会

赣闽两省公路均已与浙省互通汽车，所有管理设备方面，有互相参考之必要，由本会商准两省政府遴派代表来京参加该会第七次常会，以收集思广益之效，而谋互通汽车之方。

以上撮述荦荦大者，其详细情形，均见该会历次会议纪录及章则汇编。

14. 全国经济委员会公路工程准则

（1934年7月20日）

全国经济委员会公路工程准则　　二十三年七月二十日核准

第一条　本会督造各省联络公路，所有各项工程标准除另有规定外，应依照本准则办理。

第二条　公路路基之宽度，规定为下列三等：

甲等路　宽十二公尺,用于干线;

乙等路　宽九公尺,用于干线或支线;

丙等路　宽七.五公尺,用于支线。

以上各等宽度遇必要时,均得酌减一公尺。

第三条　路线之平曲线最小半径在平原地为五十公尺,在山岭地为二十五公尺,视线距离在平原地不得短于一百公尺,山岭地不得短于六十公尺,凡两个反向曲线之间,至少须有三十公尺之直线相衔接,路线在弯曲处应酌量加宽,并须于外侧酌设超高。

(公路直线过长每易使驾驶人疏忽肇事,且于夜间对向行车不甚便利,定线时应加注意。)

第四条　平曲线之起点或讫点,距桥之两端不得少于三十公尺。

第五条　公路如与铁路或其他公路相交叉时,其交叉角不得小于四十五度,并自交叉点起,至少须有五十公尺之显明视距;其属公路下坡以与铁路平交者,应设距离交叉点三十公尺之平路。

第六条　路线坡度不得大于百分之六,但遇特别情形时,得增至百分之八,惟其长度不得逾二百公尺,其在最大坡度处不得设最小半径之平曲线。

第七条　纵坡度之变更在百分之一以上时,应设竖曲线,其视距不得短于六十公尺。

第八条　路基两旁之侧坡规定如下:

甲、挖土

一、沙土　一.五比一(即横一.五,直一,下仿此)

二、普通土　一比一

三、坚隔或软石　○.五比一

四、坚石　○.二五比一至○.○五比一

乙、填土

一、沙　　二比一

苏浙皖三省联络公路工程

附件六

全国经济委员会公路处制

省市	路线	段别	长度（公里）	应做工程	开工日期	完工日期
江苏省	京杭路	溧阳—宜兴	36	翻修路面	二十一年六月	二十一年九月底
	沪杭路	南桥—金丝娘桥	37	路基桥涵路面	二十一年六月	二十二年四月
	京芜路	南京—铜井镇	35	路基桥涵路面	二十一年六月	二十一年九月底
	苏嘉路	苏州—王江泾	52	路基桥涵路面	二十一年九月	二十二年六月
		闵行轮渡		渡轮码头等		
	共计		160			
浙江省	沪杭路	乍浦—金丝娘桥	21	路基桥涵路面	二十一年六月	二十二年四月
	沪杭路	杭州—海盐	15	路基桥涵路面	二十一年六月	二十二年七月
	苏嘉路	嘉兴—王江泾	15	路基桥涵路面	二十一年五月	二十二年四月底
	宣长路	长兴—界牌	38	路基桥涵路面	二十一年四月	二十二年六月
	杭徽路	昌化—昱岭关	43	路基桥涵路面	二十一年五月	二十二年七月
	共计		132			
安徽省	京芜路	芜湖—慈湖镇	54	路基桥涵路面	二十一年六月	二十二年六月
	宣长路	宣城—界牌	86	路基桥涵路面	二十一年八月	二十二年六月
	杭徽路	徽州—昱岭关	61	路基桥涵路面	二十二年一月	二十二年十一月
	共计		201			
南京市	京芜路	雨花路—安德门	3	翻修路面	二十一年八月	二十一年九月
	京杭路	中山门—麒麟门	9	翻修路面	二十一年十月	二十一年十二月
	京杭路	中山门—麒麟门		加敷柏油路面	二十二年十月	二十二年十一月
	共计		12			
总计			505			

状况及拨借基金一览表

民国二十三年六月

工程费预算数（元）	应拨基金数（元）	已拨基金数（元）	未拨数(元)	备注
59,202.00	25,000.00	25,000.00	—	
146,712.00	46,948.00	46,659.76	288.24	
103,214.00	33,029.00	33,029.00	—	
543,472.64	173,911.24	173,911.24	—	此为决算数
70,013.10	70,013.10	69,613.10	400.00	未拨数为闵行区公所建筑水埠补助费
922 613.74	348,901.34	348,213.10	688.24	
83,148.00	26,607.00	25,000.00	1,607.00	
50,400.00	16,128.00	10,000.00	6,128.00	此为改线工程
141,143.00	45,262.00	40,000.00	5,262.00	
194,083.00	62,107.00	50,000.00	12,107.00	
321,288.00	102,812.00	75,000.00	27,812.00	
790,062.00	252,916,00	200,000.00	52,916.00	
432,723.00	138,471.00	130,000.00	8,471.00	当涂大桥缓筑暂用渡船
481,419.00	154,054.00	112,000.00	42,054.00	宣广段路面未修暂节渡暂用便桥
481,990.00	154,237.00	80,000.00	54,237.00	此外在七省案内已拨皖省20,000元又在二十三年份预算内皖省预备费项下拨借浙省代垫40,000元实计已拨该路基金为140,000元
1,396,132.00	446,762.00	322,000.00	124,762.00	实在未拨款为64,762元
15,723.72	25,000.00	25,000.00	—	
54,831.44				
14,129.64	8,732.75	8,732.75	—	
84,684.80	33,732.75	33,732.75		
[illegible],193,492.54	1,082,312.09	903,945.85	178,366.24	

附件七

苏浙皖三省联络公

全国经济委员会公路

路名	段别	起讫	长度(公里)	行车机关
京杭路	京长段	南京—长兴	190	江南汽车公司
	杭长段	杭州—长兴	116	浙江省公路管理局
沪杭路	沪闵段	上海—闵行	29	沪闵汽车公司
	乍闵段	乍浦—闵行	67	浙江省公路管理局
	杭乍段	杭州—乍浦	117	浙江省公路管理局
杭徽路	杭余段	杭州—余杭	26	浙江省公路管理局
	余临段	余杭—临安	29	余临汽车公司
	临昱段	临安—昱关	98	浙江省公路管理局
	昱歙段	昱关—歙县	62	浙江省公路管理局
京芜路	京慈段	南京—慈湖	52	江苏省公路管理处
	芜慈段	芜湖—慈湖	52	京芜西段长途汽车公司
宣长路	宣广段	宣城—广德	72	宣芜广汽车公司
	长广段	长兴—广德	52	浙江省公路管理局
苏嘉路	苏嘉段	苏州—慈兴	76	江苏省公路管理处

路运输状况调查表

处(二十三年六月制)

每公里票价	每日行车次数	现有车辆			每月平均营业收入	备考
		客车	小包车	料车		
1.8分	通车6次区间36次	20	4	4	约28,000元	
1.8	通车10次区间6次	13	11	2	约26,000元	
3.0	通车18次	15	4	2	约5,000元	
2.2	通车8次区间30次	4	2	0	约10,000元	
2.4	通车4次区间18次	13	7	1	约10,000元	
3.0	通车18次	6	1	0	约8,000元	
3.5	通车16次	10	1	6	约7,000元	
2.8	通车16次	4	1	1	约10,000元	
2.8	通车8次	4	1	1	约7,000元	
3.0	通车12次区间6次	4	1	0	约10,000元	
3.0	通车12次区间6次	7	3	2	约9,000元	
3.2	通车2次区间2次	6	1	0	约2,000元	
2.8	通车6次区间4次	4	1	0	约4,000元	
2.0	通车12次区间2次	7	3	1	约10,000元	

〔国民政府全国经济委员会档案〕

二、普通土　一.五比一

第九条　路基高度须超过该地普通水位半公尺以上。

第十条　路基在挖土处两旁应设置边沟，其深度至少五公寸，底宽至少三公寸。在填土处，其两旁坡脚离取土坑边至少一公尺，取土坑并应有排水设备。

第十一条　路基紧邻河流或陡峻之山坡，应建护墙，以资稳固。

第十二条　路基经过沟渠或低洼之处，于宣泄流水及农田灌溉有关者，均应设置涵管，其建筑方式应采用永久式。

第十三条　桥梁建筑分为永久、半永久及临时式三种，如下：

一、永久式（桥墩、桥座、桥面均用砖石混凝土或钢料）桥面宽度不得少于六公尺，其载重至少能承受十二公吨重之车辆。

二、半永久式（桥墩、桥座同永久式，桥面用木料）桥面宽度于干线不得少于五.五公尺，其载重至少能承受七公吨半重之车辆，其桥墩桥座之载重及宽度，应与永久式同。

三、临时式（桥墩、桥座、桥面均用木料）桥面宽度不得少于四公尺，其载重至少能承受七公吨半重之车辆。

桥梁载重不及十二公吨者，应于桥之两端树立桥梁载重限制标志。

第十四条　公路干支各线之桥梁，均以建筑永久式或半永久式为准，但遇必要时，支线之桥梁得酌建临时式。

第十五条　公路桥梁跨过铁路时，其轨顶与桥底之净距，不得少于六公尺七公寸。

第十六条　公路桥梁跨过铁路曲线时，其跨度应酌量加长，以适合铁路曲线之曲度。其轨顶与桥梁底面之净距，亦应酌量加高，以适合铁路路轨之超高。

第十七条　铁路桥梁跨过公路或公路桥梁跨过其他公路时，

其公路路面之最高点与桥梁底面之净距，不得少于四公尺七公寸半。

第十八条　路线经过山溪河床阔浅水势涨落迅速者，得建堤路(或河床路)，其宽度不得少于四公尺。

第十九条　路面宽度分为单车道、双车道及三车道三种，每车道宽度定为三公尺，于必要时双车道及三车道均得将宽度酌减半公尺。

第二十条　路面建筑分为六级，如下：

一级路面　土路凡土质坚实雨水稀少，养路得法，常年可以通车者用之。

二级路面　沙砾路(须酌设基础)包括煤屑、蛎壳、粗沙、碎砖瓦及砾石等路。

三级路面　泥结碎石路。

四级路面　弹石路(即铺砌不整齐石块路)。

五级路面　砖块石块路。

六级路面　如水泥柏油等高级路面，非绝对需要及有国产材料可利用时，不宜建筑，以节费用。

第二十一条　路面之横斜度(即路拱)规定如下：

一级路面　一比十二至一比十五；

二级路面　一比二十至一比三十；

三级路面　一比二十至一比三十；

四级路面　一比二十至一比二十五；

五级路面　一比三十至一比五十；

六级路面　一比四十至一比六十；

第二十二条　路面之压实厚度规定如下：

二级路面　厚度自十五公分至二十五公分。

三级路面　厚度与二级路面同。

四级路面　厚度分为三层：(一)基础层压实厚度，自八公分至十五公分;(二)垫层厚度自三公分至五公分;(三)弹石层厚度自十公分至十五公分。至边缘石之高度,应与路面之总厚度相等,其长度不得小于高度。

五级路面　分层办法与四级同。

六级路面　临时设计之。

第二十三条　凡在下列各处应设置护栏,以免危险。

一、路线急弯处;

二、峻急坡度处;

三、路基填土甚高处;

四、路线傍山邻水处;

五、护墙及桥涵翼墙两端处。

第二十四条　本准则自呈奉核准之日施行。

〔国民政府全国经济委员会档案〕

15. 全国经济委员会管理公路基金章程

(1934年9月4日)

全国经济委员会管理公路基金章程　二十三年九月四日呈奉国民政府核准

第一章　总则

第一条　本会办理各省联络公路督造事宜,所有公路基金之管理,悉依本章程办理。

第二条　公路基金专用于建筑各省联络公路所需经费之借垫,不得移作别用。

第二章　保管

第三条　公路基金由本会指定银行存放之。

第四条　公路基金非经本会签发不得支用。

第五条　公路基金收支状况每三个月公布一次,并呈报备案。

第三章　拨借

第六条　各省依照本会所定筑造联络公路路线所需工程费用，除路基地价、迁移等费应由各省自行担任，其建筑桥梁、涵洞、路面及特殊工程等费，如一时筹不足数，得向本会请借公路基金，但应指定财源担保归还。

第七条　各省因建筑桥梁、涵洞、路面及特殊工程等请借公路基金，其数额至多不得超过其工程总价百分之四十。

第八条　各省请借公路基金，应先备具申请书，并依照本会督造各省联络公路章程第七条，缮具工程计划图表预算送会核定。

第九条　各省请借公路基金数额经会核定后，应立正式契约，双方各执一份存照。前项契约，会方以常务委员签署，省方以省政府主席签署，财政、建设两厅长副署。

第十条　各省请借公路基金契约签订后，依下列标准分期拨款。

一、准备动工时拨付百分之十五；

二、路基工程全部完竣，经本会派员查实后，拨付百分之二十；

三、桥梁、涵洞一律开工，经本会派员查实后，拨付百分之十五；

四、桥梁、涵洞一律完工，经本会派员查实后，拨付百分之三十；

五、路面及一切工程均告完竣，经本会派员查实后，拨付百分之二十。

如不修路面之路，前项拨款标准改定第二期为百分之二十五，第三期为百分之二十，第四期为百分之四十。

以上最后一期基金，应由各省于应做工程全部完竣时，造送实做工程报告表，经本会派员查验与原定计划相符后，方得拨清。

前项标准均以全路计算，如分段施工，各段不能同时完成者，其拨款手续得依前项标准分段办理，但须先将分段施工办法函请本会核准。

第十一条　各省于公路基金借到后，如经本会查有以甲路基金移充乙路之用者，应即停止其借用公路基金之权利，并责令清偿所借公路基金。

第十二条　各省于公路基金借到后，各项工程不能如期开工或逾限多日尚未完工者，本会除将借款未付部分悉予扣付外，并责令清偿所借款项。

第十三条　各省于公路基金借到后，所筑工程有与原定计划或标准不符者，应即停拨借款未付部分，至一律修改与原定计划标准相符时续付。但因特殊情形，先经声叙理由，函会核准者，不在此例。

各省于各路开工后，所有各种工程数量及单价事实上比原估可以减少，因此工程费可以节省者，本会得按照核定预算比例，扣减应拨基金。

第四章　归还

第十四条　各省归还所借公路基金，得分期行之。前项分期归还办法，由各省自行拟订，送经本会核定，惟借期至多不得逾四年。

第十五条　各省归还所借公路基金应如约履行，不得任意拖欠，设因故不能如期归还时，应陈明理由，申请展期，至多以二年为限。

第十六条　各省所借公路基金不能如约归还或申请展期而又逾期不付者，应停止其下次请借公路基金之权利，并得由本会委托其他机关代收指定财源，至亏欠数额清偿为止。

第五章　利息

第十七条　各省所借公路基金利息年利四厘，自拨付款项之日起算。

第十八条　各省所借公路基金，能于所筑路线完成后一年以内归还者，免除其利息。

第六章　附则

第十九条　本章程施行后，除依照旧章程已订契约各路仍照约办理外，旧有管理筑路基金章程应即废止。

第二十条　本章程自呈奉国民政府核准之日施行。

附借用公路基金申请书式样

一、请借公路基金机关。

二、拟筑公路名称起讫地点及公里数。

三、工程概要及期限：

路基土石方　公方　年　月　日开/完工；

桥梁(种类)　座　年　月　日开/完工；

涵洞(种类)　道　年　月　日开/完工；

路面(种类)　平方公尺　年　月　日开/完工；

特殊工程　年　月　日开/完工。

四、请借机关已筹经费数目。

五、请借公路基金数目。

六、归还公路基金年限及其办法。

七、指定归还公路基金担保品。

申请者　省政府主席　(签名盖章)

副署者　省财政厅厅长　(签名盖章)

省建设厅厅长　(签名盖章)

中华民国　盖省府印　年　月　日

附契约书式样

立借用公路基金契约　省政府(以下简称省方)今因筑造本省　线/路　段公路(以下简称本路)，自　起至　止，共公里，向全国经济委员会（以下简称会方）在所管公路基金项下，借到国币银　万　千　百元正。双方议定契约条款如下：

（一）本借款按照会方管理公路基金章程第十条拨付。

（二）本借款由省方指定于　　收入项下担保归还，分期付清。其分期付款办法如下：

第一期　年　月　日以前归还　　元；

第二期　年　月　日以前归还　　元；

第三期　年　月　日以前归还　　元；

第四期　年　月　日以前归还　　元。

（三）借款届归还期如原定担保品收入不足偿付时，由省方另筹的款负责归还。

（四）本借款利息年利四厘，于各期归还借本时，一并结算付还，利随本减。

（五）本路工程定于　年　月　日开工，　年　月　日以前全部完工，如因天灾及其他人力不可抵抗之事故，致工程不得不展期完竣者，省方应先申叙理由，商得会方同意。

（六）所有会方核定之全路工程计划图表暨预算书约，均作为本契约之附件。

（七）省方于本路开标立约后，应将该项包工合约副本寄送会方查核，作为本契约之附件。

（八）省方于本路全部完工后，应造具实做工程报告表，连同支付决算送会备查（报告表样式另定之）。

（九）此外会方所订关于公路方面之各项章则，省方均应遵守。

（十）本合同一式两份，双方各执一份存照，在未经双方同意注销以前，永远有效。

中华民国　年　月　日

全国经济委员会常务委员　　（签名盖章）

省政府主席　　　　　　　　（签名盖章）
副署者　省建设厅厅长　　　　　　　　（签名盖章）
省财政厅厅长　　　　　　　　（签名盖章）

〔国民政府全国经济委员会档案〕

16. 全国经济委员会督造各省联络公路章程

(1934年9月4日)

全国经济委员会督造各省联络公路章程

二十三年九月四日呈奉国民政府核准

第一条　本会督造各省联络公路，悉依本章程办理。

第二条　各省应筑联络公路路线，概归本会统筹规定，非经本会核准，不得变更。

第三条　各省督造联络公路，得分期进行。其分期办法及各路开工、完工日期，由本会核定后通知各省照办，如须修改，应先函商本会核夺。

第四条　各省于各路开工完工日期决定后，应各如期进行，不得延误。其有逾期已久尚未开工者，得由本会直接办理，或委托其他机关代为办理，但该管省分仍负该路经济上及实施时协助办理之一切责任。

第五条　各省筑造联络公路，应依照本会规定公路工程准则办理。

第六条　各省测量联络公路路线，应依照本会规定之公路测量规则办理，于各路开始测量时，应即函报本会，并按月造送测量工作月报表，必要时得由本会派员协助测勘。

第七条　各省于已测路线设计完竣后，应依照本会规定公路工程图表书类细则，造具下列各项图表书类送会审核。

一、全路工程计划简要说明书；

二、实测路线平面图及纵横断面图；

三、桥梁涵洞路面工程设计图及主要桥梁位置图；

四、路基土石方计算表；

五、全路桥梁涵洞一览表；

六、其他特殊工程设计图表及详细预算；

七、全路工程费预算书。

各省对于本会所送前列各项审核意见，应尽量接受，所有各路特殊工程，须经本会核准后方得开工。

第八条　各省于各路开工后，应即分别办理下列各事项：

一、工程主管机关名称、驻地及主任人员姓名，报会备查；

二、各项工程包工合同副本送会备查；

三、饬知工程主管机关随时检齐筑路材料样品、重要工程照片模型，迳送本会公路处试验或陈列；

四、饬知工程主管机关按期填具工程月报表，迳送本会公路处查考。

第九条　本会于各路开工后，派遣督察人员到路视察，各路工程人员对于是项督察人员之指示，应予尽量接受。

第十条　各省于各路完工后，应逐路造具实做工程报告表，送由本会派员到路查验，如查有实做工程与原定计划或所送报告不符者，即由本会函知该管省分负责改善。

第十一条　各省于各路完工后，应逐路拟具桥涵、路面等工程修养办法，妥筹经费，指定负责机关认真办理。所有修养情形，并应随时报会备查。

第十二条　各省于各路完工后，应依照本会规定公路运输设备及管理通则，办理行车事宜。所有行车计划应分下列各项，先行报会备核。

一、官营或商营及其详细办法；

二、车辆及修理厂之设备；

三、车站及其他便利行旅之设备；

四、客货票价及普通车辆通行办法。

第十三条　各省于各路通车前，应依照本会规定公路运输设备及管理通则，将全路所需交通标志及其他行车安全等设备，先行设置完全。

第十四条　连贯两省以上联络公路筑造完成得以相互通车时，由本会约同有关系省分共议互通汽车办法，以谋联络运输之便利。

第十五条　各省联络公路筑造人员办理成绩，本会得随时加以考核，并得函由各省分别施以奖惩。

第十六条　本章程自呈奉国民政府核准之日施行。

〔国民政府全国经济委员会档案〕

17. 参谋本部为加坚加宽南京附近道路桥梁等事致全国经济委员会公函

（1934年10月12日）

参谋本部公函　城字第1615号

案奉委员长艳未参牯电令：南京附近道路桥梁，须可通行十五公吨之载重。等因。奉此。业经提交本会城塞组第七次会议设计委员会决议，路基一律加宽为七公尺，路面加宽为四公尺五，路面厚为三十五公分，桥梁载重为十五公吨。其已完成尚未验收者，应速用八吨机磙压实，俟将来路面破坏时，同时增加改筑之。其未完成或在计划及招标中者，应即变更原案，依据本决议案，加坚加宽。议决在案。业于俭日电呈委座备案。兹奉佳行交电令、俭代电悉，准予备案。等因奉此。相应将加坚加宽各路缘由及一切经过，函达贵会，即希查照为荷。此致

全国经济委员会

中华民国二十三年十月十二日

〔国民政府全国经济委员会档案〕

18. 江苏省政府为借工款修理南京附近道路桥梁致全国经济委员会秘书处公函

(1934年10月27日)

江苏省政府公函　建字第三五四号

案准贵处路字第七〇八四号公函：以准参谋本部函：为奉蒋委员长艳未参牯电令，南京附近道路桥梁，须可通行十五公吨之载重一案，经交城塞组设计委员会议决加坚加宽办法，呈奉委座核准备案。等因。嘱即查照等由。准此。查南京附近道路，以京杭国道为最重要，该路桥梁完成有年，因风水剥蚀，交通频繁，致载重力为之减少，五吨汽车，现在已难通过，而折梁断桩之事，频频传报，危险殊甚。本省建设厅前拟小修计划，函送贵处核定进行，不过就其损坏最甚者，加以修理，暂为〔维〕现状，明知头痛医头，原非根本救济之策，而以限于经费，不得不尔。迨开工后，发见各桥损坏太多，势非小修所能维持，乃计划改建永久式桥梁，估计约需经费八十万元，经函请贵处拨借，未邀允准，以致改建计划，未能实现。现在既奉蒋委员长电饬，南京附近公路桥梁须通过十五公吨载重。该路为南京附近重要国道，似应先行改建，以利军运。再该路路面虽未合此种标准，危险尚少，似可暂缓改建，似先就桥梁着手。查贵处所定永久式桥梁标准，只能载重十二公吨，如改建十五公吨，经费尚须增加。本省经费支绌，旱灾奇重，无力举办此项重大工程，前函已声明有案。而蒋委员长电令，又不敢违，临路徬徨，殊无善策，尚希贵处体念该路为重要国道，准予拨借改建桥梁全部经费，俾可及早兴工，以免有碍军运。准函前由，相应重申京杭国道桥梁急须改建原因，函请贵处查照核复为荷。此致

全国经济委员会秘书处

主席　陈果夫

中华民国二十三年十月二十七日

〔国民政府全国经济委员会档案〕

19. 全国经济委员会公布协测各省公路路线办法令稿

（1935年3月26日）

令　第二八二号

兹制定本会协测各省公路路线办法，公布之。此令。

全国经济委员会协测各省公路路线办法

一、本会为促进各省建筑公路，于必要时组织测量队，前往各省协测重要路线，悉依本办法办理。

二、测量队由公路处参照原有测量队暂行组织规程组织之，所需测量人员，于必要时得向受协测省建设厅调借。

三、测量队开办费、办公费、测量队人员俸薪及由京至省往返旅费，均由本会担任（向省调借人员之俸薪，仍由原机关支给）。

四、测量队人员由省会至工作地点往返旅费，以及各员外勤津贴，均归受协测省方担任。

前项外勤津贴数额，由会省两方临时商定。

五、测量队所需测夫、小工、伙夫，均由测量队自行雇用。此项夫役工资，概由受协测省方支给。

六、受协测省对于以上四、五两条所列各费，实在不能担任者，商经本会同意后，改归本会负担。

七、测量队人员应须沿途保护及与地方接洽各事宜，均归受协测省方负责办理。

八、本办法自公布日施行。

协测各省公路测量队人员每月外勤津贴数

工程司兼队长	50—80元

副工程司　　30--60元
工程员　　20—40元
副工程员　　20—30元
办事员　　20
雇员　　10

外勤人员津贴数目，由各省就上表所列范围，参照本省情形，与本会商定之。

〔国民政府全国经济委员会档案〕

20．军事委员会请加固京杭、京沪等线并请赶修其他联络公路公函

（1935年3月31日）

国民政府军事委员会公函　战字第5034号

兹为规整京沪、京杭、京闽、京赣各公路起见，就其修筑已成功者，须增加其强力(抗十五吨)，其有为八省公路计划中之线路而尚未兴工者，与非八省公路计划中之线路，而须增筑连络线路者，均绘为图。除分别令发外，相应检同略图，密函奉达贵会，即希查照办理，迅速修筑，统于本年十月底完成。并祈将办理情形，随时函告为荷。此致

全国经济委员会

附发略图乙纸〔略〕

中华民国二十四年三月三十一日

〔国民政府全国经济委员会档案〕

21．军事委员会关于添筑屯溪至开化公路等致全国经济委员会密函

（1935年4月10日）

国民政府军事委员会密函　高一字第0027号

案准贵会会路字第三四七三号复函，以增加苏、浙、皖、赣、闽五省公路强力及增筑联络路线一案，尚有应加商酌之处。兹派本会公路处技正张有彬趋商，希赐洽见复。等由。准此。经即饬属商定，除屯溪至开化一节必须添筑外，其余即就原有路加修强力亦可。相应复请查照办理为荷。此致

全国经济委员会

中华民国廿四年四月十日

〔国民政府全国经济委员会档案〕

22. 军事委员会关于迅速修理京杭路致全国经济委员会公函

(1935年4月23日)

国民政府军事委员会公函　高一字第0108号

案据本会办公厅呈阅顾问法肯豪森函，为关于汽车训练班长途行车之经验报告，(一)于南京杭州途中，约一百七十至一百七十七公里之长道路，情形异常恶劣，为顾全国防利害起见，此种重要道路有急于修理之必要。(二)宜兴附近有桥两架，阻绝交通，亦应予修理。等语。查该顾问所见甚是，除令令苏、浙两省政府外，相应函达查照办理见复为荷。此致

全国经济委员会

中华民国二十四年四月二十三日

〔国民政府全国经济委员会档案〕

23. 军事委员会为增加五省公路强力请在1936年度指定的款修成致全国经济委员会公函

(1935年5月12日)

国民政府军事委员会公函　高一字第0281号

案查增加苏浙皖赣闽五省公路强力，及增筑联络路线，事属急要，应早完成，如因本年度经费难筹，务请在二十五年度中指定的款，赶修完成。关系军运，不能更延。相应函达，查照见复为荷。此致
全国经济委员会
中华民国二十四年五月十二日

〔国民政府全国经济委员会档案〕

24. 江苏省建设厅抄送各主要公路桥梁路面概况表致全国经济委员会秘书处密函

(1935年5月16日)

江苏省建设厅密函　字第七二六号

案准贵处路字第四六二六号公函，以准参谋本部函请查明各干支公路桥梁路面情况一案，为欲求所询各项详细准确起见，开列苏省境内主要各路，嘱分别查照见复等由，并开列主要各路名称到厅。准此。查此案本省前准参谋本部函请办理，当经由省政府函复在案。准函前由，相应抄同各主要公路桥梁路面概况，备函送上，即希查照为荷。此致
全国经济委员会秘书处

计送各路桥梁路面情形表一份

沈百光

中华民国二十四年五月十六日

路别	起讫及经过地点	长度	桥梁					路面		
			类别	座数	长度公尺	宽度公尺	载重公吨	种类	宽度公尺	
京芜路	南京、西善桥、江宁镇、牧龙亭、铜井界、皖界	35	临时式 永久式	6	81	5.5—6.0	5	卵石弹街	3.0	
京杭路	南京、句容、天王寺、溧阳、宜兴、董塘(苏浙交界)	171	同上	77	1555	4.7	5	碎石、碎砖弹街	5.0 3.0	
镇澄路	镇江、谏璧、孟河、奔牛、武进、江阴	116	临时式 半永久式	46	600	5.4—6.4	10	碎石、碎砖	3.0	
镇句路	镇江、回峰庵、石灰窑、洛阳观、句容	41	半永久式 永久式	8	89	5.5—7.5	10	碎石、碎砖弹街	5.0 3.0	
镇溧路镇金段	镇江、仁寿桥、丹阳、珥陵、金坛	63	临时式 永久式	26	272	3.6—5.0	5	碎砖碎石	3.0	
锡澄路	无锡、塘头、埝桥、青阳、江阴	39	同上	43	390	4.9—6.1	10 15	弹街	6.0 4.0	
溧武路	溧水、天王寺、金坛、卜戈桥、武进	96	临时式 半永久式	36	535	6.0	10	碎石	3.0	路面仅溧水至天王寺一段已铺筑完竣
苏常路	苏州、蠡口、吴塔、常熟	39	半永久式	45	838	6.0	10	碎石	3.0	
苏沪路苏昆段	苏州、唯亭、正仪、昆山、夏驾桥	45	临时式 半永久式	61	966	6.0	10	煤屑	5.5	
沪杭路闵浙段	闵行、南桥、柘林、金山卫、金丝娘桥(浙界)	47	临时式 半永久式 永久式	16	143	5.5	10	碎砖碎石	3.0	上海至闵行一段系商办,各项情形未详,暂缺

〔国民政府全国经济委员会档案〕

25. 全国经济委员会送江西公路运送军队及军需专车暂行规则致江苏等省公函

（1935年9月9日）

公函

案准苏、浙、皖、京、沪五省市交通委员会九月六日交字第一六四三号函，略开：查本会第十一次常会讨论第十二案，军事机关因军事运输，征用各公路汽车，拟请规定统一征用暨收费办法，以资遵循。并请于中央最高军事机关议订征发汽车办法时，由会派员列席讨论，以免隔阂。当否，请公决案。经议决：由会将军事委员会委员长南昌行营颁布之江西公路运送军队及军需专车暂行规程，函经委会转送各省市参考，签注意见，提请下次会讨论。等语，纪录在卷。抄同该项规程，函请转送各省市办理。等由。附抄送江西公路运送军队及军需专车暂行规程二十五份到处。除分函外，相应检同原送规程四份，函请查照饬办见复为荷。此致

江苏
浙江　省政府
安徽
福建
南京
上海　市政府

附江西公路运送军队及军需专车暂行规程四份

秘书长秦汾

附件

抄江西公路运送军队及军需专车暂行规程

二十一年三月一日公布

一、各军队需用专车运输部队及军需物品，须经旅部以上机

关或南昌委员长行营及各路总司令部交通处主管长官盖章确定，具函证明者，方可备车（在省备车者函知公路处，在各路备车者函知该路车务段）。

一、需用此项专车在每连以上者，其车价按三分之一缴付；连以下及军用品之输送，仍照三分之一缴付。

一、军需物品以枪械、子弹、饷款、军服及军用药品为限。

一、部队行动须用专车，人数须满一整车，如不满一整车而夹有未着正式军服，以及携带旅客妇女者，得拒绝备车。

一、凡运送军需物品，以货车为限，如无货车时，不得强用客车运送。官兵以客车为限，如无客车时，不得强用货车。

一、装载物品以该车容量吨数为准，装运部队以该车坐位为准，不得强令超过，致生危险。

一、专车行驶路上，所有该路一切行车章程，均应遵守。

一、需用此项专车，限于铲共剿匪、有军事行动之部队，如招募新兵，不适用之。

一、各部队零星军需物品，应由普通车免费运送，不得包车随行，兵士仍应照章（军人半价办法）购票。

一、本规程自公布之日施行。

〔国民政府全国经济委员会档案〕

26. 宋子文关于押运士兵所需经费由西汉公路供给致孙蔚如电

（1935年10月2日）

南郑。孙军长蔚如兄勋鉴：本会奉令赶筑西汉公路，限期迫促，该路所需材料及大批员工食粮，亟待妥为运输。除由会电请邵主席转饬凤翔、宝鸡、郿县、南郑各县代雇驮骡，即组驮运队二十四队，以供输送外，拟请贵部选派得力士兵，每队五人，以为押运，并就近代催上列各县遵照省电，速雇驮骡。至押运士兵所需川旅杂

支等费，即由该路工务所接洽供给。特电奉恳，敬希迅赐饬办见复为荷。弟宋〇〇叩。冬。（十月二日）

〔国民政府全国经济委员会档案〕

27. 宋子文为西汉公路急需汽车与蒋介石来往电

（1935年10月）

（1）宋子文致蒋介石电（10月2日）

成都。蒋委员长钧鉴：〇密。查西汉公路赶工紧急，全路所需材料、食粮、员工等急待车辆运送，可否再恳拨付利和车廿辆，专供该路运输之用，俾利工程，敬乞酌夺电示。弟子〇叩。冬。十月二日。

（2）蒋介石复宋子文电（10月6日）

宋委员长子〇兄：冬电悉。咕密。利和汽车，据军政部呈复，早已分配无余矣。如西汉路急待车辆，似可由全经委会酌购济用。盖所费无多，路成后仍可专供该路运输之用也。中正。鱼。秘。蓉。

〔国民政府全国经济委员会档案〕

28. 行政院关于处理四川贵州两省公路统一营业经过情形等与军事委员会委员长行营来往公函

（1936年2—3月）

（1）行政院公函稿（2月13日）

公函　第六五九号

案据四川民营汽车成渝路成都联合办事处主任叶贡材等呈，以成渝汽车路系由人民集资建筑，耗款千万，现重庆行营颁发整理川黔两省公路营业办法，令川黔两省政府饬属遵照切实办理。并将成渝路划入川黔路范围，严禁各县车辆营业，与浙赣两省各公路准由人民专利自营之办法两歧。恳请明令收回原令，并恳令饬川省政府转令各路局，仍准民营车辆照常行驶。等情。据此，查此项办法，本院无案可稽，相应抄同原呈，函请贵处将此案办理经过，查明

见复，并请检送整理川黔两省公路营业办法一份，以凭办理。此致
军事委员会委员长行营

计抄送原呈一件〔略〕

中华民国廿五年二月　日

(2) 军事委员会委员长行营复公函（3月30日）

国民政府军事委员会委员长行营公函　行道通字第三七号

案准贵院二月十三日第六五九号公函：……①。准此。查本行营前鉴于川黔两省公路行车之紊乱混杂情形，经于上年八月，制定整理川黔二省公路营业办法，分饬各该省政府转饬遵办。复以川省已成公路，正依次着手整理，关于通车营业诸端之准备，未容或缓；经于本年一月，训令川省府转饬四川公路局，迅遵前颁办法，切实办理。开始营业后，应严禁私车营业，以资统一。旋据报称：川黔路成渝段，定于二月六日正式通车营业，请拨派宪兵维持秩序。等情。复经电饬宪兵第三团酌量分派驻守。二月七日，据该局呈报：本日黎明，各商车纠众将车站车场，层层包围，阻塞路线，复沿街游行，粘贴标语，散发传单，任意侮蔑官厅，行同暴动，恳予严厉制裁，用维功令。复据该局齐代电报称：虞日午后四时，该车商等将车站车场一切设备，捣毁无余，成内段段长巫孝椿及员兵等四名，痛遭殴击，伤势极重，傍晚西上班车，驶近车站，该车商等复强迫旅客下车，并用砖石掷击车辆，先后损失极巨。各等情。当查该车商等违抗功令，阻挠营业，捣毁场站，殴伤员工，殊属不法已极，经以灰申行辅强电，饬由四川省政府及四川善后督办公署，严饬所属，查明处理，如不服制止，准依照前颁惩治土豪劣绅条例，查明首要，以军法从严究办。对于民营汽车，并另筹妥善办法呈核。此即由四川建设厅、公路局及本行营公路监理处，召集商车代表谈话，准于不违背本行营统一营业命令，及川省府布告中所划出之川黔、

---

① 内容见上文，兹略。

川陕二路外，其余各线，计长千余公里，准由商车营业。乃该代表等坚决反对，致无结果，旋适据该叶贡材来呈，措词颇涉谬妄，经令饬川省府查明该车商联合办事处组织是否健全，如系份子复杂，应即勒令解散，并监视其行动，以遏乱萌。同时并分电省府督署饬属妥为防范，俾免再生事端。各在案。现川黔路成渝段仍照常营业，秩序尚佳；川黔路渝松段，及川陕路成绵段，亦于本月一日及六日，先后开始统一营业，均尚无纷扰情事。准函前由，相应将处理本案经过情形，并检同整理川黔两省公路营业办法一份，函请贵院查照为荷。此致

行政院

计检送整理川黔两省公路营业办法一份。

中华民国二十五年三月三十日

委员长　蒋中正

整理川黔两省公路营业办法

查川黔二省修筑公路，均历有年，所其已筑成者，川省约三千公里，黔省约一千一百公里，较诸其他各省，并不为少，而运输不便，交通梗塞，与未筑公路之省份相若。其故何哉，盖因二省均在防区制治理之下，无事不成割据局面，公路行车自不能例外。此亦一公司，彼亦一公司，凡有一辆以上之汽车者，均得自由载客，行驶于公路之上。开行既无定时，售票亦无定处，运费可以任意低昂，客货稀少，则彼此攘夺，客货拥挤，则任其阻滞，只图一已之利益，不顾旅客之困难。养路无人负责，修筑虽多，实际能通行车辆者甚少。此种紊乱混杂情形，有路等于无路，有车等于无车，行旅感莫大痛苦，经济受莫大损失，外人见之，亦多讥评。整理办法拟定如下：

一、由二省公路局统一营业　凡公路干线及交通频繁之路，概由省公路局统一营业，通盘支配车辆，必使路路有车，车有定时。而其管理，则于原有省公路局内，设车务、机务二科，于沿路分设车

务段、车站、车场，以分掌行车、修理事项。其详细组织，应由各该省公路局参照湘浙赣三省成规，拟定章程，呈核省公路局。营业按下列原则办理：

（一）确定运费　客货运之价格，须参照各省成规，根据成本计算，确定适当数目，由公路局拟定客货运输规则，呈由该省政府转请本行营核定公布，不得任意变更。

（二）确定开到时间　每日车辆之开行到达，须确定时间，排列班次，严格执行。凡当班之车即无一客，亦须按时开行，不得专顾营业收入，致坠信用。

（三）负责运输行旅　凡超过规定斤数之行李，应开行行李专车，俾行李能随旅客同日到达目的地。

（四）设备食堂旅馆　中途餐宿，应设备食堂旅馆，以便旅客。

（五）实行新生活　各站之设备，人员之服装，举动，须适合新生活。

（六）采用新式簿记　一切账簿及金钱出纳，须采用新式簿记。

（七）实行科学管理　站务之处理，车辆之调度、修理，及工厂之管理，须根据科学方法，备具各种报告表格，以便稽核而杜流弊。

（八）采用专门人员　所有工程、车务、机务、会计，须一律采用专门而有经验之人，不得再蹈旧习，以滥竽充数。

二、禁止私人或商办公司在省公路局营业路线内营业　查川黔二省已成公路，多系就地征收捐税及变卖官公会庙祠所建筑，虽有路股之名，而与私人投资建筑之性质不同，此种路权自应属公家所有。至于路成后起而营业之公司或私人专享营业之利益，妨害交通之便利，政府为谋社会各种事业之发展，整理路政，对于此种私人营业或公司营业，当然应立予禁止。之后，关于路股问题，应由各该省政府彻查明白，依法处理。至车辆之处置，拟于下列三项办法中择一行之。

（一）所有车辆由原主自行设法处理，政府不予过问。

（二）由省公路局登记，择其可用者，按照新旧程度，估价收买。

（三）由政府于干线之外，指定一二路线，准其行驶，至原车破损不能行驶为止。

以上三项办法，究应采用何种方为妥善，拟请令饬川黔两省政府召集建设厅、公路局及有关系之各行政督察专员，开会讨论决定，呈请核定。

三、添购车辆　川黔二省公路局均感车辆缺乏，军政部购存之车辆，亦已分配罄尽，无可拨借。私车禁止之后，势必交通中断，拟由核准之善后公债拨给公路经费项下，拨款购买新车三百辆，以二百辆归川省使用，百辆暂借黔省，庶两省交通可资联贯畅通。至黔省应付之车价，或另筹专款归垫，或于营业项下分月摊还，由贵州省政府自行酌定，拟具详细办法呈候核定。

四、设立川黔二省公路监理处　川黔二省僻居偏隅防区，积习甫经转移之际，施行公路统一制度，恐多扞格，专赖二省政府自行推进，人才力量均有不足之虞，且二省公路正在孟晋，工程方面亦须严厉鉴察督促，方能按期成功。拟请由本行营组织一川黔二省公路监理处，对于二省之工程营业，加以指导监督协助，以期事必有功，而力不虚费。俟基础已固，即撤销之。

五、颁布管理汽车及司机章程　公路营业统一以后，对于驶行公路之自用车、军用车、公用车，均应加以管理，司机亦须严行取缔，苏浙皖赣已有成规可循，将来监理处成立后，即须拟订专章，呈请核定颁行。

六、设立汽车检查处　管理汽车及司机章程颁布后，由本行营设立检查处严厉执行，并派遣人员梭巡路线，以取缔不守规则之司机。

七、划分军运车辆　第三条之车辆，系专供营业之用，军事运输应由运输处另行计划，不得调用营业车辆，庶营业预算可有把握整理之秩序，不至再行混乱。

〔国民政府行政院档案〕

29. 行政院关于铁道部筹治西北道路办法致全国经济委员会公函

(1936年2月17日)

行政院公函　字第七一八号

案据铁道部二十五年二月八日工字第三七号呈称：案据绥新公路察勘队工程司龚继成、尤寅照等呈称：窃查本队于二十二年九月奉令组织，随于同年十月离开，经由归绥出发，横穿绥、宁两省，而入新疆。适值战云弥漫，历经危难，曲折履勘，费尽周张。二十三年十月，方克离迪东返，经由甘、陕两省，而至西安。二十四年二月，乃抵首都。计汽车公路察勘，共历行程一五，四四四公里，而计划修整之路线，经履勘者，共六，九九九公里，未得察勘者，计一，一〇〇公里。新疆富厚，甲于全国，天时地利可埒东南，金、银、铜、铁、煤、炭、石油，孕育瑰玮，亘古未泄。交通落伍，乃致货弃于地，民智闭塞，于是工艺不兴，母国运货，既道远费重，外货充斥，乃民困财竭。际斯全国经济危急之秋，亟宜立启国家富强之局，而振兴实业，增加物产，必须开发交通，移民垦殖。于是采凿金、油等矿，稳定币制，减少入超，然后灌输文化，提倡工业，改良农林，发展渔牧，因而固我国基，保我边圉。绥新、甘新及新省境内公路修理，估需二，六五三，九四〇元，甘、新及新省境内铁路建筑，估需二六九，一五〇，〇〇〇元。公路之修整，轻而易举，可救目前之需要。铁路之建筑，投资虽多，然运输力强，可垂永久。拟恳分别筹措进行，庶使国家之政治、经济、文化、国防，均受莫大之裨益，而得吸收欧亚运输，为国家另辟门户。谨缮具工作报告，暨路线图件三百五十张，表册五十八页，照片一百四十帧，呈情〔请〕鉴詧。等情。并附图件到部。复查该队跋涉长途，备尝险阻，终能大致完峻,所绘图件亦尚详备。据陈西北交通亟应开发,及宜筑铁路,以利运输,自属正当办法,惟建筑铁路经费;约需二万六千九百余万元之多。际兹路款支绌,断无力量筹此巨数,则惟有暂先整治公路,以济急需。盖绥、新、甘各处道路,原已略有雏形,如就原有路面,尽量采用,仅在不平或太陡之处,加以整理,并略置车站油库,先求畅通载重货车,日后再渐改进,则所需经费,估计只约二百六十五万余元,即可整治公路约达八千公里之多。而绥、宁、新、甘一带交通,即资便利,其为必须举办,自属无碍。不过本部经费支绌万分,欲令独力筹措,实难办到,不得已拟由本部任筹半数,其余一百三十余万元,恳请钧院转商全国经济委员会筹措,俾得合力举办,早观厥成。至于详细办法,可于经费有着之后,迳由会部洽商办理。除晒印报告及总平剖面图各一份,分送教育部、军事委员会、参谋本部外,所有拟陈筹治西北道路办法,是否可行,理合检同报告,及总平剖面图各二份,呈请鉴核,训示祗遵。等情。计附报告二本,总平剖面图各二纸到院。据此,除指令外,相应检同原附报告及总平剖面图各一份,函请贵会查核见复。此致

全国经济委员会

计检送原附报告一本,总平剖面图各一纸〔缺〕

中华民国二十五年二月十七日

院长　蒋中正

〔国民政府全国经济委员会档案〕

30. 公路交通谈话会关于公路工程、公路交通等会议记录

(1936年2月22日)

公路交通谈话会会议记录

地点　全国经济委员会

日期　二十五年二月二十二日上午九时

出席者　曾养甫　陈体诚　王景录　斯　立　张世纲　陈筆霖　宋希尚　艾怀瑜　杨公兆　徐庭瑶　沈　圻　姚世濂　夏宪讲　朱延平　李　青　吕季方　曹寿昌　钱诒士　吴琢之　董世谦　王弼卿　张登义　赵祖康　康时振　许行成　陆贯一　夏郑鹍

主席　曾养甫

纪录　康时振　夏郑鹍　许行成　陆贯一

决议事项

一、关于工程事项

（一）路线　以军事委员会所定重要路线为根据，定为各省应筑之路，限期完成（其他重要路线得随时加列）。兹将各路应筑工程及路段名称，列举于下：

甲、应铺筑路面之路线：

1. 重要线

京黔干线　　景德镇至张王庙段　三月底完成。

京建路　　洪蓝埠至望牛墩段　三月底完成。

溧武路　　天王寺至武进段　三月底完成。

苏锡路　　苏州至无锡

嘉湖路　　吴兴至平望段　三月底完成。

2. 次要路线

苏太路　　苏州至太仓

杭善路　　杭州至嘉善

乙、新筑路线之重要者

羊尖——福山　　五月底完成。

武进——青阳

句容——丹阳

大桥镇——东梁山　四月底完成。

和县——西梁山　　四月底完成。

采石——江边

和县——江边

六合——蒋坝

湖熟——溧水

蒋坝——明光

滁州——全椒——江浦(路线将成)

浦口——江浦——乌江(路线将成)

六合——滁州(苏段将成,皖段桥梁未成)

六合——划子口

六合——扬州——口岸——靖江

信阳——潢川——三河尖(路面)

三河尖——亳州——归德(路面)

信阳——南阳　四月底完成

南阳——内乡——西坪　四月底完成

开封——永城

洛——阳博爱

以上路线于可能范围内,应铺筑路面,所需经费由经委会公路处会同各省代表拟具概算,呈请核办。①

(二)桥梁　桥梁设计标准,由经委会公路处依照后列规定,颁发设计图表,附制标准车辆轮重轮距分配图,以为设计及检验之根据。

甲、载重②

1. 跨度在八公尺以内者,以能载重十公吨运货汽车为准。

2. 跨度在八公尺以上、十四公尺以下者,以能载重十二公吨货车为准。

3. 跨度在十四公尺以上者,以能载重十五公吨运货汽车为准。

乙、宽度

① 原注有:"已催公路处办"。

② 原注有:"公路处续订道路载重标准"。

1. 永久式桥及单孔桥，至少为六公尺。

2. 多孔桥宽度可酌减，但至少应宽四公尺。

（奉命检验各路桥梁，应请经委会将检验报告送军委会，分发各特种部队查考，未经检验各桥梁，应由各省市主管机关调查，汇送经委会转送分发。）

（三）路基　路基宽度在开山处不足双车道者，应有交车处，并于单车道处设石砌护栏，内边涂白色，且须装设标志，并储备灯号，以备不时之需。标志灯号由经委会公路处规定，在平地处应注意三点：（一）弯道处酌量加宽，（二）陡坡处酌量加宽，（三）养路时注意平整路肩及排水。

（四）渡船　除特别规定外，照下列办理①：

甲、长江渡船为各省所需要者，由各省妥为备办。

乙、在其他河流处，每一渡船至少以能载大汽车二辆为度。

丙、河流宽度在三百公尺以内者，应有渡船二只。

丁、河流宽度在三百公尺以上，每加二百公尺，加备渡船一只。

戊、河流宽度在五百公尺以上者，应用汽船拖带。

己、建筑渡船码头时，应注意随时搭设便桥或浮桥地点及方法，并应准备相当材料。

（五）养路工队②

甲、养路道房应在可能范围内沿路建造。

乙、养路工队之组织及管理，应使军事化。

丙、养路工队内应有各种工匠，如泥水匠、石匠、木匠、铁匠之类。

丁、养路员工及车务员工应归统一指挥。

---

① 原注有："通知各省会同军委会会办"。

② 原注有："可由经委会通知"。

戊、在各省接壤处得由经委会公路处派员督察养路事宜。

己、尽量采用保甲养路办法。

（六）电话　公路行车电话，应请各省市尽量装设，江苏境内各干线尤为重要，限三个月完成。①

（七）植树　应照五省市交通委员会规定办法，积极办理。

（八）以上各项，应由各省市分别负责迅予办理。其因赶工所必需补助经费，由军委会及经委会会同呈请筹拨。②

二、关于交通事项（全部请军委会主办）

（一）车辆编号及登记　普通汽车编号登记事宜，参照五省市交通委员会办法，推行办理。军用汽车编号事宜，应请军事主管机关早日办理。

（二）车辆改造及设备

甲、以后新装之大客车，车身应于车后开门及装设活动坐位，以备随时充作货车之用。

乙、应征大客车之车身，以临时改装货车为原则，各汽车营业机关，应于最短期内，依照所发图样，酌造货车车身，存储待用。

丙、车身颜色凡新装卡车，应全漆草黄色，各省市公有之旧卡车，应逐渐于三个月内完全改漆草黄色。

丁、每车应备备胎架子，货车应加备帆布、帐篷、旁栅栏、后栅门等。

戊、各省市应即充分准备可容三十加仑至五十加仑之油桶。

（三）车辆修理

甲、大修车厂拟设下列各处，所需机器由中央酌量补助。

1. 长江以北——信阳（总厂）、蚌埠、开封、汉口、西安。

2. 长江以南——南昌（总厂）、长沙、杭州、南京、建阳、歙县。

---

① 原注有："军委会、经委会会函江苏"。

② 原注有："俟预算送来时，按四六标准，会同军委会签请委座核办（俟曾次长签呈奉批后再办）。"

乙、小修车厂拟设下列区域：

1. 苏、浙、皖、闽、赣接壤地区，而公路辐辏地点，多设小修车厂。

2. 陇海线以南附近地点，由经委会会同各省负责人员商定。

3. 苏、浙、皖、闽省区内多设小厂，湘、鄂、赣及豫南省区内多设工程服务车。

丙、皖、鄂、豫等省现有修车厂之设备，应即充实。

(四) 车辆征调

甲、种类　先征用公有之大客车及卡车，惟同时须注意维持后方公共交通。

乙、组织

1. 每十五辆为一小队，三小队为一中队，外加工程车三辆(内一辆装置修理机械，一辆载修理人员及行李，另一辆装置材料)，每中队共计四十八辆。以三中队为一大队，共计每大队为一百四十四辆。

2. 以十五大队为度，共计二千一百六十辆。

3. 司机人数，照军部所拟战时征用汽车条件草案第五条，每辆需司机两人，共需四千三百二十人。

4. 每一小队须有管理员二人(检验及材料各一人)、机械工二人，每中队铜工二人、铁工二人、装配工二人(钳工、车床)、木工一人、电工一人。

5. 每中队应携带修理必须之机械装置于工程车中。

丙、数辆及检验　前后方第一步共计征集以三千辆为度(苏、浙、皖、赣、闽、湘、鄂、豫为限)。其检验原则如下：

1. 由征车机关负责检验。

2. 征用先后以使用年期为准，先征较新者。

3. 厂牌务求一致。

4. 各车应备具(一)各项随车工具，(二)完好车胎及备胎，

(三)前后灯光,(四)四轮刹车,(五)喇叭。

5. 征用时,后方车辆应节省使用。

丁、调度

1. 前方 征来后交与兵站或交通部队支配。

2. 后方 由交通行政机关担任调度工作,与兵站联络。

戊、补偿 凡被征用之车辆,补偿标准应按其被征用时之原价,减去征用完毕时价值之差数,予以补偿,并酌予奖励。

附各省车辆数量

浙 江 大客车550辆(可供军用者约半数)、运货车200辆

湖 北 大客车184辆 运货车92辆

安 徽 150辆

福 建 200辆

江 西 大客车300辆(可供军用者约1/3)

河 南 大客车60辆 小包车20辆

江 苏 大客车159辆 运货车14辆

南京市 大客车179辆 运货车359辆 小包车1478辆

上海市 (租界在外) 大客车100辆 运货车2000辆 小包车6000辆

三、关于管理事项

(一) 人材登记(由本处主办,通知交通司等)

甲、自动机工程及管理人员 此类人员负车辆之检验保养及汽车队管理调度之责。

1. 资格

子、专门以上学校修习自动机工程及交通管理学科毕业,而有两年以上之经验者。

丑、中央及各省市所办汽车技术人员训练学校毕业,而有三年以上之经验者。

寅、在自动机工程服务五年以上,而有修理及驾驶之技能者。

2. 待遇

卯、由公务人员调充者,为调用人员,所有薪津由原服务机关供给。

辰、由商业机关调充者,为借用人员,除原服务机关供给薪津半数外,余由军事机关照给半数。

巳、属于军事机关直接任用者,为任用人员,其薪津由任用机关量材支给。

3. 登记

午、由经委会拟具调查表分行各省市公路机关,转饬现在服务而合于(子)、(丑)二项资格之人员,嘱其自行填表,并附带介绍所知人员之合于上述(寅)类资格者,填明姓名及通信地址,以便迳行调查。

未、调查完毕后,由经委会邀集军事高级机关派员,就调查表共同审查,必要时,并施行实地调查及考询。

申、审查及格者,由经委会造具名册,送请军事高级机关查考,以便随时分别遴选试用或聘用,惟被用者应填具应征志愿书,附具照片、誓词。

附调查表要点〔略〕

乙、材料管理人员　此类人员负管理汽车配件材料之责,须有两年以上之经验,而谙习汽车各部之名称及效用者为合格。

其征用调度之法,应按每车二十辆,由原机关抽调一人,随车调动,仍分别照调用及借用待遇,其零星征调之车辆,则以军事机关雇用之管理人员充任斯职。

丙、机匠　机匠之登记,照五省市交通委员会管理汽车技师匠徒暂行章程及汽车匠徒考验规则推广施行,先行考验(一)机械工、(二)装配工(即修理工)、(三)铜工、(四)铁工、(五)电工等五类,其执照费在三个月内一律免收。

此类人员于需要时,即由各被征调机关就已有执照之人员,按每车二十辆派送五人，由军事机关给予薪津。

丁、司机　司机以得有五省市汽车驾驶人执照，而能驾驶运货汽车，及年在二十二岁以上，四十岁以下者为合格，其薪工由军事机关按日发给。

（二）训练及演习（分别由交通兵监及交委会办）

甲、高级人员　高级人员注重军事训练，由军事委员会就各级职务与军事有关动作，编成教本，分发各机关依照练习，俟一个月后，由交通兵监派员分赴各地，集中人员，施行训练，并举行演习。凡经训练合格者，由经委会给予相当名义（如技术员之类）。

乙、司机　司机注重技术方面之训练，力求各司机均能负修理责任。由五省市交通委员会多购旧机器，制成汽车解剖模型，分送各省市作流动训练，并由经委会、交委会及交通兵团，共同组织司机训练所，训练司机五百人，经费分担。

四、关于原料事项

（一）汽油、润油及柴油　先从军事交通及公路交通机关共同合作购储入手，自本年四月起实行。详细计划，指定曾养甫、王景录、陈体诚、杨公兆、陈筚霖、吴琢之、张纳川七人拟具进行。①

甲、购储数量

1. 汽油暂以五百万加仑为度。

2. 润油按汽油量三十分之一。

乙、储藏地点

1. 交通便利地点（由各省公路处拟定）。

2. 军事上需要地点。

丙、储藏方法。

1. 一地储藏五千桶（每桶四十二加仑）以上者，建筑地下油

---

① 原注有：“函陈筚霖先生请先研究”。

池。

2. 一地储藏数量在五千桶以下者，装三十至五十加仑铁桶。

丁、购买分配办法　实行时应由中央另行组织机关，统筹办理。

戊、经费　所需经费先由中央及地方共同筹垫，各该机关平时需用一个月油量之相等款项，作为资本。

（二）配件及车胎①

甲、各公路营业机关，应自行定购足敷半年应用之配件及车胎。

乙、各省市政府应于半个月内，将所辖车辆厂牌、年龄等项，及修车厂之设备能力，列表报告经委会，以凭统筹办理。

丙、请财政部撤销汽车转口税，藉以鼓励装配工业，而便配件之多量输入。

（三）木炭及酒精②

木炭酒精代替汽油事宜，拟请各研究机关对于载重清洁及坡度之影响作切实报告后，再行决定。

附研究机关名称

南京中央工业试验所、南京地质调查所、南京苏浙皖京沪五省市交通委员会煤汽车研究委员会、江西公路处、湖南公路局、广西公路局、浙江公路局、南京江南汽车公司。

五、关于执行事项

（一）所有议决各案呈奉核准后，分别交由各主管机关负责办理。

（二）为便利促进起见，拟请军事委员会公路组组长呈请加派后列人员为组员，每两星期会议一次。

---

① 原注有："由经委会、军委会会办"。

② 原注有："由本处办"。

组长　曾养甫

组员　徐庭瑶、陈体诚、王景录、李青、钱诒士、斯立、杨公兆、赵祖康(兼秘书)。

(三) 公路组之下，另设工程、交通两分组，拟请加派下列人员充任之：

甲、工程分组

李青、钱诒士、宋希尚、赵祖康、康时振、夏宪讲。

乙、交通分组

王景录、斯立、张世纲、吴琢之、许行成。

〔国民政府全国经济委员会档案〕

31. 全国经济委员会公路处关于四川省公路建设意见

(1936年2月24日)①

四川省公路建设意见

四川省为我国西部政治之中心，幅员广阔，蕴藏富饶，只以交通梗阻，一切建设事业不易发展，兴筑公路，实为四川经济建设之基础。

(一) 已成各路之概况

四川省已成各公路，大都未经精密之勘测，只就原有驿道加宽，路线类多不合工程标准，而桥涵工程，亦嫌简陋，于雨季通车及紧要之军事运输，在在均有重大之影响。且该省已成公路，多集中于中部较大城镇，与边境及邻省尚少联络。最近经行营之督饬，正在积极谋与邻省之联络，川陕、川黔两路，已先后完成通车，实已树初步建设之先声。据最近调查，四川省已成公路，共计三千四百六十九公里。

---

① 系发文时间。

附四川省已成公路概况表〔缺〕

（二）新路建筑计划

甲、路线之分期

川省新路建筑之计划，按需要之缓急，拟分三期进行如后（附四川省公路路线计划图及表〔缺〕）：

第一期

完成川省境内之川湘、川鄂两路，及整理川黔路之重庆松坎段，庶川、陕、鄂、湘、黔间之交通，赖以畅达，工程费约需七百三十八万五千元。

第二期

建筑川滇、川康、川甘三路，又联络南广路之阆中广元段，以完成贯通各邻省之全部计划，工程费约需六百四十一万六千元。

第三期

展筑渠南、南西、内乐三线，以联干线之相互交通，又成松线为启发边境文化之目的。以上各线工程费，约需六百五十四万四千元。

以上三期路线，共计二千七百十公里，所需工程费共计二千零三十四万五千元。

乙、工程之进行

关于新路之建筑事宜，拟由四川省建设厅负责办理，请委员长行营公路监理处，就近督造，并由全国经济委员会予以技术上之协助及指导。

丙、工程之标准

计划中所列各路，大都为重要之干支线，关系经济及政治之影响甚大，各项工程，不宜简陋，应依照经委会所规定之公路工程准则办理。

（三）旧路之改善及保养

川省公路之建设，应将旧路之改善及保养，与新路之建筑同时进行，旧路之改善，其目的可以增加行车之效力。至进行办法，须按各路良窳之程度，而决定其改善之方针，保养工程，则参酌实际情形，加强组织，以期已成公路得耐用经久。

〔国民政府全国经济委员会档案〕

32. 蒋介石关于召集有关公路机关讨论训练民众养路办法与曾养甫来往电呈

（1936年3—4月）

（1）蒋介石致曾养甫电（3月18日）

国民政府军事委员会快邮代电　执二字第948号

铁道部曾次长养甫密鉴：本会交通通信研究委员会第三次谈话会议案中，关于军事上使用频繁之公路，其培养保护不能专恃工程队，仍应组织民众并训练之，使能于紧急时期分担责任一案。经决议：交公路组曾次长召集全国经济委员会公路处及城塞组（工兵监），与公路有关之人员会拟详细实施办法。等语在案。除分行城塞组主任遵照外，特电查照召集会议具报为要。蒋中正。（巧）执二。印。

中华民国二十五年三月十八日发

（2）曾养甫复蒋介石签呈稿（4月1日）①

签呈

谨签呈者：案奉钧长巧执二代电，饬即召集全国经济委员会公路处及参谋本部城塞组与公路有关人员，会拟军用公路民众养路实施办法具报。等因。遵经于三月卅日召集公路处及城塞组暨公路有关人员开会讨论，详拟民众养路暂行办法草案一十六条。是否可行，理合抄同前项草案签请鉴核，如蒙核准，恳由钧会分行各省政府转饬各公路主管机关暨有关各县政府，限于文到一个半月内，分别将民众养路队组织成立具报，并将各公路民众养路队花名清册呈会备查，以利进行，而便考核。谨呈

① 该日期为缮写时间。

委员长蒋

附抄民众养路暂行办法草案

职曾养〇谨呈

民众养路暂行办法草案

一、凡公路未有养路组织或原有养路组织不敷分配，遇有后列情形之一者，得依本办法组织民众养路队，施以训练，分别于规定时期或临时分担养护工作。

甲、各公路因军事使用频繁养护需殷者；

乙、各重要公路临时受有重大损坏，修复需工甚巨者；

丙、各公路路线太长，平时不易培护周密者。

二、各公路民众养路队，由各省政府转饬公路主管机关暨有关各县政府，按路线所经各城区乡镇管辖区域，划分地段，责成区乡镇长，就沿线两侧各五公里以内居民，抽选壮丁组织之。如因人口稀少，五公里以内不能抽选足额时，得酌展范围距离。凡路线两侧范围有属于两线或两区以上辖境者，则由各县区会同组织之。

三、民众养路队之支配，视各段路线之长短、工程之繁简而定，平均每公里至少须有养路工二人，遇有工程繁重之处或其他特殊情形，得于平时或临时酌增人数。

四、民众养路队以三十人为一班，每班设正副班长各一人，每班养护路段以长十公里至十五公里为限。合三班为一分队，设分队长一人。每区乡按所辖路段之长短，照前条规定，设立若干班，编成若干分队，合全区所有之分队为一总队，以区乡长为总队长，必要时得增设总队副一人至二人。

五、各县各公路民众养护队，由各区总队长秉承县长，分任督率指挥各管路段内一切培养保护等事宜。实地施工时，由分队长承总队长之命，随时集齐各班工人，于指定地段内办理之。

六、民众养路队之训练事宜，由各省公路主管机关暨县政府指派工程人员，会同原有养路工务人员，分别于农暇时或于规定修养期间，随时实地举行。

七、民众养路队对于所管地段内各项公路工程之养护情形，除由各县政府责成总队长随时视察报告以资考核外，各省公路主管机关应随时遴员赴路抽查，以严督责。

八、凡各公路特殊工程遇有损坏，非民众养路队所能修复者，仍由各该管县政府或该路主管机关负责派工修理之。

九、关于修养工程材料可就地采取者，应由民众养路队分段平日逐渐储备，所需特种工程材料，则由县政府或公路主管机关购发，交由总队长具领保管支配应用。

十、修养公路工程所用工具，可以农具代之者，概由养路队自备，所需特种工具，得由县政府或公路主管机关发给，交由总队长具领转发应用，工人如有故意损坏公用器具者，应由总队长负责追究赔偿。

十一、民众养路队每一分队内，须有泥水匠、木匠、石匠、铁匠各一二人，遇有简易桥涵路面等工程有损坏时，俾可随时修复。

十二、民众养路队所有队长、班长、路工，均为义务服役，惟如系第一条所列乙、丙两种公路，平日由公家营业行车者，于临时征集民众养路队协助培修时，得由该营业机关视当地民众生活情形，酌贴伙食费，或于平日酌贴工资交由民众养路队按时包修。

十三、民众养路队在到路工作期间，得由县政府或公路主管机关，于附近工作路段指定祠堂寺院或代借民房，或发给帐棚，支配住宿，惟卧具及膳食均归自理。

十四、凡民众经编入养路队，在执行职务期间，得免除其他工役。

十五、各县办理民众养路队成绩优异者，得由各省公路主管机关呈请省政府，给予奖励。其办法另定之。

十六、本办法由军事委员会核准施行。

〔国民政府全国经济委员会档案〕

33. 军事委员会为讨论川、滇、黔、湘、陕五省公路联运办法致全国经济委员会密函

(1936年10月17日)

国民政府军事委员会密函　执二字第三六〇四号

案奉委员长蒋真戌机杭电开：川、滇、黔、湘、陕五省公路，对于各省城重镇间联络之运输，应由中央统制联运，但对于其各省内公路之营业，仍由各该省自办。不在统制之内，例如西安到成都、成都到贵阳、贵阳到昆明与到长沙等各该省城与省城间之客运与货运(每星期一次或数次)，皆归中央统制。照此原则，由军会约同军部与交、铁两部派员切实研究具体办法后，再告各该省派员来中央商决。其经费自应由中央筹付，不过各省府应协助，并担任若干股款，但不拘多少，惟使其共同负责而已。闻各省公路会议正在京开会，如其人员尚未回去，即可乘机召集切商也。等因。奉此。遵即定于本月二十一日(星期三)下午三时，假交通部二楼会议室，召集全国经济委员会、军政部、交通部、铁道部负责人员先行会商，本会派周组长斌参加，并指定交通部俞代部长主席。相应密函奉达，即祈查派派员届时与议为荷。此致全国经济委员会

廿五. 十. 十七.

〔国民政府全国经济委员会档案〕

34. 军委会与交通等部代表筹划陕、川、黔、滇、湘五省公路联运会议第一次纪录

(1936年10月21日)

筹划陕、川、黔、滇、湘五省公路联运会议第一次纪录

日期　二十五年十月二十一日(星期三)下午三时

地点　交通部二楼会议室

出席人员　周斌　钱诒士　范毓璜　端木杰（军事委员会代表）　陈体诚　赵祖康（全国经济委员会代表）　陈广忠　谭沛霖（铁道部代表）　李介民（军政部代表）　俞飞鹏（军事委员会及交通部代表）

主席　俞飞鹏　　纪录　端木杰

一、主要报告：奉军事委员会委员长蒋自杭州来真成机杭电，饬由军会约同关系各机关，筹划陕、川、黔、滇、湘五省省城重镇间公路联运事项，并推由端木杰代表宣读原电文。当经提出要点三项，请先讨论。

甲、原电所定中央统制联运之机关，应由现在何机关担任；

乙、原电所定其经费应由中央筹付，应由现在何机关担负；

丙、原电所定各省城重镇间联络之运输，应由中央统制联运，但对于各省内公路之营业，仍由各该省自办，不在统制之内。根据此项原则，中央联运机关与各省原有公路汽车机关应如何协调。

二、陈代表体诚报告各省公路建筑之经过与现况。

三、赵代表祖康提出五省公路联运办法刍议。

四、根据上列各报告，讨论结果决议如次：

1. 以重庆为中心，分为长江南北两部，但联运办法五省一致。

2. 西安、宝鸡与成都间既已由全国经济委员会西北国营公路局与四川省公路局办理联运，其成渝一段应即延伸加入，此项由全经会负责洽办。

3. 长沙经贵阳至昆明之线，为内地交通最重要之公路，但其沿线尚未开发，较为贫瘠，纵局部有商营或公营汽车，其规模均小，故亟应由中央设法统制管理。兹拟将长江以南川、滇、黔、湘四省重镇，如贵阳至重庆、贵阳至昆明、贵阳至长沙各线，统行收归一个机关管理。此统制机关拟由铁道部、全经会为主体，并征求该四省政府加入股款，合组理事会，为联运主持机关，其下设公路局为执行机关。究应如何进行，公推铁道部会同全经会协议办法，于一星期内提出决定，再行召集各省会议办理。

4．将来长江南北之联运站，即设于重庆，由未来之理事会与江北联运机关洽办。

五、散会　下午四时四十五分。

〔国民政府全国经济委员会档案〕

35．全国经济委员会等关于办理川滇黔湘陕五省公路联运经费与军事委员会来往公函

（1936年11月—1937年2月）

（1）全国经济委员会等致军事委员会公函（1936年11月28日）

全国经济委员会　　　　　路字三二八三三
铁　道　部　会公函　第　一三七　　　号
交　通　部　　　　　　　三三九七

查陕川黔滇湘五省公路业已大部完成，其自西京经宝鸡至成都及自成都至重庆二段，已由西北国营公路管理局暨四川省公路局经营。其自重庆至贵阳、自贵阳至昆明及自贵阳至长沙三段，局部行车不多，交通尚未发达。前奉委座真戌机杭电饬，对于各该省省城重镇间联络之运输，应由中央统制，并切实研究具体办法。等因。当经会同研究，并拟具陕川黔滇湘五省公路联运办法，对于路线、车站、车辆、行车设备、联运组织以及管理养路与经费各项，均分别拟订。其中经费一项，估计所需设备、开办及周转各费，共约一百二十万元，拟由全国经济委员会认缴股本二十万，铁道部认缴股本三十万，交通部认缴股本二十万元，并请相关各省政府分别认缴股本若干万元，更招募商股若干万元，采用商业方式组织公司，以资办理，而便统制。相应捡同所拟五省公路联运办法，会同函请查核见复为荷。此致

国民政府军事委员会

附送陕川黔滇湘五省公路联运办法一份

廿五、十一、二十八.

陕川黔滇湘五省公路联运办法

陕、川、黔、滇、湘五省联络公路，共长三千七百余公里。其在长江以北者，自西安经宝鸡至成都一段，长一〇三五公里，已由全国经济委员会西北国营公路管理局与四川省公路局办理联运；自成都至重庆一段，长四五〇公里，现由川路局行车营业，应即加入川陕联运。其在长江以南者，自重庆至贵阳、自贵阳至昆明及自贵阳至长沙三段，共长二二三二公里，大部分由中央协款兴筑，局部行车不多，交通尚未发达，似应由中央组织公司统制管理行车业务。至川、黔、滇、湘其他各支线，仍由各省自办，并与联运路密切联络。兹将各项统制管理办法分述于后。

一、路线之选定

川、湘、黔、滇四省已成联络公路之在江南者，暂可分为三段，一曰川黔段，自重庆经綦江、东溪、松坎、桐梓、遵义、息烽至贵阳，长凡五三一公里；二曰湘黔段，由长沙经益阳、德山、沅陵、芷江、玉屏、贵定至贵阳，长凡一〇四一公里；三曰黔滇段，自贵阳经安顺、平彝、曲靖至昆明，长凡六六〇公里，三段合计共长二二三二公里。此外，自沅陵经酉阳至綦江之川湘段，待路工完竣后，再行加入联运范围。至联运公路沿线坡度及弯度等，其未合规定标准者，应由各该省政府设法改善。关于尚未兴筑完成各路段及已成而损坏之处，亦应分别由各该省政府负责，即予修整。

二、车站车辆及日程之规定

(1) 车站　各路段重要之车站拟定如下：

甲、川黔段

重庆——海棠溪——一品场——杜市——綦江——东溪——松坎——新站——桐梓——板桥——泗珠站——大桥——遵义——懒板凳——堰丝螺——刀杷水——养龙樯——养龙站——黑

神庙——息烽——狗场——札佐——沙子哨——贵阳，共二十四站。

乙、湘黔段

长沙——白箬铺——宁乡——沧水铺——益阳——太子庙——德山——桃源——桃花源——郑家驿——茶庵铺——官庄站——马底驿——沅陵——辰溪——怀化——榆树湾——芷江——晃县——鲇鱼堡——玉屏——杨平场——五星牌——三穗——响水——镇远——刘家庄——施秉——滥桥——黄平——重安——炉山——鸡场——马场坪——黄丝——贵定——甕城桥——龙里——谷脚——贵阳，共四十站。

丙、黔滇段

贵阳——狗场——清镇——西城桥——平坝——石板房——安顺——么铺——镇宁——断桥——关岭场——永宁——安南——沙子岭——普安——盘县——平彝——霑益——曲靖——马龙——新街——杨林——昆明，共二十三站。

（2）行车日程

路段	日程	起程站	宿站	里程(公里)
川黔段	1	重庆	东溪	一三四．〇〇
	2	东溪	遵义	二一二．〇〇
段	3	遵义	贵阳	一八五．〇〇
湘黔段	1	长沙	沅陵	三八二．〇〇
	2	沅陵	晃县	二三八．〇〇
	3	晃县	黄平	二二〇．〇〇
	4	黄平	贵阳	一九九．〇〇

（续表）

路段	日程	起程站	宿站	里程(公里)
黔滇段	1	贵阳	安南	二五二.〇〇
	2	安南	平彝	二〇八.〇〇
	3	平彝	昆明	一九九.〇〇

(3) 车辆支配　联运车辆拟一律采用柴油车，预计川、湘、黔、滇三路段行车日程，共需十天，应需车辆支配如下：

路段	分段	名称	各站对开客车班数	辆数	各站对开邮货车班数	辆数	各站对开行李车班数	辆数	车辆合计
川黔段	重庆	东溪段	2	4	1	2	1	2	8
	东溪	遵义段	2	4	1	2	1	2	8
	遵义	贵阳段	2	4	1	2	1	2	8
湘黔段	长沙	沅陵段	4	8	2	4	2	4	16
	沅陵	晃县段	1	2	1	2	1	2	6
	晃县	黄平段	1	2	1	2	1	2	6
	黄平	贵阳段	1	2	1	2	1	2	6
黔滇段	贵阳	安南段	1	2	1	2			4
	安南	平彝段	1	2	1	2			4
	平彝	昆明段	1	2	1	2			4
	合计			32		22		16	70
	外停修及预备车			8		6		4	18
	养路工程车					8			8
	总计			40	56				96

三、各路段营业权之转让

各路段沿线已有公营或商营长途汽车者，一俟中央组织联运公司成立，其营业权须即行转让，如需专营费，得参照地方政府以前担任修筑路工之经费所占中央协款之成数，由联运公司视营业收入，酌认若干，其已有行车设备之费用，并得由联运公司估值，按期归还。其详细办法，应俟该公司成立，实地查察情形，与地方政府协定之。

四、行车设备之充实

(1) 车站及宿站　沿线各车站，均应建筑正式站屋及货栈，凡车辆停驻各站应备旅社食堂，每一日程之中途适宜处，应设中餐食堂。

(2) 加油站及储油站沿线应遍设加油站，各加油站之距离，以五百五十公里为度。兹拟定加油地点为：1. 桐梓；2. 芷江；3. 安南；4. 平彝。重庆两岸适宜处或海棠溪附近，应设容量六万加仑之储油站，贵阳应设容量二万加仑之储油站，昆明应设一万加仑之储油站，长沙应设容量一万六千加仑之储油站，桃源应设容量六万加仑之储油站。以上各储油站之总储油量，共十六万六千加仑，足供所有营业车辆三个月之用。

(3) 修车厂及车库　在贵阳应设大修车厂一处，重庆、沅陵、昆明应设小修车厂各一处。大修车厂之能力，以能同时修理二十辆汽车为标准；小修车厂之能力，以能同时修理五辆汽车为标准。关于配件之制造或修理，均应有相当之设备。

凡沿途起站及宿站之地点，如未设修车厂者，应设立车库，以便车辆停驻及修理之用。

(4) 渡船　查川、湘、黔、滇四省联运所经各路，尚有大河流十余处，目前尚未建筑桥梁，所有渡船设备，每颇简单，其中重庆之长江河面，尤为宽广，拟分别设置正式轮渡或加建桥梁，改设轮渡，与充实渡船设备。

(5) 电信　联络公路共长二千余公里，内未设行车专用电话者，约一千五百公里左右，拟择主要车站酌设无线电台。

(6) 交通标号志　为保护行车安全及划一管理起见，联运公路沿线，应由联运依照全国公路交通委员会之规定，竖立禁令、警告、指示路线、里程、桥梁、涵洞等交通标号志。

五、路线之保养

川、湘、黔、滇四省之联运公路，由联运公司负责保养，其保养方法，可采用保甲养路制度，另备飞班养路队，各该省政府应尽量协助办理。所有各保甲养路，得由联运公司酌给津贴。

六、联运之组织

川、湘、黔、滇四省干路运输事宜，由中央组织公司统一办理之。上设一理事会，决定联运路线之运价、营业计划、各项法规，并稽核全部会计帐目等。理事会之人数，按照各机关认股数分配之。联运公司须完全商业化，采用成本会计。

七、人才之训练

四省联运之范围甚广，其组织务须健全，为增进办事效率起见，所有公司办事人员，均应一律予以严格训练。该项人员拟就各路段原有人员，及另招具有相当学识与能力者，集合训练之。

八、经费之筹措

联运事业所需设备、开办及周转各费，约估为一百二十万元，除中央与地方政府认股外，并得招收商股。兹将各项经费估计，其概算如下：

(一) 购置柴油汽车九十六辆(每辆九千元拟先现付半数，余由营业收入项下分期拨付)：约计四三二，〇〇〇元。

(二) 宿站七处(每处四千元)：约计二八，〇〇〇元。

(三) 中途餐室十处(每处六百元)：约计六，〇〇〇元。

(四) 车站建筑费(约六十处，平均每处一千五百元)：约计九九，〇〇〇元。

（五）加油站四处(每处一千二百元)：约计四，八〇〇元。

（六）储油站五处(总容量十六万六千加仑，每加仑建筑费约三角)：约计四九，八〇〇元。

（七）修车厂(大修车厂一处四〇，〇〇〇元，小修车厂三处，每处二〇，〇〇〇元)：约计一〇〇，〇〇〇元。

（八）车库七处(每处一万元)：约计七〇，〇〇〇元。

（九）渡船设备及加建桥梁预备费：约计二〇〇，〇〇〇元。

（十）交通标志及里程碑等：约计五〇，〇〇〇元。

（十一）无线电台二十处(每处二千元)：约计四〇，〇〇〇元。

（十二）开办费及筹备费：约计八〇，四〇〇元。

（十三）周转金：约计四〇，〇〇〇元。

以上各项共计一百二十万元正。

（2）军事委员会复全国经济委员会公函（1937年2月19日）

国民政府军事委员会公函　高一字第九二九六号

案准贵会会衔函，以五省公路联运办法业经拟就，至所需百二十万元经费，由贵会分任七十万元，余由各省府并招商股集成，嘱核复等由。查所拟办法备极周详，至表赞同。至经费分摊一节，除军政部方面尚可摊筹十万元外，关于各省政府分摊及招商股办法，仍希贵会商洽核办见复为荷。此致

全国经济委员会

廿六、二、十九.

〔国民政府全国经济委员会档案〕

36．全国经济委员会编：十年来公路建设

（1936年　月　日）

公路建设

一、引言

吾国今日救亡图存之大计，莫急于经济建设，而经济建设首重

开发交通。然全国区域之大，以国家目前经济状况而论，欲求以较省之费，迅速之时日，于短时期中能使举国陆上交通渐臻便利者，则莫若公路。故修筑公路实为经济建设中急切之要政也。

民国十六年以前，国内公路建设零星简陋，既无统一之规制与健全之工程，又复旋举旋废，殆无成效可言。十六年至二十年，国民政府定都南京之后，交通、铁道两部先后规划国道干支各线系统工程标准及运输计划大纲等，由是公路建设始肇其端。

二十年十一月，全国经济委员会筹备处成立。翌年五月，受政府之命，开始督造各省联络公路，由苏、浙、皖三省扩充而至苏、浙、皖、赣、鄂、湘、豫七省。二十二年十月，该会正式成立后，对于各省联络公路重经通盘筹划，拨借基金，继续兴筑。而陕、甘、闽、青各省及赣粤闽边各重要路线，亦陆续列入督造范围。继复直接修筑西兰、西汉两路，迄二十五年六月底止，均已逐渐完成。于是吾国中都暨东南西北诸省，凡铁路航路经行不及之重要地点，交通脉络，日以贯通，运输事业，日以发展。虽未能骤达十万英里国道之目的，而公路建设成绩之猛晋，则今昔悬殊，奚啻霄壤。

至若公路建设所包至广，约要言之，则有工程之实施及指导，交通运输之提倡及促进，车辆燃料之研究及管制，三者相辅而行，不容偏废。该会数年来，就此政策，积极设施，亦不无足述之点。兹撮要编列于后，以为过去之检查，并期未来之策进焉。

二、民国十六年以前之中央公路建设

我国公路之兴筑，在民国初年大都省自为政，或由少数商人集资筑路，行驶长途汽车，工程殊属简陋。盖其时国内祸乱频仍，中央政府对于公路建设亦无暇兼顾。自民国初年至十六年国民政府奠都南京之日止，前北京政府关于公路方面之设施，可得而述者，约有下列三点：(甲)公路运输事业之经营，(乙)烟潍公路之修筑，(丙)公路法规之颁布。兹分述于后。

甲、公路运输事业之经营

民国六年，我国参加欧战，由参战处提议发展中俄交通，以利军运，并筹划于张家口至库伦间行驶汽车。是时，张库间已有美商元和洋行及华商大成公司等车行营业，惟均系试办性质，成效甚鲜。七年四月，交通部计划兴筑西北各路，乃决定以张家口至库伦一段为开办之线，库伦至恰克图一段为试行之线。此外，由库伦经乌里雅苏台至科布多，由乌得经哈密至迪化，由丰镇经归化、包头、宁夏至皋兰等，均为拟议之线。先由张库线入手，设筹办西北行驶汽车事宜处于京绥铁路路局内，即由处派员沿途查勘，结果以全线虽长一九三〇华里，但并无巨大工程，行驶长途汽车尚属可能，乃于六月派车六辆试行该线，除二辆在途中损坏外，余四辆安抵库伦。经此次试验后，即计划正式通车营业，于十月十一日开始营业，客运收入尚旺。迨九年十一月，俄赤党侵占库伦，遂告停驶。后又试办张家口多伦短途汽车，亦以营业不振，且车辆亦多为军事机关征用，至十一年七月一日奉交通部令结束，计开办至结束，历时凡四年又三个月。

乙、烟潍公路之修筑

民国九年，华北五省旱灾，交通部提议修筑烟潍、沧石二铁路，路基以工代赈，一面提议创办路电邮附加赈款，以为筑路工款。经国务会议核准，即于十月设烟潍路工处，招集灾民，于十一月一日开工。翌年十月，附加赈款全部停收，交部乃改筑汽车路路基工程，至十年八月大致完成，桥涵工程则至十一年冬修竣。初拟招商承办营运事业，后改由部直接办理，改工程处为汽车处，于十一年八月试行通车，每日按旅客之多寡，随时开行。至同年十二月一日全路租与商人接办，原有车辆机器设备等，统由公司备价收买，交部遂不过问矣。

丙、公路法规之颁布

在北京政府时代，公路运输之管理，归交通部主管，公路之修治，由内务部主管。交通部曾于民国七年七月二十九日，以部令公布长途汽车公司条例及长途汽车公司营业规则，八月九日，又公布发给执照规则。内务部于八年十一月公布修治道路章程，九年十月公布修治道路收用土地暂行章程。是为我国中央政府颁行公路法规之始。

三、民国十六年至二十年之中央公路建设

民国十六年国民政府建都南京后，大局渐告统一，建国程序亦由军政而进至训政时期，中央拟以全力发展国民经济，以奠国家久远之基，遂有各项经济建设计划之制定与实施。其中关于公路部分，至民国二十年止，当以（甲）国道路线之规划，及（乙）公路工程标准及运输法规之制订，较为重要。兹分述于后。

甲、国道路线之规划

1. 交通部之国道计划

十六年七月四日，国府成立后设立交通部，主管全国之运输交通及通讯交通事宜。该部于十七年草拟交通事业革新方案，其中关于公路者如下：

道路之分类：交通部将全国道路分为国道、省道、县道三类。其分类之标准如下：国道为（一）由此省会达于彼省会之道路，（二）直达商港，贯通全国之干路，（三）宽度在十公尺以上之道路。省道为（一）由省会达于各县治之道路，（二）由此县达于彼县之道路，（三）联络本省区内工商要地，以及衔接国道之道路，（四）宽度在八公尺以上之道路。县道为（一）由县治达于重要村镇之道路，（二）各乡镇相衔接之道路，（三）由县治达于铁道国道省道以及其他邻近工厂矿区之道路，（四）宽度在五公尺以上之道路。

道路行政之统属：国道由国民政府核定筹办；省道由各省拟定办法，呈奉国民政府核准，再由各省建设厅筹办；县道由各县拟具办法，呈奉省政府核准，再由各县建设局修治之。

国道路线之规划：交通部所定之全国国道线网，系以兰州为中心，分干线支线二类。干线又分经线、纬线，经线行经中心，直达

边陲，纬线环绕中心，贯结都邑。支线则补干线之不足。经线凡四，纬线凡三，总长共四万一千五百五十公里。

兴筑程序及建筑经费：全国国道拟于十年内完成，分三期兴筑，第一、第二两期各三年，第三期四年，干支各线之建筑费，以每公里三千元为标准，总计约需一万三千八百七十五万元。此款拟分期于国库内支拨，或发行国道公债筹集之。

2．铁道部之国道计划

民国十七年十月二十日，国民政府公布行政院组织法，添设铁道部，于是交通部将路政事项移归铁道部主管。是年十二月，国民政府主席蒋公致函行政院，略谓：总理建国大纲以修筑道路为建设四大急要之一，东南地广物博，发展交通，尤属不容或缓。兹拟于各要点先建筑国道。一为南京至杭州线，一为南京至芜湖线，一为杭州经衢州、上饶而达南昌线，一为衢州经延平至福州线，一为浦口经合肥至安庆线，一为杭州经徽州至安庆线，一为徐州至蒙城线，务于最短期间完成。等语。当经行政院训令铁道部，会同有关系之各省计划办理。该部乃于第六次部务会议通过国道设计委员会组织规程，于十八年一月八日公布之。旋即设立委员会，由部派委员三人，各省建设厅荐请铁道部委派每省一人组织之。嗣经苏、浙、皖、湘、鄂、闽、陕、冀、鲁、豫、宁夏各省荐派人员到京，遂于二月二十日在铁道部开成立大会，议定分组研究，并定于三个月内将各项计划办理完竣。嗣经叠次会议议决，全国国道路线及其分期兴筑计划、国道暂行条例及其施行细则、国道工程标准细则、建筑国道征用民工通则、国道建筑费预算标准、国道运输及筹款之计划大纲、及土地收用法之拟请修改等项，呈请行政院核夺施行。旋奉行政院令饬，将国道路线网、国道工程标准规则、分期兴筑计划及运输计划大纲，先予负责执行，余俟立法院审查后再办。铁部遂于十月二十二日以部令同时公布之。

国道路线之规划　国道设计委员会审酌全国交通之需要，规定全国国道主要干路十二线：（一）京桂线，（二）京滇康线，（三）京藏线，（四）闽新线，（五）京蒙线，（六）京黑线，（七）张远线，（八）甘藏新线，（九）绥新线，（十）黑蒙新线，（十一）迪疏线，（十二）陕桂线。其中本部线约长四〇二三七华里，边防线约长二七三一六华里，共长六七五五三华里。

分期兴筑计划　国道设计委员会除规定国道路线已如上述外，并将所定各线权其缓急轻重，分四期兴筑完成，以十年内完成本部线，二十年内完成边防线为目的。

筹款计划　铁道部国道设计委员会曾拟订建筑国道筹款计划大纲，经立法院审查后，于十八年八月以部令公布。其筹款办法分为税款之指拨及公债或证券之发行二种。关于税款之指拨，规定如下：（一）国道本部线之建筑经费，以田赋附加之全部或一部为主，不足时以关税、盐税附加或拨其他款项补助之。（二）国道边防线之建筑费，以关税盐税附加或拨款为主，前项附加税款至全部国道路线完成时停止。关于公债或证券之发行，概由铁道部主办之，以本路之净收入为担保品，并酌设保息基金，设公债保息基金委员会保管之。同时，铁道部负责于民国三十八年无条件的付息还本。此外，各省建筑国道时，并得斟酌地方情形，附加或指拨他项地方税款，以充筑路经费。所有国道建筑经费，设保管委员保管之，绝对不得挪用。

乙、公路工程标准及运输法规之制订

自民国十六年至二十年止，中央所颁布之公路法规及标准，兹列表于后。

如按性质分类，则属于公路之基本法者一，属于财政者二，属于工程者三，属于运输者四。于是关于公路行政系统之隶属，工程之实施，运输之经营与管理，皆有所遵循，较之十六年以前，我国公路建设已有显著之进步矣。

四、民国二十一年以后之中央公路建设

公布日期	名称	公布机关
十八年八月	建筑国道筹款计划大纲	铁道部
十八年八月	建筑国道征用民工通则	铁道部
十八年十月二十二日	国道路线网	铁道部
十八年十月二十二日	国道工程标准及规则	铁道部
十八年十月二十二日	国道运输计划大纲	铁道部
十九年六月十九日	长途汽车公司条例	行政院
十九年九月五日	长途汽车公司营业规则	铁道部
十九年九月五日	长途汽车公司发给执照规则	铁道部
二十二年六月六日	国道条例	国民政府

甲、各省联络公路之督造

1. 苏浙皖三省联络公路

查我国国道计划，在民国二十一年以前，虽经交通部及铁道部叠次制定，卒以政局多故，筹款无着，未能切实施行。二十年六月，国民政府颁布全国经济委员会组织条例，复于是年十一月十一日先行成立筹备处，从事于该会一应事业之筹备及举办。其中公路建设一项，亦为该会重要事业之一，经积极规划进行，不遗余力，于是中央公路建设始开一新纪元。

二十一年五月，该会筹备处奉命督命督造苏、浙、皖三省联络公路，鉴于各省财力未裕，筹措路款或虞不足，乃仿照各国中央贷款筑路办法，筹定基金，以便拨借各省，补助筑路之用。为求集思广益起见，并组织三省道路专门委员会，以司统筹规划之事。是年五月及八月，先后召集两次会议，关于路线之规划，工程标准之规定，工费之审核，及实施之指导，靡不策划周详。复于该会筹备处内特设道路股，办理会内关于公路督造事宜。其时国联工程专家敖京斯基、蒲得利两君奉派来华，驻会办事，对于筑路方面之设施，亦复多所擘划，用能于规定期内完成三省联络公路。兹将经过情形略述于后。

（子）路线规划

三省联络公路为京杭、沪杭、京芜、苏嘉、杭徽、宣长等六路。该会督造时，各路皆已有筑成部分，其状况如下：

京杭路　全路三百二十六公里，早已完成，惟中山门至麒麟门九公里碎石路面，及溧阳宜兴段三十六公里原筑弹石路面，须行翻修。

沪杭路　全路二百十六公里，其中上海至闵行及杭州至乍浦两段，均已竣工。惟闵行乍浦间约五十八公里，尚待兴工，杭州至海盐一段长十五公里路线，弯曲太甚，亟须改善。

京芜路　全路九十二公里，京市区段三公里已有路面，尚须翻修，苏境三十五公里已有路基，当涂至边界二十六公里须兴筑。

苏嘉路　全长六十七公里，苏境五十二公里，中已有路基者四十三公里，浙境须修筑者十五公里弱。

宣长路　全长一百二十四公里，皖境八十六公里，路基先已征工兴筑，惟未尽合法。浙境三十八公里已有路基及临时桥涵，亦须改善。

杭徽路　全路二百十五公里，浙境一百五十四公里，其中杭州至昌化昔已完成，仅余昌化至昱岭关四十三公里未成。皖境六十一公里，全未动工。

综计以上各路应行修筑之长度，共为五百零五公里，连同已成部分，共长一千零四十公里。

（丑）拨借筑路基金办法

该会先筹足一百万元为第一期筑路基金，凡三省筑造上述联络公路，除地价、迁移等费应归各省自理外，其土方、桥梁、涵洞、路面及特殊工程等工款，得按照规定手续，向该会请借。其数额概不得超过各项工程总价百分之三十三，其余各款仍由各省自筹。此项借款，经双方签订契约后，自准备兴工之日起，按照工程进行程度，分期拨付，至全部工程完竣为止。其借款之归还，亦分期行之。

（寅）各路完工情形

自二十一年五月后，三省联络公路相继兴工，各省当局以事关重要，靡不积极进行。该会职司督造，亦复尽量协助。京杭、京芜、苏嘉、宣长四路及沪杭路之乍金、金南两段工程，均于二十二年六月以前先后完成通车。沪杭路杭州海盐段改线工程及杭徽路昌化昱岭关段工程，亦均于是年七月相继完成。惟杭徽路昱岭关至歙县一段，因工程艰巨，至十一月底始完成通车。三省联络公路之计划，至是乃全部告成。计自始迄成，历时一年有半，六路工程费预算，共计三百二十一万余元。该会拨借三省基金，共为九十八万三千余元，修成之路计程五百零五公里，因是而得联络互通汽车之重要公路，不下二千余公里。所有六路完工日期及工费数额，详见后表（表一）〔表缺〕。

（卯）全国经济委员会直接办理之工程

三省联络公路中之闵行轮渡工程，应事实上之需要，由该会直接办理。该轮渡在沪杭公路闵行镇，须跨渡黄浦江，因江面甚宽，建筑桥梁费用过巨，乃由三省道路专门委员会议决，建造轮渡，以资节省。为迅求完成起见，由该会直接办理。是项工程分为两部，其两岸码头、浮桥、浮码头及铺筑路面工程，由该会委托上海市工务局设计，而轮渡工程则委托上海市公用局设计。经核定后，即分别招商承建，所需经费，概由该会拨发。监造事项，则由该会与二局会同办理，于二十一年十月完成通车，渡轮定名为“经航”，可载汽车两辆，旅客五、六十人。自开始通车以来，行旅称便。嗣因该路车辆繁多，所造渡轮不敷应用，乃更由该会拨款添造能载汽车十辆之轮渡一艘，命名“济航”，于二十二年十月四日正式开航。

（辰）各路运输情形

自三省联络公路完成以后，各省对于行车事宜，有由各省公路机关直接办理者，亦有招商承办者，办法虽各不同，然一切交通管理及设备事项，均经该会及苏、浙、皖、京、沪五省市合组之交通委员会详为规定，一律依照实行，以故行旅商运，均极便利，各路交通因而日益发达。其运输状况详见下表(表二)〔缺〕。

2. 苏、浙、皖、赣、鄂、湘、豫七省及其他各省联络公路

二十一年十一月，蒋委员长为发展中部各省公路交通起见，乃召集苏、浙、皖、赣、鄂、湘、豫七省公路会议于汉口，与会者除全国经济委员会外，有七省建设厅代表，豫鄂皖三省剿匪总司令部暨参谋本部人员。当经议定七省联络公路干支各线，并规定公路工程标准、公路工程概算标准(表三)〔缺〕、公路工程预算最高标准单价(表四)〔缺〕及督造办法，以利进行。所有各路工程督造事宜，仍由全国经济委员会负责办理。该会以督造范围扩大，事务增繁，乃于十二月间将原有道路股改为公路处，并将苏浙皖三省道路专门委员会扩充改组为七省公路专门委员会，于二十二年二月在该会举行会议，议决审核公路工程预算办法等要案十余则。并规定各省应筑之联络公路，计干线十一，长约一万二千余公里，支线六十三，长约一万余公里。所有干支各线，拟按事势需要之先后，分为五期兴筑，预定三年内全部完成。所需工款，按照汉口七省公路会议议决标准预算，约计一万一千五百万元，应由中央拨借之款约三千九百余万元。

自二十二年十月全国经济委员会正式成立以后，对于各省联络公路路线，复经通盘筹划，决定自二十三年份起，除继续督造苏、浙、皖、赣、鄂、湘、豫七省联络公路外，陆续将陕、甘、闽、青等省及赣粤闽边各重要公路，一并督修，酌量拨借基金，俾有关军事政治经济国防各紧要路线，均得于最短期内兴筑完成。并因督造范围益形扩大，爰经根据该会公路委员会组织条例，将七省公路专门委员会改组为公路委员会，延聘苏、浙、皖、赣、鄂、湘、豫、闽、陕、甘等

省建设厅长，及其他有关公路建设及军事机关之代表，暨路政专家为委员，于二十三年六月举行第一次会议，提案凡三十有四。其中关于该会督造各省联络公路、暨管理公路基金章程、以及公路工程准则、审核公路工程预算办法等等，均分别加以修正或制定。关于以后公路建设计划如何使符经济原则，与夫筑路材料之研究、汽车燃料之供给、公路交通之发展、运输工具之改良、人民投资筑路及行驶汽车之提倡与奖励等提案，均作缜密之讨论，决定进行办法，以期逐步实行。兹将历年来该会督造各省公路之进展情形及该会拨借各省公路基金之数额，分别详述于后。

（子）各省公路之进展

该会督造七省联络公路原定计划路线里程，计二万二千余公里，自二十三年起，陕、甘、闽、青等省及赣粤闽边各重要公路，均陆续列入督造范围，全部联络公路路线里程增至二万九千余公里。在二十一年五月该会开始督造时，七省可通车之联络公路，仅有七千七百余公里，自督造以后，至二十五年六月止，各省完成通车之联络公路，共计二万一千余公里，因此而得互通之公路，计达三万余公里。此外，尚有已兴工路线三千九百余公里。兹将各重要干线工程进展情形，分别缕述于后。并将八省公路路线图，该会督造苏、浙、皖、赣、鄂、湘、豫、闽八省联络公路状况比较图，各省联络公路可通车里程比较图，联络公路可通车路线长度逐年增进图，暨各省联络公路状况一览表，附列于后（图一、二、三、四，表五）〔图、表缺〕。

（1）京沪干线　由南京至上海现有二路可达，一自南京沿京杭路，经句容转镇江、江阴、无锡、常熟、太仓、南翔而至上海，一自南京沿京杭路，经宜兴转无锡、常熟，绕道苏州、昆山、南翔而至上海。无锡以西各段，早已次第完成通车，其锡沪、苏沪两路，于二十四年七月完成，八月间正式通车营业。

（2）京闽干线　该线由京至杭一段（即京杭路），在苏省境内有数段翻修路面及改建桥梁等工程，在该会督造三省公路时，先后拨借基金，督造完成。由杭州对江至曹娥，早经通车。由曹娥至嵊县及由新昌经天台直达温州，于二十二年至二十三年内先后督造竣工。温州以南，正在进行。闽省境内由该会派队协测，于二十五年四月间测竣。

(3) 沪桂干线　该线由沪至杭一段(即沪杭路)，其中南乍、杭海各段，早经该会督造完成，由杭经富阳、新登而至寿昌，于二十三年竣工，寿昌至龙游，可绕道兰溪，龙游至赣边，早已通车。赣省境内除东乡至临川一段，系于二十五年六月完成土路通车外，其余于二十三年内均已完成通车。湘省境内界化垅至茶陵一段，于二十三年完成通车，由茶陵至衡阳，可经黄沙铺绕道安仁、耒阳而达衡阳，至洪桥，早经通车。洪桥至桂边栗山铺一段，二十四年八月间完成通车。桂省境内可直通南宁，故沪桂干线已全部通车。

(4) 京鲁干线　该线除浦口至六合、蒋坝至宿迁、运河车站至台儿庄及鲁省境内各段已可通车外，其余六合经天长至蒋坝各段，现正由苏皖两省分别积极进行中。

(5) 京黔干线　该线自南京经芜湖、宣城、歙县至祁门，经赣省之景德镇、南昌、万戴、浏阳至长沙，均于二十二年至二十三年内先后督造完成。长沙至宝庆之桃花坪早已通车，桃花坪至洞口，二十四年完成通车。祁门至景德镇一段长一百二十余公里，二十四年八月始完成土路通车，二十五年四月路面铺筑完竣。洞口至芷江一段工程艰巨，尚待兴修。惟该路路线现可改经长沙、常德、沅陵、芷江、晃县、玉屏而达贵阳，现已完成通车。

(6) 京川干线　该线自浦口至乌江一段，现正由苏省积极赶修。自乌江起经合肥至太湖，均可通车。太湖至鄂省广济，已兴筑一部分。广济至浠水一段，于二十三年土路通车。浠水至孔子河，尚在进行。自李家集经黄陂而至汉口，再经应城、沙洋等处至宜昌，均可通车。孔子河至李家集一段，尚待兴筑。宜昌以上，现拟改线，经巴东、恩施、黔江入川，其巴恩段已完成土路通车，恩黔段正在兴修中。

（7）汴粤干线　该线自开封至周家口，早经通车。周家口至潢川一段，二十四年完成土路通车。由潢川经小界岭至麻城，于二十二年至二十三年内先后督造完成。麻城至汉口早可通车，武昌至大冶、阳新、辛潭铺，均于二十三年内督造完成。自辛潭铺至赣边界牌之二十余公里，于二十四年八月完成土路通车。赣省境内各段，均先后于二十二年至二十四年内完成通车，直达粤省韶州，故汴粤干线已可全部通车。

（8）京陕干线　该线自浦口至合肥一段，与京川干线同道，合肥至叶家集勉可通车，叶家集经商城、潢川至信阳各段，均于二十三年内完成通车。信阳以西经南阳、内乡至陕豫交界之西坪，正在积极进行，完成在即。陕省各段已可通车。

（9）洛韶干线　该线自洛阳至临汝一段，正在进行，临汝以南尚未勘修。若绕道叶县、方城、南阳、新野至鄂省樊城，已勉可通车。鄂省孟家楼至老河口一小段，尚待兴筑。自老河口经樊城、襄阳、荆门至沙市，早已通车。沙市对江经公安至湘省澧县、常德，于二十三年内督造完成。由常德经益阳、长沙、衡阳、郴州等处至宜章，早已通车。由宜章至湘粤边界之小塘，二十三年内业已竣工。

（丑）全国经济委员会拨借各省公路基金之统计

该会于二十一年督造三省联络公路，即筹定基金一百万元，拨借苏、浙、皖三省为建筑联络公路之用。嗣后督造范围扩大，原定基金不敷分配，除于棉麦借款及航空公路建设奖券中分拨一部分外，并由财部另筹的款，拨发到会，以资应用。历年拨借各省公路基金，截止二十五年六月底止，共计一千零六十四万余元。兹将该会历年拨借各省公路基金分期一览表，附列于后（表六）〔缺〕。

3．本年度中央督造各省公路计划

全国经济委员会督造各省联络公路，系采逐步推进办法，始于苏、浙、皖三省，而扩充至东南及中部各省。现在东南及中部各省公路已有相当之联络。本年度为求普遍起见，除上述之督造各省外，拟将西北各省之紧要路线，亦酌量拨借基金，择要兴筑。其拨借基金总额约在三百万元左右。

图表目次〔略〕

乙、西北公路之兴筑

1. 西兰公路

（子）查勘经过　西兰公路自陕西之西安起，至甘肃之兰州止，长约七百公里。昔为陕甘两省驿道，逊清平定回疆之役，曾用兵工修筑。民国初年，陕甘军运频繁，复由西北军择要兴修，试行汽车。二十年陕甘大旱，华洋义赈会再以赈工改善沿路危险坡道，并加建桥涵，惟以限于经费，工程仍欠完备。重以二十二年夏秋之交，该路山洪暴发，各项工事多被冲毁，交通因之中断。经委会鉴于该路之重要，决计拨款兴筑，以树开发西北之先声。二十三年春，组织查勘团先行查勘，除勘定路线外，对于施工计划，决定分下列三期进行。

（一）紧急工程　本期以两月为限，务使全路能维持临时通车，如大佛寺、六盘山之石方，三关口之护墙，红土窑接驾嘴间之临时桥梁，均预定于本期内赶办完竣。

（二）第一期工程　本期工程与紧急工程同时进行，惟完工限期则至二十三年年底止。此期内包括全路正式改善工程，凡改建正式桥梁，加建永久式桥涵、水管，以及加宽路基，设置行车安全标志等，均预定于本期内完成。此外，再视实地需要，提前铺筑路面数段，以维一部分之雨后交通。

（三）第二期工程　本期拟将全线一律铺筑路面，以便天雨时仍能维持交通。

（丑）测量经过　本路查勘完毕后，即组织工务所于西安，主持全路一切施工事宜，并组织测量队将全路分段施测，二十三年秋全路测竣，实测长度为七百零六公里（附路线图及里程表）〔缺〕。

（寅）建筑经过　本路系采用随测随修办法，积极进行，惟西北地旷人稀，招致工人颇属困难，当地又乏大包工，不得已改用小包工制，将各项工程材料、人工，分别零星招包，因此监工管理倍感困难。所幸全路员工均能耐劳，积极进行，故紧急工程差能如期完竣。同时第一期各项工程，亦均设计就绪，预计通车后即可运料施工。讵是年秋，西北霪雨，为历年来所罕见，不独全路工作停顿，即已成工程亦有为山洪所冲毁者，以致预定工作未能循序进行。且土方工程初由兵工修筑，后因军调防，改用民工，所有一切征工督察等事务，均会同当地县府办理。事权不能统一，进行遂以迟缓，故本期工程延至二十四年四月始告完竣。全路工程管理等费，共计支出九十三万余元。至于第二期之路面工程，现正由该会与陕甘两省通筹合作办法，分期进行，以期易于实现。

（卯）工程概况　兹将全路完成之工程列表如下：

工程项别	完成数量
兵工土方	704.4公里
民工土方	1,317,600公方
整理路基	191.8公里
石方	194,800公方
永久式桥梁	4座
石台木面桥梁	6座
木台木面桥梁	64座
临时便桥	27座

(续表)

工程项别	完成数量
空心桥	18座
涵洞	99座
12″—18″径绉纹铁管	164道
水管	115道
卵石路面	5公里
过水路面	1,217.2公尺
土护墙	387公尺
石护墙	600公尺

附西兰公路路线略图〔缺〕,又各站间里程表〔缺〕

2. 西汉公路

(子)查勘经过　西汉公路自陕西之西安起,至陕南之汉中止,为川陕交通之要道,向有二路可通,一为北栈道(即陈仓道),一为褒斜道。在昔汉唐时代,以褒斜为孔道。近时驿路则采取北栈道,该路于军事经济各方面,均居重要地位,徒以地形险阻,未能及早开辟。全国经济委员会西北公路查勘团,于西兰公路查勘完毕后,即分两组出发,查勘褒斜道及北栈道,将该两线交通与经济状况及工程难易情形,详加比较,最后决定采取北栈道。该线由西安起,经宝鸡、凤县、留坝、褒城,以达汉中,除西安至宝鸡一段勉可土路通车外,急应修筑者为宝鸡至汉中一段,长约二百五十余公里(附西汉公路及其比较线简图)〔缺〕。

(丑)测量经过　该路自西安至宝鸡一段,系采用原有大道车通车,暂不施测。其自宝鸡至汉中一段,自该会派员查勘后,于二十三年六、七月间,先后组织测量队三队,将全路分段同时施测,以期早日测竣。惟以测量期内阴雨连绵，兼之路线所经，大都为崇山峻岭，工作异常困难。三队中除凤留段因出发较迟，路线较长，延至二十四年二月间始行测竣外，宝凤、留汉两段，均于二十三年十月间先后测竣。全路实测长度为二百五十四公里(附西汉公路宝鸡至汉中路线图)〔缺〕。

(寅) 建筑经过　该路测量及设计工作完毕后，即成立工务所于宝鸡，将路基、桥涵两项分别招标兴筑，另行划出一部分土方，就地征工兴筑。二十三年十月及十一月间，先后在宝鸡、留坝、南郑等县境内局部兴工。二十四年一月，工人陆续增至三千余名，集中秦岭一带工作。二月间，忽遭赤匪窜扰，工程停顿月余。迨至六月，该路奉令赶工，限于年内通车，乃将全路三段路基桥涵同时开工，并饬包商加工赶筑。惟以沿线各县人口稀少，工人须向天津、保定等处招募，辗转费时，及至七月间始陆续招集五、六千人，到路赶工。不意是时赤匪又至，沿线工人惊逃，且有被掳及劫杀情事，工程停顿，又复经月。匪乱平靖后，始逐渐复工，并再添招工人，直至九、十月间，凤留、留汉两段方克先后全段开工，工作紧张时，全路路基、桥涵工人共达二万余人。其间因招募工人及运输筑路材料与工粮工具等种种困难，曾由该会公路处赵副处长一再赴路视察督修，并加派技术人员驻路督促协助。自复工以来，工程进展甚速。十二月下旬，全路打通。十二月二十六日，举行全路试车，自宝鸡驶达汉中，沿线除开山凿石处路基尚未开足规定宽度，鸡头关山洞及少数较大桥梁未及告成，暂用便桥便道通车外，其余均可畅通无阻。二十五年一月以来，仍积极继续赶办未完工程及整理工作，一面并择要加铺路面，赶建过水桥、鸡头关大桥等永久工程。乃二月间赤匪三度扰路，工程复遭停顿，宝凤段已成桥梁涵洞，被匪毁坏甚多，损失颇巨。迨匪患平靖后，方得逐渐复工。四月下旬，鸡头关山洞开凿完成，其余开山路基亦经开足规定宽度，所有被毁桥梁及新建过水桥路面等工程，亦于六月间次第告竣。全路工程管理等费，截至本年六月止，共计支出约二百二十万元。该路规定应做工程，现仅余鸡头关大桥一座，刻正招商承办，筹备开工。

再该路凤翔宝鸡间原系利用旧驿道勉行汽车，现以陇海铁路西展，与驿道路线不少交叉及合并之处，行车殊多危险，亟应另辟正式公路，俾西汉全路均得联络畅通无阻。该段新路线业经西汉路工务所组队测量，于六月间测竣，路基及桥涵工程，均已开始兴筑，预计全部工程，可于本年九、十月间完竣。

（卯）工程概况　本路建筑经过已如上述，兹将工程概况，分路基、桥梁、涵洞、路面、驳磡护栏等项，撮述于后。

（1）路基

宝鸡至凤县段　本段自宝鸡东门起，至凤县东门止，共长九十一公里，除宝鸡至益门镇一段长约五公里为原野外，其余多属山地。虽依地形定线，力求经济，而石方工程仍颇浩大。全段路基工程最为困难者，厥为跨越秦岭一段路线，由山麓盘旋十一公里，始达岭巅。本段路基普通宽度由七公尺至九公尺不等，秦岭路宽为八公尺，最狭处为五公尺，曲线最小半径为十五公尺，最大坡度为百分之八，在弯道上则减为百分之三。

凤县至留坝段　本段自凤县东门起，至留坝东门止，共长八十二公里，群山夹峙，一径中通，险窄崎岖，视宝凤段为尤甚。本段跨越巨岭二处，连峰复岫，其高与秦岭相埒。一为酒奠梁(俗称九店梁)，在凤县南十六公里，山麓盘旋八公里，始达岭巅，复盘绕八公里，而至山之南麓。一为柴关岭，在酒奠梁南三十公里，其越岭路线亦达十公里，因地势逼隘，故有数处采用发针式曲线(Hair Pin Bend)，俾可节省填挖，并增进行车之安全。路基普通宽度由六公尺至七公尺半不等。酒奠梁路基宽六公尺，最狭处四公尺，曲线最小半径十三公尺，最大坡度百分之九，弯道上则减为百分之三。柴关岭上最大坡度为百分之十，惟距离极短，余与酒奠梁同。

留坝至汉中段　本段自留坝东门起，至汉中北门止，共长八十一公里，由留坝至褒城一带，崇岗峻岭，地势险恶，路线缘坡傍溪而行，石工颇巨。距褒城北二公里许，经过鸡头关下之石虎，前阻绝壁，下临巨壑，无法绕越，乃凿山洞三处，其中最长一洞约达三十公尺。褒城至汉中长约十五公里，地势平坦，乃采用长度直线，藉省工费。本段路基普遍宽度由五公尺至七公尺半不等，最狭处为四公尺，曲线最小半径为十五公尺，最大坡度为百分之八。

全路共计土方约三百四十万公方，石方四十六万公方。

(2) 桥梁

本段桥梁之跨度及构造式样，视河流情形而定宽度、载重及构造，材料则因赶工关系，视材料运输难易而定。全路计有钢桁构桥一座，计长约五十公尺；石拱桥一座，桥拱跨度为十公尺，全长约二十公尺；钢筋混凝土板式过水桥七座，共长九七．八公尺；石台木梁桥二十三座，计长二五〇公尺；石台木桁构桥一座，计长二九.五公尺；木架桥一座，计长一七．四公尺。又过水路面计有十处，共长三三七．八公尺。

过水路面　凡河流平时流量极微，而大水时期水位亦甚低者，则采用过水路面。此项过水路面均用大石块砌成，净宽为三公尺。本路河流建造过水路面者，计有二处，一在宝凤段，长七十公尺，一在凤留段，长三十公尺。又过水桥两端之过水路面，共长二百五十公尺。

(3) 涵洞

本路涵洞计有绉纹铁管、石台木面、木箱、石箱、又缸管等五种，其分配情形，系依照当地排水量之大小，与填土之高低，及材料采集之难易而定。全路计有绉纹铁管涵洞二十九道，石台木面涵洞一百二十三道，木箱涵二十一道，石箱涵五百六十四道，缸管二十七道。

(4) 路面

本路于土壤不良地段，择要铺筑简易路面，以利行车。材料采用碎石或河中砾石，路面宽度为三公尺，厚度视路基土壤之承载力而异，铺筑总长度六十五公里。

(5) 驳磡护栏

本路多沿坡傍溪而行，路基下侧端赖叠石防护，以资稳固，故驳磡工程颇为重要。全路共筑石砌驳磡二万一千公方，并于山坡路基稍形曲折地段，或经悬崖陡坡行车危险之处，酌设护栏，以策安全。此项护栏分木石两种，计建石栏约一千六百公方，木栏约长一千公尺。

(辰) 行车设备　西北国营公路管理局于二十四年四月间，以本路各项工程大致完成，当派员前赴沿线查勘设站地点，筹备通车事宜。以凤翔、宝鸡、双石铺、庙台子、褒城、汉中五处设立车站，庙台子站并附食堂，以应旅客需要。宝鸡、双石铺、汉中三处，各设无线电台，传递消息。至沿路交通标志，亦已先后设置竣事。该局于五月一日派车八辆，开始通车营业。通车以来，行旅咸称便利。

3. 汉宁公路

(子) 查勘经过　汉宁公路系自陕西省之汉中起，向西南行，至川陕交界之七盘关止，为川陕交通之要道。原有两线可用，甲线经褒城、沔县、宁羌而入川省，乙线经沔县、阳平关，而与川省公路衔接。据踏勘结果，以乙线工程较巨，故决定采用甲线，计长约一百五十公里。全国经济委员会于二十四年六月奉令兴筑。为便利施工及就近指挥起见，经该会与陕省商定建筑办法，所有全线测量及施工等事宜，悉由陕省主持办理，经费则由该会拨助，并由会遴派技术人员前往协助督造。

(丑) 测量经过　路线既经决定后，即由陕西建设厅于二十四年七月组织测量队一队，开始测量。同时经委会亦组一队，前往协助，以资迅速。八月底，全线测竣，除汉中至褒城一段长约十五公里，系与西汉公路共线不计外，总计该路自褒城至七盘关，共长约一百四十公里。其中褒城至沔县长三十五公里，地势尚属平坦，且旧有大车道勉可通车。自沔县至宁羌长七十七公里，山地居其大半，石方颇多，以五丁关一处而论，即有十五万方之巨。自宁羌至七盘关长二十八公里，连峰复岫，路基工程尤为艰巨。

（寅）建筑经过　该路关系军事政治至巨，为求迅速通车起见，决将勉可通车各段，暂维现状，容后再加改善，其余各段则采用随测随修办法，于二十四年九月间设立汉宁路工务所，将全路分作三段，同时开工。除普通路基系征集民工或兵工办理外，所有土石难工及桥涵等工程，均招商承包。但因沿线招工不易，工程进行颇缓，当由经委会派员赴河北省协同招募工人数千名，由铁路运陕赶工。二十四年十二月间，褒城至宁羌一段路基先告完成。本年二月，全线打通。旋即进行加铺路面、开宽路基、添造桥梁及整理坍方等改善工程。二十五年六月间，全部工程除有两大桥暂用渡船外，其余均告完竣。综计全部工程概算为一百四十七万元，最初会、省议定，经委会以担任九十万元为限，嗣因该路工程艰巨，情形困难，陕省无力筹措，该会已特允续拨，现已拨至一百一十万元。

（卯）工程概况　该路各项工程现已全部结束，兹将工程概况分类略述于后。

（1）路基　该路路基在平地宽六公尺至七公尺半，在山岭地则减为四公尺至六公尺，最小曲线半径为十公尺，最大纵坡度达百分之十。综计全路共有土方一百余万方，石方五十余万方，其在五丁关及七盘关两处之路线，或截山腰，或绕岭麓，盘旋上下，工程最巨。

（2）桥梁　该路除褒河及沮水河因河面太阔，架桥不易，暂用渡船外，其他河道一律建桥，总计半永久式桥四十一座，共长五百九十三公尺，木架桥二座，长二百零四公尺，设计载重为五公吨，另有利用旧石拱桥数座。

（3）涵管　该路计有石台木盖涵洞二百一十四道，石砌水管二百三十六道。

(4) 路面　该路路面均系用卵石或碎石铺筑，宽三公尺，厚十公分至十五公分。

丙、各省公路之督察及勘测

1. 各省公路工程之分区督察

全国经济委员会为促进各省公路建设起见，于二十一年五月督造苏、浙、皖三省联络公路之始，即规定公路工程督察办法，由该会派工程人员前往各路督察指导。是年十一月间，苏、浙、皖、赣、鄂、湘、豫七省公路会议举行于汉口，该会复奉命将赣、鄂、湘、豫四省联络公路加入督造之列，因此范围扩大。除由该会公路处直接办理苏浙二省督察事宜外，并于汉口设立第一区公路工程督察处，专司湘鄂二省公路工程督察事宜。安庆、南昌、开封三处，分设第二、三、四区公路工程督察处，分司安徽、江西、河南及苏北公路工程督察事宜。二十二年十月，该会正式成立后，复陆续将闽、陕、甘、青各省及赣粤闽边各公路加入督造范围，当以各省路工均在积极进行，督察不容或缓，爰将原设各督察处分别改组，并修正督察办法，将各省重行划分为七个督察区。二十五年初，因感督察范围渐由西北推及西南，督察工作至为繁重，诚恐分区督察办法有顾此失彼未尽周密之处，爰将分区制度酌予变更，所有督察事宜，均由该会公路处视各省路工繁简情形，随时遣派督察工程司分往各省实地督察，以增效率，而赴事功。

2. 各省公路之查勘

全国经济委员会鉴于各省重要公路每因工程艰巨，或选线困难，以致工作进行迟缓，殊有协助促进之必要，故常由会遴派技术人员，会同各该省建设当局，详细查勘，确定路线，并拟具实施办法，减少困难，俾便兴工。兹将查勘各路情形分述如下。

甘青公路　查兰州至西宁之路线有二，曾经该会派员分别前往，详细查勘。甲线自兰州经红城子至永登，越庄浪河，经马莲滩、牛站、白雀子等处，而达西宁，计程约三百公里。此线为原有驿路，勉可行车。乙线由兰州过铁桥，沿黄河北岸经新城至甘青交界处之享堂，复沿湟河北岸，经乐都，由小峡口过湟河，沿河南岸而达西宁，计程约二百二十余公里。此路在青海境内已勉可行车，甘肃境内汽车尚难通行。惟甲线似嫌绕越，乙线则为甘青捷径，施工较易，自以采用乙线为宜。当经分请甘青两省测修，业由该二省积极进行修筑中。预计本年底可望完成通车。

汉白公路　该路自汉中经西乡、安康至白河，衔接鄂省老白公路，为陕南鄂北交通要道，全路长四百余公里。沿路地形复杂，如安康至白河一段，连峰叠岫，选线尤感不易，爰由经委会于二十三年秋派员前往该路，详细查勘。据报自汉中经城固、西乡、茶镇、石泉、汉阴、安康、洵阳等处，而达白河，路线沿绕汉水南北两岸兴筑，颇为困难。如正式修筑，全部工程费估计约需三百余万元。当将查勘报告送请陕省建设厅，组设工程处测修，现正由该省进行兴筑中。

老白公路　该路起自鄂省之老河口，讫于鄂陕交界处之白河，全长二百二十余公里，为鄂北陕南交通要道。曾由该会派员会同鄂省详细查勘，确定路线，促其测修。现已完成勉可通车矣。

湘川公路　该路在湘境内者，为自沅陵经永绥至湘川省界，路线所经，均属崇山峻岭。曾经湘省派员查勘，选得三线，惟以何线为最适宜，颇难决定。当由该会公路处派员会同湘省公路局总工程司，作最后之勘查。经选定自沅陵经炉〔泸〕溪、乾县、永绥而接川省秀山之线，计长约二百公里。现已由湘省积极兴筑中，预计本年八、九月间可完成土路通车。此外，会同各省查勘而确定路线者，尚有无锡至上海线，计长约百三十公里；太湖至宿松线，约六十公里；太湖至英山线，约一百十公里；平凉至宁夏线，计长三百四十公里；凤翔至亭口线，计长一百八十七公里。总计由该会派员会同各省查勘路线，共长约一千九百余公里。

3. 各省公路之协测

全国经济委员会为应各省之需要，特规定协测各省公路路线办法，公布施行。兹将该会协助各省测量路线情形分述如下。

赣省公路之协测

二十三年春，军事委员会蒋委员长以赣省正在清剿时期，应筹筑之公路甚多，而该省测量人员不敷分配，先后电会组织测量队三队开赣协测。当于一、二月间组织就绪，先后派赣施测，至十月杪竣事。计在该省共测路线凡十四，总长约八百公里。

闽省公路之协测

二十四年三月，该会先后准闽省电请及蒋委员长电嘱，以该省现正积极从事军工筑路，其应筑之路线甚多，原有测队不敷调派，请会组织测量队二队，赴闽省协测。当由该会组织二队，于三月二十五日赴闽省协测，先后于二十四年十二月及二十五年五月测竣。两队共测路线凡八，为程共长五百二十公里。

鄂省公路之协测

二十四年四月，该会准鄂省府电请，以鄂北谷房公路亟待兴筑，本省工程人员因各路赶工，已调派无余，请会派队协测。当经派测量队一队，于四月二十日赴鄂，五月三日开始测量，起自老白路之石花街，讫于冲天坡，计长约六十二公里，于六月十六日测毕。

川省公路之协测

二十四年七月，蒋委员长以川省交通闭塞，应筑干支各路甚多，嘱会派遣测量队赴川协测。该会当以调鄂之测量队，正值任务终了，即将该队调往川省。七月二十六日，由鄂赴川，在川一年，计测竣重要干线凡四，共长约二百一十公里。现在继续测量西康公路水塘坪至二郎山一段，约长三十公里。

西北公路之协测

天广公路　该路起自甘肃天水，迄于四川广元，为甘川交通孔道。该会奉蒋委员长电嘱，派队测量，爰于二十三年十二月，组织测量队赴甘代测，拟定路线，自天水经徽县而入陕境略阳，以达于大安驿，其大安驿至广元段，则利用汉宁公路。自二十四年一月九日开始施测，至十二月二十二日测抵大安驿，全长二百六十七公里。在测量期间，受雨雪匪患之阻滞，及地形复杂之影响，工作进行异常困难。该段路线工程浩大，需款甚巨，将来能否照所测路线修筑，尚待研究。

甘新公路　甘新公路关系发展西北交通，惟以该路路线绵延数千里，如全线同时修筑，实非目前财力所能胜。该会为促其分期进行起见，爰于本年四月间调派测量队一队，先往施测兰州至武威（凉州）一段，于五月十日开始测量，至七月十五日测竣，全段共长二百三十公里。现正赶制图表，拟即筹款兴修。综计自二十三年起至二十五年六月底止，该会协测各省路线长度共达二千一百余公里。

丁、公路交通运输之促进

1. 设立公路交通委员会

自全国经济委员会开始督造苏、浙、皖三省联络公路次第完成后，鉴于前此各省市管理汽车之规章未能划一，往往一地汽车驶入他省境内时，或以未领当地牌照而未许通行，或以不谙规章禁律而遭处罚，又或须逐段缴纳通行费，始获通过。凡此种种，均足阻碍交通之发展。际兹联络公路日臻畅达之时，汽车之行驶自不宜复为省市界域所限，而一切有关公路之安全警卫，及食息旅游之设备，亦应蠲除畛域，共同筹办，互策程〔成〕功。爰发起筹议互通汽车办法，以增进公路运输之功能。复以已成路线所经地区，除苏、浙、皖三省外，并包括京沪两市，遂由全国经济委员会联合苏浙皖京沪五省市政府代表，先后在京沪各地举行代表会议，议决互通汽车暂行章程，呈奉核准公布施行。并于二十一年十二月正式成立苏浙皖京沪五省市交通委员会，由全国经济委员会及五省市政府各派一人为委员，设办事处于经委会，并照组织规程，以经委会所派委员为常务委员，主持处务，每约两个月召集常会一次，轮流在经委会及各省市重要地点举行。截止二十五年六月，共计举行常会十三次，临时会议一次。现因陆续加入互通汽车省市复有闽、赣、湘、鄂、豫等五省，原有组织已不足概括，爰于本年召开修正互通汽车章程会议时，议决扩组为全国公路交通委员会，定七月一日成立。此后对于公路交通事业，当能益谋推进。兹将五省市交委会三年来工作概况，略分法规、事业两项，择要列表于后〔表略〕。

2. 设立西北国营公路管理局

我国之有国营公路，当有西兰公路始。该路于民国二十三年由全国经济委员会修筑完成后，中央因鉴于该路为开发西北之命脉，且于国防上有重大之关系，故决定举办西北国营公路运输事业，于是年四月订定西北国营公路管理局组织规程，派员筹备。同月，筹备处在西安组织成立，当经拟具西北公路运输计划大纲、西兰公路临时运输办法及西北国营公路管理局工作进行方案等。是年十月，复向上海捷成洋行订购奔驰牌柴油汽车二十四辆，筹设西安、兰州二总站，邠县、平凉、泾川、华家岭一等站四处，监军镇、长武、隆德、静宁、界石铺、定西二等站六处，又代办站二十五所。复于邠县、平凉、华家岭三处各设旅社一所，于监军镇、泾川、静宁、定西四处，各设食堂一所，西、平、兰三处各设修车厂一所。并与交通部商订电话合作办法，装设西兰公路电话。此为西北国营公路管理局筹备之经过。

二十四年一月，西北国营公路管理局正式成立。四月，西兰公路各项改善工程完成，而路局所购奔驰柴油汽车二十四辆，亦先后运陕。凡行车之设备，如车站、旅社、食堂、修厂等，亦筹备有绪。爰于五月起，正式行车，西安兰州间四日可达，一时行旅称便。嗣以营业鼎盛，原有车辆不敷应用，复向德国订购孟阿恩柴油汽车一百辆。又以此后柴油之耗量甚巨，零星购买，殊不经济，乃向上海美孚火油公司一次订购柴油一千吨，以备随时提用。更以陕甘二省僻处西北，汽车配件之供应至感不便，乃决定扩充西安修车厂，购买大批修车机器及工具，俾能自给一部分配件。所购之孟阿恩柴油车，于是年十二月间先后由德装运抵沪，即在上海装就客车、货车及客货混合车车身，于二十五年春陆续运往西安。缘是路局营业之收入，视前迭有增加。计自二十四年五月开始行车，迄二十五年六月，中间虽屡经水灾及匪患之影响，然路局之营业收支，颇足相抵。二十五年五月，全国经济委员会兴筑西汉路凤汉段完成，同时由该会拨款兴筑之汉宁路，亦将竣工，当将该两路亦并入西北路局营业，并与陕川两省政府商定联运办法，此后西北交通当更形便利矣。

3. 公路与铁路之联络

公路铁路同为陆上交通之重要工具。年来我国公路与铁路建设均有长足之进展，故两者间之关系愈形密切，亟应互谋联络，俾各尽其效用。联络之要义约有三端：

（一）决定整个计划，以求合乎经济建设之原则；

（二）划分权限及责任，以提高行政之效率；

（三）统筹联运，以促进运输业务之发展。

全国经济委员会、铁道部及军事委员会有鉴于此，爰于二十五年五月会同商定铁路与公路联络办法，于同年六月经行政院第二六九次会议及中央政治委员会第十七次会议通过。兹将铁路与公路联络办法附录如左。

（一）公路路线网之计划，由经委会拟具，与铁道部洽商，并送军事委员会核议后，由经委会通知军委会、铁道部备查。

（二）省营、市营、民营汽车公司立案开业及运价之核定，营业运输之监督考查，归铁道部主管，随时行知经委会备查。经委会所办国营汽车运输事业，由会随时行知铁道部备查。

（三）公路工程、公路交通设施及其他属于技术性质之事项，归经委会主持，随时行知铁道部备查。

（四）铁路与公路联运及营业运输之调整，由铁道部主管，随时行知经委会备查。其与经委会所办运输事业有关系者，由双方会同商定。

戊、修车设备之充实与汽车用油之采购

1. 管制全国汽车配件之制造

据民国二十三年海关统计，是年汽车配件进口数量达八四八三九一一海关金单位，合法币约二千余万元，此仅为海关进口价值。若以各处消费而言，当不下三千余万元。查汽车配件，国内厂家尚不乏出品，如江西、湖南省营两机械厂，数年来自制配件，亦有相当成绩。惟其组织尚欠健全，且对于省市修车厂亦无密切联络，以致制造者徒感推销困难，维持不易。而消费者又觉配件供给之缺乏，不得不仰赖于外货。似此现象，亟应设法补救，以塞漏卮。全国经济委员会有鉴于此，爰就本年调查所及，将各省市现有之公私机械厂，分别指定应担任制造汽车配件之种类，并酌拨津贴，以助其发展。此外，更拟于年内设立联络机关，以统筹制造者之出品数量及其推销办法。

2. 调整全国修车厂

查各省市公路机关大都设有修车厂，惟其设备情形参差不齐，且无整个之系统，全国经济委员会乃于统筹汽车配件制造之时，加以调整，将全国修车厂分为三级：(一)大修车厂，(二)小修车厂，(三)工程车。并规定各厂车之任务及其应有设备，与夫修车厂之数量及其所在地，亦皆由会会同各省市协定。大修车厂并由会酌予补助，以促进行。

3. 集中采购汽车用油

行政院为筹商集中采购汽车用油起见，曾迭次召集各机关代表来京商讨，经由行政院、军事委员会、全国经济委员会、航空委员会、资源委员会、军政部、财政部、交通部、铁道部、实业部、苏、浙、皖、赣、湘、鄂、川、甘、陕、闽、豫十一省政府及京、沪两市政府等二十三机关，于二十五年五月一日，签订集中购油合约，并决议集中购油由全国经济委员会主持进行。当经该会与中央信托局会商，订定集中与零星购油办法，分行各有关机关查照，一面由会制定各机关汽车每月及每半年需油量概数表，送请各机关查填，以资查考。

己、公路车辆及燃料之研究

1. 煤汽车之提倡与试验

吾国汽车与汽油，皆来自外洋，漏卮之巨，影响于国计民生至大。于是国人颇多从事于煤气发生炉之研究，采取价廉之国产煤炭或木炭，应用为汽车引擎之燃料。数年以还，煤气车之改良，颇见进步，中央对于是项工业亦提倡不遗余力。兹分述如下。

（子）中央协助商办木炭生气炉之制造与试验

关于各种木炭生气炉及煤气车之制造，商办者如仲明机器股份有限公司、中国煤气机制造厂、中华煤气车制造公司，数家之出品，经中央审查认为有改良可能者，除准予专利外，并通令公路机关酌量采用，另予以技术上之提携，派员代为试车。同时示以改良之途径，俾资进步。

二十四年十二月，第五次全国代表大会代表张钫等提议，请由政府通令全国，一致采用木炭汽车。嗣由国民政府训令行政院及经委会，转饬所属及公路机关，一致查照参考。二十五年一月，交通兵第二团会同中华、中国、仲明三厂家，各备木炭汽车，派员出发试车，循京沪、沪杭、京杭各路，由上海、杭州而返南京。试验结果，尚称满意。惟车辆动力较小，清洗等手续较繁，为稍逊耳。是年三月，利华无畏牌木炭汽车在京试车，经委会派员参加。其行车效能、上坡能力及行驶里程等，均有纪录。

综上所述，中央对于木炭汽车之提倡，可见一斑，惟欲臻完善，仍待改进。

（丑）资源委员会煤气车之试验

煤气发生炉取用木炭为燃料，是仅为应付目前急需之计，若图根本解决，非采取较丰富之燃料及最经济之方法不为功。资源委员会有鉴于此，乃从事研究改用煤炭之煤气发生炉，于二十五年一月开始试验，由经委会补助费用，试验结果尚佳。

（寅）经委会及全国公路交通委员会煤气车之研究

经委会以本国所制造之木炭生气炉，均未尽善，亟应研究改良，以便采用。经与全国公路交通委员会会同延聘专家七人，组织煤气车试验委员会，并拨款一万元，着手进行。该会于二十四年十月举行第一次会议，通过进行方案，包括下列各项：

（一）调查各地木炭产量；

（二）征询各国煤气发生炉制造厂家出品之说明书及价格；

（三）采购国外制造之煤气发生炉数种，以资试验比较；

（四）训练煤气车驾驶及保养人员，以求试验结果之准确。

（五）自造之研究。

全国公路交通委员会依照前定计划，已向外国厂家订购煤气发生炉四种，以备试验。

2. 公路列车之试办

查公路运输，全赖汽车，而汽车载重有限，运价较高，其影响公路运输事业，殊非浅鲜。英国曾研究公路列车，供奥非属地应用，以增加运量，减低费用。试行以来，颇有相当结果。该项列车系采用特宽之轮辐，以减少各轮传布于地面之压力，俾能行驶于低级土路。列车之组织，系用一强有力之牵引车拖带，拖车数辆。其适用除牵引车之机力较大外，与汽车无甚差异，载重范围及运输费用之经济，较小火车有过之无不及。

经委会为研究公路列车起见，于二十五年度内拟先于西兰公路试用此项列车，暂以牵引车一辆，拖带货车五辆，净载重以二十五吨为标准。牵引车由国外订制，拖车则在国内自造。

3. 石油苗之探察

开发石油矿，为根本供给汽车燃料之至计，实为公路建设之重要工作。吾国石油油苗最初发现于陕西、甘肃、新疆、四川等省。近年来，湖北、贵州、浙江等省，亦先后发现。兹将各地探察油苗情形简叙于下。

（子）陕西之油苗　陕西之油苗，多在北部。逊清季年，曾聘日人钻探，陕北延长之油层产量不丰，日产不过千斤。民国三、四年间，美孚公司继续作第二次钻探，亦以未发现丰富油层而中辍。迨十三、十四两年陕西省政府自行钻探，仍未得佳果。直至二十二年由资源委员会作再度钻探，分别于二十三、二十四两年，在延长、延川等处钻井四口，深度俱在五百尺左右，有见油极微者，有见油每日夜可达六千斤者。现因匪扰停顿。

（丑）四川之油苗　四川之油苗，大都见于盐井之中。民国三、四年间，美孚公司曾派专家入川，作油苗之勘察。十八年实业部地质调查所及两广地质调查所皆派员前往，考察油田地质。二十二年后，由经委会公路处、实业部地质调查所、中央大学地质学系三机关，合组四川地质调查团，调查巴县及达县之油苗。同年，川省亦聘德技师三人，试行电探。二十三年，中国工程师学会组织四川考察团，对于四川石油矿并有钻探价值之结论。现资源委员会对于是项工作正在计划中。

（寅）浙江长兴之油苗　长兴之油苗，发现于四亩墩煤矿地层内，经实业部地质调查所及经委会先后派员调查，结果如何，尚待钻探之判定。二十四年，长兴煤矿又发现该项油苗较富之流量。

（卯）贵州之油苗　民国四、五年间，贵阳泡木冲发现石油于石卵之中，虽有开发计划，迄未实行。近年传闻铲山县亦有油苗之说，贵州建设厅先后派员前往调查，皆经证实，惟该处聚油结构所在，尚未明悉。

（辰）甘肃新疆之油苗　甘肃之玉门、新疆之莎车及喀什、温宿、库车、迪化、乌苏、绥来、塔城等处，皆久有石油苗发见之记载，惟边陲阻远，开发殊为不易。

4. 植物油之研究

我国产棉甚富，所产棉籽，为量极丰，若能提取抽液，以充汽车燃料，则不特减少汽油之入口，且可增加棉农之收入。全国经济委员会鉴于年来柴油汽车数量日增，而柴油之体性、化性，与棉籽油极相近，乃会同各机关组织棉籽油研究委员会，合作研究。据目前研究所得，棉籽油之粘度，已可用搀和柴油方法减低，至其压燃性质，则尚待继续研究。又实业部地质调查所及其他方面，曾从事于分裂其他植物油，如豆油、桐油、芝麻油、花生油等，以提炼汽油之试验，亦已有相当结果。

5. 其他汽油代用品之研究

（子）油页岩之采炼　油页岩为一种页岩受高温之后，方能出油，其性质与石油类似，而不相同。我国如辽宁之抚顺，热河之凌源，察哈尔之宣化，山西之浑源，陕西之肤施、安定，四川之屏山、犍为、资中，湖南之湘谭、武冈、邵阳，广西之奉议、百色，广东之茂名、电白、钦州等处，均有此项页岩。据目前所知，除抚顺一处已开发外，其他各处是否有开发之价值，尚待详细勘察。

（丑）烟煤之低温蒸溜　实业部地质调查所，于十九年在北平创建沁园燃料研究室，特重低温蒸溜之试验，自国产烟煤提取油质有相当结果。最近与资源委员会合作，将低温蒸溜在南京扩大试验，采用江西乐平煤及安徽淮南煤为原料，以提取液体燃料。数月以来，每日蒸煤五公吨，试验成绩计每吨煤可得约七加仑以上之汽油，约八十公斤之柴油、重油及沥青，及约七百公斤之半焦等产品。于技术方面，现正力谋改进，以期减少成本。

（寅）烟煤之氢化　烟煤之氢化，为近代研究新成功之一。实业部地质调查所自经委会拨助经费后，已在南京建筑燃料研究室，并购置设备。除低温蒸溜之试验外，复试验氢化烟煤，以期多得油份。对于乐平煤氢化之可能性，已先后试验七十次，获有相当成绩。此项工作正在积极进行中。

（卯）酒精之搀和　汽油搀用酒精，以作汽车燃料一事，曾由实业部中央工业试验所试验研究。最近我国有自制酒精出产，似尤应设法搀用，以期两利。对于产量、价格等项问题，现正由实业部向国内关系各方面分别调查，并分函驻外各使馆设法搜集所在国有关成规送部，以凭参考，统筹办理。

（庚）公路之调查、统计及研究

1. 各省公路工程及交通概况之调查与统计

全国经济委员会自正式成立以来，对于各省公路工程及交通概况之调查统计，即积极进行，以为促进公路建设之参考，并于二十三年制就公路调查报告格式及应用表格汇编，作更进一步之精密调查。除冀、鲁、晋、豫、粤、桂、滇、黔等省派员前往实地调查，依式填报外，其余各省则委托当地路政机关或专家办理之，现仍继续进行中。该会公路处根据历次调查结果，已制就全国公路路线图及分省公路路线图等，并编就中国公路交通图表汇览一书，其中包括重要统计图表凡四十三种。

2. 各省公路地质之调查

公路沿线之筑路材料，及路床土壤之地质与其分布情形，对于筑路经济关系颇为密切。经委会自二十一年春开始督造各省公路后，即注意于公路地质之调查研究，曾先后派员调查江西、福建、浙江、四川、安徽及江苏等省公路地质。二十三年，又派员往西北各省调查地质，历时十五个月，所有西兰、西汉、甘川、甘青、甘新等重要路线，均经实地调查。总计三年来曾经该会地质调查之公路，共达六千余公里。至西南各省公路之地质调查，该会亦正在筹划中。关于土壤之试验，亦由该会拨款补助交通大学筹设公路土壤试验室。

3. 试验路之建筑

全国经济委员会既从事督造各省联络公路，因鉴于各式路面应如何建筑，各种材料应如何运用，而后可得经济耐久之路面，以供各省采用，颇有深切研究之必要，爰于二十一年七月，创议建筑各式试验路面，将各种不同之建筑材料，用各种不同之建筑方法，铺筑于连续之路段上，以资比较研究。

适是年十一月，南京市政府请该会拨款协助翻修京杭公路京麟段路面，该会乃于该路段内马群、麒麟门间，划出二公里，以建筑上述试验路之用。因此项试验工程在国内尚系初次，故名之为第一试验路。是年十二月十日兴工，于翌年二月竣工。

全路最大坡度为百分之四弱，最小曲线半径为二百五十公尺，路基宽为九公尺，路面宽为五公尺半，路面分为三十一式，计弹石块及石片路九式，青砖一式，碎石路七式，混凝土路十式，各路车轨路四式，各式长度自五十公尺至一百公尺不等。全路共用去工程费二万五千余元。该路完成后，旋由该会公路处组织养路队，专办该路保养事宜，并随时察看纪录。兹将第一试验路各式路面建筑及修养费用单价，列表如后（附表）〔缺〕。

当第一试验路筑竣后，该会复鉴于吾国公路路面多数为泥结碎石路，倘行车繁多，修养颇感困难，殊有研究改善之必要。爰于二十二年八月计划建筑第二试验路，采用柏油土沥青及其他油类敷刷路面，以资研究。适南京市政府拟改善京麒路，有用油类敷刷路面之议，乃商定划孝陵卫附近一段，计长一千六百五十公尺，为建筑第二试验路之用。

敷制路面工作，计分两次，第一次敷刷工程于二十二年十月开工，凡十三日完竣。第二次敷刷工程，于二十三年四月中施工，月杪竣事。全路式别长短不一，计用油类六种：（一）德士古土沥青（五十四号），（二）美孚土沥青G级，（三）亚细亚土沥青（四十至五十号），（四）美孚配道姆乳化油HX，（五）煤汽煤油，（六）石家庄硬柏油。各式油类敷刷结果，以上列之德士古、美孚、亚细亚土沥青较佳，煤气柏油质性稍脆，通车后发生龟裂，美孚配道姆乳化油经冬后多现发状隙裂，石家庄硬柏油因质脆易碎，须研究掺合其他油料，方能应用。

4. 公路工程标准之厘订

全国经济委员会鉴于吾国公路工程标准，向由各省自行订定，其中颇多参差不齐之处，殊有划一规定之必要。爰于民国二十一年督造苏浙皖三省公路时，制定工程及预算标准，以为设计施工之依据。二十二年、二十三年又先后增订各省造送公路工程测量图表书类细则、公路工程准则及公路测量暂行规则等，俾便遵循。惟对于公路工程设计及施工之详细规范，尚未厘订。二十五年二月，全国公路交通谈话会议议决，桥涵设计标准图表，由经委会规定颁发，爰由该会公路处指定技术人员组织公路工程标准设计委员会，办理公路工程标准之设计事宜。现已订定公路桥梁涵洞工程设计准则一种。关于桥涵工程标准图表及其他施工细则等，现正继续编制，期于本年内完成付印。

辛、公路技术人才之训练及其他

1. 举办公路工程司短期训练班

全国经济委员会公路处于二十二年七、八两月，连续举办公路工程司短期训练班二期，聘请国内道路专家分授公路行政、财务、工程等学科，学员分甲乙两种，各省公路主管机关所保送之现任公路技术人员为甲种，国内各大学所保送之土木工程系毕业学生，经甄别合格及由公路处招考录取者，为乙种。训练期满，考试及格后，由会发给卒业证明书。甲种学员仍还原机关服务，其成绩优越者，并由会函请其原服务之主管机关，尽先提升。乙种学员则由会介绍至各省市公路机关尽先任用。训练时期，计授课二星期，派赴各省公路机关实习二星期，共为四星期。前后两期毕业学员人数共为三十七人。

2. 培植高级汽车机务人员

全国经济委员会为培植高级汽车机务人员起见，特商准交通大学，自二十三年秋在该校机械工程学院加开汽车机械工程学系，由该会一次补助八千元，充开办时设备之用，并于二十四年秋，由五省市交通委员会补助该系经常费二千元。

3. 举办汽车机务人员训练所

二十三年十月，全国经济委员会公路处与苏浙皖京沪五省市交通委员会合办汽车机务人员训练所，培植普通机务人员，以应各省市之需要。十二月，该所在南京正式成立。二十四年二月，开始授课。训练期间为九个月，学科与实习并重，有学生六十四人，均系高中毕业程度。训练完毕后，经照章将毕业学生分别介绍，前赴各省市公路机关服务。嗣又以各省市公路营业逐渐推广，除需用多数机务人员外，尚缺乏车务会计人员，故于续办第二期时，添办车务会计班。原定招收机务班四十名，车务会计班二十名，另由苏、浙、皖、京、沪、闽、赣七省市各保送每班一名，共七十四名。实际报到者，计机务班三十五名，会计班十七名，共计五十二名。当于二十四年九月间开学。其会计班并已肄业期满，分别介绍前往各公路机关服务。机务班亦将于二十五年八月底卒业。

4. 举办汽车驾驶人员训练所

二十三年间，苏、浙、皖、京、沪五省市交通委员会拟训练现有汽车驾驶人，俾熟悉公路交通规章、汽车机械构造及驾驶技术，以期减少行车肇事，增进公众安全。经先就京市筹设汽车驾驶人训练班，于四月十一日起，开始训练。当时，京市约有汽车驾驶人二千五百名，预定每日召集一百名受训，召集程序以原领驾驶执照为准。当经如期办理完竣。二十五年，军事委员会公路组函请，由全国经济委员会公路处联合苏、浙、皖、京、沪五省市交通委员会及交通兵团部，共同组织汽车驾驶人员训练所，先行训练三期，每期学额定为一百名，每期训练时间定为两个月。其第一期业于二十五年六月开始训练，于八月中期满卒业。至第二期训练事宜，现正继续办理中。

5. 派员出席第七次国际道路会议

国际道路会议为国际公路学术机关，历届会议吾国虽有代表参加，但以当时我国公路建设尚在幼稚时代，殊少贡献。二十三年九月，该会在德国孟尼市举行第七次国际道路会议，全国经济委员会经即加入该会为团体会员。并由该会公路处就国际道路会议所送议题范围，先期向各省建设厅、市政府公路局以及路政专家征集国内路政设施之报告。同时，请各省市当局选派代表前往参加。旋准各方编送报告到会，即由该会汇编英文报告五种寄欧。至吾国出席此次会议代表，奉国民政府选派，该会公路处陈处长体诚及上海市工务局沈局长怡为政府及该会之代表。嗣陈处长因事不克前往，复经陈报国府，以该会公路处赵副处长祖康代表出席。此外，各方出席代表，湖南省政府派周凤九，安徽省政府派王南源，中华全国道路建设协会派刘崇杰、江鸿、湖南省临时出席会员童恩炯等。

6. 派员赴国外考察公路

全国经济委员会为明瞭欧美各国公路工程交通之情形，以为吾国公路发展之借镜起见，爰于二十三年七月间，由该会公路处派苏浙皖京沪吾省市交通委员会专门委员何乃民，为驻欧公路运输研究员，期限一年，在欧调查英法各国公路运输状况，经编制报告送会一部分，已于刊物中公布。该会二十四年九月，复派公路委员会委员薛次华赴欧美，调查公路交通及工程，为期九月。现已调查完毕，其报告业已送会参考。

7. 公路图表及刊物之编印

近年以来，国内各机关团体所编印有关公路之图表及刊物颇多，由中央机关主编者，计有经委会出版之中华民国公路全图、苏浙皖赣鄂湘豫闽八省公路路线图、西北公路路线图、各省分省公路路线图、东南五省公路旅行指南图、中国公路交通图表汇览、沪杭杭徽京芜宣长等公路通车纪念刊、出席国际道路会议报告书、四川地质调查报告书、公路辞汇及公路季刊等。此外，有实业部主编之中国经济年鉴之公路篇，交铁两部主编之交通史路政篇等。由各省主管公路机关主编者有：各该省公路路线图、公路运输图、建设刊物公路专号等。由各学术团体编辑者，计有中华民国道路建设协会出版之中国公路路线图、七省公路旅行指南、道路全书、道路月刊，及建设月刊社、交通杂志社等出版之公路工程及公路运输等专号。

〔国民政府交通部公路总局等公路机构档案〕

37. 全国经济委员会关于公路建设最近一年工作报告

（1937年6月）

全国经济委员会最近工作报告　　廿六年六月编

秘书长秦汾

窃查本会各项事业进行办理情形，迭经缮具报告呈送在案。兹再将最近一年来各项工作经过情形，分类列举，谨敬续报，仰乞鉴核。

计开

甲、关于公路建设事项

一、督造各省公路　本会督造苏、浙、皖、赣、鄂、湘、豫、闽及西北各省联络公路，截至二十六年四月底止，完成可通车路线，约二万四千五百公里。正在兴筑中路线，约三千一百公里，全国互通公路已增至十一万公里。本会拨借各省市公路基金数目，自廿五年五月起，至廿六年四月底止，为三百二十余万元，连前总计约为一千二百三十万元。

二、改善西兰路工程　西兰公路，全长约七百五十公里，经本会兴筑，业于廿四年五月正式通车，共用工款九十三万余元。惟以路线绵长，原有工程多属临时性质，仍有待于逐渐改善。复于二十四、五年度，先后酌列改善工程费十七万余元，饬由西北路局妥筹办理。至铺筑全路路面及其余改善工程，估计需费约三百二十万元。现拟尽先将路基桥涵于本年内改善完竣，计尚需改善经费约五十六万元。

三、兴筑西汉路凤宝段　西汉公路宝鸡至汉中段，长二百五十四公里，经本会建筑，于廿四年底全部打通，除鸡头关钢桁构桥正在建筑中外，一切工程，均已于廿五年六月完竣。其凤翔至宝鸡段，约长三十六公里，因与陇海铁路交叉之处甚多，行车殊欠安全。复经本会另测路线，于廿五年六月间开始兴筑，业于同年十月间完成土路通车。总计该路经本会建筑路线，计长二百九十公里，除鸡头关桥工经费未计外，共用二百三十六万余元。

四、完成汉宁路工　汉宁公路，起自西汉路之褒城，经沔县、宁羌至陕川边界七盘关止，全长一百四十二公里，为陕川联络交通要道。本会担任全部工程费，并负责督造。施工事宜，归省方办理。自廿四年九月开工，至廿五年六月全部工程完竣，已与川省公路衔接通车。截至现在止，本会已拨经费一百二十三万元。

五、兴筑汉白公路　汉白公路起自汉中，经西乡、汉阴、安康至白河止，计长四百八十余公里，为陕鄂重要联络路线。其汉中至安康段，约长二百六十余公里，由陕省府于廿四年一月开始兴筑，至廿五年十月打通，计由本会先后拨借工款七十万元。其余安康至白河段，长约二百二十公里，工程艰巨。经本会与陕建厅会同派员查勘，商定筹筑办法，并由会先拨工款十万元，着手测修。适值西安事变，遂暂停顿。本年四月间继续进行，并由本会借调工程司前往主持，组织测量队二队，于四月十六日由西安出发测修。

六、协测各省路线　本会协测各省重要公路，计廿五年五月以前，在赣、鄂、闽、川、陕、甘等省，共测一千八百七十余公里。自廿五年五月起，截至本年四月底止，计测川康公路六十余公里，甘新公路二百三十公里，绥新公路归武段四十七公里，绥晋公路改线十三公里，共三百五十余公里，连前总计，共测二千二百三十余公里。

七、加固桥梁工程　本会与各有关军事机关组织之公路桥梁检验委员会，已拟定分期进行办法，实地检验。其第一期规定之首都要塞，及苏浙皖赣四省各重要公路，业已检验完竣，加固工程，亦大部办理就绪。至其他各期公路桥梁检验情形，已准苏、浙、皖、赣四省函复转饬遵办，及赣、豫、京、沪等四省市填送检验调查表到会。

八、扩展西北公路运输　本会国营西北路局，初只经营西兰公路业务。廿五年五月，西汉、汉宁两路完工后，亦均划归该局经营，并进行办理陕川联运，致该局原有车辆不敷应用。故复购孟阿恩柴油车一百辆，以便扩展业务，迄今已陆续运陕七十三辆。

九、筹办川陕黔滇湘五省公路联运　本会与铁、交、军三部及有关各省政府，合组陕川黔滇湘五省公路联运公司，办理各该省会公路联运，惟川陕段仍由本会西北路局及川公路局经办。所有联运办法，业已会商洽定，股本定一百二十万元，本会认股二十万元。该项办法，并经行政院令发各有关省政府知照，并饬认股，以凭办理。

十、办理汽车统制　本会为管制全国汽车，以便征用起见，于廿五年十一月，在公路处设立汽车登记室，曾制定汽车登记片、司机登记片，先就苏、浙、皖、赣、闽、湘、鄂、豫、川、陕、京、沪等省市，着手办理车辆及司机之登记，以便管制。现已登记汽车一四七八二辆，普通及执业司机三一〇九二人，并曾派员先行检验苏、浙、湘、赣、京、鄂等省市汽车，编成汽车队，举行征车演习。其余各省市之汽车编检演习，即须继续办理。又汽车工程管理，及材料人员之登记，亦经由会制定办法及表式，分发各省市查报。现已登记者共八一八人。

十一、集中购用汽车用油　行政院为筹商集中采购汽车用油起见，曾召集各机关代表来京会商，经于廿五年五月一日，由行政院、军事委员会、全国经济委员会、资源委员会、航空委员会、军政、财政、实业、铁道、交通五部、苏、浙、皖、赣、湘、豫、鄂、甘、陕、川、闽、京、沪十三省市政府，共二十三机关，签订集中购油合约。并经决议，集中购油由本会主持，会同中央信托局办理。本会接得行政院函嘱后，即订定集中购油办法，分行各机关查照。各签约购油机关，自廿五年七月一日起，均按照规定集中采购。每月需用汽油量，经各机关填报，约为一百十二万加仑，已由信托局与油公司签订购油合同三次。其第三次合同，规定自二十六年四月至年底为有效时期。

十二、办理购储汽车用油　本会规定苏、浙、皖、闽、赣、湘、鄂、豫、川、陕、甘、京十二省市最低限度，应共购储汽油三百万加仑，并拟具购储办法，提请行政会议通过。所需油价及储油设备，计约五百万余元，各省市自筹百分之三十，中央拨助设备费百分之三十，余向中央信托局垫借，各省市已签订垫借合约。至所需两种储油池（三万二千加仑与五万四千加仑）及两种蒸发气制（十二尺与廿五尺），均经本会设计绘图，托由中央信托局代办。现油池钢料，系向华洋商务公司订购，建筑工程，由葆兴、新民等厂承办。又由会定制五十加仑油桶六千只，已有四千只分配各省领用，其余二千只尚未出厂。并在沪定制手摇油帮浦二百只，及向美孚行定购油池保险器具二十四套。

十三、整顿汽车配件制造厂　本会以赣、湘两省省营公路机械厂，自制汽车配件，已有相当成绩，乃由会规定设备标准，指定配件制造种类，并各补助经费七万元（已先各拨二万二千元），扩充为配件制造厂。现该两厂已分别订购机件，从事扩充，江西厂并添建厂屋。

十四、整顿各省市修车厂　本会规定各省市修车设备及其任务，计分大修车厂、小修车厂及工程车三种。在京、浙、皖、赣、鄂湘、豫、闽、陕等省市择定适当地点，设立大修车厂，其中除陕省修车厂由本会西北路局办理外（扩充厂屋图样已绘制，发交该局招标，购置机件，预算三万九千一百元，亦已核准），余由各该省政府及军政部分别办理，并由会酌助各厂经费共六万元（已共拨二万五千元）。现只湘省一处尚待进行，余均已依照标准，着手扩充。至苏、浙、皖、赣、湘、鄂、豫、闽各省小修车厂数量地点，及工程车设备，亦均由各省依照本会核定标准，分别办理。

十五、办理购储汽车车胎配件　各省市购储汽车车胎配件，已由本会规定存储标准，至少足敷六个月之用。现苏公路处、闽汽车管理处、沪汽车管理处、沪华商汽车公司等四处之配件，已大部储足三个月存量，其余均只有一部分储足三个月存量。至车胎均多不足三个月存量，经由会分别催速依照规定标准办理。

十六、研究汽车燃料　本会与中央大学及中央工业试验所组织之棉籽油研究委员会，已将炼油工作试验完成，热制工作就在进行中。炼出之油，经行车试验，在天气温暖，已可应用，寒天则尚须改良汽车加热设备。并研究以棉籽油搀和柴油使其粘度减低，直接使用于柴油引擎，亦有相当成绩。至其压燃性质，则正在研究中。又实业部地质调查所经本会拨助经费，已在南京建筑燃料研究室，以研究烟煤之氢化，提取原油。现并购置各种设备，继续作低温蒸溜之试验。复试验氢化烟煤，以期多得油份。对于乐平煤之氢化可能性，已先后试验七十次，获有相当成绩。此项工作，正在积极进行中。

十七、办理京滇公路周览会　行政院与本会及其他有关机关举办之京滇公路周览会，迭经召集筹备会，订定办法，组织办事处，附设本会办公。规定团员八十人，由中央与地方机关及团体指派人员参加，已于二十六年四月五日，由京出发，沿途周览风土名胜，及考察各项建设事宜，业均于四月廿九日抵达昆明。全程约三千公里，实费一百零六小时，以每日行车十二小时计算，为时不过九日。现已分入川入桂两路返京。

十八、办理路工试验　本会参照各国路工试验所办法，斟酌我国实际需要，于廿五年冬，在南京麒麟门附近，筹设中央路工试验所，房屋工程，已于本年四月告竣，俟试验仪器机械等项设备，赶装竣事，即可开始工作。

十九、办理汽车驾驶及机务人员训练　本会于廿五年六月会同交委会及交通兵团，合办汽车驾驶人员训练所，规定训练三期，每期暂定一百名，各受训两个月。至廿五年冬，三期学生共二百四十二人，均先后毕业，送返原机关服务。并由本会将训练标准、训练课本，送请各省市采用，以便自行继续办理训练事宜。又于廿五年冬，与交委会及交通兵团赓续举办汽车机务人员训练所，在南京、上海等九地同时考取高中毕业生四十四名，另由各机关保送廿六名，已于本年二月十八日开学，训练期间定为二年。

二十、修订章程　本会为兼顾最近军运及商运发展情形起见，经将前订之公路工程设计准则，加以修正补充，公路桥梁涵洞工程设计暂行准则，已编订颁布。至于工程标准图，亦在增制中。

廿一、编制图表刊物　各种公路图表，除全国公路图、八省公路图、西北公路图，苏、浙、皖、陕、甘等分省公路图，及中国公路交通图表汇览等，前已出版外，最近一年继续出版者，有甲种全国公路图，黔、鄂、川、赣、湘、闽、滇、豫、冀、晋、察、绥、鲁、桂、粤及宁夏、青海等省分省公路图。至中国公路交通图表汇览廿六年版，及东北四省、新、康、藏、蒙等公路图，正在编制中。其余研究刊物之出版者，有公路季刊、第一试验路报告、调查欧美公路路政报告等书。

廿二、设立全国公路交通委员会　本会以全国各省联络公路次第完成，遂召集各省市政府代表，举行修正互通汽车章程会议，议决扩组苏浙皖京沪五省市交通委员会为全国公路交通委员会，于二十五年七月一日成立。嗣于廿五年九月及廿六年二月，先后召开第一、二次常会，同时邀请鲁、川、黔、粤、桂、广等省市参加会议，并议决于第三次常会时，续请滇、陕、甘、冀、晋、平、津、青各省市派员列席。

廿三、修订公路交通章则　全国公路交通委员会自扩组成立后，即依据前五省市交通委员会第十三次常会决议案，将原订定施行之各种章则图表，重行厘正，计分组织、管理、运输、会计、设备等项章程二十八种，图表三十二种，已由本会转发各省市政府查照施行。

廿四、制订公路运输章则　全国公路交通委员会所订各省市公路运货及载客通则，照例于每年九月举行之运输会议，讨论应行修正各项问题。上述两项通则，曾于廿四年九月作第一次修正，定于廿五年一月由各省政府公布施行。廿五年九月，该会第一次常会时，复由本会转邀各省市加派有关运输代表，举行运输会议，复将运货通则局部修正。同时提出各省市公路联运办法实施规则，经该次常会及本年二月第二次常会先后修订，共为七章八十九条，现正由本会分征各省市政府同意，以便定期公布施行。

廿五、统一公路会计制度　全国公路交通委员会统一公路会计制度设计委员会，已订定统一公路会计科目及各种主要帐簿表格，拟于本年七月起，由各省市先行试办，俟有成绩，即将全部统一公路会计制度公布施行。近并扩组为统一公路会计统计委员会，着手制定统一公路统计制度。

廿六、编定路线号志　全国公路交通委员会曾依据本会召集之七省市公路专门委员会决议，编定干支线路号编号办法，以便遍设路号号志。已制就京沪(一号)、京闽(二号)、沪桂(三号)、京鲁(四号)、京滇(五号)、京川(七号)、汴粤(八号)、京陕(九号)、洛韶(十号)等路干线号志牌，分送各省市装设。其支线号志及指路牌等，并已规定图样，分由各省市自行设置。

廿七、办理公路安全事宜　全国公路交通委员会前曾置备各种公路交通安全模型、实物图表、宣传小册、月份牌，并摄制有声、无声电影片，先后在南京、南昌公开展览，普遍宣传，推广安全常识。二十五年六月暨二十六年二月，复先后在安庆、长沙等地，举行第三、四次安全运动会。最近更将各种展览品运赴川黔两省，协办成都、重庆、贵阳等地之安全展览会。

廿八、试造煤气汽车　全国公路交通委员会煤气车试验委员会，曾向法、比、瑞等国订购各式煤气发生炉四种，分别作室内及驶用试验，成绩颇佳。廿六年春，并试造煤气发生炉一座，装配车辆，参加京滇公路周览会，以观察煤气车长途行驶效能。现已抵滇，由滇省府购用。

乙、关于水利建设事项〔以下略〕

〔国民政府全国经济委员会档案〕

38. 交通部历年修筑公路里程及公路经费

(1927—1937年)

年　份	新筑里程	公路经费
民国16年(1927)	3,059	—
民国17年(1928	1,380	—
民国18年(1929)	3,894	—
民国19年(1930)	12,222	—
民国20年(1931)	19,445	—
民国21年(1932)	4,788	831,800
民国22年(1933)	1,352	1,400,145
民国23年(1934)	12,558	5,574,101
民国24年(1935)	11,444	1,598,185
民国25年(1936)	19,449	2,287,276
民国26年(1937)	1,594	12,522,496

〔国民政府交通部档案〕

39. 交通部历年汽车分类表

（1928—1937年）

年　　份	共　计	自用客车	营业客车	货　车	邮车	特种车	机踏车
民国17年(1928)	34,466	—	—	—	—	—	—
民国18年(1929)	30,607	—	—	—	—	—	—
民国19年(1930)	38,464	—	—	—	—	—	—
民国20年(1931)	41,853	25,623	5,374	8,395	—	—	2,461
民国21年(1932)	44,254	27,350	5,894	8,259	—	—	2,751
民国22年(1933)	44,462	27,473	5,190	8,939	—	—	2,860
民国23年(1934)	50,023	30,107	10,184	7,065	—	—	2,667
民国24年(1935)	56,237	32,759	10.362	10,043	—	—	3,073
民国25年(1936)	62,001	34,495	10,579	13,270	—	—	3,637
民国26年(1937)	68,917	36,143	10,837	17,655	—	—	4,282

〔国民政府交通部档案〕

40. 交通部历年各省可通车公路里程表

（1933—1937年）

省　　别	1933年	1934年	1935年	1936年	1937年
总　　计	74,551	84,809	96,253	119,567	110,952
江　　苏	2,312	3,769	4,009	5,326	5,447
浙　　江	1,882	3,121	3,136	3,308	3,401

（续表）

省别	1933年	1934年	1935年	1936年	1937年
安徽	2,498	4,208	4,890	5,379	5,433
江西	2,300	4,652	5,851	6,210	6,347
湖北	1,833	3,240	3,664	4,438	4,600
湖南	1,368	2,076	2,689	2,954	3,165
四川	3,980	2,611	3,403	4,347	4,681
西康	575	575	578	578	578
福建	2,449	3,263	3,658	3,820	4,120
广东	11,700	11,244	11,288	11,288	11,288
广西	3,896	3,828	3,828	4,125	4,125
贵州	1,165	1,185	1,382	1,780	1,780
云南	1,344	1,233	2,137	2,303	2,304
河北	1,873	1,793	2,352	3,161	3,161
山东	6,885	5,520	5,569	6,533	6,533
山西	2,025	2,056	2,056	2,703	2,703
河南	3,056	3,064	3,478	5,773	5,929
陕西	1,169	1,509	1,948	2,768	2,768
甘肃	637	1,353	2,879	3,140	3,140
青海	1,173	906	1,482	1,482	1,482
辽宁	2,420	3,191	3,191	3,191	3,191
吉林	2,425	2,852	2,852	2,852	2,852

（续表）

省　　别	1933年	1934年	1935年	1936年	1937年
黑龙江	1,970	2,514	2,514	2,514	2,514
热　河	2,330	2,330	2,330	2,330	2,330
察哈尔	3,757	2,167	2,167	2,581	2,581
绥　远	478	1,353	1,617	3,208	3,208
宁　夏	2,550	2,839	2,502	2,533	2,533
蒙　古	3,176	3,779	3,779	3,779	3,779
新　疆	1,325	1,528	3,929	3,929	3,929
西　藏		1,050	1,050	1,050	1,050

〔国民政府交通部档案〕

(四) 航运与航空

一、航政概况

交通部关于召集全国交通会议电
（1928年7月5日）

各铁路管理局、电政总局、各电政管理局、邮政总局、各省邮务管理局、招商局、各交通大学、扬子江水道整理委员会均鉴：本部成立以来，晌逾一载，承交通事业支离破碎之余，值军事倥偬，应付已艰，遑论建树。凡我寅僚身感困难，殆无不以刷新整理之说进怀，此宏愿已非一日。幸值北伐告成，幽燕底定，南北统一，建设开始。交通为百政之模范，亟应及时整理，力图发展。揆以最近交通实况及征诸本党政策，现成事业应如何竭力整顿，急需事业应如何即时筹备，未来事业应如何详为设计，及积弊如何廓清，旧债如何清厘，制度如何改革，技术如何奖进。经纬万端，既难冥行，以索术后先缓急，尤须询谋之佥同，况地域袤延，情形各异，亦必斟酌尽善。此外，统一行政，划一会计，均有互相商榷之必要。各同志服膺党义，同为信徒，宜与经始之谋，以为革新之助。兹定于八月十日在京部召集全国交通会议，凡属各地交通事业主管机关，或亲自来京，或代表出席，预拟提案，付之讨论。举重赖乎众擎，集思乃能广益，伫闻伟论，敬布悃诚。并附会议规程如下：

全国交通会议规程

第一条　国民政府交通部为谋交通行政之统一，交通事业之发展，革新制度，廓清积弊，整理债务，实施方案，召集全国交通会议。

第二条　本会议以左列各员组织之：军事委员会代表一人，各总司令代表各一人，各政治分会代表一人，各省省政府代表一人，交通部部长、次长、秘书长、参事、处长、司长、技监，交通部直辖各机关长官或其代表，内政部、外交部、财政部、司法部、工商部、农矿部、建设委员会、大学院、审计院、法制局各派代表一人，银行公会、全国总商会各派代表二人。

第三条　交通部选聘专家若干人，详下：(1)富有交通学术经验者，(2)关系交通事业者。

第四条　本会议以交通部部长为主席，次长为副主席。

第五条　本会会议场设在首都本部所在地。

第六条　本会议期定为八月十日至廿日，遇必要时，得由交通部长酌量延长之。

第七条　本会议所讨论之范围，以交通部交议之案及各会员提出之议案为限。

第八条　本会议开会须有报到人数过半数之出席。

第九条　本会议议案由出席会员多数表决之，可否同数时取决于主席。

第十条　各会员如有提案，须于开会前五日送交本会议秘书处，以便编列议事日程。会员有临时提案，须经会员十人以上之连署，用书面送交主席，酌量编列议事日程。

第十一条　各种议案须付审查者，由主席就会员指定若干人组织审查委员会审查之。

第十二条　本会议议决事项，由交通部分别采择施行。

第十三条　本会议设职员若干人，组织秘书处，分掌各种事务。其章程另定之。

第十四条　本规程由交通部呈请国民政府公布之。

统至希省览。王伯群。微。

〔国民政府交通部招商局轮船股份有限公司档案〕

2. 虞和德请拨款救济以免停航呈

（1928年11月　日）

呈为开呈军事期间，长江停航损失清单，仰祈迅赐拨发现款，俾资救济，而免停航事：窃维航业于国家主权，民众交通，商货运输，关税收入诸端，俱有密切重大之关系。东西各国政府知其然也，故以财以力之接济维护航商者，无所不用其极，成事昭昭，不胜枚举。美国政府因欧战以后，国内外航业较之列强有落伍之虞，爰于最近颁布补助航商之规定办法。设有商人以十万金购置轮船一艘，得向政府借贷现款七万五千金，余照递推。周息三厘，宽其偿期，按艘计贷，不厌繁多。布告全国，以奋兴国人之兴办航业，无怪乎航业之蒸蒸日上也。若我国航权之被侵，航业之幼稚，固无可讳言。近二十年来商人始有航业之经营，然大都能力薄弱，旋起旋仆，迄今能勉与外轮奋斗者，除招商局外，公司等数家而已。但能支持至今，全赖长江一线营业之收入，诚以长江航线为商业之中心。乃自发生军事后，最受影响者，亦竟莫长江航线。若盖一面江轮多供军用，所得租金不敷开支，一面因军事关系，长江上下游停航至十四阅月之久，损失之巨，实难计数日〔目〕。惟加贷借款以苟延，债额日增，势将破产。本年一月间，曾由上海总商会将公司等危迫情形，电呈国民政府、军事委员会、财政部、交通部，恳请设法补助。当奉电复，温语有加，公司等窘困情状，已邀政府洞鉴。八月间，复经交通部函聘专门委员虞洽卿、李伟侯，代上海航业公会，将招商局与公司等三家之长江航线，因军事停航，损失巨大，债务环迫，势将破产，请求转呈政府拨款补偿等情，提出于全国交通会议，当经议决通过，并承交通部长面命，开具损失清单，呈请钧府核办等语在案。查公司等历年置备江轮多艘及各埠趸栈，均系贷款经营，欠人债款，已达二百余万两。去年以来，因弥补停航期内损失，所借新债，又二百数十万两，新旧债款，共计四百余万两。为数既巨，为期又久，一再延约，分文未偿，群相催迫，不可终日。在军事未平之时，尚可藉口缓还，各债权人亦以事关时局，犹能曲加原谅。目下时局大定，各债权人以仍复无期延长，群视公司等为无意偿债，于是联合追迫，急如星火，岂第无款可还，抑亦无词可对。年关将届，除停航破产外，委无其他办法。且各债权人以交通会议既经议决，呈请政府补偿长江停航之损失，亟应由公司等根据呈恳，俾得早日拨付。直接固能救垂毙之公司等，间接亦足维持被欠之金融机关，公司等亦以舍此别无生路。爰遵照大会决议及交通部长面命，依据十四年份公司等各江轮所收入营业实数为比例，开具公司等在军事期间长江停航之损失清单，备文附呈誊核，伏乞迅赐核饬财政部，如数拨给现金规元二百十一万零三百五十一两六钱八分，交公司等具领，俾资救济，而免停航。临呈不胜迫切待命之至。谨呈

国民政府

计附呈停航损失清单两纸

具呈人三北轮埠股份有限公司 鸿安商轮股份有限公司 总理　虞和德

中华民国十七年十一月　　日

三北轮埠公司军事期内长江停航各轮损失表

船名	何日停航 年 月 日	何日复航 年 月 日	停航日数	应除军用日期	停航次数（每九天为一次）	每次水脚客伸平均收入	应除每次支出之煤费小工费	每次损失	损失总数
伏龙	十五、九、十、	十六、八、二八、	348天	45天	33.5	银 10,414.48	银 2,365	银 8,049.48	银 269,657.58
凤浦	十五、九、六、	十六、八、三一、	355天	38天	35.25	11,848.96	2,458	9,390.96	331,031.34
飞虎	十五、九、六、	十六、八、二五、	349天	72天	30.75	10,708.46	2,370	8,338.46	256,407.64
鸣鹤	十五、九、十二、	十六、九、九、	357天		39.5	11,003.93	2,393	8,610.93	340,131.73
醒狮	十五、九、五、	十六、八、三〇、	355天	30天	36.	12,450.70	2,517	9,933.70	357,613.20
昊兴	十五、九、五、	十六、二、二八、	173天		19.25	8,914.35	1,930	6,984.35	134,448.73
共计损失总数规银 一百六十八万九千二百九十两零二钱二分									

鸿安商轮公司军事期内长江停航各轮损失表

船名	何日停航 年 月 日	何日复航 年 月 日	停航日数	应除军用日期	停航次数(每九天为一次)	每次水脚客佣平均收入	应除每次支出之煤费小工费	每次损失	损失总数
长安	十五、四、十三、	十六、六、十一、	418天	62天	39.5	银 8,269.53	银 1,497	银 6,772.53	银 267,514.93
德兴	十五、八、六、	十七、一、三、	507天	480天	3	8,461.39	1,522	6,939.39	20,818.17
余杭	十五、九、五、	十六、二、二八、	173天		19.25	3,491.08	925	2,566.08	49,397.04
宜安	十五、九、五、	十六、二、二八	173天		19.25	2,875.66	814	2,061.66	39,686.95
扬宜	十五、九、五、	十六、二、二八	173天		19.25	3,099.24	832	2,267.24	43,644.37
共计损失总数规银四十二万一千零六十一两四钱六分									

〔南京国民政府档案〕

3. 军事委员会颁布租船条例

(1929年3月8日)[①]

战时军事租船条例

第一条　在作战期间，为体恤商情，兼顾军事运输起见，特制定军事租船条例，凡与此有关系者，均须遵守之。

第二条　凡军事运输，需用大小轮船时，由本会令饬兵站总监部，向各轮船公司承租，通盘筹划，以决定自用，或转给各军运用。

第三条　在已经远征之军队需船甚急，仓卒不及由兵站总监部拨用时，得由该军就地向轮船公司商租，但须不违背此条例，并将租船合同呈报本会备案。

第四条　租金以该轮之吨位、容量、速率等为标准，由承租者与各公司双方议定，但最大之轮，一月租金不得逾六千五百元。该轮必须之肥皂油料等项，概包含在内。

第五条　议定前项租金时，须订立合同之时，将租用该轮期限确定，非万不得已，不得变更。租船届满，由承租者将租金结算清楚，原船交还公司。

第六条　前项合同草案，未经双方签字之先，应由兵站总监部呈报本会，指定相当人员审查之。

第七条　在特别时机不及用前条手续时，得一面订立合同，一面呈报本会备案。

第八条　租金得按日摊算，由兵站总监部发给之，但在特别时机，由各军直接租船之租金，先由各军垫付，再列入报销项内，呈报核销。

第九条　凡租用轮船，应先付各该轮一月租金三分之一。

第十条　无论大小轮船公司，其船因租期届满，交还之后，而

---

① 系招商局收文时间。

租金尚未结算清楚者，得呈报本会查明核发。

第十一条　船上应用之煤，概由兵站总监部转发，但各船用煤若干，由兵站总监部连同煤价，于每月终，列表详细呈报备核。

第十二条　由公司交船时，船上若存有余煤，应双方估量吨数，按照市价，由承担者算给公司，还船时亦照此办法，由公司算给承租者。

第十三条　公司交船之时日，即为起租之期，上午交者，当日起租，下午交者，次日起租，交还时亦同。

第十四条　船上一切员工，由兵站总监部所派管理员指挥监督之。

第十五条　船上所载军队等，应由该军队负责人员严加约束，不得稍有碍及行船之事。

第十六条　船在租借期内如发生军事上危险，本会负相当责任，但船之机件发生障碍时，应由商人自行修理。

第十七条　船上必须之船员、领江、工役人等，仍由各该公司负责雇用，倘有不守规则者，即由承租机关通知各该公司调换，该公司不得借故推诿。

第十八条　船上所有职工人等之薪资伙食，概由该公司付给，但承租者所用职工人等薪资伙食，不在此内。

第十九条　在各公司大小轮船数目吨位等项，尚未确实调查以前，仍系商租，将来经确实调查统计后，即应施行摊租，以昭公允，而免偏枯，摊租时，应将关于摊租之条文，明令追加之。

第二十条　自此条例公布后，各军不得私自扣船，以恤商艰，而免纷歧。

第二十一条　本条例如有未尽事宜，得随时修改之。

第二十二条　本条例自公布之日施行。

〔国民政府交通部招商局轮船股份有限公司档案〕

4. 交通部为航政局设立处所及管辖范围与行政院来往呈令

(1931年1月)

(1) 交通部呈稿(1月23日)[①]

呈为依照航政局组织法，拟定设局处所及划分管辖区域呈请鉴核事：窃查我国航业不振，虽由于外轮压迫，要亦管理之法未尽得宜，海关既墨守成规，各省复各自为政，航商日呻吟憔悴，于政令纷歧之下求发展，而末由职部职掌所关。深见及此，故于筹议收回航权之外，复谋统一管理机关，藉资整顿而便设施。现在航政局组织法业经政府明令公布，而各航商复纷纷具呈请求，自应积极进行，以期仰副钧院维护之心，而慰航民更始之望。惟查该组织法第二条之规定，航政局设置处所及管辖区域，应由钧院核定。兹谨详察国内航业情形，斟酌需要缓急，拟就上海、汉口、广州、天津、哈尔滨五重要港埠，先行分设五局，各就地域范围分定管辖区域，即以上海局兼辖江、浙、皖各埠，汉口局兼辖湘、鄂、赣、川各埠，广州局兼辖闽、粤、桂各埠，天津局兼辖直、鲁、辽东沿海各埠，哈尔滨局兼辖松、黑两江各埠，俾明系统，而便指挥。至其他各埠将来应否另行设局，或由该五局分设管理机关之处，应俟五局成立后，再视事务繁简航业盛衰，随时酌议，呈请核定，庶于分途并进之中，仍寓因地制宜之意。所有拟设航政局处所及划分管辖区域缘由，是否有当，理合备文呈请鉴核，指令祇遵。谨呈

行政院

(2) 行政院指令(1月31日)

行政院指令　字第三二二号

---

① 系封发时间。

令交通部

呈字第十三号，呈为拟设立航政局处所及管理范围，呈请鉴核由。

呈悉。查所拟尚无不合，应准照办，除分令各部会、各省市政府暨威海卫管理公署知照外，合行令仰该部遵照办理。此令。

中华民国二十年一月卅一日

院长　蒋中正

〔国民政府交通部档案〕

5. 中国商船驾驶员总会请及早开办航政局以整理航运等致交通部呈

(1931年2月15日)

呈为呈请及早开办航政局以资整理，而免坐误事：窃维我国航政腐败已达极点，应行著手整理之事务，千头万绪。试一举，似则海上航行船壳机器，首应注重，各国限制綦严，稍有不合，即加干涉，绝不似我国之破船旧机，漫无稽考。而船员职务，亦属重要，各国皆有严密完备考试之法，惟我国水手机匠一任滥竽，故肇祸生事，以是独多。至驾驶船舶，更为专门学术指挥之责，法律所定船长之外，绝无他人可以过问。但华轮纲纪废弛，茶房执役人多势众，时有便利私图，干涉航行，甚则唆使旅客故意与船员为难，危险极巨。复次，船舶转移登记为必要手续，然而奸商规避，私相授受，冒悬外旗，致使公家无从究诘，反明目张胆航行内地口岸，如海州、大浦、兴化、泉州等处，已司空见惯，不以为奇。他若各船船员人数之规定，待遇之优劣，应按船舶大小航程远近，以定任用名额之多寡及月薪数目之高下。独我国公家向无此项管理章程，尽任公司之各自为政，竟有设备不全，贪图厚利，强迫航行，置船员客货之安全于不顾者。余如港务管理、海事裁判等等，或尚全部假手外人，或尚毫无此等规划，非有特任专管之机关，更谁为之经营，是而主张是。查去岁以还，政府以大势所趋，认整理航政为不容缓，乃有创设航政局之议。属会之愚，以中央之力，提纲携领，就此一举，根本解决，必能收极大之效果，方期朝令夕行，不日实现。不料迟回至今，沉闷益甚，而推原其故，或以此种机关为只有开支，绝少收入，遂视之为不急之务，而一任其自为起落乎。夫国政兴替，必有前提，粤稽往史，苟为昌明隆盛之会，励精图治，开源节流则有之，量入为出则有之。反之因噎废食，将有所蔽。举凡施政，苟唯以收入为目的，则除征敛而外，将何缓急轻重之足论。丁兹党国之下，建设时期，以革命精神刷新政治，乃国民同具之希望。全国裁厘，犹以决然手段作壮士断腕之豪举，航业公债一千万元，亦在进行。类此财政重大问题，均已解决，而航政一局之经费，设为规划，则酌量挹注，当非全无办法，彰彰甚明。且国营航业势在必行，其一切施设，殆莫不有赖于航政局之扶助。是航政局之设立，不但可以整顿航务，收回航权，助长华航，而无形之中，尤足俾益国营利益之溥。宁待名数，或谓我国航政，钧部航政司办理已久，另设专局，毋乃骈技，此皮相之论，不合实际。盖我国海岸线之长，殆逾万里，而港埠之多，又不下百处，船舶航行，不能集中一隅，非择要设局，就近督理，不能分工合作，收指臂相连运用自如之效。属会以职业所在，航政良窳，攸关切肤，是以不揣冒味，陈其管见，敬祈钧部察纳刍荛，当机立断，早予开办，藉免因循而贻，坐误国计民生，工商百业胥受其益。除分呈行政院请求鉴核施行外，为此建白，是否有当，企盼示遵，俾慰悬悬。谨呈

交通部

中国商船驾驶员总会

中华民国二十年二月十五日

〔国民政府交通部档案〕

6. 张学良为大连政记轮船公司恳请维持以挽航权致蒋介石等电

(1931年4月4日)

南京国民政府蒋主席钧鉴：财政部宋部长、交通部王部长均鉴：案据大连政记轮船公司总经理张本政呈称：为金价奇涨，亏赔过巨，恳请维持，藉挽航权事：窃商公司于前数年，因军事影响，损失巨大，几至停业。幸赖政府体恤商艰，维护航业，令全省各银行号摊借大洋二百万元，以资救济，嗣经本政督饬同人努力经营，数年之间已将借款陆续归楚。此所得以支持至今，尚与外轮抗行者也。不意上年金价逐步腾涨，市面异常恐慌，不特营业萧条，即商公司日用开支者，金票实占四分之一。因高级船员多系日人，薪水用金，而烧煤修缮及船用品，亦多用金，以致十九年度决算，竟亏赔至七十三万之巨。按三年前金价低于大洋时，公司全年用金约一百二十万元，至十九年上半期，用金减至三十万，下半期又减至二十万，然两期合计，仍用金五十余万元。此项贴色损失，计四十余万元，加以资产消除，计十一万余元，其营业上之损失不过二十万。但历年外欠太多，不能按期收入，以致活动金少，一时周转不灵，惟有仰给银行。而我国各银行有种种限制，不能借到巨款，不得已与日本银行通融，使用金票。上年贷数在日金四五十万，其全年利息不过三万，而兑换损失不赀，例如借时日金每元值大洋一元之谱，还时涨至二元有余，无形亏耗，为数甚巨。截至现在尚欠各银行日金四十五万元，而金价日涨无已，若不设法还清，则商公司五百万元之资本，不数年即为金价消蚀净尽，前途危险，言之不寒而栗。本政日夜焦虑，寝食俱废，当此世界金融俱困之时，竟是一筹莫展，伏思我国民政府现正注重交通，力维商困之际，用敢不揣冒昧，沥陈下情，敬恳转达政府，俯念航权重要，加以援手。窃念商公司经本政苦心创办，历尽艰辛，志不在谋私人之利，实欲争我国航海之权，而谋国家官商农工运输之便利。孰意础基未固，遽受金价打击，势将失败，俾本政半生心血，付于流水。商公司固不足惜，其如国家航权何。筹思再四，惟有仰恳副座转达国府，饬部量予补助，酌拨大洋二百万元，以百万清偿金债，以百万扩充航务。良以现在世界经济竭蹶，船只过胜〔剩〕，价值减至最低之数，购置船只，推广航线，正是难得之机会。如一时巨款难集，请先拨借百万元偿债，其利率及偿还办法，请核示遵行，或仍照前例，由国民政府饬商国家各银行号摊借，暂救眉急，而免停业。将来办法，拟将日本船员薪金酌减二三成，或少缓乘机试改大洋。其煤炭及船用品，拟极力采用国货，避免金票，俾资补救。本政年近古稀，本可息肩，惟不忍我国家方兴之航业，功败垂成，故一息尚存，不敢少懈。但事关国权及将来航业之发展，是以琐屑陈请，谅我国府对于交通事业规划远大，余力不遗，航海路线，尤为国权所必争，或不忍坐视，使商公司一蹶不振，航权为外人窃据，而不加援助也。理合披沥下情，呈请鉴核，转请示遵。等情。据此，查该经理所称亏赔原因及航路国权，均关重要，各情形确属实在。现以国家注重交通，保持航权，尤谋运输便利之际，似不忍任其停业，功败垂成。但近年北方各省区年荒水患，市面萧条，万民嗷嗷，尤难坐视。前经筹备购粮济民贷款各项，已属万分拮据，酌缓济急，竭蹶堪虞，况值各省裁厘甫竟，库款益感奇绌。该公司停工待救，以航路国权关系，固所应援，无如补救有心，点金乏术，良百计筹，维实无善法。为此，电请钧座、贵部长俯念商艰，维持航政，设法转向各银行团代为接洽，由该公司自行筹商借款补助，以维交通，而保国权，至为拜祷。除批示外，特电转请，并希见复。张学良。支。财印。

中华民国廿年四月四日

〔国民政府档案〕

7. 交通部成立航政局请协助办理等致东北政务委员会咨稿

(1931年6月16日)

交通部咨　第四六五号

为咨请事：案查航政局组织法业于上年十二月间，奉国民政府公布施行。凡船舶之登记、检查、丈量、载线、标志及海员，航路等事项，均规定为该局职掌，自应遵照办理，以副政府整理航政之意。并为实施管理航政起见，呈奉行政院核定，先行设立上海、汉口、天津、广州、哈尔滨五航政局，即以沪局兼管苏、浙、皖，汉局兼管鄂、湘、赣、川，津局兼管冀、鲁、辽东，粤局兼管粤、闽、桂，哈局兼管吉、黑各省航政事宜。除粤局暂缓成立外，现已派定奚定谟代理上海航政局局长，徐濬镕代理汉口航政局局长，陶毅代理天津航政局局长，曾广钦代理哈尔滨航政局局长，饬即克日筹办，本月内一律成立。除依照船舶各法执行主管官署事务外，所有海关代办航政，亦经咨请财政部转饬，分别移归各该航政局接管，以一事权。惟该局成立伊始，百端待理，应请随时协助办理，俾利进行。至纫公谊，并希见复为荷。此咨

东北政务委员会

〔国民政府交通部档案〕

8. 交通部奉发商港条例致上海航政局训令

(1933年7月14日)

交通部训令　字第3703号

令上海航政局

为令知事：案奉行政院第三一六七号训令开：为令知事：奉国民政府第二九三号训令内开：为令知事：查商港条例现经制定，明令公布，应即通行饬知。除分令外，合行抄发该条例，令仰知照，并转饬所属一体知照。此令。等因。奉此，除分行外，合函抄发原条例，令仰知照，并转饬所属一体知照。此令。等因。计抄发商港条例一份。奉此，合行抄发原条例，令仰知照，并转饬所属一体知照。此令。

计抄发商港条例一份。

中华民国二十二年七月十四日

交通部长　朱家骅

商港条例

第一条　本条例所称商港，指在中国境内准许外国通商船舶出入之港而言。

前项商港以经国民政府命令指定者为限。

第二条　商港区域及船舶停泊地点，由交通部指定之。

第三条　船舶入港时，应悬挂船籍国国旗及信号符字，如系定期邮船，得以公司旗代表信号符字。

前项国旗及信号符字或公司旗，非将入港报告单提出于该港主管航政官署后，不得落下。

入港船舶须用引水人时，得请由主管航政官署指派。

第四条　船舶入港，应遵照该港主管航政官署所指定之地点停泊，非经特许，不得移泊。

第五条　船舶入港报告单，除休假日外，应在二十四小时内提出于主管航政官署，非经许可，不得与他船或陆上交通及起卸货物。

第六条　船长于航路上发见新涨滩沙或暗礁等项有碍航行者，应于进港时即行报告主管航政官署。

第七条　主管航政官署应指派专员常川来往于港口，遇有船舶入港，随时指定停泊地点。

第八条　无论何种船舶，不得停泊于公共航路，其装有突出之横木，足碍他船航行者，应收进或撤去之。

第九条　船舶在港内应缓轮慢行，并不得于狭窄之处追越他船。

第十条　港内拖带船舶，其本船与拖船之距离及拖带之艘数，由各港主管航政官署规定之。

第十一条　凡竹排木筏或他项大宗物料，非经主管航政官署许可，不得在港内停放或移动。

第十二条　在港内停泊或行驶之船舶，夜间应依航海避碰章程之规定，悬挂各种灯号。

第十三条　船舶在港内不得于妨碍他船航行之处，将驳船或他种小艇系留于船旁。

第十四条　港内浮标立标及其他航路标识上，不得拴系绳缆及其他船具。

第十五条　停泊港内之船舶，主管航政官署认为必要时，得令其改换抛锚地位或移泊他处。

第十六条　船舶移泊或改换锚位时，应预先悬挂旗号。

第十七条　船舶除在主管航政官署指定之地点外，不得装卸货物，并不准船客及船员任意上下。

第十八条　船舶在港内非经主管航政官署许可，不得施放枪炮烟火及使用爆发物。

第十九条 船舶在港内除遵照航海避碰章程，或警告危险，或其他必要时，不得任意鸣放汽笛。

第二十条 港内不得投弃煤屑、灰烬、油脂及其他不洁物件。

第二十一条 港内如有沉没之船舶或遗落之物件，主管航政官署得限期令船舶所有人或物主除去之，违者即由主管航政官署代行除去，其费用由船舶所有人或物主负担。

第二十二条 船舶在港内失火时，除急鸣警钟外，日间应挂通报火警之旗号，夜间应放蓝火或闪火，至遇救时为止。

第二十三条 船舶如载有非应备之爆发物或易于燃烧之危险物，于入港时，应在港外停泊，日间应悬挂旗号，夜间应悬挂红灯于前桅之上端。

前项船舶，非经主管航政官署指定停泊地点后，不得入港，并不得任意装卸该项物品。

第二十四条 入港之船舶，如发见有流行病或传染病、或来自有疫口岸者，日间应悬挂旗号，夜间应悬挂红白二灯于前桅之上端，先在港外停泊，受卫生官员之临时检验。

前项船舶非经卫生官员之许可，无论何人不准上岸或与他船交通，并不得将前项应挂之旗号或灯号落下。

船舶载运之牲畜，如发见有传染病或来自有疫地方者，非经卫生官员之检验许可，不得将该项牲畜或其尸体起卸上岸或转载他船。

第二十五条 主管航政官署对于应受检疫之船舶，得指定停泊地点及调阅检疫报告书。

第二十六条 凡船舶出港，应先悬挂出港旗号，并报经主管航政官署许可。

定期航行及有定时出港之船舶，得免前项报告。

第二十七条　港内码头趸船，非经主管航政官署核准，不得建造。

第二十八条　违反本条例之规定者，主管航政官署得酌量情形，处以二百元以下之罚锾。

前项罚锾未经缴纳或提出相当担保以前，不得出港。

第二十九条　本条例施行日期以命令定之。

〔国民政府交通部档案〕

9. 交通部小轮船搭载客货限制办法

（1933年8月9日）

小轮船搭载客货限制办法

二十二年八月九日部令饬遵

一、小轮船经该管航政官署检查丈量、核定搭载客货地位及搭载客货数量后，应填发搭载客货准单一纸，由该船所有人将单内划定各部搭客载货处所，用铜质或珐瑯质制牌，或用油漆分别标示舱口（如客舱、货舱、机炉间、船员间字样），并将该管航政官署所定范围（如此处只准搭客若干人，此处不准载货，此处不准搭客载货，此处只准载货若干吨字样），一并用油漆标明于该处显明地方。

二、客货并载之小轮船，其下舱应禁止搭客，舱顶头棚、烟棚均不准载货，两旁或中间行道，及锅炉间、机器间、司舵室及其他重要地位，均不准搭客载货。

三、小轮船船身两舷，不准架设跳板以为行走，或其他之用，船首及两舷不能悬挂包裹禽笼及其他障碍物。

四、小轮船应备下列各种单照，并应常置船上，（甲）小轮船执照，（乙）船舶吨位证书，（丙）船舶检查证书及船舶检查簿，（丁）小轮船搭载客货准单。以上甲乙两种单照，应装镜架悬挂船上显明之处。

〔国民政府档案〕

10. 上海市航业同业公会送整顿航行长江华商各轮秩序办法致国营招商局函

（1934年3月19日）

迳启者：整顿长江华轮秩序案，曾于本月十七日经贵局派负责代表，并承彭公哲、吴迺宪二君莅会共同商榷，当就原拟办法，酌量略改在案。兹将酌改办法另纸录印送上一份，即祈察入为荷。此致。

国营招商局

上海市航业同业公会启

附录酌改整顿长江华轮办法一份

中华民国二十三年三月十九日

整顿航行长江华商各轮秩序办法

一、进行步骤

第一步

1. 每一华商商轮派一调查员负责调查，各该轮冒充军人无票乘船等事，依照另定调查要点执行职务，不涉及他事项。

2. 调查员依照调查要点，于一次航行后作一报告，寄呈原派出机关审核，每月月终作一总报告，亦送原派出机关审核，并分别将报告抄录一份，送各该轮船公司备查。

3. 调查员由航轮供给膳宿，与该轮查票员同等待遇，不得另支其他费用。

第二步

1. 由总部通饬所属，凡无票乘轮之正式兵伕，应一律搭坐差轮。

2. 于调查之第一个月结束时开始检查，检查之办法如次：

A. 商请南京、芜湖、安庆、武穴、九江、汉口等埠军警机关，于轮船离开码头半小时施行检查。

B．检查队登轮检查时，应会同轮上职员及护航队，将所有乘轮兵伕，一律加以严密盘询，如系无票乘轮之兵伕或冒充者，一律扣送上岸。

C．押送上岸之无票兵伕或冒充者，暂时由军警机关觅一拘留所以备寄押，然后分批转送前方，充作伕子。

3．凡在轮上有捣乱行为者，应由军警机关严行究办其主使人物及领袖。

4．自检查办法实行后，各轮调查员及船上买办，应于每次航行后分别报告，以供参考。

5．各轮调查员于检查办法实施二个月后调回，以后办法另定之。

二、调查要点

检查办法实施前之调查要点：

1．每次航行中之无票兵伕载搭人数多为何处人，多来自何处，多去何处。

2．无票兵伕及冒充者对无票搭轮事有无若何组织及其内容，有无若何作用，有无领袖及其与何人勾结，是否常在某一固定地点间来往。

3．无票兵伕如非假冒充者，应记名具番号、来往地点与率领者姓名、职务及阶级。

4．无票兵伕扰乱轮中秩序之情形如何。

检查办法实施后之调查要点：

1．军警当局是否能认其〔真〕执行检查事项，有无故意迟延航行时间情事，有无若何弊端发生。

2．轮中无票军伕是否较前减少，仍未收实效，应说明其原因。

〔国民政府交通部招商局轮船股份有限公司档案〕

11. 上海市轮船业同业公会关于发行航业公债一千万元以救航业致全国经济委员会快邮代电

（1935年6月1日）

上海市轮船业同业公会快邮代电

南京。全国经济委员会钧鉴：频年我国航业已极衰颓，近更受市面影响，情势危殆，岌岌不可终日。谨述其原因如下：（一）农村破产，工商业衰落，货运日少，运价税〔锐〕减。（二）金融紧迫，银钱两业自顾不遑，贷款断绝，无法周转。（三）各项支用概需现款，而收入则按节揭算，日常费用无法挪垫。（四）大连日煤价格每吨六元，华商每吨十二元，是日轮用煤支出已较华轮减少一半。又凡船用五金，大连不征捐税，船员工资比上海减少二三成。又因日金汇水低落，较华币可省十分之四，倘华轮公司分设办事处于大连，一切开支自省，日轮更可再减，且有日政府津贴或保股息，以此相形，华轮益见困难。有此数因，遂使陷于绝境。长此以往，除破产停航外，实无图存办法。到此地位，在航商营业失败始不具论，惟大批船员因而失业，后患堪虞。一经念及，实属不寒而栗。现查同业中因无力维持，将轮船抛停浦中者，已有十余艘，此后接踵停航，势所必至。至职会目击情状，不得不作最后之呼吁。查十九年间曾经呈请政府发行航业公债，以救航商，虽奉核准，迄未实行。在此五年中，航商勉力自图，得以苟延喘息。今处此环境，迫切情状，已非昔日可比，若再不蒙政府救济，危亡立待，浩劫难逃。迫不得已，谨电上闻，务乞俯加体察，迅赐令饬准照职会请求原案，提前发行航业公债一千万元，以救垂绝。航商一线生机，全赖此举。否则航商山穷水尽，惟有坐以待毙而已。伏祈鉴核，迅准施行，无任迫切待命之至。上海市轮船业同业公会常务委员主席虞和德叩。东。

中华民国二十四年六月一日

〔国民政府全国经济委员会档案〕

12. 军事委员会颁布非常时期船舶管理条例
(1936年12月8日)

非常时期船舶管理条例

二十五年十二月八日由军事委员会公一字二七六四号令施行

第一条　非常时期之船舶,应依本条例施行管理,但法令有规定者,从其规定。

第二条　非常时期政府为便利军运及调节民运计,得征用民有船舶及其仓库码头,并加以编制管理。

第三条　未经征用之船舶,为避免敌人捕获,因而驶往某地,而船舶业主又无法管理者,得由政府编制管理之。

第四条　征用及编制管理之船舶,在二百吨以上之轮船,由交通部会同中央军事机关组织非常时期船舶管理委员会管理之,其不满二百吨之轮船及各项民船,由各省政府会同当地军事长官组织机关管理之。其二百吨以上轮船为情况所限,不能由中央管理时,亦得由省政府会同当地军事长官所组织之机关管理之。此项地方管理机关,应受中央船舶管理委员会之直接监督。前项委员会及各省政府组织之机关,其组织规程另定之。

第五条　已离开某地中途接奉命令改开其他地点时,该船舶主应立即指挥改开指定地点后,再行设法将旅客送回,货物即暂存该地。

第六条　征用之船舶,其船员应继续服务,不得擅自离船。

第七条　征用之船舶及其船员,得由政府举行战时保险。

第八条　征用之船舶，至恢复常态时期，得由政府酌给补助金。

第九条　未经征用之船舶，得由政府查明需要情形，指定其行驶之航线。

第十条　未经征用之船舶，其运价遇必要时，得由政府规定其最高率。

第十一条　未经征用之船舶，为谋军运及必需品运送之畅通，对于旅客及非必需品之运输，得由政府酌量禁止或限制之。

第十二条　非常时期所有船舶，非呈经交通部核准，不得让渡或租与外人。

第十三条　本条例如有未尽事宜，得随时修正之。

第十四条　本条例施行日期以命令定之。

〔国民政府档案〕

13. 交通部促进航业合作办法

（1936年12月9日）

促进航业合作办法

二十五年十二月九日部令公布

一、凡同一航线之轮船，业经交通部登记者，统应合作，其实行日期由交通部分别定之。

二、经交通部令定合作之航线，应由该管航政官署随时督促该航线内各轮船业开会，商定合作办法，呈请交通部核准施行。

三、合作之详细办法，得参酌各航线情形，分别拟订其大纲，应照下列之规定：

（一）设立联合营业处；

（二）票价及运费之划之；

（三）收入公摊；

（四）船只之分配；

（五）航班之排定；

（六）设备之改良；

（七）争议之仲裁。

四、不遵令合作之轮船业，交通部得撤销其该线内所有轮船之航线证书，并令其他轮船加入该线行驶。

五、已经参加合作之轮船业，非有不得已事故，经呈请交通部核准，不得任意停航。

六、已经合作之航线，经交通部认为有增加轮船之必要时，该航线之轮船业有优先权，但必须于部定期限内增置轮船，逾限则交通部得令其他轮船业加入该线合作事业。

七、轮船业合作至相当程度时，交通部得令其协议合并经营原有之航线。

八、本办法自公布日施行。

〔国民政府档案〕

14. 行政院整理中华海员办法

（1937年1月26日）

整理中华海员办法

二十六年一月二十六日行政院公布。

一、本办法所称海员，依照修正中华海员工会组织规则第三条、第四条规定之资格为标准。

二、海员须经主管官署检定合格，发给证书。

三、海员非领有检定合格证书，不得在以机器行驶之商船上充当正式海员。

四、凡经检定机关检定合格，领有合格证书之海员，已有团体组织者，其与资方劳动关系（如工资支给方法、劳动介绍权、解约及其他待遇等），得由中华海员工会或分会，与雇主团体，依照团体协约订定之。

五、本办法施行前已有团体组织之海员，其与资方原有之劳动关系，得由中华海员工会或分会，在可能范围内，依法逐渐改善之。

六、本办法施行后，各航商雇用海员，不得再沿用包工制度。

七、关于国营航业海员之待遇雇用等项，另定之。

八、本办法自公布之日施行。

〔国民政府档案〕

15. 全国各港轮船艘数吨数表

（1937 年 3 月）

廿六年三月制

区别	船籍港 艘数及吨数	上海	天津	威海卫	青岛	烟台	宁波	温州	福州	厦门	三都澳	广州	龙口	南京	镇江	南通
20 T 以下	艘数	226	4	6	5	13	33	25	20	24		2	1	5	23	9
	吨数	2415	59	37	58	85	229	327	241	357		33	4	53	359	91
21—50T	艘数	195	19	69	26	106	12	19	44	39		7	4	2	59	3
	吨数	6098	632	2854	966	3892	417	655	1466	1465		232	167	70	1945	62
51—100T	艘数	38	8	21	10	8	11	16	44	31		3		1	11	
	吨数	2665	624	1196	573	528	688	1050	3082	2141		237		71	763	
共计	艘数	459	31	96	41	127	56	60	108	94		12	5	9	93	12
	吨数	11178	1315	4087	1597	4505	1334	2032	4789	3963		502	171	194	3067	153
101—200T	艘数	27	4		8	3	3	7	8	19		3		2	3	
	吨数	4052	656		1134	355	460	985	963	2620		380		252	402	

（续　表）

区别	船籍港 / 艘数吨数	上海	天津	威海卫	青岛	烟台	宁波	温州	福州	厦门	三都澳	广州	龙口	南京	镇江	南通
201—300T	艘数	17	3		5	1	4	9	4	7	1	1			1	
	吨数	4236	709		1215	239	1003	2211	926	1706	247	299			242	
301—500T	艘数	11	2		7	1	4	5	3	8		1				
	吨数	4625	912		2729	494		2158	1058	3153		415				
501—1000T	艘数	37	4	1	6	7	11	7		1		1				
	吨数	26598	3029	976	4715	5020	4175	5241		569		801				
1001—1500T	艘数	39	6		1	12						1				
	吨数	48621	8023		1240	15285	204					1130				
1501—2000T	艘数	36	3		1	9			1							
	吨数	62373	5431		1610	16048			1890							

（续　表）

船籍港 / 艘数及吨数 / 区别		上海	天津	威海卫	青岛	烟台	宁波	温州	福州	厦门	三都澳	广州	龙口	南京	镇江	南通
2001—3000T	艘数	39	1		1	6										
	吨数	91618	2875		2080	13868										
3001—4000T	艘数	24	1		4	4										
	吨数	80812	3187		13742	12913										
4000T 以上	艘数	9			8	4										
	吨数	41534			42926	23228										
共计	艘数	239	24	1	41	47	13	28	16	35	1	7		2	4	
	吨数	364469	24822	976	71391	87450	4177	10595	4837	8048	247	3025		252	644	
总计	艘数	698	55	97	82	174	69	88	124	129	1	19	5	11	97	12
	吨数	375647	26137	5063	72988	91955	5511	12627	9626	12011	247	3527	171	446	3711	153

〔国民政府资源委员会档案〕

16. 国民政府关于遵照中央政治委员会下属交通专门委员会所拟改进内河航运办法训令

(1937年4月13日)

国民政府训令　第二六四号

令全国经济委员会

为令饬事：案准中央政治委员会二十六年四月八日函开：据本会交通专门委员会建议，改进内河航运拟具办法，请采择施行一案，经本会第四十次会议决议，原则通过，交行政院及全国经济委员会。相应录案，并抄附原建议书函达，请烦查照，分别饬遵。等由。准此，自应照办。除函复并分行外，合行检发原附建议书，令仰该会遵照。此令。

计检发原附交通专门委员会建议书一份。

中华民国廿六年四月十三日

国民政府主席　林　森

行政院院长　蒋中正

外交部部长　王宠惠代

交通部部长　俞飞鹏

交通专门委员会请改进内河航运建议书

理由

(一) 河道为天然之交通路线，船舶运输，价值最为低廉，且能供比较大量运输之需要。故改进内河航运，亦为完成全国交通网之一种重要工作。

(二) 船舶运输，虽不及火车与汽车之敏活，然亦可补助两者之不足，故从国防上之见地，改进内河航运，亦属必要。

(三) 我国大江以南，内河行驶轮船，逐渐发达，惜每一航线，往往有数家轮船行驶，营业竞争甚烈，彼此贬价之结果，对于投资者时有亏蚀之虞。因此一切设备及管理，均不能力求完善与安全，以应商旅之需要。但仅许每一航线行驶一家轮船，亦易引致垄断居奇等弊。故在政府应如何扶植，并如何统制，似均属必要。

（四）我国船舶，种类甚多，虽各有相当效用，然于军事上之征调管理，颇感困难。故如何使之改良统一，亦属必要。

办法（仅提原则）

（一）规定水上交通网，应与陆上交通网及空中交通网联络，殊属切要。关于航运之联络者，如衔接航线，调整航期，以便客货联运，在交通部轮船业监督章程中已有规定。此外，轮船与铁路、公路之联络，该章程第三章中，亦有规定。至轮船与飞机之联络，事实上仅有客运，目前尚非急需，应由交通部随时规划改进之。

（二）对于内河行驶轮船，如何公营，如何提倡民营，以及如何取缔，如何奖励，交通部已分别订定各项章则。至具体方案，因各地情形不同，难以预定，祇可由交通部斟酌当地情形，随时整理。

（三）对于船舶构造式样，应参酌国防上之需要，惟因各地情形不同，又属专门技术，可由交通部饬各省建设厅与船厂合作，酌量设置船舶设计机关办理。又内地小船，有用小发动机行驶，亦便利交通，应由交通部通令各航政局及各省建设厅作有力之劝导，使航商尽量采用，以期逐渐改良。

（四）因改进航运之需要，对于河道之开浚，应使常保持相当之深度与阔度，此事不但利便交通，复能调节旱涝，似可先就大江以南之主要河流，按期修浚。如何储备经费，并如何取缔损毁河道或湮塞等情，应由全国经济委员会统筹设计，次第办理。

以上各项，是否有当，敬请公决。

中央政治委员会

交通专门委员会敬具

二六、三、二六

〔国民政府全国经济委员会档案〕

17. 交通部战前民营航业公司概况①

（年　月　日）

公司别	总公司地址	成立年份	资本（元）	轮船	
				艘数	总吨数
上海区					
三北轮埠股份有限公司	上海广东路93号	民国三年	2,000,000	19	33,048.14
中兴煤矿公司	上海静安寺路170号	民国三年	2,000,000	8	14,152.48
中威轮船公司	上海四川路110号	民国十九年	2,000,000	4	12,280.57
鸿安商轮股份有限公司	上海广东路93号	民国四年	1,000,000	15	11,538.91
肇兴轮船股份有限公司	上海广东路122号	宣统二年	1,500,000	6	9,147.15
华胜轮船股份有限公司	上海新闸路184号	民国廿年	500,000	3	8,647.78
华新公司	上海仁记路119号	民国廿年	500,000	2	8,241.49
宁绍商轮股份有限公司	上海江西路63号	宣统元年	1,500,000	3	8,173.95
民新轮船股份有限公司	上海新永安街16号	民国廿年	300,000	3	7,603.16

① 成文日期不详。

（续　表）

公　司　别	总公司地址	成立年份	资本（元）	轮船	
				艘数	总吨数
大达轮船股份有限公司	上海十六铺外摊12号	光绪卅一年	600,000	7	6,497.40
华商轮船公司	上海爱多亚路260号	民国十七年	200,000	2	6,455.99
宁兴轮船股份有限公司	上海广东路93号	民国六年	200,000	2	6,309.16
安通轮船公司	上海四川路222号	民国九年	36,389	2	6,163.31
达兴商轮股份有限公司	上海南市大码头20号	民国十五年	300,000	7	5,673.62
大通仁记航业公司	上海南市外马路725号	民国十三年	400,000	4	5,630.08
大陆实业股份有限公司	上海泗泾路27号	民国十九年	500,000	2	5,034.60
美顺轮船行	上海四川路33号二路	民国十九年	500,000	1	4,669.76
中国合众航业股份有限公司	上海南市外马路720号	民国十七年	400,000	4	4,541.86
大通兴船公司	上海泗泾路15号	民国十二年	500,000	3	3,388.04
大振航业股份有限公司	上海外滩12号	民国十八年	500,000	2	3,357.56
齐平轮船股份有限公司	上海四川路老靶子路453号	民国十七年	80,000	1	3,046.66

（续 表）

公司别	总公司地址	成立年份	资本（元）	轮船	
				艘数	总吨数
和丰新记轮船公司	上海博物院路 14 号	民国二十二年	200,000	2	2,997.84
利源轮船行	上海汉口路 293 号	民国二十二年	200,000	1	2,744.13
许俊英	上海四川路 410 号	民国二十二年	200,000	1	2,665.22
义成轮船股份有限公司	上海汉口路 137 号	民国二十二年	200,000	1	2,502.95
三兴轮船局	上海公馆马路 29 号	民国二十二年	200,000	1	2,469.55
寿康轮船股份有限公司	上海萨坡赛路 290 弄 314 号	民国二十二年	180,000	1	2,316.42
和平轮船公司	上海爱多亚路中汇大楼318号	民国二十四年	180,000	1	2,094.60
华通轮船股份有限公司	上海四川路 110 号	民国十五年	200,000	1	2,032.49
华宁轮船行	上海江西路 141 号	民国二十年	140,000	1	1,950.93
泰丰轮船行	上海黄浦滩路 16 号	民国二十年	140,000	1	1,891.54
浙江兴业银行	上海北京路 230 号	民国二十年	140,000	1	1,833.82
通裕商号	上海北京路 506 号	民国十九年	50,000	13	1,795.70

（续 表）

公司别	总公司地址	成立年份	资本（元）	轮船	
				艘数	总吨数
恒安承记轮船公司	上海东百老汇路397号	民国二十年	90,000	1	1,777.00
永安轮船公司	上海江西路14弄6号	民国二十年	140,000	1	1,688.99
崇明轮船股份有限公司	上海南市外马路426号	光绪三十三年	300,000	2	1,609.48
平安轮船局	上海南市外滩214号	民国元年	100,000	2	1,565.83
台州信记轮船股份有限公司	上海十六铺大达里8号	民国十九年	100,000	1	1,524.07
公济轮船公司	上海汉口路131号	民国二十年	200,000	1	1,512.74
利记轮船公司	上海萨坡赛路290弄314号	民国二十一年	100,000	1	1,491.59
中宁轮船公司	上海泗泾路28号	民国二十一年	100,000	1	1,421.96
舟山轮船股份有限公司	上海南市外马路310号联安公局内	民国十一年	320,000	1	1,252.70
沪兴商轮公司	上海南市外马路400号	民国十四年	120,000	2	1,246.05
谢滋生	上海泗泾路15号	民国十四年	120,000	1	1,244.38
永亨轮船行	上海江西路14弄6号	民国二十一年	120,000	1	1,195.04

（续　表）

公　司　别	总公司地址	成立年份	资本（元）	轮船	
				艘数	总吨数
源兴轮船股份有限公司	上海天主常街兴业里 9 号	民国二十一年	120,000	1	1,192.11
中国合众码头仓库公司	上海南市外马路 725 号	民国二十三年	120,000	1	1,173.45
裕记轮船股份有限公司	上海南市外马路杨家渡街 8 号	民国十一年	160,000	1	1,134.79
天兴轮局	上海南市洞庭山弄 2 号	民国二十五年	160,000	1	1,103.92
公茂轮船局	上海北京路 506 号	民国二十五年	160,000	2	1,101.20
益祥轮船局	上海南市外马路 214 号	民国二十五年	160,000	1	1,096.64
穿山轮船局	上海南市外马路 310 号联安公局内	民国二十七年	250,000	1	1,039.68
新华轮船局	上海南京路民昌里 70 号	民国二十七年	250,000	1	1,855.00
大裕轮船局	上海南京路民昌里 70 号	民国二十七年	250,000	1	1,804.00
冯天如	上海麦特赫司脱路华严里	民国二十七年	250,000	1	1,643.00
王荟芝	温州马漕头石板巷	民国二十七年	250,000	2	1,158.88
泰昌轮船局	芜湖洋码头	民国二十七年	250,000	17	1,236.94

（续　表）

公　司　别	总公司地址	成立年份	资本（元）	轮船	
				艘数	总吨数
汉　口　区					
民生实业公司	重庆第一模范市场	民国十四年	1,000,000	30	12,747.01
清理汉冶萍湖北债捐委员会	汉口法租界新巴黎街23号	民国十四年	1,000,000	3	1,109.67
天　津　区					
北方航业股份有限公司	天津法租界河沿万国橋畔	民国六年	500,000	5	8,666.38
天津航业公司	天津英租界中街33号	民国十九年	200,000	6	4,790.90
直东轮船股份有限公司	天津法租界河沿	清宣统三年	300,000	4	4,563.33
利顺行安葵封	天津特一区大连公司华帐房	清宣统三年	300,000	1	3,187.33
孙德薰	天津特一区大连公司汽船帐房	清宣统三年	300,000	1	1,490.67
华洋航运股份有限公司	天津法租界河沿	清宣统三年	300,000	1	1,398.21
日昌轮船股份有限公司	天津河东特别市第三区邮政局对面	清宣统三年	300,000	1	1,341.57
通顺轮船股份有限公司	天津意租界东马路11号	民国十一年	150,000	5	1,048.06

（续　表）

公司别	总公司地址	成立年份	资本（元）	轮船	
				艘数	总吨数
政记轮船股份有限公司	烟台顺泰街	民国九年	2,500,000	26	37,991.95
丁耀东	烟台惠通行	民国九年	2,500,000	1	6,518.73
海外贸易轮船无限公司	烟台政记轮船公司	民国十七年	450,000	1	6,022.01
惠通轮船行	烟台顺泰行	民国十七年	450,000	2	3,506.51
永源轮船行	烟台开平码头福兴行内	民国十七年	450,000	2	3,341.71
张仲余	烟台政记轮船公司	民国十七年	450,000	1	3,087.91
安葵封	烟台福兴行内	民国十七年	450,000	1	2,406.76
葛蝦臣	烟台永源行	民国十七年	450,000	1	2,222.13
蔡鲁佟	烟台惠通行	民国十七年	450,000	1	1,976.58
利通轮船股份有限公司	烟台	民国十七年	450,000	1	1,853.81
王云祥	烟台福兴行内	民国十七年	450,000	1	1,426.80
惠海轮船无限公司	烟台海关街	民国十五年	280,000	1	1,377.00

（续 表）

公司别	总公司地址	成立年份	资本（元）	轮船	
				艘数	总吨数
葛传祺	烟台永源行	民国十五年	280,000	1	1,060.36
王政黼	烟台政记轮船公司	民国十五年	280,000	3	2,749.12
王先和	烟台长安路8号	民国十五年	280,000	8	27,867.81
宋文魁	青岛辽宁路241号	民国十五年	280,000	2	7,694.16
张守常	青岛冠县路62号	民国十五年	280,000	1	5,697.52
同福昌轮船行	青岛冠县路72号	民国十八年	100,000	3	1,285.02
贺仁庵	青岛馆陶路15号	民国十六年	100,000	4	1.176.26
毓大轮船股份有限公司	营口大街	民国十二年	200,000	3	4,508.04
海昌轮船股份有限公司	营口大街	民国十五年	250,000	2	2,698.29
广州区					
新常安公司	福州中洲	民国十五年	250,000	1	1,890.22
福懋总行	福州南台第四码头	民国十五年	250,000	1	1,202.95

（续 表）

公司别	总公司地址	成立年份	资本（元）	轮船	
				艘数	总吨数
共和轮船公司	福州南台苍霞洲	民国十五年	250,000	3	1,029.04
刘正记	福州	民国十五年	250,000	2	2,246.00
德盛号	厦门	民国十五年	250,000	2	1,062,00
谭植民	广州普济桥 9 号	民国十五年	250,000	1	1,805.98
周文治	广州	民国十五年	250,000	1	1,734.25
林宝三	广州	民国十五年	250,000	1	1,298.78
新纪元	广州	民国十五年	250,000	1	1,250.20
薛广	广州河南鳌洲外街 46 号	民国十五年	250,000	9	1,013.26
关泰	香港文咸东街 82 号	民国十五年	250,000	1	1,130.14
哈尔滨					
王魏卿	哈尔滨	民国十五年	250,000	8	2,558.00
马子元	哈尔滨	民国十五年	250,000	2	1,930.40

（续　表）

公司别	总公司地址	成立年份	资本（元）	轮船	
				艘数	总吨数
曲崧龄	哈尔滨	民国十五年	250,000	4	1,312.80
于喜亭	哈尔滨	民国十五年	250,000	3	1,304.00
王省三	哈尔滨	民国十五年	250,000	2	1,054.71
海外华商					
福记吴云	马尼拉(菲律宾)	民国十五年	250,000	1	3,200.00

〔国民政府交通部档案〕

18. 交通部历年注册船员人数

（1927—1937 年）

年份	总计	驾驶员				轮机员				舵工			司机		
		合计	甲种	乙种	丙种	合计	甲种	乙种	丙种	合计	正舵工	副舵工	合计	正司机	副司机
民国 16 年（1927）	—	—	—	—	—	—	—	—	—	—	—	—	—	—	—
民国 17 年（1928）	514	257	110	147	—	257	78	179	—	—	—	—	—	—	—
民国 18 年（1929）	739	338	124	214	—	401	90	311	—	—	—	—	—	—	—
民国 19 年（1930）	867	397	128	269	—	470	100	370	—	—	—	—	—	—	—
民国 20 年（1931）	1,255	680	142	538	—	575	108	467	—	—	—	—	—	—	—
民国 21 年（1932）	1,635	782	159	623	—	853	111	742	—	—	—	—	—	—	—
民国 22 年（1933）	1,849	920	190	730	—	929	115	814	—	—	—	—	—	—	—
民国 23 年（1934）	688	320	76	194	50	368	18	350	—	—	—	—	—	—	—
民国 24 年（1935）	818	369	69	233	67	396	16	380	—	19	4	15	34	11	23
民国 25 年（1936）	949	370	87	148	135	391	23	368	—	40	14	26	148	83	65
民国 26 年（1937）	437	183	48	100	35	231	27	204	—	5	3	2	18	4	14

〔国民政府交通部档案〕

二、国营招商局概况

1. 清查整理招商局委员会请核准委员会组织大纲及办事细则等致国民政府呈

(1927年5月18日)

为呈报清查整理招商局委员遵令就职，并请核准委员会组织大纲及办事细则，并批给办公费用事：窃查中华民国十六年四月三十日，奉中央执行委员会政治会议训令内开：本日第八十五次政治会议议决，派张人杰、蒋尊簋、虞和德、郭泰祺、陈辉德、宋汉章、钱永铭、杨铨、潘宜之、杨端六、李孤帆，为清查整理招商局委员。等因。奉此。遵于五月二日开第一次清查整理招商局委员会会议，当互选张人杰委员为主席，并由主席指定杨铨、杨端六、李孤帆三委员为常务委员，分任总务、审计、秘书事务，并通过委员会组织大纲。五月三日，奉钧府秘书处公函内开：奉委员会谕，派张人杰、蒋尊簋、虞和德、郭泰祺、陈辉德、宋汉章、钱永铭、杨铨、潘宜之、杨端六、李孤帆为清查整理招商局委员，除另发任命状外，仰先行通知。等因。奉此。相应函达查照。等因。奉此。复于五月十一日开第二次清查整理招商局委员会会议，通过宣言及办事细则，并议定办公费用，每月经常办公费定为一千七百元，临时支出得经全体委员会会议之通过，先行向上海财政委员会支用，按月据实向钧府报销。兹特附呈委员会拟定之清查整理招商局委员会组织大纲一件，清查整理招商局委员会办事细则一件，伏乞察核施行。又附呈清查整理招商局委员会宣言一件，清查整理招商局委员会每月经常办公费预算表一件，敬祈钧鉴。其关于委员办公经费部分，敬请核准，并饬令上海财政委员会照拨应用。除将奉令办理情形分呈中央执行委员会政治会议外，理合据实呈请钧鉴，训示遵行。谨呈国民政府

清查整理招商局委员会
秘书主任　李孤帆

中华民国十六年五月十八日

清查整理招商局委员会组织大纲〔略〕

清查整理招商局委员会办事细则

第一条　本委员会以中央政治会议所任命之清查整理委员十一人组织之。

第二条　本委员会设主席一人，就委员互选出之，主持一切会务，对外为本委员会之代表，并为会议时之主席。

第三条　本委员会设常务委员三人，由主席指定之，分别主持总务、秘书、审计事务。

第四条　本委员会开会无定期，经主席或常务委员认为必要时，或经委员三分之一以上之提议，由秘书召集之。以全体委员过半数之出席为法定人数。

第五条　本委员会全体会议之职权如下：

一、根据全体会议之决议，规定并执行清查及监管维持招商局事务。

二、清查招商局及其附属机关之帐目，并调查该局资产状态与损益情形。

三、拟定整理及改组招商局之计划。

四、执行并实现上项整理及改组招商局之计划。

第六条　常务委员之职权如下：

一、执行全体会议之决议案。

二、处理本委员会之经常事务。

第七条　常务委员为办理清查整理及改组招商局事务之便利起见，得设置下列三组，聘任专家分任各该组事务。

一、总务组　二、秘书组　三、审计组

第八条　本委员会之办公费，由常务委员编制预算，经全体会议通过，呈请国民政府核准，饬上海财政委员会按月拨给。

第九条　本细则经全体会议之通过，并呈请中央政治会议核准实行。

清查整理招商局委员会宣言

轮船招商局为我国唯一之大规模航业机关，创设在日本邮船会社之先，五十年来绝少发展，邮船会社之航线，已遍布全球，招商局则依然跼蹐于长江及南江洋三航路，公司之资产尽归抵押，股东之血本日趋萎缩。长此因循，必至航权皆归外人，股票尽成废纸。受其累者，岂特公司之股东，中华民国之国计民生，皆将蒙无穷之损失。衣食住行为人民之四大需要，故本党总理之民生主义及建国大纲，皆以解决此四者为首要。国民政府既为实现总理之民生主义而设立，对于此关系全国民生命脉之招商局，自当力谋整顿救济之道。本委员会奉中央政治会议及国民政府之任命，办理清查整理招商局事宜，当谨守总理建设廉洁政府之遗教，研求局务不振之症结，妥拟航业扩大之计划，以政府与人民之合作，谋股东与社会之利益，对公司之资产，当力加保护，原有之事业，当督促维持，股东及社会之意见，当尽量容纳。本会委员均不支薪俸，即办公费亦由政府拨给，以示国民政府为人民服务之精神。至委员会之行动，尤愿受股东及社会之监督，如委员中任何个人有受贿害公之事实者，一经举发，证据确凿，为党纪国法所不容，愿受人民之裁判，以定应得之惩罚。所望全国人民与招商局股东，共起指导，群策群力，挽已失之航权，立民生之基础，不负国民政府清理之意，实现总理建国方略。本委员会同人当努力为革命的建设之前驱。

谨此宣言。

清查整理招商局委员会每月经常办公费预算表〔略〕

〔国民政府档案〕

2. 国民政府公布清查整理招商局委员会条例指令稿

(1927年6月1日)[①]

国民政府指令　字第　号

令清查整理招商局委员会

呈一件呈送宣言暨组织大纲、办事细则、并预算表，请核示由

呈及附件均悉。组织大纲应改为条例，即经核定公布。其办事细则,仰即按照条例,分别修正,呈报备查。至所列公费预算表，应令财政部核发可也。仍将清理情形按月具报,并仰知照。此令。附件存发。

计抄发条例一份。

国民政府清查整理招商局委员会条例

一、名称　本委员会定名为国民政府清查整理招商局委员会。

二、组织　本委员会以奉国民政府任命之清查整理招商局委员十一人组织之。

三、职员　本委员会设主席一人,主持一切会务;由委员互选出之常务委员三人,分任总务、秘书、审计。

四、职权　本委员会之职权如下:

一、在清理期内监管招商局及其附属机关之产业，并维持其事业。

二、清查招商局及其附属机关之帐目、资产状态,与历年盈亏原因。

三、根据清查报告及国内外航业状况与股东之意见，拟定整

---

① 此系缮签时间。

理并改组招商局计划，呈由国民政府核准施行。

四、执行并实现上项整理及改组招商局计划。

五、任期　本委员会之任务，以清查并整理招商局为限，一俟所拟改组计划实现，本委员会应将所监管之该局资产及所维持之该局事业，即日移交改组后之负责机关管理。

六、经费　本委员会之办公费，由财政部核发。

七、附则　本条例由国民政府颁布施行。

〔国民政府档案〕

3. 交通部请将轮船招商局清查整理各项事宜概归该部办理致国民政府呈

(1927年7月30日)

呈为轮船招商局清查整理事宜如何办理，续呈恭祈鉴核示遵事：本年七月二十七日，准钧府秘书处函开：奉委员会交下据清查整理招商局委员会呈报该会工作情形，祈鉴核施行等情呈一件，并附件四份。奉批：交交通部。等因。相应抄同原呈，并检附件，函请查照。等因。并抄送原呈，检附意见书、报告书、纪事、职员名册各一份。准此。查关于轮船招商局各种问题，前因股东及民众纷纷向部请求解决，而清查整理委员会又已奉令组织成立，诚恐事权稍涉枘凿，呈请核示在案，自应祗候钧令，遵照办理。无如案积盈尺，未便久悬，诚以航政攸关，易滋误会，为此迫不获已，冒昧续陈，可否准将轮船招商局清查整理各项事宜，概交本部全权办理，以一事权，而免纷歧之处。伏乞鉴核示遵，实为公便。谨呈
国民政府

交通部长王伯群

中华民国十六年七月三十日

〔国民政府档案〕

4. 国民党中央政治会议秘书处为招商局清查整理事宜应由清查整理招商局委员会从速办理函

(1927年8月12日)

迳复者：案准大函：以奉委员会交下交通部部长王伯群呈一件，请将招商局清查整理各事宜，概归该部办理等由，遵批：提出政治会议。等因。准此。当经提出本会议第一百二十一次会议，并经议决，函催清查整理招商局委员会，从速将清查整理事宜办理完竣，余仍依本会议第一百十九次会议决议案办理。等语。查本会议第一百十九次会议决议，招商局各种问题，交通部尽可受理，如与清查整理委员会职权相抵触时，可与该会直接商酌办理。等因。业经函达在案。兹经议决前因，除函清查整理招商局委员会外，应录案函复，希查照转陈，并函交通部遵照为荷。此致

国民政府秘书处

中央政治会议秘书处

中华民国十六年八月十二日

〔国民政府档案〕

5. 清查整理招商局委员会报告结束情形致国民政府呈

(1927年10月　日)

为呈报清查整理招商局委员会结束情形，并附呈解职宣言，敬祈钧鉴事：窃查本委员会曾于八月三十一日呈报工作情形，并附呈清查招商局报告书目录等件，及关于初步整理招商局计划之股东登记办法，解决股权方法，召集股东会方案等三件，请求核示施行，并陈明政府如无后命，本委员会拟请自招商局股东会正式开会，改选董监，办妥新任董事会正式成立视事之翌日起，即行全体

解职。等情在案。旋奉批示，交交通部。等因。奉此。本委员会一面将各种清查报告书从事整理，陆续付印，以便汇订成册，呈报钧府；一面即将会务结束，业于九月底将审计组雇员全体遣散，并决定尽十月底，将上海法租界环龙路铭德里一号本委员会办公处一并裁撤，所有用具各件，即行移交交通部保管，全体委员即行解职，并发表解职宣言登报公告。兹特将辞职宣言油印附呈，敬祈钧鉴。惟本委员会报告书正在缮校付印，不得不于办事员中酌留二三人，专司缮校事务，暂时仍借用招商总局本委员会办公室工作，一俟报告书印成，即将赍呈钧府备查。至本委员会收支各款，业经逐月造具报销，分别呈报钧府及中央特别委员会、财政部、交通部、江苏财政厅备案在案。现拟俟本委员会报告书印成，印刷费付清后，即将所有各项开支簿据，连同剩余公款，移交江苏财政厅转报财政部核销。所有本委员会结束情形，除呈报中央特别委员会外，理合据实呈请鉴核。谨呈

国民政府

清查整理招商局委员会

附呈清查整理招商局委员会解职宣言一份

中华民国十六年十月　日

国民政府清查整理招商局委员会解职宣言

本委员会前奉中央政治会议及国民政府委任，办理清查整理招商局事宜。自本年五月二十日开始行驶职权以来，经数阅月之工作，其清查部分业已完竣，各种报告除积余产业公司、内河招商轮船局等局部报告书早已制就，先行呈报政府外，其余均正在缮校整理中，以便汇集付印，一并呈报政府。至整理部分，头绪纷繁，且范围广阔，无论如何，决非短时期内所能蒇事。而本委员会全体委员均各有其他职务，势难长此兼顾，故本委员会决定将整理范围缩至最小限度，但期此最小限度能彻底办到，则其余整理问题，均可

迎刃而解。至所定最小限度之范围，亦可略述其梗概。股务关于公司主体，而招商局自开办以来，从未有确实可靠之股东名册，其余种种关于股务之纪录，亦多异常简略。故本委员会特为之拟定关于整理股务之簿据格式十二种，另拟有简要说明书一种，希望招商局能实行之，则股务之整理，其成效不难立观也。其次，招商局股东间最大之争执，厥维股权问题，扰攘多年，迄无解决方法。本委员会统筹全局，折衷群议，参酌理论事实，以为惟有采用累积票选法，可以解决此项股权问题之纠纷。盖累积票选法盛行于美国，因美国大实业公司往往有一二拥有极大部分股份之大股东，独权操纵公司业务，旧式限制股权方法，不足以裁制之，于是累积票选法乃应运而生。其在美国固已风行一时，因其确有解决股东间纠纷之功效也。今招商局亦有特殊之大股东，此与美国多数大规模之实业公司情形，适相吻合，是则采用累积票选法，以解决招商局股权，实属最为适当。复次，则为招商局董事监察人改选问题。查招商局董事会自民国十三年十一月一日改选以来，本年正届改选之期，比来董事间抱消极态度者，实居多数，董事会议屡召不集，局务无形停顿，大局日形险恶。故本委员会以为亟宜按照本委员会所拟股东登记办法及累积票选法，召集股东会，办理改选。爰拟订召集股东会方案，计办法十条，业已呈请政府及交通部核示施行。本委员会希望招商局股东不再放弃其应有之权利，本同舟共济之谊，起而作亡羊补牢之谋。招商局为全国最大航业机关，竭政府股东数十年之心力，始有今日之规模，乃因付托非人，日濒破产，长此因循，一切资产必皆入于外人掌握。国民政府秉总理民生遗教，自当为国民尽监护指导之责，因特任本委员会为之清查整理。惟本委员会从根本上着想，终希望招商局股东自身能从此奋起，努力振作，政府不过居于监督指导之地位，势难每事越俎而庖代。本委员会所以视整理股务，解决股权争执，召集股东会，改选董监三事，为整理及改组招商局之重大关键也。此外本委员会复将根据清查所得，并参照国内外航业状况与股东之意见，再妥拟一整理招商局计划大纲，以供后来负责者进行上之参考。此项计划大纲，现已着手起草，行将一并呈请政府核示施行。抑本委员会尚有欲郑重声明者，回溯本委员会任职之初，即发表宣言，当谨守总理建设廉洁政府之遗教，行使职权。至委员会之行动，尤愿受股东及社会之监督，如委员中任何个人有受贿害公之事实者，一经举发，证据确凿，为党纪国法所不容，愿受人民之裁判，以定应得之惩罚。际此本委员会结束之时，特再郑重声明，在过去数月之中，本委员会中任何个人有胆敢受贿害公者，请社会及股东具名，负责胪列证据，迅速举发，使之受应得之处分，是所至盼。其有匿名造谣，欲藉攻击国民政府及本委员会，以掩护其营私舞弊之组织者，本委员会一经察觉，其主使之人，亦决不宽贷。谨此宣言，惟海内同胞共鉴之。

国民政府档案〕

6. 上海航业公会为轮船招商局商办官督危害滋多请取消监督以保商权致国民政府呈

(1927年10月31日)

具呈人：上海航业公会。

呈为商办官督危害滋多，恳请饬部取消原议，以保商权，而维人心事：窃见报载，交通部委派赵铁樵〔桥〕为商办轮船招商局坐办等因，报纸所载确否，虽未敢必，惟事关部委职使，消息自有所因。阖埠商人知悉之余，惶惑万状，而航商有狐兔之悲，骇急尤甚。招商局之为完全商办，有册照档案之可凭，为中外上下所公认，已无待职会之缕陈。而交通部则商轮有专照，航政有专司，对于各轮船公司本有监督之职权，初不待派员驻局，而始能实行职权也。查该局历受时局影响，营业之衰，债务之多，已臻极点。股东有血本关系，民众为航权起见，倘蒙政府严令股东限期整理，并责民众尽量监察，收效方可较宏。若仅由政府派员代行股东职权，在政府虽具维护航商之苦心，而一般民众非隐怀别有作用之疑，即认为干涉商业之渐，全国商人之心理，从此群抱不安。夫今日政府之环境，其尚可使商人稍有疑惧乎。况南北犹未统一，一经官督，北方局产即有危险之虞，债负已累万千，一经官督，押据条文又有实行之虑，即不然其最低限度，政府亦必将代该局负偿债之义务。今日军费紧要，财政困难之政府，果有代人偿债之余力乎。况北方局产果生意外，押据条文果竟实行，则政府将益受伯仁由我而死之永久定评。故为政府计，对于派员驻局坐办，实为有害无利，损人及己者也。职会为航业团体，各会员以同业关系，知该局内容较悉，该局为我国航业先河，安危关涉国权，既有所知，不敢不告。且交通部为直辖职会之官厅，招商局为隶属职会之会员。此事实行，在双方必均蒙不利，心所谓危，尤不敢告，固非为该局片面请命也。公共集议，询谋佥同，谨具文呈请钧府俯赐察核，迅令交通部取消派员驻局坐办之原议，严责招商局股东限期自行整理，保存我国航业之一线生机，除免官商交受之多种危害，以保商权，而维人心。国家幸甚，航业幸甚。临呈无任惶悚待命之至。谨呈

国民政府

具呈人　上海航业公会

中华民国十六年十月三十一日

〔国民政府档案〕

7. 商办轮船招商局暂行规则①

（　年　月　日）

商办轮船招商局暂行规则

第一节　董事会

第一条　本局以董事会为议事机关，并代表公司依据交通部

① 本件选自1928年招商局总管理处公布：《招商局现行法规第一集》。

监督招商局章程之规定办理。但董事会未经合法成立以前，暂由前董事会会长代行其职权。

第二条　本局所有一切设施计划及订立章程，均由董事会议决,呈请监督核准,交总管理处执行。

第三条　本局董事会设总稽核处及设计委员会。

第四条　总稽核处设处长一人,科长若干人,由董事会呈请监督核准委任之。

第五条　总稽核处因处理事务之必要,得酌设科员,并分科办事,及派员赴外考核及调查分局等事。

第六条　总稽核处专任审查总分局及附属各机关以出入款项,并汇办预算决算事宜。其办事细则另定之。

第七条　设计委员会以总稽核处长及董事、监察互选三人,并遴选航业或财政专家、或负声望之人若干人为委员,由董事会呈请监督核准,函聘或委任之。

第八条　设计委员会专任擘划本局一切兴革事宜及财政整理方法,其计划须提交董事会议决。

第九条　设计委员会得由该会委员互推正副主任各一人。

第二节　总管理处

第十条　本局设总管理处为执行机关,办理全局一切事务,并执行本规则第一条及第二条现定之事项。

第十一条　总管理处设总办、会办各一人,秉承监督，掌理该处应办事务。总办由监督派委，董事会加聘。会办由董事会推定董事若干人轮流,以一人常川驻处,襄助总办办理该处事务。

第十二条　总管理处处理局务,每届月终,应将经办情形、营业状况、出纳细帐并职员考成,分别编制二份,一呈监督审核,一送董事会稽查。

第十三条　总管理处执行董事会议决事项,如有窒碍难行时，得由总办呈请监督交董事会复议。

第十四条　总管理处设下列各部分掌理应办事务：

一、总务科；

二、会计科；

三、出纳科；

四、营业科；

五、船务科；

六、栈务科；

七、各分局；

八、附属事业：

（一）仁济和保险公司；

（二）积余产业公司；

（三）华法轮船公司；

（四）内河各轮船局。

第十五条　总务科掌理事务如下：

一、关于全局一切机要及会务记录，并公布事项；

二、关于全局及各轮船所需各种材料之购备、保存及造报事项；

三、关于股票登记、过户及保管事项；

四、关于轮船免票垫发事项；

五、关于一切卫生事项；

六、关于编制统计及报告事项；

七、关于保管一切重要文件及印信事项；

八、关于撰拟华洋文牍事项；

九、关于翻译文件及收发事项；

十、关于全局职员之考勤及任免之登记事项；

十一、关于全局职员保证人更换之手续登记及通知事项；

十二、关于每年全局业务经过情形之编辑及每年汇报董事会事项；

十三、关于不属其他各科之事项。
第十六条　会计科掌理事务如下：
一、关于各种账簿之登记保管及整理事项；
二、关于各种账簿之检查及核算事项；
三、关于各种报告表册之编制事项；
四、关于每年预算决算事项；
五、关于每星期及每月之汇报事项；
六、关于保管该科一切紧要图章事项；
七、关于日记票及传票之核对事项；
八、关于股票之发息事项；
九、关于每日编制日记表事项；
十、关于各分局及各船各栈之会计整理事项。
第十七条　出纳科掌理事务如下：
一、关于一切收入及支出事项；
二、关于保管银库事项；
三、关于管理银行钱庄来往帐目事项；
四、关于每日报告及编制银钱出入数额表册事项。
第十八条　营业科掌理事务如下：
一、关于客货招徕事项；
二、关于接洽海关事项；
三、关于客货之入栈及支配事项；
四、关于各轮船客票价目之售卖及核收事项；
五、关于运货水脚之增减及核收事项；
六、关于国内外航业之调查及报告事项；
七、关于船期船名之订定及布告事项；
八、关于各分局各船坐舱之节制及管理事项。
第十九条　船务科掌理事务如下：
一、关于驾驶及机器两部人员之进退事项；

二、关于检验船身机器之状况事项；

三、关于各轮船内一切设备及改良事项；

四、关于修造船只事项；

五、关于管理各轮船主及各船员之应行职务并考勤事项；

六、关于修理趸船码头栈房之设计及估价并监工事项；

七、关于船务各项工程投标事项；

八、关于船务各项工程验收事项；

九、关于各局各栈各船各码头之绘图事项。

第二十条　栈务科掌理事务如下：

一、关于货栈码头趸船之改良及保管各栈存货事项；

二、关于稽查各栈之栈租事项；

三、关于管理中华北三栈码头营业事项；

四、关于栈房码头趸船之修理事项；

五、关于管理货件扛力事项；

六、关于煤栈之一切事项。

第二十一条　凡各科处理事务之互相关联者，应会同办理，其办法均由办事细则规定之。

第二十二条　总管理处因处理事务之必要，得酌设科员，并于科内分股办事。

第二十三条　总管理处各科科长副科长、各分局局长副局长、及附属机关主任，均由总会办呈请监督核定派委；其余科员、办事员，由总、会办商同委充，呈报监督。

第二十四条　本局总稽核处、设计委员会、总管理处及各科办事细则，另定之。

第二十五条　各分局及附属机关办事规则另定之。

第二十六条　本规则自监督核准之日施行。

〔南京国民政府档案〕

轮船招商局水

民国十七年

水脚 航线 月份	货脚			
	长江	南洋	北洋	合计
三月份	112435.217	36263.063	100723.620	249421.900
四月份	127191.957	44215.280	106347.640	277754.877
五月份	110874.519	50693.979	61762.670	223331.168
六月份	115074.504	47209.090	68437.473	230721.067
七月份	159803.841	59082.377	59992.522	278878.740
八月份	208702.904	74876.146	95810.440	379389.490
九月份	154409.549	99247.729	54306.046	307963.324
十月份	218129.710	72145.100	63580.890	353855.700
合计	1206622.201	483732.764	610961.301	2301316.266
每月平均	150827.775	60466.595	76370.162	287664.532

（附注） 本表三月至九月根据会计科数目，十月份据营业科营业统计。

脚收入净额表

三月至十月

客		脚		总数
长江	南洋	北洋	合计	
17893.056	17774.048	8322.830	43989.934	293411.834
20717.285	18158.946	11693.930	50570.161	328325.038
35073.996	20676.744	14302.584	70053.324	293384.492
43606.343	23224.261	5156.084	71986.688	302707.755
45821.226	22355.114	18300.968	86477.308	365356.048
39647.785	12336.686	15832.226	67816.697	447206.187
39168.796	27715.688	10835.770	77720.204	385683.528
39662.028	29065.860	6161.220	74889.108	428744.808
281590.515	171307.297	90605.612	543503.424	2844819.690
35190.814	21413.412	11325.701	67937.927	355602.459

8. 商办轮船招商局为公布各局办法饬

（1928年7月27日）

商办轮船招商总局总管理处饬　第一五七号

饬天津分局局长

为饬知事：兹为促进营业便利客商起见，规定各局办法四条如下：

一、局长必须按照办公事〔时〕间常驻局中，即非办公时间，须有可以负责之职员常川驻局，以便设遇紧急事宜，可以接洽。

二、接到轮船开行抵埠电讯预计日期，即行悬牌局门口及码头之上，夜间改用灯牌，以便认识。该处如有报馆，亦即登报通告船期，俾旅客得以周知。

三、轮船将到埠时，务即扫除马〔码〕头上不洁之物，以便旅客。其小工间〔闲〕杂人等，亦宜随时约束。

四、总局所发之规定船期通知书、更改船期通知书两种表式，逢船只开行或更改时，即先期填送中西各大商号，以便接洽。

以上四条，各局其各遵守办理，毋稍怠忽，切切。此饬。

赵铁桥

中华民国十七年七月二十七日

〔国民政府交通部招商局轮船股份有限公司档案〕

9. 轮船招商局总管理处营业科关于招商局营业概况报告

（1928年10月）

轮船招商局营业概况　民国十七年三月至十月
总管理处营业科

（一）未设总管理处以前营业科之状况〔略〕

（二）营业科与沪局合并时代〔略〕

（三）专设营业科以后〔略〕

（四）改组后水脚收入大概

据上表以观本年水脚收入，三月份二十九万三千四百十一两八钱三分四厘，四月份三十二万八千三百二十五两〇三分八厘，五月份二十九万三千三百八十四两四钱九分二厘，六月份三十万二千七百〇七两七钱五分五厘，七月份三十六万五千三百五十六两〇四分八厘，八月份四十四万七千二百〇六两一钱八分七厘，九月份三十八万五千六百八十三两五钱二分八厘，十月份四十二万八千七百四十四两八钱〇八厘，总共二百八十四万四千八百十九两六钱九分，每月平均三十五万五千六百〇二两四钱五分九厘。另有二月份下旬水脚收入十二万四千〇九十四两一钱七分九厘，因不满一月，未行列入。二月至七月客脚，悉以现收为标准，欠帐概不在内。十月份货脚因上江轮船舱单原尚有一二次未到，暂未列入，故实际收入尚不止此。就以上水脚收入而论，最初数月为数亦甚平常，值此时局将清未清，各船属应兵差之期，而收入尚有此数，且自五月以后本属营业淡季，而收数逐见加增，八月份竟多至四十四万七千余两，未始非本局之大幸耳。试就五年以来同期水脚收入作一比较，查民国十三年至十七年五月至十月按月水脚收入如下。

下表所列月份均系阴历，本年改用阳历，出入有限，故均按记帐标准开列。十四年多一闰月，以水脚半数加入比较，余数归其他各月摊算，较为公允。本年三月至十月水脚收入净计二百八十四万四千八百十九两六钱九分，平均每月三十五万五千六百〇二两四钱五分九厘，与上列数目对照，则较十三年每月增三万〇二百七十一两六钱三分九厘，较十四年每月减十二万七千三百四十八两九钱一分五厘，较十五年每月增八万〇四百六十六两九钱二分七厘，较十六年每月增十五万四千〇三十两〇四分三厘，除十四年各埠因五卅案件抵制英日轮船营业转盛外，均较本年为低。更就四

轮船招商局

最近四年三月至十月水脚收入表

月份＼年份	十三年	十四年	十五年	十六年
三月份	380590.700	325322.709	390331.769	51818.994
		闰四月 304637.419		
四月份	361823.430	178708.905	322795.083	100083.787
五月份	364099.524	530115.495	361156.957	135179.300
六月份	332600.083	490319.334	349977.193	251304.188
七月份	342714.010	586171.268	305820.902	281025.765
八月份	235692.985	593718.412	178765.751	229124.778
九月份	220200.837	458854.629	173704.611	350933.584
十月份	436924.976	395762.819	118531.988	213108.948
总数	2602646.563	3863610.990	2201084.254	1612579.344
平均	325330.820	482951.374	275135.532	201572.418

年同期各月平均数比较，八个月计二百五十六万九千九百八十两二钱六分三厘，平均每月卅二万一千二百四十七两五钱三分三厘（十四年因五卅抵制风潮，收入转旺；十六年因停航数月，收入特少，平均扯算约略相当），本期八个月每月实增三万四千三百五十四两九钱二分八厘。若以最近三年比较，则十五、十六两年同期平均共收一百九十万六千八百卅一两七钱九分九厘，月收念三万八千三百五十三两九钱七分五厘，本年同期实增九十三万七千九百八十七两八钱九分一厘，每月实增十一万七千二百四十八两四钱八分四厘。十三、十四、十五各年同期时局均极平靖，绝少封差情

事，十四年且因五卅事件发生热烈之抵制英日轮船风潮，本国轮船供不应求，货运特畅，本年与较诚不可以道里计也。即就去年而论，时局固属多事，而本期封差扣船，仍未少间，综核收入与太平时期相较，除十四年外，尚属有盈无绌。以视最近数年，且超过甚巨。如是环境，成绩仍有如前述者，宁非本局之大幸也。且本年各月收入，逐月递增，尤以最近为甚，此则更可乐观者也。

（五）八月来营业状况

改组后水脚收入数目，前节既已示梗概矣。请略述八月来营业状况，以明真相。各路航线其长江及南洋向较北洋为旺，本年则以长江及北洋占优。查三月至十月平均每月水脚，长江货脚计十五万〇八百廿七两七钱七分五厘，客脚计三万五千一百九十八两八钱一分四厘，合计十八万六千〇廿六两五钱八分九厘。北洋货脚七万六千三百七十两一钱六分二厘，客脚一万一千三百廿五两七钱〇一厘，合计八万七千六百九十五两八钱六分三厘。南洋货脚六万〇四百六十六两五钱九分五厘，客脚二万一千四百十三两四钱一分二厘，合计八万一千八百八十两〇七厘。

长江分沪汉、汉宜渝二线，行驶沪汉者，有江顺、江安、江华、江新、江裕、联益、江天、江大、江靖等九轮，上江江庆、快利二船。本年长江各轮，常供军用，或放空应差，或半途被扣，零星队伍趁船，几于无日蔑有，而近月退伍军人搭轮，为数尤多。其中以江天、江裕、江靖、江新、江顺、江安等轮应差为最多，只有联益一轮，未曾放空应差，但该船久未修理，三四两月均在坞中，五月始行出水，故各轮可用时间为之锐减。且四月间旧职员之不逞者，鼓动海员藉索欠薪之名，怠工累日，虽不久即息，已使本局受重大损失。又以四川、湖南时局纷乱，江庆一轮时为军人扣留，时为匪徒袭据，纷扰曾无宁日。快利一轮，三、四、五等月，均供应差，其后进坞修理，停搁九十九天。上江一线等于停航，长江各轮生产之力量，较前大减，加以同业肆意放盘，水脚之低，为十余年来所仅见。客脚则因军人扣船趁船，时滋事端，乘客闻而生畏，损失尤属不赀，本局各面受轧，收入自难奢望。幸沪、汉、浔、镇等处分局，努力招徕，来货犹畅，是以营业数额未减曩昔。怡和、太古、日清等各公司轮船，无军队扣船趁船之事，上江航线，赖其武力保护，通航无阻，尤占优胜，本局殊难于抗衡耳。

南洋航线在本局占重要地位，民国十四年本局营业因逢五卅时会，异常兴盛，厦粤香港货运，尤称畅旺，实有供不应求之势，而本年则此路几于停顿。其故一因原走南洋各轮应差之期甚久，二因各轮年久失修，本期大修，停航多时，三因汕粤赔货陈案待理，帮客装货未能踊跃。本局对于此路航线，本极注意，派有新华、泰顺、广大、广利、新昌等轮专驶厦、汕、粤、港四埠，同华、嘉禾、公平等轮亦常遣往。奈本期八月之中，新华、泰顺二轮装兵，各在二月以上，广大、广利装兵之后，在坞修理，各逾三月，工程甫竣，又往运兵，亦均在二月以上。此四轮者，本局南洋线之中坚也。八月以来，几无自用之时。近以香港政府抵制各轮，另定新章，检验极为苛刻，本局广大，广利二轮，虽经大修，仍难请领港政府船照，故港线难遽恢复。汕头分局，历年客货短缺，迄未理赔，积置案件在七万两以上，故本局南航之船，虽曾湾泊数次，而客家均裹足不前。现已派专员，会同汕分局长，与客家理楚，以维信誉矣。八月以来，汕头、厦门、广州、香港四埠，本局几无营业可言，所有货载，多为太古承运，利权外溢，言之痛矣。所幸沪闽一线，货常满载，沪瓯、沪甬二线，虽货运有限，尚属太平无事，在同业营业中尚占优势耳。今广东政局大定，兵差可免，此路航轮已无阻碍，渐见起色矣。

北洋方面本年营业较佳，故除新铭、新丰、新康行驶天津，图南行驶营口外，同华、遇顺、新华、泰顺等轮，亦常派往，按月水脚在十万以上，就中以上海出口面粉、杂粮为最多。但营口因奉票跌价，市面萧条，货运不畅，五六月份天津因战事停航多次，损失不赀，故收入较少。七八月份烟台时有纷扰，未能湾泊揽载，尤可惜者。白河水浅日甚，轮船不能直达紫竹林，局备拖驳不多，加以津局蒋局长办理不善，以致运卸稽迟，到船延搁，往返次数大减。且天津来货奇绌，出口水脚，同业又竞争放盘，收入旺而不旺，否则可望在一倍以上矣。又本局新辟大连及青岛航线，油饼豆粉出口甚多，大连委托大申公司代理，青岛委托仁记行代理，凡往天津之船，均绕行该埠来申，每多满值，稍可补苴。此北洋营业之大概也。

综而言之，本局以来，营业情形，所处境况而论，实堪庆幸。惟此二十八艘轮船，净载量有三万七千一百十二吨半，年来平均，每月收入不过三十五万五千六百余两，每吨收益只九两有奇，生产力量之未能尽用，不言可喻。考其主要原因，大约(一）兵差频仍，(二）修理期久，(三）免职之旧职员鼓励种种风员，如海潮罢工等，使客帮疑惧，(四）时局将定未定期间，各处市面萧条，(五）赔

轮船招商局装兵损失统计表

月份	货脚	客脚	合计
三月	60242.000	7180.740	67422.740
四月	72846.000	12679.200	85525.200
五月	33648.000	11412.000	45060.000
六月	12523.000	3271.680	15794.680
七月	47300.000	11665.980	58965.980
八月	83190.000	19149.240	102339.240
九月	15390.000	11354.440	26744.440
十月		11418.530	11418.530
总数	325139.000	88131.810	413270.810
每月平均	40642.000	1006.470	51658.851

货陈案未清，虽极力整理，短期间信用未著，（六）同业竞争，暗放折扣，等于低跌水脚。至兵差一节，前已一再言之，本局轮船，除军队扣船趁船外，近又承运退伍兵士数万人，时滋纷扰。业务主任申诉苦况，无日蔑有，尤以长江及南洋为甚。纵有津贴，为数甚微，客货阻滞，补救无由，其直接损失，可统计者，表列如上，尤望政府之体恤也。

此外，如北洋因烟津事停航，天津自六月二日至十七日其停航十六天，少放船六次，每次损失八千两，共计四万八千两。烟台自六月二日至七月十六日停船四十五天，七月十九日至八月三十日停航四十三天，合计八十八天，少放船三十次，每次损失一千两，计损失三万两，总共七万八千两，加上装兵损失，应为四十九万一千二百七十两八钱一分。以上不过就直接损失而论。因此而船期不定，客商裹足，间接损失，尤难统计。本局各船多年失修，本期特大举兴修，入坞较久，其可列举者，如载量最多之公平，修理一百十七天，广大修理九十三天，广利修理九十八天，联益修理九十余天，快利修理九十九天，江庆修理六十余天，同华、江天、新江天、江大、图南等轮情形相似。在坞时间如是之长，生产能力完全废弃，此两事关系尤大。故不惜反复详言，列举实事，以申明之。所深幸者，政局大定，当不至再应兵差。数月以来，内部整理，亦渐就绪，收数逐月递增，即其明验。如无意外之变动，不患无苦尽甘来之日也。

（六）营业之新计划〔略〕

〔国民政府交通部招商局轮船股份有限公司档案〕

10. 交通部核办招商局总办赵铁桥办理招商局经过情形等致国民政府秘书处公函

（1928年10月23日）

国民政府交通部公函　第721号

迳启者：准函开：奉常务委员发下招商局总办赵铁桥呈报办理招商局经过情形，祈鉴核呈一件，并附表册。奉谕：交交通部详核。等因。相应检同原件，函达査照，附件办毕仍送还。等因。查该总办办事情形，已由招商局监督暨本部随时考核，现在越级呈请，殊有未合，业经本部指令饬遵。至所请函军、政、法各机关严禁造谣一节，已以止谤，莫如自修之义相督责，应毋庸议，亦经一并令知在案。相应函达，即希査照转陈。原呈一件、成绩表一册、现行规程二册，随函送还。此致

国民政府秘书处

附原呈一件、成绩表一册〔略〕、招商局现行规程二册〔略〕

王伯群

中华民国十七年十月廿三日

呈

呈为呈报办理招商局经过情形，仰祈鉴核，并恳指示以后进行方针，严禁藉故破坏，以利航政，而符党纲事：窃维我国民政府自客岁奠都南京，既兆完成统一之势，遂亟预筹建设之基。而本党对于主张，首重取消不平等条约，对内急务，首在实现民生主义。根此二鹄，对于綦关国家交通之航业，自应及早绸缪，以为挽回航权扶助农工之预备。否则，纵达废除不平等条约之目的，一切外国轮船不得行驶我内河领海之时，倘本国自办轮船不足以资代替，交通因而梗滞，不特贻笑友邦，抑使全国萌孽方滋之工商事业，胥将阻其生机，其如本党民生主义之谓何。我国民政府有鉴于此，又见国内所谓最大航业机关之招商局，纯为少数漫无航业知识之骄奢纨绔与贪污市侩把持垄断，其间斫丧蛀蚀，覆亡日迫，苟不迅图挽救，势必贻累航政，故而始则派人清查，继则派员监督，原冀当事知所警惕，翻然自新，督促振作，改进业务，但求从此有补党国，本无好烦代庖之心。讵意前局当事诸人，顽梗不化，冥行如故，督之不理，引之不从。王监督目击种种，知其无可救药。为实现党义，贯彻政策计，不得不下代为改组之决心。又适董事长李国杰亦呈请监督，谓

办事棘手，请予派员督率整理。铁桥猥以庸愚，当蒙王监督委以总办招商局。奉命之初，明知局状腐败已极，业届日薄崦嵫之时，况复荆棘载途，投足维艰，虽有健者，难期速成。冒味尝试，诟谤立丛，特再三思维。铁桥为革命党员二十余年，汤火虎穴，未尝或畏，矧为服从我政府命令暨奉行党的使命起见，尤应抱奋斗牺牲之精神，毅然以赴。就任以还，若理棼丝，昼夜筹划，殚力改革，惟知裨益航政为前提，不解强立私情之顾忌。擘砺半载，开罪于人，诚已甚多，加以旧日盘踞为利之徒，一旦失其营私渊薮，积恨在骨，不甘于心。两敌交融，诪张为厉，今日造一谣言，阴图中伤，明日制一罪状，明肆抨击。揣其用心，非得牵掣进行，颠覆现局，复其一手垄断之旧，必不中止。其破坏之举，深恐是非不明，积毁销骨。谨略将五阅月来办理商局之经过事实，为钧府一陈其梗概焉。

按招商局经旧日当事蚕食鲸吞之余，所入不敷所出，度日惟恃举债，故积欠汇丰银行五百万两，花旗银行一百万两，本国银行又三百三十六万余两，全部产业悉数抵押于人，每年须付利息已达一百余万之巨。而局中开支消费，则以上下交相舞弊之故，无处不越轶恒情之外，即如去岁腊底，局员酬劳金一项而言，竟有九万余两。夫商家营业，获盈或以所费已减而所得，反增摊派红利，亦固其所顾。客岁营业总结，实亏一百零五万二千七百九十余两，且尚有应付未付息款六十余万两，船员欠薪二十余万两，皆未列入(均由改组后本年三月间代为偿还者)。而对于最巨之开支，如所需之煤料等，则从未有节减之计划与工作，乃发如许酬劳，诚开中外商业上绝无仅见之奇例。当事诸人之蓄意亡局，斯实如山铁案。至营业生产方面，则各船货客水脚，犹循十余年前之旧章，加以各船买办职工自由带私，不入船单，往往小水脚之数，反在正式水脚之上，以致一船收入常有逊于开支者。至于业务管理，则以偌大航业机关总分各局一切帐目登记，仍循我国铺户旧法，盖当事者正利旧式记帐之简混难稽，始终不肯采用新式簿记。此亦国内各种公司独具怪象。他如职员服务，船栈分局组织等事，悉系毫无规章，一听各自为谋。似此数漫棼乱，曾不足以拟旧式铺户之粗具规模者，其营业衰败，弊窦丛生，自属必然之势。当铁桥莅局视事之际，正外迫汇丰债息将至，内困营业绝望，末日近于眉睫之时，铁桥辗转筹维，深觉舍急则治标，先度目前难关而外，更无他道可通，于是惩矫往失，讨求新机，决树六纲，以为途辙。

一曰节省消费　查局中向日弊端最大之处，厥惟当事诸人，假借购料开支各款，虚报价格，滥提扣佣为最甚。如煤炭、五金，皆各船必需用品。而购煤则终岁零买，从不大批趸购，每吨价值既必高于市价，验其煤质，又必劣于品名。其尤怪诞不经者，则每进煤一批，同时即扣除余煤一成。究其尾闾余煤之款，盖预为年终局员酬劳之公积，扣除愈多，彼等分肥愈巨，公开舞弊，实骇听闻。其次五金一项，曩时祥大源、元昌、福安三家，轮流包办一切，凡船上用具，细至一草一木，胥由三号独承其役。其次修理船栈，亦属支出大宗，但一揭前覆，则每船逐岁修缮，而各船亦逐年必坏，试核修价，动辄一二万金。统计是项耗费，近三四年来，总在三四十万两之间。又其次各码头栈房货物上下扛力，因昔年当事者之爱恶，定付与各栈扛力之高下，且以钱为本位，损失兑价，岁以巨万计。兹举数事，均道路皆知，秽污久著。铁桥视事以还，首即着手煤觔五金之购置改革，初则价格务与市齐名，质务求吻合，余煤回佣概须归公，局员营贩亦所严禁。继则直接向产区订购，或迳函外国定货（五金物品国货所无者），藉省经手之费，而求进本之减。查改组前，江海各轮五金材料费用，每月平均约一万一千两，现在连同各栈及小轮所领，每月平均不过七千两，每年可省四五万两之巨。于煤则取销包煤制度，择廉趸购，更特设燃料研究委员会，不仅研究购置之精廉，且极力讲求使用之经济。讨议月余，颇多善策，将来逐项实行，祗烧煤一端，便可年省三十万两。修理船栈，则延聘专家负责勘估，既付公开投标，犹须逐件核议，以防局员居中作伪。犹忆五月间南栈呈报请修执事，仍援旧例，附呈估价单两纸，一则一千七百余两，一则一千三百余两，彼固以为必将舍多取少。比〔？〕铁桥派员往勘，则所费仅须三四百两已足竣工，悬殊之巨，积习可想。诸如此类，不胜枚举。码头上下扛力，亦决废钱为元，出入统以实计，先亦阻力重重，近始克见实行。兹仅就本局消耗之大宗煤料而论，节省之数，每月约有二万余两，每年可省三十余万两之谱。外此，更次第解雇各船栈旧用洋员五十余人，易以具有同等学识经验之华员，彼此薪给相差，每人低昂数百，月计亦将万金，岁计则及十万。是则节省消费之大略也。

二曰增加生产　商局生产命脉所托，曰各船水脚，曰栈房租金，曰房产收入。顾房产赁值，早已指抵债息，不容挹注毫厘，所恃养命之源，只有船栈而已。然各船客货水脚，历久不改，生产不及消费，上文具言其略。铁桥因即比较同业，准酌市情，将局有江海各船，概行重订缴款，并将从前职工私收之小水脚，大加整顿，限制数量，成数高提。自是各船收入，每月遽增二万余金。并为预防各船主任托故欠缴，遂分别船等，加征主任保证金。惟因骤改新章，旧日主任结合抗命。铁桥为贯彻营业计划，乃将一般顽强贪鄙之夫，择尤撤惩，此中结怨，不问可知。其次，各码头货栈租金，既乏定额，囤货常逾十载。铁桥乃综览五栈，全施改革，新颁表式，以稽其货物之出入，清除积货，以拓堆置之容量，并将不居要冲之码头，如北栈、杨家渡等处，设法招泊外船，稍稍整理，便见起色，将来策划完善，岁增三四十万，亦必易如反掌。广告利用商战，必需各地电车、火车俱以有余地位供给商号而裕入款，而商局各船竟无措意及此。铁桥乃在局增置广告一股，专司其事，开辟以来，居然月收一千余元，而各栈码头现亦正在着手布置，预备招登广告，俟至实行，又可增收倍蓰。他日如再添船只，推行更广，则附庸蔚为大国，自是意中之事。此则增加生产之概略也。

三曰改革制度　商局旧制只有三科，曰营业，曰会计，曰主船。

以业务如是繁复之机关，乃分工若是其简单，系统不清，庶事自乱。铁桥到局，遂首更张，增为六科，一总务，二营业，三船务，四栈务，五会计，六出纳，分工已细，责专事敏，虽用人稍溢前额，而工作亦多倍蓰。次则延聘计学专家多人，组织改良会计委员会，筹议三月，厥功告成，自总局以逮，各分局各船栈，统于七月一日起改用新式簿记。盖欲奏弊绝风清之效，必使帐目有精严莫遁之方。再次则商局自来用款放任无度，一凭当事意为高下。铁桥认定公司性质预算最重，乃集各科以极经济之方法，制成全局之预算，一经核定，不容增减，量入为出，始基乃立。又其次召集分局会议，决定取销包缴制度，务令各局实收实解。按轮船包缴制，原系外人来华贸易，不明我国商情，故利用买办限额包缴，然从未闻各国自办航业，仍在本国采用买办式之包缴制者。商局初时当事昧于此理，尤而效之，又复变本加厉，不顾成本，不考商情，惟以彼此关系疏密，而定比额多寡，离奇滋弊，不可方物。故先决取销分局之包缴制，并拟进而废除各船之买办制，现亦正计议中也。此外，如订定职员服务规则及薪给章程、请假扣薪条例等，胥已逐一实行。制度大备，轨道可循，苛能励精以赴，不患治法无准。此改建制度之大概也。

四曰筹偿积欠　招商局在沪、汉、津、粤各处之码头，因创办之初，凭藉清廷之助，均占最优越之地位，各国在华所办之轮船公司，莫不处心积虑，思欲取而有之。故汇丰押款五百万两之条件，竟举上海及各埠码头房屋暨全部轮船尽归其一质，并订明一期利息不付，汇丰即得自由处分。押品立约之苛，洵为罕见，而用意所属，实受其同国航业公司之委托，藉是篡攘商局之码头也。今年三月三十日，恰届第一次付息之期，需款七十一万之巨，亦即铁桥接手刚及一月之候，然一查局款，存既不名一文，收且难供日用。设无法以筹的款，则日期一逾，彼只取上海南栈码头而拍卖之，商局根本立形倾倒。斯真千钧一发、危如累卵之时，铁桥以赤手空拳，当兹险冲，竭力筹措，多方张罗，并幸蒙王监督在上赞助，卒克稳度难关，如期照数付清，汇丰始无可奈何，商局始复归安定。但此款以外，花旗银行尚欠百万两，本国银行、钱庄又三百三十六万余两，或到付息，或过偿期，催逋函札，日必数至。铁桥乃一面向债权婉商展延，一面亟谋办法，差幸应付尚属得宜，皆未引起纠葛。又商局前手对各船海员薪水尚有三月未发，约计二十余万，海员愤怨于中，渐呈怠工之象。铁桥既悯海员之生计，又虑影响营业之前途，视事未久，即决定次第补发。此项欠薪，今已将次发清，海员亦均安心供职。此筹付积欠之大概也。

五曰提高信用　招商局自经历次当局恣意舞弊之后，道揆法守，两已扫地，所谓业务信用，完全丧失殆尽，客商既望而生畏，营业自一落千丈。铁桥心忧其危，知舍提高信用以外，断无起衰之途，如局中旧习搁置转口货及客货，损失互推不赔，各无责任。今则分置营业科，与上海分局划清权限，转口货随到随转，不使延搁，如遇赔货，立命负责方面克日清理，不得拖赖。近更设置业务改进委员会，延请航业专家，研究待遇客商良好方法，务期尽善尽美。又如近年南北洋轮船时告盗警，独商局外洋轮船绝无一艘装置无线电机，致每遭意外，全船客商只有坐视劫掠，无可呼吁求援，职是客商相率裹足。铁桥到局乃亟筹款项，规定各船分期限装无线电报，藉使消息灵通，而保行旅安全。此提高信用之大概也。

六曰造就船员　本党政策既必收回航权，招商局又为航业最大机关，实对收回航权应负一种重责。特环顾国内航业，人材廖若晨星，航业学校更鲜设立，况现在之所谓航海人员，类皆根底太浅，既于航海所需之初级各科学毫无心得，遑论高级科学及航海之实学与经验。若不亟为设法，一旦本局有推广航线之可能，势必仍须借材异域。铁桥有鉴于此，因先设航员养成所（民国十二年时代，本局李会长亦曾有此种计划，并用华甲一轮为航员补习之用），考选曾经毕业商船、水产、海军各校之学生十余人，授以航海所需之高深课程，并当选学有成绩者，遣之上船实习。此外，又就固有之招商公学，改办航海专科学校，业已成立，所招各生，毕业期间三年有半，以冀养成航海之完全人材。铁桥复鉴于轮机人员往往徒恃经验，缺乏高深学理，因选派交通大学之轮机班毕业生上船实习，务使学理实验互相贯通，将来航业发达，此辈学生正可及时效用。此造就船员及轮机人材之大概也。

综上诸端，胥已见诸事实，或且行有微效，彰彰有据，可资复按。其于将来发展计划，如筹办铁路联运，购置新式轮船，开辟海外航路，增广内河航线等事，亦或已着手进行，或正拟议计划，日夜研求，未尝稍间。总之，招商局当百孔千创之后，在皮相之谈，则谓局产尚值四千万元，负债仅一千余万，尽有回翔余地，但试核其实际，则产业抵质已空，子利岁超百万，船只十九老朽不堪，消费常多生产，对外信用久失，缓急无通融之地，营业成弩末之势。此诚风雨危巢、急浪胶舟之境也。铁桥以一介革命党员，而作无米为炊之巧妇，披荆斩棘，排除万难，整理至今，头绪粗理，收支渐见相近，营业日有起色。循是以进，苛泯意外，则二三年后，归偿债务，中兴商局，正亦可以操券而待自信。专从道德立场而言，对于旧日股东，虽不敢自矜丰功，要足可告无罪庸。讵知一般舞弊失职之前当局，与违章被革之旧买办，日作死灰复燃之想，阴逞含沙射影之伎，飞短流长，掀风鼓浪，五月间则贿买上海海员分会一二不肖分子，公然施行强暴，胁迫各船海员罢工。其时北伐正殷，假使狡谋果逞，后方立见扰乱。为冀复其私人利薮，不惜破坏国民革命，居心之毒，足见一斑。铁桥当时鉴于投鼠忌器，迫得委曲求全，安抚海员，幸告无事。彼等见此着无成，始又改途易辙，假托股东名义，组织不法团体，诈朦监督，请求开会后，幸察觉主持团体诸人十九即系查办匿迹之徒，始发其奸，事以中寝。无如彼等神通綦广，化身尤多，此次本党举行五中全会，又敢捏造事实，伪制收入数目，印发泣告书，上至交部监督，下逮铁桥个人，均妄肆攻击，以冀淆惑中央委员之听闻。幸我中央委员清明在躬，金置不理，彼等方觉鬼伎已穷，无术如愿，因复假借三四不知姓名之小股东名义，乘铁桥答复泣告书诸人之后，指定十事，要求详答。夫铁桥事本公开，原无不可答复之隐，特此辈本以挑剔指摘为鹄的，行见寻瘢索疵无穷尽，稍予周旋，愈肆咆哮，且衡诸理法，应先审责任之分。盖区区三四股东，既非全体股东合法人数之委托，自无必须答复之义务也。抑铁桥来总商局受命监督，循本溯源，实系钧府所属。职员措施苟有舛谬，或行为苟有贪污，则查究惩戒，胥有钧府制裁在上，初无庸该股东等之哓哓其间。今彼等不遵正式手续，诉呈钧府，而独处处为黑白之颠倒，此非反对铁桥之个人，实在反对国家整理航业之政策也。由今言之，铁桥个人久苦支撑，去留诚无足计，独对办理招商局之先决问题，则断不能轻还诸旧日局蠹之手，致令直接妨害国家交通，破坏本党政策，并间接助长外国轮船之发达，阻碍收回航权之希望。窃查世界各国对于轮船事业，凡值紧急之时，政府均得收置管理支配之下，如欧战时期英美各国政府，俱曾收管全国轮船。先总理在民生主义第一讲固尝反复申言，然则衡以我国今日情形，际此建设亟须急进，航权亟待收回之时，固不能不谓非特别时期，何况征之商局往例，惟第一期官办时期成绩最佳，第三期商办时期最为腐败，可谓论理论事，胥应暂置政府管理，为惟一适当之办法。今此辈破坏整理之宣传，动辄摘拾民生主义为口，实殊不知先总理所谓民生，系为全国国民生计谋充裕而言，并非为一二奸商豪猾作保障而设。倘商局果复曩日商办之旧贯，而至蛆蚀破产之日，使本国航业完全消灭，全国工商受制外轮，则举国民生，真将益归穷蹙，后患之大，宁堪设想。是则对于此辈造谣生事、曲引主义、企图破坏、以逞私欲之人，自应予以严禁，否则讹言鼎沸，牵掣重重，客商减其信任，局员震于风鹤，营业蒙损，怠象随生，虽有贤能，亦将动感困难，靡得展其计划矣。铁桥无状，莫格顽冥，理合将接收以来办理经过事实，粗陈本末，并检同逐月收支对照表、各种改革规章、暨全局办事成绩表等，一并汇呈钧府鉴核。并恳一面派员到局查察真

相，一面令饬淞沪警备司令、上海特别市政府暨临时法院，一体严禁造谣，藉端扰乱，庶于党国民众及航运前途，均有利赖。谨呈
国民政府常务委员会

商办轮船招商总局总管理处
总办　赵铁桥

中华民国十七年九月二十日

〔国民政府档案〕

11. 上海工商联谊会等为招商局仍旧营私舞弊请派人切实整理等致中央党部等代电
(1928年11月29日)

南京中央党部、国民政府暨交通部钧鉴：近世民族及国家之强弱，悉以其经济之发达与否为比例。而经济之发达，固以农工商业之发展为其要素，然在世界大通之今日，而航业之助经济之发达，非特不亚于农工商业，而其特殊使命之运销国内产品，吸取国外必需原料，传布优秀文化，匡助政治作用，实有驾于农工商业之上之趋势。故欧美日本各先进国今日国际地位之强固，生产事业之发达，国民经济之余裕，实无一不恃其航业之振兴，即无一不注全力于其航业之改进，以求其民族与国家生命之健全与永续。我人于最近世界大战之前后，考查美国、日本两国航业之进步，更可了然文明国家对于航业之着重与改进之惊人也。盖欧战以前，美国贸易之各种货客船，其总吨数为1,066,288吨(一九一四年六月时统计)，欧战以后，其一切新旧货客船之总吨数，为15,441,786吨(一九二〇年一月一日公布)。前后五易寒暑，而量数增加竟达十三倍有奇。战前日本全国拥有巨资之航运公司，仅得二十四所，其运输收入总金额为五千八百余万，纯利一千二百六十万(大正三年时统计)。战后拥有巨资之航运公司，竟增至六十五所之多，其运输收入总金额为六亿三千万，而纯利为二亿二千万之巨(大正七年时统

计)。此种惊人之突飞猛进，一诚可想其航业商人不仅斤斤为本身谋利益，而为其民族国家图富强，实系其大前题耳。回视我国航商，除零星组合，营业上尚能差强人意，姑不具论外，仅举具有伟大资本、悠长历史，而与日本大阪商船公司同年创办之招商局而言，则该局距今以前之一切上下当事人，不特绝无航运之商事智识，绝无世界锐利之眼光，绝无民族国家之观念，而一味臭官气，一味营私舞弊，联外党以分肥，结军阀反革命妄抵借，以饱私囊，抛职责而荒公产，小股东敢怨而不敢言，外国人既冷讥而热诮，破坏社会经济之组织，阻碍国家企业之发展，不特航业界之蟊贼，亦国家之罪人。故前年我国民政府深痛该局以前各当事人之极恶大罪，轸念航业关于现代国家之兴替存亡，应当时事实之要求，断然派员清查，负责整理，以期该局死中复生，既所以保存股东之血本，亦所以救济中国航运前途之生命，心仁意善，于今年余，积弊渐剔，生机茁然。凡关心我国航业之革命民众，无不相聚称赞，乃曾日月之几何。而该局以前之一般当事之恶官僚，及一般狃于亏公肥己之旧商贼，迩日竟又肆其鬼蜮伎俩，一面煽炫股东，一面登报惑众，以冀死灰复燃，再演营私舞弊惯技，使此奄奄一息之航业生命，斫丧于若辈之手。然尤可怪者，同流合污之徒，竟然喋喋诡解，为其作应声之虫。宅意何居，当不能掩我政府秦镜之高悬耳。属会等观此万恶现象，为政府威严计，为我国航业前途计，不得不发奸谪伏，联请维持，前令依旧，责成政府所派人员切实负责整理，俟臻完善，方可交其全体股东依法自行续办，公私均益，而我国航业前程之进展，实深利赖焉。临电恳切，毋任屏营待命之至。上海工商联谊会，上海墨色石印工会、上海浙宁茶食工会、上海棕棚工会、沪北肩运工会、上海闸北水电工会叩。艳。

〔国民政府档案〕

12. 蒋尊簋报告赵铁桥接管招商局以来情形致国民政府代电

(1928年12月12日)

国民政府主席蒋钧鉴：尊簋近以招商局问题，受股东之托付，本良心之主张，毅然而诉诸公理，以俟国人之裁判者，决非有私意存乎其间也。夫招商局为完全商股商办公司，政府本无越俎代庖之理，宣言具在，成案犹存，乃自派员清查，以至接收管理，宗旨屡变，办法两歧，实非股东始料所及。交通部为监督机关，而对于股东请求开会，则谓该局问题政府正在妥筹办法，该股东等安心静候，毋庸自相惊扰。等语。诚不解交部筹划至一年余，而尚以正在筹划为辞，吾恐股东再静候若干时，必至破产而无疑。尊簋亦政府清査委员会之一，以从前政府宣言与现时当局办法相比较，前后矛盾，殊关威信。上海为中外观瞻所系，为一公司而隳政府无上之威信，沦商局于万劫不复，权衡轻重，未免失策。此为维持政府威信计，不得不出一言而告者，一也。先总理民生主义注重实业救国，航业为实业要图，自招商局有收管之榜样，而国内之热心企业者无不相顾失色，挈家而去香港、走大连者，挈资而投租界存外国银行者，实大有其人。为渊驱鱼，为丛驱雀，为一区区四千万之招商局，而断绝无量数之实业，得失何待蓍蔡。况实业衰落，商市益见荒凉，专家既无所施其技能，工人更无所用其劳力，强者铤而走险，弱者沟渎自经，谓非与实业救国之道大相迳庭乎。此为实现民生主义计，不得不出一言而告者，二也。招商局自监督处委派赵铁桥为总办，实行接管以来，举凡局中会计、用人、行政、法制诸大端，多未按章经过董事会议决而迳自施行，如总局分局各栈各轮购置修缮，并一切收支，百计把持，不许董事会暨股东等直接查询。其尤骇听闻者，莫如擅租刘某之华阳轮船，抵押金利源一带房屋，明知亏累而不顾。又如擅自更换总务会计、船务出纳会计、各正副科长、夭津、汉口、广东、香港、汕头、营口、宁波、温州、南京、安庆各分局正副局长，上海浦东各栈长及各轮船业务主任，而其所引用者，多未悉商局情形，亦罕有航业知识。并在分局则巧立帮办名目，在总局则巧立顾问、参议、视察名目，均为局制所无，月薪数百元不等。此外船期延误，则损失不赀；修船迟滞，则贻误营业，借债还债，漫相夸饰，非特自欺欺人，抑亦朦蔽政府。他如江新之贩盐，江安之贩土巨案，新济之浩劫，新康、江靖之撞船，图南、江新之损坏。以数月之时间，竟事变之迭出，中外各航业公司不闻有此，即在从前商局，亦无如是疏虞。谁为主管，谁执其咎。至于该局内容如果无他，何必深闭，固拒不肯公开，迨商情忿激而始以片面之电词涂饰耳目，天下亦有不许股东过问，而自议决、自执行、自报帐目、自夸成绩者乎。此为整理实业前途计，不得不出一言而告者，三也。言论自由，本党素所主张，亦世界各国之公例，况系股东呼吁，尤职责上所应尽。而赵则百方箝制，致函沪上各机关，禁止各报登载招商局股东方面之文件，而讳莫如深，是诚何居心而出此明眼人当自显然。夫赵以实业公司董事会聘任之职员，而可致书军警各署，禁止言论自由，是直周王之防民口，秦帝之禁偶语，复见于今日也。是可为孰不可为。此为主张言论自由计，不得不出一言而告者，四也。上海为舆论集中之点，是非本有定评，自社会惕于环境，如总商会、华侨联合会之能据理力争主张会道者，几如景星庆云窃念。尊簋为国民一分子，无论在朝在野，良心上均有相当之责任，况追随我先总理者二十余载，自应本其大公无我之精神，为民众谋乐利，为国家留元气，即为先总理贯彻其主张。商局虽小，而关于国计民生者实巨，非对人问题而有所爱憎也。两间公道，究不可泯，区区此心，尚其鉴之。蒋尊簋叩。文。

〔民国政府档案〕

13. 商办轮船招商局总管理处关于各分局整顿职员饬

(1929年5月20日)

商办轮船招商局总管理处饬　第680号

饬天津分局局长

为饬知事：案查分局整顿，首重实行章则，改良组织。现在组织早定，章则已颁，而人材缺乏，亦属无补，故人选精当，尤属要图。此后各分局职员中有劣迹者、染鸦片烟癖者、不称职者，仰各局长迅即严加甄别，尽量裁汰，勿稍姑息。一俟上海分局整顿就绪，尚须分别派员前往各分局督促指导。仰即遵照办理，毋得因循玩视，致干咎戾，切切。此饬。

赵铁桥

中华民国十八年五月二十日

〔国民政府交通部招商局轮船股份有限公司档案〕

14. 赵铁桥为声辩工商交通两部彻查招商局案及请准辞职等致国民政府呈

(1929年9月2日)

呈为呈请饬钞工商、交通两部委员彻查招商局一案报告全文，令交据实声辩，并再恳准予辞职，派员接替，仰祈钧鉴事：窃职前以二中全会议决，轮船招商局特派专员负责整理，并设委员会监督指导在案，迭恳准予辞职，迅派专员接替。倏经两月，秋节瞬届，迄未接奉明令。职以将去之身，当绝续之际，筹措因应极感困难，正拟续呈恳辞，忽阅各报遍载行政院转呈钧府呈文，内载：以据工商、交通两部呈称：奉令彻查招商局一案，经据委员查复，总管理处设置经年，仍未能旧日积弊剔除，确立具体整理方案，而用人之滥，浮支之多，较前反有过之。等因，循诵之下，惶悚莫名，伏念招商局为数十年从弊渊薮，政府不忍一线垂绝之航权，坐任把持断送于群蠹，始有接管整理之命。职一介党员，谬膺重任，威利交胁，艰阻备尝，始为各项急债所环攻，继受海员罢工之逆袭，汪董诬讦，则反动之谋益猖，盛股换名，则包围之势已具。凡此诪张为幻，纯出贪怙之私任，以当局何人，亦属事所必至。职生性特戆，疾恶如仇，本革命之精神，与群蠹相奋斗，以致一年以来，大都排除障碍，转于正当业务，未能贯注全神，虽力清旧日积弊，而积弊未能尽除，虽屡立具体整理方案，而方案多未实行。诚所夙夜疚心，引责辞职。然谓用人之滥，浮支之多，较前反有过之，内省良知，外稽事证，期期窃未敢承。况国营航业为本党重要政纲，接管招商局为钧府成立以来重要政策，果如委员查复，适应旧日局蠹张目。职一已之罪犹小，其贻口实于党纲与夫钧府政策之罪实大，若效官僚故习，澳认不置一辞，固能苟阿取容，将何以对党国。查委员等彻查报告苦未得其全文，而工商、交通两部会呈，要可窥其厓略，所称弊端，不外数项。一曰积弊未除，无从改良。查职自受事以来，首以清除积弊为务，举其荦荦大者，关于用人考核，如改革总局分科组织，如取消分局包缴旧制，如制定分局船栈章程及服务规则，如改各轮买办为业务主任，增加比额，并征收保证金，如审定船员资格、工作及薪金等级，如厉行职员考勤，合组大办公室。关于营业，如整顿货载，如确定船期，如节省用煤及五金用物，如划清营业科与沪分局权限，严定转口货及赔偿办法，如规定航运装货解款各项手续表单，如取缔船栈茶房小工，如改良客票销售手续，如派员督察各轮卫生。关于船栈，如核实修理各轮，如开放新栈及招揽客船，如订定勘验修理栈房及稽核购料领款手续，如改订扛力洋码。关于会计出纳，如改用新式簿记，如实行会计规程，如划清收款付款手续，如厉行保管银库手续，如剏行营业成本计算，如编制营业收支统计及各项图表，如清厘局产保险及磋减保费。似此种种施设，虽不敢谓弊绝风清，要于前清查整理委员会报告书所指旧日局董诸端，无不引为殷鉴，十去八九，以故去年十个月所增收入不下一百六十余万两。西人恒言，事实胜于辩护，决非如委员等所称片面宣传，不足凭信。二曰用人太滥，费巨效微。查职局今日用人，诚较旧日商办为多，良以接管之初，旧人须留熟手，以资接洽，新人须聘专家，以谋整理。又如监督办公处董事会由黄埔军官生派充之，船栈巡察员、防范兵匪骚扰之航警队，皆为旧不能减，新不可缺之机关人员，其薪金悉由总局开支。且改组以后，分工愈细，事务愈增，即表册一项，较前骤加十余倍，用人虽多而非滥。旧日采用包办制度，总局仅凭分局册报入帐，此外几无所事。科长及重要职员，俱鲜到局办公，用人虽少而实费。矧其薪金开支，名虽每月六千六百余两，实则另支年底酬劳及董事会、股东维持会津贴等项，每月亦须一万六千余两，共计开支二万二千六百余两，折洋三万元，反超出现在薪金月额二万八千八百余元之上，则其人虽少，其费弥巨。夫用人之滥与否，薪金之费与否，须视其事务成绩以为断。现在薪金月额二万八千八百余元，而去年十个月每月平均收入三十七万四千余两，折洋五十一万九千四百余元，约当百分之五。此项薪金与收入之比率，即与海关邮局、盐务稽核所以及各大公私营业机关相较，决不为滥。况所费尚不及旧日实支薪金三万元之数，而收入则较旧日增多至一百六十余万两，纵不敢持以自矜，亦何至斥为太滥。三曰无具体整理方案。查职承乏逾岁，虽至庸愚，黾勉劳瘁，广益集思谋，所以整理招商局之方，亦何尝无一知半解之获。除关于补偏救弊，急切应办事项业见施行者外，其积极扩充之计划，较远如赎换债务，筹备增资，改进营业方针，增加局产收益，添置船舶栈埠，推广内外航线，培植专门人才，自办船厂保险诸端，固已计期程功筹之至熟，迭经条陈主席暨全国交通会议在案。徒以时日短促，金融窘枯，谗沮横生，经制未定，言之而未能实行，行之而未能尽效。是用负疚请辞，难为局外人道耳。四曰发交各轮煤吨数常短少。查职局用煤，自改包购为趸购，设栈管理，轮机火夫骤失旧日包煤规费，乃多故事刁难，争执吨量，或串通上煤局船工役，中途窃掷。经采用计算容积方法，并由总务船务两科派员复磅，争端始息。现在局船每次上煤，均有局员监磅于先，轮机长验收签字于后，手续完妥，绝无短少情弊。不知委员查复何据，当系误听火夫等初设煤栈时争执之言。五曰会计营业两科所列水脚收入数目，相差巨万。查两科数目不同，盖因会计科结算收入，截至每月二十日为止，以便从早结算。而营业科则须至每月底为止，结数自有不同，若截计时日并无差异。六曰修理工程不经投标手续。查去年八月，工程委员会尚未成立，以前间有二三工程亟待兴作，为便捷起见，不经投标手续，由局直接订约修理，实沿习旧日商办时代成规。接管纷冗，未皇虑及。嗣经设立工程委员会，所有大小工程，靡不经投标手续，承办商人亦悉属建筑专业。档册具在，曾由该委员会于工交两部委员到局查询时，送请查阅无异。乃犹藉改革以前之事为言，似有寻疵摘瘢之嫌。七曰去年支出特别费一项，数达七万余两，均无明确用途。查此项特别费悉用于招商公学经费、律师费、会计师费、交际费、抚恤费、奖励费、调查费、团体会费以及海员罢工事件费等，均有帐册可稽，何得谓无明确用途。八曰船只不时肇事。查各轮失事固不敢谓船员之尽无过失，然由于意外灾害者居其泰半，如新济、新康误于浓雾弥天，而新康复被日轮横行撞毁，人所公认。新华误于狂风巨浪，不幸叠出于职接管任内，若从迷信心理及封建思想设辞，谓职为不祥之人，酿灾召变，降罚藐躬，则职诚无所逃，罪若藉指为管理不善，则新济、新康均属头等局船，舱身坚固，设备完整，航行已久，新华船龄仅七八年，尤为安全，是调度非有未当。又各该轮均系外国船长，领有海关证书，在局其他各轮供职多达二十余年，少亦五年以上，其任各该轮船长，亦均数年以上。初非职所私委，资深任久，是任用非有不合。调度任用二者，既具无负厥职，依照国法人情，只能责以善后，不能幸天灾，以入人罪。以上各点仅就工商、交通两部会呈，略陈下悃，至其详细条款，应请俯予饬钞委员等报告全文，发交职局，逐一据实呈复，以昭定谳，而明是非。一面仍恳迅赐令准辞职，简派专员接替，俾免益滋罪戾，所有请予饬发工商、交通两部委员会查招商局一案报告全文，暨再恳辞职缘由，理合具文呈请钧府鉴核，指令祇遵。谨呈
国民政府主席蒋

商办轮船招商总局总管理处
总办　赵铁桥

中华民国十八年九月二日

〔国民政府档案〕

15. 国民政府发国民政府整理招商局暂行条例训令
（1930年9月16日）

国民政府训令　字第五一五号

令文官处

为令知事：查国民政府整理招商局暂行条例，业经明令公布，亟应通饬施行。除分令外，合行抄发原条文，令仰知照，并转饬所属一体知照。此令。

计抄发国民政府整理招商局暂行条例一份

中华民国十九年九月十六日

主　　席　蒋中正
行政院院长　谭延闿
立法院院长　胡汉民
司法院院长　王宠惠
考试院院长　戴传贤
监察院院长

国民政府整理招商局暂行条例

第一条　国民政府为整理招商局，以发展本国航业起见，遵照

二中全会决议，特设委员会，专任监督指导之责，并设总管理处，派专员一人，负整理经营之责。

第二条　下列事项由委员会议决行之：

一、航业方针之决定；

二、附属机关之废置；

三、所属职员任免保障及服务规章之审定；

四、资本之增减及股权之清理；

五、预算决算之审定；

六、债权债务之清理；

七、盈余之支配；

八、契约之订立及废除；

九、产业之保管及整理；

十、其他重要事项。

第三条　委员会设委员九人，由国民政府选派之，并指派一人为委员长。

第四条　总管理处由专员负责，执行全局经营整理之一切事务。

第五条　专员得随时列席委员会，报告业务情形，陈述意见。

第六条　委员会设秘书处，处理会议；设总稽核处，专任审查总分局及附属各机关出入款项，并汇办预算决算事宜；设设计委员会，专任擘划本局一切兴革事宜及财政整理方法。秘书长、秘书、稽核处长、设计委员会委员及各职员，均由委员会委任。

第七条　总管理处设秘书室及各科，处理局务。秘书长、秘长、科长及各分局局长、各附属机关主任，由专员荐请委员会核委，其余职员均由专员委派，报告委员会备案。

第八条　委员会因处理法律事件及备咨询之用，得聘任顾问。

第九条　总管理处关于航务、会计及其他技术人员，得聘任外国专家。

第十条　委员会每半年应将本局业务情形、经济状况及各项营业计划，呈报国府一次，于必要时，由国府派员检查之。

第十一条　委员会组织章程、议事规则，总管理处及分局组织章程、办事细则，及会计检查规则另定之。

第十二条　本务例如有未尽事宜，得由委员会呈请国民政府修改之。

第十三条　本条例自公布日施行。

〔南京国民政府档案〕

16. 交通部关于添开青沪青津航线与招商局总管理处来往训令呈稿

（1931年12月）

（1）交通部致招商局总管理处训令（12月5日）

交通部训令　四〇八六

令招商局总管理处

为令行事：准中央执行委员会秘书处第二五三〇三号公函开：亟奉常务委员交下青岛特别市执行委员会呈，为请转令招商局添开青沪青津航线，以利行旅而便抗日等情一案。奉批：交交通部，相应抄同原呈函达查照核办等因到部。准此。除函复外，合行照录原呈，令仰该局遵照办理。此令。

计抄发原呈一件〔略〕

交通部长王伯群

中华民国二十年十二月五日

（2）招商局总管理处呈稿（12月29日）

为呈复事，案奉大部令开：……① 下局。奉此。窃思际此对日经济绝交之时，正华商奋发图强之会，青岛一埠处南北洋交通之

① 原文见前，兹略。

中心，工商业亦称发达，为畅货运挽利权计，沪青间华轮公司自当添设航线，本局忝属国航，对于该航线内派轮开班，正在积极筹划，不日当可实行。惟津青间因船只不敷调度，一时尚难遵办，容俟将来增置船只，自当切实筹划实行。奉令前因，理合呈复，仰祈鉴核咨复，实为公便。谨呈

交通部

全衔专员部

〔国民政府交通部招商局轮船股份有限公司档案〕

17. 招商局拟具整理计划书致交通部呈①

(1933年3月2日)

呈为拟具招商局整理计划，仰祈鉴核示遵事：溯自招商局收归国营，迭奉明令拟具整理大纲，理、监事等会同总经理迭经讨论，亟谋国营之实现，业务之发展，求根本之整理，依事实为计划，三月以来粗有端绪，敬为钧部缕陈之。窃维航业所恃为工具者，曰船只，曰码头，曰堆栈，而招商局船只本不甚多，频年复屡有损失，其仅存者大都朽败不堪。理事等曾议将各船一律保险，竟有数艘各公司不愿承保，危险可知，不得已而停驶待修。及今为计欲求增加驾驶力于航路上积极竞争，非购造新船不可，俟船只有充分之准备，然后可议航线之推广。此理事等所以急急征求船式拟增添船只者一。货物运输之发达，全恃码头堆栈以为之基。招商局各地之码头栈屋，完全朽腐，益以管理不得其人，遂致营业竞争瞠乎在后。以局有各处码头之地位，势非不优，栈屋之容积，地非甚狭，徒以任情放弃，驯至颓废不堪，客货往来日趋衰落。兼以抵押在前，改造棘手，亟须提前扩充码头，并大加修葺。其堆栈则分别翻造，便其起卸，宽其容量，庶乎招徕便利，成效可期。此理事等所以筹思改造码头

---

① 选自《招商局理事会第十五次会议纪录》(1933年3月2日)。

栈屋者又一。招商局于民营时代因业务之不振，收不敷支，屡有借债之举。然举债一次，负担徒增高一次，企业则迄无进展。以是借新还旧，复利递加，母子相生，债累日重，迁流所极，恐破产不足以偿。现经延聘专家，设立债务整理委员会，从事清算。目前已查出者，如不动产之押款，服务者之保证金，商民之储蓄，零星之货价，延付之支票，预缴之水脚券，截至接收之前一日止，不下一千七百余万两，而收回股票之新借款尚不预焉。迩日虽将紧急之债务设法移转，货值之旧欠分成酌还，要不啻沧海之一勺，实非彻底清理，不能减轻债务。此理事等极引以为焦虑者又一。收支适合为财政之原理，而招商局收入之数量日蹙，支出之冗滥居多，皆以无预算为之节制。理事等洞知受病之源，不敢稍宽其责，于冗滥之员工，则大加裁汰之，于航运之客脚，则核实增益之。一德一心，排除众难，理、监事等并以身作则，不支公家一钱。从前购办物料为最大之弊薮，遂别设购料审查委员会，一以公开为主。监事等对于出纳款项，复随时严加稽核，虽积弊可祛其太甚，而故步未可以自封。盖企业之本能在扩张而不在紧缩，一切从大处落墨，方可符国营之主旨。理、监事、总经理等再三考虑，总上所述，爰拟大纲六条。

一曰拨给国营资本：查招商局旧有资本除置产外，不特无运用之资金，而债务之层积且令产业受其牵掣，一无整理之可能。今请政府拨给本局资金三千万元为国营之基础。

二曰购置船只：拟就资金内拨出国币一千二百万元，先行购造海轮九艘、江轮四艘、柴油货驳八艘、马达船二艘，共二十三艘，以期船期确定，航务通利。其详细书表图说另附。

三曰修造码头堆栈：拟就资金内拨出国币八百万元修造各地码头堆栈，增运输上之使用。其详细书表图说另附。

四曰整理各项旧欠：拟就资金内拨出国币一千万元为整理旧欠之用，其办法另行计划，专案陈明。

五曰维持全局预算：本局收入支出名目实繁，非确定出纳款项，终难保持其基本。各项整理以后，先期局款岁有所余，为逐渐扩张之计，附表说。

六日实行审核制度：本局预算既经确定，所有收支款项一由理、监事等实行稽核，严杜冒滥，庶乎开源节流，均有把握。

以上整理大纲六项，就实际之情况为规划之方针，一俟核定，再行切实进行。所有遵拟计划大纲，理合连同图表说明书，呈送鉴核示遵。谨呈

交通部部长朱

附呈〔略〕

招商局理事会常务理事

监事会监事

总　经　理

〔国民政府交通部招商局轮船股份有限公司档案〕

18. 刘鸿生关于应差轮船租费不能减少致军政部交通司密电

（1933年3月9日）

南京分局转军政部交通司王司长勋鉴：招密。东电奉悉。关于差轮租费核减事，当经函转航业公会征询同业意见，准该会函知，已迳行电复，计邀詧及。本局所处地位虽有不同，但支出各项比前昂贵，与各航商相同，且海员等薪工亦比各航商公司为高，贵部拟将租价减为六成五一节，实难照办。但为勉副台命起见，当将江裕、江天、广利等三轮租金减为九折，如须长期征租，尚可临时酌为减让。至航业公会所称专向本局征用轮船一节，查局轮本属不多，平时被征已属勉为腾挪，如再须增加，必致各航线不敷开班，不但本局营业无法支持，抑且使公众感受不便，并请毅力主持，万勿允其所请为祷。弟刘鸿生叩。佳。

〔国民政府交通部招商局轮船股份有限公司档案〕

19. 刘鸿生关于内河招商轮船局是否收回自办提案①

(1933年3月23日)

内河招商轮船局应否收回自办请公决案

常务理事兼总经理刘鸿生提

案查内河招商轮船局由前总办赵铁桥于中华民国十九年六月十六日，将一切船只码头货栈局所生财暨各项建筑物及呈准注册牌号航权,全行出租于浙江省建设厅,订有合同，其承租年限为五年,期满得续租五年,每年租金国币洋二万元。现在浙江建设厅将所租财产航权转租于商人张景佩,复由张景佩分租于各船商,所有轮船、货栈、码头,日就毁损。前总经理李国杰颇有废约自办之意，曾派秘书江趋丹赴浙协商，惟合同内并无出租人于五年内得解除契约之规定。现距期满之日尚有二年余，应否再行派员前往协商之处,谨抄录租约,提请公决。

附抄租约一份〔略〕

〔国民政府交通部招商局轮船股份有限公司档案〕

20. 刘鸿生关于军人乘船不照章验证等致国营招商局理事会函

(1933年6月14日)

迳启者：查关于军人乘船前奉交通部转颁军人乘船条例及规则遵办在案。乃近月以来,江轮上下水时有军人乘船不照章验证及购用半票情事。据江大船长六月一日报告,该轮由汉驶沪时,有暂编第三旅旅长李定五随带眷属及勤务兵等六人，在汉搭乘本轮特等舱至黄石港,仅付半票,并无证明书件。因与通令不符，略加盘

① 选自《招商局理事会第十八次会议纪录》(1933年3月23日)。

诺，竟尔出舱示威。又据江安轮主任报告，五月二十四日由汉驶沪，有陆军第四军副营长郑运元率领招募新兵一百卅余人，乘轮至九江登岸，仅给船资洋七元。同日，又有汉口军委会委员长行营浙江招募处官长及眷属等十人，占居房舱五间，随带兵士七十名携械上船，由汉至沪，仅付洋十八元。又据建国轮主任报告，五月卅日由汉下驶，第四军学员官兵百余人搭本轮赴浔，安置于四楼顶棚，由其自派守卫。又豫鄂皖军事训练班学员七十余人同时搭轮赴安庆，安置于三楼船员办事室。翌晨，该两部份官兵学员先后突向帐房声称，遗失文件衣物等件，要求赔偿。声势汹汹，莫可理喻。驻轮宪兵当时无法维持，不得已只得赔给四军官兵六元，训练班学员卅元，始获寝事。而四军员兵之客脚则分文未给，训练班学员仅给饭食洋三十元另九角。查该官兵学员所住之处并无旅客杂居其间，纵有小窃，何敢施于军人。此类情事若不设法救济，则业务前途与船员生命在堪虞。各等情前来。查各该业务主任所称各节，与本局营业损失不鲜，若不设法制止，后患堪虞。除已令各分局代理处遇有类此情事，随时协助业务主任相机办理外，相应据情函请贵会查照，转呈交通部咨请军政部申明定章，分令各军切实遵守。如人数在一排以上，须先凭书面接洽，不得迳自登轮，以维业务，至纫公谊。此致

理事会

总经理　刘鸿生

廿二、六、十四

〔国民政府交通部招商局轮船股份有限公司档案〕

21. 刘鸿生关于整顿新铭轮茶房提案①

（1933年7月20日）

整顿新铭轮茶房案

常务理事兼总经理刘鸿生提

查新铭轮业务部改为实报实销后，前业务主任雇用之茶房，自应改由本局直接雇用。本年五月三十一日经令饬该轮事务长转饬各茶房来局办理受雇手续，如不遵办，即认为不愿受雇。乃该茶房等非但不遵令办理，且请求工会出而干涉，事遂搁置。现迭据该轮事务长报告，茶房嚣张日甚，种种不法行为实难历数，对于业务发展殊多障碍，势非亟予整顿不可。整顿之法拟先从裁减溢额入手。查该轮原有茶房溢额甚多，现依照实际需要情形，另定名额，择优令其到局办理受雇手续，其余一概参照向例，给资遣散。其不愿受雇或抗不具领遣散费而盘踞船上者，即勒令离船。又茶房受雇之后，一律支给工资，官房舱每人每月二十五元，统舱每人每月三十元。是项辛工之支出，由本局照票价带收酒资二成，以为挹注。至于管理方面，当详订各项规则，切实施行。现在茶房气焰嚣张，着手整顿能否避免纠纷，虽难逆料，但为该轮业务前途计，不能不抱彻底整顿之决心。所有上项办法，是否可行，敬请公决。

〔国民政府交通部招商局轮船股份有限公司档案〕

22. 刘鸿生拟具招商局整理债务具体办法提案②

（1933年9月28日）

拟具整理债务具体办法请公决案

常务理事兼总经理刘鸿生提

---

① 选自招商局理事会第三十四次会议纪录（1933年7月20日），原案议决"通过"。

② 选自招商局理事会第四十四次会议纪录（1933年9月28日）。

查拟请政府先行拨发本局资金国币一千五百万元一案，业经本会第四十二次会议议决，交常务理事。嗣经第八次常务会议议决，照案呈交通部，照准报告。本会第四十三次会议议决通过各在案。兹查原案内所列资金用途，有付给汇丰银行借款历年所欠利息洋四百万元一款，此款付给以后汇丰已表示可以交还一大部分担保品。查本局所欠汇丰本息，至本年八月底止，计规元七百八十万两，合洋一千零九十八万元，而本局交付于汇丰之抵押品，照最近斯巴克怡和估价，本外埠房地产共值规元二千二百万元(见甲乙两表)，本局付给所欠汇丰利息洋四百万元后，汇丰只须将本埠所值一千万两之房地产作抵，则本局收还之担保品约值规元一千二百万两，即以此项收还之担保品，向中国银团抵借，以四折作抵，当可押借银五百万两，合计七百万元。俟此项借款成立之后，方可着手整理旧欠。兹将具体办法开列于下：

一、以现金一百四十万元偿还花旗银行押款；

一、以现金九十七万元清偿中国营业公司四宗押款；

一、以现金四百六十三万元购买公债票，照现在公债市价常在六折左右，约可购入公债票七百七十万元。

所购公债票拟与各债权人商议，用以抵还欠款。兹将拟以公债票抵还欠款之数目开列于下：

一、付旧欠四十八家银团公债票洋二百三十万元；

一、付旧欠各银行钱庄公债票洋三百三十万元；

一、付旧欠各项存款公债票洋一百四十万元；

一、付旧欠各项透支公债票洋七十万元。

各债权人如愿按照票面金额收受作为借款已经偿还，则为总经理所最期望者，否则拟将所收公债本息分期摊还。前列各项债务本息，但须将债款利率改至与公债之利率相同，则摊还前列各债之利息方可相抵，而以收取公债之原本摊还，前列各债之原本亦可使旧债有全数清偿之一日。虽债权人之意思如何尚难逆料，但本局对于旧欠舍此以外别无途径可寻，容俟本案通过及政府资金拨动以后，再与各债权人商酌进行。

按照以上办法，则旧欠仅有通商、久昌、同余等处，及汇丰押款原本洋七百万元，又前任未付之各项货款退票约计洋五十万元，加以本任在中国、交通、中南三行透支洋五十八万元及新借款洋七百万元。每年应付利息，汇丰订明为年息八厘，新借款假定亦为年息八【厘】，共需付息洋一百二十余万元，比之未整理以前每年负担利息洋二百零二万元，约可省洋八十万元左右。又查本年度预算除旧债利息另计外，计可盈余一百二十万元，证以本年一月至六月营业收支计算，结盈六十一万元，是预算之盈余数甚为可靠。债务整理以后，即以盈余拨付利息，亦足以应付。至添购新船及修理栈房码头计划实行以后，其收支状况自必有所变更，但不致影响于本案整理旧债之办法。可以断言，总经理受任以来，感于旧债之牵掣，以至扩充设备等无从积极进行，不得不以清理旧债为当前最切要之事。所拟办法是否可行，敬请公决①。

附汇丰借款抵押品清表甲〔缺〕

汇丰借款抵押品清表乙〔缺〕

汇丰花旗中国营业公司以外借款表〔缺〕

二十二年一月至六月营业收支概要表〔缺〕

未整理以前一年负担利息表〔缺〕

〔国民政府交通部招商局轮船股份有限公司档案〕

23. 交通部为国营招商局拟请商拨美棉借款购运造船材料等与全国经济委员会来往公函

(1934年4月)

(1) 交通部致全国经济委员会公函(4月7日)

---

① 招商局理事会第四十四次会议议决：交常务理事。

交通部公函　字第1009号

案据国营招商局理事会呈称：案准属局总经理刘鸿生提议，查财政部宋前部长在美商借美金五千万元，专用购买美国棉麦等货，运回我国销售。当时合约内规定，以四千万美元购买美棉，以一千万美金购买美麦，业已开始履行。合约对于美麦方面，预期可足数购运，其于美棉方面，因特种关系，购运未能足额。近闻政府将与美政府磋商，在原借款美金五千万元之中，减少借额，拟将改购棉麦各一千万元之说。而美政府则于借款总额之中，可不限定购办棉麦两种，如欲改购其他美产运华，以应需要，亦有商量余地。云云。现我国营航业需款正殷，此说果确，似可由本局迳呈交通部请其转商经济委员会及财政部，与美政府接洽改订棉麦借款合同时，在原借款之中，指拨美金若干元，专备购运造船材料，藉符政府实力扶植国营航业之至意。并请交部向经委会、财政部商定确数后，即行批示，俾可早日筹拟计划暨预算，再行呈候核示，以资实行。是否之处，应请公决。等因到会。准此。查属局原有船只窳陋居多，且频年减少，不敷行驶。自收归国营后，蒙钧部提倡整理，议借庚款购造新船，扩展方树始基，卒以款项不敷，减造江轮一只。综计推广航路，仍苦供不逮。今者美棉借款有改良之机，如能酌拨一部分为属局购办造船材料之用，裨益国航，良非浅鲜。经属会议决，呈请钧部核示。理合呈乞鉴核，酌量咨商训示祇遵。等情。据此，除分行并指令外，相应函请查核见复为荷。此致

全国经济委员会

朱家骅

中华民国二十三年四月七日

(2) 全国经济委员会复公函(4月26日)公函

案查前准贵部第一〇〇九号函，据国营招商局理事会呈，为拟请商拨美棉借款，购运造船材料，以利国航一案。业经转函财政部

核办，并函复各在案。兹准财政部函复：查招商局船只，诚有整理之必要，惟棉麦借款为数有限，并经指定用途，自难移拨。等因。准此。相应函达，即希查照。此致

交通部

秘书长　秦〇

中华民国二十三年四月　日

〔国民政府全国经济委员会档案〕

24. 国营招商局组织章程

（1935年6月11日）

国营招商局组织章程　廿四年六月十一日修正公布

第一章　通则

第一条　国营招商局直隶于交通部，继承商办招商局合法之权利义务，办理国内外航运事业。

第二条　本局设监事会、理事会及总经理处。

第三条　本局设在上海市，并得斟酌业务状况在各埠设立分局或办事处。

第二章　监事会

第四条　监事会以监事九人至十三人组织之，直隶于交通部。

第五条　监事由交通部长遴请简派，任期两年，期满得连任，第一届监事四人至六人任期一年，以抽签定之。

第六条　监事会设主席一人，由各监事互选，呈报交通部备案。

第七条　监事会之职掌如下：

一、全局服务人员违法失职之检举事项；

二、订立重要契约及募集新债之审核事项；

三、预算决算之审核事项；

四、账目及营业之检查事项；

五、其他关于重要业务应行监督事项。

第八条　监事会关于局务得提出意见于理事会，供其采择。

第九条　监事会遇必要时得请理事会及总经理处报告处理事务情形或检查其文件。

第十条　监事会对于局务如认有危害或不利于本局时，得请理事会撤销或纠正之。

第十一条　监事会关于行使职权如与理事会或总经理处发生争议时，应呈请交通部核办。

第十二条　监事各得单独行使其监察权，但关于第七条第一款至第三款及第八条、第九条、第十条或其他重大事项，须经监事会议决。关于第七条第四款须每季举行一次。

第十三条　监事会会议每月举行一次，由主席于会期五日前以书面召集之，但遇紧急重大事故时，得由主席或经全体监事四分之一之提议，召集临时会议。

第十四条　监事会会议以监事会主席为主席，主席因事故不能出席时，由监事互推一人代理之。

第十五条　监事会会议之议决，以全体监事过半数之出席、出席过半数之同意行之，可否同数时取决于主席。

第十六条　监事会会议议决案应呈交通部核准备案。

第十七条　监事会设秘书一人，稽核二人至三人，事务员二人，由主席遴选提交监事会议决任用，并呈报交通部备案。

第十八条　监事不得兼任本局理事或总经理及职员。

第三章　理事会

第十九条　理事会以理事十一人至十七人组织之，其五人至七人为常务理事，均由交通部长遴请简派，直隶于交通部。

第二十条　理事会理事任期三年，期满得连任，第一届理事以六人任期一年，以六人任期二年，其余任期三年，均以抽签定之。

第二十一条　常务理事常川驻会，处理日常会务。

第二十二条　理事会之职掌下如：

一、关于业务方针之决定事项；

二、关于契约之订定、废除及改订事项；

三、关于产业及资本(均包括前积余产业及内河轮船在内)之整理事项；

四、关于总局及附属各机关办事规章之审核颁布事项；

五、关于总经理以下重要人员之任免核准事项；

六、关于债权债务之清理偿还事项；

七、关于预算之编制事项；

八、关于决算帐目之审订事项；

九、关于业务之督察事项；

十、关于附属机关之设立或废止事项；

十一、关于其他重要业务之规划事项。

第二十三条　前条各款事项除第九款外，须经理事会之议决。

第二十四条　理事会之文件由常务理事署名行之。

第二十五条　理事会常会每星期举行一次，如遇重要事务得开临时会，均由常务理事召集之。

第二十六条　理事会会议主席由常务理事轮流充任。

第二十七条　理事会会议之决议以全体理事过半数之出席、出席过半数之同意行之，可否同数时取决于主席。

第二十八条　理事会处理重要事务应呈请交通部核准。

第二十九条　理事会应随时将资产损益债权、债务各种表册置备会内，以供监事会查阅，并每月编制报告呈报交通部备案。

第三十条　理事会设秘书一人或二人，事务员二人至四人，由常务理事遴选提交理事会议决任用之。

第三十一条　理事会因缮写公牍得酌用雇员。

第四章　总经理处

第三十二条　总经理处设总经理一人，由交通部长遴请简派，督率所属处理局务。

第三十三条　总经理任期五年，期满得连任。

第三十四条　总经理为进行日常业务起见，得订立下列各合同：

一、关于轮船油漆修理及所需之煤炭物料等合同；

二、关于起卸货物之合同；

三、关于使用码头趸船及存货交货之合同；

四、关于雇用船长、船员、业务主任及其他轮船上服务人员之合同；

五、关于雇用码头员工之合同；

六、关于雇用引水人之合同；

七、关于租赁轮船、拖船及驳船之合同；

八、关于代理商代售客票揽运货物佣金及其垫支款项并汇款办法之合同。

第三十五条　总经理处置总务、业务、船舶三科及金库。

第三十六条　总务科掌下列事项：

一、关于收发文书及典守关防事项；

二、关于规章命令之公布及通知事项；

三、关于文卷之登记汇编事项；

四、关于文卷之管理保管事项；

五、关于文卷之撰拟及编译事项；

六、关于图书之管理事项；

七、关于各项典礼开会之设备布置事项；

八、关于会议记录事项；

九、关于公用物品之购置保管事项；

十、关于船舶房地产栈房及其他财产之保险事项；

十一、关于警卫卫生事项；

十二、关于工会之接洽事项；

十三、关于其他庶务事项;

十四、关于统计调查表格之编制事项;

十五、关于统计材料之搜集事项;

十六、关于统计材料之整理及审核事项;

十七、关于统计图表之绘制事项

十八、关于统计年报、月报及单行本之编制事项;

十九、关于航业情形之调查事项;

二十、关于前积余公司一切产业之管理事项;

廿一、关于房产地产之管理事项;

廿二、关于房产地产之经租事项;

廿三、关于房产之修造事项;

廿四、关于房产地产之纳税及完粮事项;

廿五、关于房产地产纠纷之处理事项。

第三十七条　业务科掌下列事项:

一、关于各航线船只之分配调遣及计划事项;

二、关于航运行情之调查事项;

三、关于船期之规定及货物起卸之通知事项;

四、关于客货之招徕及处理事项;

五、关于便利旅客之应办事项;

六、关于客货之联运事项;

七、关于货脚定率之厘订事项;

八、关于客票定率之厘订事项;

九、关于客佣定率之厘订事项;

十、关于海关之接洽事项;

十一、关于揽登广告事项;

十二、关于各轮业务之考核事项;

十三、关于分局办事处业务之考核事项;

十四、关于同业之接洽事项;

十五、关于内河航业之管理事项；

十六、关于轮船之征租事项；

十七、关于运输上损害赔偿事项；

十八、关于码头栈房营业之招徕及存货之保管事项；

十九、关于栈货之清理事项；

二十、关于码头栈房租金定率之厘订事项；

廿一、关于扛力定率之厘定事项；

廿二、关于码头栈房人员之管理考绩进退事项；

廿三、关于码头稽查、巡丁之管理事项；

廿四、关于码头栈房趸船之修造监工及验收事项；

廿五、关于码头栈房之清洁消防及其他设备事项；

廿六、关于煤栈之管理事项。

第三十八条　船舶科掌下列事项：

一、关于船舶驾驶机务人员之管辖及其职务之分配事项；

二、关于海员之管理进退及登记事项；

三、关于船身机器之检验事项；

四、关于船舶之修理监工及验收事项；

五、关于船舶之设备及卫生事项；

六、关于船舶各项工程之投标及验收事项；

七、关于招商机器厂之管理及其人员之考绩事项；

八、关于船舶无线电之设置管理及其人员之考绩事项；

九、关于船舶所用煤炭物料之验收事项；

十、关于船舶之消防及救护事项；

十一、关于其他船舶事项。

第三十九条　金库掌下列事项：

一、关于现金之出纳事项；

二、关于现金出纳簿及银行往来簿之登记事项；

三、关于现金及银行往来簿据支票之保管事项；

四、关于本局房地产文契、借款合同及营业合同之保管事项。

第四十条　总经理处各科及金库各设主任一人，承总经理之命主持各该科事务，其较繁之科得设副主任一人至二人，助理主任职务。

第四十一条　总经理处设科员书记，分配各科办事。

第四十二条　总经理处各科得分股办事。

第四十三条　总经理处设秘书一人至三人，掌理机要事务。

第四十四条　总经理处得设视察员一人至三人，承总经理之命视察各埠业务。

第四十五条　总经理处得设稽查员四人至八人，承总经理之命稽查总分局、办事处及码头、栈房、船舶各项人员服务情形。

第四十六条　副主任之设置及前五条各项人员之名额，均由总经理提出理事会议决后呈请交通部核定之。

第四十七条　总经理处秘书、各科主任、副主任、金库主任及视察员，由总经理提出理事会决议，呈请交通部核准后任用之。

第四十八条　总经理处稽查员、科员、书记，由总经理任用之。

第四十九条　总经理处因事务之必要，得设置工程委员会及购料委员会，其章程另订之。

第五十条　总经理处购办物料或修理建造工程价值在三千元以上者，应依购料委员会章程办理。

第五章　各埠分局及办事处

第五十一条　各埠分局及办事处由理事会议决，呈请交通部核准后设立之。

第五十二条　分局及办事处隶属于总经理处。

第五十三条　分局或办事处承总经理之命，掌下列事项：

一、关于定货及码头栈房业务之经营及招徕事项；

二、关于码头趸船之管理、改良、修造及监工事项；

三、关于房产地产之管理事项；

四、关于栈租扛力定率之厘定事项；

五、关于现金之出纳及银行往来簿据支票之保管事项；

六、关于预算决算之编制及一切帐簿表册之登记整理保管事项；

七、关于员工之管理考绩进退及其职务之分配事项；

八、关于业务情形之汇报事项；

九、关于重要文件及铃记之保管事项；

十、关于文件之撰拟、收发、缮校、保管事项；

十一、关于物料之采办、收发及保管事项；

十二、关于对外接洽事项；

十三、关于交际及宣传事项；

十四、关于总经理处交办之事项。

第五十四条　各埠分局设经理一人，办事处设主任一人，秉承总经理主持各该局处事务，其人选均由总经理提出理事会议决，呈请交通部核准后任用之。

第五十五条　分局经理事会之核定，得酌设秘书一人，掌理机要事务，由分局经理商承总经理任用之。

第五十六条　业务较繁之分局及办事处，经理事会之核定，得分股办事，每股设股长一人，由分局经理或办事处主任商承总经理任用之。

第五十七条　分局及办事处依理事会核定之名额设事务员及书记，由经理或主任派充，呈报总经理处备案。

第五十八条　分局及办事处购办物料价值在二千元以上者，须先呈请总经理处核定之。

第五十九条　分局及办事处修理或建筑工程估价在三千元以上者，须先行呈请总经理处核定，竣工后并须呈请总经理处验收。

第六十条　分局及办事处重要事务应随时呈报总经理核夺，并于每月作成报告呈报总经理查核备案。

第六章　附则

第六十一条　本局全部预算由理事会议决，经监事会同意，呈请交通部核定之。

第六十二条　本局会计事务由会计室掌理，其章则另定之。

第六十三条　监事会理事会办事细则，由各该会自行拟定，呈报交通部核定之。

第六十四条　总经理处、分局及办事处办事细则，由总经理处拟定，提出理事会议决，呈报交通部核定之。购料章程、会计章程、职员保证金章程、奖恤章程亦同。

第六十五条　本局年终盈余之分配，应由总经理提出理事会议决后呈请交通部核定之。

第六十六条　本章程自公布之日施行。

〔国民政府交通部招商局轮船股份有限公司档案〕

25. 李云良拟视察国营招商局长江航业报告书

(1935年6月30日)

视察本局长江航业报告书

谨报告者：窃查长江航业为本局命脉所寄，而精详情报尚付阙如。云良奉命稽核全线业务，遵于五月□三日〔？〕出发，对于各埠分局及办事处，逐一视察，至六月十八日事毕销差。兹就调查所及，编制各项表册，撮要报告，并斟酌实际情形，□□应兴应革事宜，伏维察夺。

第一节　江轮营业收支概略　附表(一)至(四)　五种〔表略〕

综核本局历年江海轮营业收支情形，长江情况素优于海。近五年来，江运进款□自贰百四十万至贰百九十三万元不等，直接用款则在贰百至二百二十万之谱，平均可余六十万金，头等船每艘约得毛利十四万元。兹将二十二年度及二十三年度上半期收支情形编列表(一)〔略〕。谨按二十二年度全年货脚收入一百九十万弱，客脚收入六十万，连同什项，共二百七十九万弱；支出包括摊算各船公费在内，凡一百九十六万，直接盈余达八十三万。又民国二十三年下半年，就本年三月底已入帐之项目观察，收入一百三十七万，支出一百零四万，约余三十三万弱，较上届略逊。江轮货运进款，港别比较，大致上海出口占十之三四，各分局共在百万左右，汉局居其半数，余以九江、长沙较多，各十万余。支出以用煤为最巨，占全额四分之一，大船次需三千金，局轮耗煤过多，为成本上大负担。次则船员辛工膳食，亦几及四分之一，工力约为货脚百分之十五。下游各轮均有相当毛利，大船岁达二十万。惟峨嵋停航，初仍未免于支耗，快利孤独无援，汉湘线轮驳调度未善，均告亏折。又长江各局开支列入表(二)。近二年平均每年局务费十九万弱，栈务费十万弱，两共二十九万弱，较前增加甚巨。总局开支岁有六十万，若以半数摊入长江，则毛利所得仅敷开支。以言航利，尚有待于开源节流者矣。长江各局栈埠收入岁约九万金，详表(三)。又各埠产业收入七万四千，支出二万弱，可余五万五千，具见表(四)。

第二节　镇江分局　附表(七)三种〔表略〕

(一) 业务　镇江商务，全恃运河与清淮一带往来，自京沪通车，霍家桥航轮以后，日见衰落，故在航运上已渐失其重要。日清、三北均不注意，常不往靠，惟太古较占优势，次则本局、怡和。上年三公司共载出口货五万吨，每次八十五吨，毛脚共十八万余元，小麦什粮即居四万七千吨。盖蚌埠、清、淮、邮、宝等处所来，为近数年所仅见。按次比较，太古占百分之一百四十，本局占百分之一百十九，怡和指数则仅百分之四十九。全年局轮载货一万七千吨，计水脚六万元，次约三百元弱，虽不甚巨，已为五年来最高之数，而倍于前年矣。本埠既以麦载为唯一大宗，故七月新麦上市，最称旺盛，一月所入，几达全年之半，义盛报关行，实司招徕之役。其余各货类多零星,大半操于广潮帮之手。镇局经理谓,太古、怡和以扛力驳费所余,暗贴客商,又贻成厂运承〔甬〕大宗面粉,三北、太古亦跌价承揽,致难与竞争云。

(二)收支帐目　上年镇局收入,货脚六万余元,栈埠租金八千余元,均视前激增,代收之款一万有奇。支出项下分局开支一万七千元弱,代付扛力七千五百余,关费一万一千余,汇申及托收之款三万二千余,为存欠之帐。逆料今年情形大体称是。

(三)视察意见　镇局办理业务情形,视前颇见进步,惟斯埠货运以清淮一带所来小麦北货为大宗,而有沪扬线及京沪路之两重竞争。此类水脚原极低廉,故地利非丰。而稍可恃以挽救者,惟在内河局之清淮联运,以资营养,尤须注意铁路之运价,相与争揽。此管见一。镇局营业仅七月份称旺,其余节季甚为清淡,进口货亦不重要,而夜关之费,岁需一万一千金。虽在上岁货载特盛之年,亦难划算,自无负担一万七千元开支之力。今兼管内河局,事务较繁,稍可挹注。但镇清线水道涨落不定,行辍无常,计赢殊少把握,一切费用,仍当尽量俭约。此管见二。镇局帐册仍沿旧式,宜自七月份起,改用新法,以资划一。此管见三。分局局屋及栈房窳败已甚,云良在镇亲见经理住所倾圮,几酿人命。自当择急加以修葺,不能用者拆废,以免伤害无辜。此管见四。

第三节　南京分局　附表(八)三种〔略〕

(一)业务　南京亦为什粮出口之埠。曩者津浦路去粤花生甚夥,又烟叶亦不少,现已改道陇海而蚌埠。常年不断之黄豆,亦因避免关税负担,尽装民船。上年全埠各公司所载出口货,除外洋船外,仅有二万五千吨,毛脚估计十万元,反居镇江之半,每次仅有二十八吨。怡和与本局次得三十七吨,尚较优胜,太古次仅二十五吨,三北、日清均放弃宁载。本局上年共装货物七千余吨,收入三万二千余元,次仅一百二十元,为五年中之最逊色者。所载以大同、扬子之面粉为最多,每公担四包半,收费三角一分八厘,合每包七分。且常须放船至浦口及厂栈装货，往往耽误船期数小时，于客运颇有影响，故不甚划算，聊胜无载而已。报关行以厚昌报载什粮较多，余均少数。又查同业趸栈设备，太古有一千载吨之趸船，最为完善；怡和系海船改造，亦可容七八百吨，该两分公司职员均在趸船办公，岸上不另设写字间，故甚经济便利。怡和新建钢骨水泥楼栈，规模甚宏，但无货可堆，现租与美通汽车行。三北、日清各有美观小型趸船上下人客。隔江浦口在货运上较南京为重要，码头栈房均为津浦路所有，可以租用，泊船每次收费十三元，栈房每间月租三十元。怡和、太古各租数十间，本局现赁五间。虽轮渡完成，津浦、京沪二路直通影响航运，但如取消转口税，则发展较有希望。太古常派人至蚌埠一带揽载，本局有急起直追之必要。又本局永清趸船系光绪十四年所造，距今已五十年，朽旧不堪，按现状仅能载货一百五十吨，而上下扶梯，亦不及同业之便利。局栈一所，约可容包子货七八千件，虽已陈旧，尚适于用存货无多，暂无改建之必要。

（二）收支帐目　上年京局货脚净额三万二千余元，内有托收水脚一万有奇，全部收入仅敷分局开支之用，盖岁需二万三千余元，月支近二千金矣。另由总局汇来三万七千元弱，接济扛力、小轮、关费等航运用款。

（三）视察意见　京局营业日见衰落，虽与环境有关，而营业所得，除特佣、工力、小轮用费等项后，尚不敷分局缴用，似属不无失算。新任经理沈士淳到差不久，情形尚未熟悉，自难多所责望。然由业务情况统盘观察，京局实仅有政府接洽上之任务，营运纵予放弃，亦无不可。云良主张京局组织在转口税未裁以前，暂宜简单，以与营运进款相称。次则首都上下人客众多，亟宜参照三北规模筹建小型趸船一艘，以更换不堪使用之旧趸，藉策安全，而壮观瞻。码头管理尤宜特加注意。复次，蚌埠一带黄豆什粮辄如山积，本局应加意调查准备，一俟转口税取消，即行积极发展。仅就往南通之豆而论，为额已甚可观，地在江北，非铁路所能竞争，届时可与天生港通靖趸船合作，以专其利。其他货载尚多，然只须大局布置得当，调查接洽有人，初无须乎庞大之开支。至与京沪、京芜、津浦三路之联运，恐亦限于上游，不妨着着进行，以为开源之助。

第四节　芜湖分局　皖通二局并述附表(九)五种〔略〕

(一) 业务　本局芜湖趸栈设备俱优同业，怡和、太古、三北均有趸船码头，日清趸船“挂江”。安庆则仅本局与三北各有一趸，而本局所载货客，向居全部十之七八，太古、怡和、日清三家，仅有洋棚，以划船接送乘客，太古则略装货，以鲜桶为多。大通趸船虽系商办代理性质，亦专供局轮停泊。故本局在安徽芜、皖、通三处，均居重要地位。据上年载况估计，三埠出口毛脚，岁凡二十七万元，以鲜蛋、鲜鱼、米、麦、菜子、矿砂等项为大宗。查芜湖本为全国第一米市，往时出口岁辄二三百万担，小麦常多至三四十万担。今则消沉不堪，装轮总额，米不满十万担，麦不满四万担，且有洋米进口。除矿砂年约三十万吨装直放日船外，全部货载包括皖通在内，仅有四万六千吨，平均每次不足四十吨，尚不敌镇江一埠。惟因运价较好估计，毛脚尚有二十七万余元，菜子、麸皮、菜饼等货，共有二万二千吨，视前有增无减。但均系东洋庄货，悉装日船，故日清货载几为同业之三倍。本局以鲜蛋、鲜鱼居多，什九为皖、通之货，故三埠合计，本局成绩虽尚过人，而皖、通除外，芜局实不及格。上年三处货脚净额，芜局三万七千，大通二万五千，安庆三万五千，总共不足十万元，较二十二年减少四万以上。查安庆每年出口鸡蛋，向在十万件以上，自裁厘后，因关税影响，趋装民船，由京转车，以致贸易未减，而局轮所运，则退至三万件。重以上年蛋脚自每篓九角，跌至五角，双管齐下，以致进款仅有一万五千元。其余货载俱微，仅鱼、蟹、小肠、竹席各有数千元之水脚。大通亦以蛋为大宗，岁仍有三万件，未见减退，但进款则远不如前。鱼桶每件运价三元二角，数尚可观，余货均鲜。皖、通二埠可称为蛋码头，沪商中央、培林均托祥泰代理收货，茂昌自行设庄。今岁以沪市蛋价过低，每元可购百余枚，农村凋蔽，生产锐减，轮运更难乐观矣。又查京芜路与长江航路为竞争线，本年五月十四日既告全路通车，自安徽孙家埠经芜湖至南京中华门，计长一七一公里，并将展至绩溪，为京闽干线之一段。南京中华门至下关，暂用汽车接送乘客，顷方兴筑路轨十余公里，以与京沪线衔接。云良在芜曾往车站参观，规模粗具，经营情况略与杭江路相仿。车站密接怡和、太古码头，而与本局则有陶沟中隔。前订联运契约，并无货装。此后货运，恐只限于上游，数亦无多，且须筑一支路，跨过陶沟，以通本局码头，方称便利。故此路之成，于本局联运上之利益甚微，而芜湖客运，必尽为所夺，进出货载，亦有改道之虞。淮南铁路进行甚速，并为安庆业务之威胁。此种交通形势上之变迁，本局必须加以特殊注意。

（二）收支帐目　芜局开支岁达二万四千元，营业收入除开支外，仅敷扛力、关费、什项之需耳。皖局缴用，亦需一万八千余元，实占营业进款之大半。本年且须由总局汇款接济局用，为前此所仅有。至大通趸船，每月由局津贴四百元，该趸对于进出货客，另向客商征收趸费。例如鲜蛋每件八分，什粮每包三分半，据报全年约万余元，以应趸船修理及职员辛工等开支。芜局会计已在改良，皖局亦定于七月起改用新法，通趸因系代理性质，可不过问。

（三）视察意见　安徽三埠业务情形退化殊甚，铁路竞争日剧，更难乐观，将来希望全在米粮与鸡蛋之复兴。米粮直装甬、汕，鲜蛋不堪颠簸，无虞铁路之竞争。但国内运销之蛋，仍须俟转口税取消，始可挽回。我芜局处此艰难之时会，对于航运同业之分载，以及民船铁路之竞争，均须觅取情报，缜密应付，始可免于惨败。此拟商榷者一。安庆、大通业务简单，帐目亦均归芜局处理，大通趸船既为代理处性质，安庆情形初无二致，且少同业竞争关系，实无设立分局必要。现在开支浩大，而进款日鲜，更不容不为更张之计，似宜改为支局或办事处，经费减至半数以下，与大通同受芜局管辖，会计亦可集中于芜局。此拟商榷者二。大通扛力不分货物大小，一律按件三分三厘，殊欠公允。下游各港运来面粉甚多，水脚极低，仅敷扛力之需，似应从新规定，面粉至多每件一分，其余各货亦酌分等订价，最好各地一律，改为按吨计费之例，以杜取巧。此拟商榷者三。皖栈二所陋朽，不能阻风雨，而常须堆货，应加修葺。此拟商榷者四。芜局经理文曲垣领率员司，检查私货，甚为认真似此不避嫌怨，勇于任事，有足多者，特附举以闻。

第五节　九江分局　附表(十)三种〔略〕

(一) 业务　九江为江西省惟一商港，在长江下游商务上之地位，仅次于汉口，全年国内贸易总额，十六、十七二年，均近一万万元，内出口约六千万，客岁进口虽尚有三千八百万，而出口则暴降至一千四百万元。此固共匪之为患，而对外贸易之阻滞，亦弥可虑。故匪患虽渐敉平，复兴仍尚有待也。据统计，上年全埠出口只三万二千吨，通扯每船仅得五十吨，较前年五万三千吨，尤见逊色。向来每岁出口茶叶、苎麻各有十六七万担，纸及瓷器各有十一二万担者，今乃减至半数。而米、豆、什粮之大宗输出，更不复见矣。九江水脚价目本高，近亦大跌，惟尚视他埠为优，估计毛脚岁得六十五万元。同业比较，日清享有运日苎麻之专利，并揽什货之半，故货运兼倍。宁绍船少价廉，按次所载，亦二倍有半。三北什粮较多，平均超过水准三成。三公司指数，则本局为百分之九十二，太古六十八，怡和六十。茶载多归三公司分配，尚属匀称。浔局岁入原在二十万左右，上年载脚，江运八万，转口三万六千，两共十一万六千余元，仍以五、六两月茶汛较旺，实为五年来最低纪录，视前年且少五万五千元，本年春夏两季出口货，共仅一万吨，倍形萧条。故局载虽尚不逊人，总结亦不过二千七百吨耳。九江报关栈甚多，往来有数十户，故局方揽载较他局为重要。

(二) 收支帐目　浔局进款，除货脚十一万六千余元外，仅有不足四百元之少数栈埠收入。分局开支全年三万八千余元，占进款总额三成半以上，经支航运费、扛力二万三千余，关费一万一千余，连什项共四万金。此地水脚多归申收，故须总局汇款，以支客佣及缴用。至会计帐册，尚称妥当。

（三）视察意见　浔局经理林玉声在局有年，甚称忠勤。而年来江西货源不旺，出口锐减。营业方面一落千丈，一时无从开源。惟有暂谋节流。而开源之计，亦有应行努力者，一则速办南浔路之联运，并筹划由内河局开辟鄱阳湖航线，以厚营养之力。再则联络同业，提高水脚，以恢复前数年之运价。本埠无野旅船竞航，较易着手也。浔局码头出入口筑有门栅，所费无几，而管理较便，各地似宜酌量仿行。

第六节　汉口分局　附表（十一）十一种〔略〕

（一）业务　汉口为长江流域经济上航业上一大中心，下游及中上游各线，均以此为枢纽。上年对外贸易货值四千二百万元，国内贸易达二万二千余万元，内转口一万四千万元，出洋一千万元。货价低落，而总额视前不减，故货量实属激增，已破大水前后数年之纪录。故振兴长江航业，必以全力注意汉口。

一、同业栈趸设备　汉埠各公司栈趸设备，均甚优良，尤以日清为最，计有趸船三艘，一客一千八百吨，又一容一千二百吨，一容六百吨，新式楼栈四所，共十二号。太古有千吨左右之趸船三艘，舱面均可堆货，三层、二层栈房各三所，平栈一所。怡和有趸船二，各能容千吨左右，四层楼栈一所，二层者四所，平栈二所。三北、宁绍亦各有趸船一艘，楼栈数所。本局虽有栈房十一号，而除四号至七号较新外，余均破旧不堪，但目前尚足应用，暂可不行翻造。其须从速设置者，厥惟需要孔急，本局独阙之趸船。本局原有丰顺趸船，早等废弃，现已出售，并上下之方船，而不敷分配矣。

二、沪汉线　客岁汉口下游载脚有六十万元弱，平均次约三千金，特用未除，尚称不恶。惟是年汉口全埠货载大旺，估计水脚共有四百三十二万元，尚系根据惨跌之运价所算，据附表(十一)B_2货载总额，十九年三十九万吨，二十年三十万吨，二十一年受水灾影响，减为十九万吨，二十二年便见恢复，得三十二万吨，平均每年三十万吨。上岁则增至六十一万吨，每次有五百余吨，视历届实已倍蓰，以视二十一年，且为三与一之比。而本局在同业中之比较指数，十九年为百分之九十八，二十年为一百十五，二十一年为一百零四，成绩过人。而收归国营后，则二十二年降至百分之七十九，二十三年为九十一，本年一月至四月，更跌至七十五，远落外商之后，视前并有望尘莫及之叹矣。近半年来，本局货运最大宗之烟叶，改装三北，桐油、茶叶几全归太古、怡和，机花亦远逊三北。此种惨退事实，不无可憾。汉局营业操于两三报关行之手，而此两三家终岁向局争论待遇，竟成为难于应付之问题。徐荣记、震生裕前年经手载脚各二十二万元，上年差别待遇，结果徐荣记二十七万，震生裕二十万，又招商渝九万余，其他仅有少数之零户。至平汉路水陆联运，虽不惜工本，以二十万元设备趸船，用人开支，月计千金，迄今已七阅月，共仅载什粮四十吨，水脚总额除去扛力，实尚不敷趸船用费。步调似欠整肃。此中情形复什，要当急筹振作者也。

三、汉宜线　统计上年中游上水货三十二万件，估计水脚三十一万元，次约一千一百余件，以日清、三北最多，怡和、太古居中，本局次得六百四十件，屈居末位。二十五次载脚共一万五千余，另有上游转脚一万三千余元。此与全线调度有关，自不尽为分局之咎也。

四、汉湘线　汉口至长沙，本局成绩亦未见佳，除包转货外，仅载面粉一万六千包，其余皆属零星，全年四十一班，共得水脚五千余元。今年尤属不振，诚为前此所仅见也。本局自备一轮四驳，及祖进之美成、华新二轮暨拖驳多艘，尽敷每周二班之用。今乃仅及一班，不免虚耗租金，营运自不经济。

五、收支帐目　汉局会计制度早经部署，已具轨道。查核帐册所示，各线货脚收入未除特佣，计六十三万，栈租收入二万一千余，除托收水脚三十四万外，汉局经收三十一万余，另有代收各款约十六万。支出项下，局栈两部用费共九万五千余元，平均月额八千元，未逾规定之数。各项代付用款，扛力八万元，煤炭物料九万余，轮驳九万弱，小轮七千余，其他十七万，总计四十四万，连同分局开支，需五十四万。汉收四十七万中，尚有欠帐，故感不敷。总局尝汇十一万余元，以应其需。此汉口年来收支之大概情形也。本年预算大体与此相近，不备述。查核帐目，见报关行帐面欠数达十万金，系因特佣争执未了所致。以后客佣制度似须规定明晰，限期清帐，以杜争执。产租欠数亦逾万金，已商中行力催，并请汉局协助，以免成为倒帐。

六、视察意见　以汉口贸易之巨梯，航络绎输，挽中权地位，实极冲要。长江航线既为本局命脉所寄，而其成败又大半系于汉局之经营得法与否。两年以还，际逢出口货盛之时会，本局在此一方，既不克折冲尊俎，维系水脚大局，而统计货载，更未能与同业竞胜。盖自纵面解剖，则向之过人一二成者，今反落后两三成。再就横面分析，则视中外各公司皆有逊色。此种结果，孰负其责。分局曰总局命令明跌运价，权变肆应之途尽塞。总局曰分局办事不力，揽载无方。故总分局之间，似不免于隔膜。为振刷计，颇有改善之必要。此应陈明者一也。平汉铁路货源至丰，本局与该路办水陆联运，原为开源之计，乃至今尚无成绩，联益趸船常赋空闲，而用费浩大，无所取偿，似应急谋补救，弹精竭神，办上轨道。若长此因循不振，不若将此趸移置本局码头，以资实用。此应陈明者二。汉口中外同业均各有趸船若干艘，本局独付阙如，故设置一千五百吨至二千吨之趸船一艘，实为长江一带最急需之建设。此应陈明者三。汉湘线经营，必须与下游联络一气，而租用轮驳，尤宜充分利用，方可合算。此线轮驳年初即呈过剩现象，次有亏耗，行辍无常。最可异者，本局铁驳常有停泊，而仍租用华新旧船及木驳四艘，月租一千五百元。此项船只极为陈腐，行缓煤费，除江天、江裕外，恐为长江所仅存之明轮木壳小船，确属不适于用。上年水小之时，租以提驳，尚不无理由。然亏损已属不资，半年以还，此线营业衰落，绝无需要，而虚耗公款，数达巨万，颇不可解。惟查上项轮驳，系长沙办事处杨云鹤之产业，或有人情上之瞻徇，纵即退租，过去损失已无代价。类此之事，此后似当加以注意。此应陈明者四。中上游本饶航行之利，但富在川江，必须全线贯通，始有良效。如上游无船，则中游独木难支，徒滋损失，此快利之所以入不敷出，而在上游无船之时，不妨暂停者也。此应陈明者五。汉口码头交涉，关系局有产权甚巨，久悬未决，似应妥为接洽，全力争持，以防动摇本局基础。全案本末应付办法，云良前已另案详陈矣。此应陈明者六。同业各公司对于湘、沙、宜、渝等局，均归汉口公司节制，以汉口经理为区经理，藉收指臂之效。本局似应仿行，以免鞭长莫及之弊。此应陈明者七。汉局业务应行兴革之事甚多，略述管窥，不尽缕缕。

第七节　长沙办事处　附表（十二）三种〔略〕

湖南物产丰饶，以长沙、常德为两大航运中心。常德控湘西要道，输出以桐油为惟一大宗，经由岳州报关往时，岁达四五十万担，前年减至三十五万担，昨年更缩为二十二万担。太古素重油载，备有油驳多艘，用能称霸此线。日清、三北、普济等公司，虽尝参与其间，卒以不支而退。本局曩曾一度开航，亦以设备未周，亏损数万。今在湖南方面仅有汉湘一线，斯线之利固优于湘西者。去货多由上海包转，来货则恃长沙、湘潭两处。本局在长沙设办事处，隶属汉局。该处复委代理于湘潭，然在事实上，汉局格于人事，未能严密管理，犹类普通分局耳。

（一）业务　汉湘线仅长二百哩，而运价初不减于距离六百哩之沪汉航路，货物又甚繁夥，故为江运之利薮，惟操奇计赢，端赖调度联络之得力。去岁本局在此线有三轮十二驳，而全年仅航四十二班，今益疏稀，果不需用，何必租赁如许船只，虚耗公帑。以是上年虽际逢贸易特盛，航业有为之秋，而本局则因调度未周，核计全线成本，不但无所盈羡，且不免于折蚀焉。长沙出口大宗米、豆、锑矿等货，上年均有激增，综结五公司所载，凡十万吨，水脚八十六万元，长江各埠除汉、渝等处外，实莫与京同业比较。日清因特殊情形，所装最鲜，不及平均之半，以致怡和、太古、三北及本局货运，均在水平以上。统计总额，怡和三万三千吨，太古二万七千吨，三北二万三千吨，而本局船次较少，仅得一万五千吨。视前两家为二与一之比，比较三北，亦低百分之五十。有船只而不能充分运用，弥可惜也。本局去年载脚十万元有零，包括转口在内，与前年相仿。今年锐减，六月来不足三万元，仅及上届半数而已。湘局有一特点足资研讨者，即营业悉由联商报关行经手。所谓联商者，乃湘局事实上主任杨云鹤所立之名目，在本局门首挂一招牌，其职员与局方并无界限，一切货运均经该行转手，从中抽取客佣。查得报销本线及转口客佣锑矿、爆竹、杂货，均为百分之三十三点五，米为十四点五，实不尽为客商所得。其相差之数，大致如下。

货名	地段	报销佣率 %	给客佣率 %	相差之数 %
爆竹	湘汉	三三.五〇	九.七五	二三.七五
	汉沪	三三.五〇	二三.〇五	一〇.四五
	沪粤	三三.五〇	三〇.〇〇	三.五〇
锑砂	湘汉	三三.五〇	一四.五〇	一九.〇〇
	汉沪	三三.五〇	二四.〇〇	九.五〇
	沪粤	三三.五〇	三〇.〇〇	三.五〇
硫磺	湘汉	三三.五〇	一九.〇〇	一四.五〇
	汉沪	三三.五〇	二七.三〇	六.二〇
米	各埠	一四.五〇	一〇.〇〇	四.五〇
什货	湘汉	二四.〇〇	九.七五	一四.二五
	汉沪	二四.〇〇	二三.〇五	〇.九五

据上列数字报销与实付佣金相差之额，湘汉本线多至百分之二十左右(各客户待遇不一，固尚稍有出入)，联商并另向客商收取报费每件若干，连同佣余，不下巨万，盖为生财之道矣。又查同业四公司在长沙均置有六七百吨之趸船，并各备堆栈一所至四所。大〔太〕古规模最宏，可堆包子货八万包，怡和、日清、三北各能容三万包，湘潭亦各有相当设备。本局在长沙有栈房三所，连同临时栈，可堆二万七千包。但临时栈系用木板篾席搭盖而成，虽历时未久，实已破坏不堪，亟应改建砖墙棚栈，以应需要。至现用之小趸，仅能堆货八百包，似宜调往湘潭而替以四五百吨者，如有旧趸可购，自须设法致之。

（二）收支帐目　上年份湘局报销局务开支九千四百元弱，尚不为高。至代付用款，有扛力一万余，轮驳用费一万，煤炭一万六千，关费杂项一万五千，支出总计六万有奇。而收入项下除货脚十万元外，仅有栈租五百余，代收帐款六千元。此一年来收支帐略也。湘局帐册虽与规定制度相符，然开支客佣徒有实报实销之名，而具包办之实。收支帐目均由联商处理，内容颇不公开。汉局所派会计员，似仅能办理转帐报销手续，一切不克过问云。

（三）视察意见　综核局务，措施表现于长沙者，似有可商之处。盖分支局领袖人选最宜审慎，长沙在管辖系统上，虽为办事处，而其业务之重要，实过于一般分局。今长沙主任在职员录为陈子香，在薪工册则为杨云鹤，后者又非代理性质，总分局公事之往返，或杨或陈，各部分间错综不一。此种事实，总局知之而不加以改正，已垂两年之久。若以杨为可用，早应加委，若不合用，亦当纠正。长此悬宕，似非行政上之正当办法，而有妨于业务之推进。此拟请注意者一。本局租用华兴轮驳情形，已详视察汉局报告内。查此项陈旧木壳船只，实乃杨云鹤所私有，先是杨君以之行驶汉湘航线，与本局竞争营业，即用局所为揽货之处。本局制止不听，历时多月，乃曲从其请，由局租赁，以致当本局铁驳供过于求之时，木船犹租用如故。云良见而异之，以告同人，始议退租，犹恐重演前此与本局竞争营业之故事也。此拟请注意者二。外商同业因言语人情隔膜，采用买办制度，实非得已，且亦在更新之中，初不足取。本局迩岁废除包缴办法，长沙办事处亦为实报实销之局，乃竟巧立联商报关行名义，宛然本局之买办，其所得利益，远在旧制九五局佣以上。就管理及经济双方着想，上项畸形组织，似均有改革之必要。此拟请注意者三。湘局需设五百吨之趸船一艘，以资营运，再湘西航线须备油驳承装散舱桐油，始可立于不败之地。故该线之开辟，应以建造油驳为先决条件。目前则可设法先与航行湘西小轮联运，予合作者以充分之便利，藉资治标。此拟请注意者四。

第八节　沙市办事处　附表(十三)三种〔略〕

(一) 业务　同业在中游各派三、四轮，由沪直航或专驶汉宜之间，本局则仅有快利一船，实力微弱，故分局虽处货运繁茂之区，不无巧妇难炊之感。惟年来军差较少，尚能按班行驶。此路货运，端赖川轮之包转，次则沙市之棉花、杂粮等货，盖沙厂及打包厂为斯埠最大之企业。上年出口货统计，杂粮五十二万担，以豆、米居多，日清独装二十三万担；次则机花二十六万担，价值一千二百万元，超过前岁之数甚巨；连同其他各货，总结一百零七万担，合六万四千吨，航船共二百四十次，次得二百六十六吨，量实逾于浔、芜、京、镇各埠，水脚估计共四十二万余元。同业分载情形，以太古为最多，平均亦占优势，日清次之。而本局总额虽仅占全部之什一，按次比较，尚称及格，机花尤胜人一筹。怡和、三北指数仅得百分之七十七耳。各家均有坚固堆栈，计三北五号，太古四号，怡和、日清各三号。怡、太均为楼栈，太古、日清并各设趸船。本局旧栈业已拆卸，以致趸、栈皆付阙如，来船系靠商会所设之永安公趸，栈房亦暂租一所，不甚合用。

(二) 收支帐目　沙局上年收入，货脚二万五千余元，全系当地收款，另只有百余元之地租。而支出方面，则局务开支仍沿旧时包缴之例，月额二百五十两，合洋三百八十余元，年计四千六百余元；另支房租二千四百余，趸船租八百余，合计凡八千元。又支出口扛力五千元，为货脚之二成，合每吨八角之谱。分局实支不到此数，稍有羡溢，以补包缴之不足。其他经支杂项不及二千元，约剩万金，内有五千元分汇宜汉。

（三）视察意见　沙局应行兴革事项，计有数端：其一，急须建造堆栈两所，以便广事招徕内地之棉花、杂粮。分局已将图样及施工细则具报，估计所费不过八、九千金，轻而易举，似应即谋兴筑。其二，江岸码头年久失修，毁坏殊甚，地方当局督修弥切，似宜早日鸠工，以免假手于人，损我主权。其三，各地分局包缴制度均已次第革除，除沙局自当一体改行新制。惟现在中游业务不繁，用人开支，自贵力从樽节，仅可稍行增加，俾能敷用，不必如其他各局之任意放宽，致反有紧缩之必要。而客佣扛力等项，并宜加以核实。涓滴归公，庶副实报实销之本旨。至趸船，虽属需要，而目前尚不甚急，可俟实行扩充中游时建置也。

第九节　宜昌分局　附表（十四）三种〔略〕

（一）本局业务　宜昌本地素少物产出口，棉花、皮油、棓子、什货等为数无多，其在航运上地位，全因控扼中上游之中心，为渝沪货运转口之枢纽。自通行申渝直航以来，本埠货物日见衰落。本局在川江本仅有一船，自峨嵋失事后，业已停航两年，完全放弃。中游亦仅快利一艘，十余日到船一次，因上游无船衔接，几无营业可言。民生公司联运亦因利害不同，殊少实效。上年航行二十五次，载货一千九百吨弱，按次比较，仅得水平之六成，收入总额不足九千元，连转脚亦只一万五千余元。近半年来仅有四千元，实为长江分局进款之最微者。云良此次在宜亲见怡和公司之中下游船湘江号，与上游船嘉和号交换转口货物，几均满载。太古之武穴与万通二轮情形，亦复仿佛。而同时局轮快利号在宜候货，第一次仅得九件，第二次增加一件。本局货栈虽有多所，而均无需用，柏树街新栈现租与民生公司，月收租金三百五十元。

（二）全埠概况　宜昌至汉至渝货运数量统计如附表（十四）〔略〕，除直运外，全年下行约共三万六千吨，以桐油、黄纸、药材为大宗。本局与日清所载最少，怡和、太古、捷江、民生均越出平均两三成，毛脚估计五十万元。上行计三万七千吨，约有毛脚四十万元，棉纱占三分之一，余为南货及洋什货。全埠共开船三百四十一次，内民生一百四十四次，得总载三分之一，按次比较，则以怡和独高，太古、三北次之，捷江、民生略低，而以日清为最末。宜昌无码头，一律在船边上下货物，用驳船送岸或暂囤，太古、日清、民生均以铁驳为活动趸船，各公司并多备有拖轮及油驳，而栈房设备亦颇完全，尤以怡和为整齐，但因原船转接关系，大半空闲无用。宜埠货物扛力名目繁多，每件须一角数分，为全国之最高者，经向三北、民生等公司调查，大致相同。盖劳工组织牵制之故，即直航船亦须支给若干，以维工人生计。

（三）收支帐目　上年宜局收入，宜汉线货脚九千弱，包转六千弱，栈租不足百元。而支出项下，分局开支已逾万金，另付扛力二千余，全部营业收入悉索敝赋，仅敷维持此一局之缴用而已。

（四）视察意见　本局原负长江盛誉，乃今日巡视至此，大感局务之式微，所处地位，已视中外任何公司有逊色。分局职员虽不在少，而无事可做，营业收入尚不敷本身开支，实有待于积极复兴者矣。治本之策，自在川江之复航与中游航轮之充实。而目前治标之计，则在上江航业尚未发展之前，似可将宜昌分局改为办事处，缩小范围。此地营业本不及沙市之半，局务开支自当参照沙局经费，为合理之规定，将来发展业务，尽可随时伸缩，固不必预置庞大组织，重累局中之负担也。

第十节　万县代理处

万县距宜渝各一百七十余里，适居中心，为重庆以次惟一大埠，此外宜渝间各处多无货运上之价值。本局前委决江渝报关行为代理，其经理邓翼如系一旧式商人，按所做水脚给以九五佣金，不另支费。迩岁停航，固无营业可言矣。是埠以桐油、黄表纸为两大宗，载况如下。

（一）桐油　占万县出口半数以上，系由夔府云阳、开县、忠州、酆都、涪州等处民船装来，陆路亦咸集于此。十年以来，输出之额岁在二十三万担左右。十七年特盛，达三十二万四千担。前年更增至三十三万七千担，合二万吨，平均水脚以每吨二十四元计，已有四十八万元。上年退减，仍及往年之数，计一万三千吨，至少可得水脚三十一万二千元。油故装篓，每件重二百余斤，迩年改装散舱，先由贩户售与号家，再售与行，行有安利、英施、美聚兴、诚信昌等四家，实操运输之权。当地买卖按担计价，每担约三四十元，由行家提炼后，置入油池，再以管子通入码头趸船，用帮浦输送至船舱。此埠有趸船四处，皆油行所备，专供装油之用。三在北岸，均有管子，一在南岸，无管通陆，系将原篓倾入驳船转装。现行水脚价目，每吨至汉十八元，至沪二十四元，客佣只一个至二个九五扣，往时水脚尝高至五十两左右云。桐油本多装英船，自十五年九月五日发生万县惨案以后，创巨痛深，人民抵制英轮之志，迄未稍馁。同胞雪耻之心，以万人为最，弥可佩已。如此巨利，英人既不可得，乃为民生、三北、捷江等公司所专。本局实有大宗承揽之机会，乃前以峨嵋不备油舱，绝未分装，更非所语于停航时矣。

（二）黄表纸　二十二年出口十三万担，二十三年十二万八千担，水脚至汉每联八十斤，仅一元，较前不逮半价，总计亦有十六万元。此纸来自梁山一带，分大小二种，大者二十箱一联，销东三省，小者十箱一联，销北方各省，每联约值二十元左右。由梁山大竹以人力挑送至万，路程一百八十里，须三四日，工力一元四角。公路通后，当可较便。据最大纸号谭泰昌报告，近年小纸畅销，大纸以东三省沦亡，改销西北云。

此外，牛羊皮、药材、五倍子等货水脚，约亦有三十万元，故全埠水脚实在百万元以上。

（三）涪州特货确数不详，据说岁有载脚数十万，现为民生公司所专利。

（四）本局应有准备　是埠桐油实为利薮，万县惨案深入人心，一时无开放英轮之可能。为开源计，本局急宜于峨嵋修整时，设置油舱三百吨，并备油驳在宜接载。又黄表因本局汉沪码头地位之优越，向归我装，只须有船，不虞旁落，且可相机酌加运价。故上游航线，即万县一埠，已有用武之余地焉。

第十一节　重庆办事处　附表（十五）〔略〕

（一）局款虚靡　本局无轮航川已两阅寒署，而重庆办事处仍属存在，职员数人无所事事，上年开支三千余元，现尚月支二百六十元。并业务之情报，而不可得，似属虚耗。故在局轮尚未复班以前，此项支出尽可从省。

（二）川江之利　上游航轮每周可往返一次，若航宜万装油，则三日一次，成本殊轻，运价又高，即暴落如今日者，每吨仍有二三十元。上水之纱匹、什货，下水万县之桐油、重庆之山货，皆为大宗，货载客运亦旺，普通四五百吨之船，每次货客收入可得万金左右。上年渝埠贸易略见逊色，但输出货值仍达二千七百十万元。若水脚照货值百分之六估算，亦有一百六十万元。此间运价涨落悬殊，分局情报不备，难为准确统计。兹就前数年货载情况，按照现在最低之价，估计得一百七十七万余元，客脚亦不下七八十万，直航船尤常告货客满载。云良在蜀所趁民主、民权等船，货满退关，客无虚位。现在同业正在进行公摊，可望提高运价，冬令浅水，航利尤厚，宜叙一线，亦颇值得活动。此营业上地利之大略也。

（三）军运之需　客冬中央军队调川剿匪，输送频繁，租用商轮，给价甚优，较大之船，日租以四百元计。上水可以装货，不扣租金，下水放差营业，事之划算，莫过于此。且华轮不敷应用，商租外轮，条件异常苛刻，装兵须作乘客，辎重须作货物，军运当局不得不暂忍受，颇以为苦。军政社会各界对于本局上江断航，原有微词，至此紧要关头，本局以国营事业竟无一船接济公用，益表不满。故恢复之举，非仅为利之所在，抑亦责无旁贷也。

（四）渝埠码头　分布重庆东南二边及南岸、江北二处，重庆朝天门一带直通市面，地势最优，民生、日清在焉沿岸有囤船甚多，南岸龙门浩有太古囤船三，狮子山有聚福囤船二，怡和、民生各一。至江北木关沱，有捷江囤船二，怡和、三北各一。本局码头原在朝天门，早经退租，尚存木驳二艘。渝埠码头租赁居多，但囤船大都自备，本局将来复航，当仍在朝天门一带租用码头，比较合算。

（五）民生嘉谟　民生实业公司成立才十载，而突飞猛进，已有船二十七艘，称霸川河重庆以上，渝叙、嘉渝合等线，几为所独占。考察结果，颇觉该公司有数点足资借镜者。

一、人事管理与训练之精勤，其用人方针为下级职员招考，上级人员去找。其职工生活学校化，办事军队化，颇饶上下合作，内外维系之精神。

二、一切用款开支，刻苦俭约，全体职工一律致力于消费之经济减省。

三、营业社会化，以优良服务谋事业发展，凡关便利行旅及货客之措施，无不全力以赴。

（六）本局今后方针　峨嵋似宜赶速修复，仿民权设备，从新改造，兼顾货客营业，并觅购浅水船一艘，以收枯水之利。渝叙线可与植光公司商办联运，非但营业上不虞折耗，即装兵亦有利可图，一俟经济宽裕，再谋大规模之发展。惟是川河办事非易，私弊素著，必须有精当人选，缜密办法，始可应付得当也。

第十二节　长江洋棚

长江下游除设有分局趸船者外，如南通、江阴口岸、黄石港、黄州等处，均为趁客上下处所，本局及各同业轮船经过此等港口，均开慢车，由约定之商人备划接送旅客，习称洋棚。其接送旅客之工具，均用无棚驳船，泊轮地点与登岸之处，相隔辄有数里之遥，而以人力划送，行驶迟缓。如遇风雨之夕，江流湍急之时，尤多危险。该项洋棚平时与各船买办接洽售票，买办包缴客脚，洋棚与公司遂少直接关系，其影响营业，公司从未注意及之。而洋棚人员每与下级船员及接客栈伙相互勾结，庇运稍包。此应注意取缔者一也。查口岸洋棚旅客最多，盛时每日上下以千计，黄州黄石港亦有数百，南通、江阴均在百数以上。各洋棚划船接送旅客，每人收费大洋两角至三角，再于票价之中提取九五扣佣。是故各地洋棚事务简单，而收入不恶。所可憾者，主办人员唯利是图，于设备方面多因陋从简，于旅客安全便利从未顾及。局方似宜就旅客较多之埠收回自办，改称办事处，开支不增，并先人一着，设置渡轮接送行旅，对于旅客安全较有保障，兼可发展货运。此应注意者二也。

第十三节　江轮客运状况

本局江轮客舱广大，行驶较速，为同业中之最重客运者。

（一）进款概要　各轮除江靖完全开帐，各船特等舱系属自办者外，其余各船头、二、三等舱，均沿用包缴制度，所委业务主任，均缴存保证金自一万五千元至三万五千元不等，按次定有比额，开支归其自理。二十二年曾稍加比额，计江顺、江安每班来回各三千四百元，江华三千二百七十元，江新三千零三十元，建国二千零六十元，江大一千四百五十元。但近以下游客运清淡，一律减收九折。又快利每次比额仍为六百五十元，局发免票，概以半数抵解。此外江□、江天专供军差，峨嵋搁置。查二十二年度江轮全部客脚收入，包括特等舱票价，共计六十万元有奇，江顺、江安各十二万左右，江华十一万四千，江新十万余，建国六万，江大三万五千，江靖出租若干时，故仅二万六千，另快利二万四千。年来情形，大致相仿。又近两年军差较少，四大江轮迄未装兵，其余各船亦少出租，故船租收入以江天、江裕为大宗，此实有裨于客运。惟长江下游铁路公路繁兴，影响于江轮客运，不可漠视。

（二）管理情形　各轮既多沿用包办制度，船上用人行政全操于业务主任，而业务主任又视同包办税卡，徒为个人谋利之计。用人则非亲即故，办事则因循敷衍，其本人随船服务者，殆不多见。船上业务付诸一二旧式帐房之手，船上清洁卫生远逊日清、怡和。而轮船茶房人数，因历届业务主任迭有增雇，每艘有一百至二百名之多，且未经公允甄选，而为人情介绍所来，良莠混杂，服务不勤，而需索殊甚。旅客于出资购票以外，复须担负同额之酒资，赏钱略少，即不免于争执诟骂之辱。此则怨声载道，急待整理者也。惟特舱秩序较前整肃，趁客亦见增加。

（三）改进意见　关于改善船上业务，整理栈埠秩序之方案，另详整理计划五、六两纲。凡关管理之革新，人事之更张，物质之修整，皆与客运有关，而为适应环境，出奇制胜所必要。惟是硁硁之愚，以为改善步骤首在业务人员之选拔训练，以及管理办法之规划精当，然后可废除包办旧制。若准备不充，不如不改，以免转滋流弊。而整理茶房亦必须有健全业务人员，始易着手，始可持久。其尤要者，则在总局管辖须有负责之人，层层联锁，层层推进，乃可达到圆满之目的。具体办法既另有所拟议，此则大政方针之管窥耳。

第十四节　江轮邮运状况

本局全年邮件运费收入，不过六万元左右，长江航线照二十三年度收入，仅三七四三九元，殆限于下游航线。其细数如下：

二十三年秋季	九三一九元五三
二十三年冬季	九六七四元四七
二十四年春季	九一五八元四〇
二十四年夏季	九二八七元三三
合　计	三七四三九元七三

邮件运费合同大致如下：

（一）江海轮规定专装邮件间，其运费计算每四十立方英尺，每月计上海通用银元十五元。

（二）不足规定航行次数时，邮局得按每次合计运费，于每季应付运费内扣除，每四十立方英尺计二元五角，或于同线内下次轮船补装抵销之。

（三）凡邮件不能或不够装专间而装在货舱者，及装在无专间设置之轮船，名为额外邮件，其运费计算率如下。

上海汉口间每公斤合一.六五斤，运费一分即每公担一元；

汉口宜昌长沙常德间每公斤合一.六五斤，运费二分即每公担二元。

	起讫两处每处每星期运寄次	每处邮件专间之尺寸（立方英尺）	每次轮船邮局专房间之尺寸	每季运费	按每四十立方英尺每月银元十五元定率付给运费之实用轮船只数
上海、汉口	六	一千二百	二百	银元一万二千六百元	八

汉口宜昌　该路轮船时有变更，且邮件数量亦多寡不定，故其运费应另行计算。即每遇轮船开行时，邮局可将业已预备待发之邮件，尽量交其运送，惟每季由汉至宜，或由宜至汉，交运邮件，各不得超过五千四百立方英尺，是每季应付运费，计银元六七五元。两地交运邮袋，议定依下列平均数计算，即每一汉口袋作为三立方英尺，每一宜昌袋作为四立方英尺，倘任何一地所交邮件超过所定之数，即按照额外邮件资率付费。此项额外资费，平均以每一汉口袋作为二十五公斤，每一宜昌袋作为三十公斤。

宜昌巴县（重庆）　运费以每吨合一千公斤计。

大水期间（即四月一日至十月卅一日止）

上驶	宜至巴	每公吨三十六元	下驶	巴至宜	每公吨十六元二角
	宜至万	每公吨十八元		巴至万	每公吨八元一角
	万至巴	每公吨十八元		万至宜	每公吨八元一角

浅水期间（即十一月一日起至三月卅一日）

上驶	宜至巴	每公吨四十九	下驶	巴至宜	每公吨二十二

元五角　　　　　　　　　　元〇五分

宜至万　每公吨二十四　　　　巴至万　每公吨十一元

元七角五分　　　　　　　　〇三分

万至巴　每公吨二十四　　　　万至宜　每公吨十一元

元七角五分　　　　　　　　〇三分

视察意见　综观以上办法，下游邮件运价虽低，但无折扣，□□□无宕帐，常年包定地位，尚属合算，其额外邮件运费，则增加数倍。中游之价较高，上游尤属优厚。本局班期不周，所得甚微，而以国营交通事业地位与邮政原属一家，为国权计，为进款计，对于邮运不可不特别注意，力谋扩充也。

第十五节　长江中外商船现势

附表(十七)至(十九)〔略〕

本局江轮内容详见附表(十七)，以便查考。中外商轮之常川航行长江者，业经详加调查，其船名、班期、总吨、关吨、建造年份等

籍别	中下游		上游		合计		
	艘数	总吨	艘数	总吨	艘数	总吨	百分率
英国	三七	八〇一八〇	一四	一〇二三五	五一	九〇四一五	四二.三六
日本	一〇	三一〇八二	五	四〇〇〇	一五	三五〇八二	一六.四四
美国	四	二七四八	五	二九三九	九	五六八七	二.六六
法国			二	一七六八	二	一七六八	〇.八三
意国			一	五六〇	一	五六〇	〇.二六
外籍合计	五一	一一四〇一〇	二七	一九五〇二	七八	一三三五一二	六二.五五
本国合计	三二	六四四六三	三六	一五四八七	六八	七九九五〇	三七.四五
中外合计	八三	一七八四七三	六三	三四九八九	一四六	二一三四六二	一〇〇.〇〇

项，一一列入附表（十九），并汇总统计如表（十八）。据表所列，现在长江航轮分别国籍，比较如上。

谨按江轮总吨数，外籍竟有十三万三千余吨，占总额三分之二，□英籍即达九万余，而捷江易帜，半归英商，吨位益多；次则日籍三万五千余吨，二者实握我大江运输之霸权。而本国船只反不足八万吨，约占总额三分之一。所幸上游有民生公司异军突起，已拥船二十七艘，执川江航业之牛耳，为外商所不敌，且渝叙一线已不复有外轮踪迹。近购入美船多艘，实力尤充。至同业各大公司吨位比较，太古十六艘，计三万八千余吨；怡和十三艘，三万七千余吨；日清十五艘，三万五千余吨；三北十四艘，二万二千余吨；我局凡十一艘，二万九千余吨，包括损坏之峨嵋在内，视英日各公司皆有逊色。总吨虽较三北为多，而航线之完整，载货容量之广大，实亦莫及。盖数十年来历史上领袖同业之光荣，渐成陈迹已。

第十六节　结　论

本局长江流域各分局及办事处等业务情形，收支帐目，以及兴革意见，已逐一敷陈如上。兹更为综合之观察，窃云良曩在本局营业科长暨汉口局长任内，迭有长江之行，是以沿江商情航况，粗有所知。此次重游各埠，于今昔情形，加以比较，虽环境视前为优，而本局经营成绩，似少进步，请具体言之。

（一）环境视察　今日航运环境，何以较前为优，一曰出口贸易之好转。□长江各埠消长不一，而货载占各埠总数大半之汉口，则增进甚巨。据汉口统计，全埠往下游之货运总额，二十一年为一九六四五五吨，二十二年加至三二七三三五吨，二十三年更激增至二、三倍，计达六一三五九八吨。二曰江轮军差之减少。迩岁以来，各大江轮几全未应差，中小型船亦不常出租，以视前数年军运频繁，旦夕封差之情形，营运上自较安定便利。三曰抵制日轮影响，实予同业以较佳之机会。四曰本局海轮之充实，足以增多转口货载。至水脚跌落，则事在人为。际此货运尚旺之时会，似不无斡旋提高之余地也。

（二）业务方面　本局船只设备在同业中之地位，已于十五节中略一陈述，殊觉落后。溯自收归国营以来，江轮一无添置，下游不复逐日开班，中游仅有一船，独木难支，上游放弃已垂二年。救护蛾嵋轮船，虽费十数万金，而出险后竟又搁置经年，一无动静。至借用庚款造船，原议江海并重，初拟建设江轮三艘，早经决定图样报部核准有案，乃因海轮溢出预算，所余仅敷建造江轮及柴油货驳各一艘之用，仍未即就已定图样，急谋兴工，而拟改建较大之船只，以冀适应同业公摊方式。实则该项方式尚系试办性质，各方为求公允计，迟早□加修正，且事实上亦绝非一船之改大所能补救。此则云良基于核算同样公摊帐目实际之经验所敢断言者。故愚见所及，深觉本局□无削足就履之必要。且长江运输趋向直航，本局所弱，尤在中上游，加以现在下游陆路交通代兴，更有注意货源贯通全线之需要。试观太古新建之芜湖、武穴、武陵〔？〕等轮，怡和新建之宝和轮，皆系一千数百吨，直航沪宜。本局原绘图样，计长三百十二尺，载重一千九百至二千吨，满载吃水十尺有半，尚合此项需要。且船身加大，造价增高，财政负担，自亦随以转重，无论在营运上经济上，似均以维持原计为得策。纵拟改弦更张，亦宜限期完成。前昨两岁，本局在银行透支有数百万元，勉拨工款，尚非其难，而蹉跎时日，倏已寒暑数更，局方财政亦日以困，即改拟图样，犹在无定期设计之中。柴油货驳尚未定料，事关充实江航。云良曩于借款造船簿书之役，又尝受管理当局之驱策，故迭有陈恳，冀促其成，特再一言，实不胜早日鸠工之望焉。

（三）进款方面　以汉口关系最大，各地运价亦辄惟汉埠是瞻。年来全市载况既为十年来之异数，而本局成绩竟少于按次平均者二三成。故本身一二年之比较，虽稍增加，以与人衡，犹有望尘莫及之叹。窃维同业关系之维系，□□开源之一大问题。本局与太古久居江航之领袖，撑持大局，素甚重要，今除上海外，似颇缺乏适当联络，以致各埠太古分行与我分局之间，即首先不能相互信任而猜忌，不置同业之合作，自更无从维持。故近年来水脚之暴跌，本局初不能不自负一部分责任。长江各埠除汉皋货旺外，其余大多平平。江西安徽各港较为衰落。至上年镇江之小麦，沙市之棉花，长沙之米粮、锑矿等货，虽均称涌，但尚不足以抵补其他各港之所绌。而水陆联运进行已久，至今尚无成效可观。盖半载以还，汉口联运，水脚除支扛力及联运趸船本身开支外，实属一无所得。今长江公摊告成，则各分局联络同业、整理业务之任务，益见重大。而交通形势日在演变之中，大江又遭洪水之灾，措施应付，尤有需于全体动员，一致努力者矣。

（四）用款方面　江轮航运成本略如旧例，兹不多赘。而分局管理费则因改革包缴制度，扩大甚巨，然化私为公之数，渺不可考，其巧立名目，保持私益之事，如长沙办事处者尚所难免。综合各局开支，芜、皖、京、沙、宜等局，竟占当地货脚百分之五十一以至七十一不等，浔局百分之三十一，镇局百分之三十五，汉局占百分之十五。若□扣除特佣之净脚比较，亦在百分之二十以上。而渝局毫无收入，更全为负数矣。设将货物扛力自水脚除去计算，则百分数必更增高。似此情形，则航运用款、总局管理费等，将何所取价，如何不陷于窘迫之境。查航业惯例，管理费约以货脚百分之五为标准，至多不逾百分之十五，方可相称。似少不计成本，任其膨胀如本局者。

（五）用人方面　大多分局人浮于事，盖沿江各埠船到二三小时即开，有仅留一小时者。中游各局十余日来船一次，除少数分局外，余则事本无多。而每地均有一高薪之经理，许多办事员每月费用，少者亦辄一二千金，而其人选初不尽具相当资历，总局普通职员类优为之，但绝少升调之事。更有陈者，各分局组织纷乱，漫无轨道，分股错综不一，有职员录可证，往往同一职务，而有种种不同之名目，以及参差之待遇。其载脚相等之分局，开支范围亦辄悬殊，不成比例，此在分埠报告内已有充分例证。而各轮沿袭包办制度，职员多为业务主任之私人帐房性质，业务主任则以不随船为常例，茶房服务懈怠，而婪索酒资如故，更为无可讳言之事实。纵览全局内外，人事之功过奖惩，似所不讲，此在事实上或不无困难之处，然亦岂容长此废驰。基于以上所陈，足见本局长江航业之各部分，似尚未臻于健全之状态。爰举改善原则数端，以资商酌。

一曰制定之确立　首宜统一编制，分局实行分区管辖办法，轮船撤除买办制度。

二曰人事之刷新　各局及各轮人事之甄别训练，应采集权制，初级人员尽量招考，并行三职制，以资鼓励。统筹待遇，以求公允，内外互调，以增效能。

三曰业务之充实　补充急需之船只与栈趸设备，统盘调度，务使全线贯通。其实施细则，详见整理计划。

四曰营业之振作　无论在任何状况之下，营业决不可落后，故内而办事之周到，外而折冲之得策，皆不可忽。

五曰经费之节约　有利可兴，自贵开源，无源可辟，尤须节流，此盖理财之铁则。各分局管理费似宜不逾进款之一成，用人开支范围，须因时因地而伸缩，庶可款不虚縻，而事无旷废。

以上五点，管见所及，认为复兴长江航业之必要措施。其具体方案，则另有整理简要计划。窃云良奉命视察长江航务，行程万里，所历实为本局生命之线，不敢不体承我监事诸公督进局务兴利除弊之至意，悉心检讨，据实奉陈。至各局内容已具详以上报告，征引数字，皆备列于各项表册，以及整理切实计划，悉属实地考察之所得，不敢有片言之浮泛。至各分局办理业务不合规章或手续之处，并已就稽核所及，随时随地商请纠正。惟事涉琐屑，不及备举，其人事上复杂情形，虽亦不无可议，第为钧会所素审。除因对事问题及整个观察不得不联带述及者外，无庸词费。兹所陈者，全从大局着眼，择其荦荦各端，以为复兴长江局务之一助。是否有当，伏乞俯赐核夺，转请行政当局参照采择，不胜感企之至。谨呈

国营招商局监事会

主任稽核李云良〔印〕

中华民国二十四年六月三十日

附表册五十二页，另有目录〔略〕

〔国民政府交通部招商局轮船股份有限公司档案〕

26. 交通部关于新建四海轮营业管理情形与国营招商局来往训令呈

(1935年9—12月)

(1) 交通部训令(9月30日)

交通部训令　航务字第4713号

令国营招商局总经理处

查该局息借庚款新建四海轮之营业及管理情形，本部据调查所得，该四轮营业收支，自本年一月至四月，无论沪青或沪粤航线，均属有亏无盈。以前该局营业，历年亏蚀，多归咎于船只老朽，设备不完，制度不良，管理不善。今新建海元、海亨、海利、海贞四轮，会计独立，所有旧轮亏蚀原因，皆与新船不生关系，理应获利，今竟仍有亏蚀，是该局筹借款项，添置新轮之计划，不免根本发生疑问。否则多添一轮，则多一赔本之工具，将来添轮愈多，亏蚀亦愈甚。再查新轮管理，该局除以勤务生代替茶房一端而外，其管事、理货、水手、生火各部份仍沿包办之制，最关重要之膳食，亦多浪费，与各旧船并无区别，至甚设备欠缺，事权纷歧，人事训练之松懈，客运调度之不善，在在均为营业亏蚀之重要原因。且包办制度，在旧船方面，已应革除，新船何致仍复沿用。乘客多属国人，无不喜食中餐，而特舱反用西餐，待役仍用西崽，违背乘客心理，增加无谓开支，尤不合理。此二者一为营业上制度问题，一为开支上重要部分，关系最为重大，合行抄发原调查报告，令仰查明，如果属实，应即克日改革。至其余补充设备、统一管理、训练员工、改善客运等等，统仰根据原报告，酌量革新，不可稍有成见，故步自封，妨害新轮营业之发展，以致加重全局之亏累，是为至要。此令。

计抄发调查新建海轮管理情形报告书一份〔略〕

交通部长　朱家骅

中华民国二十四年九月卅日

(2) 国营招商局致交通部呈(12月19日)

案奉二十四年九月三十日钧部训令航务字第四七一三号内开：……等因①。奉此。查调查员调查四新轮报告书内收入与成本项下所谓"收支情形统计如附表"，此项附表未奉抄发。惟查本局监事会派员视察新建海轮报告书与钧部调查员报告书内容相同，其收入与成本项下之收支统计表内列总分局开支为十一万八千八百另二元七角六分，以四个月中四新轮航行沪粤及沪青线共四十次计算，每次约为二千九百七十元，而报告书中计算航运成本"总分局开支按货脚提两成、客脚提一成计四千七百元"，总分局开支每次若以四千七百元计航行四十次，其总数应为十八万八千余元。此项计算似有错误之处。至各轮计算总分局开支之方法，总局之开支似应照全年实在所付之数，按全年船舶净吨位平均分摊，其于分局亦应以在该航线内行驶之船吨按吨平均分摊，以资准确。若不论吨位之大小及船舶是否在其航线内行驶，而提其货脚两成客脚一成，以为计算总分局开支之标准，虽可得一假定之数目，究不足以表示其实在之盈亏。查二十三年度本局之开支为五十六万一千余元，则二十四年一月至四月四个月间之总局开支为全年三分之一，计十八万七千三百余元。而该年度船舶行驶之总吨位为三万八千一百三十六吨，每吨应负担总局开支洋四元九角一分二厘(总局所办事务尚有栈房、码头、地产等亦应分摊其费用，如不将开支之数目尽加于船舶成本之内，是在上述四元九角一分二厘用数

---

① 内容见前训令，兹略。

中尚应减去若干)，以四新轮八千三百十二吨净吨位计之，四个月中应负担总局开支四万另八百二十八元五角四分，加以汕、港、粤三分局四个月之开支二万二千五百三十八元三角五分(三分局经费租船及插班船均未分担)，两共应负担总分局经费洋六万三千三百六十六元八角九分(见附表一)，亦无如调查员所计算十一万八千余元之巨，且本局之开支大都含有固定性质，有时增轮数艘并未增加开支。即就四新轮开航后而论，本局仅添管理客票员一人，月薪八十元，如照实际支出而言，四新轮对于本局之开支不应以四万另八百余元计算，但本局并不以此法计算四新轮之盈亏。又查四新轮廿四年一月至四月营业损益表，连折旧利息、码头费、总分局开支在内，结亏洋三万五千八百四十三元五角六分(见附表二)，而码头费一项列支洋一万七千四百余元。本局自用码头向不计费，四新轮因适用特别会计，故照列码头费。此项费用在船舶一方面为计算成本上增加之支出，若照向例不计码头费，即不致结亏至三万余元，且折旧一项并不必以现金支付。表内列支折旧费八万余元，不过为表示计算之准确起见，即不列此折旧一项，于还本付息之能力亦无影响。倘照实在收支计算，尚属有盈无亏。再在此四个月中经一废历新年，商民狃于习惯，每逢废历新年客货均属清淡，影响于四新轮收入者一。以前四新轮航行沪粤线来回一次计历十四日，航运成本比之现在十二日来回沪粤线一次者为高，影响于四新轮之支出者一。有此两因，复因列支码头费及折旧之故，致四新轮在计算上不免有结亏之处，但并无如钧部调查员报告书所称四个月约亏九万金之巨。附呈四新轮廿四年一月至四月营业损益表一纸，谨请詹核。

关于管事、理货、水手、生火四部分之员工能否即行废除包办制度之问题，本局在新轮将到之时，已一再加以研究。因有下列各原因，未敢骤行改制。兹请先述其原因如下：

一、共同之原因　该四部分员工其地位虽不高，而责任则不轻，在各该部工作之人非有指臂相使之效，难免不贻误事务。在包办制度下之员工，均由管事、理货主任、头目等所雇用，其人之能力品性如何，为雇用者所深悉，且情感素洽，平日工作既可绝对服从命令，又能不分畛域，服务效能似较普通为优。如由本局直接雇用，恐未必完全满意。此其一。又船上各级员工往往携带货物，图漏关税，本局虽迭加禁止，迄难绝迹。近来海关处罚私货案件每多罚及船舶所有人，自二百元至一千元不等。在包办制度下之员工，如有因漏税而罚及局轮之事，即责成管事、理货主任、头目赔偿，本局不致受其损失。若该部员工由本局直接雇用，万一遇有漏税罚及局轮之事，此辈薪水微薄，无法向其追偿。欲取之于铺保，则被雇用者在未保以前有觅保不易之感，即已保之后，保人资本有限，力难代偿。在漏税事件未能完全禁绝，海关未取销共同处罚以前，似不能不暂存其旧。此其二。

二、各别之原因　(甲)属于管事者：该部份之事务为供给特舱旅客膳食及侍应旅客、保管餐具等事。管事于采购食料之时，可用各种方法购买廉美之物，所备新鲜物品又必斟酌各种情形而定其多寡，可以减少过剩或缺乏食料之虞。厨司烹调膳食因管事监督之严，厨司与管事之密切关系，自不致于浪费，故本局包给于管事之膳费，管事虽有利润，但其能得利润之故，大半由于上述之原因。本局若欲废除管事包办制，则须仿外国大轮船公司办法，设立伙食管理处Victualing Department，无论伙食管理处员工之开支必较管事部之薪水为多，且采办之人是否纯洁，所购食料能否廉美，备办新鲜之食品能否多寡适宜，厨司能否不浪费及偷漏之事能否不发生，仍无把握。事极琐碎，非随时随地加以严密之监督不可，而监督者又必清廉，自矢不避劳怨之人，方可杜绝偷漏浪费之弊，否则本局即不免受其损失。本局非敢谓绝无此种人才，但就其地位言，薪水未能过高，故人选极为不易。私人家庭及俱乐部之膳食，有由厨司经买报帐者，有限定数目包给于厨司者，二种之得失参半，要各随其情形而后定，推之局轮亦然。(乙)属于理货部分者：该部份之事务为收发货物之起卸。如有卸少损坏，须负赔偿之责，故于货物上下之际，必须有妥实可靠之人随时照料，以防码头游民之偷窃及货物自吊杆至货舱起卸时之碰撞。盖货物外层之包扎虽各不同，但不结实者居半，且吊杆至舱底高低相距四五十尺，极易碰坏。包扎破坏之后，货物因而散失，游民即乘机偷窃，所有损坏短少之货物，即须照例赔偿。现行制度系照所装货物之吨位给与理货主任以每吨洋若干之吨位费(最高每吨一角二分，最低八分)，而将赔偿残短货价之事，责由理货主任负担，故理货主任为防止吨位费不足赔偿残短货价起见，必督率该部员工小心起卸，加意看守，以冀损坏短少货物之事因而减少。若该部员工由本局直接雇用，则与理货主任不关痛痒，于货物起卸之时稍不经意，即易残短，而赔偿货价之数目自多。此际既不适用吨位费之办法，即不能责令理货主任负赔偿货价之责，应由本局直接赔偿，其赔货支出之数目，比之包办时给予吨位费之数目必巨。故理货部员工暂由理货主任自行雇用，不但可使货物残短之事得以减少，亦可使本局之支出不致增加。(丙)属于水手生火部者：该两部份之事务为上桅杆、下船旁、理锚练、接绳索、烧煤等，其工作与航行有关，故必须有相当之技能，且能绝对服从上级船员之命令者，方可在该两部分工作。外国对于此辈工人之起雇、解雇，须由政府航政机关签字认可，并发给服务证明书，故其航业公司得以直接雇用。我国则尚无此项办法，工人之技能如何，亦无法考验，不得不由该两部头目自行雇用。在现行制度之下，工人因头目有进退之权，尚能遵守其命令，头目以其地位之关系，亦能服从上级船员之命令，工作不致贻误，故为航行安全起见，船上水手生火暂时亦难由本局直接雇用。

基于以上各原因，如欲将管事、理货、水手、生火等部分之员工改由本局直接雇用，须先研订缜密之管理方法，并添用有管理能力之人手，但管理费用之增加自必不鲜。顾念本局营业之收支情形，不得不加以考虑，且航政机关对于水手、生火等发给服务证明书，及取缔码头上之游民，以谋货物起卸时之安全，均有待于其他方面之推进，非本局之力所能及。兹奉钧令取销管事、理货、水手、生火等部分包办制度，复经本局一再斟酌，窃谓一时仍难进行。此应陈明者一。

次论西餐西崽问题。查四新轮中只特等舱供应西菜，但乘客仍可拣用中菜，有自由选择之权(见附表三)。本局所付膳费以四新轮最近二次之票价收入与其所付之膳费比，特等舱约当票价百分之十六，其余各轮约当票价百分之十五(见附表四)，是特等舱与其余各舱之膳价相差亦属无多，乘客不尽国人，国人非无喜食西菜者。前虽拟议改为尽用中菜，因有上述情形，未经废去，西菜非徇管事之请而罢其议。至膳价之能否减低，则应视同航线中其他轮船公司之伙食而定，不能与其他航线之伙食比，四新轮行驶华南，怡和、太古公司沪粤线轮船上之伙食，其价值亦高，本局之伙食若相形见绌，恐乘客裹足不前，事关营业收入，似不应吝惜此费。又西崽与管事有连带关系，管事包办制度之不能骤改及特等舱之不能不备西菜，其原因已如上述，则西崽亦不能不暂存其旧。此应陈明者二。

其他关于改进管理各点，除各轮业已举办者外，有正在计划改进中者，有因种种关系不能遽加改革者，已饬科随时注意，分别奉行。所有管事、理货、水手、生火等部不能骤废包办制度，及仍用西餐西崽各缘由，本局既有所见，不敢因避违命之嫌而骤行更张，亦非墨守成见，饰词以淆听闻。用敢根据事实，备文检具附表四种，呈请钧部鉴察，加以考虑，可否将管事、理货、水手、生火等部现行办法及特等舱西餐暂缓变更之处，并恳指令遵行。谨呈

交通部

附表四种〔略〕

二十四年十二月十九日

〔国民政府交通部招商局轮船股份有限公司档案〕

27. 国营招商局发《修正国营招商局组织章程》令

（1936年2月18日）

国营招商局令　第00055号

令南京分局

案奉交通部二十五年二月八日总机字第六十二号令开：兹修正国营招商局组织章程公布之，此令。等因。并附发章程一份下局。奉此，合行照录原件，通令颁发，仰即遵照。此令。

附发修正国营招商局组织章程一份

中华民国二十五年二月十八日

总经理　蔡增基

修正国营招商局组织章程　二十五年二月八日公布

第一章　通则

第一条　国营招商局直隶于交通部，办理国内外航运事业。

第二条　本局设总局于首都或上海市，并视业务情形在各埠酌设分局或办事处。

第二章　总局

第三条　本局设总经理一人综理局务，副经理二人辅助总经理处理局务，均由交通部长遴请简派。

第四条　总经理、副经理任期均为五年，期满得连任，第一任副经理一人任期三年。

第五条　总经理因进行日常业务得签订下列合同，但关于订立购料或工程合同时，应分别适用或准用交通部附属机关购料章程或建筑工程规则之规定。

一、关于轮船油漆修理及订购所需煤炭物料之合同；

二、关于起卸货物之合同；

三、关于使用码头、趸船及存货、交货之合同；

四、关于雇用船长、船员、业务长及其他船上服务人员之合同；

五、关于雇用码头员工之合同；

六、关于雇用引水人之合同；

七、关于租赁轮船、拖船及驳船之合同；

八、关于代办商代售客票、揽运货物佣金及垫款汇款办法之合同。

第六条　总局置总务、业务、船务三课及会计室、金库。

第七条　总务课掌下列事项：

一、关于关防之典守事项；

二、关于文书之收发、撰拟及卷宗之保管事项；

三、关于人事事项；

四、关于调查统计事项；

五、关于房地产之管理事项；

六、关于庶务事项；

七、关于普通用品之采办及保管事项；

八、其他不属于各课事项。

第八条　业务课掌下列事项：

一、关于航线船只之分配及调度事项；

二、关于客货营运事项；

三、关于码头栈房之经营及管理事项；

四、关于分局办事处业务考核事项；

五、关于各轮业务考核事项；

六、其他关于业务事项。

第九条　船务课掌下列事项：

一、关于海员之进退及考核事项；

二、关于船舶之建造及修建事项；

三、关于船舶设备事项；

四、关于船舶之检验事项；

五、关于各种发动机及其附属品之检验事项；

六、关于各种强弱电气设备之设计检验及修理事项；

七、关于燃料物料之检验事项；

八、关于燃料物料之采办及保管事项；

九、关于机器厂管理事项；

十、其他关于船务事项。

第十条　金库掌下列事项：

一、关于款项之出纳、保管及其登记事项；

二、关于证券契据合同等保管事项；

第十一条　总局设课主任三人，金库主任一人，承总经理、副经理之命，分掌各该课库事务，其事务特繁之课，得设副主任一人，佐理主任职务。

第十二条　总局设课员、助员六十人至七十人，会计员十二人至十四人。

第十三条　总局各课得分股办事。

第十四条　总局设秘书二人，办理机要事务。

第十五条　总局设工程师二人至四人，办理技术事务。

第十六条　总局各课主任、副主任及工程师，由交通部任用，秘书由总经理呈请交通部核准后任用之。

第十七条　总局课员、助员均由总经理派充，并呈报交通部备案。

第十八条　各课担任技术事项之人员，应以技术人员充之。

第十九条　总局会计事务由会计室掌理，其组织另定之。

第二十条　总局承交通部之命得聘任顾问。

第三章　分局办事处

第二十一条　分局及办事处由总经理呈请交通部核准后设立之。

第二十二条　分局、办事处按业务之繁简，收入之多寡，分下列各等，由总经理呈请交通部核定之。

分局

一等分局

二等分局

三等分局

办事处

一等办事处

二等办事处

三等办事处

第二十三条　分局隶属于总局，办事处隶属于分局或直属于总局，各分局营业管辖区域由总经理呈请交通部核定之。

第二十四条　分局各设经理一人，由交通部任用，办事处各设主任一人，由总经理呈请交通部核准任用。

第二十五条　分局得设下列各股室；

一、总务股；

二、业务股；

三、会计室。

第二十六条　分局暨办事处设办事员、助员、其名额依下列规定标准；

分局

一等分局十人至十五人；

二等分局八人至十二人；

三等分局六人至九人。

办事处

一等办事处四人至六人；

二等办事处三人至五人；

三等办事处二人至四人。

前项人员均由总经理派充，呈报交通部备案。

第二十七条　分局及办事处之营业，均不得采用包缴制，但未经设立局处之商埠，得由总经理呈请交通部核准，委托代办商代理，酌给佣金。

第四章　附则

第二十八条　本局业务进行状况，应按期编制报告呈送交通部审核。

第二十九条　本局总分局及办事处职员之薪级，应由交通部核定之。

第三十条　本局全部预算，应呈由交通部核定之。

第三十一条　本局年终盈余之分配，呈由交通部核定之。

第三十二条　本局得另订各项细则呈请交通部核准施行。

第三十三条　本章程自公布日施行。

〔国民政府交通部招商局轮船股份有限公司档案〕

28. 国营招商局奉发各分局处等级表训令

（1936年4月29日）

国营招商局训令　经字第221号

令南京分局

查本局各分局及办事处等级，业依本局修正组织章程第二十一条至二十三条之规定，重加厘订，并呈奉交通部核准在案。兹查该分局已列入一等办事处直属总局，除分令外，合行抄发各分局处等级表一份，令仰知照。此令。

计抄发各分局处等级表一份

中华民国二十五年四月二十九日

总经理　蔡增基

本局各分局及办事处代理处等级表

一等分局　汉口　广州　天津

二等分局　九江　青岛　烟台　汕头　温州

三等分局　镇江　芜湖　宁波　海州　香港

一等办事处　福州　厦门(均直属总局)南京(直属总局)

二等办事处　沙市　宜昌　长沙(均属汉口分局)

三等办事处　安庆(隶属芜湖分局)　济南(隶属青岛分局)

代理处　威海卫(隶烟台分局)　湘潭(隶长沙办事处)　镇海(隶宁波分局)

暂不设立局所　重庆

〔国民政府交通部招商局轮船股份有限公司档案〕

29. 交通部关于各轮业务长应随船工作不得擅离职守训令

(1936年6月25日)

交通部训令　航务字第2595号

令国营招商局

查该局各轮事务长，往往任意离船或不随船工作，于业务管理，殊有妨碍，亟应严行制止。兹规定嗣后各轮事务长必须随船工作，不得擅离，其有特别事故，必须请假者，应于报告船长外，向该局总经理请准给假，方得离船，以重职责。仰转饬遵照办理，并随时严密查察具报。此令。

政务次长代理部务　俞飞鹏

中华民国廿五年六月廿五日

〔国民政府交通部招商局轮船股份有限公司档案〕

30. 招商局长江轮船视察团视察各轮报告

(1936年10月　日)

长江轮船视察团视察各轮报告

职团于本年八月十日奉命视察长江各轮改制后办理业务及一

切管理设施状况，遵令于即日赴江华轮开始视察，后依次视察建国、江大、江顺、江新、江靖、快利、江安等轮，于十月六日视察完毕。经查本局各江轮自四月一日改制后，业务上、管理设施上确有急速之进步，但欲达到尽善尽美之目的，尚有待于努力之革兴。谨将职团此次视察所得，除逐次将各轮分别报告外，其共同应待兴革事项，条陈于次。

（一）本局各轮护轮之第六团第二营第六连宪兵，因在轮服务时间过久，致多不负责，应由局呈请交部转函宪兵司令部，对于护轮宪兵，应随时对调，且须规定在轮服务时内，应受船长之指挥。

说明：本局各轮在未改制前，即由宪兵第六团第二营第六连负责护轮，当未改制时，业务主任因营业收入关系，须宪兵帮助之处甚多，故业务主任给其多方之优待，如膳食之丰厚，香烟酒资之补给。改制后，因乘客必须购票上船，且营业与事务长无本身利害关系，对过去之优待当一律免除，因是护轮宪兵常有故意与船上人员为难，而不合作，且不负责。究其原因，系该连宪兵在轮服务时间过久，而船上旧有积习亦渐沾染，故应将该连宪兵调换，且须规定在轮服务时内，应受船长之指挥，以便对于船上秩序之维持得以相助。

（二）本局各江轮应仿照四海轮办法，将事务长废除，但庶务员名义应改为事务主任，以期名实相符。

说明：本局各江轮除江华、江安、建国尚采事务长制外，其他江新、江顺、江靖、江大、快利，均已次第改为庶务员。查该项新制系将事务与理货二部划分，直属船长，理货部分由理货主任负责，故庶务员亦应改为事务主任。且庶务员系掌管全船事务及全船客运事宜，对内对外均应予以相当名义，方能便利指挥与接洽，且可名实相符。

（三）各江轮勤务生年龄超过规定限度者，应由局令饬船长具报，给资停职，以便增加工作效率。

说明：各江轮改制后，勤务生虽经验检淘汰，但现各轮勤务生尚觉过多。查勤务生规则内第二条第一项规定，年龄在十八岁以上，五十岁以下者。现查各江轮勤务生年龄超过是项规定者颇多.对侍应旅客诸多不便，且工作效率当亦减少。故当由局令饬船长具报，给予相当退职金停职，一面可减少各轮勤务生数目及节省开支，且可【提高】工作效率。

（四）我局各轮低级员工曾经受有教育者，固属有之，但文盲亦复不少，应由局令饬各轮高级职员设法提倡识字运动，以资救济。

说明：我局各轮水手、生火、勤务生、理货员、看舱等低级员工，共约三千余人，现值国家复兴之际，对是项员工之识字，应尽量提倡，且我局为国营机关，自应首先倡导，以使全国数万低级海员，均得有识字之机会。故拟我局各轮应由局令饬各轮高级职员，教授各直属员工。如水手由大、二、三副，生火由大、二、三、四管轮、勤务生由事务长（庶务员），理货、看舱由理货主任每日抽一小时，分别负责教授。驻轮新运督察员及部派查票员，应负责监督及协助。

（五）各轮厨役及工友应由局制发证章，以资识别。

说明：船上员工证章除厨役及工友外，均已由局制发，为易于识别及便于管理起见，应由局另备工役证发给各轮厨役及工友。

（六）各轮舱位号示牌、旅客舱位一览表、勤务生轮流值更牌、贴示牌及职员寝室标示牌、各层舱位之指标等，均应由局从新统筹制发，以资划一而壮观瞻。

说明：各轮对上项牌示等异常凌乱，应由局从新统筹制发，并应规定悬挂地点，以资划一。

（七）各轮走廊及餐室之明显处，应悬挂下列各种图表，其式样由局统筹制装。

一、沿途名胜风景照片；

二、本局各轮船期表；

三、本局经管之航线图；

四、本轮组织系统表；

五、本轮各部员工职掌表；

六、本局各轮内容一览表。

说明：上列各种图表悬挂各轮，一面可增加旅客之明瞭，一面可藉以宣传。

（八）货物堆装应严令各轮理货主任负责指挥。

说明：货物堆放是否适宜，实于本局营业关系甚大，盖客货不安全，影响局誉实重。查各轮理货主任在装货时，切实指挥小工工作者固多，但持放任主义者亦复不少，以后应严令各轮理货主任，凡在埠装货时，应切实负责，注意随时监督及指挥堆装小工将各货分别清楚堆放，毋得混装。如易腐品、危险品、易漏品、及鱼鲜等，均应堆放舱外，以免混装舱内，致易发生危害其他客货及船上安全之虞。倘各埠堆工间有不受船上指挥者，应随时呈局查办。

（九）各轮普通用品供给旅客用者与员工所用者，应划分清楚，以便审核。

说明：各轮普通物品旅客与员工混合使用。查员工所用者甚有超过旅客之数，故应按各轮职员之多少，按月每人若干规定发给。其关旅客用者，亦应按舱位之多寡规定发给。如是既可统计，复易管理。

（十）各轮头二等舱应增设浴室，以重卫生。

说明：航行沪汉间之各轮，航行时间多在三四日之久，且事务职员亦无盥洗之所，故应在各轮头二等舱增设浴室，以便旅客及事务部员工之盥洗。

（十一）船抵上海埠后，可由局指定某船与某船联合纪念周，或派人精神讲话，以资连络。

说明：船上员工与局异常隔膜，且船与船间亦无连系，可由局指定联合纪念周，或派人精神讲话，则上项情事当可免除。

（十二）为促成各轮注意清洁起见，应由局规定某船与某船抵上海埠时举行清洁比赛检查，以资惩奖。

说明：清洁比赛检查，一面可增加船与船间之连系，一面可振作员工之精神，但是项检查每年每船不得超过五次，并须规定惩奖办法。其检查人员由局临时指派。

（十三）各轮应设置意见箱数个，以供旅客批评及员工贡献意见之用。

说明：设置意见箱后，由总务课派人负责管理，于每次船抵埠后亲赴各轮开启收集，汇呈核办。

（十四）各轮员工应随时由局令对调服务，以杜流弊。

说明：在包缴制时，一切用人行政及支配，全由各部主管人负责，流弊当不可避免。今虽改制，因人员依旧，习惯过深，各主管人员之剥削或共同作弊，恐亦难免。是项情事尤以生火、水手两部最易发现，故须由局设法将船上员工对调服务，则是种情事当可免去。

〔国民政府交通部招商局轮船股份有限公司档案〕

31. 蔡增基报送国营招商局简略报告及1936年份损益计算表致翁文灏函

（1937年2月9日）

咏霓先生秘书长勋鉴：敬启者。前荷院座面饬，负责将招商局彻底整理，溯自承乏以来，将届一载，奉行政府整顿命令，未敢稍有废驰，顾本局正在疲敝之余，一切均限于财力，颇以未能充量发展为憾。兹有简略报告一件，又廿五年份损益计算表一份，随函附呈，敬祈察阅，并便代转陈院座鉴核为祷。再本局自经整顿后，营业颇有递增趋势。查廿五年份营业净收入，除营业开支及折旧外，共盈余一百五十五万四千七百八十八元八角四分，与廿四年份之盈余数十三万六千八百零二元七角三分比较，计增加盈余数一百四十一万七千九百八十六元一角一分。又廿五年份除去损益、支出之呆帐、意外损失(债务利息不计)，净盈余为九十五万二千三百四十三元五角五分，与廿四年份之净盈余数二十九万六千零零三元二角七分比较，计增加六十五万六千三百四十元零二角八分(详见损益计算表)，并以奉闻专肃。敬请勋安。

附呈报告及计算表共三份

蔡增基拜启

二.九.

国营招商局简略报告

一、关于债务之整理

(甲) 外债　汇丰银行债款一千三百万元，经洽商，结果该行允减让至一千万元，另由局偿还代垫捐税等项五十万元，合计一千零五十万元。孔部长已允英大使馆顾问 Mr.Hallpatch 之请，将招商局缴存汇丰银行之抵押品，全部移转于中国银行，并由汇丰银行放弃一切抵押权，以后分期摊还，按年息四厘计息。惟闻孔部长尚未与中国银行商妥。

花旗银行债款一百五十万元，原以上海福州路总局局址为抵押，现正与该行接洽，拟发行公债六百万元，除偿还债务外，并将局址翻造出租，以收入为公债基金，限期二十五年本息清偿。

(乙) 内债　招商局所负内债约二千五百万元，多数无抵押品外债得有解决办法后，内债亦应继续清理，将来或以不给息之长期公债偿还，或依照债额给予优先股，均须另拟整个方案，呈请政府决定。惟查本局资产负债之差额，约为一千万元，除汇丰已减让三百万元外，内债最低限度亦应减让七百万元。

二、关于业务之整理

本局自改组后，营业收入较前颇有增进。查货客脚一项，廿五年二月至七月六个月，平均计算，较上年同月增加百分之十七，八月份较增百分之四十八，九月份较增百分之五十五，十月份较增百分之四十二，十一月份较增百分之七十四(按廿四年十一月份货客脚总收入为五十五万二千余元，廿五年十一月份为九十六万四千余元)。

查我国各航线之现有轮船吨位，中国人所有者仅占百分之三十，但中国人之货运占全国货运百分之八十，故默察本国航运，似极有希望。且南洋群岛有华侨数百万，而各埠间尚无一华轮，本局以后扩展之机会甚多。

本局就事实需要，本年度拟增加长江班轮船，约一万二千吨，北洋班轮船七千五百吨，南洋班轮船一万二千吨，又外洋班轮船三万吨。除少数可购置半新旧轮船外，其余均购置新轮，约略估计共需国币二千二百万元。

轮船吨位增加以后，拟并将码头设备斟酌改善，同时拟建筑粮食仓库，以适应需要，预计共需国币二千万元。

以上两项共约需国币四千二百万元，自非本局财方所能胜任，拟请钧长交由财政部研究协助，暨指定国家银行尽量挹注，或发行公债，或为信用担保，以便上述计划可以实现（关于造船全部用款及码头仓库一部分材料用款，本局可设法向外商接洽借垫，惟必须本国政府或国家银行之信用担保）。

关于本局其他改革事项，另附呈整理报告。

谨呈

蒋院长钧鉴

国营招商局总经理　蔡增基呈

廿六年二月六日

国营招商局整理报告（第一号）

民国二十五年十月十日　〔略〕

国营招商局廿五年份损益计算表

营业收入

货脚收入	6,840,247.56
客脚收入	2,514,719.78

船租收入	213,541.40	
自用栈埠收入	654,022.54	
轮船什益	128,036.37	
栈租收入	180,999.54	
码头租收入	91,652.64	
各力收入	433,358.78	
货栈什益	9,697.64	
房地产进款	544,131.13	11,110,407.38
营业支出		
总局管理费	515,169.93	
分局管理费	418,999.89	
轮驳航运费	5,791,117.73	
轮驳维持费	1,073,867.75	
自用栈埠用费	914,989.49	
栈务费	450,828.37	
栈房维持费	103,252.40	
房地产用款	196,099.81	
其他用款	52,686.83	
栈埠管理处管理费	39,807.18	9,555,618.54
营业盈余		1,554,788.84
损益收入		
什益	74,036.73	
过期帐收入	33,748.99	107,785.72
损益支出		
什损	192,202.55	
过期帐支出	212,047.38	
呆帐	30,000.00	
意外损失	60,907 96	

特别支款	215,073.12	710,231.01
损益亏损		602,445.29
纯益		952,343.55

本局各项债务正在整个计划整理中，本表为表示营业盈亏起见，债务利息未列入。

〔国民政府行政院档案〕

32. 国营招商局1927—1937年资本数额表

(1948年)①

年　份	资本额	
	规元（两）	折合国币（元）
民国十六年	8,400,000	11,748,251
民国十七年	8,400,000	11,748,251
民国十八年	8,400,000	11,748,251
民国十九年	8,400,000	11,748,251
民国二十年	8,400,000	11,748,251
民国二十一年	8,400,000	11,748,251
民国二十二年		11,748,251
民国二十三年		2,973,902
民国二十四年		2,973,902
民国二十五年		2,973,902
民国二十六年		2,973,902

〔国民政府交通部招商局轮船股份有限公司档案〕

① 原文无时间。

33. 国营招商局1927—1937年江海轮数量表

(1948 年)①

年份	江海大轮	
	艘数	吨数
民国十六年	28	62,112.00
民国十七年	27	60,266.00
民国十八年	26	58,932.00
民国十九年	24	54,535.00
民国二十年	24	54,535.00
民国二十一年	26	58,237.00
民国二十二年	25	56,700.00
民国二十三年	27	68,100.00
民国二十四年	28	71,177.00
民国二十五年	28	71,177.00
民国二十六年	19	54,689.00

〔国民政府交通部招商局轮船股份有限公司档案〕

三、海港建设

1. 孙科为请按月划拨黄埔开港经费致行政院呈

(1929 年1月9日)

呈为呈请事：窃查黄埔辟港一事，民国十五年间财政部曾发行

① 原文无时间。

黄埔辟港公债，本指定为开辟黄埔港之需用，惟当时因北伐进展，饷需浩繁，粤省负担军费甚巨，此项募集债金亦被挪用，遂致该项设施因之停顿。现值北伐告成，建设伊始，自应继续筹备进行，庶免中缀。惟凡百建设，无不以款项为前提，部长近与粤省李主席往返电商预算，目前设计开辟等费，每月约需五十万元。此事关系所辟商港，以利全国交通，其经费自应由中央政府指定的款，按月划拨，俾资应用。且查前经聘定充任辟港顾问之美国工程师茂菲准，本月由美启程来华，不日可到，所有前项钧院饬令财政部，将粤省中央税收项下，自十七年十二月起，按月拨发五十万元，为黄埔辟港经费，并须饬该省财厅务按月照数拨足，不得短少，庶于辟港进行可期迅速，而免延误。是否有当，理合备文呈请钧院察核，指令祗遵，实为公便。谨呈

国民政府行政院

国民政府行政院铁道部长　孙科

中华民国十八年一月九日

〔国民政府行政院档案〕

2．行政院关于铁道部增设北宁路局港务处先行筹备开辟葫芦岛海港工程情形与国民政府来往呈指令

（1929年12月）

（1）行政院致国民政府呈(12月20日)

呈为转呈事：案据铁道部孙部长呈称：查北宁路归部统一管理一案，前经部长于本年七八月间巡视北宁、平汉、平绥等路时，亲赴沈阳，遵奉蒋主席面谕，与张司令长官切实磋商，对东北意见有应采纳者，均予推诚接受，经即当面商定具体办法。回部后，复往返电商，所有各项问题解决如下：(一)北宁路局长人选问题，由张长官荐部派委，副局长由部选派。(二)北宁路局仍设天津，关外管

理局取消，改设驻沈办事处，并另增设副局长一员，兼充该处处长，人选问题，亦由张长官遴荐委任。（三）北宁路营业盈余，不得提充军费，每月除本路经常开支解部经费及偿还债务本息外，按月保留五十万元，分存于津、沈边业银行，指定为葫芦岛开港工程专款之用。（四）于路局之下设港务处，由部派总工程司兼该处处长，主理其事。（五）关外前留用各路车辆，其为东北各路事实上迫切需要用者，自仍可留用，但其余瑕存之残破机车车辆，须陆续挂送唐山、长辛店两厂修理，以济关内外各路冬运之需。以上办法，除北宁路局局长及增设之副局长兼驻沈办事处处长，经已以张长官所荐之高纪毅及富倪衡两员委充外，其余办法自宜逐一照行。惟查葫芦岛辟港政策，载在总理实业计划，关系于北宁路营业发展及东北对外交通，至为重要，尤应积极图维，以重建设。现经遴委林逸民为该路港务处处长兼总工程司，饬令专管该路附属之葫芦岛、营口等港务工程。该葫芦岛辟港工程，即定于十九年一月开始进行，至其经费，则依前项计划，于北宁路局营业盈余项下，每月提出五十万元，专款存储，以充工程费用。除令北宁路局督饬该港务处将前项开港工程妥速筹备，依期进行，随时呈报外，理合将办理情形备文呈报钧院察核备案。等情。据此，除指令准予备案外，理合备文呈请钧座鉴核。谨呈

国民政府主席蒋

行政院院长　谭延闿

中华民国十八年十二月二十日

（2）国民政府致行政院指令（12月24日）①

国民政府指令　第二九九三号

令行政院

---

① 系封发时间。

呈据铁道部呈报，于北宁路局增设港务处先行筹备开辟葫芦岛海港工程情形,除指令准予备案外,转请鉴核由。

呈悉。此令。

中华民国十八年十二月　日

〔国民政府档案〕

3. 北宁铁路管理局与荷兰治港公司建筑葫芦岛海港合同

(1930年1月24日)

建筑葫芦岛海港合同

本合同由北宁铁路管理局局长高纪毅，奉国民政府铁道部之训令,并受东北交通委员会之监督，代表北宁铁路管理局(以下简称管理局)，与荷兰京城荷兰治港公司驻华总代表陶普施代表荷兰治港公司(以下简称承办人)，在中华民国十九年一月廿四日，即西历一千九百三十年一月二十四日，订于天津。

兹将管理局与承办人协定之条文列下。

第一条　总则

承办人以美金六百四十万元为造价，按照管理局方面之港务总工程司(以下简称工程司)之指示,以得其满意为度,及遵照本合同所附工程说明书与工作程序表及图样中所载之各项工程(以下简称工程),承办及完成此项工程。惟此项造价总数，须照本合同内所准许之增减之。

第二条　付款

上项造价应由管理局于每月月终，根据工程司证书证明承办人之工作确系按照本合同所附工作程序表进行无误,分批交付之。每批定为美金九万五千元，至总数付清时为止。首二批即二月与三月份两批，于按照工作程序表实地施工所需之船只机器到葫芦岛时支付。

上述工作程序表列示本工程在规定合同期限内各项预备及进行之大概，及本工程各部分应行开竣之时日。

如因工程延误，而工程司得扣发证书，其扣发时间不得超过承办人对于某部分工程将延误赶齐所需之时间。

在此扣发期间，每月摊付之款应停付于承办人，暂时存入本合同第五条所载银行中所立之“葫芦岛准备金”户下。此项扣发存款不给承办人利息。

第三条　特别担保

管理局应于其按月摊付之款内扣除百分之五，作为履行本合同之特别担保。此项担保金应由管理局无息保留，至本合同第八条所载之保修期限期满时为止。惟照此扣除及保留之数，不应超过造价总数之百分之五，即美金三十二万元，并应由管理局存入第二条所载之“葫芦岛准备金”户下。

此款非至保修期限期满，及工程司证明承办人将各项工程完竣得其满意时，不应付还承办人。

第四条　保证

在本合同签字之日起三日以内，承办人应即办妥现大洋五十万元之银行保证，为管理局所满意者，作为履行本合同之特别保证金，承办人对于管理局所受之任何损失或他种赔偿，得由此项保证金项下支付之。此项保证金非至第八条所载之保修期限期满，及由工程司证明承办人业将工程完竣，得其完全满意时，或在无论何时按照第十条之规定，本合同对于承办人停止发生效力时，不得领回。

第五条　存款

在本合同签字后，管理局应在双方同意之某中国银行，以葫芦岛准备金名义，存入现大洋一百万元，作为履行本合同之用。此项存款之半数，即现大洋五十万元，非由管理局与承办人在华代表会同签字，不能支取。但在管理局交纳第六十三批付款后，或在按照第十条之规定，本合同对于管理局停止发生效力时，得由管理局一方签字，将款取出。该银行收到此项存款后，应即将此项办法函告承办人。

第六条　承办期限

各项工程应以相当之速度进行，全部工程应在民国二十四年十月十五日，即西历一千九百三十五年十月十五日以前，即自下项规定实地动工之日起，五年六个月以内完竣，交于管理局。

如承办人不能依照上项规定期限，将全部工程完交管理局时，应每日付管理局现大洋一千元，作为损失赔偿，至完全交工日为止。

如承办人之延交工程，系因天灾人祸，为人力所不能抵抗者，或因本合同所附工程说明书之大部分更改，非由于承办人之错误者，则工程司得给予承办人相当之展期。

承办人应立即开始预备一切，并于气候适宜时，从速实地动工，无论如何，至迟不得过民国十九年四月十五日，即西历一千九百三十年四月十五日。

第七条　使用工程先成之部分

如管理局欲在本合同规定之工作期限内，开用葫芦岛海港先成之一部分，承办人不得拒绝限制或阻止之。惟管理局之此项举动，以不致过分妨碍工程之进行为限。

第八条　保修

承办人应于工程完竣交于管理局之日起，对于该工程保修一年。

在保修期限内，管理局在工程上得自由建设或安置任何各种建筑物或机器。

第九条　损失

自本合同签字之日起，至保修期限期满之日止，凡整理及补偿关于工程上之一切毁坏损失，并完成一切因计划之不善、建筑之不固、工作之不良、材料之不佳、施行之不慎、以及其他原故而应改造或修理之工作，概应由承办人出资负责承办之。

如在工程进行时期内，或在保修时期内，发生天灾，如地震、海啸、土崩或兵事，以致工程被受毁坏或损失时，该项毁坏或损失，应由承办人修理之，惟其修理费应由管理局按照实需工料价格偿付之。在工程进行时期内或在保修时期内，工程上发生其他之损失，概由承办人自己出资修理完成之。

对于政府或第三者所有之产业，因本工程之工作而受损失者，亦应由承办人负责出资完成之。

第十条　合同之取销

如任何一方或双方不能履行本合同规定之义务时，双方应磋商一同意之办法，如上项情形发生后，在三个月以内尚无办法，或已有办法而不能于上述时间内遵行，则受损失之一方，应即不受本合同之束缚，并应享有经对方承认或公断人断定之损失赔偿。

如管理局受损失之一方面须另雇第三者续成未完之工程，则续成未完工程之价格，于本合同逐月未付之数额之差数，应由承办人偿付之。

第十一条　法规

承办人应遵守中国政府之法律与条例，但管理局对于工程之进行，应尽量予以利便，及设法防御第三者在工程上之干预。对于承办人雇用之人员与其家属及产业，亦应予以相当之保护。

由葫芦岛第一号基点起，周围十公里内所有石矿、沙子、细石滩、甜水等物，为工程进行上所需要者，得由承办人在工程期限内取用，无须缴价。如上列各物系属私人所有，虽在十公里以内，则管理局当妥为设法，以便工程之进行，但所有费用概由承办人负责。

关于工程之进行上及维持上所需用之各种材料、工具、机器等等，在管理局所辖路线以内，应由管理局代为请求免收一切捐税及匯金。关于运送上列之一切物件，经过中国国有铁路之运费，应由承办人担任，惟应照普通运率低减百分之二十，以示优待。如关于工程进行上必要之运输，因铁路方面之疏忽而致延误日期，或竟至不能送达，则管理局应请该铁路方面遵照中国政府铁路章程，赔偿承办人所受之损失。

第十二条　意义

除本合同备载关于工程进行上应有之说明外，如关于任何工作之细小节目工程司有所指示，或另有修改图样，虽条件未经明载，而根据工程学理认为系本合同所隐含应有之细则，均应由承办人视为本合同之一部分，遵照办理之。

第十三条　计划负责

承办人对于本合同所附图样中之工程计划，应负完全责任，并对于按照此项计划所建工程之坚固，自保修期限期满之日起，担保十年。

惟工程司在本合同签字之日起一年以内，对于此项计划得提议修改，此项修改以能证明确为担保工程之坚固为度。此项修改发生之加价，应由承办人担任。

在此提议修改之期间，所有一切工程仍按照本合同之规定进行，不应因此迟延。

第十四条　公断

如管理局与承办人对于本合同之意义，或其他因合同发生之事件，或因工程司之决议等事发生争执时，应由任何一方通知对方，并有权要求于通知之日起二星期以内，将此项争执交公断委员会判决之。

该项公断委员会应以三人组织之，由管理局与承办人于通知后二星期以内，各派一人，再由该二人协定第三人，其第三人之资格，须对于争执之事具有经验，凡中国人或荷兰人，或中国或荷兰种人，均不得为第三人。

如任何一方不能如上述通知后二星期以内派定一人，或双方所派之二人不能于其被派之日起二星期以内协定第三人，则应由对方或双方呈请海牙国际法庭主席指派之。

管理局与承办人应共认公断委员过半数之判决，为最后及有效之决定。

该项公断之费用，应由管理局或承办人，或双方按照公断委员会断定之比例，分任之。

第十五条　批准及通知

本合同应呈候中华民国国民政府铁道部批准，并由外交部通知驻华荷兰公使馆备案。

第十六条　执行

本合同共备中英文各五份，管理局收执二份，承办人与中国国民政府铁道部及东北交通委员会各执一份。

管理局与承办人谨于本日签字盖印如下。

管理局　高纪毅

承办人　Robert de Vos

Van Steenleenqen

林逸民

〔国民政府铁道部北宁铁路管理局档案〕

4. 东方大港筹备委员会为催外交财政两部迅将荷兰退还庚款充作测验计划时期经费致铁道部呈

(1931年12月18日)

呈为呈请会咨催外交财政两部迅予进行荷兰退还庚款，以充本会测验计划时期经费，仰祈鉴核事：案查实现东北方两大港初步计划，并确定筹款方法一案，前经东方、北方大港筹备处拟具初步计划及筹款办法，呈由建设委员会提出三中全会。旋奉行政院令开，案准国府文官处函开：迳启者：国民政府第六十八次国务会议关于中央执行委员会函送张人杰等四委员提东北方大港初步计划，并确定筹款办法，经三中全会决议，大体通过，交国府查核办理。检同计划，录案函达查照一案。经决议，交行政院办理。等因。除函知外，相应录案函达查照办理等由。当经提出本院第六十二次会议议决，先由建设委员会、工商、财政部协商筹款办法，合行令仰该会遵照协商筹款办法具复，以凭核办。此令。等因。当经建设委员会及工商、财政两部开会协商，决议筹款办法四项：一、东北方两港在测验计划时期内所需经费，由建委会按照法定手续编造预算。二、测验计划时期内经费来源，指定荷兰退还庚子赔款之全部，由今日到会各部会呈政府核准备案。三、在荷兰庚款未实行拨发以前，由财政部在欠拨建委会经费项下，照两港预算按月筹拨，以便继续进行。四、东方、北方两港工程实施时期所需经费，俟测验完竣计划确定后，再行详定办法。当将此项决议情形由建设委员会及财政、工商两部会呈行政院鉴核。旋奉令转奉国民政府指令照准，并经行政院分令外交、财政两部遵照，并经建设委员会迭咨请外交、财政两部迅予照办去后。嗣准财政部咨略开：关于荷兰庚款一案，前经外交部转商在案。兹准函开，业已向驻华荷使提议，将庚款余额全部退还，作为东北两大港测验经费，并请转达荷兰政府征求同意在案。俟复到，再行知照外，函请查照。等因。相应函请查照。又准外交部咨开：查退还荷兰庚款余额指充东北方两大港测验经费一案，业经本部向驻华欧使提议在案。兹准荷使来函，以一千九百年荷兰政府及住华荷兰人民之损失，由荷兰政府用国家款项赔偿之。中国政府每年所付赔款，即为偿还荷兰政府上项垫款。一九二五年荷兰政府说明，愿将以后应付此项余款充作筹划治理黄河之用，此项工作拟用荷兰工程师，并用中荷委员会监督之。此即荷兰政府厚待中国国家之意。查黄河为中国数百年之大患，荷兰政府之意，因荷兰工程师对于水利工程极有经验，可辅助中国国民解决此种问题。嗣因中国事变，此事至今未能办到，惟自一九二六年起，中国所付此项赔款，荷兰政府另帐另存，作为候拨之款。现在贵部长提议，关于此款不用荷兰原提办法，拟将此款移作开辟东北方两大港之用，本使自当征询本国政府意见。如本国允改原议，可由双方商订用款新目的及实行与监督办法。除俟奉到本国政府训示，再行函达外，先此函复查照。等因。相应咨达查照。等因各在案。兹查是项荷兰庚款，经外交部与荷使提议，迄今已历年余，进行至如何情形，未经外交财政两部咨复。本会各项调查测验设计研究等业务进行，在在需款，伏祈钧部咨催外交、财政两部，对于此项退还庚款迅向荷使赓续交涉，以符原案，而资进行。除分呈外，理合备文呈请鉴核施行，实为公便。谨呈

铁道部部长

东方大港筹备委员会主任委员

陈懋解

中华民国二十年十二月十八日

〔国民政府铁道部档案〕

5. 沈鸿烈关于筹建青岛第五码头经过情形并予备案与行政院来往呈令

（1932年4月）

（1）沈鸿烈呈（4月7日）

呈为请准备案事：窃本市在德管时代，依德人原有计划，拟辟码头二十余处，厥□□第成立者，仅有第二、第三、第四码头暨第一码头北岸之一部。自日管以迄我国接收十余年间，一仍其旧，尚无新辟码头之实现。近年港务日趋发达，轮船云集，对于码头大有求过于供之势。本市商人鉴于船位缺乏，影响商业甚巨，要求在第二、第三码头之间，增辟第五码头，专供装煤之用，并自愿增加码头费率，以充增建码头基金。经前胡市长徇商人之请，特征新建码头费

作为商家集捐性质，与普通税收不同，所集之款，每年约六十余万元，由本府暨市商会合组增建码头基金保管委员会共同保管，不作别用，业于二十年六月成立，办理迄今，尚有成绩。前项新码头建筑用费，据港务、工务两局绘图设计，一再详密核估，需款约四百万元，预计四年造成，并拟定分期付款办法，将来陆续支付，所入尚敷所出。兹因建筑专款已有着落，商人期偿夙愿，催促甚急。建筑期间既需四年之久，本府为力图建设维持信用起见，不得不早日兴办，以慰众望。爰于日前向津沪及本市新闻纸刊登通告，招商投标承造，不日即可开工。所有筹建第五码头经过情形，理合备文呈请鉴核备案，实为公便。谨呈

行政院院长汪

青岛市市长　沈鸿烈

中华民国二十一年四月七日

(2) 行政院指令(4月21日)

指令　第九一六号

令青岛市政府

呈报筹建第五码头经过情形祈鉴核备案由。

呈悉。准予备案，仰即知照。此令。

行政院院长　汪〇〇

交通部部长　陈〇〇

中华民国二十一年四月廿一日

〔国民政府行政院档案〕

6. 上海各团体救国联合会反对青岛市政府与日商福昌公司订约建造大港第五码头电

(1932年7月4日)

南京。行政院汪院长、内政部黄部长钧鉴：报载青岛市政府为

建设大港五号码头，招商投标，五月十六日开标结果，最低之标价为日商福昌公司之三百九十万元及华、德、丹合办康益洋行之三百九十五万元，表面视之，似康益比福昌较多五万，其实康益将海底挖掘费六万元一并加人〔入〕，除挖掘费外，实际上仅三百八十九万元，比福昌反为减低一万元。盖青岛码头沿山海底之岩层高低不一，有低至数尺深，而余系泥土者，若不挖出而填以水泥，则基础不顾，危险堪虞。此康益之所以主张挖掘海底也。乃青岛市政府别具用心，竟置最低标价之康益洋行于不顾，反将多估一万元之日商福昌公司批准其承包。青岛市民鉴于当局措置舛张，一致结队请愿，亦公然充耳不闻，可怪孰甚。查福昌公司曾于去年投标承造青岛前海栈桥，以私改图样，贿通监工，以图减少工程，为前市长胡若愚撤销其承包。今若再以五号码头之伟大工程相委，又安保其不重蹈前辙，陷商埠前途以莫大之危险。且当此中日问题尚未了结之际，经济绝交，举国一致，该市府公然冒此不韪，尤为痛心。用特电恳钧府，立予严令青岛市政府撤销前批，不得与福昌公司订立合同，致为仇者所快，迫切奉渎，幸加详察是幸。上海各团体救国联合会叩。豪。

〔国民政府行政院档案〕

7. 高纪毅与陶普施关于葫芦岛港工需用现款问题谈话纪要

(1932年8月28日)

高局长与陶普施为葫芦岛港工
需要现款问题谈话纪要

时日　二十一年八月二十八日下午四点半至五点半

地点　北平前圆恩寺高局长宅

参与人　路局方面：高局长、蔡邦霖。

荷兰治港公司方面：陶普斯、施博恩、施秉之。双方谈话由施秉之君翻译。

陶普斯(以后简称陶)：高局长允于办公时间外在私宅接见讨论，不胜感谢。

高局长(以后简称高)：据本局长委派诸人报告，与贵公司开诚讨论葫芦岛港工结果圆满，甚为欣慰。

陶：敝公司需款浩繁，敝总公司已不能再行垫款，实觉困难万分。

高：就目前情形而言，本局实难再以现款向葫芦岛投资。

陶：但本公司如不能得现款，即无法支持。

高：请阁下设想，假如阁下处鄙人之地位，在目前情形之下，是否愿意将现款投在葫芦岛。

陶：此固实情。但敝公司何以为继？

高：鄙人今愿坦白见告，本局现以三分之一路线之收入，以供养全线之人员，经济拮据，当在贵代表之意中。本局虽极了解贵公司之困难，且极愿相助，但实系毫无余款可拨，真是爱莫能助。陶君如有高见，鄙人极愿考虑。

陶：敝公司现所急需者，为维持费。如公司能由沈阳提到现款，则由此款内提出维持所需之半数，其余半数由路局供给，如此，则路局担负可减轻一半。此项办法如何。

高：目下金价如此之高，维持费之半数在公司或以为数目甚少，但路局在目前情形之下，亦觉为数甚大。总之，由路局提用现款，为事实上所做不到。陶君如能于无需路局出现款之条件下，另想其他方法，本局长无不竭力赞其成也。

陶：目下之困难，乃因公司需现款开支，而荷兰总公司不允拨款。此种情形，余亦深谅总公司之苦衷。盖前途既毫无把握，断不敢再投现款于此。鄙人现拟一办法，即由路局承认，如公司于九月三十日以前，仍不能由沈阳提到现款，则路局允自十月一日起，担任维持费用。

高：但自十月起路局仍系不能拨款，如照此允许，将来岂非失信。

陶：此举不过欲敝总公司安心，盖此方如稍有希望，则总公司方面或可拨款若干。如路局恐有责任，不妨言明，如有款可拨时，则愿帮助公司以维持费用，实际上无失信之责任。在十月以前，公司或能于沈阳再提得现款若干，如此即可逐月向前敷衍，路局仍无须支付现款。总之，此为应付环境起见，不得不采用此手段耳。

高：如果专为应付环境之一种手段，鄙人自无不乐从。惟不得不郑重声明者，此仅为一种手段，万不能以为鄙人已允许拨付现款，届时无款可拨，亦不能以失信见责耳。

陶、施博恩：此完全系为应付环境之手段，断不能视为高局长已承诺到时即付现款。

蔡：究应由何人负支付维持费之责任，将来或有研究之余地。此时路局承允付给维持费用，能否视作路局已承认负支付责任之表示。

陶、施博恩：完全不能。

高：是否应由路局函致公司声明此项办法。

陶、施博恩：是。

陶：只要说明如公司在九月三十日以前，仍不能由沈阳提到现款，则路局允自十月一日起，如有款可拨时，愿付给公司维持费。

施秉之：请蔡君再将此语译给高局长听。

蔡：陶君云，公司在九月三十日以前，仍不能由沈阳提到现款，则路局允自十月一日起，如有款可拨时，愿努力帮助公司以维持费。

高：如此，可由敝局酌拟一信送公司可也。

〔国民政府铁道部北宁铁路管理局档案〕

8. 天津北宁铁路局与荷兰治港公司对于葫芦岛筑港合同暂定办法①

（1932年8月31日）

天津北宁铁路局与荷兰治港公司对于
葫芦岛筑港合同暂定办法

一、路局与治港公司均同意将建筑葫芦岛海港合同暂行搁置，由公司维持其在葫芦岛之建设，至工程恢复或结束时为止，其时机视情形而定。此项情形每隔三个月，或有一方见有任何发展，须紧急处置时，即由双方讨论之，或根据合同复工，或予结束，其条件须双方认可。

双方同意合同之搁置日期，自民国二十一年一月一日为始。

二、路局发给公司沈阳支票，其款数足付至合同中之二十年十二月份一批在内。

三、双方同意，凡公司收到关于葫芦岛筑港工程之任何付款，均应认作由天津北宁路局所付。

四、公司应将维持葫芦岛工程之费用预计，列具详表，送请路局核准。

路局于拨付第二条所开之支票后，如沈阳之款尚有余裕，仍应按此余裕之数，发给公司，沈阳支票兑取之款，应收入北宁路局付款帐内。并在二十一年一月一日以后合同搁置期内，尽先付给葫芦岛工程维持之用。公司在合同搁置期内，担任将葫芦岛工程妥为维持。

五、如有第三者接收路局在葫芦岛海港之利益，则：

（甲）公司应竭力设法将下列两项款项索回，归还路局：

（一）合同搁置期内之维持费；

（二）付款超过按单价计算所作工程之数值。

---

① 沿用原标题。

（乙）公司允与路局合作，索回路局对于葫芦岛筑港工程已付之款。

六、路局允自本办法实行之日起，将特别保证金暂行停搁，至二十二年三月一日，该项特别保证金即自动恢复有效。

北宁铁路局长　高纪毅

证　　人　陈廷均　鲍锡藩代

北宁铁路管理局工务处处长　蔡邦霖

荷兰治港公司代表　NHWCo Robert de Vos

证　　人　Van Steenleenqen

中华民国二十一年八月三十一日订立于天津

〔国民政府铁道部北宁铁路管理局档案〕

9. 内政部南京办事处关于青岛市政府建造大港第五码头与福昌公司订立合同承包工程经过情形公函

（1932年 9月6日）

内政部南京办事处公函　土字第一一一号

迳启者：案查前准贵处第二三四三号函，奉谕交上海各团体救国联合会豪电，为青岛市政府建设大港五号码头，不得与福昌公司承包该项工程，并订立合同一案，函达查照。又准第二四九三号函，奉谕奉国府交办上海市第九区皂药业产业工会等代电，为报载青岛市政府招商承筑大港五号码头，乞迅令该市长沈鸿烈取消与日商所订合同一案，交内政部并案核办，抄同原代电函达查照。各等由到部。当经先行函复，并函致青岛市政府将该案经过情形，查复核办在案。兹准复称，建造大港第五号码头与福昌公司订立合同承包工程一案经过情形，并附送全案文件及解决山东悬案条约各一册前来。查该市五号码头此次包与福昌承办，据称系因竟标结果，且曾经特定严密限制，经部审核，情形尚属实在。况合同早已签定，工程亦经着手，若遽予取消，诚恐惹起纠纷。惟在中日交涉未解决以前，国人敌忾同仇，该市政府嗣后对于关涉日人事项，务须特别注意，免滋国人误会，拟请令饬遵照。是否有当，相应抄同原函，检同各原件，函请查照转陈为荷。此致

行政院秘书处

附抄送青岛市政府原函一件，检送建造大港第五号码头全案文件及解决山东悬案条约各一册〔略〕

黄绍竑

中华民国二十一年九月六日

抄青岛市政府公函　内字第6042号

迳复者：案准大部土字第九二号公函内开：案准行政院秘书处第二三四三号函开：……① 等因。准此。查本市自接收以还，货运日盛，商旅日繁，原有码头不敷应用，以致入港船舶往往因无船位，碇泊港外，需时耗费，极感不便。上年本府计划修筑为第五号码头，以工程浩大，需款甚巨，因拟将码头费率量为增加，每月计可增收约六万元，即以此款专充建筑码头之用。案经市政会议议决通过后，日商即纷纷反对照缴，而往来青岛船舶，日船居十之七八，果其坚持不纳，码头费率即难增加，此项建设即无成功之望。当经本府切实声明，所加之费悉以存充建筑码头之用，将来便利船舶往来者甚大，日商始帖然就范。爰自二十年五月一日起，实行征收，并组基金委员会负责保管。迨鸿烈莅任，鉴于增建码头需要迫切，亟欲提前举办，早观厥成，而积存基金仅有六十余万，不敷甚巨。初拟以码头费之增收部分为担保，发行市公债，继因时会艰难，恐募债不易，乃令港务、工务两局妥慎设计，拟具分期付款办法，俾此后

① 内容见正文，此略。

按月收入之款，足供建筑上陆续支付之用。旋经港、工两局详细计划，严密核估，计建筑费用需四百零一万元九千八百二十四元，建筑期间需历四年之谱，每四个月按既成工程九折付款，每次所付之款，不得超过总造价十二分之一，如此办理，所入尚可勉敷所出。此项计划经本府核定后，日商即强行山东悬案细目协定，了解事项，迳行来府请求承包。此项工程当经本府严拒，并声明非经过投标手续，不能决定。遂于本年四月初，登载津、沪及青岛市中外各报，通告招商投标承造，并定于本年五月十六日为投标之期。在未投标前领取图样说明书者，共有十六家，内有数家要求于得标后，本府须指令殷实银行担保造价总额，以免政治变迁，款项无着，本府未允所请。故届期投标者只有六家，计德商信利洋行，标价四百八十七万五千七百七十七元；华商馥记营造厂，四百四十万五千元；日商大仓株式会社，四百十五万元；丹商康益洋行，三百九十五万元；日商福昌公司，三百九十万元；日商孤山窑厂，三百七十万元。其中以孤山窑厂标价为最低，但附有修改关于合同文件规定之条件。嗣本府因其要求过当，未能接受，因将该厂投标宣告无效。次低之标为福昌公司，本府以福昌系属日商，几经考虑，终以处此特殊环境之下，事前既不能限制国籍，拒绝日商投标，事后何能无故撤销该商之得标权，致令发生枝节。虽情势如此，然犹不肯，遽与该商订约，更令其觅具殷实华商作保，并提出种种条件。嗣经该公司觅得殷实华日商人共同作保，并承诺一切条件，本府无可再诿，乃于本年六月十八日与该公司订立合同。惟合同中各项规定限制极为严密，如(一)在工程范围以内，须遵守中华民国一切法规；(二)人工须就地雇用华工；(三)洋灰限用中国启新公司出品；(四)石料限用劳山花冈石；(五)护木限用新加坡硬本等。如此限制，虽名为日商承包，实与华人自办无异，本府对于此事实已煞费苦心。至上海各团体救国联合会豪电及上海市第九区皂药业产业工会等代电，本府亦据该会等电同前情。查该联合会豪电所称，大都为康益洋行说项，抑知康益洋行标价实较福昌公司高出五万元，有标单可证。康益洋行事后饰称，该行三百九十五万元标价，系连同海底挖掘费六万元在内，如将此项挖掘费除外，则较福昌标价为低。姑无论该行标单内并无此项注明，且此种码头工程，岂有不挖掘海底即行填筑之理。更证以本府原定施工细则，(甲）浚渫工程第三项，本有"浚渫挖掘之处，随时由工程司测探核对，如查有深度不足规定尺寸，或未至石质硬底时，承包人应遵照工程司指挥，继续挖掘"之规定，则挖掘海底工费，应在包价之内，至为明显，岂得强谓康益标价为最低。又所称青岛市民因反对日商承包，结队请愿一节。查本案始终取公开方式，本市商会暨其他公团代表，曾经开诚商洽，均能了解，并未发生市民请愿反对之事。又查上海皂药业工会等代电所称，际兹国难，此项工程不应包与日商，本府非无同感。第以青市环境特殊，素常日人藉端寻衅之事，不一而足，此次既采公开竞标方式，如无正当理由，即将福昌公司之得标权取消，必至引起纠纷，穷于应付。本府权衡轻重，未敢贸然出此，况合同早已签订，工程亦经着手，各该团体事后来电责难，本府纵欲不顾一切，曲询其请，揆诸情势，实所难能。总之，上海各团体对于本案之怀疑，不外两种原因，一因康益洋行不甘落选，多方运动，希望得标，故设种种说辞，散布种种流言，沪上各团体距离既远，未细察究竟，遂受其蛊惑。二因沪上人士不悉青市之特殊状况，不明本案之详细情形，于事实未加深究，故议论不免苛求，倘使各该团体易地而居，恐亦别无善法。鸿烈受事以来，夙夜兢兢，冀竭绵力，勉图建树。无论市库如何支绌，关于码头基金，从未挪用丝毫，原欲为青市地方留一伟大建设，以慰众望。此次包与福昌承办，委系因竞标结果，出于无可如何，且曾经详慎考虑，特定严密限制于应付环境之中，仍属挽回利权之意，以求无负于国家，有裨于地方，悠悠之口，何敢计及。准函前因，相应详述本案经过情形，并附送建造大港第五码头全案文件及解决山东悬案条约各一册，

备函奉复，伏乞明察是荷。此致

内政部

附送建造大港第五码头全案文件及解决山东悬案条约各一册〔略〕

沈鸿烈

中华民国二十一年八月廿日

〔国民政府行政院档案〕

10. 行政院秘书处准青岛市建造大港第五码头致内政部笺函稿

(1932年9月15日)[①]

笺函　第三二六八号

迳启者：案准贵部土字第一一一号公函，以审核青岛市政府函复本市建造大港第五码头，与福昌公司订立合同承包工程一案经过情形，请查照转陈等由。准此。当经转呈，奉代院长谕：应准如议办理。已密令青岛市政府遵照矣。等因。相应函达查照。此致

内政部

行政院秘书长褚民谊

中华民国廿一年九月　日

〔国民政府行政院档案〕

四、航　空　业

1. 聂开一关于取消中美航空邮运合同以挽空权而维邮务呈

(1929年12月13日)

为呈请将中美航空邮运合同立予取消以挽空权而维邮务事，

① 系封发日期。

窃职此次奉派接收中国航空公司，经会同钱技正春祺前往接洽接收后，对于该公司情形已属大致明瞭，而对于中美各合同之失当，所见益形逼真，窃以为实有立予取销之必要。兹谨将鄙见敬为钧座缕晰陈之。

查中美航空邮务合同，在最初签立之时，曾迭经航空及邮务方面人士之反对，良以该合同规定允许美方立于包办者之地位，而又予以专利，收入之计算既讹，酬金之给予尤滥，实有丧失空权及影响邮务之危机。旧案昭然，无庸详赘。现在合同履行已逾半年，开航将近两月，证以公司方面迄无他种良好之建树，而财源奇绌，权责支离，美方之苛求不已，邮方之应付日艰，其为失策，已不待言。尤可怪者，所谓六厘空港金币借款合同，竟规定美方为处分抵押品得收执我国之土地。而合观所谓关于学校制造及运输之合同，是美方得在各空港为根深蒂固之建筑，以经营各种之航空附属事业，而为美人在我国境内谋百年长久之计，其失策实更有甚于邮运合同者。在当初社会人士反对中美航空邮运合同之时，或以为此类未经公布之借款合同，当于我方有特优之利益，故我方于邮运合同，或须稍示逊让，以为交换借款合同利益之张本。所谓美人狡黠，或不尽然，今乃知借款合同之失策，较前尤甚，是我政府果何所冀而必忍辱含垢，自丧权利，以维持对于一个外商之信用，而置列邦之窃笑于不顾。此职恳请立予取销该合同之意见一也。

又查中国航空公司既为国家之营业机关，其所经营，自应以有经济上之效能为鹄的，而察其现在之经济情形，则殊足令人骇怪。就收入言，现在每日有航空邮件来往各六十磅，情势上已无可再增，而全数邮票之收入，共计不过四百余元，充其量再加旅客来往各六人，票价二千四百元，总计每日不过二千余元。而所付美方酬金，则为美金一千五百元，合国币三千七百余元，收付两抵，相差已巨。此外公司因履行合同而需要之薪资、办公、营运、广告等费，及对于百万美金借款本息之清偿，更不知所出。此种经济的失算，显然基于合同之失策，合同一日存在，国家之负累即与之一日俱增。此职恳请取销该合同之意见二也。

又查该公司现在技术方面情形，除购买场地及填平地基，得依借款合同准我方参加意见，遇有收地困难，则须我方首当其冲外，所有飞行机件、棚厂、物料之管理、购办与建筑，飞行机械人员之调配，无线电之经营，均由美方另设之执行机关，以美人之权力，自行管领，而公司华员，反不能过问。此固当时合同规定甚明之办法，而当时竟有人谓事实上或不尽然，今则昭彰在目，无可讳言矣。然而我政府何所据而必维持此种怪异之合同，以留此太阿倒持之局。此职恳请取销该合同之意见三也。

又查凡合同有未尽善，原可提出修改，但修改合同，只能于一般合理之文件，为合理之局部整理。今中美邮运合同，其大误在于招致外商抛包承办之根本问题，而其余二合同又基于邮运合同而发生，对于邮运合同有附连之性质，如加修改，亦势将等于取销另订，方能适合我方之需要。彼狡黠之美人，宁肯轻易容纳。且原合同中，只有纠纷仲裁之规定，而无预定修改之明文，假令以我方失利为之理由，而提出修改，无论修改之性质特殊，问题太大，难于接近。须知美方原意本在损人利己，此时岂有不藉合同无允许修改明文之语，以为拒绝之词。我方实逼处此，舍用断然手段对付，立予取销外，并无他法。此职恳请取销该合同之意见四也。

至于取销该合同之手续，似并无绝大碍难之处。缘邮运合同，非若空港借款合同之有外交官书面保障者可比，法律之根据不深，我果断然取销，彼亦不易交涉。邮运合同为三合同之中心，邮运合同一经动摇，则其余合同失所凭依，美方亦自无可维持，此诚一举而三得也。至其具体办法，可由公司将合同失策及不宜牵就自陷之缘由，具呈国府，先予核准取销，然后由公司通知美方，作片面断然之处置，同时停止交付邮件及搭载旅客，则外强中干之美商，必无如我何。至于不能履行合同之赔款责任，系基于我方对于合同之承认而有效。如我方对于全部合同已加否认而予以取销，则合同之条文，无由为我拘束，而赔偿义务，更无由向我责求也。敬谨沥陈，伏乞察核，采纳施行。谨呈

部长

职聂开一谨呈

十八年十二月十三日

〔国民政府交通部中国航空股份有限公司档案〕

2. 聂开一关于取销中美航空邮务合同之具体办法呈

（1930年2月2日）

谨陈者：窃职前次条列中美航空邮务合同失策各点，恳请由公司将合同失策及不宜牵就自陷之缘由，具呈国府，先予核准取销，然后由公司通知美方作片面断然之处置，等情在案。今国府既已令准撤销，则公司已负进行撤销手续之责成。无论将来美方对于撤销之提议是否接受及态度若何，但公司为须遵从国府之令，势必有此迳行通知美方断然处置之一着。以职末见，似可空洞措辞，略谓合同履行诸多困难，已呈奉国府令准撤销，请其停止飞行。职更逆料美方事后之举动不外：（一）来函抗议，（二）请由美国使领质问理由，（三）接受撤销而要求赔偿。窃以为此时公司方面似不妨就此三点分别接踵准备，以为之应付，即（一）如其来函抗议，则不妨答以本公司一唯国府之命是从，既经奉令撤销，自须遵照。如此则美方不得不思其次，即（二）如其请由使领向政府质问理由，则职逆料美使领对于发展公司让渡手续未清，无从得知，不免自露弱点。我方不妨竟以飞运公司自无履行合同诚意，并且不明合同旨趣，又往往非分要索（列举事例如：（1）无礼要求划付任何其他航线之邮运费，（2）无理要求划付航空邮件之普通邮资，（3）非分要求以毛重计算现款，（4）非分要求发给空白免税护

照，(5) 不遵合同将采用之机件先行送核等等。故我政府对于飞运公司在事实上已无信任之可能。且该公司是否为美国公司事前未据使领通知，而发展公司对于飞运公司一方面默认其存在，一方面又不将让渡事项用发展公司名义向我声明，是飞运公司在合同上之地位又成问题。而我政府撤销合同之举，不仅具有充分之理由，且有事势上之必要。美方处此，或须更思其次，即(三) 如其接受撤销而请求赔偿，则我方可提出三种善后办法：(甲) 由我方将未付酬金还清于美方，但美方机件运出国境及运经各地时，照纳各种关税。(乙) 由美方将已付酬金还清于我方，由我方依议定原价，将其机件购存。(丙) 酬金彼此不再补还，由我方将机件折旧购存。无论其依从任何一种办法均可，但人员、薪资、川资、办公用费之类，两方有相似之损害者，则不得要求赔偿。惟是应付美国使领，必先使外交当局洞悉此中情由，而商恰[洽]赔偿尤须得财政当局事先有所谅解，拟恳仍照前次办法，先行邀请关系当局作一度讨论，商整步武，然后发动，届时以公文形式互相行商，方无窒碍也。是否有当，尚乞钧裁。谨呈

部长

职聂开一谨呈

十九年二月二日

〔国民政府交通部中国航空股份有限公司档案〕

3. 交通部关于订立欧亚航空邮运合同与行政院来往呈、指令①

(1930 年 3—9 月)

(1) 交通部致行政院呈(3 月 18 日)

呈 39　十九年三月十八日

呈为呈明与德国汉沙航空公司签订欧亚航空邮运合同，恳乞

① 呈与指令系抄件。

鉴核转呈备案事：窃近年以来，航空邮运事业日就发达，欧美各国间莫不有航空邮路之设立，盖航空传递之迅速，几与电信效力相同，故使用之便利实较一般邮运为优。且就推广国际宣传及增进国际声誉而言，其功用尤极重要。我国现在所恃以与欧洲通信之交通，厥惟西北利亚铁道及太平、印度诸洋之远洋航轮。惟此项交通要道，不仅尽为欧陆列强或苏俄政权所垄断，而且联邮周折转运稽迟，欧亚间一度消息之传递，往往经时月余。当此科学万能时代，欧亚间航空邮运必将应运而生。我国若不乘此时会，急起直追，则将来空中之国际邮运事业，又非我国所能过问矣。职部有鉴及此，爰于十七年冬间，准外交部转来德国汉沙航空公司之提议，经职部审核至再，认为可行，遴派科长李景枞与其代表石密德氏商订欧亚空中通航办法，历时将近两年，深悉汉沙公司在德国经营空中航线，确有四十余路之多，系德政府指导，令该国各航空公司所合并而成之大公司，与之合作，必多借助。兹经迭次磋商，草定合同，定名为中华民国国民政府交通部与德国汉沙航空公司订立欧亚航空邮运合同，其中规定于我国利益之处甚多。例如第一条之依合同成立之合资公司，完全遵照我国法律办理。第二条之公司股本，我方占三分之二，而此三分之二之半数，且须由德方按年息七厘垫借。第三条之垫借款项，除应以相等金额之股票充抵押外，另无其他条件，且充抵押之股票，其所有权及一切权利，仍由我方享受。第四条之公司管理及监察权，属于董事会及监察会，而董事及监察人之三分二，皆为中国人，他如董事长、总经理及其他行政业务人员，均由中国人担任。第五条之公司财产，须存于中国国籍银行，而公司之文簿帐册，应以中文为准。第六条之我方除应将经过俄国至欧洲之航空邮件，交由依合同组织之中国公司专运外，其由德方或与德方有任何关系之公司所承运之航空邮件，经过俄国至东亚者，均须交由中国公司专递。第七条之技术方面，虽应暂由德方负责，但仅三年，且此期间内，德方有为我方训练各种航空邮运人才之义务。及第十条之合同条文发生疑义时，其解释以中文为准。即其他各点，亦经逐条研究，审慎拟订，尚觉有利无弊。此项合同业于本年二月二十一日分别签订四份，除以一份交由汉沙公司代表赍往德国提付该董事会认可外，理合具文陈明，并检同签订合同原本中德文各一扣，呈请钧院鉴核，转呈国民政府备案。一俟接到汉沙公司认可通知后，再行各文呈请核准，俾便遵行，实为公便，谨呈

行政院

附呈原鉴合同中德文各一扣〔略〕

(2) 行政院致交通部指令(3月27日)

指令　992　　三月廿七日

呈为与德国汉沙航空公司签订欧亚航空邮运合同，恳鉴核转呈备案由。

呈及附件均悉。经提出本院第六十二次会议议决，先转呈政府备案，俟汉沙公司认可通知后，再行核议。除据情并检同该签订合同原本中德文各一扣，照案先行转呈国民政府鉴核备案外，仰即知照。此令。

(3) 交通部致行政院呈(9月3日)

呈　133　　十九年九月三日

呈为德国汉沙航空公司已将对于欧亚航空邮运合同之认可书正式送达，恳乞转呈国民政府，俯赐将合同核准，俾便遵行事：窃职部前为推广国际宣传及增加国际声誉，并谋国际事业之经营，空中航权之发展起见，曾与德国汉沙航空公司签订欧亚航空邮运合同，并于三月十八日连同合同正本一扣，呈请转呈备案。同月二十七日，奉钧院第九九二号指令内开：云云。① 此令。等因。各在案。嗣该公司复派全权代表石密德氏来华，于七月七〔日〕呈送请求书乙件，内称：为避免因必须经过俄国，致受俄国之过分要挟，无理

① 详见前文。

压迫，使敝公司确实无法接受，乃使新公司之发展，前途发生障碍起见，拟请贵部对于合同第六条第一节两项之规定，略加增改，如下即：“（丙）从上海经南京、甘肃及新疆之中国边境，经亚洲、俄国，或遇必要时，经中部亚洲至欧洲。”如俄国所提之条例，经双方认为确无过分要挟无理压迫及足以影响新公司之发展前途之事实时，则本项所增改之点应即作为无效。贵部如认为尚属合理之请求，务请赐以书面证明，并请于呈请国民政府核准时，对于此点一并呈请核准备案。等由到部。当经职部详加审核，认为事属变通办法，尚属可行，业予函复照准。兹该代表已于八月十六日将正式认可通知书呈送前来。查原签合同第十条载称，本合同在犹豫期内，倘乙方之董事会不先加认可，或国民政府不核准备案时，则本合同不生效力。等语。惟查此项合同，我方利益实占优势，而此次德方所提供文之请求，在必要时航线得不经俄境，尤属我方所乐从。我国际此时机，对于国际空中交通事业若不急起直追，再事因循，势必又蹈轮船、电政主权旁落之覆辙。现德方对于合同，既肯牵就认可，我方似亦未便犹豫不前。为此，理合具文呈请钧院鉴核，即予转呈国民政府对该合同及换文增改之点，一并俯赐核准备案，俾便遵行，实为公便。谨呈

行政院

附呈合同中文印本一份

中华民国国民政府交通部与德国汉沙

航空公司订立欧亚航空邮运合同

兹为促成欧亚航空邮运之实现起见，特由中华民国国民政府交通部（以下简称甲方），与根据德意志民国法律组织在柏林注册之德国汉沙航空公司（以下简称乙方），于中华民国十九年二月二十一日订立合同如下：

第一条　公司之组织

第一节　双方原允本合作之精神，依照中华民国之法律，共同

组织一欧亚航空邮运股份有限公司(以下简称公司)，以经营欧亚两洲间之航空邮运。

第二节　公司名称以后由双方另定之。

第二条　资本

第一节　公司资本总额定为国币三百万元，分为三千股，每股价值一千元，甲方认购二千股，乙方认购一千股，股本应按下列办法缴付：

(甲) 自合同签订日起，三个月内，甲方应缴股本二百股，计现款国币二十万元，乙方应缴股本一百股，计现〔款〕国币十万元，公司即发给双方以相等数额之股票。此款专充营业经费，不作别用。

(乙) 自合同签订日起，最迟于九个月内，乙方应允供给资本，购买关于本合同内所规定之航空邮运路线及其实行步骤各项必需机件，运至上海，在上海交与公司。各该机件以最优等新制及最新式而适合于各空线及能保持各空线营业之效能者为限，并须先得公司核准，方予验收。乙方介绍公司采购该项机件，其价格应力求平允，并不得收受一切佣金及任何手续费。但中国方面如有同等效能之机械，应尽先采用中国制品。乙方并应允供给资本，为设备公司路线所必需之空港暨升降场所使用，惟乙方所供给作为购置机件及其他设备等所垫款项，至多不得超过国币九十万元。

上列由乙方所垫购之机件及其他设备等，应为公司产业，并应为公司股本之一部份，公司应即按照垫款数目发给股票，甲方应得该项股票三分之二，乙方应得该项股票三分之一，购买价值应按购置确数并加转运至上海之费用计算之。

双方为避免现在及将来或受国际汇兑上之影响起见，对于上项垫款，乙方愿允以每二金马克折合国币一元之原则为标准，垫借公司，甲方将来偿还乙方所垫借甲方部分之本利时，亦愿允以每国币一元按二金马克之数目，折合金马克清付之。

第二节　其余股本之缴收，应经董事会全体通过后，规定时间及办法执行之。

第三节　公司股票为记名式，除征得董事会许可外，不得转让。

第三条　垫款之偿还

第一节　乙方垫借甲方款项后，甲方应即按照第二条第一节乙款所收股票之数目，书立与该股票价值相等之欠单，交给乙方。该项欠单年息七厘，于五年内分期或一次清偿之，年息应每年清付一次。

第二节　在垫款未清偿以前，甲方应将因第二条第一节乙款所获得之股票，存放于经双方同意之银行，作为欠单之抵押品，但已清偿部份之抵押品，应即按清偿数目退还之。

第三节　充抵押品之股票，其所有权及一切权利，仍由甲方享受。

第四条　公司之管理及监察

第一节　公司之管理权属于董事会，董事九人，由双方按照认购股票数目比例选派之。

董事得经各该方之委托，兼充股东代表出席股东会。

董事会议须有董事六人出席，方为法定人数。

董事会议议决案，以出席人数之过半数表决之。

但关于合同之修改，资本之增减，公司债之发行各议案，以代表股东出席股东会人数之全体通过之。

第二节　董事会应就董事中举出董事长一人、副董事长二人，副董事长之一人由乙方提出后，应即被选。董事长同时为董事会之主席及总经理，如董事长不能行使职权时，应由此其指定副董事长一人代理之。

第三节　董事会下设三组

（甲）营运组

（乙）财务组

（丙）机航组

营运组正副主任、财务组主任及机航组副主任，由甲方提出；机航组主任及财务组副主任由乙方提出。

各组正副主任由董事会委派，各组职员由组主任荐请董事长委派。

第四节　自合同签订日起，五日内双方应即召集会议，订立公司章程，并选派董事成立董事会成立后，应于两星期内开第一次会议。

第五节　董事会于第一次会议内，应即选出董事长及副董事长，并酌订与本合同及公司章程不相抵触之公司办事细则，暨一切能使公司营业有效能之规程。

第六节　公司设监察会，监察员定为三人，由双方按照认购股票数目比例选派之。

第七节　公司第一年之营业年度，应从成立日起至是年六月三十日止，以后营业年度应照通用日历办理。

第五条　财务

第一节　第二条所规定之公司股本及公司从邮运、货运、客运所得之一切收入，均为公司财产，应存于经双方同意之中国国籍银行。

第二节　如公司于付清一切营业开支之后有余时，须尽先拨充储蓄专款，作为补充必需之购置及设备，如仍有余时，其用途应由董事会照下节所规定处理之。

第三节　股本利息及红利，应于一切营业开支及借款利息付清暨充分之储蓄专款有着后，始能拨给。

第四节　公司一切款项，须用票据支付，票据应由二人署名，每方各派一人。

第六条　航空路线

第一节　公司得在下列三线办理航空邮运事项：

(甲) 从上海经南京、天津、北平及满洲里经亚洲俄国至欧洲；

（乙）从上海经南京、天津、北平及库伦以外之中国边境，经亚〔亚〕洲俄国至欧洲；

（丙）从上海经南京、甘肃及新疆之中国边境，经亚洲俄国至欧洲。

甲方代表中华民国国民政府，于公司法定期限内，允将从或经上列中国各地往亚洲俄国，及经亚洲俄国至欧洲，并从欧洲经亚洲俄国及从亚洲俄国至上列中国各地之航空邮运，专交公司载运。

乙方应允设法使与乙方有关系之任何航空公司或路线，将由欧洲经亚洲俄国及由亚洲俄国至东亚，并由东亚至亚洲俄国或经亚洲俄国至欧洲之航空邮运，交与公司载运。

如乙方拟与东亚各国合办国际航空邮运时，应予公司以合作之优先权。

公司于合同签订日起，第一年内应先选办其中之一线，其最短一线除事实上确有不可抗力及妨碍，经双方承认外，至迟应于五年内完成之。五年期限已满，而该线之航空邮运尚未开办时，此线之航空邮运专运权应即撤消。

第二节　公司得载运货物及乘客，惟不得因该项营业妨碍邮运，双方承认公司并无在中国领土内享有国内航空邮运、货运或客运权利，但公司得于上列各线内未设有国内航空运输路线时，受中国政府之委托，办理国内航空邮运、货运或客运等营业事务。

第三节　公司有权与在国内国外任何航空线订立航空联运合同。

第四节　上列各线如遇颁布禁航命令时，应即绕道飞行，或照禁航法令办理。

第七条　空线之经营

第一节　除因不可抗力阻止外，乙方应于合同签订日起，一年半内设法先将乙方或与乙方有关系之任何航空公司之航线，展延至亚洲俄国及中俄边境，以便联运；或设法即将由中国经亚洲俄国及欧洲间之联贯空线之一之各项设备准备妥善，以便开始作有效能之航行，并应使其每周至少有由亚洲至欧洲及由欧洲至亚洲之两次往返飞行。

如设备已妥，而通航手续尚未筹备完善时，得由董事会表决，呈请政府准公司将各项设备作为暂办中国国内航空邮运路线使用。

第二节　自合同签订日起，三年内乙方得管理及监督本合同规定各航空线之技术事务，并应负全责，使各线为有效能之经营。

第三节　乙方应于合同签订日起，以其技术与经验，与甲方通力合作，以促进本事业之效能及发展，使得完全成功。

第四节　乙方应允于合同签订日起，在德国及中国训练合格之中国驾驶及机械人员，并予以研究及练习航空运输、空线经营、机厂管理及修理飞机之种种便利，对于第四条第三节丙款所需之人员，在可能范围以内，及与乙方之责任无抵触时，应尽先任用合格之中国人员。

第八条　空港及升降场所

第一节　甲方应准公司使用甲方在各该线沿途所有之空港及升降场所，公司应缴纳平允租金。

甲方应允对于公司所有之地面设备及一切财产，负完全保护责任。

第九条　无线电

第一节　为使飞行安全起见，甲方应允公司有装置适宜之收发无线电报机、无线电话机之权，并允以相当电波专供公司使用。

此项无线电报机、无线电话机，只准专供公司与各站及各飞机间传递消息使用，使公司营业效能得以保全，一切商用电报电话及与公司无直接关系之讯息，一概不得传递。

第十条　合同

本合同于签订日起，三个月内为犹豫期，内倘乙方之董事会不先加认可或国民政府不核准备案时，则本合同不生效力。

本合同自签订日起，至不能发生效力日止，一切损失应由不肯认可或不能得核准之方面担负。

本合同自签订日起，有效十年，期满前一年如经双方同意，得按合法手续展延之。

本合同用中德两国文字各制四份，双方及公司各存一份，余一份呈国民政府存案。如解释合同条文发生异议时，以中文条文为准。

双方承认本合同对于合法之承继人有同样效力。

交通部部长

德国汉沙航空公司代表

中华民国十九年二月二十一日订于南京

(4) 行政院致交通部指令(9月10日)指令 2667 九月十日

呈及附件均悉。经提出本院第八十六次会议议决，呈请政府核准备案。除据情并检同该合同中文印本一份，转呈国民政府鉴核备案外，仰即知照。此令。

(5) 行政院致交通部训令(9月29日)训令 3476 九月廿九日

为令行事：案查前据该部呈报德国汉沙航空公司已将欧亚航空邮运合同之认可书正式送送，并换文增改之点，乞鉴核，转呈国府核准备案。等情到院。当经提出本院第八十六次会议决议，呈请政府核准备案。随即据情，并检同原件照案转呈，暨指令该部知照各在案。现奉国民政府第一七四五号指令，内开：呈件均悉。业经本府第九十四次国务会议决议，核准备案，仰即转饬遵照办理。附件存。此令。等因。奉此。合行令仰该部即便遵照办理。

此令。

〔国民政府交通部中国航空股份有限公司档案〕

4. 国民政府交通部与美国飞运航空公司合组新中国航空公司备忘录①

(1930年7月8日)

备忘录　　林天兰译　七月廿二日

关于中华民国国民政府交通部与中〔美〕国飞运航空公司，于公历一九三〇年七月八日，在南京订立组织新中国航空公司(下文简称新公司)之合同(下文简称合同)，双方同意于下列各点：

一、新公司对沪蓉航空处、原中国航空公司及中〔美〕国飞运航空公司(下文总称旧公司)所有已经聘用之人员，应负聘约之责任，继续任用之。

二、公历一九三〇年六月一日以前，旧公司所有应收应支各帐目，均归旧公司负责，一九三〇年五月三十一日以后，旧公司为新事务上发生之应收应支各帐目，由新公司负责。

三、中华邮政总局与沪蓉航空公司所订之合同，应即取销。

四、本合同甲项附文所载之司汀逊式飞机六架，内有两架尚未交到，应由交通部于一九三〇年九月八日以前，取得该两架完好飞机交与新公司，如不能取得，则于是日由交通部备国币七万六千四百元，交与新公司，为该两架飞机之代价。

本备忘录于公历一九三〇年七月八日在中国南京成立，共缮二份。

中华民国交通部次长

中〔美〕国飞运航空公司代表

〔国民政府交通部中国航空股份有限公司档案〕

---

① 系译件。

5. 中国航空公司章程①

（1930年7月27日）

中国航空公司章程

本章程内所列名之发起人，为中华民国交通部与美国飞运公司。依据中华民国十九年七月八日所签订，同年七月十八日经中华民国国民政府正式批准备案之合同（以下简称合同）所派遣之代表，其目的在依据合同及中国公司法所规定，订立公司章程如下。

第一条　名称

本公司名称定为中国航空公司（以下简称公司），英文译为 China National Aviation Corporation.

第二条　业务

本公司现在或将来所得经营之各种业务如下：

（甲）凡一切由航空载运之业务，如各种邮件乘客货物等之用飞机载运者，均包括在内。

（乙）凡关于飞机及飞机构成部分之附属物，如无线电设备，并其他关系飞机或航空所用之一切货物之购置、出卖、设置、承租、制造、建筑、修缮、输入、输出等之商行为。

（丙）凡关于航空学校之设立，飞机驾驶员、机械员之训练。

（丁）凡关于航线经过之航空场地之购置、取得、占有、设置及承租、出租等行为。

（戊）对于上述四种业务以外，如有与航空有关系或必要或所附属之其他一切行为，亦得经营之。

第三条　资本

本公司资本总额定为国币一千万元，分为一万股，每股额面国币一千元，资本总额内百分之四十股款应即时缴付，其余股款应依

---

① 系由查镇湖于1930年10月25日抄存。

合同之规定敫付之。

第四条　事务所

本公司总事务所设在上海，分事务所得随时依董事会之议决，设立于其他地方。

第五条　公告

本公司公告应登载于政府公报，并登载于在上海出版且在本国销行最多之新闻报纸两种以上，但其公告如系专为通知本公司股东者，得经股东之抛弃无庸登载之。

第六条　董事及监察人之资格

本公司董事、监察人至少须有公司股份一份，否则无被选之资格。

第七条　存立年限

本公司存立年限暂定十年，但经已发股份总数十分之八以上股东之同意，得向主管官厅请求展长之。

第八条　发行超过额面之股票

本公司股票如经已发股份总数十分之八以上股东之同意，得照超过票面之银数发行股票。

第九条　抵充股票之财产

交通部及美国飞运公司，均应依合同附款甲表乙表所开之银钱以外财产移交于公司，公司同时应依合同之规定发给双方以相应额数之股份。

第十条　股东会

第一节　开会地点　股东会应在总事务所所在地召集之。

第二节　常会　公司为报告一年中业务，并选举董事或决议其他事务起见，应在每年九月中第一星期六，按召集通知内所指定之时刻，开股东会常会。如该日系法定休假日，则延至下星期六开会。但董事会如认为必要，亦得指定每年九月中之其他日期开股东常会。

第三节　特别会　公司无论因何事项，均得由董事会、或董事长、或副董事长一人、或董事二人、或监察人一人、或公司已发股份总数二十分之一以上股东之请求，随时召集股东特别会。

第四节　开会通知　股东常会或特别会其每次召集开会之通知，至少须在开会前一个月，对于各股东交付之，或用挂号信件向各股东所留存于公司之地址邮递通知之。如因紧急事项须召集股东特别会时，应于十五日以前通知之。凡开会之宗旨及所应议决之事件，于每次通知内均须记明。

第五节　股东名簿　担任办理簿据之职员，须负责保管股东名簿，并登载各股东之报票权数及地址，务使之完全无缺。

第六节　法定人数　除法律或本章程有特别规定外，每次股东会须有已发股份过半数之出席，并股东人数由本人或其代表过半数之出席，始足法定人数。

第七节　组织　公司董事长为股东会之主席，如董事长缺席，以其所指定之副董事长为股东会之主席。如未指定副董事长为主席，或所指定之副董事长亦缺席时，股东即推举出席股东会之他一副董事长为主席。如他一副董事长亦缺席时，即推举出席股东会中之任何股东为主席。公司之秘书如缺席时，得经主席临时另行指定他人充当股东会之书记。

第八节　议决案及议事日程　每次股东会如某议案虽未列在召集通知内，但认为必要时，亦得于开会时提议议决之。

第九节　投票权　公司簿据内载明姓名之股东，每一股份于开股东会时有一投票权，由本人或代表出席之人行使之。凡委托代表出席行使股权时，须先期作成委托书交存于股东会之秘书，委托书内须载明代表时间之久暂。如未经载明，则至多以能代表行使投票权至一年为止。至议决事件，除本章程或合同有特别规定外，应依法定人数出席股东会之股东本人或其代表所使用之投票权之过半数议决之。

第十一条　董事会

第一节　一般权限　凡公司业务及事件，均由董事会处理之。

第二节　董事人数任期及其选举之方法　本公司董事为五人，董事之选举依照合同所规定之办法，每年在股东常会选举之，其任期为一年，期满后应俟继任董事正式选出并完备资格时，始为任期终了。

第三节　法定人数及执行情形　董事会之议决议案，须有董事四人出席方为法定人数，除合同有特别规定外，凡出席董事会多数之意见，即为董事会之行为。董事除得在董事会为议决外，其个人不得代表董事会为行为。

第四节　第一次会议及组织　第一次及每次股东会选举董事后，在相当时期内，应开董事会推举董事长及副董事长，并议决其他事件。

第五节　会议之时间地点等项　董事会应就该会所决定之时期，在公司总事务所内开常会或特别会，凡公司之簿据及议事录等项，均应在总事务所内保管之。董事会之常会如有一定之日期，则无庸通知其特别会，则随时由董事长或他一副董事长或其他董事中任何一人召集之。召集特别会之通知，至少应在开会前一星期交付于各董事，或用挂号信邮递之。

第六节　议事日程　凡董事会之会议，均应依照该会所决定之议事日程议决之。

第七节　缺额　董事会人数有缺额时，应依照合同之规定，由各该有权指命之股东指命补充之。该被指命补充之董事，应担任任务，俟下届股东常会开会，并俟其继任董事正式选出资格完备时为止。指命董事之股东，不论有无正当事由，随时均得将所指命之董事开除之。

第十二条　董事会职员

第一节　人数　董事会职员计董事长一人，董事长依其职权，当然为公司之总经理及董事会之主席；副董事长二人，董事二人，会计二人（得以财务组之正副主任兼充之），秘书一人，监察二员，并董事会随时所在任命之其他必要人员。凡与法律或本章程不相抵触时，一职员亦得兼任数职。

第二节　选举任期及资格　董事长、副董事长、董事及监察人等，须按照合同由股东会选任之，董事长及副董事长由董事互选之，会计及秘书等不限于董事或股东，董事会得就股东以外之人任命之，并任命其他必要职员。董事会之职员须任事至下届继承人员合法选出后，方得卸职。

第三节　缺额解职　凡遇公司人员在任期未满期内出缺者，应即按章推选或任命他员补足之，公司对于同样职员，亦得不论有因或无因，将其解除职务。

第四节　董事长　董事长依第一节之规定，当然为董事会之主席，并当然为公司之总经理，受命于董事会，得监督公司之一切业务。董事长同时为公司之首席行政员，股东会开会时应由其主席。平日及每届年会，并应将其所知之关于股东须知或公司利益等，报告于股东及董事会。凡董事会随时议决嘱托之事务，及其他因职权发生之责任，董事长均应一一执行之。

第五节　副董事长　副董事长经董事长之委托，得就董事长所有之权限内执行其所负之一部或全部责任。凡董事会随时议决嘱托之事，副董事长均应执行之。

第六节　会计　会计两员应会同执行职务，将公司所有收款、资产、抵押品负责保管，以上各款应用公司名义存储于中国国籍之银行，或储于经双方合意之其他储蓄处，并须采用及保持最新式之簿记。凡在公司总事务所或分事务所之营业时间内，无论公司中之任何监察人或董事，如有请求查核帐项，应将帐簿即行呈阅。每届董事常会，应将公司财产状况陈述一次，每届股东年会时，并应将公司经济详情作一报告。一切付与公司之款项，应由会计收纳，并发给收据为凭。举凡关于会计职务内之责任及由董事会议决嘱托之事项，均应履行之。每一会计应按董事会所定之数目，提供保证金，作为担保其能忠诚执行职务之保证。

第七节　秘书　秘书应将股东会、董事会或如监察人之请求，开监察人会议等之议事程序及其议决，记载于记录簿。对于公司之公告，应各依照本章程及法律所规定使之送达，对于公司之卷宗，应妥为保存，并应制备各股东通信处一览表。调查及保藏公司所有各项书册、报告、陈述、证书及其他法律上应用之文件，暨其他凡属秘书职务内所有之责任。其董事会所议决嘱托之事务，并应执行之。

第八节　监察人　监察人无论何时，得各自或联名请求董事报告公司业务情形，调查公司簿册、信件及财产，并于认为必要时召集股东会，监察人应复核董事造送股东会之各种簿册，并报告其意见于股东会。监察人之任期不得过一年，但任期满后得连举连任。

第九节　各组主任副主任及其他职员　各组主任副主任及其他公司职员，应依照合同任命之。

第十三条　契约支票等项

第一节　契约等项　董事会依照本章程或合同之规定，得将一般权限或特种事项之权限，授予与公司之职员或其他代理人，用公司名义代表公司缔结契约或签定任何文件，但事先须将该契约或文件征求董事会认可。凡票据非经董事会之授权，无任何人不得用公司名义发行之。

第二节　支票等项　支票汇票及其他用公司名义所发出之付款单据，须依照合同由公司会计二人会同签名。

第十四条　股份及其转让

第一节　股票　公司股票为记名式，应载明合同所规定之各款，其格式须由董事会核准之，股票须由董事签名并盖印公司钤记。

第二节　股票之转让　公司股票如欲转让，须依照合同所载之条款办理之。此种允许转让之股票，须在公司之簿册登记，并应将其旧股票缴存于公司。

第三节　股东通信录　股东应将其接收开股东会及其他通告之地址，示知公司之秘书，否则公司得将该项通告邮寄至邮局所知之最后通信处。

第四节　股票之遗失　股东对于污损之股票，得向董事会要求换给新股票，其业经证明确已遗失之股票，亦得请求补给，惟请求补给股票时，公司得向股东要求提供股额一倍以下之数目为担保品。

第五节　股票名簿　公司事务所应置备股票名簿之原本或副本，详载各股东之通信处及其所有股票数目，以便各股东随时得阅核一切。

第十五条　股息及赢余等

董事会将公司开支付出，公司债偿清，公积金提存后，应即按股分派红息，提供股东会议决。

第十六条　钤记

钤记须交公司秘书保管，除得董事会允许外，不论何事，不准启用，并不得在任何文件盖用。

第十七条　会计年度

每年会计年度，自该年七月一日起算。

第十八条　修正

公司章程得随时修改，但须由公司已发股份总数十分之八之股东，在股东年会或临时会同意取决。此种修改之章程，须向该管官厅依法律注册。

第十九条　合同

交通部与美国飞运公司于中华民国十九年七月八日所订合同各条款，公司应绝对遵守之。又章程中所规定如有与合同不符时，并应以合同为标准。

本章程应呈由中华民国国民政府工商部登记。

中华民国十九年七月廿七日即西历一千九百三十年七月廿七日订于南京

发起人姓名	地　址
交通部	南京交通部
王伯群	同　上
韦以黻	同　上
刘书蕃	同　上
聂开一	上海中国航空公司
双　清	南京交通部
王锡昌	上海中国航空公司
飞运公司	上海飞运公司
普　霖	同　上
韩密顿	上海中国航空公司
萨　赉	上海美国法庭
斯密斯	上海中国航空公司

〔国民政府交通部中国航空股份有限公司档案〕

6. 中国航空公司历年航空概况

（1929—1937年）

年度	职员人数	飞机架数	航空线路（公里）	飞行里程（公里）	航空运输
					客运（人）
民国18年度	79	5	831	355,904	1,387
民国19年度	107	6	1,652	591,566	2,915
民国20年度	122	12	1,652	741,230	2,784
民国21年度	150	14	4,884	811,408	2,699
民国22年度	150	15	4,884	1,299,954	4,215
民国23年度	202	15	5,673	1,612,942	6,729
民国24年度	240	16	5,556	2,110,997	14,812
民国25年度		15	5,151	2,720,286	20,198
民国26年度	284	15	3,049	1,377,711	11,610

年度	航空运输		营业收支	
	货运（公斤）	邮运（公斤）	收入（元）	支出（元）
民国18年度			215,541.94	
民国19年度		26,245	514,638.37	1,527,588.84*
民国20年度		43,712	825,927.76	1,778,994.39
民国21年度		48,954	946,628.40	1,540,908.14
民国22年度		57,577	1,309,461.75	1,391,187.64
民国23年度	12,788	70,261	1,676,142.34	1,473,492.61
民国24年度	42,086	73,795	2,519,024.37	2,254,001.44
民国25年度	48,848	102,285	3,163,033.89	2,788,753.80
民国26年度	56,193	93,488	3,003,174.80	2,353,727.11

注 * 内包括十八年度六月份支出，六月份前因属沪蓉航空公司，故不列。自二十二年起，收支两项中不包括代办航线（泛美公司之沪粤线，交通部之渝昆线，渝筑线）。

〔国民政府交通部档案〕

7. 欧亚航空公司历年航空概况

（1930—1937年）

年度	职员	飞机架数	航空线路（公里）	飞行里程（公里）
民国19年（1930）	94	4	2,510	60,000
民国20年（1931）	97	4	2,280	144,615
民国21年（1932）	107	6	4,225	347,608
民国22年（1933）	134	6	4,450	487,182
民国23年（1934）	156	7	6,930	702,574
民国24年（1935）	163	6	4,700	828,832
民国25年（1936）	168	12	6,690	999,160
民国26年（1937）	176	14	5,520	1,294,900

年度	航空运输			营业收支	
	客运（人）	货运（公斤）	邮运（公斤）	收入	支出
民国19年度			166		
民国20年度	941	4,151	412	44,202.17	452,611.77
民国21年度	652	16,391	2,858	218,640.95	840,304.27
民国22年度	1,074	43,192	4,170	529,462.05	953,063.48
民国23年度	2,109	58,881	8,796	359,886.44	1,456,039.62
民国24年度	3,597	114,386	19,420	1,491,856.10	2,129,786.30
民国25年度	7,775	201,257	16,335	1,866,953.78	2,894,516.85
民国26年度	11,600	189,079	101,017	3,497,206.34	3,249,407.78

〔国民政府交通部档案〕

（五）邮政电信

一、邮　政

1. 交通部邮政总局为南京与北京两邮政总局共同管理邮政事务致各区邮务长通令

（1928年4月20日）

交通部邮政总局通令　第577号

令各区邮务长

为通令事：查现以时势变迁，邮务行政不得不顺应潮流量予改革，以期外得地方军民长官之扶助，内维员役之纪律及办事之精良。因于民国十六年十一月一日在南京设立一邮政总局，由邮务长刘书蕃充任局长，并经南北两京邮政当局磋商合作办法。旋于本年二月六日，由所派全权代表顾宗林、刘书蕃在上海签订共管条款十七条，经呈部批准施行。兹将该项条款附译英文一并随令颁发(参看附件)。按照条款第二条之规定，现任北京邮政总局总办铁士兰兼任南京邮政总局总办之职，其南京邮政总局会办一缺，经派陈廷均充任。在此新组织之下，所有公牍往返、应用之文字及程式，不日当另行令知遵照。兹为便利公务进行及免除窒碍起见，对于南京邮政总局呈递文件，得暂按现时向北京邮政总局备具呈文、公函、报告书等类所用之文字及程式办理，各项文件无论寄呈北京或南京邮政总局，均应书明寄呈局长、总办、会办字样(英文款式参看译文)。嗣后凡向甲方总局寄呈公牍，必须同时将副本寄呈乙方总局以备存查。再南总局之电报挂号名称为"DIRALPO NANKING"，所有现行邮政纲要及其他一切规章，不与共管条款抵触者，一仍其旧。此后对于邮局著有劳绩之各项员役，均可安心服务，缘各该员役之幸福及应得之利益，必不致因施行此项新改革而蒙受损害也。合特通令，仰各遵照。此令。

北京邮政总局局长　李毓华
总办　铁士兰
会办　韩麟生
南京邮政总局局长　刘书蕃
总办　铁士兰
会办　陈廷均

中华民国十七年四月二十日

交通部邮政总局通令第577号附件

南北邮政总局共同管理全国邮政事务条款

今为保持全国邮政统一，并因地理关系，求管理便利起见，除北京邮政总局外，另于南京设一邮政总局，共同管理全国邮政事务。兹由双方全权代表订定各条款于下：

一、全国邮政事务以南、北两邮政总局为共同管理机关。

二、南、北两总局各设局长、总办及会办，共同负责处理各该总局事务。现任北总局总办兼任南总局总办，在一方总局不能到差时，应即呈请派代。嗣后如遇总办缺出，应由两总局会商遴员，分别呈请派任。惟会办须由双方互派之。

三、北京总局之组织暂无变更，南京总局暂设总务、稽核两股，其经济、联邮、供应三股例行事项，仍由北总局之经济、联邮、供应三股兼理，惟南总局得随时稽核之。

四、现行各项用人行政及营业规章(具见邮政纲要)，除有与本条款抵触应行修改及由两总局依据本条款会商订定者外，其余均仍旧。将来如有修订必要，应由两总局协商决定，会同公布方生效力。其关于行政之各项通告及发各邮区之各项通令，应由两总局会衔行之。

五、各邮区事务为接洽便宜起见，应如何分呈南北两总局核办，另由双方全权代表互函订定之。

六、南北两总局及各邮区之经常费及资本支出预算，应由两总局会同审定，其有特别开支，如临时资本支出等类为预算所未规定者，亦应由两总局会同审定。

七、全国邮政款项应以中华邮政名义存储银行，由总办负责保管，除第六条规定各款外，任何方面不得提用。

八、中华邮政每年盈余，应另行拨存银行，非经两总局同意，不得提用。

九、关于邮政现有及将来应增之各项帐册及报告，须由两总局互送备查，彼此如有查询事件，均应明白答复。

十、两总局所有各项文件，能以中文行者，均用中文行之，并须由局长、总办及会办会同签字，方为有效。但为便利起见，其次要公务得由局长、总办及会办指令主管股长签字，负责代行。

十一、两总局往来行文均用公函。

十二、中华邮政如与他国或他项机关订立契约或协定，须由两总局会商订定后，会派代表签字，方生效力。

十三、邮员月薪在150元以上者，其任免、升降、调遣及准给长假或长期病假，均由两总局会商决定。

十四、为改善业务及应时势之需要起见，下列各事项应由两总局于本条款批准后，即各派专员会商办法，从速次第实行。

（一）修正各级员司差役之薪资定率及等级；

（二）重行规定各局等级；

（三）裁汰华洋冗员；

（四）废除华洋人员不平等待遇；

（五）节省縻费；

（六）派委华邮务长会同洋邮务长办公；

（七）改订员役例假、病假及抚恤规则；

（八）修订录用员生考试制度。

十五、本条款应备同式四份，经双方全权代表签字后各执二份。

十六、本条款对于执行如有未尽事宜，由两总局随时会商增订之。

十七、本条款由双方全权代表签字，呈部批准施行。

顾宗林

刘书蕃

中华民国十七年二月六日

〔国民政府交通部邮政总局档案〕

2. 交通部关于整理邮政经过情形与国民政府往来呈批

(1928 年4 月)

(1) 交通部致国民政府呈(4 月 21 日)

为呈报整理邮政经过情形，请予备案事：窃邮政组织，向于首都设邮政总局，上承交通部之命，下辖各省区邮务管理局，以综理全国邮务，盖纯为中央集权制度也。行之三十余年，系统井然，故地方政治虽有变迁，邮政仍能统一。惟是客卿乘机把持，视为国际权利，除二三边僻省区邮务长间以华员充任外，所有重要管理局及邮政总局内各股长、秘书等要职，皆为洋员盘踞，演成外人支配中国内政之现象，玷及国体，损及国权。而洋员专恣日甚，糜费自肥，待遇职工，华洋歧视，以致激动工潮，引起纠纷。国军底定江汉，前汉口交通部锐意整顿，设邮政处，订定邮政监理条例，分派监理员监督各区用人行政以及出入款项，并指导工会，调解工潮，用意甚善。第格于集权制度所造成之情势，有监理之名，无监理之实，于是又进而接管湖南邮务管理局，易原有之洋邮务长，代以部派人员。复为经济及制度所限，不能展拓，终以离职。至是，而洋员之权势如故，工潮之掀簸日甚，几至于不可收拾之境矣。本部适于此时成立，博访諏谘，具知补救之方，须以改良管理为入手办法，而深根固蒂，决非剪裁枝叶之所能奏功。矧邮务繁琐，贵有联络，而其系统，尤不可紊。若从局部著手，则破碎堪虞，外有万国邮会邮约之拘束，稍生阻滞，则国际之责言难逃；内有文化商务之关系，一失联络，则人民之不便立致。欲求全护已具之雏形，维持现有之成绩，无亏乎国际责任，不碍于民众利益，取逐步整理之方，奠将来发展之基，舍探本正源之道，无由也。邮政总局乃邮务行政纲领所在，若不能提纲挈领，更何以探本正源。顾原有总局设在北京，据有巨额之流动基金及重要档案、国际契约，并业经万国邮会备案之邮票印模，在军事进展未至之期，断无直接接收之可能。而邮务关系后方交通，与主义宣传、清党运动息息相通，自不能待军事进展而坐视不理。爰于去年十月十五日，遵照七月四日国民政府颁布交通部组织法第十六条之规定，先将新都邮政总局成立，订定暂行章程十四条，派邮政司司长刘书蕃兼充该局局长。该员办理邮政三十余年，历任黔、陕、皖等省邮务长，经验宏富，责其统筹全局。所有现行制度规章可免流弊者，暂仍其旧，凡有碍国权，有伤公允之恶例，务予剔除。庶于国际交通无碍，而人民之通讯、汇兑诸事，亦不因改革而感不便。一面又派原有北京邮政总局总办法人铁士兰为新都邮政总局总办，以资熟手。惟铁士兰总揽全权历有年所，托庇外交，颇难驯致。当即令该局局长与之交涉，责以大义，喻以利害，导其将原有邮政总局统治邮务之实权，划分转移，以便新都邮政总局，得由和平途径，实行管理邮务。该局长尚能仰承斯旨，引之就范，几经磋议，始于本年二月一日至六日，与原有邮政总局全权代表开会于上海，商定共管条款十七条，颇能兼筹，并顾适应情势，即予核定批准施行。查该条款规定之用意，可取之处，厥有数端：伪政府对于邮权任意放弃，除月向总局索款外，其他概不过问。当邮政收入全盛时代，每年提款达二百万元左右，去年收入锐减，亦约提三十万元。今依条款第六至第八条之规定，伪政府不得任意提款。此其一也。原有邮政总局之编制局长、会办，实各负职责，惟所派充之人，俱属官僚，向非邮政人员，放弃因循，遂致洋总办大权独揽，局长、会办竟成备位之员。今依第二、第四、第十、第十二条之规定，实行会签公文，共同负责处理局务，为逐渐收回管理权地步。此其二也。邮政为中国国家机关，除国际文件可用外国文外，其他规章文牍，自应行用国文。乃以客卿用事，竟以英文为主，易滋朦混，尤玷国体。今依第十条之规定，所有文件能以国文行者，均用国文。此其三也。邮局所有规章文牍契约，向由洋总办单独签行，邮务人员祗知有洋总办，不知总办之上，尚有局长，与之并行者，尚有会办。太阿倒持，大有外人支配国内行政之嫌，有损国权，莫此为甚。今依第二、第四条之规定，则职责分明，系统不紊。此其四也。邮务职工待遇向不平等，而雇用洋员人数既滥，糜费殊多，故第十四条列举八项，尽速改良，尤注重于裁汰洋员。业经会议时互换公函，决定裁减，不得留用过六十名(原有一百二十五名)，以后缺出，不再派补，尚与本党政纲对外政策第一条之精神相符。此其五也。洋员管理邮务，纯用帝国主义高压手段，赏罚之判，依其喜怒，考试制度，亦未尽善。今依第十三条及第十四条第八项之规定，则公允可期，纪纲自振。此其六也。现在职工待遇章程只应过去需要，不合现代潮流。今依第十四条第四项及第七项之规定，各项规则，将遵照本党政策，予以改订，提高职工知识，即为发展邮务之助。此其七也。条款既经本部批准，铁士兰亦于本月七日来都就职。际兹军政时期未过，限于情势，不得不暂取过渡办法，以治其标。一俟全国统一，自应进谋根本改善，所有邮政原有编制，以及暂行章程、过渡办法，当谨遵总理遗训，重新厘定，建设前途，庶有豸焉。所有整理邮政经过情形，理合备文，抄附本部邮政总局暂行章程，并新设及原有两总局共管邮政条款各一份，

呈请鉴核备案，实为公便。谨呈

国民政府

附抄呈邮政总局暂行章程，并新设及原有两总局共管邮政条款各一份〔共管邮政条款略〕。

交通部长王伯群

中华民国十七年四月二十一日

修正国民政府交通部邮政总局暂行章程

第一条　邮政总局依据交通部组织法第十八条之规定组织之，直隶于国民政府交通部，管理全国邮政事务。

第二条　邮政总局设职员如下：

一、局长　Director General

二、总办　Co-Director General

三、会办　Deputy Director General

四、股长　Secretaries

五、副股长　Assistant Secretaries

六、股员　Assistant and Clerks

第三条　邮政总局处理事务，暂设总务、稽核两股，监督指挥各区邮政事务。

第四条　局长由交通部长派任，承交通部长之命，督理邮政事务。

第五条　总办、会办由交通部长派任，襄助办理邮政事务。

第六条　股长承长官之命，分掌各股事务；副股长及股员，分理各股事务。

第七条　总局股长、副股长，各邮区邮务长、副邮务长、均由局长会同总办、会办遴员，陈明交通部长核准派充。

第八条　总局各股长、副股长，各邮区邮务长副邮务长，应呈请交通部长发给任命状。各省邮务官由局长委任，随时呈报交通部备案。

第九条 邮政总局及各邮区每月收支总数，应备册报由稽核股股长及局长、总办、会办签字，呈送交通部长核阅。

第十条 总局每日收发公文，均由局长、总办、会办会同商酌办理，签字负责。惟关于重要事件及一切章程，应由局长、总办、会办拟订，呈请交通部长核准公布施行。

第十一条 邮政总局每年底结存之盈余，应存放银行，遇提用时，须经局长、总办会同签字。

第十二条 邮政总局为办事便利计，所有股长、副股长、股员，皆由服务邮政人员调用。

第十三条 邮政总局办理文牍等件，得设秘书及雇员。

第十四条 本暂行章程自公布日施行。

(2) 国民政府给交通部批稿(4月28日)①

批 第三二九号

交通部长王伯群

呈报整理邮政经过情形，请予备案由。

呈悉。所陈整理邮政各节，条分缕析，治标治本，规划周详，具征实事求是力挽主权之苦心。核阅章程附件，均臻妥善，应准照办，并予备案，仰即知照。此批。

中华民国十七年四月 日

〔国民政府档案〕

3. 国民政府秘书处关于福建厦门市商民协会信业分会恳请维持民信局等致交通部公函

(1928年8月10日)

公函 第三三九四号

① 系封发时间。

敬启者：奉常务委员交下福建厦门市商民协会信业分会，呈为厦门邮局藉口取缔民信局，苛勒摧残，阻碍交通，恳予维持呈一件；又汕头总局商会呈同前代电一件。奉谕：并交交通部。等因。相应抄同原件，函请察照。右上

交通部

计抄送原呈、代电〔略〕各一件　　　　　　　　秘书长吕苾筹代

中华民国十七年八月十日

理具书

具理由书人：厦门商民协会信业分会。会所：厦门洪本部路头。

为具理由书事：窃以民局之设，原为便利侨胞信件之往来，而补助邮政所弗及，且于国家收入，不但毫无所损，抑且每年所益，实不啻数十百万。故邮局向有特准挂号之办法，及总包封寄之定章，相沿至今，十有余载，公私咸称便益。十五年秋，各国徇我国伪交通部之请议，撤民局，取销总封制度，海内外各埠商会民局，群起抗议，据理力争，新嘉坡总商会反对尤力，故英邮对于该属，即允予无期限之展缓。是外人尚知吾国确有特殊情形，能予体谅，乃厦门邮局自去年七月以来，竟敢藉口取缔总封，并以新旧执照执据有无注明南洋字样为词，吹毛求疵，无端刁剔，操纵勒索，无所不至。抑且对于南洋来往信件，任意科罚；往来邮件，又复误递，故稽似此摧残商业，阻碍交通，殊失国家设邮便商利民之本旨。职会同业备受苛虐，毅〔义〕愤同深，叠向政府暨该管上级机关陈情呼吁，均以时局未定，南北分权，请愿无灵，至今忍隐。现值政府统一百度维新之际，交通部积极整顿，又有召集全国交通会议之机。职会同人忍痛已深，呻吟特达，敢将民信局有益国家华侨之原因，总包封制度必须一律恢复之理由，暨历受厦门邮局苛勒摧残之事实，福州管理局所定新旧执照、执据、章程，必须修改之意见，分条胪陈如次，伏乞钧鉴。

（一）闽粤两省华侨之在南洋各坡谋生者，为数何止数百千万，而内地侨属僻处乡村，既仅有姓氏，多无名字之可询，外洋侨胞又居处无定，或在海外，或在山园，或亦临时散工，小贩复无店号门牌之可问，信件往来，虽有万能邮差，亦将因人地生疏，而有无从投交及其他缓交误交之弊。民局之于侨胞，平时大都能知其姓名、住址及其生活状况，故于银信之付托，无论多少，及其住居如何迁徙，均能到处为之代收代寄，即其内地之父母妻子有无存在，与其移转他方，亦能随时为之探向投交，而不至于误。此民局之有益于侨胞者一也。

（一）信局之代收银信，本系因我劳动界侨胞识字无多，无从直接写信寄邮，不能不为之代收代发，以补其缺，故每次所收银信，动辄数千百封，为数甚多。且其所汇寄银项，多因信局先为垫出，直至送交该家属取回信据后，始向侨胞收银，手续至为便捷。若果停止接收信包，限令直接分寄，则侨胞之不能识字或识字无多者，将因艰于写信付邮而阻于汇寄。至其因款项一时筹措不及者，亦将格于邮汇章程而不能依期照付矣。此民局之有益于侨胞者二也。

劳动界汇寄之银信，多者不过十数元，少者仅三两元。平日由信局代收代转，每封邮费不外三数分，并无其他单保、双保等费，即可直接到家，并取得其回信。今若限制分寄，每封照收邮费一角数分以上或两角，而汇寄之信又必负担单保、双保等费，无论我内地邮局尚未完密，邮寄不能到达之处尚多，即能到达，而信到银不到，接信之家属不能不再辗转持信到局领银，另寄回信，又须赔贴种种舟车往返之费。在信款稍多者尚有余项可以开销，若系仅数三元者，则所得将不偿所失矣。此民局之有益于侨胞者三也。

（一）按侨胞之谋生南洋各埠者，将其苦力血汗之工资，零星托寄，陆续汇回，是亦吸收外洋金融之一种善法。查厦门一埠，共有民局一百余家，平均每家每年经汇之款，约在百万以上，统计全额，实达一万万元以外。厦门一埠如此，全国可知，是皆赖民局能代预先垫款辗转探投之功效也。若果改由邮局直接寄汇，则根据上述三项理由，锐减之数，其有不何思议者矣。此民局之有益于国家金融者一也。

总包封封〔制〕度，不知者以为民局侵占邮局权利，殊不知事实大谬不然。盖民局一信来往，共须纳四次之邮费，在外洋寄来时，无论千百封信，均作总封照章粘贴邮票矣。迨到厦时，逐信抄录登记，分配与内地，又须粘贴邮票一次。迨内地侨胞家属接到银款，换给回信，由局寄厦时，又须粘贴邮票一次。回信到厦时，由局对簿销号，寄还南洋，又须粘贴邮票一次。若改由单封直寄，则只须一往一来之邮资，而不必由厦转折矣。以此计之，是民局之代邮局推销邮票，不亦綦多耶。况四次之中，在吾国所得者，实居其三，若改为单寄，则吾国与外邮各得其半，在吾国得不偿失，而徒增外邮之收入，讵为得计。此民局之有益于国家收入者二也。

（一）各民局所寄南洋各埠之总包封，每包所含信件或数十百件不等，信件既多，倘非加以总包，则逐件对寄，不但手续麻烦，且难免时有遗误散失之虞，其不便为何如。前次新嘉坡英邮徇我国伪交通部之请，将事取销总包封制度时，经该埠总商会剀切抗议，尚蒙体恤通融，予以无期限之展缓。乃厦门邮局反至藉端抑勒，是果何心。岂谓本国政府之对于侨胞痛苦与夫商民困难，反忍漠视弗恤，不如居留地政府之待遇侨民耶。此总包封制度应请一律照旧恢复之理由一也。

（二）吾国闽粤两省之有民局与总包封制度，既具有特殊情形，且于国家金融收入不但无损，且有深益，如上述矣。则此种办法不论是否抵触国际邮会定章，而政府为国家金融收入计，为侨胞利益计，为商民营业计，均有竭力保护维持之必要。况伪政府时代对外政策纯取恭顺谄媚态度，对于民瘼全置弗顾。纵使总包封制度为果为国际邮会章程所取缔，亦系伪政府漠视民情，不敢抗议之所致。揆之情理，讵谓。公平。矧前次废止总包风潮剧烈之日，厦埠商教两会，曾代民局联电伪交通部，力持抗议。伪交通部三月三日复电，亦有已由邮政总局于一月卅一日，电致香港、马来联邦、暹罗、南洋群岛各国邮政，持议废正，信包办法，予以无限定之展期。窃望各国邮政，或不坚执反对之语，是尚知众怒难犯，而自悔其教猱升木，为渊殴鱼政策之大谬。今我国民政府建设伊始，百度维新，对外政策一秉先总理遗训，而以取消不平等条约为前提，尤宜参照前案，力持抗议，要求各国邮政，对于南洋等埠我国民局与国内来往邮件，应一律照旧恢复总包封制度，方于国家商民两获利益。此总包封制度应请一律照旧恢复之理由二也。

厦门及内地各邮局相沿成习，积弊已深，商民所受痛苦，罄竹难书，略举数端以供采参，而便清除。

（甲）凡邮件所经之邮局，照章各该邮局均须盖戳，以资证明。乃厦门及内地各邮局往往不照法定手续办理，以致邮件如何稽搁日期，无从查究。办事荒误，影响民局信用营业殊非浅细，应请严饬照章办理，方为合法。

（乙）查厦门各民局，其唯一之营业，即系转递南洋各埠与内地来往之信件。南洋各埠，实为营业上之最要关键，自无置而不问之理，故呈请执据时，均曾声明与南洋各埠之关系。讵当时福州邮务管理局忽于注明，且谓注载南洋字样与否，无关紧要。各民局遂信而任之，故从未请添注。乃厦门邮局吹毛求疵，藉口执照未曾注明南洋字样，拒绝收寄，以遂其抑勒敲剥之欲望。间有一二强项者知其内幕，或到局与之理论，或欲与法律解决。若辈自知理短，当场虽亦暂允接收，而结果仍将所寄回文毁弃沉没，且对于民局送寄回文包件时，既不发给收据，送簿盖戳，亦不允许恃具绝无证据，无法清查交涉，遂尤肆无顾忌。似此阻碍交通，摧残商业，倘不恳求迅速严厉取缔，则厦门百余家之民局，将无噍类矣。

（丙）国家设邮，原为便商利民起见，手续上应如何敏捷而后可。乃厦门邮局对于他处转来之邮件,往往延搁数小时,或竟延过隔日,始行发给。在邮局方面所稽压者,虽仅一半日,而各民局因赶南洋船期不及之故,往往有延误至一两星期之久者,其影响于营业为何如,应求严厉取缔,以恤商情。并准嗣后邮员有抗延或贻误邮件,经寄件人或收件人报告该局主管人员,而该局主管人不即惩办时,得由该被害人随时报告军警,依法拘办,并要求相当赔偿,以符内务部新定警律。

(丁)厦门邮局常将转递邮件任意扣留,若与交涉,则以欠资或开验为词,支吾搪塞。延误邮件,影响营业,莫此为甚,亦应恳求切实整顿,以利商民。

(戊)厦门邮局遇开验民局总封时,往往背地开折,任意科罚,流弊滋多。嗣后应请责令通知该民局当面开验,以示大公,但不得延误该帮船期,致碍营业。

福州邮务管理局所发给民局之执照、执据,既新旧各不相同,而旧执照中又复有注载,详略参差不齐,殊与营业有碍,应请改定良妥,以利营业。兹将所拟修改章程意见,条陈于次,以备采择施行。其新旧执据、执照章程,亦另纸抄录,呈请钧鉴,以备核对。

(甲)凡民局开设邮局处所,应赴邮务管理局挂号,其未挂号者,得呈请补行挂号,领取执照为凭,无须仍纳规费(以上系修正旧执照第二条)。

(乙)倘该民局领有执据后,中途不愿继续办理时,应先赴邮务管理局呈明,将执据缴消,其因事故暂时歇业者,不在此限(以上系修正旧执照第三条)。

(丙)凡民局之信件,途经通商口岸,遇邮期已过,而该帮轮船尚未开驶时,得由该局将信件封固,装成总包,贴足邮票,交邮局戳印,迳行交轮寄送或派员携带(以上系修正旧执照第五条)。

(丁)凡挂号民局将封固之总包交邮局代寄。该邮局应照所书写寄交他处之邮局,转交彼处之该代理局查收,戳印回执(以上系修正旧执照第六条)。

(戊)凡由邮局处所与非邮局处所往来寄送信件,或系民局将信件交由邮局转寄,或邮局将信件交由民局转寄,其内地递寄之信资,应由民局按照规定价目,自行收取,与邮局无涉(以上系修正旧执照第八条)。

(己)凡邮局接到他邮局或海外民局送来之零星信函,或封固之总封,寄赴非邮局处所或信局者,得交挂号民局承寄。该民局应向接收信件之人,收取内地运送之资(以上系修正旧执照第九条)。

以上所述种种,均系切实重要问题。职会同业痛苦创深,忍无可忍,敢乘吾国交通切实整顿,召集全国交通会议之机,详细缕陈,以伸冤苦,伏祈钧会俯念国家收入之所在,侨胞利益之攸关,商民痛苦之深切,代为提出会议讨论施行,实为公便。谨呈

国民政府常务委员会

厦门市商民协会信业分会

附呈抄录福州邮务管理局发给旧执照原文一份,抄录福州邮务管理局发给新执照原文一份,抄录十六年三月三日伪交通部与厦门商教两会电文一份。

中华民国十七年七月二十八日

执据

福建邮务管理局为发给执据事:照得邮政章程载明,凡民局开在设有邮局处所,应付〔赴〕邮务管理局挂号,领取执据为凭。等语。现据字号,信局呈请挂号,为此编列邮第　号,并发给执据为凭。倘该局嗣后不愿复行承办,应将执据缴销。须至执据者。

中华民国五年九月　日

附邮政章程内关涉民局各要节列后:

(一)凡设有邮局之处,应谓为邮局处所。

（二）凡民局开设邮局处所，应赴邮务管理局挂号，领取执据为凭，无须另纳规费。

（三）倘该民局领有执据后，不愿复行承办此项事件，应先赴邮务管理局呈明，将执据缴销。

（四）凡有邮局之处，除挂号之民局外，所有商民人等，不得擅自代寄信件，违者每件罚银五十两。

（五）凡民局之信件，途经通商口岸，交轮船寄送者，均须由该局将信件封固，装成总包，交由邮局转寄，不得迳交轮船寄送。

（六）凡挂号民局将封固之总包交邮局代寄，该邮局应照所书写寄交他处之邮局，转交彼处之挂号同行民局查收。

（七）凡民局之总包交由邮局转寄者，应按往来通商口岸之章，完纳岸资。至其轻重大小，随后酌定，由各该管理局晓谕众知。

（八）凡由邮局处所与非邮局处所往来寄送信件，或系民局将信件交由邮局转寄，抑或邮局将信件交由民局转寄，其内地递寄之信资，应由民局照旧自定自取，与邮局无涉。

（九）凡邮局接到别局或外海送来之零件信函，寄赴非邮局处所者，均应交付挂号之民局承寄，该民局应向接收信件之人，收取内地运送之资。

挂号执照

中华邮政挂号执照。福建邮务管理局为发给执照事，照得本执照系为证明　号民局（信局），连同所有后方列名之该局分交以及代理人，确经于福州邮局挂号。嗣后该民局（信局）以及该局之所有分交暨代理人歇业之时，应即报知原发执照邮局，并将执照缴销。本执照并无何项规费，所有第十版邮政章程第十七条内载禁寄之物，该民局务须格外经意。至该民局各分支及代理人之名称及地点（省分及城邑），应行开列于下。福建邮务管理局邮务长。

北京交通部来电　十六年三月十五日到

厦门总商会、教育会鉴：删电悉。查此事本部迭接南洋及各处商会等来呈，称更改新章后种种困难情形，呈经予以容纳，饬令邮政总局从速酌议，妥筹办法。业据该总局呈复，已于一月卅一日电致香港、马来联邦、暹罗、南洋群岛各国邮政，持议废止信包办法，予以无限定之展期，窃望各国邮政或不坚执反对。等语到部。除该总局妥速进行，得有各国邮政复音，即行报部。特先电复，希查照。交通部。江。

〔国民政府档案〕

4. 王伯群为办理统一邮政拟订章程并请简派邮政总办等致国民政府呈

（1928年8月15日）

呈为办理统一邮政，拟订章程，恳予核准备案，并请简派邮政总办，以重职权，仰祈察鉴事：窃本部整理邮政情形及暂定过渡办法，前经呈报。奉批：呈悉。所陈整理邮政各节，条分缕析，治标治本，规划周详，具征实事求是力挽主权之苦心。核阅章程附件，均臻妥善，应准照办，并予备案，仰即知照。此批。等因。奉此。当以收回主权，必须先有准备，庶免临时周章。当国军进展黄河以北时，本部当即密令邮政总局局长刘书蕃，转令北京邮政总局总办法人铁士兰结束局务，静待后命。迨北平克复后，电饬其遵照前令结束，归并新都总局。该洋员奉令在先，祗得遵办。其对于职权一层，初欲争执，及见该局局长出示根本改善办法，乃就范围。此实事前准备，乃克有此。现邮政全部事权，已告统一，所有以前过渡办法章程，自应另行拟订，俾利推行。吾国邮政规程，多采他国成法，参酌本国情况，折衷核订施行已久第。其中有因旧政府放任，积成恶习，为本党政纲所不容者；有因名称不正，致僭越职权，酿成喧宾夺主之弊者。凡此非另行拟订，不足以树改善之基，而收主权之效。查管理大权，向由洋总办所独揽，虽有局长，仅为备位之员；今则所有行政事宜，皆归局长主持，而洋总办则退处赞襄地位，从前所已失之主权，至是概行收复。又如北总局各重要股长，及繁盛邮区邮务长，从前皆以洋员充任者；今则彻底改组，专任贤能，不分国籍。至前订条款第十四条内载：（一）修正各级员司差役之薪资定率及等级，（二）重行规定各局等级，（三）裁汰华洋冗员，（四）废除华员不平等待遇，（五）节省糜费，（六）派委华邮务长会同洋邮务长办公，（七）改订员役例假病假及抚恤规则，（八）修订录用员生考试制度等项。以上八项，在过渡时期未能尽见实行者，今则认真办理，已著成绩。至此次北总局职员南来服务，归并一处，人数众多，新都一时难觅相当房屋，以资办公。在军事期间停运之包裹印刷物，以及停办之内地汇兑储金诸业务，均应及时恢复，以利交通。查上海密迩首都，为环球第三区埠，外当各国邮务之冲，内握全国金融之纽，运输便捷，地点适宜，除仍在新都总局照常办公外，经暂就上海邮务管理局四楼，设立驻沪办事处，业于七月一日开始办公。此统一邮政后之改良办法，及临时经办事件之情形也。至该局长官之职务名称，既与事权有关，尤为责任所系。查总局旧制，局长以下，置总办一职，向以洋员充任，英文称Co-Director General，顾名思义，仅可译为会办，乃误称为总办，彼遂自居为邮政最高长官，驯至总揽全权，把持一切，此皆定名不正，开此恶端。邮政局长洋文本称Director General of Posts，译为邮政总办，正合意义。事关国际通用之名称，必须克符其实。兹拟将局长改称总办，其次官仍称会办，以明阶级而重职别。此次仰仗党国威信，得于最短时期，收回邮政主权，实由该局长刘书蕃悉心筹划，上承部旨，折冲樽俎，动中窍要，实属不可多得之员。该局长办理邮政三十余年，历任黔、陕、皖等省邮务长，成绩斐然。此次努力奋斗，首先收回邮权，厥功尤伟，拟请钧府明令简派该员为邮政总办，职司管理全国邮务。并请将局长名义取销，此后不再置设，以专职责，而保邮权。再铁士兰因病请假，回国就医，举邮务长法人濮兰代理。该员历资尚浅，当饬该局长择尤〔优〕呈荐。现经本部先派资深之邮务长英人希乐思暂代，合并呈报。所有办理统一邮政，拟订章程，并请简派邮政总办各缘由，是否有当，谨附拟订章程清摺，伏乞训示祇遵，实为公便。谨呈

国民政府

附呈拟订邮政总局章程清摺一件

交通部长王伯群

中华民国十七年八月十五日

清摺

国民政府交通部邮政总局章程

第一条　邮政总局依国民政府交通部组织法第十九条之规定组织之，直隶于交通部，管理全国邮政事务。

第二条　邮政总局设下列十处：

(一) 总务处

(二) 秘书处

(三) 考绩处

(四) 财务处

(五) 稽核处

(六) 经划处

(七) 供应处

(八) 联邮处

(九) 汇兑处

(十) 储金处

第三条　邮政总局设置下列职员：

(一) 邮政总办　　Director General of Posts
(二) 会办　　Co-Director General
(三) 处长　　Secretaries
(四) 副处长　　Assistant Secretaries
(五) 佐理员　　Assistants
(六) 事务员　　Postal Officers and Clerks

第四条　邮政总办由交通部长呈请国民政府简派，承部长之命，管理全国邮政事务。

第五条　会办由交通部长派任，襄助总办办理邮政事务。

第六条　处长由总办、会办会同遴员，呈请交通部长委派，承长官之命，分掌各处事务。

第七条　副处长、佐理员、事务员，由总办、会办委任之，副处长、佐理员均须呈报交通部备案。

第八条　各区邮务长由总办、会办会同遴员，呈请交通部长委派，各区副邮务长、邮务员，由总办、会办委任，呈报交通部备案。

第九条　邮政总局职员，概以曾经服务邮政人员充任。

第十条　邮政总局为办理文牍事务，得另设秘书二员至四员，由总、会办委任之，并得酌用书记若干员。

第十一条　邮政总局及各邮区每月收支总数，应由稽核处处长造具清册，送请总办、会办签核，转呈交通部鉴核。

第十二条　邮政总局所有款项，均应用邮政总局名义存放银行，一切收支，概须经总办、会办会同签字，方为有效。

第十三条　关于邮政重要章程及契约，均由总局拟订，呈候交通部核准施行。

第十四条　邮政总局办事细则另定之。

第十五条　本章程自呈奉国民政府核准之日施行。

〔国民政府档案〕

5. 国民政府为办理统一邮政情形并简派邮政总办等准予备案致交通部指令

(1928年8月23日)①

国民政府指令　第八〇四号

国民政府交通部长王伯群

呈报办理统一邮政情形,请简【派】邮政总办,及赍呈拟订邮政章程,乞核示由。

呈、摺均悉。该部长整理邮政,力图统一,苦心擘划,阅时既久,成效聿彰。核阅拟订章程,妥善周详,殊深嘉慰,应准备案,仰即以部令公布施行。至刘书蕃承命将事,劳苦不辞,克著勤劬,并见任用得人,请予简派为邮政总办,并即照准,候另行明令发表可也。此令。

摺存。

中华民国十七年八月　日

〔国民政府档案〕

6. 国民政府饬令遵照全国重要都市邮件检查办法致交通部训令

(1929年9月12日)②

国民政府训令　字第八五二号

令交通部

为令遵事:案奉中央执行委员会函开:查各地党政等机关对于检查邮件一事,因无划一规定,以致办法纷歧。兹经本会三十一次常务会议通过全国重要都市邮件检查办法八条,除通令各级

① 系为缮发时间。

② 系为收文时间。

党部遵照外，相应检同该项办法，函请查照，转饬所属政军机关一体遵照为荷。等因。奉此。自应遵办，除函复并分行外，合亟抄发该项办法，令仰遵照，并转饬所属一体遵照。此令。

计抄发全国重要都市邮件检查办法一份

中华民国十八年九月　日

主　　席　蒋中正
行政院院长　谭延闿
立法院院长　胡汉民
司法院院长　王宠惠
考试院院长　戴传贤
监察院院长　蔡元培

全国重要都市邮件检查办法

第一条　全国各重要都市，中央于必要时，得令各该地高级党政军机关共同派员检查之，

第二条　检查邮件应用最敏捷之手续行之，以免妨碍邮件配送之迅速。

第三条　各地邮件检查员设检查主任一人，由中央宣传部指派之，主任之下分设检验员、审查员若干人，均受主任之指挥监督，办理一切邮件检查事宜。

第四条　检验员检验邮件遇有反动嫌疑者，立即扣送审查员审查之。

第五条　审查员审查反动嫌疑之邮件，呈报检查主任核办。

第六条　各邮件检查员对于经审查认为反动之邮件，依照下列办法处理之。

甲、凡关于违反宣传品审查条例之邮件，送由当地高级党部宣传部，依该条例之规定，分别处理之。

乙、凡关于治安上或军事上之反动邮件，送由当地高级政军

机关按情节之轻重，分别处理之。

第七条　各邮件检查员由当地党政军机关调用，不另支薪，其需用杂费由各地高级政府指拨之。

第八条　各邮件检查详细手续，由各该员等根据本办法自行订定，仍须呈准中央宣传部备案。

〔国民政府交通部档案〕

7. 邮政司抄录张学良等预筹安插东北邮务员工电函

（1932年3月31日）

迳启者：兹将预筹安插东北邮务员工一案，与北平绥靖公署张主任汉卿来往电报三件，抄录函达，即希查照为荷。此致

邮政总局

附抄电三件

邮政司启

三月卅一日

抄张主任来电

交通部陈部长真如兄勋鉴：统密。查东三省各地邮局员工，自事变后始终团结办事，坚拒接收，日人威逼利诱，卒不少动。其精神志趣，实有足多计，亦必仰承赞许。顷据辽宁邮局邮务长巴立地，副邮务长刘耀廷秘密派人报称，近来日方压迫益形剧烈，设有强力接收，不能继续办事之时，则全体员工决定总罢工，退出邮局，暂不与之合作。毅力决心，尤堪嘉尚。惟该员工等将来奋斗牺牲，若不设法救助，势将流为饿莩。请为转请大部鉴核，预筹安插办法，俾资激励，以坚爱国之志。等语。查所称各节确系实情，特电奉达，敬祈裁酌示复，以便密为转报，至所盼祷。弟张学良。径子。秘。

抄张学良来电

南京交通部陈部长真如兄勋鉴：统密。宥电是示预筹安插东北邮务员工办法，至仰荩筹，当径密为转饬知照矣。特复。弟张学良。勘秘。

抄电

北平绥靖公署张主任汉卿兄勋鉴：统密。径电敬悉。此次东北事变，邮务员工努力团结，此间极深嘉慰。关于预筹安插该区员工办法，早经饬令邮政总局妥为筹备矣。知注敬复。弟陈〇〇。宥。印。

〔国民政府交通部邮政总局档案〕

8. 交通部抄发修正处理辽宁吉黑两区邮政六项办法致邮政总局等密指令

（1932年6月26日）

交通部密指令　字第三二〇九号

令 邮　政　总　局
　 邮政储金汇业总局

会呈一件，密呈处理辽宁、吉黑两区邮政六项办法，请核示由。

会呈悉。所拟处理辽宁、吉黑两区邮政员工、财产、票款、业务、联邮、档案等六项办法，兹经本部酌加修正，呈奉行政院秘密会议决议："通过，交交通部相机办理"。等因。查该伪组织发行邮票、改用日戳两事，如果实行，东三省邮局应即全体暂行停业，以观动静。倘若伪方强迫接收，所有员工即行撤退。兹将修正六项办法及改拟致国联邮政公署电稿，一并抄发，仰即遵照，分别密饬，相机办理，仍随时具报候核，此令。

附件

交通部长　陈铭枢

中华民国二十一年六月二十六日

兹谨将邮政总局、邮政储金汇业总局会拟关于辽宁、吉黑两邮区停止业务时之处理办法，修正拟呈如下：

一、员工　两区邮政一经停办，自应饬令员工全部退出，以资抵制，其所需旅费，自应照章发给。惟为慎重起见，祗先发等于各该员工半个月薪金之数，俟到地后，饬令核实报销。至集中报到听候派遣之地点，则定为天津、青岛、上海三处，并限自奉撤退之命令日起，在哈尔滨、沈阳及以南各地之员工，应于半个月内赶到天津、青岛或上海报到，其在哈尔滨、沈阳以东以西以北者，按照其所在地到达哈尔滨或沈阳之程期，另加展限日数，由各该邮务长酌定，书面通知，分别登记，呈报备查。各该员工集中后安插办法，兹查辽宁、吉黑两区员工，共三千一百余人(各项人数详另表)，其中每月薪水在一百元以上者，祗一百六十八人，可使补充各区预留未补之缺额；其月薪在百元以下者，为数既多，若全数入关，势难立予安插，但低薪之员佐以及信差、邮差等能举室来归者，为数当属有限。则虽云全部撤退，事实上能遵命如期入关者，为数必不甚多，以各区现有额缺暂为应付，不致发生困难。其未能遵限报到之员工，在此特殊情形之下，自非故违功令，实属情有可原。兹拟服务不逾三年者，发给薪水一个月；不逾十年者，二个月；已逾十年者，三个月，听其自谋生计，以资结束。此项开支，统计大约需银三十万元，由养老金及邮政公款各半负担。领有旅费各员工不能如期报到者，应予扣还，以重公款。其中未为伪国邮政工作，六个月内仍请入局服务者，准参酌公务需要情形，按照原薪复用，以前年资，亦准继续计算，以示体恤，惟原发之遣散津贴，仍须缴还。办理结束事宜，自必繁重，除该两区邮务长、副邮务长、会计长及各洋员外，酌留必要人员随同办理。

二、财产　东三省之邮政动产、不动产，除邮票现款外，约共值价二百六十余万元，事变后即经设法押借现款，以为抵制地步，惜为情势所限，无人敢冒险接受，故不但不动产无法保全，即动产恐亦难搬运。惟有令饬该两区邮务长相机处理，必不得已时，亦应设法取得收据，以为将来交涉根据。

三、票款　邮票及款项之处置，早经饬令该两区邮务长妥为准备，将邮票之大部份寄存外国银行，局内仅留少数，以应随时业务需要。所有款项，则于每星期内分二次尽量汇拨天津或上海，归入邮政储金汇业总局帐内；又另在外国银行开立特帐，准由该两区邮务长代表储汇总局提拨，以备特别需用。即使受极端压迫时，各该邮务长亦不得函知存款银行，准许将邮政存款付交于非经两总局指定之人。又在决裂之日，所有两管理局库存之现款及银行存款，应相机拨入上述另开之特帐内，倘不办到，亦应设法将现款取出。邮局对于公众所负之债务，在储金方面，约仅六十万元，其他部分更属有限，而在东三省所有财产以之相抵，实属有赢无绌。查上述现款，系为日常办理业务所必需之流动金，各属局约十二万五千元，管理局约三十万元。至邮票一项，其大部分既经妥藏，如遇紧急情形，则再将局存者尽量移贮外国银行，至管理局及各属局所余存之邮票，应由各该邮务长酌量情形办理。

四、业务　东省邮务如一旦被迫不能维持现状，则储金汇兑业务立予停办，各类邮件及包裹之往来，亦予完全断绝。在此情形之下，中外人士所感不便，自极重大，难免责言，但其责任实应由施行暴力者负之。故拟预令辽宁、吉黑两邮务长，于情势紧急时，即用密电通知河北邮务长转知各关系局，以期迅速；一面先由两总局将密电语句及通告拟定（通告稿件附呈），饬知各局一俟收到河北邮务长此项密电，即行通告，自即日起停止开发及兑付东三省汇票，并停止收寄东省之各类邮件及包裹。至在途转运之邮件，拟令河北、山东、上海三邮务长转饬所属，尽三日内仍应设法分别接收转递，其在东省以外各局所存由东省各局开发之汇票对据，不分开发日期，一律退回原局(此节已由两总局会同通电第一号〈二十一年八月二十三日〉,改为辽宁开发在七月二十三日以前，及吉黑开发在七月二十五日以前者,均予兑付),概不支兑,已收未发之各类邮件及包裹，亦即退还原寄人。其由东省寄到者，则仍应从速投递,其由他局寄往东省之直封邮袋,如因程途关系，未能尽三日内交转者，应由经转各局退回原寄局，俾便开拆退还寄件人。至辽宁、吉黑两区方面,应由各该邮务长于情势紧急时，转饬所属将在局之各类邮件及包裹,分别加紧投递转运,以免积压。邮局负有赔偿责任之各类邮件及包裹未直投递者，应极力设法就可能范围内钞单,以备查考,将来如遇公众查询,其尚可根查者自应照办,否则拟照邮政章程第三百二十八条及第三百三十二条，作为人力难施办理,以免公家赔累。其汇票一项,一经停止开发，所有未经兑付之汇票,则将对据退还原开发局,以便照章退还汇银人。关于储金结束办法,由该两邮务长发出通告声明,邮局在东三省之财产，值价二百数十万元,已足以抵还储金及其他应付未付之款,俾众周知(附呈代拟通告)。

五、联邮　邮政原有国际关系,欲发生国际联邮互益之关系,必先取得万国邮政公会会员之资格。该伪国既无国际地位，当然无力致此。数月以来,虽有日本邮政专家络绎往来于沈阳、长春、大连、东京之间,竭尽智能,用种种破坏方法,意图接收邮政，总未敢出诸断然手段者,联邮关系是其一。因两总局筹议应付,早已计及利用联邮关系以为抵制,现在所应注意,即将各局闭歇后运递欧亚往来邮件，我国所办长春至满洲里间之行动邮局，亦即联带停办;即使仍由伪国或日本接办,我方亦不应与之合作。是我国经由西伯利亚与欧洲交换之邮件，均无从转运。查我国往来欧洲邮件，自以取道西伯利亚最为迅速，对于欧亚各国人民之关系，亦至重大,一旦梗断，妨害世界交通之责任,究应谁属，各国当能明瞭。而中国与欧洲往来之邮件,尚有程途两道可循,其一系由海路取道苏彝士河或太平洋，其二系经海参威，以接西伯利亚，但上海海参威间既无确定船期，而由海参威沿黑龙江以达赤塔，绕道更远，在昔原可经绥芬河而达赤塔，省时数日，但此道现已不通。若取道日本，而由敦贺转达海参威，则须乞助于日本。在此情势，似有未便，自以利用海路为宜。一面即行电知国际邮政公署转告关系各国，所有寄华邮件停止取道西伯利亚，改由苏彝士河或太平洋运递，我国邮件亦由此路寄发(拟发之法文电文二件及其译意附呈)，同时并即直接通知远东关系各邮政查照。至抵制伪国发行邮票一节，亦当通知国际邮政公署认为无效(拟发之法文电文及其译意附呈)。再以上拟发之国际邮政公署三电，其中一、二两电各备二稿，以供采择，合并声明。

六、档案　去年十月间，辽宁邮务长已将重要档案设法妥藏，邮政总局经即密令吉黑邮务长仿照办理，合再饬知，除两总局令文，辽宁、吉黑两管理局呈文及与两总局各处暨各邮区各属局往来文件，以及次要卷宗，悉由该两区邮务长酌情处理外，所有重要卷宗，足为对外查考根据之用，如合同契约、重要帐册、又各员工纪录照片保结等，亟应由各该邮务长密藏或抄录，准备摄带或寄存妥密处所。其他涉及政治及日本之往来文件，如不便携带者，准其焚毁，以免纠纷。

代拟关内各邮局通告

为通告事：案奉邮政总局令开：查东三省邮政自变出非常之后，为顾全民众便利起见，数月以来，迭经设法维持。兹为情势所迫，不得已将该三省邮局一切业务暂行停办，所有开发该三省各局之汇票，应予停止。其由该三省各局开发之汇票，亦予停付，应由汇银人向发票局领回原汇款项。其寄往东三省各地之各种邮件及包裹，亦自本日起停止收寄。等因。奉此。合亟通告，俾众周知。特此通告。

代拟辽宁及吉黑邮务长通告

为通告事：查本区邮务，前以变出非常，数月以来，本邮务长竭尽智能，勉力应付，以便民众。现为情势所迫，以致无法再行维持，自即日起，所有本区各局一切业务，只得暂行停办，一切债务，亦无从负责，惟有留俟本区邮政恢复常态时，再行清理。查辽宁、吉黑两邮区各局所收储金存款，不过数十万元，未付汇票及其他款项，为数亘属有限，而邮政财产在两区境内所有之动产不动产价值二百数十万元，足以抵偿，绰有余裕。其占有该财产者，即为不当得利用。特通告，俾众周知。此告。

拟致国际邮政公署电稿

中国邮政总局因日本命令自己造成之东省伪组织，强迫东省各邮局改用大同年号，并粘用该伪组织发行之满洲国新邮票，破坏中国邮政行政，以致各该邮局不能执行职务之特别情形，迫不得已，兹根据伦敦万国邮政公约第二十七条，请即通知各会员国，除有新通知外，东省各邮局暂停职务。嗣后所有寄欧洲或美洲之邮件，由苏彝士河或太平洋递送，不再经由西伯利亚，并请各会员国邮局同样办理。至于未经中国邮政总局允准，而在东三省发行之邮票，中国邮政总局决不承认，有粘用者，均作为欠资。

〔国民政府交通部邮政总局档案〕

9. 周云东关于上海民局情形呈

（1932年6月27日）

为呈报事：查上海民局开设地点，均聚居于九江路、裹咸瓜街及民丰里三处，民局中生意最好者，系宁波班，计有十二家，内中以全盛泰营业为最旺。店东华锦云，宁波人，现充民信业公会会长，为各民局之领袖。其次为南洋班（汕头、厦门）。至于北洋（天津、北平为最)、长江(以汉口为最)等班生意,日渐衰落,因不敷开支,其范围闻已逐渐缩小,不久自然淘汰。彼等所收信件,均由邮局作包封寄递。至于宁波、南洋两班,则不然。宁波班民局每日派差到各主顾处兜揽信件,规定时刻,虹口下午三点,中区三点半,法界约四点,各路收齐,即向一秘密地点(随时变更,但均在南市)集合,将信件汇齐,由各民局轮流派人混作搭客,或冒充船员,随轮私走。抵埠时,则亦在秘密地点集合,将信件分发,由各民局分段投递。至于由邮局所交寄之包封,分量极轻,内容多系退信、假信等无用之件,以图欺朦邮局。至民局之主顾,以钱庄为最多,其余花庄、铁行、广货店、水果行,亦有充分生意。宁波信件,每封收费三分半至五分,以路之远近而定,均在投递时由收信人给费,温州、汕头、厦门、福州等处一角。如零星货物,估价付费,以值百收二计算。携带银信,收费百分之一二,以一角为起码,小包裹每件收费二角。其收费之法,系每逢端午、中秋、新年等节,按照进口信件之数目计算,向各主顾领取。但钱庄、花行等,利用民局投递快捷与收揽时等候,每于节时给费之外,另有犒赏民局伙计,以示好感。兹谨将上海已挂号及未挂号各民局牌号等,开列附表,尚乞鉴核。谨呈

视察长

视察员　周云东　　六、廿七

上海民信局

已挂号者

宁波班十二家

全盛泰记	伙计十二人	永义昶	伙计八人
和泰	又　六人	永和裕	又七人
永利	又　六人	老福润	又八人
裕兴昌	又　六人	正　大	又七人
仁昌正	又　七人	正　和	又五人

天顺　　又　八人　　协　兴　　又九人

长江班十六家

裕兴康　全泰盛　森昌　胡万昌　全昌仁　全泰洽　松兴公　福兴润　太古晋　正和协　政大源　亿大　老福兴　乾昌　协兴昌　铨昌祥

南洋班五家

全泰福　泰和隆　老亿丰　茂昌　太古盛

北洋班三家

裕兴福　福兴康　森昌盛

内地班一家

永和

未挂号者

内地班十五家

全盛松记　全盛合记　宝顺　鸿原　正源　正和合　全盛和记　汪协源　老正大　顺成　通裕　林仁记　永泰丰　协源　日生盛

〔国民政府交通部邮政总局档案〕

10. 邮政总局视察员关于上海宁波苏州南通温州民局最近状况及取缔方案报告书

(1932年7月)

为呈报民信局最近情形，并胪列意见，仰祈鉴核事，窃职自奉令调查江浙民信局后，先从就地着手，查得上海一埠，交通四达，为全国各地民信局之总枢纽。无论长江、南洋、北洋，必须由上海经转，内地各民信局大都设分号于此，故民信局数目之多，亦为全国之冠，计共挂号者卅七家，未挂号者十五家。详细情形另附报告。此外如浙之杭、嘉、湖、宁、绍、温，苏之苏、镇、京、通，又为各该分区之中心，营业亦盛，尤以宁、温、苏、通为最。职等为欲明瞭其实在情形，计爰分头前往，就地考察，所有各处情形，另具报告，附请鉴察。职等自经此次调查后，知各地民信局情形大概相同，不独江浙为然，即其他各省，除汕、厦外，亦莫不如是。彼辈营业分内地与外埠两种，内地几全数走私，赖航船人力以为传递，间有未向邮局挂号者，影响邮局收入甚巨。至于外埠，以路途遥远，私带不便，大抵皆交邮局代转。然宁波及长江一带，距离较近，交通便利之处，仍难免私运。民信局信件大都来自商人，以钱业为最多，次之为布商及杂货商，皆以民信局营业十分谦克，且迎合各商心理，故咸乐就之。民信局营业之得以发达而维持不替者，职是故耳。兹将民信局在商人心目中之所谓各种优点，略举如下：（一）寄信便利。民信局每日派伙向各商号收取信件，自一以至数次，和颜悦色，十分谦恭，如遇信未写毕，尚可坐待，各商号可免往返邮局投寄之劳。（二）手续简便。由民信局寄信，无论轻重厚薄，式样包扎如何，一律可寄，并毋须过重贴票或付现款，异常简便。再零星小件附于信内者，不另取资，呆重货件亦可代托水手航船转带，寄费较邮局包裹为廉。（三）便于查考。无论寄信或收信局，民信局必将姓名地址、内装何物等项目，代为登簿，分别盖戳，日后自易查考。故由民信局寄一平信，其所得利益，与邮局寄一挂号信相等。（四）责任问题。邮局对于平信之遗失，向不赔偿，挂号信亦仅照章赔偿十元，内容价值若干，初不顾问。民信局则不然，每信可由收件人将内容价值在信面详细注明，故如银行、钱庄之信件，多附有汇票、庄票、划据、字据等，亦均一律在信面声注，倘有遗失，民信局照值赔偿。至若因追查所需来往电报等费，则更无论矣。（五）时间从容。商家通信，大都报告商情，商情与营业至有关系也，故商家竞争计，多欲得最后之行市，向各地报告。民信局深知此中三昧，故收信时间在可能范围内，延至最后一分钟，使各商号有充分时间采访消息。而对于轮船开行时刻，尤为注意，往往派人终日在轮局守候，遇有改期等事，用极敏捷方法向各商号飞报。然而邮局则不然，封发包封每在数小时之前，即使偶有补封，亦距火车或轮船开行之时刻尚远。至若轮船开行时刻，每日仅在一定之时间内，派人向各轮局询问一过，如事后更改轮局，既不通知，邮局即无从得悉。两相比较，民信局自见重于商人矣。（六）投递迅速。邮政纲要第三〇四八及第三〇四九条规定，所有各总包概不得按快递信件收寄，及总包不得分送，应由各该民信局到局领取各节，无非欲使总包信件不能投递迅速。然事实上民信局投送信件，往往快于邮局。盖民信局开折总包后，彼此合作，将信件分段拣出，交换投递，以其信件仅属于一部分之商人，范围较小，且又一家数信，不若邮局信差地段辽阔，一信一家之多费时间。又以一般伙友因生活所系，个个奔驰追逐，努力争先，其迅速不特过于平信，即快信有时亦莫之能及也。（七）随带口信。我国内地居民以不识字者居多，民信局除投送信件外，尚可传达口信，或代拟复书。此种便利，为邮局所不能办到。（八）人地熟悉。故虽穷乡僻壤，贩夫走卒，即地点不清，姓名不全，亦可代为递到。（九）取费低廉。内地往来信件，仅取铜元五六枚，外埠亦祇十余枚，比较邮局减低约二分一或三分一，然此尚指邮局未加费时之情形而言，目前费又增加，相差当更巨矣。由以上各点观之，民信局之所以能得民间信仰者，自亦有故，初非侥幸偶然者也。因其能得民间信仰，故取缔较难，历次之所以不能彻底解决，职是之故。职等以为，照目前情形而论，惟有急进与缓进二种办法，排除万难，急转直下，在最短期间内，达到彻底取消民信局，而保全邮政行政统一之目的。此急进之办法也。暂仍旧观，惟严加限制，积极竞争，让其自然淘汰。此缓进之办法也。兹谨将管见所及关于缓急拟应实施各种方法，条陈于后。

关于急进者：

（一）彻底调查　在未有任何举动以前，应先彻查各地民信局主人姓名、籍贯、年岁，及伙友人数、姓名、籍贯、年岁、职务、薪金等等，在执照上详细声注，并粘附各人相片，以免日后冒名顶替及随意妄报之弊。

（二）撤回执照　所有冒名顶替及副牌(见南通民局报告)之民信局执照，一律撤回注销。此种执照如能一旦撤销，则大部份之民信局已无形取销。

（三）考试甄别　各地分别召集民信局所雇用之伙友，予以分类甄别考试，其合格者，应尽先录用。据闻民信局一般年青伙友，以民信局已成强弩之末，终有取销之一日，均不愿从事于是项事业，徒以生活关系，无可奈何而已。倘邮局能网开一面，予以收容，则各民信局因缺少人手之故，必难继续维持。再如邮局对于一般年志力衰者，亦能予以救济，如给以相当酬金，令其归休之类，则收效更宏。

（四）改设特种代办所　以上办法倘能一一实行，民信局已取缔过半，其能硕果仅存者，必占至少数，届时则可更进一步，将剩余之民信局改为邮局特种代办所，专售邮票及接收信件函封，按章粘贴邮票，投入信筒，由邮局负责经转及投递。一面取销总包办法，一面由邮局按月发给一定数目照所收信件总数核算酬金，以资报酬。至此民信局已达到取销目的，而邮政行政亦归一统矣。

附注：上海既为全国民信局之总枢纽，故应先从此着手。因上海如能解决，其他各地自无问题。

关于缓进者：

（一）规定挂号时间　查民信局挂号，原定至十九年底截止，后复奉部令，展期至二十年底。现在已逾规定时期，如再有声请挂号者，无论任何理由，应不准行。惟事实上并不如此办理，殊失立法之尊严。自今以后，应再规定一时期，遍告各地民信局，倘仍逾期，则一律不准通融。

（二）限制挂号　各民信局副牌及冒名顶替者，应严加限制，不准挂号及发给执照。

（三）发给凭证　现在民信局派人在外面收揽及投送信件，漫无限制，又无特别凭证以资证明，致使一般水客船户亦得混迹其中，自由收揽或投递，邮局无法可以取缔，是不啻增加无数不挂号之民信局。为补救计，惟有责成各地民信局将所派出之收揽及投送人数，及其姓名、年岁、籍贯等等，详细呈报，以便邮局填发凭证。在该项凭证内，尚须粘贴本人相片，使易查对。自此以后，凡无此项凭证者，即不准在外收揽及投递。如此，既可使一般观望不前之民信局从速向邮局挂号，领取执照，又可为将来录用民信局收信人及送信人之标准。

（四）信件盖戳　查民信局所有来往信件，应一律交邮局作总包寄递。惟目前各地民信局交邮【局】作总包寄递者，为数甚少，仅敷衍面子而已，大部分皆出于偷漏走私之一途。在投递之时，因夹有总包之寄递信件，故不能认出何者为合法，何者为走私。唯一方法，惟有将总包信件于到达某地时，由邮局当民信局负责人之面，逐封加盖日戳，倘嗣后发见有未盖日戳者，即可认为走私。除此之外，尚有下列各种优点：（甲）可以同时检验总包内有无夹带违禁物品。（乙）使民众咸知，无论何项信件，必须由邮局经转，无形中增强民众对于邮局之认识，使逐渐养成利用邮局寄信之习惯。（丙）民信局信件因种种关系，投送反较邮局为快，前已申论之矣。倘盖戳办法一经实行，可使民信局接送无形行缓，亦间接取缔之一法也。（丁）民信局信件因欲得邮局日戳，必须交邮【局】寄递。如此，一面可以减免走私，一面可以增加总包数量，而邮局收入亦得藉此激增。

（五）严查走私　以上（三）（四）两项，系取缔之方法，欲其发生效力，仍赖各地邮局严密查察，倘查有走私，又必须从严处罚，以禁效尤。邮政纲要第三〇六三条及第三〇六四条所规定之罚款及奖金办法，似有改订必要。再查上海至宁波，上海至海门、温州各商轮上，常有走私，如能派员常川居留，名为押送邮件，实则暗中监视，于事必大有裨益也。

（六）改良邮件封发时间　邮局包封封发时刻，必在火车、轮船开行数小时之前，已属不妥，而对于轮船开行时刻，又未加深切注意。犹忆某次太古公司之嘉禾轮开往汕头，上海局封发钟点为廿二点，乃民信局于次晨十时尚来局交寄信件，告以封发时期已过。据答船尚在申，须正午十二时启碇，何以不予收寄，不得已祇得收受，由该局特放汽车送上轮船。而该局所有信件已照规定时刻，于前一日廿二点钟封发。至该日廿二点钟以后所取之平常挂号、快递等信，均须俟下班汕头轮开行时发出，其迟速相去几何。商家以消息灵通为贵，今民信局竟能传递迅速，毋怪各商家咸喜用民信局。若不亟加改良，不特民信局无由取缔，且有提倡发展之可能也。

（七）开辟邮路，多设信柜信筒及邮票代信处　村镇邮政尚未充分发展，民众方面全赖民信局以传递消息，故开辟邮路，即拟以取缔民信局。又信柜、信筒、代售处，各地在可能范围内，应多多设立，以便利民众寄信。即如南通钱庄多设在西门大街，民信局即在其邻近之处，故钱庄向民信局寄信，感觉异常便利，而遍觅四周，邮政信柜、信筒、代售处则不可一得也。且尤可异者，该地信柜仅收平信及售邮票，不收挂号快信，其功效实与代售处相等，似应即予纠正。至于内地村镇，亦应随时注意，多多添设也。

（八）仿行收揽办法　民信局之所以能营业发达者，派人四出收揽亦为一大缘由。因派人收揽可以免除寄件人跋涉之劳，故咸欢迎之。当邮局初办快递时，亦采取四出收揽之办法，并即提出邮资几成，作为酬金。以职等愚见，钱业等商既以收揽为便，邮票亦即利用此种办法，以迎合彼辈心理，并可招徕民信局之伙友，特设一部分专任此项工作，以资熟手。既可减少民信局之工作员工，又可争揽信件，以制其死命，诚一举两得也。

（九）改良责任问题　邮局向例平信遗失，不予赔偿，挂号信仅偿十元，包裹五元，而民信局则否，往往照内装实价赔偿，此即民信局信用较胜于邮局之处也。倘欲与竞争，则对此责任问题，实有加以改良之必要。

（十）劝导民众向邮局寄信　以上各项倘经改良，则民信局所有之便利，邮局亦无不有之，于是可以劝导民众向邮局寄信，而一般民众除少数有特殊原因外，当亦无不乐从。如此，民信局信件自必更少维持，营业亦更困难，届时不必取缔，而自然淘汰矣。

此次职等奉命调查江浙民信局最近情形，因时间匆促，不能遍赴各地，所得情形，容有未周，管见所及，亦难免挂一漏万之诮，然而大概情形已不外乎此。日后倘有机会，或可再事研讨，从详采访。所有民信局最近情形，并条陈意见，理合具文呈请鉴核。谨呈

视察长转呈

局长

副局长

周

视察员　林

沈

〔国民政府交通部邮政总局档案〕

11. 邮政总局报告日人强占东北邮政情形致交通部密呈

（1932年8月5日）

交通部邮政总局密呈　第321号

为呈送事：七月三十日奉钧部密电略开：准顾代表电，请将日人强占东北邮政情形，迅行拟具节略电示。等由。查该项节略关系重要，需用尤急，仰迅拟送，以便核转。等因。当以辽宁区副邮务长刘曜庭甫自辽宁归来，对于强占情形见闻较确，经即饬其赶速拟具，并先于三十一日电复在案。兹续奉钧部微密电，限二日内办妥送部。等因奉此。查是项节略稿件，业据该副邮务长刘曜庭拟具前来，经已酌加修改，理合缮录三份，备文呈请钧部鉴核，分别

存转。谨呈

部
　长
次

计呈送节略三份。

日人于九一八事变后干涉辽吉黑三省邮务压迫员工及最近唆使伪组织攫夺三省邮政经过节略

查日本关东军于民国二十年九月十八日夜，突然袭击沈阳，旋即占领辽、吉、黑三省重要城镇，而日本政府固始终声明属于地方局部冲突，并非对我国宣战，不认有国际战斗行为。但该关东军及驻东三省之日本公务人员，对于辽、吉、黑三省之我国邮政机关，屡加干涉，对于邮政员工严加压迫。迨其一手造成之傀儡政府、所谓满洲国者出现，乃唆使其攫夺三省邮政，发行伪邮票，以致中央政府迫不得已，通告中外，于二十一年七月二十四日起，将三省邮政全部暂时停办，员工全体撤退，并对伪国通邮实行封锁。我国对于三省中外人民因此所受痛苦损失，虽抱极度不安，然势逼处此，日本应负全责也。谨将日本对于东三省邮政及员工直接干涉压迫经过重要事实，述其梗概于后：

一、二十年九月十九日早二时三刻，日本军队约二十余人，破沈阳辽宁邮政管理局大门而入，辽宁邮务长巴立地、副邮务长刘曜庭闻讯赶到，险致被害。邮用载重汽车一辆，脚踏车九辆，竟被劫去。门差全国钧被围殴重伤，医治多日始愈。嗣经屡向日本军队交涉，除载重汽车业于十月四日索还，及脚踏车二辆在日本侨民手中寻获外，其余脚踏车七辆，迄今尚未收回。

二、二十年九月十九日早，日军将沈阳大西门里邮政支局保险铁柜黏贴军部封条，数日方启，局门上悬日本国旗，直至本年六月间始不复见。

三、二十年九月十九日，营口河北邮政支局被日本军队占据，邮务因而停办，迨三月一日始获交还，恢复业务。

四、二十年九月二十日早十时，日本关东军部紫芝大尉偕武装卫兵二人，到辽宁邮政管理局检查，向邮务长巴立地强将邮用密码电本索去，阅二日方始送还。

五、二十年九月二十日，有自称营口日本领事馆职员岩濑氏到营口一等邮局调查邮票暨公款之来源及其用途，并嘱不得将公款移解辽宁邮政管理局或任何他处。熊岳及四平街日本邮便局长，曾到各该地我国邮局调查业务及经济状况。日本驻军亦向公主岭、洮南、风城、昌八等处邮局调查邮件数目。

六、二十年九月二十三日，辽宁邮政巡员张荣绂、金绍田二员，持有邮政巡员委任状及管理局日籍邮员田中勘吾致营口日本警署日文介绍函，到营口一等邮局执行公务，竟在局内被日本宪兵连同该局局长吴焘一并逮捕，至宪兵分队严加讯问，拘留半日，经田中勘吾用电话交涉始释，而张员荣绂被刑讯晕倒，受有重伤，医治多日方愈。

七、二十年十月二日，日本宪兵开始到辽宁邮政管理局检查邮件，随即推展至各一、二、三等邮局，一律检查，至为严厉，所有开拆及扣留各项邮件俱加盖日本宪兵图章戳记。迨自二十一年四月八日起，该检查邮件宪兵忽换穿便衣，照旧检查，但所有开拆及扣留各项邮件，则改由伪国公安局警察名义加盖戳章。查日本政府对于三省事变不认有国际战争行为，而日本驻军亦不认沈阳等处为军事戒严区域，乃关于此等非法检查邮件，虽经辽宁、吉黑两邮务长向当地日本总领事及军部抗议，仍属无效。

八、二十年十月九日，驻沈阳城西宪兵分队长川本宪兵大尉，偕宪兵三人到辽宁邮政管理局，要求邮务长巴立地不得将邮政公款现洋送存当地银行或汇往东三省以外各地，当经巴邮务长解释业务需要关系，历三小时之久始罢。

九、二十年十月二十四日，长春一等邮局长哈石均，因向当地日本警署抗议非法检查我局邮件，致被日警署拘留三十六小时，并将吉黑邮政管理局寄往命令概行取去。

十、二十年十一月十八日，辽源地方有加印“军事”字样之邮票出现。十一月廿六日，该处日人所设日光洋行内设有军事邮使局，发行邮票。

十一、二十年十二月二十九日，据辽宁邮务长密报，日本军队进占法库门时，逼令该地邮局长会同当地绅商具结证明日本军队行为文明，并担任向日本驻军报告我方军情。

十二、二十一年一月二十九日，据辽宁邮务长密报，据沈阳南满车站邮政支局长马德荫报称，前在天津邮局同事现已出局之前邮务员谭可元，应日本陆军大佐土肥原贤之召，到沈阳研究攫夺东三省邮政办法，谭某已拟具说帖，呈送沈阳日本关东军司令部。

十三、二十一年二月二十四日，辽宁邮政管理局日籍邮务员田中勘吾，向辽宁邮务长巴立地报告，谓由大连日本递信局长樱井面告，闻辽宁邮区员工有弃职潜逃出省之企图，边境当局（意指日本及伪组织）将严防制止云。该田中勘吾并向巴邮务长探询，倘将伊在中华邮政服务多年应得之退休金，全部由伪组织用现款付给，则该邮务长对于伪组织攫夺三省邮政，将采取何种态度（查田中勘吾于四月一日叛离我局，接受伪组织委任，襄同攫夺三省邮政）。

十四、二十一年二月二十八日，沈阳南满车站邮政支局长马德荫，向辽宁邮务长巴立地密报当地日本邮政支局长某诱其将我局内情形，向当地日本电话第五千号报告。嗣查该电话即当地日本邮便局长岐部氏。

十五、二十一年三月二日，日本人出版之《奉天每日新闻》，公然登载奉天日本邮便局长办理接收三省中华邮政事宜，而该日本邮便局长始终未加否认。

十六、二十一年三月二日，上海邮政管理局接到由大连日本邮局转来长春、安东、沈阳、营口、辽阳等处日本邮局收寄之平常及挂号邮件，概粘日本邮票，实违一九一〇年中日邮政协定。按照上述协定，该项邮件应加粘中华邮票。

十七、二十一年三月七日，辽宁邮政管理局邮务员赵长顺，因向北平友人通信稍涉日本在三省侵略行为，被沈阳检查邮件日本宪兵传至宪兵分队，扣留数小时，具结改过释出。旋因天津大公报登载此事，复于同月二十四日被日本宪兵逮捕，刑讯逼供邮局内有何人反抗日本，并威吓倘将刑讯情事向人吐露，定将置之死地，阅一日夜方始释出。当经辽宁邮务长巴立地报告当地英、美、法、日各国领事，据日本领事善意面称，此案只能徐图救济，如一旦报告该管上级军官，则赵长顺恐更危险。盖该犯事宪兵倘知赵长顺将刑讯实情向外吐露，必有更严厉报复也。

十八、二十一年三月二十日，日本东京递信局省及大连日本递信局高级职员富士(Tuji)、水上(Midguhami)、吉原(Yoshiwara)、中尾(Nakao)等四人，来东三省考查中日邮政。据辽宁邮政管理局日籍邮员田中勘吾向辽宁邮务长巴立地报称：四人之来，含有重大意义，其目的在先行攫夺华邮，继即收回日邮，使名义上统一于伪组织，而实权仍操之日本。

十九、二十一年三月二十八日，安东一等邮局被日本宪兵搜查，局长王纪生被日本宪兵逮捕，拘留数小时始释。在拘留时间，日本宪兵一再质向安东局员钱之万改调他局之缘由。又五月六日，安东一等邮局之邮用英文密码电本，被日本宪兵强制索去，六小时后始行退还。据可靠方面消息，该电本已被日本宪兵用摄影器摄去一份。

二十、二十一年三月二十九日，日本东京递信省高级官吏清水顺治及藤原来沈，据密报系为劝告驻沈日本关东【军】司令部对于攫夺我国三省邮政从长计议。但同月三十一日，辽宁邮政管理局日籍邮员田中勘吾即叛离我局，而接受伪国委任，旋于四月一日带同伪国警察二十余人到吉黑邮政管理局(滨江)，威逼邮务长西密司将邮政移交。同日，伪国派往辽宁邮政管理局(沈阳)接收委员内有小松衡一氏，亦为辽宁邮政管理局日籍邮务员，惟小松衡一始终拒受伪国委任，可见是非之心人皆有之。查伪国所派接收辽宁邮政管理局委员，系由傀儡华人于振铎出名，除小松衡一拒委外，其随员为三木卓、草野次郎、小泉幸助、奈良秀次等四日人。当四月二日于振铎与辽宁邮务长巴立地交涉之际，巴氏交出英文抗议书一份，于氏不谙英文，其随员则用日语互商，略云当地日本邮局能谙英文，此为巴氏当场耳闻(按巴氏谙日语)。又伪接收委员及其随员等逐日早晚出入于当地日本邮局，其办事处必设在该日本邮局之内无疑。

二十一、二十一年四月一日，自是日起，伪国接收委员逐日威逼辽宁邮务长巴立地将三省邮政移交，直至二十七日始允中止接收，暂维现状。于是从四月一日起停办之国内汇兑业务，至二十八日方始恢复。而日本东京递信省高级官吏清水顺治及藤原二氏，因攫夺三省邮政未成，亦于数日后返国复命矣。

当辽宁邮务长巴立地拒绝移交三省邮政形势严重之际，闻日本浪人有加害巴氏之阴谋。四月二十五日，突有沈阳公安局爱国华人某密告巴氏，谓伪奉天省警务处长三谷清氏(日本宪兵少佐)，因巴氏拒交邮政，拟暗派日、鲜浪人暗杀之。当经巴氏亲向伪奉天省长等抗议，并向当地各国领事及国联调查团意大利代表报告备案。

二十二、二十一年四月十五日，伪接收委员等持来甘结一纸，迫令辽宁邮务长巴立地签字，表示忠于伪国，服从命令，巴邮务长坚拒。数日后，该伪委员等始不复来迫。

二十三、二十一年四月七日，辽宁邮政管理局邮务员张嗣文，因公与驻局日本检查邮件宪兵争辩数语，翌日早，即被日本便衣宪兵数人，在其寓所门前绑上汽车，不知去向。屡经辽宁邮务长巴立地商请日本总领事及日本军警各机关追查，均皆诿为不知，至五月一日方得释出，计被拘留二十三日。据张员报告，在拘留中，宪兵屡问辽宁副邮务长刘曜庭是否反对日本，均经张员坚决否认后。而他方面消息，当时日本宪兵本拟将刘曜庭及张嗣文一并绑去，旋因有某日人警告，如绑刘氏，邮局员役必致惊徨逃散，邮务亦必因之停顿。是以刘曜庭当时得以幸免。

二十四、二十一年四月二十日，伪当局向令辽宁邮务长巴立地改用伪国元年年号日戳。五月五日，伪交通部正式命令辽宁、吉黑两管理局迫令遵办。

二十五、二十一年四月二十四日，辽宁邮政管理局邮务员郑传箕，因到沈阳满铁附属地大和旅馆谒其友人顾执中(按顾执中为国联调查团员中国代表顾维钧之秘书)，仅晤谈数分钟，旋出旅馆，即被日本便衣警探逮捕，拘留日本警署四日。屡经辽宁邮务长巴立地到日本总领事馆及日本警署交涉，始于二十八日释放。

二十六、二十一年五月二十七日，吉黑邮务长报告，额穆邮局长杨甲辰(即杨化东)被当地日本驻兵掳去，旋被害于敦化地方。又方政邮局被日军封锁。

二十七、二十一年六月十日，辽宁邮务长报告日军自强占东省后，于各处设置军事邮便所数处，只以调查不易，一时未能列报。

二十八、二十一年六月十五日，辽宁邮务长巴立地报告是日有日宪兵随带译员两人，声称邮政人员于回答电话中失礼，必须拿去。当经设法见其主管长官交涉，乃于纷扰中竟被带去三人。巴邮务长六月十七日续报，被带去之三人为邮务员赵殿阁、邮务佐杨澄清、力夫金荣远，备受苛刑虐待，赵殿阁且被用绳紧绑及于咽喉，至闷死后得放还。

二十九、二十一年六月二十一日，日军参谋部寺田大尉遣秘书韩人唐敦复到绥化局，捻称胡匪猖獗，须借用信差或邮差以资侦察，虽经婉辞解释，仍被迫代雇一人及强索旧制服、制帽各一件而去。

三十、〔原档不清〕。

三十一、二十一年七月十三日，伪组织所派伪监察官中村久平、户仓胜人二人，到沈阳局，闻尚有华人名谭可元者，前系天津邮局职员，因私运吗啡及吸食鸦片革职，亦在被派之列，但未来局。派往吉黑区之伪监察官臧又青（华人）、伊藤祐及中岛上水三人，于七月十五日到滨江局。

三十二、二十一年七月十三日，沈阳日本宪兵将邮务员段镜人传至宪兵分队，吓令供给邮局内部消息，并向段表示拟武力驱逐辽宁邮务长巴立地出境，并强迫副邮务长刘曜庭投降伪国，接任巴邮务长职务。十五日午后，伪监察官户仓胜人秘密运动刘曜庭投降伪国，攫取巴立地邮务长职权，并许以事成后种种权利。刘因被逼不得已，乃禀准巴邮务长于翌日（即十六日）早潜行逃出伪国，而巴邮务长关于此事，曾向当地日本领事抗议。

三十三、二十一年七月十六日，伪监察官开始将伪邮票送至辽宁及吉黑两邮政管理局，自行分发各一、二、三等邮局，定期于八月一日发行，并于十八日将邮局保险库强行占据，屡经抗议无效。于是自九一八事变后，三省邮政当局为中外民众便利起见，历尽艰辛，含垢忍辱，维持十阅月之邮政，不得不于七月二十四、二十五两日宣告停办，全体员工撤入关内，并向当地日本领事抗议，又向英美等国领事声明被迫经过，而伪国邮票亦于七月二十五日由伪监察官开始发行。

当伪邮务司长藤原氏向邮务长巴立地要求移交三省邮政时，本已声明全体员工不愿服务伪国者，尽可自由退出，决不强留。迨员工奉令实行退出伪国之际，三省各处伪警察及日本宪警，竟百端禁阻，强迫员工为伪国邮政服务，并入伪国国籍。

三十四、二十一年七月二十五日，沈阳日本宪兵擅入辽宁邮政管理局及副邮务长刘曜庭寓所，视察一周，并将该局所贴停办布告撕去，尤为日本驻军唆使并参加伪国攫夺三省邮政之铁证。

三十五、二十一年七月二十七日，据辽宁邮务长巴立地报告，该局纪录课主任徐冠伦被日本宪兵捕去，逼令供出各员工姓名住址，以便按名监视，防止各人退出。经巴氏向当地日本领事抗议，始得释出。截至七月底止，三省员工多被扣留，仅少数得以逃出。

〔国民政府交通部邮政总局档案〕

12. 邮政总局为是否接运由东三省转运的国际邮件致交通部呈

(1932年8月6日)

照录交通部邮政总局呈　第三二六号

为呈请核示事：查自东三省邮务停办后，所有往来欧洲各国之邮件，改由苏彝士运河或太平洋运寄，业经本局于七月二十三日电请国际联邮公署转请邮会各国查照在案。兹据上海邮政管理局报告略称，自我局停止往来东三省及取道西比利亚往来欧洲之邮寄事务后，欧洲寄来之邮件仍有由西比利亚路线进口者，或系经由大连日本互换局转到，或系交铁路装运，而由日籍押运员递交我国山海关邮局。等情。查此项寄到之邮件，有寄交上海本埠者，有须转寄他处者，其发寄日期均在宣告停办东三省邮务以前。逆料在最近期内，当尚有其他在宣告停办以前发寄之邮件，经由西比利亚路线陆续寄到。良以本局七月二十三日由国际联邮公署转发之电报，各会员国邮政接到时，未必能赶于七月底以前，令行所属各局办理。而欧洲各会员国对于该电所请，勿将寄至我国及经由我国转寄之邮件，交由西比利亚路线发寄各节，究竟能否照办，实难确定。况日本邮政现时或已代伪满洲国向联邮各国声明，西比利亚路线可以由其居间照旧通运，亦属意料中事。试观香港邮政之态度，即可证明。盖香港邮政虽经我局请其停止取道西比利亚路线，竟刊登告白通告，取道西比利亚之邮件，仍可寄递，所谓仍可寄递者，自系由日本居间办理。且截至现时止，除瑞士邮政业已通知本局，嗣后将其寄至我国之邮件，按照所请，改由上海路运寄外，只有法国一国曾经询问取道上海寄往东三省之包裹，可否照收。当经电复，此项包裹亦须完全停止。等语。由此可见，封锁计划对于我国发出之邮件，固可完全实施，而对于外国经由西比利亚进口之邮件，似难一概收效。是则各国于我局宣告停办东省邮务之后，业已经由西比利亚，及将来再由该线寄发之邮件，以及按照上海邮政管理局所报，经由大连日本互换局，或我国山海关邮局进口之西比利亚邮件，我局究应如何办理，系属亟须解决之问题。且美国寄华北邮件，向例系自日本长崎转由铁路运经东省转递者，现亦由日人接转，送交山海关局收转。按国际联邮关系及性质而论，各该外洋邮件，即使彼方不按常规交由非互换局之山海关局进口，我局亦未便拒绝不收，否则必致与各该原寄局发生重大纠纷。在现时情况之下，实属不宜。其经由大连递到者，该处既系业经承认之日本正式互换局，更无不予接收之理。又据上海邮务长声报，本日收到自天津转来由山海关局收转之邮件若干袋开拆后，其中竟发现有滨江、沈阳二处伪邮局寄到之总包邮件，内装寄件有系贴用中华邮票或伪满洲国邮票者，均用“一年”伪日戳盖销。当经按照欠资邮件办法办理。等情。查伪邮局寄到之总包邮件，自应不予接收，除已由本局电令河北邮务长转饬山海关邮局，对于伪国各局发来邮件，务应拒绝接收，惟对于外洋邮件，则应暂行接收，但不得出给收据外，嗣后伪国经由大连日本邮局转来之散寄邮件，似当按照原定计划，作为欠资办理。如系总包，亦应拒绝不收。至对于外洋经由西比利亚或长崎，经由东省寄到，而由日人送交山海关局之邮件，是否可以接收转运，抑即拒绝接收，理合备文呈请钧部鉴核迅赐，分别核示祗遵。谨呈

部长

次长

中华民国二十一年八月六日

〔国民政府交通部邮政总局档案〕

13. 邮政储金汇业总局、邮政总局关于"九一八事变"以来办理东北邮务情形密呈稿

(1933年2月4日)[①]

交通部邮政储金汇业总局
交通部邮政总局
会同密呈第十一号

为会呈事。查关于东三省邮务停办一案，前因伪组织发行伪邮票，迫用伪年号、日戳，事关国际与政治立场，曾于二十一年六月间，会同拟具处理辽宁、吉黑两区邮政六项办法，呈奉钧部密指令第三二〇九号节开，伪组织发行邮票、改用日戳两事，如果实行，东三省邮局应即全体暂行停业，若伪方强迫接收，所有员工即行撤退。等因。当即密令辽宁、吉黑两区邮务长遵照办理，并随时具报。嗣于七月间据辽宁邮务长巴立地密报，伪方开始分发伪邮票，强派监察官到局。又即会同呈奉钧部密指令第三六九六号内开，亟应遵照奉准之六项办法，立将该两区各局邮务同时停办，所有员工一律撤退，以为断然处置。等因。又经密令辽宁、吉黑两区邮务长迅办，并备具第五二号密呈呈复。九月间据各该邮务长报告入关日期，曾由本邮政总局将办理结束之大略情形，由第四二一号密呈。呈奉钧部密指令第五三三九号内开，仰俟巴立地、西密司两员入关后，再将详情具报。等因。并即转饬于抵津后详细汇编报告送候转呈。旋据各该邮务长报告业已抵津，并在津着手清理。又由本邮政总局第四一号代电、第三九七号密函，请邮政司转陈各在案。兹据该辽宁邮务长巴立地呈称，奉令将辽宁区被迫接收及结束情形分别事项，编具报告，遵即着手办理。为使一切经过事项头绪清楚起见，此项报告系照日记方法编制，等情。并随送报告书。并据吉黑邮务长西密司呈报，关于该区邮务停办及员工撤退情形各前来。

① 此为封发时间。

据此，查辽宁、吉黑两区自二十年九一八事变以后，至二十一年七月间停办以前之邮务情形、员工状况、伪方干涉邮政企图与维持办法，以及二十一年七月间停办以后，至辽宁、吉黑邮务长入关以前之办理经过，节经辽宁、吉黑邮务长密呈、密函、密电、报告，迭已呈报，并函请邮政司转陈。此次辽宁邮务长报告，其内系分三期记载：一、日本武力开始侵占东北时期；二、按照四月二十七日成立之谅解条件，维持原状时期；三、因发行伪邮票完全实行停办时期，按期分别报告。吉黑邮务长呈内则将撤退接收之一切事项分别叙述。兹再将该东三省邮务之经过概况，摘述于下。

按东三省邮政始于前清光绪二十二年开办，由海关税务司兼管，设总局于牛庄，管辖盛京吉林、黑龙江三省，嗣邮区组织改按行政区域为标准，乃改称东三省邮界，设总局于奉天(沈阳)，设副总局于牛庄、吉林府、哈尔滨、宽城子、安东、锦州府等六处。民国三年，东三省总局改为东三省邮务管理局，仍设沈阳，自是以后，业务日渐发达。民国十年，俄国在东三省所设之客邮，遵照华府会议议决案撤销，于是范围益广。为管理便利起见，将东三省邮政区域分为南满、北满两区，南满区管辖奉天全省，设管理局于沈阳，北满区管辖吉林、黑龙江两省，设管理局于哈尔滨。十一年，复将南满区改名奉天，北满区改名吉黑。十八年奉天又改名辽宁，其吉黑名称仍旧，惟管理局所在地之哈尔滨，于二十年改名滨江。此东三省邮务沿革之大略也。

二十年九月十八午夜，东省事变突起，辽宁邮务长以镇静奋斗之精神与态度，督率员工照常处理事务，并随时商同吉黑邮务长取同一步骤应付交涉，竭力维持。日人军队所至，对于邮件则强行严厉检查，对于员工则百般凌虐，稍涉嫌疑，辄遭殴打或拘禁。内地各局所或遭匪祸，或受军事影响，局屋被毁者有之，票款公物被劫者有之，员工拘禁伤害、受有损失者有之，而仍排除万难，肆应多方。其时我国行政机关多遭占据或封闭，而两区邮局则仍继续维持。

至二十一年三月间，所谓“伪满洲国”出现，对于邮局益大加注意，而日本邮政专家络绎于途，其企图已甚明显。四月一日，伪交通部派员于振铎偕日人多名，向辽宁邮务长接收辽宁邮政，经巴邮务长设法应付，并立即下令停止汇兑及储金业务，以资抵制；一面电陈本邮政总局。此后所有辽宁、吉黑两区对于伪方一切交涉，统在沈阳办理，以免纷歧。同时伪交通部派员臧又青偕日人向吉黑邮务长接收吉黑邮政，西邮务长与辽宁取同一步骤，结果伪方委员仅在现款出入及邮票登记簿上签押，该两区邮务仍得保持。惟此后伪方图谋益亟，迭次要求该两区邮务长签具服从伪国之说明，其均经婉辞谢绝，不为所动。嗣又由伪方委员臧又青向巴邮务长要求恢复汇兑业务，提商办法，当经巴邮务长交涉，于四月二十七日签订说帖五项(是项说帖已于二十一年五月十三日会函第五号送请邮政司查照转陈。兹摘述其概要大旨如下：一、人员均维持现状；二、现行邮费资例及各项规章暂仍照旧；三、帐目允许稽核，盈余暂留，以待政治问题之解决；四、恢复汇兑，开出汇票如超过兑付汇票之数，按期解清，汇费半数解归总局，解款费用归东省担负，余存汇费归东省保存，以待解决，四月一日以前之款项，亦暂保存；两区邮务长、会计长对于帐目款项负完全责任，款项仍存原银行；五、除储金事务应另商外，其余邮政事业照常办理。)，以为临时之谅解办法，藉维原状。五月间，伪方复藉口停办储金，反对巴邮务长，并指为反抗伪国，意欲迫令去职。巴邮务长为支持危局起见，乃于五月三十日，以有限制方法恢复办理储金业务。伪方因威胁利诱均不见效，乃改变手段，对于邮务长则故意侮辱，对于各员工则侮辱殴打，数见不鲜，以造成恐怖局面，宪兵且公然宣称，更将逮捕副邮务长刘曜庭及其他高级职员，人员时有生命危险，然犹力图奋斗，当时且有伪邮票即得发行之说。嗣伪交通部邮务司长藤原与巴邮务长会晤，巴邮务长几经设法，以期阻止伪邮票之发行，终不见效。藤原只允由七月一日展至八月一日发行，巴邮务长不得已，提出人员撤退须有确切安全之保证，藤原说明伪方准备将全体人员接收，巴邮务长婉辞敷衍，同时并声明如奉撤退命令，尚有要求三项：一、所有流动现款包含公众款项在内，须完全交还；二、交还余存未用之中华邮票；三、关于动产不动产，均须出具正式收据。藤原对于款项一层，只允改给收据。嗣伪方强派伪监察官分赴辽宁、吉黑管理局就职，并占用辽宁管理局保险库存贮伪邮票。情势逼迫，无可容忍，于是该辽宁、吉黑两区遵照钧部密指令第三六九六号，分别于七月二十四、二十五日宣告暂行停办。其停办后经过各情约略如下：

一、员工　查当时关于停办事项，该辽宁、吉黑两区邮务长事前均已秘密积极准备，故一奉电令，虽在伪方严密监视之下，能以最迅速之方法与时间赶办结束。伪方初未知悉，全无准备，忿恨交并。所有员工撤退之安全保证，巴邮务长本与藤原商有成议，至此藤原挟忿报复，伪警四出捕人。辽宁管理局纪录课主任、邮务员徐冠伦被捕，迫令供报各员工姓名、住址，急遽营救，始得幸免。对于邮务长则以割断电话线，派警包围寓所相威吓。内地各局员工、亦多遭当地军警监视或逮捕，其逃出员工有昼伏夜行得脱者，有冒雨遍体淋漓，有袜履〔未〕为穿双足负伤者，有冒着伪国兵士服装，亦有割须化装乔扮教士者，甚或一二日不得果腹，且中途匪警频仍，盘诘又严，冒险集中仍持邮票、公款与俱。巴邮务长乃迭向各方交涉，始得允发护照。吉黑方面自七月二十六日起，至八月二日止，当地警察大肆搜捕，各人员有一日藏匿数处以避逮捕者。嗣于八月二日经西邮务长与伪方交涉，按照辽宁办法发给护照，情势始稍缓和。无如当地发生水灾，交通阻断，员工不得动身，其第一批撤退员工六十人，直至八月二十三日始由滨江启程。按辽宁、吉黑两区员工共三千一百二十人，前后撤退入关，其已分赴北平、天津、青岛、历城、上海报到者，共二千五百八十五人。其报到人数及报到后分派各区办法，迭经本邮政总局先后函请邮政司查照转呈在案。此外仍在中央官吏及自卫军管辖区域内，如大黑河、绥芬河等局服务者一百数十人。在伪方邮局服务者，据辽宁报告约数十人，据吉黑报告约一百数十人。其余尚有中道失散、滞留东省或因交通阻断无法来归者，或为寇虏戕害以及行踪不明而尚待证实者，亦一百数十人。

二、产业家具　查辽宁、吉黑两区产业在事变后，即拟设法出押，但无人敢冒险接受，故除邮袋一部分已设法寄回外，其余财产家具均为伪方扣留，或给收据、或有清单，计辽宁区共值国币一百一十万三千七百五十元三角二分，吉黑区共值哈大洋一百五十七万三千零九十七元二角一分(依照二十一年六月间上海银圆每元折合哈大洋一元二角九分计算，哈大洋一百五十七万三千零九十七元二角一分，折合上海银圆一百二十一万九千四百五十五元二角二分，列表如下：

	辽宁邮区	吉黑邮区
房屋及地基	999,601.04　元	1,458,285.17哈大洋
家　　具	49,169.87	59,108.16
船　　只	223.90	316.89
车　　辆	22,682.77	24,627.79
杂　　项	32,072.74	30,516.20
共　　计	1,103,750.32	1,573,097.21

三、票款　当停办之前，辽宁、吉黑邮务长业已将大部分邮票寄存在外国银行，或秘密妥慎存放，局内则仅留必需数目以维业务。嗣以情势急迫，又即秘密尽量退回北平邮票监视处。当停办令下，内地各局退交管理局之邮票，或被伪方扣留，向索而始交还者，连同局内余存邮票，如运回关内深恐中途或遭截扣，故即准予

就地焚毁。据辽宁报告，在沈阳焚毁者，计邮票额值一万九千九百八十七元五角四分，汇兑印件额值四万一千九百六十三元二角五分；据吉黑报告，在滨江焚毁者，计邮票十四万九千五百六十一元四角六分，汇兑印件九十二万零九百三十二元五角二分。至所有款项，亦于未停办前尽量汇归关内，局中仅留少数必需款项，另在外国银行开立特帐，以备应用，故停办令下，被扣款数不多。据辽宁报告，该区被扣现款约一万元；吉黑报告内地各局存款以私人名义寄交该区邮务长者，均被扣留，约一万元。又吉黑管理局在滨江各银行存款，中国银行计大洋一百十七元一角七分，哈洋五元一角；交通银行哈洋二百三十三元九角四分；花旗银行哈洋四百七十四元七角一分。据中国银行来函，已被伪方查扣，其余各银行款亦同样被攫。

至储金在辽宁邮区内，系于民国八年十二月一日起，先在沈阳管理局开办存簿储金，因当地银行及商号给息均较邮局为高，故储金业务未能尽量发展。截至去年七月停办时止，该区共有储金局所十五处，内有三处兼办定期储金，其储金总数计存簿储金十八万二千三百八十六元九角九分，定期储金四万八千五百五十六元；在吉黑邮区内，截至去年七月停办时，共有储金局所三十七处，内有七处兼办定期储金，其储金总数计存簿储金一万八千二百四十二元六角，定期储金三千一百零五元八角六分。该二区储金总数共计为洋二十五万二千二百九十一元四角五分（内由邮政员工存储代替保证书者，计一万九千四百二十二元五角四分，按照普通储金存入者，约计二万元。前因鉴于该员工等虽困苦备尝，而仍忠诚服务，曾经本两总局第八十二号会呈呈请钧部体恤发还。旋奉第六八九二号指令，准将保证储金于各该簿据上签注他区付款字样，予以发还，或仍代替保证书。其他储金因与普通公众储金无异，仍照规定办法办理在案）。而停办时，辽宁、吉黑邮务长业已分别通告，东三省邮政为情势所迫，暂行停办，一切债务俟邮政恢复常态时，再行清理。并声明邮政财产之在该两区境内价值二百数十万元，足以抵偿，绰有余裕。所有关于邮票款项之详细帐目，则拟俟清理完竣具报到局，再行呈核。

四、业务　该辽宁、吉黑两区自接奉停办命令，所有邮件均立时加派人员扫数办理清楚，并停止接收。至各区对于寄往该两区邮件包裹及开发该两区之汇票业务，亦即停止办理。其由该两区于停办后开发各区之汇票，亦予停止兑付，惟往来南满铁路区域之邮件及包裹，则因中日邮政协定关系，仍系照常维持。

五、联邮　查东三省本为欧亚邮递捷径，而长春至胪滨间，我国本办有行动邮局，自停办令下，所有我国取道西比利亚往来欧洲之邮件，无从转递。曾通知国际邮政公署转告关系各国，所有寄华邮件停止取道西比利亚，改由苏彝士或太平洋运递，我国邮件亦改由此路寄发。惟以国际关系，外洋邮件如在我国停办东省邮务之前，已发由西比利亚或长崎经东三省转至我国者，均予接收。外洋寄由我国转往东三省之包裹，其发寄日期系在停办之前，如由原寄国自行商由日本邮政同意，居间转寄，而请我国办理者，为维护联邮精神及免致发生纠纷起见，我国亦予照办。迭经本邮政总局第三二六号、第四六五号、第六三二号密呈呈报在案。

六、档案帐册　辽宁、吉黑两区重要档案以及人员纪录与最近数年帐册，已于停办前后分别运送河北管理局保存。

按东三省邮务自停办后，惟大黑河、绥芬河等局，因系在中央官吏及自卫军管辖范围内，除包裹、汇兑外照常维持业务，其应需邮票及协款，系由上海、河北管理局寄汇，所有寄递邮件办法及经过情形，迭经本邮政总局函请邮政司转陈，但最近大黑河局员工有已经撤退之消息，绥芬河局长王中泉又有绥芬河当局降日之报告，亦已于密呈第四二号、密代电第二号声报各在案。

要之，东三省幅员广袤，民众繁庶，物产丰富，交通便利，久为强邻所眈。该地邮务在前清末季日俄战争之后，日人即将在东三省之军事通信机关，依殖民政策下之递信制度，改为邮便机关。至民国九年，遂确定现行制度，分为中央机关与地方机关两种。中央机关原称邮便电信局，嗣后改称通信管理局，复改称递信局，管理邮电、储金、汇兑及航空各事务，直隶于关东厅。地方机关则称邮便局、邮便所、邮便代办等，初时尚不及百处，其专办邮务而不及他项事务者四十余处。至民国十九年，地方机关竟达三百余处，其专办邮务者计二百余处。当华府会议之后，各国在华客邮均遵照议决案撤废，日人则仅将东省内安东县旧市街及长春等处十六局与其他各省所设客邮撤销，其在南满铁路区域内及旅顺、大连租借地之日本邮局，则抗不撤退。此次事变以后，据辽宁报告，日人又在各地设立军事通信机关，为数甚多，只因调查不易，未克列举。是日人自日俄战事以后，固无日不以侵略我国主权为企图也。至该辽宁、吉黑两区邮政员工，自二十年九一八事变以后，虽备受伪方强暴苛虐以及种种威胁利诱，仍能以奋斗坚毅之精神，于危险恐怖之环境中，以公忠努力其职务，挺然自存，终因暴力胁迫及国际与政治之立场关系，无法再行维持而后止。及其奉命停办，辽宁邮务长犹督率人员举行撤退仪式，邮务员萧祖阴宣读停办通告，因悲愤填膺不能卒读。而离开局址之前，辽宁邮务长复偕同各职员巡视各办公室一周乃去，悲壮哀戚，动于辞色。而停办后伪方又复百计迫诱，以求员工之或能为其利用，除数滞留东省员工，或因境遇关系为其服务外，其余则终不为所动。类多别其父母，离其妻子，背其乡土，毫无反顾，而甘冒艰险以来归关内。此固我国民族精神之表现，抑亦邮政三十年来严格训练之所致。其间公忠努力以及应行嘉慰奖勉之处，拟俟全案汇核清楚，再行呈请核办。现在撤退事务虽已大体完毕，但该辽宁、吉黑两区邮政产业尚值二百数十万元，邮政局所尚有二千余处陷于伪方，亟望失地收回，邮务得以恢复，以慰全体员工喁望之殷。除督率员工加紧工作，以增效能外，理合将该辽宁、吉黑两邮务长报告略加整理，并摘述该两区邮务停办经过概要，备文呈请钧部鉴核。再该辽宁、吉黑两邮务长报告内，关于邮票之寄存外国银行、款项秘密汇归关内、及在外国银行开立特帐、与托由外国领事及其他机关秘密传递消息、暨日籍邮务员忠于我国邮务，以及其他未便公开宣布之事项，均有严守秘密之必要，拟请不予宣布，以免引起反响或何项纠纷。合并陈明。谨呈　部、次长

计录送辽宁、吉黑邮务长报告各一份〔缺〕

〔国民政府交通部邮政总局档案〕

14. 邮政储金汇业总局、邮政总局检送航空邮政暂行章程致交通部会呈稿

（1933年2月27日）

邮政储金汇业总局
邮　政　总　局 会呈　　第26号

为呈复事：案奉钧部训令第四七四号内开：案准铁道部函开：据本部驻欧办事处呈称：兹准国际商会交通运输课来处，请将中国航空邮政章程给予一份，以备参考。等由。按航空邮政，系属交通部所辖，故此备文呈请钧部转咨，将该项章程寄下两份，以一份交与国际商会参考，一份为本处备案。等情。函请检送等由。查我国关于航空邮政，尚未订有专章，所有现在暂行各种航空邮政章则，亟待转送令饬查明检呈，以便转送。等因。奉此。遵将现行航空邮政办法，择其重要而与公众有关者，汇为中国航空邮政暂行章程，都十七条，另单缮具三份，备文送请钧部鉴核，分别存转，实为公便。谨呈

部
次 长

附呈送中国航空邮政暂行章程三份

航空邮件暂行章程

（一）各项邮件、信函、明信片、贸易契、新闻纸、书籍、印刷物、

货样等，以及包裹，其运寄路程中有一部或全部为航空线所经过者，均得交由航空寄递，但国际航空包裹暂不收寄。

（二）航空邮件得按邮政章程之规定，作为挂号或快递邮件交寄。

（三）由航空寄递之邮件，除缴付规定之邮费外，尚须另付航空资费。其费率如下：

国内航空信函每重二十公分，或其畸零之数，或明信片，每件系按每一飞航区域（一千公里），或其畸零之数，收取国币二角五分。

国内航空新闻纸、书籍、印刷品、贸易契货样等类邮件及包裹，每件每重二十公分或其畸零之数，每一飞航区域（一千公里），或其畸零之数，收取国币一角五分。

国际航空邮件在中国境内暂行规定为每飞行一千公里，每重二十公分或明信片，每件收取二十五金丁姆；双明信片则应于发寄时，按每片分别收取其经他国航空寄递者、则须加纳各该国规定之航空资费。

（四）航空邮件未付航空资费或付费未足者，均退还寄件人补付，如寄件人所在不明，即交由平常邮路寄递。惟寄交两个或两个以上飞航区域之信函明信片，如所纳航空资费已足敷一个飞航区域之资费者，仍可交由航空寄递。而于投递时，向收件人加倍收取其欠付之数，但国际邮件航空资费，必须于交寄时完全付清。

（五）航空邮件之投递，虽与非航空邮件相同，但于可能范围内均于当日准时投递。如系封号及快递之航空邮件，亦均按挂号及快递手续办理之。

（六）航空邮件，如收件人移居他处，即由平常邮路改寄，如移居地方，仍通航空邮路者，经收件人请求并预付航空资费后，即由航空寄往新住址。

（七）无法投递之航空邮件，均由平常邮路退还原寄局，但寄件人于交寄时予付航空退费者不在此限。

（八）航空邮件及包裹之封面上，应按后列格式，于封面上端用墨笔或墨水笔，加画黑线或蓝线，约占全面地位五分之一，并标明航空邮递字样，或并黏贴特制蓝色航空 PAR AVION 签条，以资识别。惟国际航空邮件，应贴蓝色签条，不须加画黑线。如不依上项规定，致航空标识不明，误交平常邮路寄递，因此延误者，邮局不负延误之责任。

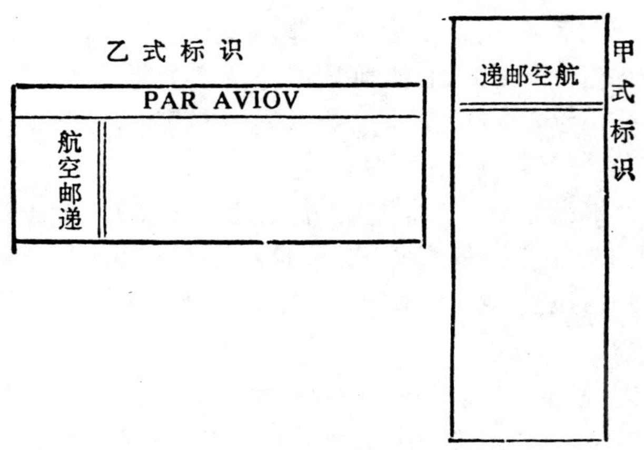

邮局备有特制之中、西式航空信封发售（附信封式样各六枚）〔缺〕。

（九）邮政章程关于各种邮件及包裹之尺寸、重量、包装，暨禁寄物品，以及损害赔偿等之规定，于航空邮件及包裹适用之。

（十）航空邮件及包裹须经过数个飞航区域者，应按照全部途程缴纳航空资费，不得任意指定全部途程中之一段或数段作为航空邮递，但国际航空邮件，得指定一部份航空路线，惟须予先注明。

（十一）航空邮件及包裹之收件回执，除予付退回之航空费外，概由平常邮路退回。

（十二）航空邮件及包裹，在新疆交寄者，其航空资费必须贴用特制之航空邮票，在其余各区交寄者，航空邮票或普通邮票均可贴用。

（十三）航空机直接经过之局，所在邮政局、所汇编内以〈空〉字志号表明之。

（十四）航空邮件，因故改交平常邮路寄递者，邮局不将缴纳之航空资费发还。

（十五）民局包封保险邮件及保险包裹，不得交由航空寄递。

（十六）如航空机中途不能完成其飞行时，邮局对于所运邮件及包裹当按最迅捷之方法，继续运往前途，其交寄过时之航空邮件及包裹，如其留待下次航空机运送，反较迟缓者，邮局亦当按其他最迅捷之方法运递。

（十七）凡办理国内汇兑之邮局，均得开发航空汇票，此项汇票于核对据之骑缝处加盖〈飞汇〉红字以示区别，除照收普通汇费及有补水者兼收补水费外，每元加收航空邮汇资费五厘。如发银回贴，欲由航空邮班寄还者，除照收普通回贴费外，应依航空信函之资例加纳航空回贴费。惟兑付局如不在航空路线以内或不经由航空路线转递者，不得开发航空汇票。

〔国民政府交通部邮政总局档案〕

15. 邮政总局、邮政储金汇业总局颁布邮电合设办法饬

（1934年3月2日）

交通部邮政储金汇业总局

交通部邮政总局　会同通饬　第三十四号（各一等邮局第二十一号）

饬各 邮政储金汇业局
邮政管理局
一等邮局

为奉部令发邮电合设办法饬仰遵照由。

案奉交通部训令开：查邮电合设办法，业经本部规定，兹另单抄发。应由该两总局会同迅行派员，于本月二十日以前来部，与电政司商议进行办法，并修改邮转电报章程，并须于三月十五日起实行，仰即遵照。等因。并附抄件。奉此。遵已于二月二十日会同派员到部，与电政司商议，所有进行办法，业经会议决定，除详细办法，俟本两总局分别另行饬知外，合行抄发部颁邮电合设办法、电政司及本两总局会商议事录、邮政机关因公发电收费办法及会议修改邮转电报章程摘要各一件，饬仰遵照，并转饬所属一体遵照。此饬。

附抄四件

邮政储金汇业总局局长　唐宝书

兼代邮政总局局长　唐宝书

中华民国二十三年三月二日

邮电合设办法

第一条　三等或三等以下电局，应与邮局合设一处，先从江苏、浙江、河北三省，天津、上海包括在内试办。惟以不增加双方负担为原则，其详细办法如下：

一、双方办事人员，各受本管指挥。

二、邮柜、电柜同设一室，应相当隔开，如电局迁并邮局时，报房须设相当地点，倘无相当房屋，即由电局在设电柜之处，自行装设。

三、邮局、电局合设后，如当地投送之来报数目不多，在可能范围内，信差兼送电报。

四、甲、邮局如有余屋，照电局所需拨用，由电局分认租金，如无余屋，得另迁相当处所，租金比例照摊，以不增加双方原有租金为标准。如电局有余屋可资拨给邮局合设之用，或无余屋时，亦照此办理。

乙、在邮局、电局应行合设之地，经双方认为可以节省开支者，任何一方，如因租赁之屋未届期满，必须解除租约致有损失时，由双方分担之。

五、邮局电局合设后，所需电灯用水，以及其他杂支，双方按照比例分摊。

第二条　一、凡在通商大埠邮局设有支局者，电局得于各该局内，设立收报柜台，派员收受电报，其所占地位，以一方丈为限度。此项电报，由电局派报差收取，或用电话传交电局拍发。

二、凡在通商大埠，电局设有分收发处者，邮局得在各该处内设立邮政支局，派员办理邮务(办理事务另定之)，其所占地位，以一方丈为限度。此项邮件由邮局派信差收取。

三、凡通商大埠之电柜设在邮局，或邮柜设在电局，其营业时间以不超过所在局之营业时间为准。

第三条　凡在通商大埠，交通部设有市内或长途电话者，话局得在该地邮政管理局及支局装设公用电话，并派员管理。

第四条　设有电局地方尚未设有邮局，而须设立邮寄代办所，或原有邮局而须改设邮寄代办所时，电报局应照邮局邮寄代办所规则代办。

各地邮电两局，尚未合设一处者，应由电报局或电话局照邮政信柜办法，代售邮票及收寄普通信件。

第五条　一、自本办法施行之日起，所有邮转电报应照一般报价之规定办理，不足收邮费。

二、邮政总局、邮政储汇总局及所属分支局，因业务所发国内电报，无论华文洋文、明语密语，每通不逾二十字者，均收费一元，电汇电报每通在二十字以内者，收费六角，逾限每字均加收五分，急电照此例加倍。

三、各邮局电报挂号，一律免收挂号费。

电政司及邮政总局、邮政储金汇业总局会商邮电合设进行办法议事录〔略〕

会议修改邮转电报章程摘要〔略〕

邮政机关因公发电收费办法〔略〕

〔国民政府交通部邮政总局档案〕

16. 邮政总局关于邮电合设详细进行办法致各邮政管理局饬

（1934年3月6日）

交通部邮政总局通饬　第一二六七号(各一等邮局第一〇七一号)

饬各邮政管理局
一等邮局

为关于邮电合设一案详细进行办法饬仰遵照由。

关于邮电合设一案，所有部颁办法及应办事项，已由第三十四号会同通饬在案。兹将各种详细办法，饬知如下：

（一）三等及三等以下电局与邮局合设一处，应以不增加双方负担为原则。先就江苏、浙江、河北三省试办，已分别训令各相关管理局遵照。

（二）政邮支局内附设电报收发处，就交通部指定之四十七处地方办理(内有六处并无支局)，其确无余地者，应另行呈报候核。已分别令饬各相关管理局知照。

（三）电局分收发处内附设邮政支局。电局设有分收发处者，地方无多，只有上海、南京、徐州、杭州、安庆、福州、南昌、广州、汉口、济南、青岛、太原、北平、天津、张家口等十五处，应否附设邮政支局，须视地方情形，公众需要，及营业状况为根据。已分别训令各相关管理局遵照。

（四）邮局内装设公用电话，进行办法，双方未加讨论，现时似可缓办。如各地电话局将来有所请求，应随时具报候核。

（五）电局代办邮寄代办所或邮政信柜，进行办法，亦未加讨论，将来如遇必要时，应将详情呈报候核。

（六）邮转电报免收邮费：本条办法，定于三月十五日起实行，自该日起，收寄邮转电报，可无须征收邮费，邮政纲要第五千零二十九条规定应行备具之回执，亦应取销。电局交来之乙种及丙种邮转电报，亦不加贴邮票，惟须露封随同签字簿送交邮局寄递。邮局验明内容确系邮转电报后，再行封固照常寄递。所有发往电局或电局发来之各种邮转电报，其封面上均应加盖或印就“邮政公事”字样。其他手续，暂时仍照现行办法办理，俟将来邮转电报章程修改公布后，再行饬知。实行之期已促，应迅即令饬或电饬所属遵照。所有各管理局所发邮转电报免收邮费之电令，以印电纸拍发者，电局已允免费拍发。

（七）邮局因公事或业务所发电报收费办法：本条办法，亦定于三月十五日起实行。关于邮政储金汇业方面，应候邮政储金汇业总局另行饬知。关于本总局方面，自该日起，所有本总局与各局间，以及各局相互间，因公往来拍发之电报，无论华文洋文明语密语，均应于收报人姓名、住址及地点之前，加书PSV字样之标识，作为一字计算，并于电报纸上加盖关防，以便电局按照第三十四号会同通饬所附“邮政机关因公发电收费办法”第一项甲节之规定，计算报费（即每通在二十字以内者、收费银圆一元，逾限每字加收银圆五分）。至各一、二、三等局及巡员所用之电报纸，可由各该管管理局将关防预先盖妥，分发应用，其由巡员所发之电报，并须加盖各该管邮务长之官章。惟是项盖有关防之电报纸，仅可用以拍发公务之电报，如涉及私事之电报，均不得使用。

（八）电汇电报收费办法：应候邮政储金汇业总局另行饬遵。

（九）邮局电报挂号免费：各管理局在当地电局或电台挂号之电报住址（POSTOS），嗣后可毋庸再付挂号费。又各一等局于接到本通饬后，应即亦用POSTOS字样，向当地电局及电台免费挂号，作为电报住址，并呈由各该管管理局汇报本总局，以便通饬实行。

以上各节，仰各遵照。并迅饬所属一体遵照。此饬。

兼代局长　唐宝书

中华民国二十三年三月六日

〔国民政府交通部邮政总局档案〕

17. 邮政总局为邮电合设办法应一律办到致各邮政局饬

（1934年3月27日）

交通部邮政总局通饬　第一二七六号（各一等邮局第一〇七八号）

饬各邮政管理局
一等邮局

为奉部电令，邮电合设办法应一律办到，饬仰遵照由。

关于邮电合设办法一案，业由第三十四号会同通饬，本总局第一二六七号通饬先后饬遵。关于办法第一条、第二条，并分别令饬各相关管理局在案。兹奉交通部马日通电内开：查本部规定邮电合设办法，系为促进邮电共同发展，务须切实推行。关于该办法第一条规定，苏、浙、冀三省三等以下电局与邮局合设，暨第二条规定全国通商大埠之电局，得在邮政支局内设立收报处，及邮局得在电局分收发处内设立支局各节，均应一律办到。各大都市，并应不分局等与有无线电收发处，均须交互设置，无论任何情形，不得有所例外，或故意延缓，否则意义全失，主管人员应负全责，仰转饬切遵。等因。奉此，合亟通饬，仰各遵照，并转饬所属一体切遵。此饬。

兼代局长唐宝书

中华民国二十三年三月二十七日

〔国民政府交通部邮政总局档案〕

18. 邮政总局关于邮电合设有关事项致各邮政管理局饬

(1934年4月6日)

交通部邮政总局通饬　第一二八〇号(各一等邮局第一〇八二号)

饬各邮政管理局
一等邮局

为关于邮电合设一案，续奉部令，嗣后如遇邮政支局房屋狭隘，应另迁地点与电局分收发处合设，或由电局会商，得在该管上级局内设立收报处，饬仰遵照由。

关于邮电合设一案，前奉部令，均应一律办到，不得有所例外，已由第一二七六号通饬在案。兹奉交通部第一四七六号训令开：案据徐州电报局梗电称：案奉大部电业字第四一二三号指令，饬将城东收发处，设法与邮局合设，仍将办理情形具报等因。遵再与铜山邮局接洽，据云该局尚未奉到邮政总局第二次之公文，一俟奉到，即行通知等语。恳令饬该总局转知遵照。等情。查邮电合设办法，务须切实推行一节，前经马业电令仰遵照在案，应即由该局饬知铜山邮局遵照办理。并通令有关各邮局，凡遇按照邮电合设办法第二条，电局应在邮局支局内设立收报处时，如该地邮政支局因房屋狭隘，不能容纳者，应即另迁相当地点，与相距较近之电报局分收发处合设一处，其一切办法，仍适用邮电合设办法第一条之规定办理。再遇有邮政支局并无余地可供设立收报处，而该管上级尚有余地适宜者，得由电局与邮局会商，即在该邮局内设立收报处。以上各节，统仰转饬遵照。等因。奉此，合亟通饬，仰各遵照，并转饬所属一体遵照。此饬。

兼代局长　唐宝书

中华民国二十三年四月六日

〔国民政府交通部邮政总局档案〕

19. 邮政总局关于邮电合设应行注意各节致各邮政管理局饬

(1934年4月11日)

交通部邮政总局通饬　第一二八二号(各一等邮局第一〇八四号)

饬各邮政管理局
一等邮局

为关于邮电合设一案,尚有应行注意各节,饬仰遵照由。

关于邮电合设一案,迭奉部令,已由会同通饬第三十四号、本总局通饬第一二六七号、第一二七六号、第一二八〇号先后饬遵在案。再前奉交通部第九六五号训令节开:查邮电合设办法,业经本部规定令发在案。关于该办法第一条,应即由有关各邮局及电局详密研究商定,绘具图说,分别呈送,于本年三月底以前,汇转核夺。关于第二条规定,应即由上海、南京等四十七处邮局及电局接洽办理,限于本年三月底以前,商定详细办法,并绘具图说,分别转呈及迳呈核夺。如因房屋狭隘,确无地位者,亦应呈明候核。又奉上月鱼日通电开:查邮电合设办法,业已公布,自本月十五日起实行。所有因此添设之支局与收发处等所需工作人员,均应就邮电原有人员中调用,不得另增人员,或另给津贴,以资樽节。各等因,亦已分别令饬各相关管理局又在案。本案自应切实遵照部令办理,凡部令未有规定者,自应随时呈请核示。乃各区对于部颁办法,尚有未甚明悉之处,办理纷歧,致滋误会。兹将应行遵办各节,再行详细开列如下:

(甲) 江苏、浙江、河北三省内三等及三等以下电局与邮局合设。

(一) 遵照部令规定,应由有关各邮局与电局接洽,就(一)电局迁入邮局、(二)邮局迁入电局、(三)另迁相当房屋三种方法中,详密研究后商定一种,绘具图说,于三月底以前,呈送本总局转呈核夺。遵照交通部马日通电(本总局通饬第一二七六号),并应一律办到,无论任何情形,不得有所例外,或故意延缓。

(二) 部颁邮电合设办法第一条,以不增加双方负担为原则。交通部马日通电:无论任何情形,不得有所例外。嗣后邮局电局合设,如邮局非增加负担不可时,应即详细具报,以凭核办。

(三) 邮局迁入电局,所有一切费用由邮局自行担负,电局迁入邮局,则由电局担负。如双方合迁,则各就其范围内自理,一切装修费用,亦同样办理。

(四) 各地邮局电局房屋,如系自有产业,确有不便迁移合设之困难时,应即呈报候核。

(五) 据报邮电合设,必须另迁者,寻觅相当房屋,虽甚困难,但各相关邮局,仍应会同电局,负责设法寻觅。如确系无从寻觅,应由双方以书面证明。

(六) 邮电合设办法第一条第四项规定,另迁相当处所,租金比例照摊,以不增加双方原有租金为标准。房屋租约,如何订立,未有规定。惟为妥慎计,将来另迁时,应由各地邮局,会同电局,以邮电两局名义,与房主订立租约,内中载明邮局占屋若干间,租金若干,电局占屋若干间,租金若干,并分别黏附邮电两局所占房屋图样,以明责任。如由邮局电局分别自向房主订约,亦无不可。收取房租时,应由房主分别给予收据。

(七) 邮电合设办法第一条第五项规定,电灯、用水以及其他杂支,双方按照比例分摊。在可能范围内,应设法各自装置电灯火表或自来水表,以省邮电双方结算手续。

(八)凡业已商定办法各邮局,应绘具图说两份,呈送本总局转呈候核(其已造呈而仅有一份者,应添送一份),并切实声明电局已否同意。

(九) 邮电合设双方商定办法后,何时实行,部令未有规定,应俟办法图说等呈奉大部核准,再行令知。

（乙）邮政支局内设立收报处暨电局分收发处内设立邮政支局：

（一）遵照交通部第九五六号训令之规定，应由上海、南京、镇江、徐州、无锡、杭州、苏州、宁波、温州、安庆、芜湖、蚌埠、福州、厦门、泉州、南昌、九江、广州、汕头、南宁、梧州、汉口、武昌、沙市、宜昌、长沙、常德、重庆、成都、万县、云南、贵阳、济南、青岛、烟台、太原、北平、天津、保定、秦皇岛、石家庄、开封、郑州、西安、兰州、归化、张家口等四十七处邮局及电局接洽办理（内中梧州、常德、贵阳、秦皇岛、石家庄、兰州六处，均无邮政支局，无从办理），限于本年三月底以前，商定详细办法，绘具图说，呈送本总局转呈核夺。遵照交通部马日通电，应一律办到，各大都市，并应不分局等，与有无线电收发处，均须交互设置，无论任何情形，不得有所例外，或故意延缓。

（二）遵照邮电合设办法第二条之规定，邮政支局及电报分收发处，得彼此设立柜台，其他可否装置，并无规定，惟装设招牌电灯电话，当无不可。

（三）电局在邮政支局内装置电柜，或邮局在有无线电分收发处装置邮柜，其所占地位，以一方丈为限度，并非至少须一方丈。

（四）各邮政支局内确无余地，应于可能范围内，尽量设法，在柜台外面或其他地方，由电局装置电柜，倘地位太狭，不敷设立电柜，如电局同意，亦可由电局安置一桌一椅代替柜台。

（五）邮政支局如确无余地，应迁移相当处所，与相距较近之电局收报处合设，一切均应遵照邮电合设办法第一条之规定办理（交通部训令第一四七六号，本总局通饬第一二八〇号）。对于以不增加双方负为原则及以不增加双方原有租金为标准各节，尤应切实注意。

（六）各邮政支局，如确无余地，而该管上级局尚有余地适宜者（交通部训令第一四七六号及本总局通饬第一二八〇号），如电局商请在该上级局内设立电柜，应立即商定呈报，以凭转呈。

（七）各处邮政支局内设立电柜，或邮政支局迁移与电局收报处合设，或在该管上级局内设立收报处，一经商定，应即绘具图说两份，呈送本总流局转呈候核（其业已呈送而只一份者，应即添送一份），并切实声明电局已否同意。何时实行，应候办法图说呈奉部令核准后，再行令知。

（八）各电局分收发处内，附设邮政支局，前据报告，大都与邮局距离甚近，或地位狭隘，无从附设。惟交通部马日通电，无论任何情形，不得有所例外，自应一律附设。应再与各处电局接洽，遵照交通部第九六五号训令办理具报。如事实上非加添人员不可，或电局分收发处确无余地者，亦应详细具报，以凭转呈核示。

（九）邮政支局内附设电局收报处，以及有无线电分收发处内附设邮政支局，所有装设柜台等一切费用，应由迁入者自行负担。

（十）按照电政司前此开送本总局之清单，只有上海、南京、徐州、杭州、安庆、福州、南昌、广州、汉口、济南、青岛、太原、北平、天津、张家口等十五处设有有无线电分收发处，乃顷据各区报告，则镇江、沙市、烟台地方，亦经设有电报分收发处。此外有无遗漏，应即就部开四十七处通商大埠，详细调查呈报。

此外任何方面，有何提议，如不在部颁办法，或迭次部令规定范围之内者，应即呈报候核，不得擅行办理，以免误会。仰各遵照，并转饬所属一体遵照。此饬。

兼代局长　唐宝书

中华民国二十三年四月十一日

〔国民政府交通部邮政总局档案〕

20. 巴立地陈述与关外通邮意见致交通部长函

（1934年11月16日）

部长钧鉴：密陈者。关于通邮一事，曾聆面谕，并迭奉函电谕示，著为报告，以往经过均经陆续电函先后奉陈。昨日（十一月十五日）下午，余邮务长来局晤谈甚久，因各种事项实关紧要，且职患胆结石日久，本定十月二日入医院剖腹割取，已报明邮政总局，想达钧听。因经余邮务长要求，展期一月，现只候院中□出房间，即行移入，届时当有一时期不克续行报告，故特再将此次与余君晤谈所征询意见两问题及职对此案综合意见，详细缕陈，以作钧座之参考。

昨日下午，余邮务长先行提及邮票问题已有把握，"第三者"问题仍尚未得最后训令，其中戳中不可承认之地名，拟取用涂去之方法，惟其中仍尚有种种繁杂问题，暂可不论。此来则系谈汇兑及包裹事务。等语。谨将所谈分叙如次：

汇兑事务　我方前拟用中、交银行以第三者地位居间，原极妥适。余君谓日方藉口过于迟缓，而手续繁重，不肯同意，并另提办法两项：

（甲）直接互开汇票，其核对据（银行通称票根）由封入书有"山海关民信局（或他种名目）转"字样之封套，发山海关，原封迳寄兑付局，除封套外，与国内汇票一切无异，兑付方法亦统照现行手续。所有兑汽汇票照常呈送储金汇业总局，按月汇齐，造备清单，连同兑过汇票，交山海关"第三者"，与伪国清算拨抵款项。其由中国汇往伪国者仿此。

（乙）一切办法与（甲）完全相同，仅止所有核对据双方，均由发汇局发往各在山海关附近设立之集中机关（伪方可设于锦州，我方则择设适宜地方），由该集中机关开单汇送"第三者"，另备封套分发各兑付局。

以上两种办法，似亦言之成理，非不可行，但其中窒碍困难，当尚有之，不无仍须再加考虑之处。盖如此办理，除实际核对据本身乃双方直接□换外，所谓"第三者"之责任及规模，当惧过于庞大繁重，不易组成，所需保证异常□□承充者甚杂，其选与原拟仅承办居间换交封同邮件总包□□"第三者"□□范围悬殊远甚,在"第三者"方面,经转核对据时,有需校对封发诸手续,而结算帐□□俱有巨值之兑过汇票,更有保管之责任,且需要房屋、器具、人才,无不增多,不徒承办者不易承受,而任用之者,亦难轻于信托。缘只就东三省而论,沈阳事变以前,十九年度汇款超过兑付者,将及九百万元,其每月数目年关、节令、旺月,当不下百万元。假定每月平均五十万元,我方兑付汇票,除抵付所开发者外,应由"第三者"经手,向伪方索还数十万元之巨款,在款未收清之际,兑过之汇票已由我方先行交付第三者以凭结算,该兑过汇票实与现款无异,倘有不虞,至堪顾虑。我方似未便遽认此临时组织无资本之机关,对我有具此信用,负此责任之资格也。

且此两种办法,比之前者(见十月六日肃函)所拟经由银行居间之法,并无何项迅速简捷之长处,且有款数过大,第三者不能安全适用之顾虑。以故以职管见,似仍以银行居间办此动辄牵及特殊政治困难状况下之事务为最妥,因不徒局中手续并不加繁,且可避免巨额兑过汇票或有损失之危险。倘使彼方绝对不允使用银行,而又必欲开办汇兑(其不必需之理由,见函末第六条),则只有取国际汇票方式,用大连日局居间办理之。此上系职关于汇兑办法个人观察之意见,不知果否正确,拟请饬储金汇业总局作最后之审查,就中使第三者若是扩大,是否合于原定计划,自亦需研究。前叙情形,经职向余君说明,嗣余君复提及包裹事务,职当以前日所拟在被迫必不可避免状况下应取之方式告知(详见十一月十三日肃函)。

谈话至此,职即向余君说明本人意见,认为无论"邮票"、"第三者"及日戳各问题,以至于汇兑等问题,如何展转周折,彼日方之意除直接通邮外,决不容纳其他办法。并询余君是否同此观察,据谓与彼方谈判已久,考虑彼方主旨确系如此。是故近两月来无论如何委曲迁就,结果徒耗时日,甚少成效,职是故耳。

总之，通邮一事，原与承认伪国有密切关系，徒以国家形格势禁，不得不设法求一虽通邮而不致涉及承认伪国之变通方法。此本至难之问题，余君当此艰巨，其为难苦衷，凡知之者，莫不深觉同于身受也。

忆职曾屡向钧座陈叙，如果日方对于通邮出于纯洁之诚意，我方尚可勉强设法使其实现。近两个月来，殚精竭虑，百方思索，始觅得一不承认伪国而得通邮之途径，乃彼方统予推翻，并不与我方意见设法沟通，反遇事特持异议，以致此事久悬不决。况我方既定封锁东北邮政方策于前，实不应轻易使其复通。此次商及此节，无非受彼方藉口，解除人民不能通邮之痛苦，所加之督促，不得不勉与周旋。如果彼方事出真诚，自应设法先使信件得通，何须亟亟议及汇兑、包裹，且又要求必用直接方法，其用意可谓司马昭之心，路人皆知者。在彼方所欲者，无非完全依照所提方式，迳行通邮，使中国自陷于承认伪国之井中。一俟邮政问题解决，则电话、航空、公路、水运一切交通事项，必将相继而来，一律援例，无不互通，俾作国际宣传根据，藉口中国已与伪国发生关系，他国更无所用其观望也。

日前外交家程锡庚君与职互换意见之时，曾言早日设法通邮，方为适宜，否则藤原即将离去，以后不易再使其前来谈判。等语。经职告以通邮关系国家主权甚重，我方初未提出，且明知人民不乏通信方法，实际未受甚多困难，所以谈判此事者，乃受日方逼迫，非出自愿。如果彼方不循情理，复欲以离去为要挟，我方尽可听之，其间亦无关系。倘恐因此牵及大局，致令紧张，我方不妨取委蛇延宕方法。程君当云，纵使谈判决裂，日方亦不致因而占领平津等语。究竟真像如何，想钧座必能知之。观察日方神态，通邮一事，定系曾得口头允许（此项风闻，职已于半公函内向总局陈叙），以故彼方即要求履行前诺，不容再事理论。此节殆为此事真正症结之所在。且数月以来，因对伪国邮件奉钧令须加严密处理，有需地方当局协助者，向与接洽之际，乃彼方表示厌烦之感觉，竟发生伪国早应予以承认，何必多生事故之言论。而现时对通邮所开谈判之际，更有对职等感觉不满之意者，余邮务长亦复知之似此情形。此事不独为国际事件，且又成为国内问题，故更为繁难，想钧座定能洞鉴及之。按日下此项困难状况，徒以钧座主持部政，方克持至今日方针未遭动摇，若易他人，则早不知伊于胡底。职前奉十一月八日钧电，俞允一切报告统保秘密，用敢披肝沥胆，一一上闻。近日余邮务长秘报数起，亦因不虞泄露，方敢尽言。职等深仰钧座为尽力挽救国家危亡之人，故不敢缄默。职不避愚赣〔戇〕，垂涕直陈，仍恳钧座鉴原微衷，至于以后继续谈判，余邮务长与职仍当竭尽驽骀，努力从事。但前经陈明一切事项，俱已超越技术范围，倘限于情势不能有良好献替堪资采纳时，仍盼原情见宥，若有所驱策，则自当竭力以赴，用答知遇也。

目下此事以职愚见，概括言之，不外数端，仅再约略陈凭鉴察：

（一）通邮　按通邮一事虽难免有涉及承认伪国之关系，但一因出于他方之逼迫，二因欲谋外交界及西侨之便利，三为顾念失地内痛苦公民之困难，自亦希望在可能范围内，觅得妥善方法。但彼方如果故意刁难，以致决裂，似乎责不我负，倘使以前确有何项口头之允许，则我方更不得不于无可设法之中，尽力觅一解决之方式，但国家主权及人民公愤终须顾及耳。

（二）邮票问题　日方果具诚意，另制邮票，专作由伪国寄中国邮件之用，我方尚可作为被迫情形之下，勉予通融承认。

（三）第三者　此项居间过渡之机关，必须坚持使其产出，并审慎组织，免受彼方愚弄，或指为中国片面之傀儡，致仍不免直接通邮之嫌。如使其兼办汇兑，更需详慎考虑，最好使日方分担经费，或使日人参加承办，与通车所用旅行社相类，方使居间之第三者名副其实。

（四）日期戳记内带有新京字样者　彼方对于此点坚持不稍

退让，自属包藏祸心，我方在被迫无计之时，或可牺牲己见，听其使用，但于入境以后投递之前，用周密方法统予灭迹，其细则仍尚待详为讨论(譬如无法投递邮件上，新京统予涂去之日戳，退往彼方，或生问题，均须顾及)。

(五) 邮件资例　如彼方坚持不与我方从同，尚可作为一种牺牲，听其自定。

(六) 汇兑包裹保险以及代收货价诸事项　按此类均非邮政专营之事业，汇票向来入超，我方事项有限，包裹则限于彼方关税之壁垒，绝无以前之兴盛，且各银行及转运公司均优为之，人民亦非专惟邮局是赖。彼方藉口便利人民之说，足可驳倒，故除非觅得确能适合我方之办法外，毋宁不办之为愈。

以上六项似可作通邮问题全部应持之方针，以期应付危迫外交局面及勉顾国家主权两原则互不相妨。是否有当，谨于入院割治重症有旷时日之前，敬贡愚见，以凭钧裁。临函不胜屏营之至。此函已经请余邮务长阅过，经其嘱将所具报告附送，谨一并呈览肃此。敬请

崇安

职　巴立地谨肃

二十三年十一月十六日

〔国民政府交通部邮政总局档案〕

21. 上海邮政总局代表与日本关东军代表关于商定关内与关外通邮办法的纪录

(1934年12月14日)

民国二十三年十二月十四日，上海邮政总局代表高宗武、余翔麟，同参加员殷同、李择一，与关东军代表藤原保明，同参加员仪我诚也、紫山兼四郎，会于北平，关于通邮在不涉及“满洲国”承认问题之下，商定办法如下：

以下上海邮政总局简称甲方，关东军简称乙方。

一、通邮于双方邮政机关间行之，因此在山海关、古北口设转递机关。

二、通邮用之乙方特种邮票，其面上不表示“满洲国”及“满洲”字样。

上记邮票印制四种，使用于函件、明信片、挂号、快信等，务力求贴用。

三、邮戳在乙方则用现用欧文。

四、邮资由邮政业务主管机关各自定之。

五、关于通邮事务之文书(单据在内)，尽量标用公历，不表示“满洲国”及“满洲”字样。

六、通邮实施为明年一月十日，于同月五日前后公表之，但包裹汇兑则自同年二月一日起实施。

七、通过西比利亚之邮件依照旧例办理。

八、本办法之变更须经双方之相互协议。

九、依上述之旨趣，作成处理出进山海关、古北口邮件暂行办法，及处理出进山海关、古北口邮政汇兑暂行办法，如附件〔附件缺〕

〔国民政府交通部邮政总局档案〕

22. 上海邮政总局代表与日本关东军代表关于关内外通邮办法谅解事项的记录

(1934年12月14日)

通邮办法之谅解事项

民国二十三年十二月十四日，上海邮政总局代表高宗武、余翔麟，同参加员殷同、李择一，与关东军代表藤原保明，同仪我诚也、柴山兼四郎，会于北平，关于通邮办法其谅解事项如下。

以下上海邮政总局简称甲方，关东军简称乙方。

一、关于通邮办法之公表，除协议部分外，其全部不得公表，并不得为恶意之宣传，但“通邮于双方邮政机关间行之”，当然在不发表之列。

二、通邮用之乙方特种邮票，其花纹由乙方预示甲方。

三、向甲方寄发之邮件上，乙方以诚意努力使用特种邮票。

四、甲方对于由乙方寄发之邮件倘已纳足邮资，则虽误贴普通邮票，得免征欠资，但以极少数为限度。

五、乙方在现用欧文邮戳之局，则使用欧文邮戳，在现在用中文邮戳之小局，则得用中文邮戳。

以上现用中文邮戳中务不表示“省”字。

六、关于通邮之文书(单据在内)，乙方以诚意努力不表示“满洲国”及“满洲”字样。

七、所有两邮政业务主管机关往来之文书，由乙方所发者，以邮务司长 Director General of Posts 为发信者，以邮政总局局长或邮政储金汇业总局局长为收信者，而由天津邮局转交。由甲方所发者，以邮政总局局长或邮政储金汇业总局局长为发信者，其由代理人签名者，则附书代理者之职衔，并于本文末尾为奉命 By Order 之表示，以邮务司长为收信者。

〔国民政府交通部邮政总局档案〕

23. 交通部颁发全国通商大埠邮局代收电报办法致邮政总局训令

(1935年1月10日)

交通部训令　字第151号

令邮政总局

兹为兼顾民众通信便利及邮电两局人员经济起见，特订定《全国通商大埠邮局代收电报办法》一种，随令附发。所有全国通商大埠各电报局台，在当地邮局或邮支局内所设之电报收发处，如有业务特别清淡，于最近三个月中，平均每日收报在二次以下者，准由电报局台查明，各该收发处名称及收报次数，开单函请当地邮局，按照该项办法代收电报，同时邮局在电报局台暨特准保留之分收发处内所设邮政支局，如认为并无自行派员办理之必要者，亦得商请电报局台按照邮政信柜办法，代售邮票，并收寄邮件，除另令外，仰转饬遵照办理具报。此令。

附全国通商大埠邮局代收电报办法一份

中华民国二十四年一月十日

交通部长　朱家骅

全国通商大埠邮局代收电报办法

一、邮局或邮支局(以下简称邮局)内所设电报收发处(以下简称收发处)，其业务清淡，于三个月中平均每日收报在二次以下者，得委托邮局人员代为收受电报，但国际电报较多，或业务有逐渐增加之趋势，或委托代收后在三个月中平均每日收报超过二次者，均仍由电局自行派员管理。

二、委托邮局代收电报之收发处，其原有之柜台及电话机，仍设原有地位(如邮局本局亦装有电话者，收发处之话机可拆除)，名牌亦照旧悬挂，概由邮局妥为保管，由电局按月拨付邮局保管费三元。

三、前项收发处遇有发报人前来发电时，邮局指定之收报人员，应即前往招呼接受，其态度须诚恳和蔼，对于国内电报之规章价目，并须相当熟习。

四、邮局代收电报，以国内电报为限。除注明“电留”或“邮留”字样之电报外，凡使用其他各种特别递电办法(即电局定章中所称之特别业务办法)之电报，均暂不代收。

五、华文明码电报，经发报人照付译费要求代译者，邮局代收后应连同译费一并送交电局译发，邮局不负代译之责。

六、邮局代收电报及报费后，应用电局所备之收据(其上盖有某某电报收发处戳记)，填具正副收据三张，由代收报费之邮务员签字后，以正收据交发报人收执。所有副收据二张，以一张连同电报及报费送交电局，其余一张留存邮局备查。

七、邮局收受电报及报费后，如收发处或邮局本局装有电话者，应立即用电话通知电局派差前来收取。其未装有电话之邮局，由电局代装电话备用。如该地尚无市内电话之设备者，暂由邮局派差递送。

八、邮转电报章程第三条、第四条、第七条、第九条之规定，与本办法不相抵触者，均适用于邮局代收之电报。

九、邮局代收电报所需之各种章程、去报纸、及报费收据去报签收簿等，均由电局视需要之数量，随时供给。

十、邮局代收电报应得之代办费，按照代收报费总数百分之二十计算，由电局与邮局按月汇算清楚后，至迟于次月五日以前，拨付邮局，取具收据，随册呈核。

十一、邮局代收电报时间，普通以邮局对外办公钟点为准。但因电局派差收报必需相当时间，故邮局停止代收电报之钟点，得按照距离电局之远近，酌予提前。俾电局得以邮局闭门以前派差到邮局收取电报。

十二、关于邮局代收电报手续及核算报费等办法，应由电局在委托邮局代收电报之先，派员详细指导，以免实行时发生错误。

〔国民政府交通部邮政总局档案〕

24. 邮政总局编1933年度邮政事务年报

(1935年2月16日)

中华民国二十二年度(民国二十二年七月一日起至二十三年六月三十日止)邮政事务年报

绪言

本年度承二十一年度之后，东三省邮务虽尚未恢复，但华北战事告一段落，四川战事以及甘宁一带，孙殿英乱事，亦已先后解决，湖北、湖南、安徽、福建等处匪患，亦日就消弥。而江西“剿匪”军事，进展尤速，向为“赤匪”盘据多年之重要区域，先后克复，肃清之期，当不在远。所有已经克复地方，邮务均随同恢复推进，且邮政方面对于未通邮路地方，增辟邮路，已通邮路地方，添设局所，复多方推广，改快运输，俾更便利迅捷。故本年度成绩，颇有显著之进步。

其间与邮政有密切关系，而堪以称述者：

（一）各省公路建筑均突飞猛晋，较之上年度，增加八千余里，其已通公路处所之邮件，均交由汽车带运。复得当地官厅或主管机关之竭力协助，分别办理，使交通功能益臻显著。

（二）航空路线，虽迪化因新疆乱事关系，尚未恢复，而其他各处，办理成绩，均甚良好，本年度内，计共增三千余里。且寄往欧洲等处之国际航空邮件，又兼用（甲）西贡至马赛航空线，（乙）彭顿至阿姆斯特丹航空线，（丙）英国皇家航空线。而公众方面亦渐喜利用航空寄递邮件，以资便利。

（三）本年度内，虽间有少数处所发生水灾旱灾，然为患并非甚巨，与邮务尚无重大影响。

（四）全国通商大埠之邮局内，设立电报收发处，电局内设立邮政支局，概本便利民众节省开支之旨，以服务社会，非仅以推广业务而已。

至邮务经济，仍继续竭力紧缩，一切经费可以核减者，概行核减，可以节省者，概行节省，必与保持公务效率有关，而不可省免者，始得开支，并设法推广营业，使业务日就进展，因此支出减少，收入增加，统筹兼顾。故本年度邮务经济尚有盈余，以视二十年度、二十一年度各亏数百万元之巨，相去甚远。惟新疆、云南两区，因纸币跌价，邮政收入蒙受巨大损失，现亦正在设法办理，以期有所救济。

此外西北各省，蕴藏甚富，只以交通不便，地方贫瘠，及时有匪患，以致人民困苦，百业凋敝。自开发西北计划确定后，各种建设事业，次第举办或筹划，而邮政对于边区各省，亦以开辟邮路，多设局所为宗旨。如经过相当时期之后，对于启发文化，振兴实业，增加生产，必有伟大之成绩，邮务将亦随之迈进，而有巨大之希望，此尤可悬鹄以为期待者也。

兹将本年度内邮政组织、业务、联邮、财务、资产、设备及员工各项详情，分别叙述于后，并另附图表，以资参考。

第一章 组织

一、局所 兹将截至民国二十三年六月底止，所有重要局所及次要局所之数目，列表比较如下：

甲、重要局所

局所类别	民国十九年度	民国二十年度	民国二十一年度	民国二十二年度
邮政管理局	二三	二三	二三	二一
一等邮局	三七	三七	三七	二八
二等邮局	九九八	九九五	九七二	八三三
三等邮局	一，一五九	一，一七八	一，二二一	一，一二七
邮政支局	二七七	二八一	二八二	三〇八
邮寄代办所	一〇，〇二九	一〇，一五五	一〇，二九三	九，七六九
共　　计	一二，五二三	一二，六六九	一二，八二八	一二，〇八六

本年度内，因辽宁、吉黑两区邮务暂时停办，该两区原有局所数目，计管理局二处，一等邮局九处，二等邮局一百零二处，三等邮局一百四十五处，邮政支局四十三处，邮寄代办所六百四十七处，均暂不列入表内。其他各区管理局及一等邮局数目均无更动。二等邮局则因改为三等局之故，较上年度减少三十七处，三等邮局连同由代办所改升在内，共增五十一处，邮政支局则增加六十九处，

邮寄代办所增加一百二十三处。故表内局所数目，较诸上年度统共减少管理局二处，一等邮局九处，二等邮局一百三十九处，三等邮局九十四处，邮寄代办所五百二十四处，只邮政支局增加二十六处。

乙、次要局所

局所类别	民国十九年度	民国二十年度	民国二十一年度	民国二十二年度
城邑信柜	一，〇六四	一，〇四七	一，〇二五	九八九
村镇信柜	七，〇二九	七，二八七	七，四〇八	七，〇一五
村镇邮站	二二，〇三九	二二，二八三	二一，七四〇	二〇，四六五
代售邮票处	二，一〇〇	二，一五七	二，二六〇	二，一三一
共　　计	三二，二三二	三二，七七四	三二，四三三	三〇，六〇〇

二、邮路　各项邮路列表比较如下：

类　　别	民国十九年度	民国二十年度	民国二十一年度	民国二十二年度
	公里	公里	公里	公里
邮差干路	二八八，〇四〇	二八八，七七五	二八九，三三四	二四一，三九七
邮差支路	一〇五，四五二	一〇六，七〇五	一〇六，七一六	一一八，一二一
轮船及民船邮路	五七，二九八	五七，六八五	五九，一九三	六〇，八二六
铁道邮路	一五，三〇三	一五，三八〇	一五，六一八	九，四二四
汽车邮路	一八，五七七	二一，五三七	二七，六三八	二五，八九〇
航空邮路	三，六四七	四，三六〇	七，六三九	一〇，八七二
共　　计	四八八，三一七	四九四，四四二	五〇六，一三八	四六六，五三〇

甲、邮差邮路　截至本年度终（即民国二十三年六月底止），邮差干路及支路，共为三十五万九千五百十八公里，较上年度减少

三万六千五百三十二公里。因(一)辽宁、吉黑两区邮路,皆已暂时停办,(二)湖北、湖南、江西、广东等邮区内,汽车邮路扩展,邮件改交汽车带运,故将原有邮差邮路裁减。又现有路线,常因各处邮运情形变更,时加改组。华北有数处铁道,因水灾及其他灾害而阻断之际,均经组织临时邮班,运送邮件,以维交通。

乙、轮船及民船邮路　本年度此项邮路,因改组及扩展之故,增加一千六百三十三公里,其中以浙江、苏皖、广东等邮区增加之数为较多。

丙、铁道邮路　本年度内,粤汉铁路广东省内之乐昌至曲江一段通车,浙赣铁路已由浙江省内展至江西玉山,陇海铁路之东段已展至孙家山,惟因辽宁、吉黑两区邮务暂时停办,故所有铁道邮路总数较之上年度,计减少六千一百九十四公里。

丁、汽车邮路　截至本年度终,共长二万五千八百九十公里,各区互有增减。其中苏皖邮区,计增四百八十二公里,北平邮区增加七百零九公里,河北邮区增加二百三十二公里,山西邮区增加二百十四公里,山东邮区增加一千七百八十七公里,西川邮区增加七百八十九公里,东川邮区增加二百八十八公里,湖北邮区增加六百十八公里,江西邮区增加一千七百十一公里,浙江邮区增加五百十一公里,广东邮区增加一千零三十三公里,云南邮区增加二百九十四公里,其余湖南、福建、广西等邮区共增一百二十二公里。惟上海邮区则减少二十公里,河南邮区减少五百零九公里,辽宁、吉黑两邮区邮路暂时停办,共减少一万零九公里,较之上年度总计减少一千七百四十八公里。

戊、航空邮路　因沪粤线、平粤线及皋兰(兰州)宁夏线相继开办,故截至本年度终,共为一万零八百七十二公里(上海 南京间航程,因已计入中国航空公司之沪蜀线内,故本年度计算全国统共航空邮路时,对欧亚公司之沪新线,仅自南京算起,以达迪化,藉昭核实),较上年度增加三千二百三十三公里。

第二章 业务

一、邮件

甲、统计 兹将收寄各类邮件之统计数目,列表比较于后:

类别		民国十九年度	民国二十年度	民国二十一年度	民国二十二年度
普通邮件		758,561,900	797,883,000	706,334,000	753,200,200
特种邮件	挂号邮件	29,514,100	29,966,500	24,623,000	25,782,500
	快递邮件	7,838,800	9,097,100	7,964,400	8,525,500
	保险信函	103,000	78,600	57,100	55,400
	保险箱匣				
共计		796,017,800	837,025,200	738,978,500	787,563,600

本年度内,全国收寄及就地投送之邮件,连同航空邮件三百四十七万八千九百件在内,计有七万八千七百万件之谱,较上年度增加四千八百万余件,约合百分之六.五;较之二十年度,则仍少四千九百万件之谱。盖二十年度数目,系括有东三省收寄之邮件七千七百九十万件,及国内其他各处寄往东三省之邮件在内。各类邮件增加之数,以普通邮件为最巨,计四千六百八十六万六千二百件,其他挂号邮件增加一百十五万九千五百件,快递邮件增加五十六万一千一百件。惟保险信函,自五万七千一百件,减为五万五千四百件,此因各处金融艰窘,交寄之有价文件,为数减少之故。再就各邮区收寄邮件之总数,与上年度比较,大抵多有增加,其中苏皖邮区增加一千一百四十九万四千五百件,上海邮区增加一千九百六十万九千九百件,北平邮区增加二百九十七万三千四百件,山西邮区增加四十五万二千八百件,河南邮区增加一百三十六万零三百件,陕西邮区增加十九万七千七百件,甘肃邮区增加十八万七千五百件,山东邮区增加三十五万六千七百件,西川邮区增加十万零四

千一百件，湖北邮区增加二百十三万二千五百件，湖南邮区增加一百八十万七千二百件，江西邮区增加五百二十一万一千八百件，浙江邮区增加五十七万一千五百件，福建邮区增加三百零三万四千四百件，广东邮区增加十六万九千二百件，广西邮区增加一百零五万六千二百件，云南邮区增加五十八万三千七百件，贵州邮区增加二十六万一千五百件，惟河北邮区减少一百六十二万三千六百件，新疆邮区减少三十二万零六百件，东川邮区减少一百零三万五千六百件。

乙、当地邮寄事务(就地投送之邮件) 此项邮件，较上年度增加七十五万零三百件；惟与二十年度比较，亦因东三省关系，计少四十余万件。兹将过去四年内数目，列表比较如下：

年　度	民国十九年度	民国二十年度	民国二十一年度	民国二十二年度
就地投送之邮件	72,668,000	74,727,800	73,491,300	74,241,600

丙、民局交寄之包封信件 本年度内，民局交寄包封之数目、重量及内装信函件数，均较上年度略见增加。民局信客私运邮件之被查获者，约一万一千三百件，上年度则为一万四千八百七十五件。兹将各民局交寄之包封信件，列表比较如下：

年　度	民国十九年度	民国二十年度	民国二十一年度	民国二十二年度
包封数目	152,820	142,700	142,300	143,400
包封内所装信函数目	4,090,650	3,927,700	3,713,700	3,978,800
重量(公斤)	33,712	34,200	32,300	37,000

丁、国内航空邮件　中国航空公司增辟沪粤线，计长一千六百二十公里，中途经过永嘉(温州)、闽侯(福州)、思明(厦门)、汕头等处。欧亚公司所设平绺线，计长七百公里，于本年内停办，但同时增辟平粤线，计长二千二百公里，中途经过阳曲(太原)、洛阳、汉口、长沙等处(惟阳曲(太原)及洛阳两站，嗣即取消，改由北平经过郑县(郑州)，以达汉口、长沙及广州)，嗣复增辟皋兰(兰州)至宁夏线，计长四百公里。本年度内，航空邮路统共有一万零八百七十二公里，上年度内，则仅为七千六百三十九公里。所有航空邮件及包裹数目及普通暨特种航空邮件数目，分别列表如后：

(一) 航空邮件数目表

类　　别	件　　数	重　量(公斤)
信函及明信片	三,四五四,七〇〇	四一,五八五,〇〇〇
新 闻 纸	一六,四〇〇	一,〇八三,〇〇〇
其他各项邮件	七,八〇〇	五六六,七〇〇
共　　计	三,四七八,九〇〇	四三,二三四,七〇〇

(二) 航空包裹数目表

件　　数	价　值(银元)	重　量(公斤)
一,七〇〇	四二,一〇〇元	一,五八二

(三) 普通暨特种航空邮件数目比较表

类别		民国二十年度		民国二十一年度		民国二十二年度	
		数目	重量(公斤)	数目	重量(公斤)	数目	重量(公斤)
普通航空邮件		2,806,323	33,909,503	2,819,440	32,862,530	2,737,946	31,240,940
特种航空邮件	抽号邮件	236,685	4,298,133	263,030	4,923,150	289,086	5,239,360
	快递邮件	697,492	8,584,864	511,030	7,120,120	451,868	6,754,400
	共计	3,740,500	46,792,500	3,593,500	44,905,800	3,478,900	43,234,700

戊、国际航空邮件　我国寄往欧洲、非洲及亚洲南部各国之邮件，为求迅速寄递起见，利用(一)西贡至马赛航空线，(二)彭顿至阿姆斯特丹航空线，(三)英国皇家航空线寄递。

二、包裹

收寄包裹比较表

年　度	民国十九年度	民国二十年度	民国二十一年度	民国二十二年度
件　数	6,217,230	6,518,200	5,930,100	6,233,900
重　量(公斤)	37,418,160	46,049,800	47,238,200	49,037,500
价　值(银元)	121,348,900	136,767,500	123,310,800	136,118,500

本年度内收寄包裹数目，较上年度增加三十万零三千八百件，按重量计算，则增加一百七十九万九千三百公斤，价值则增加一千二百八十万七千七百元。兹将过去四年间收寄之普通、保险及代收货价包裹，列表比较如下：

年　度			民国十九年　度	民国二十年　度	民国二十一年　度	民国二十二年　度
普通包裹		件　数	6,019,800	6,301,800	5,701,900	5,995,400
		价值(银元)	114,840,300	129,616,600	116,578,500	129,580,300
		重量(公斤)	36,515,800	44,843,100	45,962,400	47,680,500
特种包裹	保险	件　数	56,060	52,000	43,200	34,600
		价值(银元)	4,121,500	4,134,800	3,658,500	3,007,800
		重量(公斤)	312,500	363,000	341,400	230,900

（续表）

年度			民国十九年度	民国二十年度	民国二十一年度	民国二十二年度
特种包裹	代收货价	件数	141,370	164,400	185,000	203,900
		价值(银元)	2,387,100	3,016,100	3,073,800	3,530,400
		重量(公斤)	589,860	843,700	934,400	1,126,100

三、邮转电报　本年度内由公众直接交寄之电报，较上年度减少九百件。由电局送经邮局较交及投送之电报，亦减少三千二百七十件。兹将过去四年之数目，列表如下：

年度	民国十九年度	民国二十年度	民国二十一年度	民国二十二年度
收自公众之电报	五,二〇六	五,三〇〇	四,四二〇	三,五二〇
收自电局之电报	二一,〇一四	二五,五〇〇	二〇,四五〇	一七,一八〇
共计	二六,二二〇	三〇,八〇〇	二四,八七〇	二〇,七〇〇

第三章　联邮

一、与各国邮政之关系　我国邮政与各国邮政之关系，仍极亲睦。

二、邮政协定及邮运合同　我国与太平洋轮船公司签订带运邮件合同，自民国二十二年十二月九日起实行。

三、互换邮件事务　兹将我国邮政于本年度内，与各国互换局开办及停办之互换邮件事务，开列如下：

大连向广州直接封发总包邮件及包裹。

圣裴德禄(San Pedro)向上海及广州直封包裹总包。

萨马隆(Samarang)向思明(厦门)直封邮件总包事务，停止办理。

依波(Ipoh)及吉隆坡(Kuala Lumpur)寄我国之直封邮件，停止封发。

贝尔(Bale)寄广州直封邮件总包事务，停止封发。

上海直接封发斯塔福(Stafford)之包裹，停止办理，并入上海至利物浦(Liverpool)及伦敦之包裹总包内寄发。

巴塔维亚(Batavia)至思明(厦门)、汕头、上海，及由苏拉巴加(Soerabaja)至广州、汕头、上海，与由汤仲判丹(Tandjongpandan)至汕头等处之直封邮件总包，均停止封发，改由巴立克派丹(Balikpadan)、美开塞(Makasser)，湄南多(Menado)、巴邻旁(Palembang)、磅替阿纳克(Pontianak)及汤仲判丹(Tandjongpandan)等互换局向广州封发。

巴格达(Bagdad)取道西比利亚向北平直封邮件总包。

上海至萨马隆(Samarang)直封包裹总包，停止封发。

思明(厦门)向仰光(Rangoon)及棉丹(Medan)直封邮件总包。

天津寄德国之邮件总包，向蒙城(Munchen Bahnpostamt)直封，取道苏彝士运寄。

散达坎(Sandakan)向上海直封邮件总包。

悉德尼(Sydney)停止直封汕头之邮件总包，改由香港转递。

墨尔本(Melbourne)寄上海之邮件总包，改向广州直封。

日本经由天津转寄张家口、清苑(保定)、阳曲(太原)等处之代收货价包裹，改由北平经转。

第四章　财务

一、资例　为推广我国与香港及澳门之包裹业务起见，商准香港及澳门邮政，将我国寄往之国际包裹邮费资列减低。所有寄往香港之包裹，其重量限度仍为十公斤。凡重至一公斤者，收费六角三分；重逾一公斤至五公斤者，收费一元一角五分；重逾五公斤至十公斤者，收费二元三角；自民国二十二年十一月一日起实行。至寄往澳门之包裹，其重量限度，则由十公斤增至二十公斤。凡重至一公斤者，收费六角三分，重逾一公斤至五公斤者，收费一元一角五分；重逾五公斤至十公斤者，收费二元三角；重逾十公斤至十五公斤者，收费三元四角五分；重逾十五公斤至二十公斤者，收费四元六角；自民国二十三年一月一日起实行。

二、遗失邮件及包裹之赔偿　本年度内，所付遗失邮件及包裹之赔偿，计银元一万三千零十元七角五分，其中一部分，系因图南轮船失事，及西川邮政管理局包裹处失火，以致保险邮件及保险包裹须付赔款之数。

三、经济概况　兹将本年度与上年度之经济概况，比较如下：

收　入			
款　别	民国二十一年度	民国二十二年度	比　较
营业收入	31,410,988.12元	33,313,723.32元	增加1,902,735.20元
由当地官厅拨给之协款	10,842.66	57.44	减少10.785.22
邮政储金汇业盈余拨归邮局以抵邮局兼办储汇业务之一切开支	1,951,853.67	1,857,887.00	减少93,966.67
共　计	33,373,684.45	35,171,667.76	增加1,797,983.31

(续表)

支出			
款别	民国二十一年度	民国二十二年度	比较
营业支出(各邮局兼办储汇业务之一切开支包括在内)	37,548,314.35元	33,593,071.82元	减少3,955,242.53元
拨充资本支出			
解部营业盈余			
拨解邮政养老抚恤金帐内			
拨充营业基金	10,842.66	57.44	减少10,785.22
共计	37,559,157.01	33,593,129.26	减少3,966,027.75
盈余亏折总数	亏折4,185,472.56	盈余1,578,538.50	

第五章　资产〔略〕

第六章　设备〔略〕

第七章　员工

一、华员　截至本年度止，华员计有邮务长八员，副邮务长二十三员(内有四员署理邮务长)，邮务员四千八百四十一员(内有三十员署理副邮务长)，杂项人员四十二员(绘图员三员，收支员三十员，经管簿册员四员，秘书四员，专门机器监事一员)，邮务佐三千九百九十一员(内有书记四员，数机核算员一员)，邮寄代办人九千七百六十九名，信差七千三百二十四名(普通信差六千五百八十四名，村镇信差七百四十名），邮差五千六百十一名，舵工水手等三百五十九名，听差一千一百名，杂项工役二千四百四十五名，共计三万五千五百零九名。

二、洋员　截至本年度止，洋员有视察长一员，邮务长十二员，副邮务长十二员（内有五员署理邮务长），邮务员十三员（内有八员署理副邮务长），邮政建筑测绘员一员。

本年度内邮务员及其以上班次之人员，离局者共一百五十八人（内有洋员三人）。

局长　郭心崧

中华民国二十四年二月十六日

附表图〔略〕

〔国民政府交通部邮政总局档案〕

25. 上海邮区邮务长乍配林报告该区邮务状况致俞飞鹏呈

（1935年5月3日）

窃查上海邮区虽占江苏省之一小部份，然管理局所在之本埠，范围甚广，包括上海市、公共租界及法租界，故全区重心点则在管理局，而不在内地局所。

一、局所之组织

现有管理局一处暨支局三十二处，邮亭三处，二等局廿三处暨松江支局一处，三等局廿五处，代办所八十七处，内地代售邮票处一百七十八处，本地信柜廿七处，村镇信柜二百五十一处，城邑信柜廿八处，及村镇邮站四百八十九处。

除上述之管理局一处暨支局三十二处、邮亭三处外，上海本地又分设城邑信柜五处及代售邮票处一百三十三处，又信筒及信箱共计二百八十只，以利公众。

二、局务之管理

邮务长管理全区邮务，对邮政总局局长负全区邮务顺利进行之责，派有后列各员襄助办理：

（甲）区副邮务长一人：为邮务长以下之最高指导者。邮务长不在局时，由其代理邮务长职务。

（乙）管理邮区会计副邮务长一人：管理邮票及本区邮政及储汇财政，对邮务长负会计处工作顺利进行及各项帐目经管与正确之责。

管理局内办理公务，共分三十二处，各有职责，每处派由相当人员充作主任。查上海局不特办理所有各项邮政业务，且为一重要之国际互换局。所有各处均归区副邮务长直接管辖，并派有后列各员助理之：

（甲）署副邮务长一人，管理内地局所、邮路及文牍事务。

（乙）署副邮务长一人，管理本地巡员处、各支局、各本地代售邮票处、敛取及投递本地邮件事务、本地邮件收发处、局内之私人租用信箱，以及各差长与信差等。

（丙）邮件事务管理处主任一人，对于后列之办理邮件各处，负直接督察之责。

（一）保险邮件处；

（二）邮件收发处及接送邮件员；

（三）挂号邮件处；

（四）快递邮件处；

（五）刷印物收发处；

（六）邮件存储处。

邮件事务管理处主任对区副邮务长，负上述各处事务顺利进行之责。所有国内邮件运寄路线，亦应由该主任计划。平时邮件收发处在其督察之下，每日缮具封发邮件时刻表，通知各处及公众，并分送本埠华洋各报馆。

（丁）包裹事务管理处主任一人，管理后列各处：

（一）包裹（国内个人或外洋包裹）收寄处；

（二）包裹封发处；

（三）包裹（国内及外洋包裹）投递处；

（四）大宗包裹收发处；

（五）空袋处。

包裹事务管理处主任，对区副邮务长负上述各处事务顺利进行之责。凡包裹业务之盛衰，应由该主任严密加以注意，并随时报告。

（戊）国际邮件事务管理处主任一人，管理国际邮件事务，处理与国际邮件及包裹各项有关之问题，督造国际统计，并须注意各项表册及报告是否按时缮具。该主任亦归区副邮务长管辖，遇有事项，应随时向其报告。

（己）轮船火车运输处巡员一人，管理各火车轮船邮局长及该处办事员工，监察其所属各员工之行动。如有事项，应迳向区副务长呈请核夺。

（庚）无法投递邮件处外籍雇员一人充主任，就该处名称观之，虽若不甚重要，实则该处在处理地址不详之邮件，及因各种缘由致邮件不能投递，须退还原寄局等等工作，殊多劳疲，故该处亦属重要。

（辛）机工监事一人，该处应监察各种邮用马达车辆船只，并负保管修理之责，又须管理汽油及滑油之用途。局内现有各种汽车共计二十四辆，拖车二辆，及在黄浦江内使用之马达汽船二艘。该二艘马达汽船，就中一艘系属局方所有，其他一艘系属租用。最近呈奉邮政总局核准定造新汽船一艘，将来该新船造成，定可为邮政增光不少，并可将租用者退租。

机工监事对于局内各种设备，如升降机、升降栈、手车及水汀、电灯、消防器具等等，负有整理及工作良好之责。而于局房内外之清洁事宜，亦须由该监事负责经管。

三、本地事务

上海本埠之三十二支局中，有十一处收寄平常及代收货价个人包裹，十三处开发国际汇票，十五处收寄保险信函。现有十九处支局系属投递区局，担任敛取及投递各该区域之邮件。

凡在本埠投递之平常及航空邮件，分别计之，每日平均达二十七万件及二千件之多。良以上海地方发展极速，已成为现代式之都市，实有再行添设支局之必要。

在本埠商业中心区内，平常及挂号邮件系派有专差分别投递，平时每日六次。在其他各投递区内，则该两种邮件，系交由同一信差投递，平时每日五次，如逢星期日或例假日，则各投递区之投递班次，均一律改为三次。

在上海投递之挂号邮件及挂号航空邮件，每日分别约计，平均达九千件及二百七十件。快递邮件系由管理局另组快递班，交由快递差专递，平时每日八次，星期日及例假日则改为六次。每日投递快递邮件数目约计六千件，航空快递邮件约计五百件。

管理局现有信差共计七百五十七名，谨将分配职务情形，陈明如下：

投递挂号邮件之信差	二六名
投递平常及挂号邮件之信差	六一一名
投递快递邮件之信差	一二〇名

为便利公众起见，管理局及有恒路、霞飞路两区局内，设有私人租用信箱共二千四百十只。

管理局与各支局间之邮件，以小汽车往来通运，每日管理局与各支局往来驶行各计七次，其驶行时间适合当地需要。

另有敛取邮件差五十二名，每日敛取信筒邮件八次，信箱邮件七次，星期日及例假日则各敛取五次。现拟改用小汽车敛取信筒及信箱邮件，其办法正在计划中。

四、邮运事务

上海与国内各地及外洋各国间互换邮件，尚有秩序。所有收发国内邮件及由外洋寄来之邮件，统归邮件收发处经手办理，每日平均达六千袋，该处所有各级员工共计三百三十四人。至于寄往外洋邮件，系交由国际邮件处办理，每日平均达二百五十袋，该处员工共有三十八人。凡进出口之邮件，包括挂号、快递、刷印物、包袋，以及转口邮件，均须经由邮件收发处收转。故该处系属管理局内最重要部分之一。

五、局房

除恺自运路第十二支局外，上海所有支局均系租用房屋，地位狭小，多不适用。关于此事，曾经数次呈请邮政总局，恳请设法预储款项，留作建筑现代式之房屋若干所，俾得充作重要支局局房之用。

管理局现有房屋，系于八年前造成，尚称新式，堪与其他各国邮局房屋相媲美。当其建造之初，以为地位宽敞，讵知现在不敷应用，致许多部分，在办公上颇感困难。为暂时救济时，不得不在北江西路租用房屋数间，将印刷物收发处之半部份，迁往该处办公，将其原址添设大宗包裹处，以应需要。经此次之扩充，包裹处现仍嫌太小。他如刷印物收发处、存储处及快递邮件处，亦尚需增加地位。汽车房亦太小，安放现有之各种车辆，已属不敷应用，若将来增加车辆，则更无论矣。故应将其移设他处，庶几邻近之本地邮件收发处，有扩充余地。

管理局之西端原有自置广场一方，局方应在该地至少建造两层楼房，俾得将现有与时俱增之拥挤情形，稍可补救。

六、运输事宜

现有各种汽车，均已陈旧，不特应即更换，且须补充。于更换时，拟请采用柴油载重汽车。至于煤气汽车，虽曾议及，但因种种显著之缘由，采用尚非其时。

黄埔江岸现尚未获得装卸邮件之便利，但应设立邮用之小码头一处，并于可能时，再设一现代式之邮件堆栈，否则可建一双层甲板之浮桥，如渡轮之浮桥船，以便邮艇由此装卸邮件。现因缺乏此项设备，除借用海关码头外，殊无其他良策。理合具文呈报，敬祈鉴核。谨呈

交通部次长俞

上海邮区邮务长　乍配林(官章)

中华民国二十四年五月三日

〔国民政府交通部档案〕

26. 邮政总局关于寄往新疆邮件概须交由国内路线运递通令稿

(1936年4月6日)①

交通部邮政总局常字通令　第　号

令所属各机关

查寄往新疆邮件，可由新绥汽车路或甘肃旱班运寄，业经第一四九八号通饬知照，其由寄件人贴纳国际资费，指定取道西比利亚之规定，亦经常字第一六四八号通令取销各在案。嗣后除有特殊情形须取道西比利亚时，再行令知外，所有往来新疆邮件，概须交由国内路线运递，合行令仰遵照办理。附发通告稿一件，并仰布告周知。此令。

附通告稿一件

通告稿

〇〇邮政管理局通告

查往来新疆省邮件之资费，现已改为与各省一律。所有往来该省之邮件，概已由国内路线运递，惟上海至皋兰间，现有飞机通航，邮件加纳航空资费者，即交由航空寄递，缩短途程良多。例如

---

① 此系英文稿件时间。

上海寄新疆之信函，可由航空寄至皋兰，再由该处交绥新汽车或旱班邮线直达。合亟通告周知。此告。

〔国民政府交通部邮政总局档案〕

27. 邮政总局关于新疆寄滨江邮件总包仍可取道西伯利亚的训令稿

(1936年4月7日)

交通部邮政总局密训令　第　号

令新疆邮政管理局

查往来新疆之邮件，概应交由国内邮路寄递，业经常字第一八二〇号通令饬知在案。惟由新疆寄往滨江之邮件总包，可仍取道西比利亚寄递。仰即遵照办理。此令。

〔国民政府交通部邮政总局档案〕

28. 邮政总局编1934年度邮政事务年报

(1936年5月4日)

中华民国二十三年度(民国二十三年七月一日起至二十四年六月三十日止)邮政事务年报

绪言

邮政营业，在二十年度、二十一年度间，因种种关系，遭遇重大亏损，经二十二年度之努力整理，各项业务蒸蒸日上，始渐恢复原状，经济状况，亦渐趋平衡。本年度开始，交通部召开全国邮政会议，集合全国各区邮务高级人员，就各区情形通盘筹划，发抒意见，提出方案，分别讨论，决议之案次第付诸实施，以谋改进发展。民业信局，于本年度内，一律停止营业，各省公路建设，亦进展甚速，邮政之机能功用，益得以发挥显著。兹将本年度内重要事项，述其概略如下。

(一) 关于发展邮务事项　邮务之发展，原随社会之需要，惟边远各省，山川修阻，地域广漠，居民不稠，商业未盛，邮务设施若任其自然进展，未免过于迟钝，故对于各该边远省区，积极调查勘察，将已设邮政局所地方，切实整理扩充。至尚未通邮之处，分别筹辟邮路，设置信柜，或开办邮政代办所，分期进展，使邮务为发展商业文化之先锋，以促边省之繁荣焉。

（一）关于便利民众事项 （甲）各处邮电合设，本年度内大致完成，其他因特殊情形尚未办理完竣者，为数甚少。（乙）内地各处常因交通不便，以致文化落后，经济停滞，业经分别拟订办法，凡设有邮局地方，均可代购书籍与其他刊物，以为灌输文化智识之助；凡通汇兑地方之局所，均可收寄代收货价之包裹，以为调剂社会金融之助。（丙）对于海关邮包转口税，商洽取销，使邮递手续简便，人民负担减轻。此外如举办小包邮件，平快邮件，改订包裹资例，改组邮运路线等等，皆以便利民众为前提，而加以筹划办理。

（一）关于统一邮权事项 我国在邮政开办之后，各省民业信局仍然存在，民国十七年间，全国交通会议，即有将全国民信局尽于十九年年底为止，一律取销之决议。惟为优加体恤起见，一再展缓至二十三年年底，始一律停止营业，邮权于以统一。于是邮局特在内地各处，添设邮政代办所及村镇信柜，并扩充乡村邮路，雇用专差，免费投递未通邮路地方之邮件，其在通商大埠，则延长收信时刻，添设信筒信箱，增加邮递班次，务使民众不致因民信局停业，感受任何不便。

（一）关于邮件统计及成本计算事项 邮政经营之业务，有专营者，有兼营者，有代办者，以业务之种类言，究竟何者盈余，何者亏折，以邮件之本位言，现订资例，究竟何者适合，何者尚须修改，如非详细计算，即无从考核比较，以资规划。故一方改良统计办法，一方参照各国成例，办理成本会计，以为改进标准。

（一）关于航空建设事项 航空事业，与国防、文化、实业，均有重大关系，我国民营航空，尚未十分发展，邮局年拨巨款，助其办理，而航空邮运之成绩，亦迭有进步。

至邮务经济，仍本上年度紧缩政策，极力樽节，同时努力改善业务，俾增收入，办理结果，尚著成效。惟储汇业务，以金融关系，盈余远逊于前，所有拨付邮局兼办费用之额，为之大减。又因航空经费支出较上年度增加，故本年度收支尚未能平衡，亏短数十万元。

此外，各省公路增添路线不少，交通因以便利，商业因以促进，江西"匪患"，亦于本年度内肃清，地方建设，得以着手办理。西北各省，陇海铁路到达长安(西安)，绥新汽车恢复通行，皆足为邮务发展之助。惟四川、贵州及陕北一带，遭遇匪灾，邮务难免受其影响，所幸各该匪灾区内之邮局员工，皆能不避艰危，忠于职守，必至无可维持，始与军队同时撤退，如地方克复，又尽先随同军队前进，恢复邮务，因此而常有遭受身体之戕害或财产之损失者。此种努力服务之精神，洵堪嘉尚。兹将本年度内邮政组织、业务、联邮、财务、资产、设备及员工各项详情，分别叙述于后，并附图表，以资参考。

第一章　组织

一、局所　截至民国二十四年六月底止，所有重要局所及次要局所之数目，列表比较如下：

甲、重要局所〔表略，分见于1933年度、1936年度统计表〕

本年度内，管理局之数目，仍与上年度相同。一等邮局，甘肃邮区内增加一处，新疆邮区内减少一处，其数目亦与上年度相同。二等邮局减少十一处，大都系降为三等邮局，故三等邮局数目，连同由代办所改升者在内，共增一百零三处。邮政支局减少九处，邮政代办所增加一百八十九处。

乙、次要局所〔表略〕

本年度内，北平等邮区为增加民众邮寄便利起见，复创设城市代办所，系觅殷实铺商承办，所办业务，如信件、包裹、汇票、航空、快递、挂号及代售印花税票等等，与邮政支局大致相同。

二、邮路　各项邮路列表比较如下〔表略，分见于1933年度、1936年度同项表〕。

甲、邮差邮路　截至本年度终(即民国二十四年六月底止)，合计干路及支路，共为三十七万二千零六十二公里。较上年度增加一万二千五百四十四公里。盖各区为求适合现时需要起见，将原有邮路或加扩充，或予改组，其中以东川、西川、山东、云南等区扩展最多，故有此项增加。

乙、轮船及民船邮路　本年度此项邮路，因改组及扩展之故，增加八百九十六公里。其中以苏皖、浙江、广东等邮区为较多。

丙、铁道邮路　本年度苏皖邮区内因陇海路东段展至老窑及江南铁路通车，共增加一百三十五公里；陕西邮区因陇海路西段由潼关展至长安(西安)，增加一百六十七公里；上海邮区川沙、周浦之轻便铁道，增加新邮路三十四公里；山东邮区枣庄(北)至台儿庄之铁路展至运河，增加四十六公里；山西邮区同蒲路通车至临汾，增加三百二十六公里。惟广东云南两邮区各有铁路一段停驶，共减短一百零六公里。总计所有铁道邮路总数，较之上年度，计增加六百零二公里。

丁、汽车邮路　截至本年度终，共长三万六千六百七十公里，各区互有增减。其中苏皖邮区，增一千一百十七公里，浙江邮区增一千五百七十六公里，江西邮区增九百七十九公里，湖北邮区增九百三十七公里，湖南邮区增三百十六公里，山东邮区增三百公里，河北邮区增三百零三公里，北平邮区增四百三十公里，河南邮区增二十三公里，甘肃邮区增三百四十七公里，福建邮区增五百三十一公里，广东邮区增三千三百三十三公里，广西邮区增一百六十一公里，云南邮区增一百七十公里，贵州邮区新增一百十六公里，新疆邮区新增七百二十七公里。惟上海邮区则减少五十六公里，山西邮区减少三百六十三公里，陕西邮区减少一百六十七公里。总计较上年度增加一万零七百八十公里。

戊、航空邮路　本年度内，欧亚航空公司之皋兰(兰州)宁夏线展至包头，计增四百二十公里，沪新线改变航程，增十公里；中国航空公司开办巴县(重庆)昆明(云南府)线(即渝昆线)，长七百八十八公里；西南航空公司开办广州龙州线(即广龙线)，长六百四十三公里，及广琼南线之广州至北海一段，长六百九十五公里，总计增加二千五百五十六公里；惟平粤线因将原设洛阳站改设郑县(郑州)，减少一百五十公里，总计较上年度增加二千四百零六公里。

第二章　业务

一、邮件

甲、统计　兹将收寄各类邮件之统计数目，列表比较于后〔表略，分见 1933 年度、1936 年度同项表〕。

本年度内，全国收寄及就地投送之邮件，连同航空邮件四百二十四万三千件在内，计有八万二千二百三十三万件之谱，较上年度增加三千四百七十七万余件，约合百分之四.四。各类邮件增加之数，以普通邮件为最巨，计三千一百九十一万四千三百件。

"平快"邮件事务，系自二十三年十月一日起举办，凡邮件于普通资费外，如加纳平常快递资费每件国币五分，邮局即按格外迅速手续办理。此项平快邮件，除蒙古新疆外，全国各邮局均可收寄及投递。上表所列数目，系自二十三年十月至二十四年六月底九个月内收寄之件数，若与本年度收寄之快递邮件数目相较，约为一与八之比。可见此项事务，已颇为公众所乐用也。

挂号邮件增加一百六十四万七千四百件，保险邮件增加一万件。惟快递邮件因本年度内航空邮件有极显著之增加，加以创办"平快"邮递，著有成效，故较上年度约减少七万三千一百件，计合百分之一。再就各邮区收寄邮件之总数，与上年度比较，大抵多有增加，计苏皖邮区增加一千一百六十八万二千三百件，浙江邮区增加六万二千一百件，江西邮区增加二百五十七万四千四百件，湖北邮区增加六百二十三万一千五百件，湖南邮区增加一百零三万六千二百件，东川邮区增加七十九万八千七百件，山东邮区增加五百五十二万零四百件，河北邮区增加二百八十四万七千六百件，北平邮区增加十七万七千九百件，山西邮区增加四十四万零六百件，陕西邮区增加五百七十一万七千一百件，甘肃邮区增加三十二万三千五百件，福建邮区增加一百八十二万二千七百件，广东邮区增加三百二十二万六千二百件，广西邮区增加二十四万一千六百件，云南邮区增加十万五千件，新疆邮区增加十三万四千二百件。惟上海邮区减少四百八十七万三千八百件，西川邮区减少五十二万三千三百件，河南邮区减少二百四十七万三千七百件，贵州邮区减少二十九万九千三百件。

乙、小包邮件　为使小件物品寄递迅速起见，二十四年四月起，在全国各轮轨通运局所间，开办小包邮件事务。凡小件物品，重量不逾一公斤(二市斤)，长宽厚不逾九十公分者，可作为小包邮件交寄，与信函一律迅速寄递，并由信差送至收件人住所。邮费每件起码二角，重在四百公分以上者，每重一百公分收国币五分，即重一公斤之小包邮件，收邮费国币五角。兹将二十四年四月至六月底(即二十三年度底)收寄之小包邮件件数，列表于后：

小包邮件	普通	挂号	快递	共计
	一二,一三七	一二,九九五	二,〇九三	二七,二二五

丙、当地邮寄事务(就地投送之邮件)　此项邮件，较上年度增加五百七十三万六千六百件，兹将过去四年度内数目，列表比较如下〔表略〕。

丁、民局交寄之包封信件　民信局自二十三年年底止皆已停止营业，故本年度仅列二十三年七月起至十二月止之数目。至民

局信客私运邮件之被查获者，约一万二千一百件，上年度则为··万一千三百件。兹将各民局交寄之包封信件，列表比较如下：①

年度	民国二十二年度	民国二十三年度(上半年度)
包封数目	一四三，四〇〇	六五，〇〇〇
包封内所装信函数目	三，九七八，八〇〇	一，八三五，〇〇〇
重量(公斤)	三七，〇〇〇	一五，九〇〇

戊、国内航空邮件　欧亚航空公司展长兰宁线至包头，中国航空公司增辟渝昆线，由巴县(重庆)经贵阳至昆明(云南府)，西南航空公司开辟广龙线，由广州经苍梧(梧州)邕宁(南宁)以达龙州，及广琼南线之广州至北海一段，由广州经茂名(高州)琼山(琼州)至北海。惟平粤线更改航路，裁撤阳曲(太原)站及洛阳站，另设郑县(郑州)站。截至本年度底，航空邮路共计一万三千二百七十八公里。上年度则为一万零八百七十二公里。兹将航空邮件并包裹数目及普通暨特种航空邮件数目，分别列表如下：

(一)航空邮件数目表

类别	件数	重量(公分)
信函及明信片	四，一七〇，七〇〇	四九，〇三二，九〇〇
新闻纸	五五，三〇〇	三，〇〇九，九〇〇
其他各项邮件	一七，〇〇〇	九〇九，五〇〇
共计	四，二四三，〇〇〇	五二，九五二，三〇〇

(二)航空包裹数目表

① 民国二十年度，二十一年度略。

件　　数	价值(银元)	重量(公斤)
二,一〇〇	九八,七〇〇元	一,六六一

(三)普通暨特种航空邮件数目比较表〔略〕。

己、国际航空邮件　我国寄往欧洲、非洲及亚洲南部各国之航空邮件,业经利用西贡至马赛航空线、彭顿至阿姆斯特丹航空线及英国皇家航空线寄递。嗣因皇家航空线,已自新嘉坡展至澳斯他利亚,所有我国寄往和属东印度、澳斯他利亚及由澳斯他利亚经转各地之航空邮件,亦即利用该线运寄。

二、包裹

收寄包裹比较表〔略〕。

本年度内收寄包裹数目,较上年度增加二万一千一百件,重量减少二百四十三万二千二百公斤,价值则增加二百零八万二千六百元。兹将过去四年度内收寄之普通、保险及代收货价包裹,列表比较如下〔表略〕

三、邮传电报　本年度内由公众直接交寄之电报,较上年度增加三百十件。由电局送经邮局转交及投递之电报,亦增加一万二千九百九十件。兹将过去四年之数目,列表如下〔略〕。

四、代售印花税票　全国各邮局自二十三年十一月起代售印花税票,至二十四年六月底止(即本年度底),八个月内共售出二万五千六百九十一万七千余枚,价值四百七十五万六千八百余元,其中以上海、苏皖、北平、山东、河北等区售出者为最多。

五、邮局代订刊物　邮局代订刊物事务,系自民国二十三年四月一日起举办,本年度内各区代订刊物,共五千零十份,其中新闻纸四百九十一份(日刊四百六十三份,他项二十八份),杂志四千五百十九份(周刊一千二百十九份,旬刊二百三十九份,半月刊一千六百三十五份,月刊一千三百八十份,季刊及其他四十六份)。

六、邮局代购书籍　邮局为便利民众订购书籍起见,并自二十四年一月起办理代购书籍事务，截至二十四年六月底止(即本年度底)，共计代购书籍一千三百三十六部。

第三章　联邮

一、与各国邮政之关系　我国邮政与各国邮政之关系，仍极亲睦。

二、邮政协定及邮运合同　我国与 Hain 轮船公司签订带运邮件合同，自民国二十三年九月二十四日起实行。又我国与省港澳轮船公司及大阪商船会社所订邮运合同，均经继续签订，分别自二十三年七月一日及二十四年一月一日起实行。

三、互换邮件事务　本年度内我国邮政与各国互换局开办及停办之互换邮件事务，开列如下：

我国与义国邮政自二十三年九月一日起，直接互换保险信函，并创办保险箱匣事务。

巴塔维亚(Batavia)向上海直封邮件总包。

巴格达(Bagdad)寄北平之直封邮件总包，停止封发。

米兰其亚沙第六十九行动局(Ambulant Milano Chiasso 69)寄北平、天津、上海、广州之邮件总包，停止封发，改由波伦亚布里尼罗(九)(Bologna Brennero 9)直封。

那波里(Napoli ferrovia)、布林的西(Brindisitransito)及波伦亚第七十八行动邮局(Ambulant 78 (Bologna))经由埃及(Egypt Peninsular)寄往北平、天津、上海、广州之邮件总包，停止封发，改由那波里(Napoli ferrovia)取道埃及(Egypt Peninsular)及由热那亚(Genova ferrovia)取道马赛(Marseille Peninsular)直封。

贝尔(二)(Bale 2)及拍拉哈(七)(Praha 7 Cizina Etranger)向上海及天津直封邮件。

孟买(Bombay)寄天津之邮件总包，停止封发。

科班哈第二十三火车邮局(B.A.Kobenhavn—Warnemunde

train 23)寄发北平，天津及上海之邮件总包，改由科班哈第一百二十一火车邮局(Kobenhavn—Warnemunde train 121)直封。

马得里(Madrid)及巴赛罗纳(Bareelona)寄上海之邮件总包，改向天津直封。

上海向里约内卢(Rio de Janeiro)、哈瓦那(Havana)、京斯敦(Kingston)及栖乌达胡阿勒司(Ciudad Juarez)等处直封邮件总包。

第四章　财务

一、资例　新疆及蒙古信函明信片之邮费，及其挂号、回执、查询或备发回执等手续费，均自民国二十四年五月一日起，改与各省一律，即新疆及蒙古各局就地投送界内之资费，按各类邮件资费表内第一资收取，新疆或蒙古各局互寄及与各省互寄之资费，则按第二资收取。

查国际邮件及包裹之邮费资例，系以国际邮政公约及各项协定所规定之金佛郎为标准，由联邮各国，以本国钱币，按金佛郎价值最相近之数目，折合规定，故每遇金价高涨或跌落时，此项资例即应随之增减。我国所定之国际邮资，曾于民国二十年七月一日修改，按每一金佛郎折合国币一元计算。迨二十四年四、五月间金价低跌，当将国际邮资折合率改为每一金佛郎折合国币八角，所有寄往国外各类邮件、包裹、汇票及航空邮件之原定邮费资例，自二十四年六月一日起，一律减低五分之一。

又查我国与美国往来包裹资费，系按中美邮政包裹协定，以美金折合国币计算，曾于民国二十三年十二月一日订为美金一元折合国币三元，嗣后美金一元只合国币二元五角。故我国寄往美国及其属地以及经由美国转递之包裹资费，亦一律减低六分之一，自二十四年六月一日起实行。

二、邮票售价　云南邮票，因滇币跌价，自民国十九年起，每邮票一元，售滇币五元。至二十三年，滇币更跌，九元余始合国币一元，邮局颇受损失，故自二十三年十二月起，该区邮票改按国币市价售卖。又新疆邮票售价，亦因当地官票跌价，损失甚巨，自二十四年五月起，改按官票折合国币价率出售。

三、遗失邮件及包裹之赔偿　本年度内，国内各处情形多已转佳，遗失邮件及包裹较上年度减少，是以本年度内赔偿之总数，共为银元九千八百十五元七角二分。

四、经济概况

收　入			
款　别	民国二十二年度	民国二十三年度	比　较
营业收入	33,313,723.32元	34,530,295.68元	增加 1,216,572.36元
由当地官厅拨给之协款	57.44		减少 57.44
邮政储金汇业盈余拨归邮局以抵邮局兼办储汇业务之一切开支	1,857,887.00	104,087.27	减少1,753,799.73
共　计	35,171,667.76	34,634,382.95	减少 537,284.81

支　出			
款　别	民国二十二年度	民国二十三年度	比　较
营业支出（各邮局兼办储汇业务之一切开支包括在内）	33,593,071.82元	35,034,921.52元	增加 1,441,849.70元
拨充资本支出			
解部营业盈余			

（续表）

款　　别	民国二十二年度	民国二十三年度	比　　较
拨解邮政养老抚恤金帐内			
拨充营业基金	57.44		减少 57.44
共　　计	33,593,129.26	35,034,921.52	增加 1,441,792.26
盈余亏折 总　数	盈余 1,578,538.50	亏折 400,538.57	

第五章　资产〔略〕

第六章　设备〔略〕

第七章　员工

一、华员　截至本年度止，华员计有邮务长八员，副邮务长二十三员（内有五员署理邮务长），邮务员四千九百十五员（内有三十三员署理副邮务长），邮务佐四千四百五十五员，其他人员十二员（秘书四员，专门机器监事一员，书记七员），邮政代办人员九千九百五十八名，信差七千五百六十二名（普通信差六千七百九十九名，村镇信差七百六十三名），邮差五千六百十六名，舵工水手等二百九十六名，听差一千一百八十二名，杂项工役二千五百三十名，共计三万六千五百五十七人。

二、洋员　截至本年度止，洋员有邮务长十一员，副邮务长十五员（内有四员署理邮务长），邮务员九员（内有五员署理副邮务长），邮政建筑测绘员一员。

本年度内邮务员及其以上班次之人员，离局者共九十九人（内有洋员三人）。录用之邮务员共一百三十三人。

局长　郭心崧

中华民国二十五年五月四日

附表图〔略〕

〔国民政府交通部邮政总局档案〕

29. 邮政总局编《两年来业务报告》

(1936年8月)①

两年来业务报告

一、关于开源方面

1. 邮政广告

邮局普遍全国，与社会民众关系甚密。各国邮政多招商承办邮政广告，不惟可以推广商业，亦可增加邮政收入。广告种类，大别为印刷广告、局内广告两种。我国于二十三年十一月十六日，开始办理印刷广告，即于邮票册、邮制信筒、邮用单据及其他各项刊物上，招登工商业广告。一面由上海邮政管理局发行邮运日报，详载邮件往来时刻，另又编制邮政便览，登载各项邮务常识及一切手续，并均附登各种工商业广告。工商业方面获益固属不浅，而邮局收入亦有可观。计自实行以来，广告费收入：②

2. 国内包裹业务

年来邮政包裹业务，外因世界经济之日趋衰沉，内受铁路等减价竞争，影响甚巨。经极力补救，增加之业务足抵减退者而有余。兹将二十三年及二十四年全国各地收寄之国内包裹数目，列表比较如后：

---

① 该时间根据邮政总局秘书室1936年8月8日为征集近两年来邮政业务概况致各处公函及《两年来业务报告》中稽核处8月17日补送材料的便笺中推断而来。

② 原稿下文缺。仅附稽核课8月17日便条："供应处廿三、四年度邮政广告收入：二十三年度，675元；二十四年度，9,197元。此上楼翼孙先生。稽核课复八.十七"。

	民国二十三年	民国二十四年	增加百分率
上半年	件数　2,921,000件	3,016,000件	百分之三
	邮费　4,415,000元	3,780,000元	
下半年	件数　3,220,000件	3,423,000件	百分之六
	邮费　4,382,000元	4,420,000元	

至补救办法，约有下列各种：

（甲）海关停征转口税及改良查验邮包手续自二十三年十一月十六日，裁撤海关转口税以后，国内邮包即可免付关税。另与海关总税务司商定，国内邮包除有私运违禁品或漏税进口洋货者外，一律于交案或投递时，免交海关检验。实行以来，以轮船运输中心之上海成效最为显著。上海区内各局，于民国二十四年度共收国内包裹邮费3,305,000元，较诸二十三年度增加436,000元。

（乙）揽收西宁羊毛包裹邮政包裹大多由通商口岸寄至内地各省，其内地寄出者，为数极少。邮政包用之火车、轮船等容间，往往于去程满载，回程包付空车运费，陇海铁路邮车为尤甚。爰于二十三年令饬陕、甘两邮局，商请汽车承运邮件人，将回程运费减至最低限度，一面设法揽收内地土产。至二十五年初，遂有西宁商人交运羊毛包裹5万公斤，近复有药商交运黄连包裹1万公斤，估计增加邮资收入共约15,000余元。此后源源而来，不独增加邮政收入，且能振兴内地物产与邮件承运人之利益，一举而数利俱备。

（丙）减低陕、甘包裹资费自二十四年七月将陕、甘包裹资费彻底改订后，上海一地收寄之陕、甘包裹数目，在二十四年九月份内，较诸二十三年同月，增加四倍半。河北区天津一支局于二十四年十月至十二月内，收寄陕西各地之包裹件数，增加百分之四十一，重量增加百分之七十九，邮费增加百分之二十。其寄甘肃者，件数增加百分之二百四十一，重量增加百分之三百六十四，邮费增加百分之一百六十三。

3. 平常快递

各国邮局对于快递邮件，分按挂号快递、平常快递两种办法办理。我国快递事务，向均挂号，寄达地点，亦限制甚严。全国数千邮局，仅八百余处可通快递，民众既多感不便，而业务亦不足以充分发展。二十三年十月，乃另订平常快递办法。自实行以来，因手续简捷，各地邮局普遍办理，业务颇见发达，总计二十四年度共收寄平快邮件 2,283,800 件，以每件加收平快邮费 5 分计算，估计邮资收入约达 11.4 万余元。但挂号快递邮件，未免因此略受影响。

二、关于节流方面

1. 邮件运费

邮局每年支付邮件运费为数甚巨。为节省支出起见，曾通令各区于续订邮运合同时，务应将运费尽量减低，并妥拟办法，务使运费支出减至最低限度。据统计所得，二十三年度各类邮件件数增加百分之四，国内包裹件数增加百分之二，但立约承运邮件之运费支出，总计减少 65.8 万余元。兹将详细数目开列于后：

	二十二年度	二十三年度	二十三年度较二十二年度增减百分率
A、各类邮件	787,564,000 件	822,336,000 件	增 4%
国内包裹	6,100,920 件	6,235,610 件	增 2%
B、汽船包运费	1,066,037 元	726,297 元	减 32%
大车包运费	670,632 元	674,208 元	增 0.5%
长途汽车、驿车马伕、民船包运费	1,632,004 元	1,034,919 元	减 20%
零星运费	731,537 元	736,250 元	增 0.6%
总　　计	4,100,209 元	3,441,673 元	减 16%

兹将立约带运邮件、减费各端，分述于后：

（甲）减低运费价格：轮船合同，如上海福州间、汉口宜昌间、汉口长沙间、汉口常德间，所付太古、怡和等各轮船之额外邮件运费，均自每公斤2分减为1分。上海巴县间直达运费，原系每公斤7分，现已减为大水期每公斤5分6厘，枯水期6分9厘半。长途汽车合同运价，全国各地多有减低。长安平凉间之由2分2厘，逐渐减至1分6厘。驿车伕马合同运价，年来亦一再核减，节省尤巨。如天水皋兰间之驿运价格，二十二年时为每百公斤8元5角，近已减至6元7角。又如平凉皋兰间之驿运价格，二十二年时为每百斤8元，近已减为6元5角。

（乙）临时雇差改立合同：各局进出口邮件，往往临时雇伕搬运，登入零星运费帐内，不独付费较昂，且又无从稽核。年来此项零星雇伕办法，逐渐改订合同，即如北平区之集宁、正定、萨拉齐等局，往来火车站邮件，自改订揽车，长期包运以来，不独运输上成绩优良，且运费上亦较零星雇车为廉。又如上海邮局搬运邮件，向均临时雇用力伕，自二十四年九月改由贾福记立约包运后，月可节省运费1,800余元。

（丙）选择邮路：主要局所如贵阳、成都、昆明等处往来邮件，往往有数道可循。此项邮路或因运输迅速，或因运价低廉，往往同时兼用。如往来贵阳包裹之向由巴县转递者，近因另辟路线，可兼由常德、镇远等处转递，运价异常低廉。成都等处寄昆明包裹，向系绕道上海及安南转递，自二十三年改由川滇陆路直运后，不独运价低廉，且可运输迅速。

（丁）裁减邮船：自置邮运帆船，前经调查结果，成本异常高昂，经令饬湖北及东川两局将长江上游自置邮船一律裁撤。一面与民生轮船公司议定，凡上江主要口岸，该公司上江轮船，务须停泊相当时间，俾便接送邮件。现在湖北及东川两局自置邮船，已先后裁撤，所有邮件均交民生公司轮船带运，非特节省运费，且又迅速稳妥。

（戊）长途汽车带运轻重邮件照实重付费：按交通部颁发长途汽车代运邮件规则，轻件免费，重件按重按里付结津贴，惟为省除分袋封装起见，统以邮件总重百分之二十作为免费之轻件。前经详细调查，知汽车带运之轻件，往往占邮件总重百分之五十至九十不等，部定百分之二十之比例，显属太低，邮局对于轻类邮件，乃极力设法按照实重付费。例如湖南局与该省公路局签订之合同，按照实重付费后，邮局年可省运费 2 万元以上，浙江亦同样情形。

2. 汽车

各大城市之邮局，利用汽车运输邮件者，为数甚多，而其所用之汽车，皆行驶在 10 年左右，或路程达 10 万英里以上，盖已超过汽车之规定年限及里程。按诸实际需要，必须年购八、九辆全新者，分发各区局，以资将较旧者更替。惟以邮政经济殊形竭蹶，爰令饬相关各局，就原有车辆中，设法整顿，加以修理，俾资樽节。至若破旧不堪修理者，则酌量添购补充，并就可能范围内，利用各当地出租汽车运输，以免添购新车。是以近数年内，全国仅添购新汽车 9 辆，每年约可省数万元。

3. 自行车

自行车为信差投递及轻便运输之利器，年来各种邮递事务，就可能范围内，无不设法改进，因是自行车用途日加扩展。查是项车辆，先前均系定购英国出品，惟近年来以金价高涨，影响所及，每辆自行车，约须值国币 130 元或 170 元，每年消耗，殊属可观。嗣经设法，招由自行车商行，标购由完全英制之零件，在上海装制自行车，详细订定种类尺寸，取其功效相等采用，每辆价值，仅占上述三分之一，计国币 50 元左右。总计全年各区局，约须增加百数十辆，是以年约省 1 万余元。

4. 邮票盖戳机

邮票盖戳机，向系采用克拉格（Knag）牌号，原价每架须国币1000余元。年来加以研究，将机件略加更改，并商由上海铁工制造厂仿造，每价工料仅须375元。现在各区局之采用是项机械者，为数虽属有限，但每购新机一具，已可节省七、八百元矣。

5. 各种称秤

邮用称秤，种类甚多，每年各区局应用者殊多。保险邮件用者，每架22.5元，平信用者，每架5.75元，福司式(FORCE)每架35元，包裹自动托赖多式(TOLEDO)每架500余元。嗣经重行设计，招商定制，有改良平保两用式者，每架仅须15.5元，国产仿福司式者，每架仅20元。又自动包裹案秤一种，商由上海协成银箱厂制造，每具仅170元左右，现正请由实业部核发许可证，以便开始制发各局应用。各式称秤开支，年可节省甚多。

6. 制服

邮政员工制服，每年支出为数甚大。各项材料，数年前均采购舶来品，漏卮甚巨。现在章华、仁立等厂出品之呢绒哔叽以及国华工厂之斜纹布暨白胶布等，均属价廉物美，自经采用后，每年节省不下10余万元。

三、关于发展方面

1. 局屋之建筑

全国邮局，共有2,400余处，而自置局屋，尚不及百处，其余局屋，均系租用民房，不但年耗巨额租金，且邮政业务日趋繁剧，民房多不适用。为节省经济及增加公务效能起见，自建局屋，实不容缓。自二十三年迄今，邮局建筑房屋，可分为下列各端：

（甲）已建局屋——南京陵园支局、长沙东车站堆栈。

（乙）正在建筑中者——南昌交通大厦、西川管理局翻造局屋。

（丙）业已招标承建者——浦口邮件堆栈、武昌一等局、九江一等局。

（丁）正在招标承建者——湖南管理局、汕头一等局添建房屋、鄞县一等局、河口二等局翻造房屋。

（戊）正在筹备建筑者——宜昌一等局、沙市一等局、芜湖一等局、永嘉二等局、广东管理局添造新屋、铜山一等局添造新屋、郑县一等局添造新屋、昆明车站支局。

2. 邮局代订刊物杂志

我国幅员辽阔，边省腹地交通未尽发达，对于中央政令、各省情形以及国际大势，往往隔阂。际此国难严重时期，实有唤起民众注意，努力沟通之必要。爰拟订邮局代订刊物杂志章则，于二十三年四月起实行，各地民众如欲订阅各种报纸及其他刊物杂志，即可迳向当地邮局代购，毋须远向发行地点接洽。各报纸杂志及其他刊物，所载国家政令法律、军政消息与各地风土习惯，各种事实言论，均得披览无余。其于启迪民智，发展文化，不无相当助力，非仅使民众获得便利而已。

3. 邮局代购书籍

为推广文化及便利民众购书起见，邮局于代订刊物外，复于二十三年内订定邮局代购书籍章则，编印全国书籍目录，于二十四年一月出版，分发全国邮局，同时开始代购。嗣后每季出版目录一次，每年汇编总目，迄二十五年六月底止，登记书籍共达15,000余部。民众如欲购置书籍，只须依照章则，迳向当地邮局接洽，省去从前种种手续，于灌输智识，发展文化，有莫大之裨益。

4. 小包邮件

西欧各国原有小包邮件办法，系以小件包裹作为信函等轻件办法寄递。我国邮局收寄包裹，在前因种种关系，手续颇繁。爰于二十四年四月起，另定小包邮件寄递办法，手续简单，寄递迅速，全国各地轮轨或航空通运局所间，一律办理小包邮件事务。小包邮件之重量限度为1公斤。如系成卷者，其长及直径之两倍合计，不得逾100公分，但其长度不得逾80公分。每重100公分或其畸零之数，收费洋5分，但每包邮费，至少以2角起算，小包邮件方可依照信函办法，投入信箱或信筒寄递，尤属便利。

5. 存证信函

为便利公众保留证据起见，于二十四年七月一日起，订定邮局存证信函办法，就各区邮政管理局及一等甲级邮局，先行试办。凡民众寄发信函而欲留有证据者，可将该信函作为存证信函交寄。其办法由寄件人将交寄之函，作成正副两份，分别加盖本人图章，正张由邮寄出，副张留存邮局。将来如遇收件人否认该函之事实或于某种情形之下，必须提出证据时，寄件人可随时向邮局声请调阅副张，以资证明。此种存证信函办法，对于有关法律文件之往返，尤多便利。

6. 航空邮运

我国航空邮务，在民国十八年以前，尚属萌芽时期，彼时民众对于航空认识尚浅，更以国内多故，航空建设殊鲜成效。十八年以后，中国、欧亚及西南航空公司先后成立，积极开辟航线，航空邮运始逐渐发达。迄二十二年年底止，航空邮线已达12,928公里。自二十三年起，至二十五年六月底止，又复增加航线6,476公里。兹

航线名称	开办公司	经停地点	航程公里数	开办日期	备注
平粤线	欧亚航空公司	北平、郑州、汉口、长沙、广州	2,050	二十三年五月一日	广郑段现暂停航
兰包线兰宁段	同上	兰州至宁夏	400	二十三年六月二十日	
广琼南线	西南航空公司	广州、茂名、琼州、北海、南宁	875	二十三年八月廿九日	茂名站现迁梅菉
广龙线	西南航空公司	广州、梧州、南宁、龙州	643	二十三年十月一日	
兰包线宁包段	欧亚航空公司	宁夏至包头	420	二十三年十一月一日	

（续表）

航线名称	开办公司	经停地点	航程公里数	开办日期	备注
渝昆线	中国航空公司	重庆、贵阳、昆明	788	二十四年四月一日	
陕滇线陕蓉段	欧亚航空公司	西安至成都	620	二十四年九月廿五日	
陕滇线蓉滇段	同上	成都至昆明	680	二十五年四月一日	

将两年来各航线开办详情，列表于后：

7. 扩展西康邮务

西康邮务，自二十三年七月订定分期发展办法后，迄今完成第一期举办之事项者，有如后述：

邮路：滇康线，长1,130里；甘孜经德格、邓柯至玉树线，长1,000里；玉树至湟源连接西康、青海之邮线，长1,380里；巴安经白玉至德格线，长900里。

局所：康定设一等局；泸定、巴安设三等局；冷碛、瓦斯沟、兴隆堡、雅江、道孚、甘孜、丹巴、理化、喇嘛了等处，设代办所，复于白玉、德格、邓柯、稻城、胆化、石渠等处，各设代办所一处。另又于绒坝岔、竹庆、泰宁、石渠、胆化等处，增设村镇信柜，以应需要。

8. 川、滇、黔三省邮务之联络

四川、云南、贵州三省邮务之联络，曾于二十四年八月间，拟定步骤，分期举办。其第一期应行开办之局所及增设之邮路，现在大致均已完成，计开设局所及信柜21处，邮路约1,200余公里。其第二期应行调查筹办各项，亦在继续进行中。

9. 发展蒙古邮务

蒙古邮务，自二十一年起，即着手进行发展，惟以蒙古各处匪乱时生，且人民多游牧无定，一时难于进行，只可随时相机办理。二十四年十月,准蒙藏委员会咨,准蒙古地方自治政务委员会邀请设立蒙古驿站,以利交通。当以设立驿站与邮务行政颇多窒碍,自应仍设邮局,以利推行。业经与蒙藏委员会商定初步调查办法,正在积极进行中。

10. 推广国内挂号快递业务

国内挂号快递邮件业务,自航空邮递开办后,即不免受有影响。二十三年开办平常快递时,在开始九个月中,全国收寄平快邮件共约127万件,但挂号快递邮件数目,则减少五、六十万件左右。是平快事务虽属发达,而挂号快递则反受影响。为推广挂号快递业务起见,于二十五年五月一日,另订办法:(一)国内挂号快递邮件,改与平快邮件同样办理。除蒙古、新疆外,无论何地邮局是否在“邮政局所汇编”内标有“快”字,均可寄达,俾公众得以尽量利用。(二)挂号快递邮件,无论直封或转寄,其封发经转投递,均采取最快路线寄递,并用最快方法办理。(三)挂号快递邮件,如在已过普通邮件封发时刻交寄者,仍于可能范围内设法发出。中途转运,亦尽先寄发,末收局于收到后,应即运至局中,开拆投递。

11. 推广保价事务

现在全国办理保价包裹之邮局,约800处;办理保价邮件之邮局,约200处。办理保价箱匣之邮局,则仅13处,大概均为轮船、火车已通各地。二十四年为推广保价事务,已将汽车到达各地邮局,酌量添办保价事务。二十五年拟再就内地旱道通运及帆船到达各处,择其地方平靖者,先行试办,并将保价数额酌量限制,以减轻危险之负担。

12. 自办汽车运邮之筹划

四川省内重庆至成都之公路,早经通车。但路基不良,时有损坏,公路局复无充分车辆,以致邮件运输时告停顿。重庆至贵阳之公路,亦已可通行,但川黔两省,均无汽车行驶。陕西至甘肃之汽车公路,运输邮件已久,自改归西北公路局专运以来,因车辆缺乏,邮件时有停顿延误情事。西安至天水及汉中公路，虽亦行将通车，但鉴于以上各路情形，对于公路局汽车承运邮件，颇难妥速可靠。为便〔使〕邮运便利起见，拟就重庆成都或西安天水、或西安汉中路线，自备汽车，试行运输邮件。现正在计划进行中。

13. 丁种信柜

自二十三年年底民信局限期停业，邮局对于未设邮政局所之各处邮件，无论路途远近，一律由邮局雇差投递，不另取费，办理数目，所需雇差费太多。嗣经筹设丁种信柜，聘请村长、乡董或其他具有声望之人，充任信柜经理，每隔数日趁赴集之便，携寄发之邮件，向最近邮局或代办所交寄，一面将应在该处投递之邮件，带回分交收信人，由邮局发给接送及揽收邮件酬金，以不超过所收邮资之数为原则。现在各区正在积极推行，以便普遍设置。

四、关于改良方面

1. 邮电合设

邮政电政，同系国家交通机关。我国邮电两政，因历史上之关系及其组后制度之不同，不得不保持其独立之制度。但营业部分，如予合设一处，对于民众之便利，自属极大。爰本此旨，于二十三年四月一日起，实行邮电合设。办理数月，颇著成效。更于同年七月一日起，将合设办法推行全国各邮电局所，举凡国内各级电局电台及报话营业处，概与当地邮局合设一处。如果设有电局地方而无邮局，只有邮政代办所者，该处邮政代办所，即改交当地电局代办。计全国二等及三等以下电局980余处，均已与邮局合设。仅余少数边陲及匪患各地，情形特殊，尚未合设完成，但均在继续办理中。关于邮电合设，尚有公用电话一项，亦于二十三年六月份起，凡在通商大埠，设有市内或长途电话各处，当地之电报局、无线电台、邮政局及邮政支局，均一律设置公用电话，零售市内或长途电话。于是集邮政、电报、电话于一室，对于民众通讯，益增便利。

2. 国内包裹资费之改订

国内包裹资例，尚系民国四年所订，其资费多寡，系按省区远近及轮轨通运与否计算，不以交通情形、实付运费及营业费用为标准。故非失之过昂，有碍业务发展；即失之奇廉，不敷运费成本。自民国十六年起，复以各地运费增加，乃有临时加征资费之规定。除由原寄局收取外，并有于到达局后，向收件人加收之处。且或有因各地运费减低，而资费亦随之核减。商民邮局，均感难于计算。年来几经计划，终以全国范围广阔，各地情形不同，欲求收费得当，简单易行，颇非易易。但包裹资费收入，约占全部邮政收入百分之三十左右，对于邮政业务与经济关系，均甚巨大。最后决定根据全国各局所付包裹运费，暨营业费用，乃最近交通状况，以估计邮运成本，另行编造国内包裹资费表。其要点：(一)按运费多寡，以定资例标准，无畸轻畸重之弊。(二)所有国内互寄包裹，均按公斤重量，以定寄费多寡，易于计算。(三)逐一明白规定资费表内，统在原寄局一次收取，不再于到达局临时加收。(四)商民人等，查阅是项资费表，与邮政局所汇编对照，即可知寄往全国任何地方之包裹，应付邮费数目。陕西、甘肃两省，因陇海铁路西进，交通较前迥异，故已于二十四年间实行新订资费。其他各省，则已于廿五年七月一日实行。

3. 改订航邮资并取消飞航区制。

航空邮件资费，向按路程之远近，分别按飞航区域之多寡，收取资费。惟此项办法，计算困难，邮局民众均感不便。爰自二十三年三月一日起，取消飞航区制，划一全国航空资费如下：

信函及明信片　每重 20 公分或其畸零，收国币 2 角 5 分。

刷印物〔印刷物〕及包裹　每重 20 公分或其畸零，收国币 1 角 5 分。

新闻纸　每重 50 公分或其畸零，收国币 1 角 5 分。

4. 邮政舆图与局所汇编之改制

邮政成册第三版舆图，系于二十二年出版。考其内容，多不能详尽，爰自二十三年起，重行绘制，力求详尽。现在新版底稿，业已制竣，并经水陆地图审查委员会审定，现已交商承印，不日完成。各省区挂图底稿，亦随修改，陆续付印。又中英文邮政局所汇编，现正在修订。另行编制第十四版，期于二十五年度完成。

5. 改订蒙古、新疆邮件资费

往来蒙古及新疆各类邮件资费，向与各省不同。为便利民众及发展边疆文化起见，于二十四年五月一日起，将往来蒙古及新疆信函及明信片之邮费，及其他挂号等手续费，改与各省一律。复自同年九月九日起，将往来蒙古及新疆之新闻纸、书籍、刷印物、贸易契、瞽者所用文件、商务传单以及货样等邮费，亦予同样修改，咸归一律。

6. 裁撤邮包转口税

邮寄包裹，为邮政重要业务之一。世界各国，因火车、轮船设施普遍，商货流通，有赖于邮包者，尚不为多。我国因交通不便，火车、轮船不能通达，而邮局则遍设于各地，故商货之在吾国，有赖于邮包运输者甚多。历年以来，因沿途捐税之繁，商货邮包两受阻滞，而裁厘以后，海关所收之国内邮包转口税，亦尚未取消。二十三年五月间，财政部召开第二次全国财政会议，当经提出裁撤邮包转口税一案，经大会通过，于二十三年十一月十六日起，实行裁撤。从此邮包往来，不受转口税之束缚，其有裨于邮政包裹业务之发展，实非浅鲜。

7. 改良海关检验包裹手续

在昔邮寄包裹，手续非常繁琐，民众视为畏途。经与海关总税务司一再商洽，国内邮包免验事宜，自廿四年八月一日起，巴县、万县、宜昌、沙市、长沙、岳州、汉口、九江、芜湖、南京、镇江各口海关查验国内邮包手续，概行废止。沿海沿边各口海关所在地交寄之国内邮包，亦仅于邮局收寄后抽查。所有国内邮包交寄或投递时，均可无须交由海关查验，民众大感便利。同时邮局人员于收寄包裹时，注意有无藉邮私运违禁品或漏税进口洋货情事，如有所疑，立即送交海关查验。至于沿海沿边各地之认为易有漏税进口洋货而未有海关设有地方，邮局收寄之包裹，亦与总税务司商定，将包裹清单送请海关查核，如遇有所疑，再将包裹送验。是项办法，业于二十五年一月一日起实行。最近复施行财政部所订稽查漏税洋货运销执照办法，务期于便利民众之中，顾全国税。至国际包裹，因须征收进口税，仍由海关验征。

8．信筒信箱

信筒信箱，大都树立路旁，或悬挂墙壁，或因地处偏僻，无人照管，风雨浸入，信函难免受损，交寄邮件过多，又虞偷窃。现已设改良，改为自动启闭，以期避免上述各项缺点，一俟试验确有成效，即行一律改装应用。

9．邮用日戳

邮用日戳，以前均用黄铜制镌，字迹不甚明晰，邮票盖销后，每易被洗刷。经将是项戳记之边缘改为尖针形，俾可深刺邮票，并以钢质刊制，以资坚固耐用。大小适合邮票，字迹亦加改善，较前清晰实多。

10．邮用家俱、文具纸张

邮局家俱，向仅少数重要局采用标准式样，且此种式样之规定，远在念年以前，多不合目前需要。现已重行厘定新标准式样百余种汇订成册，以备重要各局均可参制，而期一律。至各项文具纸张材料，除力求樽节，以期减少糜费外，对于国产物品，亦经详加采访，研究试验，尽量购用，以杜漏卮。

〔国民政府交通部邮政总局档案〕

30．联邮处关于近两年来主管事务办理经过情形致邮政总局秘书室函

（1936年8—11月）

（1）联邮处致秘书室函（8月17日）

兹将近两年来属于本处主管之(一)开源、(二)节流、(三)发展、(四)改良等事项办理经过详细情形，开列于后，即希查照为荷。此致

秘书室

计开

(一) 开源

甲、美国寄来包裹向收件人征收手续费

中美互换包裹协定第四条第四节内载：到达国对于包裹在国内投递，得向收件人征收一项手续费，此项手续费数目，应按国内章程厘定。惟无论包裹轻重，在中国投递者，每件不得超过华币1角5分，在美国投递者，每件不得超过美金5分。等语。美国方面早已按照实行。为一律办理起见，所有美国寄我国各处之包裹，亦依前项规定，自二十五年六月一日起，不论轻重，每件向收件人征收手续费国币1角5分，藉以增加收入。按二十四年统计全年收到美国寄来包裹共55,866件计算，每年可增加收入国币8,380元。

乙、增加国际邮费资例

国际邮件及包裹之邮费资例，系以国际邮政公约规定之金佛郎为标准，由联邮各国以本国钱币，按金佛郎相近之数目，折合规定，故每遇金价高涨或跌落，则此项资例即应随之增减。惟我国与美国往来之包裹资费，则系按中美包裹协定，以美金计算。二十五年间金价较前高涨，故自二月一日起，将我国寄往国外各类邮件、包裹、汇票及航空邮件之邮费资例，改按每一金佛郎折合国币一元之价率，一律增加百分之二十五。例如信函起重二十公分之邮资，由二角增为二角五分。又将寄往美国及其属地与经由美转递之包裹资费，改按美金一元折合国币三元之价率，一律增加百分之二十。例如寄往美国包裹，每重一磅所收邮费，由三角增为三角六分，以符规定而裕收入。按二十四年统计，全年收寄国外各类邮件共55,816,000件，每件照最低资费计算，可增加收入国币

1,932,373元；又全年收寄美国包裹共50,986件，每件重量按11磅计算，可增加收入国币33,650元，两共1,966,023元。至寄往各国之包裹、汇票及航空邮件所增资费，尚未列入。

（二）节流

甲、妥慎办理联邮统计以节运费

联邮各国间经转邮件之运费，系依据国际邮政公约，按每三年中之第二年所举行之联邮统计计算。本届联邮统计日期为二十五年五月一日起，至二十八日止，所有二十四、五、六三年内我国与各国间经转邮件之运费，均以本届统计为核算标准。业经本处悉心研究，拟定节省运费之经济方法，令饬各关系邮局遵照办理，一面遴派干员前往各重要互换局详加指导，并按当地情形，予以改善。兹将改善各点及根据实际调查与各局报告所省运费数目，开列于后：

统计期内所用特种邮袋，计分轻袋（总重不逾5公斤者）、中常袋（总重逾5公斤而不逾15公斤者）、重袋（总重15公斤而不逾30公斤者）三种，业经令饬各局在此期内封发邮件，无论使用何种邮袋，务应尽量装足，并在可能范围内多用轻袋。例如重20公斤之邮件，应分装一中常袋及一轻袋，不得只装一重袋。倘装足后仍有剩余邮件不足另装一轻袋时，即于可能范围内，散寄我国其他互换局汇总封发，俾计算运费时不致受有损失。如此办理，已节省运费204,768金佛郎。

国内各处与广东、广西、云南等省往来之封固总包邮件，经由外国邮政转递时，须按国际邮件付给转运费，其由香港经转者，并须另付落栈费每袋或每套50金生丁。已饬相关各局在统计期内，将是项邮件尽量装足规定重量，并于可能范围内，收寄往同一或相近地方之邮件数袋，合并封装一袋，由最后经转互换局转递，以期减少总包袋数或套数。如此办理，又节省运费26,637金佛郎。

经由西比利亚寄往欧洲之邮件，系由天津、上海两局直封。天津局每星期封发两次，赶交西比利亚通车运递。上海局前系每日封发，因此不足一袋之邮件甚多。已饬上海局改为每星期封发两次,其不足一袋之邮件,则散寄天津汇封总包,既可减少袋数,寄递亦不致延迟。如此办理,又节省运费 34,912 金佛郎。

我国各互换局封发外国互换局之邮件总包,间有数量甚少者，倘仍继续封发，无论其数量多寡，最低限度亦应使用总重量 5 公斤之轻袋封装,损失甚巨。此项办理统计以前,已饬相关各局，将是项少数邮件，一律停止直封，改为散寄到达地最近之互换局转递。如此办理,又节省运费 341,746 金佛郎。

上海经由香港与广东、广西往来及寄往云南之其他邮件,均应付给香港邮政落栈费每袋 50 金生丁。已饬相关各局将是项邮件，除挂号快递者及新闻纸外，一律改由与我国邮政订有合同之轮船直接运寄,龙州与广州往来之邮件,及上海寄往龙州经由海防转运者,亦均改由苍梧转寄。如此办理，又节省运费 374,509 金佛郎。

以上所省运费合计 982,572 金佛郎，按最近每一金佛郎约合国币一元一角左右之折合率,约合国币一百余万元。此即二十四、五、六三年内我国应付之联邮运费中所节省之数。

乙、寄往云南包裹邮件改由直接轮船运寄

上海寄往云南之包裹邮件，为数甚多，前系发由香港转往海防,我国应付香港邮政落栈费每袋国币 6 角。二十三年间,查得太古轮船公司有直接轮船于上海海防间，每星期开行一次。前项包裹邮件,如改由该轮船运寄,既省转递手续,又可免付落栈费。迭经本局令饬上海管理局局长与太古轮船公司往返磋商，按照低廉运费签订合同,自二十四年九月一日起,利用该项直接轮船运寄云南包裹邮件。截至二十四年年底止,四个月内,上海局对于此项包裹邮件所省运费,计国币 9,475.83 元。照此比率，每年可节省国币 28,427.49 元。

（三）发展

甲、中义直接互换保价信函及箱匣

我国与义国往来寄递之保价信函，向由香港经转。已与义国邮政商定，自二十三年九月一日起，由中义两邮政直接互换，并自同日起开办互换保价箱匣事务，以期迅速便利。

乙、与和属东印度邮政办理互换保价箱匣事务

联邮各国间办理互换保价箱匣事务，按照开罗国际邮政保险信函及箱匣协定之规定，以参加该协定之各国经承认办理此项事务者为限。我国与和属东印度邮政间，向仅办理保价信函事务，为发展业务起见，经与该邮政商定，自二十五年二月十五日起，开办互换保价箱匣事务。

丙、与西班牙邮政直接互换包裹

我国寄往西班牙之包裹，经前系由法国邮政居间转递，经与西班牙邮政商定，自二十四年七月一日起，直接互换两国往来之包裹，由西班牙指定之互换局与上海局直封总包，以期迅速便利。

丁、与马来雅邮局签订互换包裹协定

民国十三年五月间，我国与南洋群岛邮政缔订之互换包裹协定，因南洋群岛与马来联邦，自二十三年一月一日起，联合组织邮政，改称马来雅邮政，经与马来雅邮局商洽妥协，重行签订，自二十五年三月一日起实行。

戊、推广国际代收货价包裹及挂号邮件事务

我国与英国、法国、德国、日本、和属东印度及法属安南等六国，早经商定办理直接互换代收货价包裹事务，又与法国、德国、日本及和属东印度商办互换代收货价挂号邮件事务，惟国际代收货价事务，仅限于有国际汇票发汇便利之各局中指定少数邮局办理。为推广此项事务起见，自二十四年十月一日起，除邮政代办所外，凡加入“联”字功能志号之各邮局(即联邮包裹及联邮保险包裹局)，均可收寄上列各国之代收货价包裹及挂号邮件。

己、增加往来美国包裹重量限度

我国与联邮各国往来寄递之包裹，其重量限度均系10公斤(22磅)，惟美国与上海往来者，自民国十一年间业经商定以50磅(约合23公斤)为限。嗣以烟台、广州、汕头、天津、北平等处寄往美国之包裹为数日增，为发展国际包裹业务起见，经与美国邮政先后商定，将烟台、广州、汕头三处与美国往来包裹之重量限度，自二十四年八月一日起，并将天津、北平两处与美国往来包裹之重量限度，自二十五年五月一日起，一律由22磅(10公斤)增为50磅。

庚、国际航空邮运

近年来各国对于航空邮运，日见发展。我国寄往美国及由美国经转之邮件，早经利用美国航空线运寄；寄往日本、朝鲜等处之邮件，利用日本航空线运寄；寄往欧洲及亚洲南部与非洲中部、南部之邮件，先后利用西贡至马赛法国航空线、彭顿至阿姆斯特丹和兰航空线及新嘉坡至伦敦皇家航空线运寄。二十五年二月间，中国航空公司新辟广河航空线，与法国航空线在河内衔接，办理中法航空联运，又经利用该线运寄欧洲航空邮件。旋因该线暂停飞航，嗣又改由西南航空公司接办，已于二十五年七月间复航。所有由沪至欧之航空邮件，经由该线与法国航空线联运，约需12日即可到达，至为迅速。

(四) 改良

甲、往来新疆邮件改由国内邮路运寄

我国各省与新疆往来之邮件，由寄件人纳足国际资费，指定取道西比利亚者，前系经由西比利亚寄递。嗣因新绥汽车路通行，上海皋兰间又有飞机通航，所有新疆寄上海之邮件，如由新绥汽车发至皋兰，再经航空运寄，需时约27日，如由皋兰改由汽车及火车接运，亦只需33日，均较西比利亚邮路迅速。故于二十五年四月间，通令各局将往来新疆之邮件，除有特殊情形须取道西比利亚外，一须改由国内邮路运寄，以期迅速。

乙、寄往欧洲邮件改由西比利亚邮路寄递

我国辽宁、吉黑两邮区及河北邮区内属于热河省内各地之邮务，前因非常事故，暂行停办，所有经由西比利亚寄往欧洲各国之邮件，业经改由苏彝士或太平洋海路运寄。自二十四年一月间恢复东北通邮以来，凡寄往欧洲各国未经书明取道海路转递，及寄往美洲书明取道西比利亚之邮件，均已照常收寄。由关内各互换局，用散寄方法，发往上海、天津、北平或青岛等局，连同各该局封发之西比利亚邮件，一并封装总包，交由山海关汇通转递局转由西比利亚邮路运寄。

联邮处启

廿五.八.十七.

(2) 联邮处致秘书室文(11月18日)

二十五年八月十七日，本处所拟关于联邮方面《开源、节流、发展、改良》稿件内，拟于“发展”项下，添列一条如下：

与苏联邮政签订互换包裹协定

我国与苏联邮政直接互换包裹事务，自民国七年三月间停办后，迭经我方提议早日恢复，迨二十一年十二月间，始准苏联邮政函复同意，并因以前双方所订办法，现不适用，另拟互换包裹协定草案，送请查核到局。经与迭次往返函商，最近始将该协定草案条文，商洽妥协，并经商定由苏联驻华大使馆一等秘书梅拉美德(G.M.Melamed)代表苏联邮电人民委员会，与我国邮政总局在南京签订。当已由部呈经行政院转咨立法院审议。现奉行政院令，该协定业经立法院通过，经即由本局与苏联驻华大使馆一等秘书梅拉美德签订就绪，其实行日期，俟与苏联邮政商洽规定，将来中苏两国间包裹业务，或可赖以发展。

联邮处启

廿五.十一.十八.

〔国民政府交通部邮政总局档案〕

31. 邮政总局编1935年度邮政事务年报

(1937年6月12日)

中华民国二十四年度(民国二十四年七月一日起至二十五年六月三十日止)邮政事务年报

绪言

本年度承二十三年度之后,本原有计划继续策进,关于行政部分,按照实际需要,加以改组,关于业务部分,按照地方情形,加以推进,使机构益臻健全,效能益见增加,其重要事项摘述如下:

(一)邮政储金汇兑事务,前曾另设邮政储金汇业总局管理,本年度则依照国民政府公布之邮政储金汇业局新组织法,于二十四年七月一日,实行改组。

(二)邮政人员之录用,向系经过考试程序,为罗致高级学府所造就之人材及慎重将事起见,业由考试院制定“特种考试邮政人员考试条例”,于二十四年七月公布,计分高级邮务员、初级邮务员、邮务佐及信差考试四种,凡国内外大学、独立学院或专科学校毕业,或高等检定考试及格,或有专门著作者,均得应高级邮务员考试。

(三)江苏、安徽两省之邮务行政,原系划为一区,嗣因业务发达,行政亦增繁琐,为使行政严密及便利起见,乃于二十四年七月分为江苏、安徽两区,各置邮政管理局一所,分别管理江苏及安徽区内邮务。

(四)为唤起民众注意励行新生活运动起见,发行新生活运动纪念邮票。

(五)对于内地各省邮务,照改进计划,或加整理,或加补充,对于边远各省邮务,拟具步骤,或加改善,或加扩展。

(六)按照各地交通情形、业务状况及公务需要,在邮务经济许可之范围内，分期建筑邮局房屋，使邮政基础，得以逐渐巩固。

其他如办事手续，业务规章，工作效率，与夫国际联邮，无不详加考虑，斟酌情形，分别办理，均本服务社会之职志，以便利民众为依归。至邮务经济状况，则仍本从前开源节流方针，加以调整，收支得以平衡，而入于安定状态，颇足为此后建设之基础。兹将本年度内邮政组织、业务、联邮、财务、资产、设备及员工各项详情，分别叙述于后，并附图表，以资参考。

第一章 组 织

一、局所 兹将截至民国二十五年六月底止，所有重要局所及次要局所之数目，列表比较如下：

甲、重要局所〔表略，见 1936 年度同项表〕。

本年度内，苏皖邮区划分为江苏、安徽两邮区，各设管理局，故其数目增至二十二处。一等邮局，除安徽之怀宁(安庆)改为管理局外，由二等局提升者四处，即系西川之康定，甘肃之西宁，新疆之疏附，北平之包头，其总数则增加三处。二等邮局改升一等局四处，降为三等局二处，故减少六处。三等邮局增加一百零九处，邮政支局增加一处，邮政代办所增加八百五十五处。

乙、次要局所〔表略，见 1936 年度同项表〕。

各区设立之城邑信柜，在商务繁盛或居民稠密之处，似尚不足以适应需要。本年度内，已逐渐改设代办所，故城邑信柜之数目减少，而代办所则增加甚多。又上年度在北平等区创设之城市代办所，办理颇著成效，现已统称邮政代办所，以归一律。

二、邮路 兹将各项邮路列表比较如后〔表略，见 1936 年度同项表〕

甲、邮差邮路 截至本年度终(即民国二十五年六月底止)，邮差干路及支路共为三十八万六千零三十六公里，各区互有增减，以四川、山西、浙江、福建等区增加最多。惟江西、广东等区，因公路发展，邮差邮路改为汽车邮路者不少，故总数较前减短。

乙、轮船及民船邮路　本年度水程邮路，增加三百八十三公里。浙江邮区扩展最多。湖北邮区内新辟小轮航线数条，故亦有增加。

丙、铁路邮路　本年度因浙赣路全线通车，增加二百九十五公里，山西邮区因同蒲路南段由临汾展至风陵渡口，北段由阳曲(太原)通至原平，又忻县至建安村及平遥至汾阳添筑支线，共增四百三十四公里，余如广东、云南、安徽、上海等邮区，亦有增加，较之上年度共增九百五十九公里。

丁、汽车邮路　本年度内汽车邮路，仍有增添，自上年度之三万六千六百七十公里增至四万三千四百五十四公里。除东川、河南、山西等区内里数稍有减少，贵州、新疆两区并无增减外，其余各区均有增加，其中以山东邮区增二千零三十四公里为最多，江西邮区增七百七十七公里次之，广东邮区增七百六十四公里，福建邮区增五百二十四公里又次之。

戊、航空邮路　本年度内欧亚航空公司开办西京(长安)昆明(云南府)线，计增一千三百公里，西南航空公司之广琼南线，由北海展至邕宁(南宁)，并将原设茂名站迁设梅菉，计增一百三十二公里，较之上年度共增一千四百三十二公里。

第二章　业　务

一、统计　兹将收寄各类函件之统计数目，列表比较于后〔表略，见1936年度同项表〕。

本年度内全国收寄及就地报送之函件，连同航空函件四百六十七万余件在内，计有八万二千三百六十余万件，较之上年度共增一百三十二万件之谱。

二、快递函件　本年度内平快邮件数目，因交寄手续非常简便，全国各地均能寄达，增加甚多。惟快递挂号邮件，其寄达地点，向只限于办理快递事务之邮局(大抵为轮轨通运地方之各局)，故业务未能普遍，自二十五年五月一日起，已改与平快邮件同样办理，除蒙古、新疆外，无论何地，均可寄达，俾公众亦得以尽量利用。

三、小包邮件　此项业务，原仅限于轮船火车通运各地局所办理，成绩尚佳，自二十五年三月一日起，更加推广，所有全国各地邮局及邮政代办所，不论轮船火车通运与否，一律办理。本年度内收寄之小包邮件，计有二十七万五千余件，以上海邮区收寄七万五千二百件为最多，江苏邮区四万五千三百件次之。

四、当地邮寄事务(就地投送之函件)　兹将过去四年度内数目，列表比较如下〔表略〕。

五、国内航空函件　本年度内以国内航空邮线续有扩展，飞航区制亦经取销，概收划一航空资费，故收寄各类航空函件之数目，自四百二十四万三千件增至四百六十七万二千三百件。计信函及明信片四百五十六万五千七百八十件，新闻纸六万九千二百三十件，其他各项函件三万七千二百九十件。兹再就过去四年收寄之普通暨特种航空函件数目，列表比较如下〔表略〕

六、国际航空邮件　我国寄往欧洲、非洲亚洲南部各国及澳斯他利亚各地之航空邮件，仍分别利用西贡至马赛航空线、彭顿至阿姆斯特丹航空线及英国皇家航空线寄递。

七、包裹　本年度内国内包裹重量限度，增至三十公斤，收寄包裹数目，较上年度增加七十六万余件，约合百分之十二强，价值约增一千零七十八万元，重量增加一千五百八十二万公斤。兹将过去四年度内收寄之普通、保价、与代收货价包裹之件数、价值、重量各项数目，列表比较如下〔表略〕

上表本年度包裹总数，括有航空包裹三千一百六十件在内，其价值为十二万五千九百元，重量为二千七百五十七公斤。

八、邮转电报　本年度内由公众直接交寄之电报，较上年增加一千四百七十件，约合百分之三十八。由电局送经邮局转交及投递之电报，增加一万零七百三十件，约合百分之三十五。兹将过去四年之数目，列表如下〔表略〕。

九、代售印花税票　本年度内全国各邮政局所共售出印花税票三万二千八百九十七万余枚，价值七百十五万七千八百二十五元八角。其中以上海、江苏、山东、北平等区售出者为最多。

十、邮局代购书籍及代订刊物　本年度内经由邮局代购之书籍，共计五千二百七十一部。由邮局代订之刊物，共八千一百十五份，其中新闻纸类一千零九十八份，杂志类七千零十七份。代购书籍，以浙江、北平、山东等区为最多。代订刊物，以北平、山东、河南等区为最多。

第三章　联　邮

一、与各国邮政之关系　我国邮政与各国邮政之关系，仍极亲睦。

二、邮政协定　南洋群岛与马来联邦联合组织邮政，改称马来雅邮政，业经与马来雅邮局商订互换包裹协定，自民国二十五年三月一日起实行，所有我国前与南洋群岛邮政缔订之包裹协定同时废止。

三、互换邮件事务　本年度内我国与各国互换局开办或恢复之互换邮件事务，开列如下：

我国与西班牙邮政自民国二十四年七月一日起，办理直接互换包裹事务。

我国与和属印度邮政自民国二十五年二月十五日起，办理直接互换保价箱匣事务。

依尔克斯塘与苏联互换邮件事务，业经恢复。

布林的西(Brindisi transiti)、热亚那坡托(Genova Porto)及的里雅斯德(Trieste)向上海直封包裹总包。

萨拉瓦克(Sarawak)及散达坎(Sandakan)向汕头直封邮件总包。

奥克兰(Auckland)、威灵敦(Wellington)、毛里西亚(Mauritius)、曼谷(Bangkok)、德尔班(Durban)、苏瓦(Suva)、都柏林(Dublin)、涅加帕坦(Nagapatan)及马都拉(Madura)向上海及广州直封邮件总包。

普刺哈西济那(Praha 7 Cizina)向天津直封邮件总包。

亚登(Aden)、布诺赛尔(Buenas Aires)、贝拉(Beria)及罗朗索马刻(Lourenco Marques)向上海直封邮件总包。

散达坎(Sandakan)、科伦波(Colombo)、贝尔(Bale 2)、湄纳多(Menado)、喀尔加利(Calgary)及凡库非(Vancouver Railway)向广州直封邮件总包。

日内瓦(Geneva 2)经由马赛向上海直封邮件总包。

坦琼普赖阿克(Tandjongpriok)向广州及闽侯(福州)直封邮件总包。

布鲁塞尔(Bruxelles 1)向北平及天津直封邮件总包。

本年度内我国与各国互换局停止封发之邮件总包如下：

普刺哈西济那(Praha 7 Cizina)寄上海。

维也纳(Wien 28)经由西比利亚寄北平及天津。

印度支那及香港寄蒙自。

蒙自寄印度支那及香港。

厦门寄台南。

阿姆斯特丹(Amsterdam)经由西比利亚寄天津。

广州寄塔希提(Tahiti)。

巴黎(Paris R.P.Etranger)及马赛(Marseilles)寄天津、汉口、厦门、河口、广州及北平。

马赛(Marseille gare Etranger)寄厦门。

巴邻旁(Palembang)及蒙托克(Muntok)寄广州及汕头。

上海寄威灵敦(Wellington)。

上海经由苏彝士寄伦敦(London E.C.,London District, London Forward, London S.C.)及经由太平洋寄伦敦(London E.C.,London District, London Forward,London City)。

广州寄温尼伯(Winnipeg)及法兰克福(Frankfurt)。

广州经由苏彝士寄巴黎(Paris ville)。

汕头经由香港寄马赛(Marseilles)。

上海经由苏彝士及太平洋寄里昂(Lyon ville)及奥士罗(Oslo E.D.)。

上海经由太平洋寄巴黎(Paris gare PLM Banlieue)及布达佩斯(Budapest 72)。

上海经由苏彝士寄马赛(Marseille à Lyon)。

上海经由西比利亚、苏彝士及太平洋寄都柏林(Dublin)。

广州寄墨西卡利(Mexicali B.C.)、孟买(Bombay City及Bombay Forward)、大阪及横滨。

汕头寄泗水(Soerabaja)、马都拉(Madura)、仰光(Rangoon)、科伦波(Colombo)、伦敦(London)、槟榔屿(Penang)、伊柏(Ipoh)及约罕涅斯堡(Johannesburg)。

上海寄孟买(Bombay Forward)、普剌哈西济那(Praha 7 Cizina)、伊柏(Ipoh)、约罕涅斯堡(Johannesburg)、釜山及新义州。

上海及广州寄坡特路易(Port Louis)。

上海(五)寄横滨。

汉口寄大阪、门司、下关、长崎及神户。

天津(十五)寄横滨、神户、门司及京城。

岐阿索(Chiasso 2)寄上海。

达那希科的(Dhanushkodi)寄上海及广州。

巴达维亚(Batavia及Batavia Centrum)寄广州及闽侯(福州)。

布鲁塞尔赫伯斯特(Ambulant Bruxelles Herbesthal 4 Etr.)寄北平及天津。

第四章　财　务

甲、国内航空邮件，除新闻纸外，向按飞航区制度，征收资费，路程较远者,则收费较昂。为减轻民众负担，划一航空资费起见，自二十五年三月一日起,将国内航空邮件飞航区制取销,所有各地航空邮件，不论远近，除照收普通邮资外，概收划一航空资费如下：

信函　每重二十公斤或其畸零之数收国币二角五分。

明信片　每件(单)收国币二角五分,(双)五角。

印刷物、贸易契、货样、小包邮件以及包裹等类　每重二十公分或畸零之数,收国币一角五分。

新闻纸　每重五十公斤或其畸零之数收国币一角五分。

又航空包裹之普通邮资，以前系按各地现行包裹资例收取一单纯费、二单纯费或三单纯费不等，现亦自同日起更改如下：

(一) 航空通运局间来往包裹,概收划一资费，即起首一公斤收二角,以后每加一公斤或其畸零之数,加收一角。

(二) 由非航空通运局寄往航空通运局,或由航空通运局寄往非航空通运局之包裹,或两处非航空通运局间来往包裹,其中有一段路程可由航空运递者,则未通航空一段之路程,作轻件运送，并仍照现行相关地方普通包裹资例收费。

乙、小包邮件资费,自二十五年三月一日起,改订如后：

(一) 除贵州、甘肃、云南、东川、西川及新疆等区外,其他各地往来互寄之小包邮件,每重一百公斤或其畸零之数,收费五分，起码邮资,定为二角。

(二) 寄至或发自以及往来贵州、甘肃、云南、东川、西川等邮区各地之小包邮件,每重一百公斤或其畸零之数,收费一角，起码邮资,定为四角。

(三) 寄至或发自以及往来新疆区各地者,一律照信函资例纳费。

(四) 全程或一部分路程经由航空转运之小包邮件,除上述邮费外,再照航空刷印〔印刷〕物资例,加纳航空资费。

（五）就地报送之小包邮件资费，自二十五年四月间起，亦经改为每重一百公斤或其畸零之数，收费二分半，起首资费，定为一角。

丙、新疆及蒙古信函、明信片之邮费，及其挂号、回执、查询或补发回执等手续费，曾于上年度改与各省一律。其新闻纸、书籍、印刷物、贸易契、瞽者所用文件、商务传单以及货样等类之邮费，亦于本年度内同样修改，俾归一致。

丁、国际邮件及包裹之邮费资例，系以国际邮政公约及各项协定所定之金佛郎为标准，由联邮各国以本国钱币，按金佛郎价值最相近之数目，折合规定，故每遇金价高涨或跌落时，此项资例即应随之增减。我国所定之国际邮资，曾于民国二十年七月一日修改，按每一金佛郎折合国币一元计算。迨至二十四年金价低跌，国际邮资折合率，亦改为每一金佛郎折合国币八角。嗣因金价高昂，又自二十五年二月一日起，改按每一金佛郎折合国币一元计算，与二十四年六月一日以前所定之折合率相同。

二、遗失邮件及包裹之补偿　本年度内因遗失邮件及包裹所付补偿款额总数，为国币六千五百十三元七角一分，较之上年度减少三千余元。

三、经济概况

收　入				
款　别	民国二十三年度	民国二十四年度	比　较　数	
			增	减
营业收入	33,759,942.93元	37,303,091.05元	3,543,148.12元	
营业外之收入	770,352.75	753,238.94		17,113.81元

（续表）

收　入

款　别	民国二十三年度	民国二十四年度	比较数	
			增	减
邮政储金汇业盈余拨归邮局以抵邮局兼办储汇业务之一切开支	104,087.27	2,011,652.73	1,907,565.46	
现金亏损	400,538.57			400,538.57
共　计	35,034,921.52	40,067,982.72	5,033,061.20	

支　出

款　别	民国二十三年度	民国二十四年度	比较数	
			增	减
营业支出（各邮局兼办储汇业务之一切开支包括在内）	33,354,142.44元	37,132,175.59元	3,778,033.15元	
营业外之支出	312,088.63	239,832.20		72,256.43元
拨充航空经费	1,368,690.45	1,609,253.96	240,563.51	
拨充资本支出		1,086,720.97	1,086,,720.97	
共　计	35,034,921.52	40,067,982.72	5,033,061.20	

第五章　资产〔略〕

第六章　设备〔略〕

第七章　员　　工

截至本年度终，计有邮务长二十二员(内有外籍邮务长十三员)，副邮务长三十五员(内有外籍副邮务长十三员)，邮务员四千八百四十七员(内有外籍邮务员八名)，邮务佐四千七百员，信差七千八百六十七名(普通信差七千零五十九名，村镇信差八百零八名)，邮差五千四百五十七名，杂项差役四千一百十四名(舵工水手等二百五十六名，听差一千二百五十六名，力夫等二千六百零二名)，又各区邮政代办人一万零八百六十四名。

邮政总局主任秘书一员，秘书四员，建筑测绘员一员(外籍)，书记八员，北平邮政管理局专门机器监事一员。

本年度内邮务员及其以上班次之人员离局者，共一百零三人(内有洋员一人)，录用之邮务员共二十六人。

局长　郭心崧

中华民国二十六年六月十二日

附表图〔略〕

〔国民政府交通部邮政总局档案〕

32. 邮政总局编1936年度邮政事务年报

(　　年　月　日)①

中华民国二十五年度(民国二十五年七月一日起至二十六年六月三十日止)邮政事务年报

绪　言

我国邮政自开办以迄本年度，已届四十周年，在此扩充进展之过程中，多方规划，健全机构，对于社会，多所服务。本年度内益加

---

① 原件无时间。

努力，以发挥其功能，而期于国计民生有所裨益。兹将其重要事项，摘述如下。

（一）改快边区邮递　我国幅员辽阔，东南各省交通便利，邮政已有长足进展，西北各省亦既利用各铁路公路运输邮件，惟西南各省，虽已就川、滇、黔、桂等处调查筹办，增设局所，推广邮路，其成效尚未大著。本年度开始后，乃自备汽车，先就重庆成都间往来行驶，运递邮件，继又就湖南贵州间开办湘黔汽车专班，各省与川贵及由川贵转递各处之邮件，均因而加快到达，使边区与腹地关系，益臻密切，以为建设之助。

（二）调整各处邮运　年来长江上游邮件，日益增多，惟川江水急滩险，邮运尚未甚畅，乃与各轮船公司重订办法，以资调整。此外无论国营或民营铁路，亦分别洽商，改订载运邮件办法，其他各区各地邮运事项，均斟酌当地情形，逐渐改快，俾更便利。

（三）促进内地商业　凡铁路公路到达地方，其出产品物，可由火车汽车输运，未通铁路公路地方，则仍有赖于邮递转运，但或因邮费昂贵，或因手续繁琐，民众未能尽量利用，乃按最近交通情形及所付运费数目，改订国内包裹邮费资例，并对于包裹之收寄、经转、投递手续，予以种种便利，使各地产物，如作为邮包交寄，得迅速转运，不感受困难，则都市与内地之商务经济，由邮政居间作介，得以互相调剂，直接可以促进商业，沟通金融，间接可以促进实业，增加出产。

（四）鼓励员工上进　邮局录用员工，原系按照规定办法招考，录用之后，再行循资渐进，惟其中亦有于入局服务之后，仍努力研求学问，以企上进者，如能予以拔擢，使才智杰出之士，各展所长，各尽其力，于公务精善，既有相当裨益，且足以鼓励员工，在公余之暇，不致荒废学业，益自奋励，故又制定邮政人员甄拔试验办法，以资办理。

此外，如发行开办四十周年纪念邮票及纪念邮票册，建筑各地邮局房屋，调整国际邮务，与夫可以便利民众增加效率之事项，无不设计办理。至本年度邮务经济状态，因种种努力之结果，较之上年度亦进步甚多。兹将本年度内邮政组织、业务、联邮、财务、资产、设备及员工各项详情，分别叙述于后，并附图表，以资参考。

第一章　组　织

一、局所　本年度内，各地局所增加颇多，在繁盛地方，或添设邮局，或调整等级，乡村地方，则多设代办所与信柜，以应需要。全年内一等邮局增加一处，二等邮局新开者二十五处，升降等级者三十一处，停办者四处，三等邮局增加六十六处，邮亭增加二处，邮政代办所增加一千五百八十四处。兹将截至二十六年六月底止，所有重要局所及次要局所之数目，列表比较如下：

甲、重要局所①

类　别	民国二十三年度	民国二十四年度	民国二十五年度
邮政管理局	二一	二二	二二
一等邮局	二八	三一	三二
二等邮局	八二二	八一六	八〇六
三等邮局	一，二三〇	一，三三九	一，四〇五
邮政支局	二九九	三〇〇	三〇〇
邮政代办所	一〇，〇〇九	一〇，八六四	一二，四四八
共　计	一二，四〇九	一三，三七二	一五，〇一三

乙、次要局所

① 1933年度（民国二十二年度）概况已见1933年度邮政事务年报，兹略，下同。

类　　别	民国二十三年度	民国二十四年度	民国二十五年度
城邑信柜	一,〇四九	三〇一	注
村镇信柜	七,六七六	九,五九六	一三,九〇五
村镇邮站	二二,八六八	二六,〇四五	四〇,一四六
邮票代售处	二,五六二	三,三一八	三,六二〇
邮　　亭	三	四	六
共　　计	三四,一五八	三九,二六四	五七,六七七

注：城邑信柜，自上年度起，已逐渐改为代办所或邮票代售处，至二十六年二月止，已全部改设，其城邑信柜名称，亦随之废除。

二、邮路　本年度内，各项邮路经督促整理，均多扩展，兹列表比较如后：

类　别	民国二十三年度	民国二十四年度	民国二十五年度
邮差干路	二三八,九六〇公里	二三八,六一九公里	二四六,六四三公里
邮差支路	一三三,一〇二	一四七,四一七	一九〇,三四三
轮船及民船邮路	六一,七二二	六二,一〇五	六三,七六八
铁道邮路	一〇,〇二六	一〇,九八五	一一,五九三
汽车邮路	三六,六七〇	四三,四五四	五四,四六九
航空邮路	一三,二七八	一四,七一〇	一八,〇〇〇
共　计	四九三,七五八	五一七,二九〇	五八四,八一六

甲、邮差邮路　截至本年度终，邮差干路及支路，共为四十三万六千九百八十六公里，较上年度增加五万零九百五十公里。盖各

区为应公众需要起见，将原有邮路或加扩充，或予改组，其中以北平、湖北、广东、安徽等区扩充最多。

乙、轮船及民船邮路　本年底水程邮路增加一千六百余公里，以江苏、广东、浙江等区增加最多。

丙、铁道邮路　本年度内，因粤汉路全线通车，增加三百三十九公里，山西邮区同蒲铁路北段由原平展至阳明堡，陕西邮区陇海铁路由西京展至张家岗，河南邮区道清铁路由浚县展至楚旺镇，云南邮区个碧铁路由新街展至石屏，共增加二百六十九公里，较之上年度共增六百零八公里。

丁、汽车邮路　截至本年度终，共长五万四千四百六十九公里，除河北、山西、陕西、新疆四区并无增减外，其余各区，均有增加，较上年度共增一万一千零十五公里。

戊、航空邮路　本年度内中国航空公司之沪粤线在香港设站停落，欧亚航空公司之平粤线亦展至香港，西南航空公司除开办由广州经苍梧（梧州）、桂林、柳州至邕宁（南宁）之广邕线外，并将原有广龙线展至河内，更名为广河线（西路），复开办由广州经广州湾、北海至河内线，名为广河线（南路）。截至本年度底，国内航空邮路已增至一万八千公里，较上年度共增三千二百九十公里。

第二章　业　务

一、函件统计　本年度内各类函件交寄总数，共八万八千余万件，较上年度增加五千七百万件，约合百分之七。普通函件共计八万三千余万件，约占各类函件总数百分之九十四以上，平快函件增加之比率极大，约合百分之八十；但其总数仍不过五百万件，挂号函件增加四百余万件，约增百分之十五；快递挂号函件，自二十二年度起，迭见衰减，惟本年度内，因全国各地均可寄达，故交寄件数，突增至一千余万件。兹将收寄各类函件之统计数目，列表比较于后：

类别		民国二十三年度	民国二十四年度	民国二十五年度
普通函件	普通	785,114,500	783,002,800	832,606,800
	平快	1,273,300	2,820,800	4,921,900
特种函件	挂号	27,429,900	29,369,300	33,734,200
	快递挂号	8,452,400	8,385,300	10,296,100
	保价信函	65,400	76,100	75,000
	保价箱匣			
共计		822,335,500	823,654,300	881,634,000

二、当地邮寄事务(就地投送之函件) 本年度之总数共八千余万件，上海一地收寄最多，共达四千余万件，占全数百分之五十强。兹将过去四年度内数目，列表比较如下：

年度	民国二十三年度	民国二十四年度	民国二十五年度
就地投送之函件	79,978,200	75,430,900	83,655,200

三、国内航空函件 本年度内以国内航空邮线颇有扩展，故收寄各类航空函件之数目，自上年度之四百六十七万余件增至六百五十六万余件。计信函及明信片六百三十六万件，新闻纸九万余件，其他各类十万余件。兹再就过去四年收寄之普通暨特种航空函件数目列表比较如下：

类别		民国二十三年度		民国二十四年度		民国二十五年度	
		数目	重量(公斤)	数目	重量(公斤)	数目	重量(公斤)
普通航空函件		3,373,000	39,229,700	3,686,550	46,752,400	4,995,900	67,244,500
特种航空函件	挂号函件	380,120	6,484,500	502,000	10,723,100	802,700	18,886,900
	快递挂号函件	489,880	7,238,100	483,750	9,087,000	765,000	15,825,100
共计		4,243,000	52,952,300	4,672,300	66,562,500	6,563,600	101,956,500

四、国际航空函件 我国寄往欧洲、非洲、亚洲南部、美洲及澳大利亚之航空函件，分别利用河内至马赛航空线（法国航空公司）、彭顿至阿姆斯特丹航空线（和兰航空公司）、香港经槟榔屿至伦敦航空线（英国皇家航空公司）、新嘉坡至澳大利亚航空线（坎塔斯航空公司）及香港至旧金山航空线（泛美航空公司）寄递。本年度内国内之沪粤航空线经停香港，平粤线展至香港，广龙线展至河内，与国际航空线相连接，故往来国外之航空函件，可全程由航空寄递。例如：

（甲）由沪粤或平港航空线运至香港，交由香港经槟榔屿至伦敦航空线运至欧洲、非洲及亚洲南部，或交由香港经槟榔屿、新嘉坡至澳大利亚航空线运至澳大利亚，或交由香港至旧金山航空线运至斐律宾群岛、关岛、夏威夷、南美及北美洲。

（乙）由广河航空线运至河内，再交河内至马赛航空线运至欧洲、非洲、亚洲南部及南美洲。

五、邮局送达诉讼文书 本年度开始时，与司法行政部订定办法，凡设有邮局地方，当地法院均得将诉讼文书交由邮局送达，全年度内经由邮局送达之诉讼文书，共有一万五千余件，以福建邮区为最多，江苏、湖南、上海等区次之。

六、包裹 本年度包裹业务，异常发达，交寄件数，共达九百十余万件，较上年度增加二百余万件，约增百分之三十，重量自上年度之六千余万公斤增至九千余万公斤，约增百分之四十七。兹将过去四年度内收寄之普通、保价与代收货价包裹之件数、价值、重量各项数目，列表比较如下：

类别			民国二十三年度	民国二十四年度	民国二十五年度
普通包裹		件数	5,973,800	6,537,900	8,275,400
		价值(国币)	131,205,200	136,405,850	199,431,900
		重量(公斤)	44,855,800	58,797,290	86,121,300
特种包裹	保价	件数	28,650	28,200	29,600
		价值(国币)	3,464,000	3,329,900	2,663,500
		重量(公斤)	192,700	198,600	244,200
	代收货价	件数	252,550	449,600	800,200
		价值(国币)	3,531,900	9,244,750	21,765,000
		重量(公斤)	1,556,800	3,429,400	7,350,000
统共		件数	6,255,000	7,015,700	9,105,200
		价值(国币)	38,201,100	148,980,500	223,860,400
		重量(公斤)	46,605,300	62,425,300	93,715,500

七、邮转电报 本年度内由公众直接交寄之电报，暨由电局送经邮局转交及投递之电报，均有增加。兹将过去四年度之数目，列表比较如下：

类别	民国二十三年度	民国二十四年度	民国二十五年度
收自公众之电报	三,八三〇	五,三〇〇	五,六〇〇
收自电局之电报	三〇,一七〇	四〇,九〇〇	五一,二〇〇
共计	三四,〇〇〇	四六,二〇〇	五六,八〇〇

八、邮局代办电报电话 自二十六年六月起，各地电局营业

比较清淡者，得委托当地邮局代办电报电话业务，其办法分电局派人驻在邮局办理，与由邮局人员兼办两种。代办报话业务之邮局，在开始实行时，共有五百八十余处。

九、代售印花税票　本年度内，全国各邮政局所共售出印花税票三万八千二百零八万一千四百九十三枚，价值八百五十二万零九百六十四元八角四分。其中以上海、广东、江苏等区售出者为最多。

第三章　联　邮

一、与各国邮政之关系　我国邮政与各国邮政之关系，仍极亲睦。

二、邮政协定　我国与苏联邮政签订互换包裹协定，苏联自二十六年二月十五日起实行，我国自二十六年三月一日起实行。

三、互换邮件事务　本年度内，我国与各国互换局开办或恢复之互换邮件事务，开列如下：

布林的西(Brindisi transiti)向广州、上海、北平、天津直封函件总包，罗马贝里(Roma Bari 145)向上海直封函件总包。

法国邮船公司留尼汪(Réunion)至马赛(Marseille)航线轮船邮局向上海直封函件总包。

得沙罗尼其艾多湄尼(Amb. Thessaloniki-Idomeni)经由西比利亚向上海直封函件总包。

古晋(Kuching)向闽侯(福州)直封函件总包。

上海经由科伦波(Colombo)及吉蒲的(Djibouti)向塔马塔甫(Tamatave)直封函件总包。

北平第一、第六及第十支局直封新义州保价信函总包，业经恢复。

天津经由西比利亚向赫伯斯特布鲁塞尔(Herbesthal-Bruxelles)及萨斯尼芝特拉来堡(Sassnitz-Trälleborg)两行动邮局直封函件总包。

广州直封坡特路易(Port Louis)函件总包,业经恢复。

上海及广州向那波里(Napoli-Ferrovia)直封函件总包。

上海、广州及北平经由西比利亚向巴黎(Paris-gare du Nord)直封函件总包。

奥士罗(Oslo)向上海直封函件总包。

本年度内,我国与各国互换局停止封发之函件总包如下:

热亚那(Genova ferrovia)寄北平、上海及天津。

巴彼得(Papeete)寄广州。

上海寄歧阿索(Chiasso 2)及布林的西(Brindisi transiti)。

广州寄热亚那(Genova gare)。

上海、广州及天津经由西比利亚寄巴黎(Paris-gare P.L.M. Etranger)。

第四章 财 务

一、遗失邮件及包裹之补偿 本年度内,因遗失邮件及包裹所付补偿款额,总数为国币七千九百五十六元五角一分,较之上年度增加一千四百余元。

二、经济概况

收入				
款别	民国二十四年度	民国二十五年度	比较数	
			增	减
营业收入	37,303,091.05元	46,755,327.00元	9,452,235.95元	
营业外之收入	753,238.94	781,340.03	28,101.09	
邮政储金汇业局盈余拨归邮局以抵邮局兼办储汇业务之一切开支	2,011,652.73	2,123,616.80	111,964.07	

(续表)

款别	民国二十四年度	民国二十五年度	比较数	
			增	减
共计	40,067,982.72	49,660,283.83	9,592,301.11	

支出

款别	民国二十四年度	民国二十五年度	比较数	
			增	减
营业支出(各邮局兼办储汇业务之一切开支包括在内)	37,132,175.59元	41,998,172.80元	4,865,997.21元	
营业外之支出	239,832.20	666,621.09	426,788.89	
拨充航空经费	1,609,253.96	1,408,380.35		200,873.61元
拨充资本支出	1,086,720.97	2,680,437.79	1,593,716.82	
盈余		2,906,671.80	2,906,671.80	
共计	40,067,982.72	49,660,283.83	9,592,301.11	

第五章　资产〔略〕

第六章　设备〔略〕

第七章　员　　工

截至本年度终，计有邮务长二十一员(内有外籍邮务长十三员)，副邮务长四十三员(内有外籍副邮务长十三员)，邮务员四千九百八十二员(内有外籍邮务员八员),邮务佐四千九百八十一员,信差八千零九十六名(普通信差七千二百四十四名,村镇信差八百五十二名),邮差五千五百二十二名,杂项差役四千三百四十二名(舵工水手等二百二十三名,听差一千三百五十名,力夫等二千七百六十九名),又各区邮政代办人一万二千四百四十八名。

邮政总局主任秘书一员,秘书四员,建筑测绘员一员(外籍),书记九员,北平邮政管理局专门机器监事一员。

本年度内邮务员及其以上班次之人员离局者,共一百零五人,录用之邮务员,共二百四十七人。

局长　郭心崧

附表图〔略〕

〔国民政府交通部邮政总局档案〕

二、电　　信

1. 国民政府秘书处为军委会在吴淞建筑短波无线电台与交通部来往公函

(1928年3月)

(1) 国民政府秘书处公函稿(3月15日)

公函　第八八四号

迳启者:奉常务委员交下"国民革命军总司令蒋中正呈,据军事委员会交通处驻沪无线电机制造厂厂长李范一呈,请在吴淞筹建一十启罗瓦特以上之短波电台,约需国币二十万元,沥陈应设要点,请采纳施行。等语。查该厂长所陈各节,不为无见,理合据情呈请政府核办"呈一件。奉谕:交交通部核议具复。等因。相应抄同原呈函达查照。此致

交通部

计抄送原呈一件

中华民国十七年三月　日　　　　秘书长　吕苾筹代

呈

呈为呈请事：案据国民政府军事委员会交通处驻沪无线电机制造厂厂长李范一呈称：窃维时至今，言及交通政策，其关于陆运者，自以兴筑铁路为急；其关于水运者，自以购造商轮为要。然需款既数千百万，需时须宽以岁月，虽应次第规划，究为经济所限，难以立见施行。至若飞行机之利航空，无线电之利通讯，在欧美各邦设备精良，早视为日用必需之具，而我国尚在萌芽时期，规模简陋，倘能亟为良图，比之筑路造船，需费少而需时暂，成功易而收效速。范一承办无线电事业，历蒙垂注，兹特就无线电一端，体察国情，盱衡大势，以为我政府亟宜筹建大电台，以发展国内外无线电通讯。谨将理由及计划为钧座分别陈之。

（一）我国最近无线电问题极为复杂，揆其原因，实由于北方伪政府与外人所订合同，无处不损主权，无处不受束缚，如与日本三井洋行、美国合众公司先后所订合同，我政府曾经切实声明，始终不予承认，不受拘束，自系维我交通主权。然根本的办法，不仅专在书面之抗议，要在宏我设备，发展我无线电事业，庶可杜绝外人觊觎之心。若徒托空言，而建设迂缓，窃恐夜长梦多，一切问题将愈复杂。即如上海顾家宅法人所设电台，既私收沿海商电，复与菲律宾无线电公司美代表接洽，收受国际间之商电，我虽认为足以引起国际纠纷，必须交涉制止，而外人所藉为口实者，无非谓我之设备不周，弗克联络国际无线电交通。我若及早自建大电台，固其基础，宏其规模，直接办理国外通讯事宜，则外人无所藉口，不独在我国境内各处所私设之电台，易于交涉拆除，即关于最近无线电一切复杂问题，均不难根本解决。此因外交上应有设立大电台之必要也。

（二）查我国国外电信交通，除外人所设无线电台私自收发外，其从前与我国订有合同者，为英商大东、丹商大北两水线公司。我之国外通信工具操在人手，国内一切确实消息，不能宣出国境，而外人所办之通信社，于是得以捏造新闻，广为宣播，其颠倒是非，淆乱黑白，影响于我国在国际上之地位，至为巨大。我国民政府建设伊始，百度维新，举凡政闻党义，亟须为国际之宣传，俾友邦得明真相。若仍如从前之一无设备，全赖新闻访员之传达，不独闻者易为误解，且恐或启纠纷。此因国际宣传上应有设立大电台之必要也。

（三）我之国外通信工具，既操诸外人之手，每年所失利权为数不赀。据瑞士万国电费清帐会之记载，我国每年发出国外电费达二千五百万元。近来外人在我国境内所设无线电台，私收商报，其每月收入亦至巨大。今若自建大电台，直接办理国外通讯，则商电自可由我收发，虽每年收入未必有上述之巨，然决能挽回一部分之利权，于付电台本身经费之外，兼可兴办其他无线电事业。况从前大东、大北两水线公司所订合同，有效时期至一千九百三十年，屈计只有三载。我之办理大电台，倘能成绩卓著，遐迩俱瞻，则水线公司所攘之利权，此后不难逐渐挽回，一俟该两公司合同期满，举已往之纠纷，更不难彻底解决。此因挽回利权上应有设立大电台之必要也。

（四）我国幅员既广，人民至众，交通多阻，教育待兴。当此建设时期，关于党务之宣传，政治之设施，全在各处消息灵敏，一洗昔日隔阂蒙蔽之习，自以无线电通讯为最便利。然调查我国无线电台，属于旧日长波者，既寥寥无几，属于新式短波者，亦不过十余处，且多供给军用，商电鲜通。似此情形，国内无线电通讯直可谓一无设备。今若筹设一大电台，随将各处应设之电台，分别先后建立，则设施无虑隔阂，宣传不忧阻滞，一切事业咸易发展。此因国内政治上应有设立大电台之必要也。

综上理由，拟请政府筹建一十启罗瓦特以上之短波电台，以供给现时国内外通讯之需要。建设地点，就政治上观察，似觉以首都为宜，但从交通上相度，则以吴淞为最适当。淞地滨海，畅达无阻，且接近上海商埠，中外通信均属便利，于船舶通报尤为相宜，拟即请在吴淞建台。至于创办费连机件价值、房屋建筑及一切工程合并计算，约需国币二十万元，倘能立筹的款，不难限定最短时期告厥成功。俟此大电台告成之后，则国内各处应增设之电台，宜即一一着手筹办，以资联络。范一窃念当此财政困难之秋，兴办一事，自以筹得款项，方能进行。关于建设大电台，照上述计划，需费不巨，良以方今科学昌明，无线电机改良进步，昔日费数十万而成一台，今则只须极少之代价，极短之时期。倘政府一有决心，自不难筹款兴工，限期观成，而最近我国复杂问题即可因之根本解决。此范一之所以据实陈请也。抑更有进者，北方伪政府与日美先后订立合同，将我国无线电事业，不恤造为各国共管之局，然于辱国丧权之余，尚于奉天地方建一十五启罗瓦特短波电台，由德人承办，闻其设备，颇属精良，可与德京柏林日夜通讯，其用意至为叵测，其影响至为巨大。现值北伐进展积极建设之时，我政府对于筹设大电台，发展国内外通讯事宜，必视为当务之急。范一仰承知遇，谨就管见所及，上陈钧听，倘蒙以为可行，敬祈赐予核定实施办法，实为至幸。等情。据此。查该厂长所陈各节，不为无见，理合据情呈请钧府核办。谨呈

国民政府

国民革命军总司令蒋中正

中华民国十七年三月九日

(2) 交通部复公函(3月21日)

国民政府交通部公函　第一〇四号

迳复者：案准贵处函开：……等因。① 准此。查我国国际通信因受大东、大北水线公司合同之束缚，未能自主。近者该项合同将于一九三〇年期满，正宜及时筹设国际通信电台，以为他日通信

① 内容见上，此略。

自主之准备。本部对于进行规划早有计议，但因工程浩大，经费困难，未能及时举办。兹准前因，除饬无线电管理处妥速筹划提前建设外，相应函复，即希查照转呈为荷。此致

国民政府秘书处

王伯群

中华民国十七年三月廿一日

〔国民政府档案〕

2. 国民党中央政治会议关于全国电台及已设电台统由建设委员会筹办管理咨

（1928年6月25日）

为咨行事：本月二十五日，本会议临时会议准张委员人杰临时提议称：查欧美各国之无线设施，已大发达，我国所设备者，不及各国千百分之一，只能作为试验时期，不可谓之实施时期也。故此项建设，应积极进行，急起直追，以五年为期，或可与欧美相比较。建设委员会拟积极建设本国无线电，人才大半集中于建会，尚拟延聘西人为之顾问。此事进行颇有方法，前者已于国府会议通过上海大电台之设立，今再提出本会，如繁盛都市及商埠，皆应设立大电台，但所有已设之电台，似应暂交建会管理，俾事权统一而利进行。五年之后，全国设备完成之际，届时仍可交还主管机关管理。建设经费若财政部一时不能筹拨，杰当极力设法筹垫，但财部能力所及之时，应立即陆续拨还，以昭公允。请公决。等情。当经详细讨论，并经决议：全国无线电台由建设委员会积极筹建，所有各处已设之电台，应暂交该会管理，以利进行。除函复张委员人杰查照外，相应录案，咨请政府查照，并转令关于此案之各主管机关遵照为要。此咨

国民政府

中国国民党中央执行委员会政治会议

中华民国十七年六月二十五日

〔南京国民政府档案〕

3. 国民政府关于全国无线电台及已设电台统由建设委员会筹办管理训令稿

（1928年6月30日）

训令　第三二四号

令　军事委员会
　　交通部

为训令事：准中央执行委员会政治会议咨开：为咨行事，云云[①]。相应录案，咨请政府查照，并转令关于此案之各主管机关遵照。等由。准此。应即照办，除咨复并令行军事委员会交通部外，合行令仰该部会即便遵照办理。此令。

中华民国十七年六月　日

〔南京国民政府档案〕

4. 交通部关于该部无线电台可以移交致国民政府呈

（1928年7月9日）

呈为呈复事：案奉钧府第三二四号令开：准中央政治会议咨开：本月二十五日，本会临时会议准张委员人杰临时提议，建设委员会拟积极建设无线电，人才大半集中，尚拟延聘西人为顾问。所有已设电台应暂交建会管理。请公决。等情。当经讨论议决：全国无线电台由建设委员会积极筹建，所有已设之电台，应暂交该会管理，以利进行。相应录案，咨请查照，并转令关于此案之各主管机关遵照。等由。准此。应即照办，除咨复并令行军事委员会外，合行令仰该部即便遵照办理。此令。等因。奉此，自应遵照办理。惟

---

① 原文如此，内容见1928年6月25日中央政治会议致国民政府咨。

本部对于无线电已往外交之纠纷，以及最近环境之困难，有不能已于言者，敢为钧府约略陈之。吾国无线电之不能发展，固由于合同之束缚，然其大错铸成，实由从前北京各部不顾权限，各自为谋，滥与各国缔结契约所致。始作俑者，为北京海军部与日本三井洋行订立合同，许其在中国设置无线电台，并许以三十年内不准他人及中国自由设置无线电台，与欧美日本通信。同年八月，北京陆军部与英国马可尼公司订定垫购无线电机合同，在西北各省建筑无线电台，并许以购置机器及建设制造厂之优先权。八年五月，又加订合同，共同组织中国国家无线电公司，许以共同制造及建筑之优先会商权。十年十一月，北京交通部与美国费德拉公司订立合同，许其垫款建筑上海、北京、广州、哈尔滨等处无线电，并以二十年中美通信专利权。不特此也，英国之大东公司、丹国之大北公司，于民国二年与北京交通部订定摊分报费合同，约定在民国二十年以前，未经我国政府及该两公司同意，不准他人在中国用水线或其他方法，与国际通电。因之，英、丹两国对于我国与日本所订之无线电契约，提出抗议。当时日本即以三十年之独有权，改自民国二十年一月一日起算，而我国无线电事业之受拘束，更加长十二年矣。去年，菲律宾无线电公司，欲与我国民政府订立通信合同，幸觉察其为费德拉公司继承人，即经拒绝，未受其绐。此外，法国政府在上海擅设无线电台，自由收发电报；美国之开洛公司，在上海擅设广播无线电台，均属违反我国于民国十年十二月在华盛顿会议郑重声明，对于外人在中国境内装置及使用无线电台，未经我国政府同意者，概不承认之宣言。综绾以上情形，吾国无线电事业之国际纠纷，实至形复杂。本部明知国际通信权之非常重要，然以事关国际，自非先由外交解决，无可从事扩充，实有非不为也是不能也之慨。而国内无线电已成各电台，如吴淞、武昌、福州、广州、张家口、北京六处，亦为从前北京交通部连同各处电话局，一并抵押于日本中日实业公司借款日金一千万元之内。洎我国民革命军底定江南，以军事关系，又将部辖电台，均暂行划归军事机关管理，是以一切发展计划，亦遂停顿。兹奉钧令，饬将所有各处已设之电台，暂交建设委员会管理一节，本部实无电台可以移交，抑更有进者，我国电政担负外债有六七千万之巨，官军电欠费亦不下二千万元，全恃商电报费以维持，已觉困难万分。而对国内外之报价，又曾与大东北水线公司订有契约，如有增减，必须事前彼此通知，方不致有参差竞争之弊，如将来无线电于收发官军电之外，兼而收及商电，想必可以兼筹并顾也。用特陈明，仰祈鉴察，实为公便。谨呈

国民政府

交通部部长王伯群

中华民国十七年七月九日

〔南京国民政府档案〕

5. 军事委员会请早日办理接收由日商三井洋行保管之北京双桥大无线电台呈

（1928年7月26日）

呈为转呈事：窃据职会北平接收委员会何委员长成濬养电称：案查海军在北平所辖机关，尚有双桥大无线电台，系前海军部于民国七年欧战时代表政府与日商三井洋行订约建筑，以系与欧美传达军情计，建筑费为英金五十七万余镑，该建筑费系与日商借垫。该电台于四年前已完工，试验确能与欧美直接通电。因近数年政局屡变，前北京政府无暇及此，三井所垫之款未曾付过，所以该电台现仍由三井保管。海军方面一向只有派员驻台监视，以防其私向外间通电。依此情形，自不能与此次一并接收，似须另案办理，将来如何解决之处，应候裁夺施行。再查前海部与三井订立之正副原合同，均被及彼方携去，幸前主管员陈主任思焘抄有底稿，合并声明。等语到会。查此项合同，亦系不平等条约之一，攘夺我国无线电主权，遂彼经济侵略之野心。现国内统一，无线电事业稍有

生气，且已由建设委员会筹划大规模之国际通讯电台，此项合同与其他关于无线电之协定，似应早日宣布废除，以利进行。惟事关国际交涉，未敢擅夺，理合呈请鉴核，批示祇遵。谨呈
国民政府

军事委员会主席蒋中正
常务委员　谭延闿
阎锡山
杨树庄
冯玉祥
朱培德
何应钦
李济琛
李宗仁
白崇禧
于右任

中华民国十七年七月二十六日

〔国民政府档案〕

6. 建设委员会为新订中美中德国际无线电报务合同与国民政府来往呈、指令

（1928年11—12月）

（1）建设委员会呈(11月16日)

呈为新订中美、中德国际无线电报务合同呈乞鉴核备案事：窃职会筹办国际通讯电台，迄今数月，对于各事悉皆勉力进行，以期不负钧府委命建设无线电事业之至意。除购机合同业与美国合组无线电公司订定，并呈请钧府备案外，同时对于报务合同，亦即着手进行，以便台成之后，即可与国外通报。惟查我国出洋电报，以欧美为大宗，草订报务合同，自宜先从该二处着想，其余各处，于我

国大电台建立未遍之时，不妨由其转递。而欧美短波无线电事业之最进步者，又推德国海陆无线电交通公司与美国合组无线电公司，其所辖大电台，类皆构造精良，声誉素著，能与全球通讯。爰与该两公司驻沪代表协议报务合同，几经磋商，始告成立，业经人杰于本月十日在上海与各该公司驻沪代表签定。查该两合同之内容，系以平等互惠为原则，毫无片面利益暨损失主权之处，对于两造皆得与其他各国自由另定报务合同一项，并经切实订明，既无垄断之虞，更留后日之地，一洗从前我国电政合同之积弊，不但外国水线公司将因我此举而自戢凶锋，即前北京伪政府所订关于无线电之合同，亦将无形中自行废弃。从此国际通讯之自主权，得以收回，庶慰总理废除不平等条约之遗志于万一，即国家之收入，外交之宣传，均皆不无俾益。除对国际电台之建造继续进行，以期早日通报外，所有订定中美、中德报务合同各缘由，理合报明，并抄同中英文合同各一份，呈乞鉴核备案，实为公便。谨呈

国民政府

附呈中美、中德报务合同中英文抄件共四份〔英文部分略〕

中华民国建设委员会主席　　　　张人杰

中华民国十七年十一月十六日

报务合同

中华民国十七年即西历一千九百二十八年十一月十日，美国无线电合组公司(此为第一造，系按照美国德莱卫州法律所组织之公司，以后简称合组公司)，与中华民国建设委员会(此为第二造，以后简称建委会)为订立合同事。查合组公司于美国太平洋岸及大西洋岸，置有无线电台多座，收发国际电报。建委会现欲于最近期间，在上海建立能与合组公司所辖无线电台通讯之电台，兹因两造欲使第一造在美国太平洋岸之一座电台或多座，与第二造将在上海设立之电台，联成直接通达之无线电路，以人工及高速率自动

双工之方法，收发商用无线电讯。为此，两造协议订立合同如下：

第一条　合组公司与建委会对于其电台，各须置备最新式之机件，以适当及有效之方法维持之。中美双方须能同时收发电报，并须备有充足及训练纯熟之职员，以供调遣。自后于双方互愿之业务及日夜时间内，须在各该电台尽先从速收发其所有之无线电讯。

第二条　合组公司对于其统辖范围内所有之电报，凡拍致中国或由中国转递者，除由发报人自行规定路由者外，皆应由上述之无线电路拍发。但建委会于上海设置之中央营业处，至少须有与其他相与竞争之水线公司营业处有同等之便利。同时，建委会必须以上述电台专供商用。

第三条　建委会对于其统辖范围内所有之电报，凡拍致美国或由美国转递者，除由发报人自行规定路由者外，皆应由上述无线电路拍发。但合组公司业在旧金山成立之中央营业处，至少须有与其他相与竞争之水线公司营业处有同等之便利。同时，合组公司必须以上述电台专供商用。

第四条　除本合同所规定外，其无线电通讯业务之执行记帐及结算办法，悉须按照国际电报公约之业务规则，及该项规则此后之修正条文办理。

凡经上述电路之电报，其每字报费分配如下：

（甲）无线电路在上海终点以外之报费；

（乙）无线电路费；

（丙）无线电路在美国终点以外之报费。

（甲）无线电路在上海终点以外之报费，应全归建委会处理；（乙）无线电路费，应由两造均分；（丙）无线电路在美国终点以外之报费，应全归合组公司处理。两造帐目，每三个月以金法郎为单位结算清楚，其差额应交由两造同意之机关汇兑之。依照上项规定，建委会对于在上海用上述电路拍发之电报，其报费收入之应划归合组公司者，须按日存入信托机关内。同时，合组公司对于在旧金山用上述电路拍发之电报，其报费收入之应划归建委会者，亦须按日存入信托机关内。

第五条　凡经过上述电路之电报，其每字报费以金法郎为标准，由两造协议规定，但不得高过其他相与竞争之通信机关之价目。对于迟缓电报、新闻电报及其他特别业务电报之减价办法，应由两造协议规定。对于中美政府之官报，其无线电路两端间之无线电费，应减收半价，但该项官报所有之外线费，仍应照收全价。至两造之业务公电，应完全免费，但遇不能直接通达时，则所有业务公电报费，应各自担负之。

第六条　于上项无线电路之报务太形拥挤或迟滞时，为公众利益起见，两造得将电报送交其他电讯机关拍发，如无线电路费与该项电讯机关之电费有参差时，其差额应归入两造应均分之帐目内。对于此条，任何一造得随时通知他造，于相当时间后撤销之，或于任何一造每月之此项差额得加以限制。

如遇任何收报或发报电台之本身，或该项电台相互间，或电台与中央营业处间之电线，有中阻或毁坏等情事，应竭力设法恢复其原状，或于最短期间内重行建设。

第七条　合组公司愿以其所有国际无线电通讯组织，供给建委会传递该会国境内发出或转递之电报。同时，建委会愿以其所有之通讯机关，供给合组公司传递在美洲各国发出之电报，或在合组公司设有良好通讯机关之国内所发之电报。

第八条　两造应互相协助，以谋所联合经营之电路之成功及获利。

第九条　如遇战事或公众危险时，美国政府如将第一造之上述电台收归管理，或建委会暂时停止第二造之上述电台以前规定与合组公司间之商用通信，或将该项通信大行减缩，则在此收归管理、暂停通信或缩小营业时期内，本合同暂停实施。但一俟收归管理、暂停通信或缩小营业等情终止，本合同应即有效。

第十条　两造自后应以友谊之态度，调停及免除两造对于履行本合同之争端。如对于本合同上之争端不能调停或解决时，该项争端应付之公断，由一造请定公断人一人，以书面通知他造，并请他造亦请定公断人一人。他造于收到书面通知后十日内，应请定第二公断人一人，以书面通知第一造，再由被任命之两公断人选请第三公断人一人。如第一造收到请定第二公断人之通知后二十日内，两公断人尚不能协同选出第三公断人时，则两公断人应公请瑞士盘恩国际电报公会会长或其他高级职员，选任第三公断人。两造对于争端之决定，如系公断人一致主张或多数主张者，应尽遵守之义务。公断会议之时地，应由公断人决定，所有公断费用，应由败诉一造担承，或由公断人指定两造应分担之成数。

第十一条　两造皆得自由与其他各国订立无线电报务合同，但不得违背本合同第二、第三两条之规定。

第十二条　本合同自上述合组公司及建委会之无线电路开收商报日起实行，于实施日起，以十年为本合同之有效期间，十年后得继续有效，每次以五年为限。但于原定十年期满或以后任何继续有效之五年期满，至少于期满一年前，得由任何一造以书面通知他造，声明废止本合同。

第十三条　两造及其承继者，或合法代表者，或让与者，皆应遵守本合同所赋与之义务及权利，本合同对于合组公司及建委会之义务及责任，应遵照美国纽约州及中华民国法律说明解释及实行。

第十四条　本合同缮具中英文各二份，两造各执一份，互相印证无误。但中英文意义如有歧异时，应以英文为准。

兹特证明两造对于本合同已由两造合法职员，自订合同之日起实施。

订立合同者　美国无线电合组公司

A.B.Tyrrell（签名）

中华民国建设委员会

张人杰 （签名）

证 人 George F.Shecklen（签名）

王崇植 （签名）

报务合同

中华民国十七年，即西历一千九百二十八年，十一月十日，德国柏林海陆无线电交通公司（此为第一造，以后简称海陆公司），与中华民国国民政府建设委员会（此为第二造，以后简称建委会），为订立合同事。查海陆公司于德国置有无线电台多座，收发国际电报，建委会现欲于最近期间，在上海建立能与海陆公司所辖无线电台通讯之电台，兹因两造欲使第一造在德国之一座电台或多座，与第二造将在上海设立之电台联成直接通达之无线电路，以人工及高速率自动双工之方法，收发商用无线电讯。为此，两造协议订立合同如下：

第一条 海陆公司与建委会对于其电台，各须置备最新式之机件，以适当及有效之方法维持之。中德双方须能同时收发电报，并增加各种设备，以便应时利用传迹电报、无线电传影、无线电话及其他新发明。两造须备有充足及训练纯熟之职员，以供调遣，自后于双方互愿之业务及日夜时间内，须在各该电台尽先从速收发其所有之无线电讯。

第二条 海陆公司对于其统辖范围内所有之电报，凡拍致中国或由中国转递者，除拍致东三省及由发报人自行规定路由者外，皆应由上述之无线电路拍发。但建委会于上海设置之中央营业处，至少须有与其他相与竞争之水线公司营业处，有同等之便利。同时，建委会必须以上述电台专供商用。

第三条 建委会对于其统辖范围内所有之电报，凡拍致德国或由德国转递者，除由发报人自行规定路由者外，皆应由上述无线电路拍发。但海陆公司业已成立之中央营业处，至少须有与其他相与竞争之水线公司营业处，有同等之便利。同时，海陆公司必须以上述电台专供商用。

第四条　除本合同所规定外，其无线电通信业务之执行记帐及结算办法，悉须按照国际电报公约之业务规则，及该项规则此后之修正条文办理。

凡经上述电路之电报，其每字报费分配如下：

（甲）无线电路在上海终点以外之报费；

（乙）无线电路费；

（丙）无线电路在德国终点以外之报费。

（甲）无线电路在上海终点以外之报费，应全归建委会处理。（乙）无线电路费，应由两造均分。（丙）无线电路在德国终点以外之报费，应全归海陆公司处理。两造帐目，应按月以金法郎为单位，遵照一九二五年巴黎电报公约执行条例第七十八条至八十一条之规定结算清楚，其差额应交由两造同意之机关汇兑之。依照上项规定，建委会对于在上海用上述电路拍发之电报，其报费收入之应划归海陆公司者，须按日存入信托机关内。同时，海陆公司对于在柏林用上述电路拍发之电报，其报费收入之应划归建委会者，亦须按日存入信托机关内。

第五条　凡经过上述电路之电报，其每字报费以金法郎为标准，由两造协议规定，但不得高过其他相与竞争之通信机关之价目。对于迟缓电报、新闻电报及其他特别业务电报之减价办法，应由两造协议规定。对于中德政府之官报，其无线电路两端间之无线电费，应减收半价，但该项官报所有之外线费，仍应照收全价。至两造之业务公电，应完全免费，但遇不能直接通达时，则所有业务公电之报费，应各自担负之。

第六条　于上项无线电路之报务太形拥挤或迟滞时，为公众利益起见，两造得将电报送交其他电讯机关拍发，如无线电路费与该项电讯机关之电费有参差时，其差额应归入两造均分之帐目内。对于此条，任何一造得随时通知他造，于相当时间后撤销之，或于任何一造每月之此项差额，得加以限制。

如遇任何收报或发报台之本身、或该项电台相互间、或电台与中央营业处间之电线，有中阻或毁坏等情事，应竭力设法恢复其原状，或于最短期间内重行建设。

第七条　海陆公司愿以其所有之国际无线电通讯组织，供给建委会传递该会国境内发出或转递之电报；同时，建委会愿以其所有之通讯机关，供给海陆公司传递在欧洲各国发出之电报，或在海陆公司设有良好通讯机关之国内所发出之电报。

第八条　两造应互相协助，以谋所联合经营之电路之成功及获利。

第九条　如因不可抗力(如罢工、封锁、无辩论余地之政府合法命令、革命或其他情形)，以致德国政府将第一造上述电台收归管理，或建委会暂时停止第二造之上述电台以前规定与海陆公司间之商用通信，或将该项通信大行减缩，则在此收归管理、暂停通信或缩小营业时期内，本合同暂停实施。但一俟收归管理、暂停通信或缩小营业等情终止，本合同应即有效。但两造电台之一如有因工程上或其他缺点，以致业务停顿，而该造又不以同等之电台代替时，则本合同于业务停止六十日后，应即作为撤销。

两造为便利收送电报起见，应将电台设备与各该国之电报电话有充足之直接联络，所有此项费用，由两造各自担任之。如建委会因故不得与该国之电报电话联络时，或该项电报电话不能妥速传递内地电报时，建委会应于国内各要埠设立分台。

第十条　两造自后应以友谊之态度，调停及免除两造对于履行本合同之争端，如对于本合同上之争端不能调停或解决时，该项争端应付之公断。由一造请定公断人一人，以书面通知他造，并请他造亦请定公断人一人。他造于收到书面通知后十日内，应请定第二公断人一人，以书面通知第一造。再由被任命之两公断人，选请第三公断人一人。如第一造收到请定第二公断人之通知后二十日内，两公断人尚不能协同选出第三公断人时，则两公断人应公请瑞士盘恩国际电报公会会长或其他高级职员选任第三公断人。两造对于争端之决定，如系公断人一致主张或多数主张者，应尽遵守之义务。公断会议之时地，应由公断人决定，所有公断费用，应由败诉一造担承，或由公断人指定两造应分担之成数。

第十一条　两造皆得自由与其他各国订立无线电报务合同，但不得违背本合同第二、第三两条之规定。

第十二条　本合同自上述海陆公司及建委会之无线电路开收商报日起实行，于实施之日起，以六年为本合同之有效期间，六年后得继续有效，每次以一年为限。但于原定六年期满或以后任何继续有效之一年期满，至少于期满三个月前，得由任何一造以书面通知他造，声明废止本合同。

第十三条　两造及其承继者，或合法代表者，或让与者，皆应遵守本合同所赋与之义务及权利。本合同对于海陆公司及建委会之义务及责任，应遵照德国及中华民国法律说明解释及实行。如德国邮电部将海陆公司之电台收归自用时，则该邮电部应加入本合同，但邮电部及建委会，均得于邮电部收回海陆公司之电台后十二个月内，以六个月前之通知声明废止本合同。

第十四条　本合同缮具中英文各二份，两造各执一份，互相印证无误，但中英文意义如有歧异时，应以英文为准。

兹特证明两造对于本合同，已由两造合法职员自订合同之日起实施。

订立合同者　德国柏林海陆无线电交通公司

E Kocher （签名）

中华民国国民政府建设委员会

张人杰 (签名)

证　　人　　Joh. Hansen (签名)

王崇植 (签名)

(2) 国民政府指令稿(12月14日)①

指令　第三三二号

呈送新订中美、中德国际无线电报务合同，乞签核备案由。

呈及附件均悉。准予备案，附件存。此令。

〔南京国民政府档案〕

7. 交通部长关于南京电话局筹办改装自动话机经过情形等与国民政府来往呈令

(1928年12月)

(1) 交通部长王伯群呈(12月1日)

呈为呈报南京电话局筹办改装自动话机经过情形，仰祈鉴核备案事：窃查南京市内电话，原有城内下关两局，共装共电式电话机二千八百门，线路设备约二千号，旧有用户仅一千二三百家，故备用机线本属绰有余裕。乃自国民政府奠都南京以来，市面骤形兴盛，电话需用益广，以致原有机线号额，瞬即装满。而城北一带，旧为荒僻之区，原设线路极少，近因机关林立，住户激增，请装电话者日必数起。徒以限于机线，遂使十九向隅，若不亟谋扩充，曷足以应需要。顾扩充之法，途径甚多，或就原局增加号额，或添设分局，或改用新机，孰去孰从，选择宜慎。查现代电话，以自动式为最新功能，节省时间，免除错误，爰就种种方面观察，以为最后采用之标准。就费用方面言，装设自动话机创办费用，虽较稍巨，而维持费用则所省实多。就经济方面言，改装自动式话机，则须全部投资，

① 该时间系封发时间。

若增加共电式机，则可利用旧有机器减少一部分之资本，自表面观之，似较合算。惟查近畿一带，如镇江、扬州、芜湖等处，原有电话，均属极旧之磁石式，工作欠灵，亦应积极改良，以利通信。若将南京电话完全改为自动式，而以拆下之共电式机移装上述各地，则所减少之资本，亦正相若。再就劳工方面言，改装自动式机，似有一部分之司机生将因之而失业，惟将拆下之共电式机移装镇江等处后，用户势必增加，亦可多用司机生若干人，加以自动式机所需较多之测量生与答问生，则南京电话局原有司机生不患无容纳之地。更就世界潮流方面言，电话机器初为磁石式，进化而为共电式，及至近年，又进而为自动式，各国既皆踊跃争先，我国奚可自甘落后，致违总理建设政策以直趋人前之主旨。南京为新都所在，一切设备自应采取最新式者，以树全国之规模。职是数因经职部详加计议，并参酌社会需要情形与将来发展趋势，决将南京电话改为自动式，规定于总局改装自动话机三千号，并因城北一带机关林立，人烟渐密，拟在鼓楼附近增设分局一所，装自动机一千号。照此计划，不但足敷三数年内增加话户之用，且能预留将来发展地步。关于此项机件材料所需经费，经职部向上海美国米查利省自动电话公司切实估计，共需美金七十三万零一百九十八元，约合国币一百五十万元，业于十一月七日由职部与该公司全权代表签订正式合同，先交料价金额百分之二十，合美金十四万六千零三十九元六角。规定自签订日起四个月后，该公司即将货料起运一部分，七个月后，陆续起运一大部份，均在南京交货，十二个月后，即可全部装竣。所余未付价款，则俟机器装竣后，由该公司派用会计一员常川驻局，监理收入，即以收入之赢余，按月摊还，大约六年即可偿清。预计一年以后，此项新机即可装竣通话。随将南京话局现用之共电式话机，移设于镇江等处，以资利用。职部此次订购机料，为力求慎重起见，饬由职部附设之购料委员会详细审核，切实磋减，务使料尽适用，款不虚糜。至所签订之合同，亦以不损主权为原则，毫

无苛刻条件之规定。所有筹办改装南京电话局自动话机经过情形，理合备文，呈请鉴核备案，实为公便。谨呈

国民政府

附合同抄本一件〔略〕

交通部长王伯群

中华民国十七年十二月一日

(2) 国民政府指令(12月5日)

指令　第二五七号

令交通部

呈报南京电话局筹办改装自动话机经过情形，抄附合同，请鉴核备案由。

呈及合同均悉。准予备案，合同存。此令。

中华民国十七年

十二月　日

〔南京国民政府档案〕

8. 中华全国电政仝人公益会请将无线电事业全部划归交通部管理致蒋介石等电

(1928年12月23日)

特急。南京国民政府蒋主席、行政院谭院长、冯副院长、交通部王部长钧鉴：窃查我国无线电事业创办以来，已历念载，向为交通部主管事业之一，徒以历年国事蜩螗，未能发展。现在军事告终，若能假以时日，不难日起有功。乃建委会未得交通部同意，即设立无线电台，收发商报，跌价竞争，不独紊乱电政系统，抑且与党国制度多所抵触。该会如认无线电事业确有改进之必要，亦应咨商交通部加以整理，同在一国之内，似不必另立机关，致生纷扰。此种举措，与该会组织法第二条第二项水利电力及其他国营事业不

属于各部主管者，均由建设委员会办理之，及第三项国营事业之属于各部主管而尚未举办者，建设委员会得经主管部之同意办理之等规定，多有不符。即考之欧美先进各国，亦无此种办法。就电政言之，无异建设其名，而破坏其实。在此训政时期，似不应有此种现象。交通部对于电政，职有专司，纵建委会不明权限，亦应力争，以维主权，而免紊乱。长此缄默，将来弊端丛生，何可究诘。职会与电政休戚攸关，万难坐视，用特略举理由，敬为钧座陈之。(1)在同一政府之下，设立两种机关办理电信事业，不但事务纷歧，亦且贻笑中外。(2)有线电与无线电本有连带关系，合之两有裨益，分之互有缺陷。考之欧美各国有线与无线电，现正连络合并，以谋通讯之发达。我国反将其分裂，未免障碍通信，违反潮流。(3)查建委会所设之无线电台，专收现费商电，而置免费、记帐、减费、官军新闻等电于不顾。推厥原因，良以无线电接收电信，系用音响方法，专恃一人运用耳孔，工作甚迟，且易错误，尤以雷雨及天气变更时为更甚，是以在事实上确有不能负担之势。至有线电则不然，凡遇报务较多之处，可用快机，并可以双工或多工通信方法以疏通之，故报务可无拥挤之患。惟商电现款收入既为该会无线电台所吸收，则电局经费益形困难，驯至线路窳败，无法修理，一遇风雨，易生徂断。届时无线电既不胜多量之报务，官军及新闻等电势必蒙其影响。该会不顾事实，专以吸收报费为能事，直欲陷电气通讯事业于绝地，破坏交通，莫此为甚。又建委会专在商务繁盛，交通部已设电局及电台之处，设立电台，减价收发商电；交通不便之处，则未闻该会有所计划。是该会建设电台之意，专在与电局竞争，而于人民通信并未注重。综观上述各节，建设委员会殊无设立电台之理，应请钧座主持，仍将无线电事业全部划归交通部管理，以一事权而明系统。是否有当，伏乞鉴核施行，实为公便。中华全国电政全人公益会叩。漾。印。

〔南京国民政府档案〕

9. 王伯群请全国各机关各军事长官合力维持电话事业与国民政府往来呈、指令

(1928年12月)

(1) 王伯群致国民政府呈(12月25日)

呈为呈请通令京外各省、各市、各机关、各军事长官合力维持电话事业,以重交通事:窃查电信事业之电报电话两项,均属交通要政,东西各国莫不由中央政府经营管理,即有由地方办理者,其指导监督之权仍操之于中央政府。我国情形不同,报话两项,自始至今,完全由部办理。虽电话一项,间有由地方办理者,但亦须经部核准立案,由部负监督指导之责,统系至为分明。良以电信与国家人民,均有密切关系,电话与电报又息息相关,不可须臾或离。譬如电报为人之身体,市内电话即其手足,长途电话即其血脉,必须贯通一气,方可相辅而行,互为利用。近年电信事业因受军事之影响,败坏达于极点。值此训政开始,力谋建设之际,本部主管交通,负有管理及发展与改良报话事项之责,业经载明组织法,奉钧府明令公布在案。现正奉行法令,积极进行,一面对于部办报话事项,设法整理,一面对于地方创办电话,加以改良,以期报话互相联络,由近而远,普遍全国,完成整个电信事业,仰副钧府注重交通福国利民之至意。乃闻各方或藉口市内电话属于市政范围,思收为市有,或藉口长途电话关系地方交通,思自行挂设。似此残败之电信,维持整理之不遑,何堪再遭分割破裂之害。谨就事实所及,略举数端如下。电信所负外债,已达七千余万元,系以全国报话产业及收入为担保。现因电政管理之权,已统一于本部,债权者屡次根据合同,要求本部偿还本息。如电话不全由部经营,则此项债务更难统筹应付。外人实行干涉,必致危及根本。其害一。电政经济状况竭蹶万分,酌盈剂虚,全恃临时调拨款项,方得勉为支持。如话局不全由部管理,则各局经费何从调拨。其害二。报话机器材料各有

划一程式，稍有参差，功用即异。如不全由本部订购，势必不能一致，影响业务，实非浅鲜。其害三。报话各局职工，均系技术专门人才，凡任免、升转、进级、加薪及一切奖惩办法，均各订有专章。如话局不全由部管辖，待遇必难强同。当兹工潮起伏，稍失均平，即资借口。其害四。电话虽有市内与长途之分，但实际必须彼此接通，方可联络通讯，尤须与电报互为连贯，始得通行尽利。如不集中本部办理，则联络功效既失，运用大感困难。其害五。电话事业对外接洽事件甚繁，如债务之还本付息，材料之订购计算，以及其他查询参考各事，均须以文书往返。如无固定机关处理，则事权不一，办法分歧，必致贻笑外人，堕失信誉。其害六。综上数端，乃就事实而言。报话管理之权，已无分离之理，即就历史而论，亦无先例可援，自应仍旧统由本部负责办理，俾得通盘筹划，力谋发展，以达建设之目的。断难任其分崩离析，致尽有之国营事业，日就消沉。外人以债权者之地位，横来干涉，至于破产。本部职责所关，难安缄默，理合呈请钧府誓核，通令京外各省、各市、各机关、各军事长官合力维持，以重交通，实为公便。谨呈

国民政府

国民政府行政院交通部长　王伯群印

中华民国十七年十二月二十五日

(2) 国民政府复交通部指令稿(12月31日)

指令　第四六三号

令交通部长王伯群

呈请通令京外各省、各市、各机关、各军事长官合力维持电话事业由。

呈悉。应准照办。候分令行政院及国民革命军总司令部转饬所属一体遵办可也。此令。

〔国民政府档案〕

10. 交通部拟具解决大东北全案办法请鉴核呈稿

(1929年4月30日)

交通部密呈　第八号

呈为大东北公司全案,迫待解决,谨拟应付办法,仰祈鉴核,转呈国民政府迅予取决示遵,以维电政主权事:案查大东北各项电政合同,关系至为重大,情形亦最复杂,经职部详密审核,认为有立予一体解决之必要。谨将全案推求结果及拟具办法,抉要分陈如下,以备采择。

一、全案有迅予解决必要之理由

窃查吾国电政,受大东北两公司合同之束缚,垂五十年。自前清光绪九年,电局与两公司订立合同,许其水线登岸后,各种利权相继丧失,计迄民国三年,共订合同二十余起。按其性质可分六种:一为水线登陆及接线合同,二为借线合同,三为代办水线合同,四为专利特权合同,五为报费合同,六为预付报费,即纯粹借款合同。以上各合同或分或合,互有作用。举其著者,约有数端。

(一)在吾国领海擅安水线,攫取登陆接线及自由营业之特权。

(二)以协定报费性质,剥夺吾国电报价目之自主。

(三)将吾国陆线水线,无条件借用占取,藉以操纵吾国对外通讯。

(四)订立专利特权条件,以确保其把持垄断之计划。

(五)更以巨款借与清廷,使电政益无法解除束缚,各合同因得而无条件展延。

综上各端,不仅破坏电政,抑且侵占主权,其影响于政治经济外交,至为重大。在国民政府今日之地位,万难再予容忍。此亟应一律解决者一。

自大东北各合同订立后,日本亦继起角逐,如中日淡水水线合同、中日水线登岸合同、中日青佐水线代办合同等，凡所规定，悉以大东北条件为目标。欧战之会，更由三井洋行与旧海军部订立双桥无线电台合同，攫取无线电三十年间之专利。窥其用意，无非欲于大东北水线合同期满，即继而独占我国对外通讯之特权。厥后美公司与旧交通部订立中美无线电台合同，究亦同一作用。是则大东北全案，与中日、中美各悬案，亦有联带关系。若不速筹办法，必致贻累全局。此亟应一律解决者二。

查大东北各合同，大都规定以一九三〇年即民国十九年底为满期，期满后之办法，须于二年前或一年前，或只须六个月前预行通知。惟其中有应于一九二五年底期满，而彼方仍未履行取消义务者(如各项借线合同)；有可于一九三〇年前以某条件解除合同，而我方迄未实行此项权利者(如沪烟沽代办水线合同)；有合同虽未期满，而中外环境业已变迁，碍难任其继续存在者(如专利合同、水线登陆及接线合同、报费合同等)；有为解决全案便利起见，即须除旧布新，不能尽拘于合同时效者(如预付报费合同)；亦有合同上并未规定时效者(如淞沪宝地缆合同)。若不通盘筹划，一体解决，则靡特已满期者，必更无条件而展延，即未满期者，亦终无术以解脱，将使主权益加束缚，电信永断生机。此亟应一律解决者三。

二、全案有迅速解决之可能

大东北各案情形虽极复杂，但目前时异境迁，全案解决，并不如预期之困难。谨举理由如下。

(一) 国民政府成立后，对于中外国家间不平等条约，业已进行撤销或修改，上述国家与私人间不合理之合同，实无继续存在之余地。

(二) 查大东北各合同，在前北京政府时代，业经旧交通部与两公司代表商订数次，复由旧外交部向英、丹政府提出交涉，迄旧政府颠覆以前，犹未间断。当时水线登陆一案，英使已主张让步。关于专利特权，两公司自知理屈，亦来函声明不事延长，是则此案交涉已具端倪。现时国民政府对外地位增高，不难予以根本解决。

（三）大东北全案之症结，不外债款。惟查债款全数英金五十三万五千镑，约合国币五百三十五万元中，除收买沪烟沽正副水线，纯属电政债款，共约英金十五万三千镑外，其余预付报费合同债款三十八万二千余镑，系拨用路政，与电政无涉。故实际上电政应行负担之债款，为数不过国币百五十三万，且尚有历年报费供其扣抵。我方果将债款全部中挪用于铁路之部分剔出电政以外，另图整理，应付有着，彼方即无藉口，一切问题不难迎刃而决。

（四）欧战以后，无线电技术日精，成本又廉，已有取代水线继兴之势。现时国内无线电台渐已开始外洋通报，今后发展指日可期。彼方既失其要挟之工具，不难以合理条件促其就我范围。

三、全案解决之方针及步骤

本上缘由，国民政府亟应确定方针，以图全案之解决。兹依合同性质，分拟应付办法如下。

（甲）预付报费合同，应即通告废止，债款另订办法。

理由一 查本合同签订动机，系大东北公司欲确保其专利之延长，特以巨款五十万镑借与前清邮传部，以为一九三〇年底期满后，无条件展延之地位。名为电政投资，实属政治作用。又查借款用途，实际上皆用于路政项下，与电政无涉，自应剔出电政负担以外。

理由二 查本借款虽以中国应得欧美之摊分报费及中北报费为抵押，然签订合同时邮传部曾声明，不由电政收入项下拨还。民十以后，前交通部以部款支绌，延欠本借款到期本息，两公司始将我国应得报费扣抵。从兹无形中始变为电政上之担负，自应按照原定付款办法，移帐清理。

理由三 吾国短欠大东北总债额五百三十五万元中，此项预付报费债额占三百八十二万元。如此巨款，即由电政隐忍继续扣还，至一九三〇年底合同期满，亦无还清之希望。届时两公司藉口债款未清，必更要求展延合同，我方仍若无法应付。反之，此种债款若能于目前剔出电政负担以外，另以的款从事清理，则其余用于电政上之债款，为数无多，不难由电政自任清偿，自非公司别具操纵垄断之野心，对于我方此项平允之提案，实无反对之余地。

办法　由交通部通告两公司，将预付报费合同立予废止，该项债款剔出电政担保以外，另以合理条件商订新约，总期债款各部均有着落，彼此皆受其益。

（乙）代办水线，应通告于一九二九年即本年内收归自办。

理由一　查沪烟沽正副水线，系属我国所有，一切费用，亦归我国负担，纵因债款未清，亦只能暂以该水线为担保，自无并弃主权、仍归两公司专管运用之理。

理由二　查沪烟沽正副水线，计价英金二十五万八千镑，均以五厘起息。正水线分六十期，副水线分五十八期，平均拨还，其末期订至一九三〇年九月为止。然签约二十五年后(即自一九二五年起)，我国得将所余债款一次清偿，即将该水线完全收回。公司深虑我国实行此项权利，故民七以后，对于电局延欠本借款到期本息，始则依据合同，将应付电局报费项下扣除，继恐悉数扣清，该水线即须交还我国。乃正水线自第四十三期，即民国十一年，副水线自第四十一期，即民国十年起，即不复扣，而将应付电局之款扣抵预付报费借款，以致截止上年七月底止，吾国尚短欠正副水线到期及未到期本息，共约国币一百六十余万元。是则今后釜底抽薪之办法，莫若按前节所陈，将预付报费借款剔出电政担保以外，仍令公司按照合同，将民十以后应付电局报费，悉数扣还，正副水线借款本息如此至一九二九年即本年内，即可扣清收回。若仍照现时移扣办法，则迄一九三〇年底，仍无还清之希望，即我方永无收回之机会。

办法　由交通部通告两公司，将沪烟沽正副水线限至本年底收归自办，其债款清理办法，应将民十以后公司扣底〔抵〕预付报费之数目，仍移入扣抵此项借款本息帐内。其因此短扣预付报费债款之数目，则一并划归预付报费债款项下，由国民政府另案整理，切实筹还。如公司不愿追溯已往，或与商订合理新约，不妨暂以该水线为余债本息之担保，无论如何，总期于本年内实行收回。

（丙）所有借用陆线，应即通告实行收回。

理由　查两公司借用吾国陆线中如京津沽恰陆线，系与沪烟沽水线联接通报，为吾国对欧通讯重要之线路。乃因合同之束缚，须借与公司专用，不计租费，所有费用及线路维持，则须中国完全负担，而我方所得之摊分报费，为数又极微薄。此中无形有形之损失，实属非细。

又查本合同时效，系于一九二五年底满期，在满期前二年，曾经前北京交通部根据合同要求将借线收回，并因此与两公司代表会商数次。乃公司中途推翻前案，一味拖延，致成今日无条件展期之局。现逾法定收回期限业已三年有余，国民政府自无再事放弃之理。

办法　由交通部通告两公司，将各项借线立即收回，至迟于本年底，亦必与代办水线一律实行接管。

（丁）所有专利特权合同及其他合同中关于专利特权之条款，应即通告废除。

理由一　按照此类合同之规定，中国如与外洋通讯，非经两公司同意，不能与他方另订接线递电办法，不啻以两公司宰割吾国国际通讯之主权，与总理建国精神根本违反。

理由二　各国对华专利特权，在华盛顿会议九国协定中早经否认，当时日、美、英、法、义五国且已赞同取消电政专利特权之提议，是此项合同在国际上亦无存在之余地。

理由三　大东北合同有他人不得在中国另行设法传递电报之规定，然自中日、中美无线电台合同成立，此类专利条款。事实已宣告失效。

办法　由交通部通知两公司，将所有专利特权合同以及其他合同中关于专利特权之条款，一律即予废止，并宣言国民政府对于国际通讯完全独立自立，不能允许任何国家或私人之包揽与专利。

（戊）所有水线登陆及接线合同，可按原约至一九三〇年即民国十九年底为止，惟公司须预先承认期满后之新办法。

理由　前清政府既任公司擅在吾国领海安设水线，复无条件许其登陆接线，自由营业，此类辱国损权之规定，在今日国民政府之地位，本可不受拘束。又查水线登陆在合同上并无明白字样，直至民国九年，两公司为希图骗取永久特权起见，始于公文中正式标出，当经前外交部依据前清恭亲王致英使原函，力予驳斥。因该函只许公司在沿海安放水线，并未给与登陆永久特权。是则此类特权，根本上已有疑义。在理我方不必拘牵于一九三〇年底之期限，尽可立予宣告撤除，只以吾国对外通讯设备尚欠周全，目前遽难出以决绝之处置。一方为顾全公司营业计，亦须假以时日。惟无论如何，一九三〇年底合同期满后，万难再事展延。且嗣后新办法必须公司预行承认，我方始可准其暂按原合同办理。

办法　由交通部通告两公司，关于登陆接线合同，可按原约至一九三〇年即民国十九年底为止，惟公司须预先承认期满后之办法，即自一九三一年（民国二十年）起，在中国领海内安设之水线，悉归中国所有，由国民政府交通部实行接管。我方至必要时，可允于数年内酌提该水线营业纯益若干，作为酬报，原有公司技术人员，亦得酌予继续雇用（按大北鼓浪屿接线公司有规定，合同期满，水线由吾国虚价收回之办法，我方可援此办理）。

万一磋商结果一九三〇年后水线仍须公司管理，我方因环境所迫，复不能取消其登陆接线之权利，则下列条件，实为最低限之要求，务令公司承认：（一）须向国民政府交通部领取登陆特准凭照，并缴纳定额租金；（二）只许公司转递外洋电报；（三）不得直接收发报务；（四）公司应将水线维持完善，倘有损阻，即须迅速修复；

(五)增加中国应得报费;(六)遇有国内或国际间重大事故,国民政府保留派员检查监视或暂行收归自办之权利;(七)以上特准期限以二年为度。

按特准期限所以定为两年者,因预料至民国二十二年,国内无线电及边境报务,必皆畅达无阻,不致再受大东北水线之挟制。届时如公司仍不将其水线无条件交与中国,我方即可用强制手段,收归自办,或迫令停止通报,无后顾忌。

(己)所有报费合同及其他合同中关于报费之规定,亦限制一九二九年即本年底废止,另以互惠条件改订新约。

理由 查大东北报费合同之作用,可分为划一报价与联合摊分两种。依前之规定,中国与欧美各国往来电报,不论由何种线路传递,其价目皆须一律,即以制限吾国报费之自主。依后之规定,中国应得欧美往来报费,悉数交与公司,非经公司允准,不得增减摊分之成数。我方因划一报价已受莫大之损失,加以摊分成数又极微薄,甚且毫无所得,实属不公平之尤甚者,自应与借线及代办水线问题一并解决,限至本年底实行除旧布新。

办法 由交通部通知两公司及其他有关系之水线公司,将所有报费合同,限至本年底概予废止,并参按各国办法,从速另订新约。

关于大东北全案应付办法,大要已如上陈。查本案各合同,系中国与中、丹、英私人间所订立,非国际条约可比。故折冲之第一步,毋庸牵动外交,可由职部与公司代表迳行商议。我方对于各各〔合〕同或立予废弃,或限期撤销,或以某条件承认合同原定之时效,办法虽殊,第一步要皆采用通告之形式,俾原则确定,我方先立于有利之地位。至细目、会议、期限,亦须预为规定,至多以三个月为度。万一彼方仍坚持原约,不肯就范,或阳与阴违,一味延宕,则我方既受垂五十年之束缚,不宜再事因循。若议而无成,即应采取决然之手段。此时为操交涉胜算,及将来接收完满起见,亟应于下列数事，充分筹备，免致临时张皇，受其挟制。

（一）从速整顿吾国边境接线，并与俄、法等国改订中法、中俄递电办法。

（二）从速与太平洋及德荷水线公司商订中美及中欧递电办法。

（三）国内重要口岸，速自完成大规模无线电台，备足传递国际通讯。

（四）选派干练电务人员往水线公司实习水线技术。

（五）清理预付报费债款，为解决全案之关键。此项债款既全部移作路政之用，此时应请饬铁道部负责筹还。如路政目前无力担负，似应查照前北京财政整理会所拟交通债款整理案，由关税增收项下酌予筹还，免致资人口实，贻累全局。

此外，中日、中美电政合同中，关于登陆、接线、借线及代办水线等之规定，大部分与大东北合同情形相同，自应援照本案所拟办法，一律办理。以上所陈，是否有当，敬祈鉴核，转呈国民政府，迅予取决示遵，党国幸甚。谨呈

行政院

计呈职部电政国际交涉讨论会审查总报告书两份。

审查大东大北两水线公司合同总报告书

查我国办理国际电信事业，垂五十年，其线路与各国相通者，北连苏俄，西接缅甸，南通越南，东有海线接通欧美日本，加之我国幅员广大，人口众多，报务宜如何发达，以应社会之需求。乃按照一九二六年全国国际电报统计之次数，仅一百五十余万，较诸土地仅及我国二十分之一，人口不过六分之一之日本，只及其半数有奇（一九二六年日本全国国际电报次数，计达二百八十万以上），相形见绌，瞠乎人后。其故虽缘频年内战，整顿末由，而其主要原因，实由旧政府昧于国际情形，贸然与大东、大北两水线公司签订各种损

权辱国之合同，致电政层层受其束缚。例如(一)非经该两公司同意，我国不得与其他各外国另订接线递电办法。(二)我国与欧美各国往来电报，所有报价须先与公司商洽，不能自由规定。(三)公司既在吾国领海擅安水线，复自由登陆，自由营业，使我国报务深受影响。即此三端，已足制我电信死命而有余。今后欲图电信事业之进展，首须解除前项契约之桎梏。惟查我国与大东、大北两水线公司先后所订合同，计有二十余起，头绪纷繁，解决靡易。兹将各合同情形逐项审核，并拟具应付办法，分陈如下。

(一) 水线登岸权及借线办法合同，共计五件。

合同之内容：

甲、大东公司沪港水线登陆借用电局之上海至洋子角陆线合同(订于西历一八八三年三月三十日，至一九三〇年年底期满。)

按英国大东公司于同治九年呈准前清总理衙门，将其线端置于停泊吴淞口外趸船之上，不得引登上岸，以清界限。惟嗣于光绪九年订立本合同时，又更改前议，我国方面允许该公司之香港水线，在洋子角登陆，与电局之洋子角与上海间之陆线相接，并准其在上海设局，收发电报。而英国方面允我在香港设立电局，并借用大东公司之香港九龙间陆线，以达广州，为交换条件。

乙、大东公司水线在川石山登陆并设立电局合同(订于西历一八八四年十月十七日，至一九三〇年年底期满。)

按未订此项合同以前，大东公司沪港水线头只可设置于趸船之上，不得登陆。嗣经该公司商请福建地方当局，禀明前清总理衙门，于本合同内订明，准其将水线头引至川石山海岸，并在该处设立电局，收发海线电报。我方并将长门电局移至川石山，俾便就近接转南台电报。惟电局陆线不与海线头相接，以示限制。而同时公司方面允许电局，如有水线通至新加坡或槟榔屿，该公司亦当尽力禀明英国藩部大臣等，与前述沪港水线办法同样办理，以为交换条件。

丙、大东公司川石山水线登陆并借用石川〔川石〕山南台陆线合同(订于一九〇二年十月二十三日，至一九二五年年底期满。)

按照本合同之规定，我国准将由南台至川石山之陆线一条借给大东公司，并允其在南台设局，与川石山水线局接通，传递该两处间往来电报。并订明在有效期内，前项借线应由我国电局尽力保护，使其通畅，设或损坏，应由电局修理。否则如电局大意，置之不理，或经该公司通知后仍不能修理完好，则公司有自往代修之权，其修费仍由电局担任等语。此项条款，殊太严厉，且所借陆线，亦不给租费。

丁、大北公司水线在吴淞登岸及借用淞沪陆线合同(订于一八八三年五月十九日，至一九三〇年年底期满。)

按大北公司前同治十二年，未经我国政府准许，擅将其水线在吴淞登岸，并由吴淞设置陆线一道，以达上海。嗣后几经交涉，始于光绪九年订立上项合同，于条文内订定大北公司之淞沪陆线一道，由我国电局偿价收回，计上海规银三千两。惟该陆线表面虽似已由电局收回，而实际仍无租价借给公司使用，并准其在上海设立公司，收发电报。且按合同内第十款之规定，大北公司将来如欲将吴淞海线头折去，移至洋子角时，我国电局应添设上海至洋子角陆线一条，与该公司水线相接。

戊、大北公司安设厦门鼓浪屿水线及借用陆线合同(订于一九一一年九月三十日，至一九三〇年年底期满。)

按该公司为便利传递厦门与鼓浪屿往来电报起见，于一九一一年间与我国电局议订前项合同，订明由公司自行出资，于该两处间安设双心水线一道，由我国以虚价收回。惟于本合同有效期内，该水线应专供公司使用。并规定鼓浪屿水线公司至水线房，及厦门水线房至水线公司暨电局间，由我方代设陆线两条接通之。其在厦门一端之线，须先接至公司，然后再由公司接至电局。此项陆线在合同有效期内，亦归公司运用。而该公司犹以为未足，故又于条款内订明，如遇香港厦门或厦门上海间水线中断时，我国前清邮传部应设法借给公司专线一条，俾可于上海香港两处照常直达通报等语。

己、中丹英淞宝地缆合同（订于民国三年八月三日）

按该合同未订期限，以虚价收归我国，并准我电局运用缆中二心。

应付方法

查世界各国对于外国商人将水线在其国境内引登上岸，或设立电局，收发电报等事，限制綦严，务使国家主权及人民利益不受丝毫之损失。即如英国对于外人所设电报公司，凡一旦国内或国际间发生重大事故，则政府有随时派人赴各公司内检查其往来电报，或将其电局暂时收归自办之权，以免其泄漏消息，危害国事。至日本虽亦有丹商大北公司在长崎设局营业，而收发公众电报之权，仍悉操之于日政府。乃反观前述我国与大东、大北两水线公司所订前项合同，我国于必要时非特无监视或管理各该公司之权，而电局方面反须代其出资安设及维持线路。而对于规定报价，又处处受其牵制，不能自由，两相比较，相去奚啻天壤。故必须另定应付方法，以资挽救。其方法计有两种如下（于二者之中择一应付之）：

（一）援照取消客邮办法，自一九三一年（即民国二十年）起，将该公司在我国境内设线及营业权一律取消，该公司等在我国领海以内安设之水线，应归我有，由交通部实行接管。

（二）一、公司水线仍准登岸，但须由交通部颁发特准凭照，并缴纳定额租金。二、由我国电局租以房屋，俾作办公之用，惟须将其接收及投送电报事务，收归我国自办。三、所有以前由电局给虚价收回之水线及陆线，收归我国自行管理。四、凡公司等经由借线传递之电报，应给我国电局报费若干，其价目由我国自定之。五、公司等水线经转电报，应得报费价目之规定及增减，均须得我同意。六、公司等应将其水线维持完善，如损阻在一年以上不能修复者，应即将其水线登岸，特准撤销。七、公司等水线登岸特准期限，以二年为度。

又中丹英淞沪宝地缆合同，并未规定期限，应即声明以该地缆完全为中国产业，合同中订明借用应一律于一九三〇年底收回。

（二）大东、大北两公司水线登陆及传递电报专利权合同

合同之内容

甲、大北公司专利合同（订于西历一八九九年三月六日，至一九三〇年年底期满）

查此合同系大北公司于前清光绪二十五年正月二十五日，与我国电局所订立。条文内声明，为保护我国电局与该公司利益起见，除经彼此双方允准外，在此合同有效期内，除我国内地不计外，一概不准他方在我国沿海一带或洲岛各处设线登陆，或与我国电线相接，致争夺电局及公司双方营业权利。惟俄国设线至旅顺口传递电报，不在此例。至日本之福州台湾间水线，只能传递台湾本境与各处往来电报等语。

乙、大东、大北两公司专利条款（订于一九一三年十二月二十三日，至一九三〇年年底期满）

查此项条款内容大都与上述大北公司单独与电局所订之合同相同，所异者惟关于旅顺口之俄国水线，因其时辽东半岛已改归日本租借，故略不提。

应付方法

按照上述合同及条款之规定，虽名为保护三方利益，而实际我方反处处受其束缚，致国际通讯无从发展。例如非经该公司等之同意，我国电局即不能与其他各外国另订接线递电办法，我国方面既丧主权，而各外国（除英、丹、俄外）对此亦深怀不满，日本尤甚。故曾于民国十一年十二月一日，中日两国订立解决山东悬案协定时，要求我国声明，关于该公司等之电信独占权，至一九三〇年年底期满后，不得再行继续等语。故至一九三〇年年底为止，我国如

不能将公司等前项独占权一律废止，则日本对于代办青佐水线期限，亦必援例要求延长矣。爰拟具应付方法如下：

由本部通知该两公司，将其水线登陆及传递电报专利合同，立即废止。

（三）大东、大北两公司沪烟沽代办水线合同

合同之内容

甲、大东、大北两公司沪烟沽水线合同（订于西历一九〇〇年八月四日，至一九三〇年年底期满。）

按此项合同规定，由大东、大北两公司担任设置自吴淞至大沽间水线一条，中间在烟台登陆，计价英金二十一万镑，作为我国借款，于三十年内分期拨还，即以水线作抵。我国电局不得将该线全部或一部，再向他方抵押或卖。且在前项借款未清以前，所有该水线之管理及维持之权，应归公司等享有。

乙、大东、大北两公司续订沪烟沽水线合同（订于西历一九〇〇年十月二十六日，至一九三〇年年底期满。）

查此合同系根据上述甲项合同第五款，于前清光绪二十六年九月初四日所续订，条文内虽规定与沪烟沽水线接通之陆线，得由我电局自设自管，惟水线之管理及维持事项，均归公司代办，在沪烟沽三处彼等有直接接收及投送公众电报之权。且该三处间我国电局之陆线电报价目，须与水线一律。日后如欲更改，应先向公司征求意见。

丙、大东、大北两公司烟沽副水线合同（订于西历一九〇一年二月九日，至一九三〇年年底期满）

按此合同系于前清光绪二十六年十二月二十一日，为添设烟台至大沽间水线而订。该水线亦由公司等代设代管，计价英金四万八千镑，其他一切办法，均按照甲、乙两合同办理。

应付方法

按照上述甲、乙、丙三合同之规定，所有沪烟沽及烟沽两代办

水线，虽名为我国产业，而管理之权实归公司，致我国北部电信营业权利被其操纵。且乙项合同第五款内又规定，沪烟沽三处间我国电局之陆线价目，须与水线一律。于是我方对于国内其他各处报价之增减，亦受其牵制，必须先得公司等同意后，方可实行。否则与该三处间价目，即难一律。此种太阿倒持反客为主之不平契约，实为世界各国所未有。若不从速设法将前项水线收回自办，其流弊所至，非特电信利权之损失已也。故拟用后列之方法应付之。

查沪烟沽水线计价英金二十一万镑，以五厘起息，分六十期拨回，每期应付英金六千七百九十四镑，共计四十万七千六百四十镑。烟沽水线计价四万八千镑，亦以五厘起息，分五十八期拨还，每期应付英金一千五百七十六镑，共计九万一千四百零八镑。以上两项本息，自民七以还，电局款项支绌，未能按期照付，于是公司等即按照甲项合同第二款之规定，于应付电局款项内扣抵。惟正水线扣至第四十二期，及副水线扣至第四十期后，公司旋即停扣。而又将上述应付电局之款，扣抵前清宣统三年电局与公司等所订之预付报费借款。故积至上年九月底止，共欠付正副水线本息，计英金十二万七千二百五十九镑，至未到期者，计尚有三万三千四百八十镑，两共计需英金十六万零七百余镑，约合国币一百六十余万元。我国为挽回利权计，自应设法措缴，以便将水线收回自办。惟际此电政经济艰难之时，如此巨款，断难一次筹还。爰拟早日向公司等交涉，将应付电局款项之半数，扣抵预付报费借款，而以其余半数，作扣抵水线借款之用。一面并选派素有技术学识经验之电务人员四名，分赴上海、烟台两处，代办公司内实习水线技术事务，以一年为期，为将来接收公司地步。惟查预付报费借款，当时约有十之八九用于路政项下，如悉归电局负责偿回，似欠公允。故拟一面再与铁道部交涉，请其负归赵此款之责。如能达到目的，则嗣后公司等应付电局之款，即可悉数作扣抵水线借款之用，约计至十五个月以后，即可扣清。而前项水线亦可根据乙项合同第十款之规定，于本息付清后收回自办矣。

（四）大东京沽借线及大北公司沽津买卖城借线合同

合同之内容

甲、大北公司沽津京买卖城合同（订于西历一九〇〇年十月二十六日，至一九二五年年底期满。）

此项合同业经于一九〇二年修订，应依照修订者（即下列之乙项合同）办理。

乙、大北公司修订沽津京买卖城借线合同（订于一九〇二年十月二十二日，至一九二五年年底期满。）

按此合同系根据一九〇〇年之沽津京买卖城借线合同所修订。条文内规定，由我国电局将大沽经北京至买卖城陆线内之线路一条，无租价借给大北公司专用（且订明京恰间陆线，除借给大东公司一条外，不得借与其他公司或电局）。该公司对于所借之线，有传递电报、选用电生及修理线路之权。其一切费用，除公司雇用之洋员薪金外，悉归电局负担。并须于京津二处电局内，各备房屋两间，供其设置报房传递电报之用。惟该两处之收发及投送公众电报之权，仍属诸电局，该公司不得直接收送。

丙、大东公司京恰借线合同（订于一九〇二年十月二十二日，至一九二五年年底期满。）

查此合同内容与前述之乙项合同相同。

应付方法

按我国北部之国际电信事务，向由电局自办，乃于前清光绪二十六年拳匪作乱之时，大东及大北两水线公司即乘机扩充其势力，先后与我国电局订立沪烟沽水线及上述之京沽暨沽津京买卖城借线合同，致我国与俄国及欧美各处间电讯营业利权，悉被操纵。且按照乙项合同第六款之规定，凡俄国电局与大北公司往来电报，须由彼等直接传递，电局不得在中间阻扰。而第八款内又规定，所有沪烟沽及沽津京买卖城线路报价总数，须与上海海参威间报价相同等语。查我方既须代其出资维持自大沽经北京至买卖城之冗长线路,而对于国际营业及规定报价,反皆受其束缚,不平孰甚。惟此项合同于一九二五年期满后,本可取消,嗣以前北京交通部与该公司等交涉发生变化,以致搁置未决。现在逾期三年,似应从速与之交涉,将该项借线收回,以结悬案。其应付方法及理由如下:

查此项合同自于一九二六年间交涉发生变化后,嗣外交部因于上年七月二十一日准丹国公使六月十一日节略,请纠正晨报记载,关于大北公司合同民国十六年以后,交通部暨电报局与该二公司有无其他交涉等由。本部因旧卷不齐,迄未答复。似可即行咨请外交部转复丹使,并照会英国公使,否认各该合同于一九二五年后继续有效,至一九三〇年年底之说,俾将借线收回,以挽利权。

(理由)查合同之有效期间,截至一九二五年年底止,且旧交通部曾于二年前通知英、丹二公使及公司等,对于展期一节,应另商妥善办法。当时对方如认为必须于收回借线或展延至一九三〇年底二种办法内,任择一种,不可另行协商者,应即函复声明。乃公司等非特未曾拒绝,且复委派代表会商。足证其对于该合同等之展延至一九三〇年年底一层,亦认为有条件之展期,而于一九二五年后之办法,确有修改之必要。其后于通知展期六个月时,公司等复函请保留其他地位,并未声明须延至一九三〇年年底。直至第二次展期六个月时,公司等方始来函否认,且谓应视为已采取第二种办法,将合同展延至一九三〇年年底为止等语。所谓视为者,在法律上并无若何根据,况于会商时,复故意延宕,以致迄无解决办法,足证其对于协商展期事,并无诚意。惟旧交通部之拟予展期,原系有条件者,公司等既无诚意协商,会议又无结果,展期一层,自不能发生效力。亟宜声明否认,以结悬案。

(五)大东北两公司预付报费合同

合同之内容

甲、借款性质　本合同系宣统三年三月十二日,即一九一一年四月十日，邮传部与大东北公司所订立者。所谓预付报费，即将水线公司每年应付我国报费先行垫付之意，故名为预付报费，实即以中国应摊得之报费为抵押之借款，其总额为英金五十万镑，限至一九三〇年底前还清。

乙、借款动机及用途　大东北公司为确保其专利特权起见，特以巨款借与清廷，使电政受无穷之束缚，各项非理合同，势不能不无条件延长。故合同上虽载明借款备供整顿及扩充电报电话之需用，但实际上并未用于电政事业。计第一批三十万镑交款中，拨存铁路总局者二十五万镑，拨存交通沪行者约五万镑。第二批二十万镑交款中，拨付沪杭甬铁路借款利息约八万镑，拨还正金银行借款利息约二万五千镑，拨存交通沪行约九万镑。

丙、借款条件　本借款既具政治作用，其条件亦颇苛酷，如年息虽定五厘，但遇到期之款未能照付，则加给五厘周息，于还款之日并付之。又借款之担保，除两公司可将应付电局所有电费扣除外，并得于中国应得之欧美摊分报费及中北报费尽先索取。

丁、债务情形　本借款总额英金五十万镑，合同规定自一九一一年六月三十日起，每年匀还本息英金二万零一千〔？〕十八镑，末期须于一九三〇年底付清。又当缔订合同时，邮传部曾声明此项借款不由电政收入拨还，故历年还本付息，均由前交通部款项下拨付。自第二十期起，因部款支绌，未能照付，两公司始按合同规定，将中国应得电费扣抵，从兹无形中变为电政之债务。计截至十七年六月底止，尚欠本息约英金二十八万四千镑，又未到期本金约英金九万八千镑，合共结欠本息约英金三十八万二千镑。

应付方法　本借款既系用于电政以外之铁路事业，且曾声明不由电政收入拨还，自应核定债款实数，剔出电政担保以外，呈请国民政府另案整理，切实筹还。如能做到，则电政应负债额，不过沪烟沽水线借款一百六十余万元，尽可由电政自任清还。只要此两项债款应付有着，公司即无所抵赖，一切问题不难迎刃而解。此着为全案关键，必须做到。至进行步骤，应由交通部呈准国民政府，根据上述理由，通告两公司，将本借款合同立予废止，另以合理条件缔订新约，总期债款有着，双方皆得满意。

（六）大东北两公司报费合同

甲、大北公司会订报费合同

合同之内容

本合同订于前清光绪二十三年四月十二日，其第一条第一节载称：中俄往来电报，由公司现有水线及亚细亚与俄国接连，中俄之水线本线报费，应与电局在亚细亚与俄国之陆线本线报费一律，即照一八九二年八月二十五日中俄电约订明之价办理。又第三节内载：中俄别处陆路接线总价内所得之本线报费，不得低于第一、二节之总价。此条明白规定，本线报费中俄一律，即所以制限我国订定报费之自由，我国实际上受极大之损失。又东三省各地报务，因受此合同限制，均改由南满转递，吾国因有大东北专利合同之束缚，亦未由设法与日局转接，以挽回此巨额之损失。

应付方法

查本合同久经满期，嗣以大东北其他合同年限之关系，一律延至一九三〇年底止，既系合同载明六个月前可提议更改或停止，自应提议立予撤销。

乙、大东公司会订报费合同

合同之内容

查本合同订于前清光绪二十二年六月一日，其精神所注，亦系制限我国订定报价之自由，与前项合同丝毫无异。又合同第二条第二节：凡由公司水线传递者，电局不得再加收本线报费，较之前项大北会订合同之规定，尤为苛酷。又原合同第五条并规定：欧洲并美国、以及欧洲过去诸国与他国往来电报经过中国者，电局日后酌定过线费，不得低于本合同第一条第一、三节内所规定之各报本线费。依此规定，并中国自有订定过线费价目之权，亦加以制限。

东西各国，无此先例。

应付办法

查本合同时效及预先通知期限，均与前项大北会订合同相同，自应提议，即予撤销。

丙、大东北两公司续订联合齐价摊分合同

合同之内容

查本合同订于光绪三十一年三月二日，依合同第三款之规定，所有中国与欧美来往电报报费，由电局全数交与大北公司。因此每年所有摊分成数，完全信托公司办理，我国末〔未〕由过问。又第四款规定：摊分数目若非彼此允准，不得随时增减。此种束缚之协定，在我国无形中已被褫夺其报价之自由，徒见其害，未见其利。

应付方法

查本合同第十款规定：至一九三〇年十二月三十一日为止，期满后如电局或公司意欲另议办法，须于一年前具函知照，否则仍当照旧施行。为期已迄，今欲提议修改或停止，似当即依合同上法定手续办理。

丁、大东北两公司会订过线摊分合同

合同之内容

查本合同订于民国三年七月九日，第一款规定：福厦与日本由中国线转递者，其经过大北公司上海至长崎水线之价目，每字六十生丁，新闻电每字二十生丁；其香港价目，每字八十生丁，新闻电每字四十生丁。其福州之过线费定为五生丁。本合同完全为过线摊分之规定，过线转递主权国当然有自由订价之权，原无摊分之必要。

应付方法

查本合同第四款既订明一九三〇年十二月三十一日为限，于期前一年应具函通知修改或停止，届时自宜提议，一并撤废。

〔国民政府交通部档案〕

11. 行政院关于国民政府同意备案解决大东北公司全案办法训令

(1929年5月25日)

行政院训令　字第　号

令交通部

为密令事：案准国民政府文官处密函开：关于贵院呈据交通部长呈称，大东北公司全案迫待解决，谨拟具解决办法，祈鉴核等情。经院议决，原则通过。除饬交外，请核准备案一案，经提奉国民政府第三十次国务会议决议，准予备案。等因。相应录案函达查照等由，准此。除分行外，合行令仰该部即便知照。此令。

中华民国十八年五月二十五日

院长　谭延闿

〔国民政府交通部档案〕

12. 行政院关于广州市政府办理省港长途电话经过情形等致国民政府呈

(1930年10月21日)

呈为呈请事：案据广东省政府主席陈铭枢呈称：案据广州市市长林云陔呈称：窃职府奉令办理省港长途电话一案，前奉钧府令准，委托职府办理，并转奉国民政府第一六一九号指令，准予备案，行知下府。当经将职府与中国电气股份有限公司双方签立合同情形，连同中英文合同副本，呈缴钧府察核。奉令复准予备案各在案。嗣因职府改组为特别市，续经互订省港长途电话合同草约，共十六条，呈缴行政院察核。旋奉令将该草约修正再行呈缴，当经职府遵照修正具文呈复。复奉行政院第一九一六号训令内开：为令遵事：案查前据该市政府呈送修正敷设及管理省港长途电话合同草约，并请依照原案，仍归该市赓续办理，以促进行等情到院。

当经转呈鉴核，并指令知照在案。兹奉国民政府第九一六号指令开：呈件均悉，业经本府第七五次国务会议决议照准，仍由广州市办理在案，仰即转饬遵照。此令。等因。奉此，合行令仰该市政府即便遵照。此令。等因。奉此。职府窃以此项长途电话省港两方通话合同草约，既经职府前在特别市任内遵令修正，呈奉行政院转呈国民政府核准照办，并准仍由广州市办理，自应继续进行。当经令派职府秘书张镜辉、公用局长李仲振、自动电话委员邓宗尧，会同前往香港，于本年九月二日，与港电话公司将合同妥为签订，并约同广州市律师杜之秋一同前往，签名见证，以完手续，而便开始建筑。查本案办理各情形，业于本月三日备文，连同中英文合同副本，呈报钧府察核在案。推关于此事之合同草约等条文，迭经行政院呈转国民政府审核照准，自应将签订后合同副本补缴存案，以备考查。所有奉令继续办理省港长途电话及派员往香港签订合同各缘由，理合备文，连同补具合同副本二份，呈缴钧府察核，转呈行政院鉴核，转报国民政府备案，并候指令祗遵，实为公便。等情。附呈省港长途电话中英文合同副本各二份到府卷。查关于设置省港长途电话一案，业于上年八月间呈奉国民政府第一六一九号指令，准予备案有案。昨据该市长将合同副本一份呈缴前来，亦经令悉在案。兹据前情，除令复外，理合连同原缴合同副本二份，备文呈请核明存转备案，并候指令祗遵。等情。附呈省港长途电话中英文合同副本二份。据此，除指令外，理合备文，连同原缴合同副本一份，呈请鉴核，并乞指令祗遵。谨呈

国民政府主席蒋

附呈省港长途电话中英文合同副本各一份〔英文合同略〕

（行政院副院长代理院长职务　宋子文）

中华民国十九年十月二十一日

省港长途电话合同

本合同于中华民国十九年九月二日，即西历纪元一千九百三

十年九月二日订立。中华民国广东省广州市政府（广州市政府承广东省政府全权委托，办理省港长途电话，此项名义代表中华民国广东省政府及广州市政府之长官，或其继任者，以后简称市政府）为第一方面，在香港政府注册成立，设事务所于香港德辅道中十四号之香港电话有限公司（或电话公司之承继者，以后简称电话公司）为第二方面。兹因市政府与电话公司，欲在广州香港间设立长途电话交通，而双方皆愿即行举办，并取得中英两国政府之允准，而建设广州香港间长途电话之权，因此市政府与电话公司双方同意敷设及管理省港长途电话。又因市政府与电话公司，皆愿接受在美国达拉惠亚州注册成立，设分行于广东省广州市光楼之中国电气有限公司（或电气公司之承继者，以后简称电气公司）之经济援助，以机器借款之办法，供给材料及完成省港长途电话之装置工程。且市政府与电话公司为增进省港两地之电话效能起见，凡关于省港长途电话及与自动电话关连之问题，双方愿采纳电气公司之专门建议。爰此，双方同意共同敷设及管理省港长途电话，订立合同条文如下：

第一条　广州香港间之长途电话，将用外包铁甲、内用纸条隔电之铅皮电缆，沿广九铁路路线埋装地下，其中英两段之电缆敷设路线，由市政府与电话公司各自订定之。

第二条　本合同第一条所载之电缆，系双制式，其导电体之直径，不得小于一·六微厘米达，并附有纠正电圈，使在每秒钟八〇〇周转与摄氏表十五度状况之下，所有金属与幻通线路之最大分散因数，每英里不得过〇·一〇六二达西倍尔，即广州与香港间一百一十三英里长之电缆，其幻通线路两侧之传话损失（包括因转继电圈而起之损失），约为十二达西倍尔。

第三条　省港长途电话由广州市自动电话所至广东省与九龙租借地边界一段，其材料之购买，工程之设施，归市政府负责。其中线路二十四路，为专通广州至香港之用，六路系预备汕头与香港间，及六路为广州与汕头间长途电话之用，所有以上线路，皆须装备纠正电圈。至于汕头香港间长途电话之办法，将另行订定之。广州与汕头间之长途电话，系中国所办之交通事业，与香港无涉。

第四条　省港长途电话由香港电话公司总局至广东省与九龙租借地边界一段，其材料之购买，工程之设施，归电话公司负责。所用电缆之式样，须照上文所定者。其中线路二十四路，为专通广州之用，六路为预留接至汕头长途电话。以上线路，皆须于装置时装备纠正电圈。

第五条　省港长途电话之两端，市政府与电话公司须各设长途电话交换机，连接于两地之电话总机上，使广州与香港两地之电话用户缴纳通话费后，得与对方任何电话用户通话。此项长途电话，华段完全归市政府管理，英段完全归电话公司管理。

第六条　省港长途电话之管理与修理，华段归市政府负责，英段归电话公司负责，倘遇通话间断时，必须于最短时间内修理完善，恢复通话。

第七条　省港长途电话之通话费，由市政府与电话公司双方同意订定，由广州通话至香港，或由香港通话至广州，其通话费之数相同，如遇省港金融汇兑变迁时，该通话费亦可按当时情形而增减之。通话时间以三分钟或不满三分钟为一单位，在省港长途电话开始通话时起计，每单位在香港则取费港币二元，在广州则收中华民国国币，但须等于港币二元。上述两数，可由市政府与电话公司随时双方协商同意议决而增减之。倘双方因收费问题未能同意，则由评判委员会解决之。

第八条　由广州至香港之通话费，由市政府派员征收，而香港至广州之通话费，则由电话公司派员征收。对于呼唤电话次数之记算，广州电话所与电话公司，皆须切实记录，并须于长途电话空闲时，由双方对照。每月月终，双方将该月通话次数之总计英文报告，互相交换。此项长途电话之全线收入，每三个月终结一次。市政府与电话公司对于通话费，各负责征收收入总数之分配，双方同意先行议决，以现定每次通话费港币二元，或将来市政府与电话公司互相修改之通话费之全数，三分之二归市政府，三分之一归电话公司。一俟省方之电话用户实用直达各电话局线路，与港方之电话用户实用直达各电话局线路相等，或省方多过港方时，即根据现定通话费每次港币二元，或将来市政府与电话公司互相修改之通话费，电话公司祗得总数百分之三十，其余百分之七十归市政府。此项款项，由电话公司支付与市政府者，以港币交付与市政府指定在港之银行；由市政府支付与电话公司者，亦以港币交付与电话公司指定在广州之银行。

第九条　双方签订本合同后，即须订购各段之物料及准备安装工程，以便在本合同签订一年后，两段之装置工程，即可完竣并能通话。

第十条　本合同之有效期间为八年，以省港长途电话之通话日起算，但于期满时或期满后，如有一方面不愿继续，须由该方面以书面通知对方，一年期后，本合同即失其效力，否则仍继续有效。

第十一条　关于省港长途电话之装置工程、组织管理一切事项，最好按照国际长途电话会议之方案而行(方案详载于一九二八年六月十一日至十八日在巴黎举行之该会会议)。对于管理办法，双方均按一九二五年在巴黎举行之国际电政会议之修正条例，尽量采用。

第十二条　市政府与电话公司，对于本合同所载或本合同所不载之事，凡有意见未能一致时，可由市政府、电话公司各委评判员一人，组织评判委员会，以多数取决判断之。

第十三条　关于省港长途电话之收支帐目，双方各自切实记算，市政府与电话公司两方之帐目，并须由合格可靠之稽核公司稽核证明之。关于电话公司方面之长途电话帐目，根据一九二五年电话则例第九章第七条，香港政府所委派稽核员稽核各数，而纳饷者市政府、电话公司及电气公司三方，均承受该稽核员之稽核报告为合适。

第十四条　市政府与电话公司之往来公文或帐目，及一切函件，将用中英两国文字缮写。

第十五条　省港电话号码簿，每年以中英文字刊印两次，以便两地之电话用户，可随时备价购买。

本合同经市政府与电话公司正式盖印及双方代表与见证人签押如下：

广州市政府印

林云陔　广州市政府代表　张镜辉

张镜辉　广州市政府秘书　张镜辉

李仲振　广州市公用局局长　李仲振

邓宗尧　广州市自动电话管理委员会委员　邓宗尧

见证人　杜之杕

香港电话有限公司印

香港电话有限公司代表

夏士顿　香港电话有限公司董事主席

周寿臣　香港电话有限公司董事

麦坚士　香港电话有限公司秘书

狄近律师　见证人

中华民国十九年九月二日

〔国民政府档案〕

13. 行政院缕陈水线电信交涉经过致国民政府密呈

(1931年3月21日)

呈为缕陈水线电信交涉经过情形，密呈鉴核事：案查关于我国国际水线电信事业，前于十八年五月间，据交通部密呈，……等语①。当经本院于十八年五月十四日第二十四次会议决议，原则通过。呈请政府核准备案。并交由交通部长与财政部长商议债款偿还办法。当经照案呈奉钧府第三十次国务会议决议，准予备案。又上年十月间，据交通部密呈，关于取消大东北等水线公司所订合同经过及将来应付方法，谓该公司等一以旧合同为根据，既属毫无诚意，且复居心延宕，迄鲜成绩。若交涉至本年年底合同期满之时，再无解决办法，拟将该公司等在我国登陆之水线，暂行撤除，然后再与磋商。彼时该公司等无所凭依，则一切条件或将就我范围。等语。亦经本院于上年十月二十一日第九十一次会议决议，照交通部所拟通过。呈奉钧府第一九一七号指令，准予备案。又上年十二月间，据交通部呈，以吾国对于商办海底电线登陆营业，向无一定办法，非明定规则，不足以资取缔，而防范外商。经拟订商办海底电线登陆规则，请鉴核备案前来。复经本院于上年十二月十六日第四次国务会议决议，修正通过。呈奉钧府第二二七零号指令，准予备案。各在案。又上年十一月间，据交通部呈报办理国际水线电信交涉情形，其大要谓：经邀约关系各机关组织电信交涉委员会，进行交涉：关于大东、大北、太平洋三公司部分，因其合同均载有期满废止，须先一年通知之规定，遂于十八年二月先后备函通知各该公司，声明所有各项合同及一切文件，均自民国二十年一月一日起，一律废止，并咨请外交部照会英、丹两国驻华公使查照。其关于日本部分，亦经于十九年五月三日，咨请外交部照会驻华日使委派代表来华会议。该大东北两公司代表，至十九年三月底始各遣代表来京与议，几经折冲办难〔法〕，截至现时为止，关于取消专利、取缔登陆，均已各得效果。惟关于电费分配之数目及电报之收发，反渐集为交涉之中心。考察该公司所足据以要挟我方者，不外两点：（一）因吾国现欠该公司等债款本息，约合英金二十五万余

①详见上文。

磅〔镑〕，折合华币须至四百六十余万元，逆料吾国政府未能遽予清偿。（二）因吾国国际电信交通仅恃该公司之水线为唯一机关，逆料纵不让步，然顾念欧美交通之需要，亦未必遽趋极端。现职部对于此项债款及国际无线大电台，已积极筹备，对于该公司之交涉，似不难定最后之限度为断然之声明。惟我国无线大电台究系草创，能否无论何时足以完全担负水线全部之效用，亦不无考量余地。万一无线电信未能完全应付需要，而该公司之水线先告中断，则其影响于外交、财政、经济、金融，当非浅鲜。惟职部鉴于已往国际电信所受之损失，仍应积极再与该公司等严重交涉，俾冀多挽利权，以尽职责。至中日部分，日方委员坚持先议上海长崎间之水线，开会数次，双方意见相距尚远。职部亦惟有仍据互惠原则，顾虑水线过去之历史，交换意见，以期就范。等情。经提出本院第二次国务会议决议，交财政、外交、交通三部长审查。旋据该部长等拟具原则三项呈复：第一、关于取缔登陆问题。据称我国与大东、大北两公司原订契约，准许其有登陆之专利权，现专利权已因期满废止，今后水线登陆，应遵照交通部呈准之水线登陆取缔规则，请领执照。惟公司方面请求许与执照期限为二十年，似觉太长，应再核减至十年或十余年。因现在学术发达，日新月异，专利权既已取销，则以后可利用作国际通信之工具，至多水线登陆年限稍长，亦尚无碍。第二、关于摊分报费问题。据称摊分报费，关系我方电政收入甚巨，职等以为，该公司等摊分与我国报费，应以摊分给欧美各国者为标准，最低限度亦应与给欧美各国者相等。第三、关于收发电报问题。据称东西各国对于电报之收发权，初无一致规定，有由政府设局专办者，如日本是；有准商营公司自由贸易者，如法国是；亦有虽许商营公司设局收发，而政府略加限制者，如英美是。既无一定之成规可循，故职部等以为我国应斟酌情形，采取折中办法，由交通部设立国际电信局，局内分设水线专课，办理一切。该课内人员之一部分，准由公司推荐，经局长委任，务使收发时易于稽查,不致有不利于我国之电信发生。等情。提经本院第三次国务会议决议,原则通过,详细办法由交通部王部长随时筹拟呈核,分行各该部查照。旋据交通部于十九年十二月三十日,本院第六次国务会议时,提出太平洋商务水线公司交涉大纲一案,关于登陆执照特许年限,定为十四年。经于会议中再三磋商,以未能达到最初希望引为憾事。中正在当时并曾即席提议,亦以年限过宽,拟减为十年。嗣以主管部报告,在交涉经过中,历经提出十年及十二年半,各年期均苦未得要领,且其时已为十九年十二月之最末一日,不得不即予决定。因是讨论终结,登陆执照及报务合同,均依该公司请求,许予十四年。此案亦即决议通过,令行交通部知照。嗣于本年二月十四日,准钧府文官处第一二八五号函,以庄智焕函呈办理电信水线交涉,身被横议,谨将交涉经过缮具节略,恳请主持公道,迅将此案秉公彻查一案。奉主席谕,据呈节略及行政院转送之太平洋商务水线公司交涉大纲,核与十八年五月,由行政院呈据交通部呈拟之解决办法,及十九年十月密呈交涉经过,暨将来应付方法,出入甚巨。庄智焕既自请秉公彻查,应将全案交监察院切实查明核办,并交行政院转饬交通部,对于交涉进行事宜,务须格外慎重,迅图补救,毋得稍有丧失国权之处,仍将办理情形随时详细具报。等因。函达查照办理,到院。当经令饬交通部遵办去后。旋据交通部密呈,缕陈本案经过之实在情形,乞予转呈鉴核。等情(交通部原呈另纸缮呈)。并于本年二月二十一日,又据交通部致本院政务处密函,以除太平洋公司交涉大纲,业经呈奉提出第六次国务会议通过外,抄录中日沪崎水线大纲及报务草合同,并青佐水线报务草合同,又大北、大东水线公司交涉大纲中英文本共十件,并附说明四件,旧契约汇编、青佐水线旧合同各一册,送请转陈前来。并声明中日沪崎水线登陆草合同及大东、大北公司水线草合同,因其内容尚未斟酌至善,现正商议订定,一俟完毕,再行续奉。等情。正核办间,又于同年二月二十六日,准钧府文官处第一五七九号函，奉交中央执行委员会秘书处函送本党驻东京直属支部第一次代表大会秘书处呈，为据日报载：此次中日电信会议，沪崎水线草约，日方得握十四年之实际上支配权，请咨国府对该项草约慎重处置。等情一案，请查照并办。等由前来。当于本年三月三日，连交通部致本院政务处之密函及所附大纲、草合同等件，一并提出本院第十五次国务会议决议，各草合同及大纲，交由王部长伯群、王部长正廷、孙部长科、宋部长子文审查具复，提会核定，审查会议由王部长伯群召集。庄智焕以前经办之案卷，送监察院参考。经即照案令行各该部长会同审查具复，并饬交通部将庄智焕以前经办之案卷，迳送监察院参考。嗣于本年三月六日，据交通部呈复称：案奉钧院第八三八号密令略开：案准国府文官处第一三二四号公函开：准中央执行委员会秘书处常字第二〇四四号函，为福建省党务指导委员会据该省电信职工呈称：国际电信交涉委员会无故让步，丧失国权，请饬纠正，责令依照原定方案办理，转呈鉴核一案。原文有案免录外，尾开：查此案关于交涉进行事宜，迭经本院转令该部，务须格外慎重，迅图补救，毋得稍有丧失国权之处在案。准函前由，合行令仰该部即便遵照，并案办理。此令。计抄发原函一件。等因奉此。查此案前奉钧院密令，查询前拟办法不能一致各缘由，节经详陈以前经过实在情形，乞赐转呈鉴核在案。兹奉前因，谨再将抄发原呈内所指之三点，声复如下：（一）查东西各国对于商办水线登陆年限，至不一律，有六七年者，有十余者，亦有无期限者，如日本、美国等是。我国前与大东、大北公司所订水线登陆合同，最初为二十年，嗣因借款关系，延长至民国十九年年底。此次与该公司等会议之始，曾照原定方案与之交涉，无如该公司等以资本关系，坚决不肯就范。最初要求三十年，嗣后让至二十年，最后让至十五年，并声言如再不允，宁可撤线停业。当以事关国际电信交通，于上年十一月，呈经国务会议第三次会议议决原则，对于水线登陆期限，定为十年或十余年，因即遵照交涉。几经会议，始议定为十四年，复呈国务会议第六次会议议决通过。盖公司水线登陆等利权，既经取消，且须依照职部公布之商办海底电线登陆取缔规则，向职部请领登陆执照，受中国法律之支配。公司如有违反规则之处，随时可以吊销执照，不许其登陆。是期限虽稍放宽，取缔仍甚严厉，既属无损于国权，亦非贸然许予者也。（二）各该水线公司在欧美各国敷设水线，设局营业，大都均能直接向公众收发电报，惟在法国须受该国政府相当之限制，如政府得派员监督等；至在日本，完全归日本政府办理。此次职部对于各该公司，系参酌法、日两国办法，折中办理，所有收发处办事人员，均由职部委派，并非仅派主任一人。惟为事务上利便计，准许公司推荐现有人员若干人归我委派，既资熟手，并便驾驭。职员既经归我委派，实权何至再操外人。（三）该公司等水线大都在吴淞宝山登陆，而其报房又均设在上海租界，其自水线登陆处接通至公司报房之陆线，均经我方收买，作为交通部之产业，借与公司通报。此次职部公布之商办海底电线登陆取缔规则，亦经规定此项接线应由职部设备。现在对于公司水线，既已许其在吴淞、宝山登陆，则公司需用之地缆，当由我方借给使用。原呈所称应一律收回自用之说，决非事实上所能许可。至于借用具体条件，已订入登陆取缔规则之内，亦无另订之必要也。以上列举各情，理合呈请鉴核，并赐转呈等情。并于本年三月十四日，据交通部续呈大东、大北、太平洋公司报务草合同，及水线登陆执照式样，请鉴核，前来。又经将大东、大北、太平洋公司报务草合同及水线登陆执照式样，交交通、外交、铁道、财政四部部长开案审查，亦在案。以上所陈，均属本院核办本案之实在情形。除俟交通、外交、铁道、财政四部部长将各草合同及大纲等会同审查具复到院，再行汇案核转，决定准驳，饬部遵行，以重电政，而维国权外，理合先行缕陈已往经过种种，并抄同关系文件各二份，备文呈请钧府鉴核，分别转函中央，并发交监察院参考，实为公便。谨呈

国民政府

抄呈交通部呈二份，商办海底电线登陆规则二份，财政、外交、交通三部长审查意见二份，太平洋商务水线公司交涉大纲二份，沪崎水线大纲、沪崎报务合同草案、青佐报务合同草案、大东水线公司交涉大纲、大北水线公司交涉大纲、沪崎水线大纲说明、沪崎水线报务草合同说明、青佐水线报务草合同说明、大东、大北水线公司交涉大纲说明各二份，大东、大北、太平洋公司报务草合同及水线登陆执照式样各二份〔缺〕

兼行政院院长　蒋中正

中华民国二十年三月二十一日

〔国民政府档案〕

14. 交通部关于与大东大北太平洋三水线公司电信交涉经过情形致行政会议提案稿

(1933年4月18日)①

我国以前电政主管机关历年与三水线公司等所订各项合同，极不平允，损失利权至为巨大。此项合同均截至十九年年底期满，遂由本部依照合同规定，先期一年于十八年年底通知各该公司，自二十年一月一日起，将所有合同及一切文件，一律废止，并咨请外交部照会英、丹两国驻华公使查照。一面函约各该公司派员来部接洽合同结束事宜及此后通信办法。该公司等迟至十九年三月底，始各派代表来京，与本部所派委员会商。乃公司等狃于五十年来之传统观念，仍欲维持其原有地位，始则哓哓于水线登陆权系属永久性质，不允取消，即此后办法，亦须以旧合同为根据。嗣经严驳后，则又要求年限较长之执照。其对于我方收回电报收发权之主张，亦坚持不允，于我方应分报费之增加，亦多方留难。盖公司

①系发文时间。

等知我国财政竭蹶，对于所欠债款数百万元，必难如期清偿，有挟而求，进行殊缓。直至十九年十二月间，因旧合同期满在即，始由本部遵照国务会议议决之原则，与三公司分别签订了解办法。所有合同之详细条文，自二十年一月起，复与该公司等分别会议达四月之久，始将报务合同拟定。经本部于二十年十二月间呈奉国府批准，遂通知公司等遵照本部公布之商办海底电线登陆取缔规则，向本部请领登陆执照，并派员来部正式签订报务合同。其时东省事变已起，外交情势转趋恶劣，公司等藉口我国未将上海日本电信局收发权收回，要求将收回收发权一节，暂缓实行。我国当以公司与日本电信局性质不同，不能并为一谈，且日本电信局收发权早经议定收回，只因外交关系，尚未实行，对于此项要求，当予拒绝。公司等遂以向总公司请示为词，从事延宕，转瞬一年。家骅莅事以后，以此案所得虽不能尽如所期，但既经议定，如再不早为结束，则水线公司必维持原状，成为事实之承认，于我国主权利益诸多妨害。例如沪变时该公司等之拒绝我国之检查，与在黄浦江之未得本部许可，擅设临时电缆，皆表示其桀骜不驯之态度，故转饬主管司函促从速来部履行手续。乃该公司等节外生枝，提出下列四点，请求修改：（一）合同应以英文为主文；（二）报价减低不必取得我国政府同意；（三）路由标识及分送发报纸，应明白订入合同内；（四）维持公司收发权。本部以案经议定，决难修改。公司遂又以请示总公司为延宕之技俩，本部不得已，遂于本年一月十八日函该公司等限期于二月十五日以前，来部领取执照，签订合同，逾期本部当取相当手段对付，其责任当由公司等负之。乃该公司等迟至二月十四日，始来部接洽。十五日面谒家骅，仍提向电政司所提四点，当经剀切晓谕后，乃谓须请示彼邦政府。本部为求圆满解决起见，乃酌为展限。此后英、丹公使及美领方面，初向外交部，继向本部迭次交涉，亦仍以待日本电信局收发权同时收回为言。几经解说，并晓以日本电信局现仅收发上海一处之电报，而公司则可收发内地之电报，如事事必以平等待遇为言，则公司当亦不能享此权利。此外，允订合同时，由电司声明收发处收回后，仍维持其现有之业务效率，示无故意损害公司营业之作用。英、美、丹三国使领均表示谅解与满意，该公司等始行就范。现已来部校对文件，并定于本月五日领取执照，并由电司正式签订合同。至于以前议定之要求，兹为约述如次。

（一）取销水线登陆专利权　查前清光绪二十五年正月二十五日，及民国二年十二月二十二日，我国与大东、大北公司所订合同，在该两合同有效期内，非经双方允许，概不准他方在我国设线登陆，或以他法通讯。垄断我国际通讯，莫此为甚，现已废止。

（二）规定海线登陆期限及取缔规则　大东、大北公司以前合同期限为二十年，太平洋公司期限为二十五年。此次要求续约，登陆期限初为三十年，让至二十五年，复让至二十年，几经会议，始定为十四年。并须遵照本部公布之商办海底电线登陆取缔规则，向部请领执照，并遵守规则内一切条件。

（三）收回公司在华对外直接收发电报权　查各公司在上海向有直接收送电报之收发处，初欲仍事维持，继让至由本部派员监督，最后议定由本部设立收发处，委派主任并佐理员若干人，其他职员得由公司推荐，由本部委派，以资熟手。将来遇有缺额时，应考选补派。所有该公司收发处之号牌、信差、号衣、电报纸等，并须照本部式样更换。

（四）改订我方应得本线费　我国经〔？〕水线电报以前，欧洲电报平均每字摊分三十八生丁半，美洲电报平均每字四十七生丁。此次议定，寻常电上海与欧洲每字水线费三十五生丁，中国其他各处与欧洲每字六十生丁；上海与美洲每字四十五生丁，中国其他各处与美洲每字七十生丁。至上海与日本、菲列滨、南洋各处，及香港往来水线电报，我国向无本线费可得。此次商定日本、菲列滨每字二十生丁，南洋各处二十五生丁，香港华明四分，华密及洋文八分。

（五）收回地缆及架空线　三公司自水线登陆至各公司运用室所用之地缆架空线，向归公司等自行管理，即我国自用地缆，亦须由大北公司开放。此次议定，除公司需用地缆在合同有效期内准借与公司外，余悉收回。

（六）收回平津沽恰借线　查平津沽恰陆线，因合同之束缚，借与公司专用，不计租费，线路维持反须我国负担，现已完全收回自用。大东、大北公司在平津所设报房，亦已收回，由我国自营。

（七）取消福州大东公司及厦门大北公司　查大东大北公司沪港水线，分别在福州及鼓浪屿登陆，设局收发电报，与我陆线平行。此次亦经收回，俾国内报费收入可以增加。

所有本部与大东、大北、太平洋三水线公司电信交涉一案，是否有当，敬乞公决。

交通部部长　朱家骅

四月四日①

〔国民政府交通部档案〕

15. 交通部历年有无线电报概况

（1927—1936年）

年　份	有线电报			无线电报	
	局　所	职　工	线　路	职　工	经济电台或局处
民国16年(1927)	1,132	15,168	102,896.03	—	—
民国17年(1928)	1,140	15,165	103,146.32	524	26
民国18年(1929)	1,147	15,739	104.331.12	1,076	29
民国19年(1930)	1,120	14,297	102,553.99	1,376	30

①系拟稿时间。

（续表）

年份	有线电报			无线电报	
	局所	职工	线路	职工	经济电台或局处
民国20年(1931)	1,127	15,175	102,553.21	1,932	33
民国21年(1932)	933	13,127	89,218.77	1,905	43
民国22年(1933)	942	13,157	91,405.65	2,079	44
民国23年(1934)①	1,144	16,363	89,777.67	—②	—②
民国24年(1935)①	1,272	20,704	93,995.71	—②	20③
民国25年(1936)①	1,300	21,119	87,691.20	—②	24③

注：① 系年度数字。

② 1934年以后电政组织变更，该项数字包括在有线电报内。

③ 该项数目系独立电台数。

〔国民政府交通部档案〕

16. 交通部历年报话机概况

（1927—1936年）

年份	电报		电话	
	有线报机④	无线报机⑤	市内话机⑥	长途话机⑦
民国16年(1927)	2,453	—	40,486	—
民国17年(1928)	2,526	104	48,796	—

（续表）

年份	电报		电话	
	有线报机④	无线报机⑤	市内话机⑥	长途话机⑦
民国18年(1929)	2,549	176	42,617	—
民国19年(1930)	2,539	165	45,167	—
民国20年(1931)	2,550	174	47,700	—
民国21年(1932)	1,919	207	48,102	—
民国22年(1933)	2,069	222	49,366	619
民国23年(1934)①	1,987	237	51,042	892
民国24年(1935)①	2,815	137②	74,404③	7,031
民国25年(1936)①	2,975	132②	—	2,138

注：①系年度数字。

②该项数字已包括在有线电报机内。

③系交换机容号数。

④电报用之一切重要及次要机件均在内。

⑤系收发报机之合计。

⑥系电话机非交换机容量。

⑦指电话机，不包括交换机。

〔国民政府交通部档案〕

17. 交通部历年电话概况

(1927—1936年)

年份	市内电话		
	职工	线路(公里)	用户数
民国16年(1927)	4,068	2,389.45	36,597
民国17年(1928)	4,100	2,375.24	37,713
民国18年(1929)	4.623	2,518.33	39,290
民国19年(1930)	4,412	2,681.51	39,861
民国20年(1931)	4,384	2,782.05	41,908
民国21年(1932)	4,157	2,668.55	42,962
民国22年(1933)	4,040	3,156.08	44,216
民国23年(1934)①	4,138	3,866.28	49,051
民国24年(1935)①	—	3,493.91	53,167
民国25年(1936)①	—	3,490.70	74,404
年份	长途电话		
	线路(公里)	线条(公里)	通话次数
民国16年(1927)	—	—	589,422②
民国17年(1928)	6,564.08	17,593.19	690,669②
民国18年(1929)	7,579.01	22,253.49	926,388②
民国19年(1930)	7,716.14	18,628.49	994,945②
民国20年(1931)	7,956.47	18,812.70	926,732

（续表）

年份	长途电话		
	线路(公里)	线条(公里)	通话次数
民国21年(1932)	9,303.06	21,036.26	1,094,878
民国22年(1933)	14,863.68	26,020.33	1,285,984
民国23年(1934)①	37,519.71	60,734.69	2,517,557
民国24年(1935)①	49,084.07	78,571.62	3,329,384
民国25年(1936)①	43,890.25	78,160.40	—

注：①系年度数字。

②河北、山西及辽、吉黑等三区数字不详。

〔国民政府交通部档案〕